2021年6月，新昌县民政局干部职工合影

“光荣在党50年”老同志合影，前排左起潘永法、陈仁苗、吕青山、王兴法、袁相标、俞丁江、钱六松、张长才

2009年，全县民政残联工作会议召开，副县长潘启富（左二）、民政局局长杨成森（左一）、残联理事长潘锡春（左三）部署年度工作

2020年8月，全县民政暨社区工作会议召开，县委书记李宁、县长黄旭荣作指示

①②2020年2月，县民政局干部职工参加社区新冠病毒疫情防控工作

1998年10月，新昌天台两县签订边界协议书

2021年5月，新昌、东阳、磐安三县市开展界桩联合检查，副局长梁福朝（右五）、区划地名科副科长赵苏霞（右四）、社会组织服务中心副主任王张乐（右二）参加联检

2019年5月，回山镇行政村规模调整工作动员大会召开

2019年5月，沃洲镇地名论证会召开

①②农村村民民主选举村委会干部

③④县城社区居民民主选举居委会成员

2000年11月，县委宣传部部长徐良平（右三），县民政局局长袁振华（右四）向茅洋村青年活动室赠送图书

2010年6月，县民政局副局长梁水屿在新昌县农村社区建设管理培训班上作培训报告

1985年8月，县委书记王贤芳（前排左六）、县人大常委会主任俞辉华（前排左四）、县长宋益康（前排右四）慰问新昌籍参加对越自卫反击战干部战士并向部队赠送锦旗（吕立春摄）

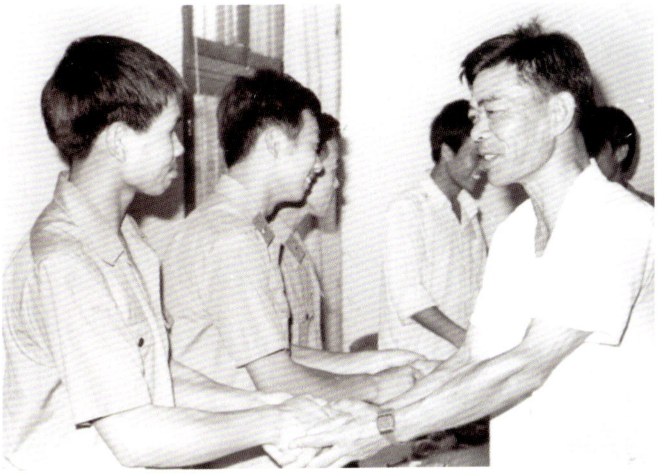

县委书记王贤芳（右一）慰问新昌籍参战战士（吕立春摄）

县长宋益康（右一）慰问新昌籍参战战士（吕立春摄）

县长宋益康（后排中）与部队干部向对越自卫反击战牺牲军人家属颁发革命烈士证书（吕立春摄）

2014年8月，副县长王仲林（右二）、县民政局副局长杨中武（右一）慰问复退军人

2019年，县民政局副局长梁鸿青给一等功臣张新华颁发“庆祝中华人民共和国成立70周年”纪念章

赴马鞍山烈士陵园开展纪念活动

在梁柏台烈士纪念碑亭举行纪念活动

1988年“7·30”洪灾（张伯英摄）

副省长许行贯（左二）在大明市灾区指导救灾工作（张伯英摄）

1988年8月21日，联合国世界粮食计划署官员黄斌（左二）考察大明市灾情，县政府办公室主任朱仲德（右一）、县民政局局长吕青山（右二）陪同考察（张伯英摄）

1988年12月，绍兴市民政局局长周瑞云（左一）、新昌县副县长林廷锋（左二）考察沙溪灾民新建住房（张伯英摄）

1998年8月，县民政局局长张长才（左）受县政府委派赴湖北洪涝灾区捐赠救灾款物

2020年2月，县慈善总会组织生活物资捐送武汉天佑医院

水库移民后期扶持项目

2021年8月，省民政厅厅长王剑侯（右二）、副厅长陈平（右三）调研羽林街道水库移民后期扶持项目，县委书记李宁（左二）、副县长杨哲文（左一）、县民政局局长吕江（右一）陪同调研

1997年2月，新昌县慈善总会成立大会召开

2006年2月，首届全国慈善总会高层管理人员培训班在鹤群大酒店举办，中华慈善总会会长、民政部副部长范宝俊（左二）和省民政厅厅长吴桂英（右二）、县民政局局长袁振华（右一）参加开训仪式

2008年2月，新昌发生雪灾，县民政局局长杨成森、副局长杨亮红带头捐款

2017年，良定育英助学金发放仪式举行，（右起）民政局副局长杨中武、局长金泽昀、副县长杨哲文、吴良定先生、县政府办公室副主任吕载平等参加发放

1989年，县长钱信浩（中）调研沙溪童毯厂福利生产情况（张伯英摄）

2010年10月，儒岙镇敬老模范表彰大会召开，镇党委书记盛学东（右一）为敬老模范颁奖（蔡筱云提供）

2018年，县长李宁慰问儒岙福利院老人

2014年，副县长王仲林（右二）、县民政局局长蔡春秋（右一）慰问百岁老人

县民政局副局长吴祖江慰问困难群众

①②大奖组福利彩票销售现场

③④福利彩票公益金、慈善基金资助贫困学生

县社会养老服务中心

2013年3月，省民政厅副厅长苏长聪（中）考察阳光福利中心

2020年10月28日，县民政局与上海市徐汇区民政局签订养老合作协议，副县长杨哲文（右四）、县民政局局长吴青松（右五）、县政府办公室副主任杨宇勇（右三）、县养老服务指导中心主任张英参加签订仪式（右一）

县社会福利院

2021年7月，省民政厅副厅长方仁表考察阳光福利中心

2021年6月，县民政局局长吕江检查福利院食品卫生安全情况

阳光福利中心

①②2021年5月20日，举行集体婚礼

县民政局婚姻登记处

县老年人体育协会举办体育运动会

③④社会组织公益创投项目

新昌县民政志

新昌县民政志编纂委员会　编

方志出版社
Publishing House of Local Records

《新昌县民政志》编纂委员会

顾问：王越晟　　杨哲文　　吴青松

主任：吕　江

委员：梁福朝　　吴祖江　　詹伟斌　　杨中武

编辑：赵宗泽

序

民政，为历朝政府的重要政务，上下几千年，从未间断。

新昌建县1100余年来，民政工作随朝代更替、政权更迭，经历了许多兴革。其间，县内除明万历年间、1919年版和1994年版《新昌县志》记载少量民政事迹外，没有一部记载民政工作的专志。2018年初，值县史志办公室修编《新昌县志》征集民政史料之际，民政局党组决定编纂《新昌县民政志》，聘请一名退休的民政干部从事编纂工作。历时四年，在局领导的重视、支持下，经全局同志的积极配合，编纂人员的广博搜寻、不懈工作，以及征求退休民政干部的修改意见，今《新昌县民政志》脱稿付梓，是新昌民政史上的一件好事、实事，值得庆贺。

《新昌县民政志》内容广泛，资料丰富，时间跨度大。全志以马克思列宁主义、毛泽东思想、邓小平理论、“三个代表”重要思想、科学发展观、习近平新时代中国特色社会主义思想为指导，运用辩证唯物主义和历史唯物主义的观点、立场和方法，遵循实事求是、求真求实的原则，以对历史负责的态度，客观、真实、系统地记载各个历史时期新昌县的民政工作制度和发展状况，突出反映新中国成立后新昌民政事业的巨大成就和宝贵经验。全志寓知识性与可读性为一体，不仅为新一代民政工作者提供学习和借鉴的工作资料，同时也为全县人民提供了全面了解新昌民政的乡土教材。

修编志书，旨在存史、资政、教化。当今民政，是民本之政、民生之政、民权之政，如何更好地贴近民生，服务社会，是民政工作者需要研究的课题。我们要不忘初心，牢记使命，以史为鉴，开拓创新，发扬爱岗敬业、无私奉献的孺子牛精神，不断创造佳绩，为实现中华民族的伟大复兴作出应有的贡献。

新昌县民政局党组书记、局长

2022年10月8日

凡 例

一、本志以马克思列宁主义、毛泽东思想、邓小平理论、“三个代表”重要思想、科学发展观、习近平新时代中国特色社会主义思想为指导，坚持辩证唯物主义和历史唯物主义的立场、观点和方法，遵循实事求是的原则，客观、全面、系统地记述新昌县民政工作历史与现状，力求明古详今，反映时代特点和地方特色，以达存史、资政、教化之目的。

二、本志记述时限上溯民政活动发端，下迄 2017 年，其中民政机构人事变更、乡镇行政区划变更和村（居）组织规模变更及其他重大事件延伸至 2021 年。

三、本志根据浙江省第十三次民政会议规定的民政部门职掌范围设置章、节、目，横排门类，纵述史实，依时序排列。体裁采用志、记、述、录、图、表等 6 种，以志为主，图文结合。图片由民政局办公室提供，原则上按章节内容为序排列。

四、本志纪年，中华民国成立前，采用朝代年号纪年，括注公元纪年；中华民国成立后采用公元纪年。志中“新昌解放后”指 1949 年 5 月 22 日中国人民解放军解放新昌后；“新中国成立后”指 1949 年 10 月 1 日中华人民共和国成立后；“改革开放后”指 1978 年中共十一届三中全会后。

五、本志度量衡及币值，按当时名称直写，不加折算和注释（中华人民共和国成立后发行的人民币币值，以 1955 年 3 月 1 日为界，前、后比率为 10000：1，不另注）。

六、本志对历史上职官的称谓，均沿用旧称；行政组织名称首次出现时写全称，此后写简称，如“浙江省人民政府”简称“省政府”，“新昌县人民政府”简称“县政府”。

七、本志地名，1980 年前的，均沿用旧名；1980 年后的地名，均为标准地名；地图除行政村标明外，其余均为自然村；所用高程，采用 1956 年黄海高程系。

八、本志烈士名录，以本籍为主，顾及客籍，按土地革命战争、抗日战争、解放战争、抗美援朝战争、社会主义革命和建设等 5 个时期顺序排列。

九、本志史料主要来源于新昌县档案馆档案、民政统计报表（省、市、县）、《民国新昌县志》《新昌县地名志》（2007 年版）、2002—2019 年《新昌年鉴》，参阅《中国民政史稿》及有关史籍、文刊等。

十、特殊问题处理：鉴于 1932 年前档案史料空缺，志中拥军优属、褒扬抚恤、灾害救济等章列记一节与民政关联的历朝制度，以衔接历史大概脉络。

目　录

概述……………………………………………………………………1
大事记…………………………………………………………………9

第一章　民政机构

第一节　机构沿革……………………………………………………39
　一、清朝以前中央政府民政职官机构……………………………39
　二、中华民国民政机构……………………………………………40
　三、新中国民政机构………………………………………………43
第二节　民政财务……………………………………………………53
　一、财务管理体制…………………………………………………53
　二、经费使用管理…………………………………………………54
第三节　审批制度改革………………………………………………60
　一、政务公开………………………………………………………60
　二、简政放权………………………………………………………62
　三、效能建设………………………………………………………75
第四节　先进荣誉……………………………………………………77
　一、集体荣誉………………………………………………………77
　二、个人荣誉………………………………………………………83

第二章　建置区域

第一节　建置沿革……………………………………………………87
　一、地理概貌………………………………………………………87
　二、隶属沿革………………………………………………………87
　三、县治……………………………………………………………93
第二节　县境变迁与边界纠纷………………………………………94
　一、县境变迁………………………………………………………94
　二、边界纠纷………………………………………………………95
第三节　县市勘界……………………………………………………97
　一、勘界政策与勘界组织…………………………………………97
　二、联合勘界………………………………………………………97

三、边界线走向位置……99
四、界桩联检……102
第四节　地名管理……125
一、民国编钉门牌……125
二、管理机关与制度……126
三、地名普查与补更……127
四、地名命名更名……128
五、地名标志设置……128
六、地名文化建设……129

第三章　基层政权与自治组织

第一节　民国以前基层组织……139
第二节　新中国基层政权与自治组织……147
第三节　基层民主自治……219
一、农村民主自治……219
二、城镇基层民主自治……237

第四章　拥军优属

第一节　清朝以前军人及家属优待……240
第二节　民国军人及家属优待……242
一、优待制度……242
二、优待实施……248
三、劳军支前……251
第三节　新中国拥军优属……259
一、拥军优属……259
二、拥军支前……286

第五章　褒扬抚恤

第一节　清朝以前褒扬抚恤……289
第二节　民国褒扬抚恤……294
一、忠烈褒扬……294
二、伤亡抚恤……297
第三节　新中国褒扬抚恤……306
一、烈士褒扬……306
二、伤亡抚恤……309

三、烈士纪念建筑……325
第四节　烈士名录……327
一、英烈概况……327
二、辛亥革命阵亡士兵名录……347
三、国民党部队抗日阵亡官兵名录……347

第六章　退伍安置

第一节　民国前退伍安置……351
第二节　新中国复员安置……357
一、安置机构……357
二、接收安置……357
第三节　新中国退伍安置……361
一、计划经济体制下的退伍安置……361
二、市场经济体制下的退伍安置……364
第四节　军队离退休人员安置……368

第七章　救灾扶贫

第一节　古今荒政……373
一、清朝以前荒政……373
二、民国救灾政策措施……377
三、新中国救灾政策措施……380
第二节　灾荒救济……386
第三节　防灾减灾……410
一、民国以前防灾减灾……410
二、新中国防灾减灾……412
第四节　扶贫奔小康……417
一、全面扶贫……418
二、革命老区扶持……426
三、水库移民后期扶持……428

第八章　社会救济

第一节　济贫制度……433
一、清朝以前济贫制度……433
二、民国救济制度……437
三、新中国救济制度……440

第二节　临时救济……443
一、失业工人救济……443
二、春夏荒救济……444
三、冬令救济……445
四、火灾救济……446
五、医疗救助……448
六、收容救助……452
七、住房困难救助……455
第三节　定期救济……458
一、精减退职职工救济……458
二、特种救济……461
三、最低生活保障……462
四、遗属生活困难救济……466
五、“三老”人员困难补助……468
第四节　慈善救助……470
一、民国及以前慈善救助……470
二、新中国慈善救助……472

第九章　社会福利

第一节　福利制度……485
一、民国前福利制度……485
二、新中国福利制度……488
第二节　福利生产……493
一、管理机构……494
二、发展历程……494
三、监督管理……497
四、福利企业协会……499
第三节　恤孤抚残……501
一、儿童福利事业……501
二、残疾人事业……504
第四节　老龄事业……507
一、工作机构……507
二、农村“五保”与城镇“三无”对象供养……508
三、福利机构……511

四、敬老活动……516
五、老人优待……519
六、老年文体活动……523
七、社区养老服务……524
八、养老保险……528
第五节　福利彩票……530
一、彩票源起……530
二、发行机构……531
三、彩票销售……531
四、公益金提留……534
五、公益金使用管理……535

第十章　婚姻与收养登记

第一节　婚姻礼制习俗……539
一、婚姻礼制……539
二、婚姻形式……545
三、嫁娶礼俗……546
第二节　婚姻登记……551
一、登记管理机关……551
二、婚姻法宣传教育……553
三、婚姻登记管理……556
四、治理违法婚姻……558
五、婚姻介绍机构审批管理……558
六、婚姻证件及收费……559
第三节　收养登记……561
一、收养制度……562
二、收养登记机关……566
三、收养登记程序……566
四、收养登记状况……567
五、收养登记收费……570

第十一章　社会组织登记管理

第一节　清末民国社团登记管理……571
一、社会团体由来……571

二、机构、制度、程序……573
三、改组、整理、发展……574
四、指导、扶植、监管……576
第二节　新中国社会组织登记管理……579
一、日常登记……580
二、监督管理……588
第三节　社会组织选录……594
一、民国新昌县商会……595
二、民国新昌县教育会……595
三、民国新昌县农会……596
四、新中国新昌县农会……597
五、新昌县贫下中农协会……598
六、新昌县名茶协会……599
七、新昌县轴承行业协会……599
八、新昌县鼓山社区社会组织联合会……600
九、新昌县老年体育协会……601
十、新昌县陆野户外救援队……602

第十二章　殡葬管理

第一节　丧葬礼制……604
一、清朝前丧葬礼制……604
二、民国丧葬礼制……606
三、新中国丧葬礼制……608
第二节　殡葬改革……610
一、殡葬管理机构……610
二、推行遗体火化……611
三、整顿丧葬用品市场……613
四、破旧俗树新风……613
第三节　殡葬设施……616
一、殡仪馆……616
二、公墓……622
三、骨灰存放塔……630
主要参考文献……631
后记……633

概　述

一

新昌县位于浙江省东部、曹娥江上游，处四明山、天台山、会稽山余脉接合部，介于北纬 29°13′55″~29°33′52″、东经 120°41′34″~121°13′34″。县境四邻分别与奉化区、宁海县、天台县、磐安县、东阳市、嵊州市毗连。县域属浙闽低山丘陵，区域面积 1212.8 平方千米。

新昌建县前，属剡县。五代后梁开平二年（908）建县。1949 年 5 月 22 日，新昌解放，先后隶属浙江省第二专区、浙江省第十专区（11 月改称绍兴专区）、宁波专区。1964 年起，属绍兴（地区）市。

二

中华民国以前，民政事务由县官亲掌，户房分理。1912 年，县署设民政科，先后易名为政务科、民治科、第一科。职掌范围：县以下公职人员任免、人事登记、行政区划、地方自治、基层选举、编制保甲、户政管理、卫生行政、禁烟、地政、积谷仓储民食、灾歉察勘及赈济，以及其他民政事项。

1949 年 6 月，县政府设民政科，主管民主建政、行政区划、人事编制、户籍、国籍、地政、救灾救济、社会福利、复员安置、优待抚恤、老区建设、民工动员、支援前线、社团登记、宗教侨务、婚姻登记、禁烟禁毒、妓女及游民改造安置等。1952 年后，人事编制、户籍、国籍、地政等职责先后划出。1958 年 10 月后，民政科与劳动科几经撤并、分设。1979 年 1 月，设民政局。2017 年，民政局主管拥军优属、优待抚恤、退伍安置、救灾救济、社会救济、流浪乞讨救助、慈善事业、福利生产、福利彩票、福利院建设、行政区划、基层自治组织建设、社会组织登记管理、婚姻登记管理、收养登记、地名管理、勘界、殡葬管理、老龄工作、水库移民后期扶持等。2019 年 1 月，机构改革，拥军优属、优待抚恤、退伍安置、救灾救济、医疗救助以及老龄工作中医养结合、继续教育等项工作职责从民政局划出，下属的殡仪馆（眠山陵园）、社会福利院、福利中心及乡村公墓建设划归县公共服务集团下属的县城市建设投资有限公司经营管理。

三

清朝以前，民政事业发展状况无考。民国时期，民政事业在救灾救济、社团管理、动员抗日、劳军支前、难民救济、改良风俗等领域均有所作为。但是，由于制度、战乱、国力等因素的制约，许多民政制度并未全面落实。新中国成立后，民政事业围绕“以人为本，为民解困”的宗旨，逐步建立和完善民政工作机制和方法，推动民政事业随社会经济同步发展，在保障民生、落实民权、维护民利、推进民主等各方面取得了前所未有的成就。

一、优抚安置形成新体系

（一）军属优待。解放初期，帮助代耕土地是优待烈军属的主要形式。1956年，农业合作化后，改行优待劳动日（工分）制度。1964年，义务兵家属优待实行“困难大多优待，困难小少优待，不困难不优待”的原则。1980年起，实行逐户优待及优待现金的做法，优待标准为当地全劳动力年收入的三分之一到二分之一。1983年后，义务兵家属从以乡镇统筹、平衡负担，发展为以县统筹、统一拨发。进藏、进疆的义务兵和立三等功以上的，给予奖励优待。2002年起，终止优待金社会统筹，纳入财政预算。2007年起，城乡统一优待标准，按新昌县上年农村人均收入的70%发给。

（二）国家补助。新中国成立初期，国家财政困难，政府发放临时救济帮助部分军烈属解决生活困难。1955年起，政府对生活特殊困难的军烈属给予定期定量补助。1963年起，定补对象扩大到生活有困难的在乡三等残废军人、退伍老红军和带病回乡的复员退伍军人。1980年后，优抚定补大幅提标扩面。1985年，“三属”定补改为定期抚恤。1992年后，政府建立重点优抚对象医疗补助保障基金、优抚标准自然增长机制，实施优抚对象医疗补助、下岗失业生活补助和再就业优惠政策、农村老退役士兵生活补助。2012年，对家住农村和城镇无工作单位的18周岁之前未享受定期抚恤待遇且年满60周岁的烈士子女，发放定期生活补助。2017年，健在的在乡复员军人全部享受定补，定补标准分抗日战争、解放战争、新中国成立后三个入伍时期，每人每月分别为1669元、1571元、1473元。

（三）拥军支前。解放初，县成立支前委员会，组织民工输送军粮65吨。1950年，发动妇女赶制军鞋700双，组织担架96副，出动民工390余人，支援部队解放舟山群岛。两次组织民工744人，支援闽北国防工程建设。1951年，县成立抗美援朝新昌分会，发动捐献飞机大炮，共献金36.6亿元（旧币），捐鞋2800余双、毛巾600条。634名青壮年参加志愿军。1953年至1956年，县支前委员会组织民工2000余人支援浙闽沿海国防工程建设。1998年，解放军某通信光缆工程在新昌施工，沿途乡镇组织民兵协助部队施工，赠送部队肉猪、鲜鱼、鸡蛋等物品，当地村民自发给子弟兵洗衣被、送茶点，有力保障了部队按时完成施工任务。

（四）褒扬抚恤

1. 烈士褒扬。新昌解放后，民政科开始收集、整理革命烈士事迹，办理烈士报批手续，颁发革命烈士证明书，拨发抚恤粮、款。1985 年，县政府决定建造革命烈士纪念碑，安排对越自卫反击战牺牲的 13 名烈士的兄弟姐妹进全民所有制企业工作。县民政局与县委宣传部印发《青春之歌》《英烈千秋》2000 余册，宣传英烈事迹。1987 年 8 月 1 日，县政府举行鼓山烈士纪念碑揭碑仪式，县民政局出版发行《革命烈士英名录》。2014 年起，县委、县政府每年 9 月 30 日举行烈士公祭活动。2015 年 4 月 3 日，县政府举行马鞍山烈士陵园落成典礼及清明节祭奠烈士活动。至 2020 年，陵园集中安葬烈士 299 名。

2.“三属”抚恤。1951 年，因公牺牲与烈士未作区分，都按烈士对待，一次性发给抚恤对象抚恤粮。牺牲、病故军人曾立大功者，增发应领抚恤粮的四分之一。1953 年起，抚恤粮改发抚恤金，并逐渐提高抚恤标准。1980 年 6 月，抚恤区分为烈士、因公牺牲、病故三种。对越自卫反击战牺牲的现役军人、支前民兵民工等人员的家属增发抚恤金 300 元。1985 年起，烈士、牺牲、病故军人家属除一次性抚恤外，实行终身抚恤，抚恤标准多次提高。1988 年，享受定期抚恤金的人员死亡，加发半年的定期抚恤金作为丧葬补助。2008 年起，“三属”定期抚恤不分城乡，统一标准。2011 年 8 月 1 日起，烈士、因公牺牲的一次性抚恤金，按上年度全国城镇居民人均可支配收入的 20 倍加本人 40 个月的工资计发；病故的按上年度全国城镇居民人均可支配收入的 2 倍加本人 40 个月的工资计发。至 2017 年，享受定期抚恤的革命烈士、因公牺牲、病故军人遗属分别是 20 人、4 人、7 人，抚恤标准分别为每人每月 3236 元、2942 元、2648 元。

3. 伤残抚恤。1950 年 12 月，残废军人残废等级分四等六级，县民政局按在职和在乡，每年发给残废金食粮和抚恤食粮。1953 年，抚恤粮改发抚恤金。1965 年 8 月，在乡三等革命残废军人不分因战、因公致残，由一次抚恤终了改为长期补助。1978 年起，在乡三等革命残废军人的残废补助费改为长期抚恤。1979 年 7 月起，对日常生活需人扶助的特、一等革命残废军人、参战残废民兵民工发给护理费。2001 年后，失业和自谋职业的伤残军人，享受在乡伤残军人待遇。2004 年，实施伤残等级套改，套改后的残疾等级分为十级，与地方工伤残等级相对应。2005 年后，实施重点优抚对象抚恤补助标准自然增长机制，抚恤标准以城镇职工平均工资为基数同步增长。2017 年，伤残抚恤人员 232 人，其中在乡 62 人、在职 170 人。

（五）退伍安置。1950 年至 1958 年，县民政部门根据“原籍安置”的政策和“妥善安置，各得其所”的要求，接收安置复员转业军人。1958 年开始，义务兵退伍安置实行“从哪里来，回哪里去”的政策。1980 年，国有、集体企业开始承包经营，城镇退伍安置实行“按系统分配任务，包干安置”的办法。1991 年，企业产权制度改革、劳动用工制度改革和机关事业单位机构改革逐步实施，城镇退伍安置面临困难，县政府开始实行“供需见面，双向选择，市场调节，包底安置”的安置方式。1998年后，城镇安置从指令性安置为主，双向选择为辅，允许安置任务有偿转移逐步转向保底安置，自谋职业，经济安置相结合的方式。2005年后，县政府建立农村退伍安置对象安置补助制度、企业接收安置退伍军人经济补助制度和鼓励退役士兵自主择业优惠政策。民政、劳动部门通过军地两用人才介绍、开办技能培训、举办专场招聘会等措施，扶持退役士兵就业，保障退伍安置任务圆满完成。

二、救灾扶贫形成新体制

（一）灾荒救济。新昌县域，旱、涝、风等灾频繁。解放初，连年灾荒，人民生活困难。新昌县成立生产救灾委员会，开展生产节约运动，民政科及时发放救济粮款，粮食部门组织粮食调剂，帮助灾民度过饥荒。农业集体化后，每逢灾年歉收，各级政府依靠群众，依靠集体，开展生产自救和群众互济，民政部门及时勘灾报灾，发放救灾款物，粮食部门开展粮食减购、退库与返销，财税部门实施农业税减免，卓有成效地屡次战胜灾荒，保障灾民基本生活。1979年至2017年，民政部门累计发放救灾经费4021.37万元、救济粮859吨，还有衣被、蚊帐和建材等物资。

（二）防灾减灾。抗灾救灾，重在防灾减灾。新中国成立后，各级政府和民政部门依靠集体，发动群众，兴修水利，治水抗旱，发展粮食生产，增加粮食储备，解决人民群众吃饭问题。推行耕牛保险、家财保险、水稻保险，努力减轻自然灾害给灾民造成的损失。1997年起，改革救灾体制，县、乡财政设立大灾预备金，制定自然灾害救助预案储备救灾物资，强化各级救灾功能，提升快速救助能力。2006年后，县民政局投入大量资金，帮助乡镇（街道）、农村（社区）建设避灾场所，开展防灾减灾宣传，增强人民群众的防灾减灾意识。

（三）扶持贫困。解放初，县政府对贫困社队在税收、贷款、种子、肥料等方面给予照顾，民政部门拨出部分社会救济资金，以无息和低息贷款的方式，帮助困难户发展家庭副业。1979年后，县政府统筹城乡发展，全面开展扶贫，建立专项基金，多形式、多渠道扶持贫困乡村、革命老区乡村逐步摆脱贫困，走上奔小康之路。2017年，44个省定经济薄弱村集体经济年收入全部达到10万元以上，且经营性收入超过5万元，提前完成省下达的经济薄弱村消除任务。农村低收入农户可支配收入增长13.1%。2006年起，开展水库移民后期扶持工作，直补资金到人，项目扶持到村。2017年，全县水库移民后期扶持直接补助到人共16826人，年补助资金1009.56万元；扶持项目29个，扶持金额1859.98万元。

（四）社会救济。新中国成立初期，社会救济以临时救济为主，重点解决烈军工属、失业工人、灾民的吃饭问题。农业合作化后，逐步对生活特别困难的军烈属、精减退职职工实行定期定量补助。1980 年后，定补对象扩大到年老体弱、丧失劳动能力、无生活来源的起义投诚人员、特赦宽释人员、黄埔军校学生、城镇“三无”人员和农村鳏寡孤独人员、“三老”人员（农村老党员、农村老游击队员和老交通员）及退休人员遗属。1997 年，建立县慈善总会，发动社会力量参与救助。1998 年起，全面实施最低生活保障、困难家庭医疗救助、困难儿童生活补贴、困难家庭住房救助、困难残疾人生活补贴和重度残疾人护理补贴，基本形成国家、集体、个人和社会相结合的社会救济工作格局，有效保障困难群众基本生活。

（五）社会福利。改革开放前，民政福利主要以临时救济为主，福利设施长期落后。1988 年，县民政局开始销售福利彩票，募集福利资金，扶持乡镇兴办敬老院，发展福利生产，出现乡镇有敬老院、有福利厂的新局面。进入 21 世纪，福利事业步入快速发展轨道，新建了县社会福利院；农村“五保”和城镇“三无”对象实现集中供养；建立高龄老人生活补贴制度；实施老龄工作“3587”工程和“老年福利服务星光计划”；普及社会化养老服务，基本建成政府为主导、社会力量参与、全民普惠、福利水平逐年提高的社会福利事业体系。

（六）慈善救助。慈善义举，自古盛行。解放后，国家、集体和企事业单位包揽救济福利，慈善事业一度沉寂。改革开放后，国家倡导发展慈善事业。1997 年，县慈善总会成立后，积极拓展募捐领域，多形式开展劝募活动，不断壮大慈善资金。县慈善总会秉承“安老扶孤，扶贫济困”的宗旨，以“助学、助困、助医、助老、助孤、助残”为主题，开展经常性的慈善救助行动，成为社会救助保障体系的重要力量。至 2017 年，累计募集资金 12250.45 万元，资助 9560.07 万元。

三、基层组织日益加强

（一）行政区划与村（居）组织。1949 年 6 月，以原乡保区域设立乡村行政委员会，全县分设 5 个区、30 个乡镇、522 个行政村。之后，乡镇行政区划与村（居）组织随政治经济体制的变革，多次调整撤并。2019 年，全县辖 4 个街道、6 个镇、2 个乡、23 个居委会、253 个行政村。

（二）民主选举。新中国成立初期，村（居）干部由村（居）民民主选举，乡镇（公社）党委任命。1988 年，贯彻《中华人民共和国村民委员会组织法》，村委会主任、副主任和委员由村民采取有候选人的差额选举产生。1999 年起，县乡成立村级组织换届选举工作领导小组，加强指导，维护依法选举的工作环境。2002 年，村委会换届选举试行无候选人的自荐直选（也称海选）。2008 年，村委会换届选举全部实行“自荐直选”“女委员专职专选”的方式。2012 年起，村委会换届选举实行候选人（自荐人）资格审查、选前谈话和候选人书面承诺制度，提高选举成功率和干部队伍素质。

（三）教育管理。新中国成立后，各级党委、政府十分重视农村干部队伍建设，采取以会代训的方式教育培训农村干部。民政、组织、党校等部门联合举办短训班，结合中心工作和换届选举工作，分期分批轮训农村主职干部。进入 21 世纪后，县乡各级和有关部门注重建立健全农村干部管理制度，实行村级班子承诺、村干部诫勉和村主职干部经济责任审计等制度。2009 年，实行村干部重大事项报告、年终述职、群众评议、考核管理等制度，激励村干部干净干事、兴办实事。

（四）民主法治建设。经过几十年发展，广大农民当家做主的思想觉悟逐渐树立。1998 年以后，农村以民主管理村务财务、民主决策村务为重点，建立村务（财务）监督小组，实行重大村务公决制度、村级公务“零招待”制度，公布村务公开工作规程、村务公开目录，开展自治示范村 、民主法治村创建活动，推进农村民主法治进程。2017 年，全县村务公开和民主管理规范化建设达标率达 90%以上；有全国“民主法治村”1 个、省五星级“民主法治村”10 个、市四星级“民主法治村”55 个、县三星级“民主法治村（社区）”329 个。

（五）干部报酬。新中国成立初期，农村党员、干部到县、区、乡开会，为集体为群众办事，不计报酬。集体生产时，村干部务工实行实务实记或给工分补贴。农村实行生产责任制后，各乡镇采取开会发补助、年终给予一次性补助或奖励的办法，解决村干部务工报酬的问题。2002 年，县委、县政府决定农村主职干部务工报酬按基础报酬和奖金两部分，由乡镇统一管理、统一发放。2008 年起，建立农村退职老干部定期走访慰问制度。2009 年，实行农村退职老干部生活补助和农村现任主职干部基本报酬补贴制度。2012 年，实行村务监督委员会主任基本报酬制度。2017 年末，享受农村退职老干部生活补助 1283 人，发款 406.95 万元。

（六）居委会建设。1952 年，县城居民区设立居委会，居民干部由城关镇政府挑选工作积极表现突出的居民担任，政府每月给予补贴作为报酬。之后，居委会随着城市人口的增加而增设。2002 年 10 月，县城 23 个居民区调整为 12 个社区，社区工作人员采取派一批、留一批、招聘一批的方式组建，居委会干部由居民代表选举产生。2017 年年末，县城设社区 16 个，有 135 名居委会工作人员。

四、社会事务管理日趋完善

（一）婚姻登记。1950 年 5 月，《中华人民共和国婚姻法》实施，废除了封建婚姻制度，实行婚姻登记。民政科职掌婚姻登记管理，结婚、离婚登记由区公所承办。1956 年，结婚登记改由乡镇办理，离婚和复婚登记仍由区公所办理。1966 年 4 月 1 日起，结婚、离婚和复婚登记均由公社管委会办理。2006 年 7 月 1 日起，全县婚姻登记集中由民政局办理。1979 年至 2017 年，累计办理结婚 133606 对、离婚 13764 对、复婚 1588 对。

（二）收养登记。20 世纪 90 年代前，民间收养关系以送养、收养双方订立契约为准。1985 年，省民政厅发布《浙江省弃婴儿领养的暂行规定》，明确收养社会福利机构的社会弃婴儿，由民政部门负责办理送养手续；领养社会福利机构以外的孤儿、弃婴，由公证机关办理收养公证。1992 年 4 月 1 日起，县民政局依据《中华人民共和国收养法》办理收养登记。1992 年至 2017 年，累计办理收养登记 919 件，协议解除收养关系 2 件。

（三）社会组织登记管理。新中国成立初期，县民政科对旧社团进行登记、整顿、重组，实行民政与行业主管双重管理。“文化大革命”期间，社团登记管理瘫痪。改革开放后，境内社会团体出现无序发展状况。1991 年起，县民政局依法行使登记管理职责，清理整顿社会团体，理顺管理关系。1998 年起，实施民办非企业单位登记管理。2000 年，清理整顿气功类社团，对不符合规定的气功社团实施注销、撤销及取缔的处理，保障社会组织健康发展。2017 年年末，全县有社会团体 173 个、民办非企业单位 248 家、基金会 4 家。

（四）联合勘界。历史上县境边界大部分属双方认可的传统习惯线，但存在 5 处争议。1996 年 9 月，县成立勘界工作领导小组，抽调人员，设办公室于民政局，开展勘界工作。经实地踏勘，县勘界办分别与周边县（市）勘界办核定传统习惯线，协商解决争议线，联合埋设界桩，邀请解放军某部对边界线走向和界桩位置进行实地测量、修调，编制边界线走向和界桩位置说明书（新昌与东阳、磐安界线未经实测），双方县（市）政府签订边界协议书，报省政府批准。1998 年 5 月，新昌历史上首次全面勘界工作圆满完成。经过联合勘界，边界争议全部解决，所勘定的行政区域界线均为法定线，总长 264.05 千米，埋设界桩标志 21 个。之后，建立界桩定期联合检查制度，建设平安边界。

（五）地名管理。民国时期，为编查户籍，政府曾编钉门牌。新中国成立初期，地名工作无专门机构管理。1980 年，县政府成立地名普查工作领导小组，首次开展地名普查，基本掌握全县地名情况，消除重名、一地多名、一名多写的混乱现象。1982 年后，县设地名委员会办公室于城建局，并落实人员。1991 年 3 月，地名工作划归县民政局管理后，开展地名补查更新，建立健全规章制度，加强地名命名、更名的审批管理和地名标志设置的工作，推广使用门牌证，出版地名图书，推进地名工作规范化、标准化、法治化，提高地名社会化水平。至 2017 年，累计命名地名 686 条，其中更名 260 条。

（六）殡葬管理。新昌民间，遗体入棺土葬历代相沿。1996 年，省政府指令新昌在 1999 年前实行火葬。1997 年，县民政局成立殡葬事务管理处。1998 年，建设殡仪馆，发动农村建公墓，会同工商管理部门清理整顿丧葬用品市场。1999 年 11 月 1 日零时起，全境推行遗体火化，彻底结束遗体土葬习俗。之后，各级政府和民政部门实行骨灰跟踪检查制度，加强日常监管，整治乱葬乱埋，推行生态葬法，文明节俭的丧葬民风逐渐形成。2012 年 12 月 1 日起，殡仪馆基本服务实行免费，减轻丧户经济负担。至 2017 年年末，累计火化遗体 59615 具，每年火化率、火化面均为 100%。全县生态葬法覆盖率达到 95%。

新昌县民政局将以习近平新时代中国特色社会主义思想为指导，坚持以人民为中心，秉持民政为民、民政爱民的工作理念，创新民政事业发展体制机制，着力提升民政服务供给质量，更好地满足人民群众的民政服务需求，推进新时代民政事业高质量发展，为实现县委、县政府提出的各项目标任务，为新昌经济发展和社会稳定作出新贡献。

大事记

东 晋

咸康元年（335）

剡县（时新昌县境为会稽郡所属剡县一部分）大旱，人相食。咸康二年（336），会稽饥荒，郡开仓赈济。

南 朝 宋

大明七年（463）

浙东诸郡大旱，郡府令诸县开仓赈恤。

唐

广德二年（764）

秋，蝗食田殆尽，免越州（时剡县地属越州）今岁田租之半。

永贞元年（805）

夏，越州水竭山崩。诏以前百姓所欠诸色课利租赋并宜免除。

元和四年（809）

正月，免浙东今岁税。

长庆三年（823）

浙东、西道旱，遣使宣抚，理系囚，察官吏，开仓平粜。

大和四年（830）

会稽大旱。

开成五年（840）

六月，浙东蝗疫，除其徭。

乾符三年（876）

五月，免浙东一岁税。

五代后梁

开平二年（908）

新昌建县，置永寿、石顺、昌化、像明、遵德、石城、五山、丰乐、彩烟、善政、新昌、安仁、守义13个乡。

宋

北宋大中祥符六年（1013）

撤并石城、遵德、像明、昌化、石顺、永寿6个乡，增仙桂乡，存新昌、安仁、守义、五山、丰乐、彩烟、善政、仙桂8个乡，管39个都、8个坊、26个里。

北宋熙宁三年（1070）

十二月，行保甲法，乡下分都，改里为保。

南宋绍兴十二年（1142）

知县林安宅率众筑东堤，开凿孝行硃，治理水患，灌溉田禾。

南宋淳祐年间（1241—1252）

陈雷在南门外潘岙办义济局。

元

乡都里如旧。

明

洪武十四年（1381）

行里甲制。

正统十四年（1449）

新昌大水，水决虎队岭，毁田无数。

景泰元年（1450）

新昌大饥。

景泰四年（1453）

自冬十一月至次年孟春，大雪，诏免粮税。

成化年间（1465—1487）

撤并守义乡，存7个乡。39个都撤并为26个都，32个里。

弘治九年（1496）

大水决东堤数十丈，县令杨琛率众垒石修筑，防水患。

弘治十五年（1502）

去3个里，存29个里。

隆庆五年（1571）

均丁田平里甲，添1个里，计为30个里。

万历五年（1577）

建义仓，募捐积谷备赈。

万历十六年（1588）

大风败稼，大饥。

万历二十六年（1598）

五至七月，旱，泉流皆竭，饥民采野草为食。

清

顺治三年（1646）

旱。八月初一，大风拔木，水毁田禾。

顺治四至六年（1647—1649）

灾年大饥，米价每石售银四至五两，在城居民以糜粥施赈。

顺治十七年（1660）

乡下以都里之规模增设图，置都里图各30个，分为482个庄。

康熙十八年（1679）

县令乡村建社仓，市镇设义仓。

乾隆六年（1741）

夏旱。

乾隆十年（1745）

旱，免钱粮。

嘉庆十六年（1811）

岁旱歉收，米价大涨。

嘉庆十七年（1812）

知县陈铭籴米平粜，平抑米价。继之，择极贫户，定一、四、七日，在城分设男女两场，照大小人口散放口粮急赈。

嘉庆年间（1796—1820）

邑人吕周绪捐建施棺所，施舍棺木。

道光元年（1821）

知县张邦栋向在城富商借资万贯，籴米间日平粜。

道光十五年（1835）

大旱，赈贷灾民口粮，减缓灾户新旧赋。

咸丰二年（1852）

旱，灾民聚众破门入室向富户借粮，官府弹压无效。

咸丰十年（1860）

秋，大水，疫病流行，免灾户赋。

咸丰年间（1851—1861）

邑人吕六皆筹募基金创设救济院。

光绪三年（1877）

五月二十二日，洪水自青阳门入城，潘家桥至北镇庙一片汪洋，积水 3 日，伤 3 人，毁房无数。

光绪五年（1879）

大旱。知县倡议有田 50 亩以上者捐谷赈济。

光绪十五年（1889）

八月，西乡水灾，城内淹水深八九尺，县储积谷半数赈济灾民。

光绪十七年（1891）

邑令尕如正设保婴局。

光绪二十五年（1899）、二十六年（1900）

连遭水灾，知县拨谷赈济，并捐积谷。

光绪二十九年（1903）

饥荒，米价大涨，县设平粜局卖米抑市价。

光绪三十年（1904）

一月，新昌商界筹建商会。

宣统元年（1909）

七月，水潦，稻禾霉烂，赈之。

宣统二年（1910）

域内设城区、南区（彩烟乡）、东区（沃洲镇）、西区（澄潭乡）、北区（黄泽乡）5 个区，乡不变，辖 30 个都，领 1276 个村。保婴局改称育婴堂。

宣统三年（1911）

春，免被灾荒地钱粮及漕米。

七月，暴风雨，田禾遭淹，人畜漂失无算。赈之。

中华民国

1912 年

3 月，县公署设民政科。城、镇、乡行政区划与基层组织延续清末旧制。

8 月，新昌商务分会、新昌县教育会成立。有 17 个乡镇成立农会。

1913 年

县政府创办平民习艺所，次年 5 月招生开工，教习织布。

1915 年

民政科改称政务科。

1916 年

政务科复改民政科。邑人张祖琦建栖息所，收容难民、乞丐。

1917 年

2 月，新昌商务分会改组为新昌县商会。

1919 年

民政科又改称政务科。

1920 年

5 月 9 日，大雨，彩烟乡欧潭村前发生滑坡，伤亡 17 人，毁房数十间。

1921 年

秋，涝，冲毁新民沿溪 11 个村房屋 222.5 间，死 20 人。

1922 年

8 月，山洪，新东门城墙决口，旧东门、新东门、北门进水深 3.4 米，西门外钟楼下 10 余户被水冲光，死 6 人。据岭外、新民、镜岭等乡调查，冲毁水稻 7604 亩，损失稻谷 2.2 万石，毁房 1046 间，淹死 94 人。

1925 年

10 月，新昌学会登记成立，在城区、东区、南区、西区、北区各设支会。

1927 年

3 月，政务科改为民治科。中共新昌独立支部以国民党临时县党部（左派）的公开名义，成立县工会、县农会，开展工农运动。

1928 年

7 月 9 日始，飓风淫雨数昼夜，山洪暴发，人畜淹毙不计其数，复又疫症蔓延。省拨赈洋 1.5 万元、棉衣 500 件。

夏秋，旱虫相继，禾苗被伤。

11 月，政府接管育婴堂、救济院。国民党县党部成立工会整理委员会。

1929 年

3 月，县党部改组旧农会，成立新农会。

夏，旱、涝、虫灾相继，米价自每斗 1 元涨至 18 元（银圆）。省赈务会赈济 1.8 万元，受赈 1.5 万人。

是年，实行村里制，县域分设城区、东区、南区、西区、北区、新东区 6 个区，分辖 320 个村里。

1931 年

县政府改组重设商会、工商同业工会。新昌商界成立抗日救国会。新昌县开始设立救灾准备金。

1932 年

年初，抗日救国会募集大批白米，制成炒米，支援上海抗日前线。

是年，县域划设 4 个自治区，12 个镇，208 个乡，2210 个闾，11799 个邻。

1933 年

入夏，两月无雨，田土尽赤，稼禾枯槁，尤以稻包虫、螟虫肆虐，早稻绝收。

10 月，县政府奉令招募输卒 70 名，送前方供运输需役。

1934 年

10 月，实行保甲制，全县设 4 个区、42 个乡镇，编保 625 个、甲 6170 个。

1935 年

旱。县政府组织赴上海救灾会订购免税谷米 5000 石，用于平粜。省救灾会拨谷米 1500 石，进行水利工赈。

1936 年

1 月，民治科改为第一科。

7 月，新昌县各界抗敌（日）后援会成立，各乡成立分会。

1937 年

6 月，洪涝，外出逃荒者数以万计。

是年，县优待出征军人家属，发壮丁安家费每人 20~50 元。中北乡、三联乡抗敌后援会募集棉背心慰劳前方将士。

1938 年

1 月，县抗敌（日）后援会赴前良、兰洲、丁家园、万石坑等地，以文艺演出形式宣传抗日救国。

2 月，各界抗敌（日）后援会改称“抗日自卫委员会”。

3 月，新昌县“战时政治工作队”成立，开展抗日宣传。

4 月，新昌、天台两县派员勘察报国乡与天台县接壤县界，勘定侯王庙、毛山、上八坞、四溪庙、羹饭丘、白木庵、雪家坑、瓦窑坪 8 个自然村为新昌辖地。

8 月，应战时需要，城区 5 个镇划归县直辖，大市聚、儒岙、澄潭 3 个区改设乡镇联合办事处。

是年，县政府在东岳庙设置难民收容所收容难民。

1939 年

3 月，县优待委员会成立、军民合作站，设立出征抗敌军人家属优待基金，办理征属优待、民夫征集、供应军差诸事。

是月，因经费无着，难民收容所裁撤。

7 月，旧城西门城隍庙（今公安局东侧）改建为忠烈祠，7 月 7 日举行入祠典礼，首次入祠忠烈牌位57位。

8月，旱，县政府赴黄岩采购谷米500石，进行平粜。

12月，乡镇改划为37个。裁撤各区乡镇联合办事处，置大市聚、镜岭2个区署，城区及附近7个乡镇由县直管。县战时妇女合作社成立，组织动员妇女投入抗日。

是年，县政府筹募抗战经费3.6万元，征献戎衣寒衣款1223.5元、“七七”献金373.69元、春礼劳军代金1257.95元，捐献药品564.43元、废铜1万斤。

1940年

2月，县春节劳军运动委员会成立，发起春节劳军运动。

3月17—26日，各乡镇举行游艺会（演戏卖票），筹募劳军费和优待费。

6月，设劝募队征募食品、药品、日常用品及代金，要求每户至少赠送一件物品，用于端午节劳军。

7月7日上午，县政府在忠烈祠举行恭送抗战阵亡将士入祠典礼。

8月，奇旱，后虫害、洪涝相加。县粮食平价委员会成立，赴临海采购谷米，进行平粜。

9月，党政机关开展“一日所得寒衣捐”征募活动，所有公职人员将一日所得薪水捐献，支援前线解决部队冬衣。

11月9日，天台县松关乡乡长带领武装纠察队，侵占关岭庵（望梅茶亭）基地。后经双方县政府查实，界牌复位原处。

12月，县政府征募便衣500套，派夫5名送至32师。

1941年

1月，耆绅张宣初等10余人发起，在东溪、南明两镇各办施粥厂赈济饥民。

3月，在儒岙、镜岭、黄坛设立难民收容所，急救过往难民。县政府制发《新昌县发动劳力协助征属办法》。县动员委员会发起春节出钱劳军竞赛运动。29日，县政府在忠烈祠举行第二次入祠典礼，入祠忠烈牌位98位。

4月，全省举行布鞋劳军运动，新昌任务1万双，实募集解缴3350双。

5月，县动员委员会发动医药界为抗战征属举行义诊及优待购药。各乡镇建立援助前方抗敌将士委员会，负责募捐及援助通信、运输、宣传和慰护等事。4月、5月，新昌城乡遭日机轰炸6次，炸死平民50人，炸伤18人，炸毁房屋5132间，灾民7205人。

6月，各乡镇组织担架队，每队人员数百名。桃源、炉溪、永宁、下彩等4个乡共征夫502人，自会墅岭至央于挑运军需物品。

7月6日，山洪暴发，南明坑沿坑民居多被冲毁，死38人。

7月7日，县政府组织各界代表在忠烈祠举行公祭抗战阵亡将士活动。

8月，螟虫危患遍及全县，农作物绝收，社会团体及37个乡镇联名呈请豁免前年田赋和缓征当年滞纳金。县政府成立虫灾水灾急赈委员会，购米 7.06 吨，放赈。

9 月 3 日，山洪暴发，城区大东门及南门城脚一带冲毁房屋 176 间，溺亡 27 人。

10 月，军事形势紧张，部队频繁过境，县政府令各乡镇储备稻草 2000 斤、木板 20 副（每副 3 块），板凳 40 条，以应战急需。

1942 年

1 月，凡出征抗敌军人家属死亡无力埋葬者，一次核发丧葬费法币 20 元，壮丁安家费按每保出一丁 250 元筹发。

2 月，省拨虫灾水灾赈济款 7 万元（其中 1 万元系蒋介石捐赠），由县粮食平价委员会至天台购米 669 石放赈。

3 月，省社会处转发省抚慰团及浙灾筹赈会敌灾赈济款 9 万元，赈恤遭日机轰炸灾民。

5 月 1 日，县政府在大礼堂举行抗战殉难党政团警工作人员及人民追悼大会。

7 月 14 日，县城被日军占领，县政府迁驻报国。

1943 年

1 月，县政府改组整理人民团体，并向团体派遣书记。

2 月，奉省政府令，筹募慰劳准备金 4 万元，汇缴省慰劳会。

3 月 22 日，国军西南军事训练班番号“唱凯”部队分驻儒岙、黄坛两地，县政府令乡镇组织乡导队、铁肩队、担架队协助，每日供应部队伙食，并组织壮丁随时调用。28 日凌晨，“唱凯”部队分别在黄坛、儒岙伏击日伪军，当地村民冒着炮火饷军。29 日战斗结束，敌军撤离，“唱凯”部队阵亡 31 人，东山地村民阵亡 3 人。黄坛村民自发捐资在石板坪建塔纪念。茅洋村石服周倡率众人，送麻糍千斤犒劳“唱凯”部队。

5 月，县政府机构缩编，民政科又改称第一科。

是月，奉第三行政督察专员公署电令，各乡镇屯米 2000 斤，以济紧急之军食。

7 月，县成立宣传队，发动民众筹募“七七”抗战纪念劳军费 2.5 万元，慰劳境内驻军、县自卫队和县保警队。

8 月，成立“一县一机”运动劝募委员会，拟定筹募 20 万元，至翌年 4 月，募集献金 10 万元。

8 月下旬，奉 32 集团军司令电令，动员大市聚区民夫 1 万余人，会同战工队破坏曹州路基、桥梁，逼使日军退守西山一隅。

是月，遵省政府训令，强制各乡建立农会。

9 月 10 日，县党部在藤坑村成立慰劳抗战将士委员会、征募慰劳救济委员会。

10 月，县慰劳抗战将士委员会发起募捐 3 万元，慰劳围剿四明山“奸匪”的挺进第三、四、五纵队官兵。

11月，县成立寺庙兴办公益慈善事业委员会，兴办地方公益慈善事业。

12月6日，县政府在龙皇堂、祝家庙设接运站，在皇渡桥、黄坛、小将、龙皇堂设常备运输队、民众义务担架队和荣誉军人招待所。

是月，奉浙东行署饬派募慰劳助奸队部布袜1000双，每双折代金70元，迄次年5月募齐交差。

是年，县赈济委员会成立，在黄坛、儒岙、镜岭设立临时难民收容所。

1944年

2月，在大市聚、镜岭、儒岙设军民合作站，承担驻境、过境部队副食品供应。县政府在报国开展自治保甲示范试验。

3月，奉省劳军委员会电令，派募劳军准备金4万元。因民贫一直未按时缴齐，及1945年3月，尚缴4200元。

4月，“浙灾赈济会”拨给平粜款7万元、赈济款7万元，由省粮政局拨购谷米，县平粜委员会办理平粜和赈济。

5月，县政府向各乡镇摊派筹集承运军粮费用，筹集法币174550元（部分乡镇未解县）。至9月，征调民夫万余名，承运军粮885160斤，赔补军粮16000余斤。

7月，民众团体筹集“七七”劳军款2.5万元，慰劳境内抗日部队。

8月，大水，复虫害，收成不及三成，继之日伪军肆扰，各乡保纷纷呈请核减县级公粮。

9月起，自动服役的国民党党员、三青团团员、公教人员、学生等，其安家费照被征壮丁2000元的标准加倍给予。

10月，镜岭前任区长吴某某拖欠短解1940年度壮丁免缓役纳金4016元，县长训令限期解库。

11月，黄泽办事处改为区署，增设南明、东溪2个镇。县民食调节委员会从黄岩、温岭购谷1.5万石，进行平粜，调剂民食。

12月，县卫生院规定，凡出征壮丁家属、抗战遗族持有乡保长证明者，得半费优待，赤贫者全部免费。

是月，前任县出征军人家属优待会总干事钱某某，亏欠（挪用）1940年度免缓役纳金13692元，被寄押天台监狱追缴。后经亲友凑足解库，由县商会会长吴朝福保释结案。

1945年

1月，县农、工、商、教等社会团体各理事长及37个乡（镇）长以连年遭灾为由联名呈请省政府免减当年田赋。

是月，原有大市聚、镜岭、儒岙、王渡桥、小将、回山等6个军民合作站裁撤为大市聚、镜岭、王渡桥3个，每个合作站置民夫队，常驻民夫20~30名，供应部队输送伤兵及各种军用物品。另设预备民夫队。县定保民优待金由县统筹派收，标准按每保出一丁安家费5000元筹集。

3月，第一科复称民政科。为改善士兵生活，新昌献粮（谷）700石，献金3000元。28日，县政府在儒岙忠烈碑前祭奠“三二八”抗日阵亡将士。

是月，鹤溪乡公所试办编钉门牌。

5月16日，县政府筹办克复县城军警团队临时供应及慰劳阵亡将士恤金并联欢大会，各乡镇派捐筹募总计910000元。

6月，浙保第一、二两团和第三纵队以及陆军33师驻境“围剿奸匪”，先后在16个乡镇强征木材、民工，构筑防御工事。各乡镇组织担架队、乡导队，协助国民党军队“围剿”。

7月，33师移驻镜岭，区署向澄潭、穿岩、桂溪、遁山4个乡镇摊派慰劳品，送师部慰劳。在穿岩、遁山、回山等15个乡镇征集民夫，每乡150名，分期轮流运输军粮。

9月1日，国民党县党部社会服务处开设民众诊疗所，对出征军人家属、抗战阵亡将士遗族、赤贫者免诊费并施药。县政府奉兵役部令停征壮丁，地主优待金，保民优待金、免缓役证书费亦随之停征。“浙灾赈济会”拨给平粜施赈款20万元，由县赈济会采购糙米1483石，进行平粜。“中国善后救济总署浙江省分署”拨款办理水利工赈。

10月，县政府增设社会科，分掌民政科部分事项。县政府设立从军壮丁安家费保管委员会、童子军复员委员会新昌分会，负责退伍安置事宜。

11月，大市聚、镜岭、黄泽3个区署撤销，改为指导区。县政府提拨1941年结存优待谷5万斤作征属子弟教育补助费。

12月，庆祝抗日战争胜利，县政府发动春节劳军活动，每个乡镇献猪肉10斤、年糕10斤、鸡5只，慰劳县自卫队。

1946年

元旦，县政府举行抚慰阵亡将士遗族发放1945年度优待谷慰问大会。全县征属4631户，17594人，发谷135910斤。

5月，奉省党部之令，裁撤区监察委员会。

夏，旱、虫灾交加，粮食作物减产六至七成。县政府拨积谷100石分赈。夏秋，嵊县中南乡乌岩村民越界征收鹤溪乡（今澄潭街道境域）山泊村守护会经费，强行抓人，牵走耕牛，引起县界纠纷。后经专区派员勘定，划定界线，竖立界石，平息争端。

8月，复员回籍士兵41名，后复员士兵陆续返乡回籍。

11月，开展复员退役军官调查。至年底，仅4个乡上报21人。

12月，37个乡镇缩编为30个乡镇，编保522个。

1947 年

1月，配发冬令救济奖助费 50 万元及大米、面粉各 1 吨。县政府贷款 2000 万元，由县民食调节委员会办理民食调剂。

2 月，嵊县方升乡桥里村人捣毁与新昌县岭外乡（今七星街道地域）接壤处界牌，引起县界纠纷。省民政厅派员会同两县代表实地查勘，确定界线，复立界牌。

5 月，奉拨旧衣 658 包，救济 3299 人；拨发化肥 20 吨，每个乡镇 600 公斤。县米业公会与一些绅士发起平米会。

夏旱，水田龟裂，旱作皆枯。米价每石自春 17.5 万元涨至 52 万元（法币）。

8 月，宗教联谊会新昌支会成立。

11 月 24 日，嵊县中南乡枣园村民数十人，携带长枪，至澄潭镇芝田村下沙溪潭捕鱼，芝田村民赶往制止，引发边界纠纷。后经第三行政督察区派员察勘、协商，勘定界线，平息纠纷。

12 月，县政府发起尊贤敬老活动。

是年，指导区改划为 4 个，编保 520 个。壮丁安家费每人 5 万元，计发安家费 176.17 万元。

1948 年

2 月 24 日（农历正月十五日），县政府在大礼堂举行尊贤敬老大会，南明镇 109 名男女贤老受邀到会。

是月，民政科再次改为第一科。

5 月，县政府订发《新昌县筹募出征壮丁优待金办法》，筹募优待金以食谷每丁 30 斤为准，多筹不限。县退役（伍）军人就业辅导委员会成立。城区设军民合作总站，黄泽、上北、唐诏、报国、澄潭、穿岩、鳌峰等乡镇各设分站，办理过境军队征雇民夫，供应食品，慰劳及临时收容过境伤病游散官兵，掩埋路毙官兵和派遣向导。

6 月，县政府公布《新昌县编整门牌实施办法》，全县举办编整门牌。

9 月 28 日，入忠烈祠忠烈牌位 250 位。

12 月 23 日，全县发动慰劳 11 月 22 日马坑等“剿匪”国军及县属队警。

1949 年

4 月，第一科复为民政科。

5 月 10 日，复设乡镇联合办事处。

5 月 22 日，新昌解放，全县分设 5 个区、30 个乡镇。不久增设西郊、羽林、岱石、灵川、桂溪、下北 6 个乡。

6 月，县政府设立民政科。

7 月，民政科接管救济院资产及婴孩。

8 月，县委成立农民协会筹备委员会。8 月 20 日，原属新昌大灵乡辖地大陈、宴了、逐步、杨厂、清水厂、王家厂 6 个村，划归宁海县管辖。

9 月，县支前委员会成立，负责拥军支前工作。

中华人民共和国

10 月 19 日，县委召开首次全县农民代表会议。

12 月，县政府通令各乡调查登记烈军属、革命伤残军人，开展慰问、代耕等优待工作。

1950 年

1 月，县支前委员会发动妇女赶制军鞋 700 双，支援解放舟山群岛部队。

2 月 17 日（农历正月初一），县人民委员会组织各界慰问烈属、军属、工属（供给制国家工作人员家属）和革命残废军人。2 月 18 日开始，慰问活动遍及全县城乡。

3 月 22 日，接定海战役支前司令部电令，县组织担架 96 副，每副担架配备民工 4 人，听候命令，随调随到。

4 月，县政府成立人民生产救灾委员会，发动群众生产自救，社会互救，节约度荒。开展一日捐活动，筹集大米 20 石，支援上海失业工人救济（折款汇缴）。

春夏之交，全县缺粮。政府发放救济大米 52.75 吨，救济 3533 户 10947 人。同时，县供销合作总社采取贩米输入，代购代销措施，限购平粜，平抑市价。

5 月，民政科执掌婚姻登记管理，结婚、离婚登记由区公所承办。

6 月，开展划乡建乡、婚姻法宣传。县、区、乡、村各级成立复员委员会，负责复员安置工作。

8 月 12 日，县农民协会筹备委员会成立，在岭外乡后溪村开展选举农民代表，建立乡、村农民协会的工作试点。10 月后全县展开。

9 月，完成划乡建乡，全县 36 个乡镇分为 70 个乡镇，辖 533 个村。

10 月 23 日，县政府成立劝募委员会，发起节约一两米支援皖北苏北灾民运动。至 11 月底，共募集寒衣 4430.5 套，大米 20 石折款 514450 元，支援苏皖灾民。

11 月至翌年初，县组织两批支前民工 744 人，支援闽北国防工程建设。

1951 年

年初，县拥军优属委员会成立，区、乡镇建立支会，村成立小组，开展群众性拥军慰问活动。

2 月，县委、县政府召开第一届县烈军工属代表会，总结经验，表彰先进，推动拥军优属工作。至 1983 年，全县烈军属荣复转业退伍军人代表大会先后召开 30 次。

4 月，县抗美援朝新昌分会成立，号召增产节约，捐献飞机大炮。至 11 月，全县人民捐献金额 36.6 亿元（旧币），可购战斗机 2.4 架。捐鞋 2800 余双、毛巾 600 条。

5月，新昌县农民协会正式成立。

6月23日，县政府发布公告，设立社会团体登记处，开展旧社会团体清理整顿。救济院改称生产救济院。

5月、7月、8月旱，新昌、澄潭、黄泽三江断流，水田龟裂，旱作皆枯。6月下旬、8月下旬，大水。政府拨发大米63.28吨，救济烈军工属、困难户2706户7538人。

8月，在大塘乡、大灵乡、黄泽镇开展烈军工属代耕工作试点。10月，全县普遍建立代耕制度，大部分地区采取固定负责、保证产量的方式。

10—12月，西山乡龙潭背村与东阳县（今属磐安县）前山乡黄坑村数次发生边界土地权属纠纷。1952年5月29日，经两县政府派员调解，明确权属，达成协议。

12月，在西岭、岭外两乡举办耕牛保险试点，次年春全面推广。

是年，政府发放贷款和物资，帮助农民发展生产，解决生活困难。

1952年

1月，县复员委员会更名为县转业建设委员会。

2月，县人民法院在县和区乡设立婚姻法庭，调解处理离婚案件。

3月16日，县失业工人救济委员会成立，设立失业工人救济基金。生产救济院撤销，粮食加工厂划归县粮征科，田产划归财政科，婴孩由民政科雇请村妇寄养。县成立贯彻婚姻法运动委员会，抽调县级机关及区干部30人组成婚姻法报告团，分组赴各区乡巡回报告。

4月，县委、县政府在大塘乡、梅溪乡和黄泽镇开展民主建政工作试点。

5月，城关镇开办竹器生产小组和雨伞厂，介绍失业工人就业。举办以工代赈，开筑县城公路，发赈款69416833元、大米1377公斤。

9月，开展失业工人登记，登记失业工人204人。

10月，县创办干部学校，专事各级干部培训。

12月5日，县干部学校首期训练班开学，培训乡村干部448名，其中农民积极分子408名。

1953年

1月，县支前委员会动员泥、石、木等技工375人，支援舟山和宁波国防工程建设。

2月，城内设立居民委员会5个。

4月，县抽调干部20余人，分6个组下乡协助开展宣传贯彻婚姻法。

5月中旬，县派工作组在西岭乡、岭外乡进行基层普选工作试点。9月，逐步推开，分批完成。

11月，澄潭区梅溪乡舒家村划归嵊县长安乡管辖。

1954年

1月，停征失业工人救济基金。

3月底，基层普选工作全部完成。

6月28日，宁波专署转发新昌大塘乡代耕整顿的工作成绩。

9月13日，新昌县失业工人救济委员会撤销，其工作归属县民政科。

10月至1955年，县支前委员会先后组织开山民工1660人，参加浙闽两省沿海国防公路建设。

1955年

3月，组织工作组在岭外乡开展以互助合作社为中心的春耕生产运动和组织烈军属参加互助合作生产，整顿代耕工作的试点。6月，全县分两批展开。

7月起，现役军官由供给制改为薪金制，其家属不再享受代耕和物质优待。

12月，县人委转发分水乡开展动员烈军属、复员军人入社，结合发放实物补助，整顿代耕工作试点经验，要求各乡在动员烈军属、复员军人入社时，付清代耕工资，巩固代耕制度。

是年，民政科开始管理退休定居境内人员的退休金发放。对孤老烈士家属和病故、失踪军人家属实行定期定量经济补助。

1956年

4月，撤销城郊、澄潭、黄泽、大市聚4个区，乡镇撤并为36个，行政村为536个。乡镇人民政府改称为乡镇人民委员会。军属代耕制度改为优待劳动日制度。

同月，结婚登记改由乡镇人民委员会办理，离婚和恢复结婚登记仍由区公所办理。

8月1日，"12号"台风中心过境，暴雨、山洪，县城水漫膝盖。全县倒房2210间，死亡25人，受伤42人。8—12日，狂风暴雨，局地有冰雹，死亡3人，受伤5人。

9月19日，暴雨，发生山洪，死3人，伤4人。

11月，恢复城郊、澄潭、黄泽、大市聚4个区。

是年，发放救济款69611.42元，发冬令救济棉被480条、棉衣290套。

1957年

5月，复设黄坛、安顶、灵川、结溪、西郊、桃源6个乡。全县有行政村537个。

6月，遁山乡罗家山划归嵊县管辖。

是年起，民政科承担国家机关、事业单位工作人员死亡后的遗属生活困难补助工作。

1958年

6月，奉化县三石乡剡界岭农业社划归新昌县管辖。

8月，大市聚人民公社红旗社（原梅鹤乡）西山村试办幸福院，集中供养农村"五保户"17户20人。

9月，撤销区乡镇行政建制，全县设新昌、澄潭、镜岭、回山、儒岙、小将、大市聚、沙溪、黄泽9个人民公社，72个生产大队（不久调整为65个），536个生产队。

10月23日，县人民委员会要求各公社兴办幸福院。

11月，新昌与嵊县合并，原有公社、大队建制未变。民政、劳动两科合并为民政劳动科。

是年，民政科开始接收安置退伍义务兵。

1959年

10月，宁波专署在大佛寺开办复员军人疗养院，首批入院疗养的复员军人有13人。

是年，人民公社集体办的幸福院陆续关闭。

1961年

6—8月，干旱70天。

10月3—5日，洪涝，死4人，伤16人。全年农村社员人均口粮164公斤，各地出现挖野菜草根充饥情况。宁波专区拨救灾款2万元，县发冬令救济被絮73条、棉衣36件、毯子100条、棉布628米。

12月，恢复新昌县建制，原属新昌县的黄泽镇、藕岸公社的兰洲、麻车、前王等3个大队划归嵊县管辖。原属嵊县毫石公社的东陈、西陈、汤家庄等3个大队划归新昌县管辖。全县辖8个区、1个镇、48个公社、818个生产大队。

1962年

2月，县人民委员会规定烈军属残废军人优待劳动日实行“一年评定、三年不变，特殊情况个别调整，落实到队，发证到人”的优待办法。

6月，区公所撤销，公社直属县管。

9月，城内5个居民委员会调整为8个。

10月起，民政部门开始承担工商业者遗属的部分社会救济。

冬至次年4月，干旱148天，山塘水库半数干涸，4.2万亩水田无水下种。6月后，遭台风、暴雨侵害，倒房1999间，死亡9人，受伤12人。是年，发放春荒救济款1.7万元，粮食管理部门发放预借粮。

1963年

5月6日，县人民法院在城关镇召开宣判大会，对重婚、典妻、包办买卖婚姻等典型案件进行宣判处理，参加大会的各界群众5000余人。

10月，民政科开始承担企业职工遗属的部分社会救济。

12月，县委组织工作队进驻沙溪公社开展社会主义教育运动试点。

1964年

2月，全县农村开展社会主义教育运动，建立贫下中农协会。省分配新昌扶贫贷款79400元，实际贷出65563元，帮助生活有困难的社员解决养猪资金。

3 月，义务兵家属优待劳动日实行“困难大多优待，困难小少优待，不困难不优待”的原则，采取干部、群众、优待户三见面的民主评议落实的办法。至 1979 年，义务兵家属实行户户优待。

是年，开始接收安置军队退休干部。

1965 年

3 月，省人民委员会划出一部分社会救济款作为扶持贫下中农家庭副业生产贷款，分配给新昌无息贷款 7 万元。

4 月，大佛寺疗养院撤销停办。

5 月，回山、安顶公社与东阳县尖山公社发生山界权属纠纷，发生殴斗。后经绍兴专员公署派员会同金华专署和东阳县、新昌县领导及法院、林业等部门以及有关公社实地调处，达成协议，平息事态。

6 月，精减退职的老职工实行定期生活困难救济。

8 月，在乡三等革命残废军人不分因战、因公致残，由一次抚恤终了改为长期补助。

是年起，省民政厅、省计划委员会每年下拨木材指标，按市场批发价供应，帮助解决退伍军人住房困难。

1966 年

3 月，城关镇人民委员会改称人民公社。

4 月 1 日起，结婚、离婚和复婚登记由人民公社管理委员会（乡级）负责办理。

10 月 13 日，县委在儒岙操场召开“横扫婚姻旧俗”大会，各区、公社、大队妇女干部、团干部及中小学教师代表 500 余人参加会议。

是年起，县供销社、县民政局联合下拨指标，给每个退伍军人补助棉花 1.5 公斤，帮助解决退伍军人生活困难。

1967 年

6 月下旬至 11 月，连旱 130 余天，水源断绝，人畜饮水困难，受灾粮田 18.8 万亩，受灾农民 3.8 万户 16.8 万人。旱灾百年未遇，部分山区出现逃荒要饭者。是年，发放救灾款 20 万元，冬令救济棉被 705 条、棉衣 300 件。县粮食部门供应农村返销粮 19601 吨，为历史最高。

1968 年

6 月，恢复区公所建制。人民公社管理委员会改称人民公社革命委员会。城关镇的福利企业先后被归并、撤销。

7 月 18 日，县革命委员会成立，民政劳动科解体，民政隶属生产指挥组管理。

8 月，县革命委员会在东溪公社召开建立生产大队革命领导小组现场会。会后，全县生产大队管理委员会改为革命领导小组。

9月，农村贫代会改称农代会，受革命领导小组的领导。

12月，县革命委员会设立民政安置服务站，掌理民政事务。

是年，陆续接收复员干部47名，全部安置在农村务农。

1969年

3月10日，县退伍军人安置工作领导小组成立。

1970年

6月，撤销灵川、山头、诚爱3个公社，分别并入澄潭、梅渚、东溪3个公社。

6—9月，持续干旱90天，受灾粮田10.5万亩，44个公社社员口粮发生困难。县粮食部门供应农村缺粮户口粮10464.05吨。民政部门发放春荒救济款26450元。

12月，民政安置服务站改称内务办公室。

1972年

8月，内务局革命领导小组成立。

10月，城关镇居民委员会改为居民革命委员会。

1973年

3月，内务局革命领导小组改为内务局。

5月，换发复员、转业、退伍军人证明书，9月底基本完成。

1977年

马坑等烈士墓建成，纪念1948年11月22日马坑等战斗中牺牲的2名革命烈士。

1978年

1月，在乡三等革命残废军人的残废补助费改为长期抚恤。

3月，人民公社革命委员会撤销，复称人民公社管理委员会。

1979年

1月，内务局撤销，分设民政局、劳动局。

2月，全县开展精减职工遗留问题调查处理工作。县政府在遁山公社和莒根公社召开庆功大会，敲锣打鼓向军属报喜，号召全县人民学习英雄模范，以实际行动为四个现代化作贡献。

3月，对国民党起义投诚人员实施定期生活困难补助。

9月，县民政局在东溪公社长乐大队开展扶贫试点。

11月17日，县成立复退军人安置办公室。

是年，炉溪、解放两公社合并称长诏公社。全县分设8个区、1个镇、48个公社。

1980年

3月，恢复县、公社两级人民代表选举，人民代表采取直接选举的办法产生。

4月，撤销农村革命领导小组，复设生产大队管理委员会。全县有生产大队740个。

6 月，县革命委员会批转县民政局《关于在全县农村开展规划扶贫工作的情况报告》，要求各区、公社、县属单位开展规划扶贫工作。

11 月，县政府成立地名普查工作领导小组，抽调干部 10 人组成地名普查工作办公室，具体工作由县城建局负责。

12 月 4 日，县政府召开全县地名工作会议，部署开展地名普查工作。

是年，对 47 名复员回乡干部全部改办转业手续，安排到工矿企业、事业和其他部门工作。

1981 年

3 月 14 日凌晨 5 时，遁山公社灵山下、上旺、里丁等地遭冰雹袭击，雹大似鹅蛋，地面积雹 30 多厘米，95%的屋瓦被打碎。

3 月，县政府决定对 55 个生产大队名称，城关镇 42 条街、路、巷名称予以更名和恢复原名。

4 月，城关镇增设梅西、南明、城南、钟楼 4 个居委会。

7 月，全县地名普查结束，普查成果顺利通过市、省地名办验收。

8 月 13 日下午 3—4 时，城郊、澄潭、儒岙、镜岭 4 个区大部分公社暴雨成灾，岱石公社雨量达 124 毫米。因雨大范围广，致南明坑水急泻县城，现实验中学周边区域一片汪洋，434 户民居进水。

8 月，县民政局收集烈士事迹，整理、编写《革命烈士英名录》，录入革命烈士 198 名。

是年，县民政局开始自行建账办理财务。

1982 年

2 月 23 日，县地名普查工作领导小组改为新昌县地名委员会。

是年起，对地下党员、地下交通员和游击队员给予定期生活补助。

是年，县政府批准设立澄潭居委会、镜岭居委会、大市聚居委会。

1983 年

1 月 30 日，县委、县政府组织 1600 多人在人民大会堂召开纪念延安“双拥运动”40 周年大会，表彰拥军优属先进集体和优抚先进个人。

2 月，县委、县政府在拔茅公社进行政社分设试点。

3 月，县民政局在大明市公社进行换发、补发革命烈士证明书试点，一星期后全县展开，至 7 月结束。

6 月上旬，县委、县政府抽调县级机关干部 80 余人组成工作组，分赴镜岭、梅渚、西岭、回山、儒岙、小将、龙皇堂 7 个公社开展政社分设。

7 月后，除回山区的安顶、新天、中彩、彩淳 4 个公社外，全面展开政社分设工作。

9月，对丧失劳动能力家庭赡养有困难的原国民党团以下释放和转业人员给予定期救济。

是年，村民委员会成员及村务监督委员会成员由选民采取无记名投票、有候选人的差额选举方式选举产生。

1984年

4月起，对住院麻风病人实行定期生活救济。

6月，安顶、新天、中彩、彩淳4个公社改设乡。至此，政社分设工作全面完成。全县设行政村759个。

8月31日，县民政局创办第一福利厂，为县属大集体单位。

10月，大市聚镇大市聚村创办县内首家敬老院，集中供养“五保”老人4名。

11月，县政府确定石磁、岱石、永丰、安山、红星、莒根、结溪、董村8个乡为贫困乡，制定优惠政策，各方面给予扶持照顾。

是年，绍兴市政府批准大明市、石磁2个乡为革命老区乡。26名立二等功以上的退伍义务兵和家居农村的因战、因公致残的二等、三等残废军人，全部安排进企事业单位工作。

1985年

1月，县政府决定对越自卫反击战中牺牲的13名烈士家属，各照顾安排1名符合招工条件的兄弟姐妹进全民企事业单位工作，并转为非农户口。“三属”定期定量补助改为定期抚恤。

是月，澄潭乡改为镇建制。

2月，民政局内设办公室、优抚安置股、社会救济股。

4月，民政局拨款给2557户烈属、抗日战争时期入伍的在乡复员军人、五保户以及2%困难户投保家庭财产保险。

6月，县委、县政府领导及烈士生前部队首长到肇圃、冷水、大古年等村慰问对越自卫反击战中牺牲的烈士家属。随后，县政府在人民大会堂举行追悼大会，悼念对越自卫反击战中光荣牺牲的13名烈士。

7月，儒岙乡、大市聚乡、大灵乡改为建制镇，大灵乡改镇后，称小将镇。县政府向参加对越自卫反击战新昌籍干部战士发特印慰问信，鼓励他们英勇作战，为家乡人民争光。

8月3—10日，副县长毛田华带领慰问团，赴陆军两个师和陆军101医院，慰问新昌籍参战干部战士和伤员。

8月17日，县复退军人安置工作领导小组改为县退伍军人和军队离退休干部安置工作领导小组。

9 月 3 日，新昌县召开纪念抗日战争暨世界反法西斯战争胜利 40 周年报告会。会后，组织慰问组，给参战军人家属赠送纪念品。18 日，县政府决定在鼓山建造革命烈士纪念碑。

是月，城关镇增设城胜居委会。

12 月，拔茅乡、镜岭乡改为建制镇。

1986 年

1 月，县民政局与城关镇旅馆业治安联防办公室订立协议，授权城关镇旅馆业治安联防办公室负责辖区内流浪乞讨、露宿街头人员的救助工作。

4 月 10 日傍晚，遁山、东茗、诚爱等 22 个乡镇 221 个村 28483 户，遭受百年罕见的龙卷风、冰雹、暴雨袭击，雹大似鸡蛋，最大的重 2.85 公斤，胸径尺半的松树被拦腰折断。327 人受伤，131 间民房倒塌，61115 间房屋瓦片被粉碎。

7 月 21 日至 8 月 25 日，连续 36 天高温干旱，山溪断流，山塘水库干涸，岱石、新溪、石磁、安山、红星、东茗、诚爱等山区乡人畜饮水困难。是年，因灾缺粮 12.1 万人。发放救灾款 18.2 万元、救济粮 200 吨。

8 月，县政府批准石磁乡、大明市乡 22 个村为革命老根据地村，县民政局给予资金扶持。

9 月 1 日起，城关镇范围内实行婚前健康检查。

1987 年

1 月，革命烈士纪念碑开工兴建，是年 7 月竣工，八一建军节举行揭碑仪式。

同月，县政府号召乡乡镇镇办福利厂。

7 月 27 日，儒岙镇朱路村烈属潘叶芬被省政府评为“双拥”先进个人，并作为特邀代表赴京参加“全军英模代表大会”。

1988 年

1 月 21 日，县政府将鼓山革命烈士纪念碑列为保护单位。

2 月，民政局与城关镇政府订立协议，由城关镇政府负责辖区内流浪乞讨、露宿街头人员的收容救助工作。

4 月 6 日，县编委核定地名办事业编制 1 名。县民政局号召乡镇兴办敬老院。

4 月 21 日，县征收兵役义务费领导小组成立，制定《关于征收兵役义务费实施办法（试行）》，规定义务兵家属优待实行乡镇统筹、平衡负担的办法。

5 月，县民政局组织人员在县城横街设点，试销即开型社会福利奖券。

6—7 月，高温干旱 36 天，有 20 个村 8000 余人饮水困难。7 月 29 日晚 8 时起，特大暴雨，致黄泽江特大洪灾 500 年未遇，大明市、丁家园、山头里、藕岸、枫家潭、钦寸、方塘头等村沦为汪洋，水深 2~3 米，洪水围困时间长达 15 小时以上。全县 20 个乡镇 261 个村遭灾，受灾 36927 户 134241 人，死 28 人，伤 339 人，倒房 13362 间，损坏

18415间，7300人无家可归。

7月30日凌晨，县委、县政府成立抗灾救灾指挥部，全力组织救灾。次日一早，省民政厅农救处副处长崔光明赴大明市、新林重灾区察看灾情，指导救灾。灾后，全县人民踊跃募捐救灾。民政局陆续发放救灾款物，保障灾民基本生活，无一人因灾饿死或病死。

8月上旬，副省长许行贯至大明市、沙溪考察灾情，指导救灾。21日，联合国世界粮食计划署官员黄斌到大明市考察灾情。

9月9日，县政府在大会堂召开老人节庆祝大会。

9月中旬，联合国世界粮食计划署援助浙江省小麦1万吨。

9月29日，全省“3789Q”项目（灾民新村重建）领导小组第一次会议决定，大明市、山头里、沙溪3个村列入“3789Q”项目，援助小麦1500吨。会后，县成立“3789Q”项目建设领导小组，下设办公室于民政局，指派1名干部专事灾民新村物资调拨、粮款发放、建设进度的督促检查。

10月31日，县委成立县老龄委员会，下设办公室于老干部局。

12月，176户灾民新村如期建成，春节前入住。

是月，沙溪乡改为镇建制。

同月，县民政局设立救灾扶贫周转金，开展科技扶贫。

1989年

3月，开展残疾人“三项康复”工作。

5月，回山乡改为镇建制。

9月15日，23号台风伴大暴雨，加之上游五丈岩水库长时间泄洪，致澄潭江流域成50年一遇洪灾。

10月，新昌县退伍军人福利基金会总会建立。

11月，县民政局筹建新昌县残疾人联合会。县编委核定县残疾人联合会事业编制3人，隶属县民政局领导。

1990年

1月起，给百岁老人发放生活补助费，给部分生活困难的黄埔军校学生定期发放救济。

5月，县退伍军人福利基金会总会在回山乡召开退伍军人福利基金会会员发证大会。

6月，县老龄委员会改为老龄工作委员会（简称老龄工委），设办公室于民政局。县民政局与保险公司合作，在董村乡开展水稻保险试点。

7月3日至8月10日，持续高温干旱，彩淳、岱石、肇圃、新溪、西岭等乡87个村3.1万人饮水困难。

1991年

1月15日，新昌县残疾人联合会成立，由县民政局兼管。

3月，原由县城建局管理的地名工作划归民政局管理，设新昌县地名委员会办公室。

是年起，福利企业实行年度检审制度，年检工作由民政会同税务部门组成联合检查组进行。退伍安置采取“供需见面，双向选择，市场调节，包底安置”的方式。

是年，梁柏台烈士纪念碑亭建成。

1992年

4月1日起，县民政局开始办理收养登记。

5月，撤区扩镇并乡，全县48个乡镇撤并为11个镇、7个乡。

6月，全县实行婚前健康检查制度。

8月，县委、县政府实施“百厂联百村”联盟工程，确定100家骨干工业企业与贫困村、经济薄弱村结对扶持。

1993年

1月，社会团体实行年度检查制度。

是年，全县福利生产总产值达2亿元。

1994年

6月，城关镇城胜村和城胜居委会合并建立新城居委会。

7月18日，县政府决定设立新昌县农村社会养老保险管理处，隶属县民政局领导，开展农村社会养老保险业务。

1995年

7月24日，新昌县残疾人联合会机构单列，与县民政局脱钩。

伏旱，山塘水库干涸，54个村1.59万人和5110头牲畜饮水困难。发放救济款27.5万元。

9月，城关镇增设鼓山、茶亭、湖莲潭、临城、临江、凤山6个居委会。

1996年

4月，义务兵家属优待实行全县统筹，统一农村入伍义务兵家属优待标准。

8月，民政部门开始审批婚姻介绍机构。

9月7日，县政府成立勘界工作领导小组，设办公室于县民政局，开展日常勘界。

12月，儒岙镇龙山居委会设立。

12月24日，新昌、嵊州边界线首次核界会议在新昌民政局会议室召开。双方核定一致的边界线达总长度的98%，凤凰窝水库和黄泽江石桥头活动堰地段因意见不一未核定。

1997 年

3 月，县民政局设新昌县慈善总会办公室。县编制委员会核定慈善总会为事业单位，配职工 3 名。县慈善总会与县级机关党委、新昌报社联合发起倡议，组织党政机关、企事业单位党员、干部、职工开展“慈善一日捐”活动。

4 月 16 日，新昌、嵊州边界线实现全线贯通。

6 月，民政局股改科，民政股改称社会事务管理科，增设新昌县殡葬事务管理处。

7 月 17 日，宁波、绍兴两市勘界办在上虞召开首次核界会议，双方核定新（昌）宁（海）段全线贯通；新（昌）奉（化）段核定一致的边界线达总长度的 88.4%。

同月，集体福利企业天姥针织厂、县燃具气阀厂开始股份制改革试点。此后，乡镇集体福利企业逐步改制，转为个体经营。

8 月 4 日，绍兴、台州两市勘界办在新昌县府招待所召开首次核界会议，双方核定一致的边界线达总长度的 95.5%。

8 月 21 日，绍兴、金华两市勘界办在东阳市政府招待所召开首次核界会议，新昌与东阳核定一致的边界线达总长度的 98.93%，新昌与磐安核定一致的边界线达总长度的 94.88%。

8 月 26 日，绍兴、台州两市勘界办在天台召开第二次核界会议，边界线实现全线贯通。

9 月 23 日，新（昌）嵊（州）线 1 号界桩埋设。25 日，宁波、绍兴两市勘界办在余姚召开第二次核界会议，双方核定新（昌）奉（化）段全线贯通。

12 月，县政府规定进西藏和南疆服役义务兵家属的优待标准按农村入伍其他义务兵优待金的 3 倍计发；在职入伍的按在职入伍其他义务兵标准的 2 倍计发。

年底，民政局建立救灾物资储备制度，建立优抚对象生活保障制度。

1998 年

1 月，新昌边界线界桩埋设完成，埋设界桩标志 21 个。

3 月 12 日，解放军某部应双方勘界办的委托进驻新昌，对新（昌）嵊（州）线、宁（波）绍（兴）线新（昌）宁（海）段和新（昌）奉（化）段、绍（兴）台（州）线新（昌）天（台）段的边界线走向和界桩位置进行实地测量，历时 12 天完成。

3 月 28 日，“同心乐”大奖组福利彩票 1200 万元在大佛城发行，4 天销售完毕。

5 月 8 日，殡仪馆开建奠基仪式举行，同时眠山陵园改为新昌县殡仪馆。

5 月 21 日，绍兴、金华两市勘界办在诸暨市召开第二次核界会议，新昌与东阳边界线实现贯通，在地形图上作业完成（未经实测）。

是月，县政府印发《关于对城镇退伍安置任务实行有偿转移的通知》，城镇安置采取以指令性安置为主，双向选择为辅，同时实行城镇安置对象有偿转移的新举措。

7 月，全县城乡建立最低生活保障制度。解放军某通信光缆工程施工经西郊、西岭、新溪、新民、桃源、儒岙、报国等 7 个乡镇，沿线乡镇主动安排施工部队的住宿和生活，组织民兵 1000 余人协助部队施工。当地村民自发给子弟兵送茶送点心，妇女们为解放军洗衣洗被。

8 月 1 日起，建立优抚对象抚恤、补助、优待自然增长机制。

8 月 18 日起，开展赈灾捐赠活动，募集捐款 52 万元，衣物等折价 321 万元。捐款汇交省赈灾捐赠办公室，衣物由民政局领导专程送往湖北、江西灾区。

9 月 2 日，殡仪馆动工建设。

是月，农村推广村务公开制度。

10 月 15 日至 11 月 30 日，县人民政府与周边县（市）政府签订县际边界线协议书和市际边界线基础协议书。

11 月，县民政局开展在乡复员军人、带病回乡退伍军人“三难”（生活难、医疗难、住房难）情况调查，发动全社会开展“爱心献功臣”活动。

1999 年

2 月 21，“生活天地”大奖组福利彩票 1700 万元在大佛城发行，7 天销售完毕。

4 月，城关镇增设桂花园居委会。

5 月，村委会换届选举在大明市镇藕岸、万石坑两村试点，县民政局首次给当选的村委会成员颁发村民委员会当选证书。

7 月，县、乡开始制定自然灾害救助预案制度，县、乡各级财政设立大灾预备金。

10 月 15 日，县政府在文化中心召开殡葬改革动员大会。

11 月 1 日零时起，全境实行遗体火化。

是年，全县乡镇集体福利企业全部转为个体经营。县民政局新建新昌县社会福利院。

2000 年

1 月 5 日，县殡葬事务管理处由自收自支单位改为差额拨款单位。

4 月，县气功类社团专项清理整顿工作领导小组成立，开展气功类社会团体专项清理整顿工作。对“新昌县华夏太极气功研究会”“新昌县香功协会”实施注销登记。

6 月，县民政局在行政服务中心设立窗口，派驻干部，承办社会团体、民办非企业单位成立、变更及注销。

8 月 25 日，县民政局依法对“新昌县国际医学气功科学研究会”作出注销登记处理。取缔“新昌县国际医学气功科学研究会”下 4 个非法分支机构：“中国大佛城正功基地”“大正道气功学院”“中国大佛城大正道场修持中心”“弘德正道生命修持工程研究中心”，责令其停止一切活动。

11 月，城关镇增设七星、江北两个居委会。

2001 年

1 月 27 日，1000 万元大奖组福利彩票在大佛城发行，6 天销售 500 万元。是年，开始发行电脑彩票。

2 月，开展民办非企业单位复查登记工作。县政府批准民政局行政审批制度改革实施方案，审批事项由原来 5 项减少为 2 项，核准事项由原来 6 项减少为 3 项，审核事项由原来 7 项减少为 5 项。

4 月，退役伤残军人自谋职业，除发给一次性安置补助金外，可享受在乡伤残军人待遇。

5 月 21 日，县委、县政府成立社区建设指导委员会。

7 月，县政府决定对 70 周岁以上老人实施社会优待服务。

8 月 1 日，县社会福利院试营业。

11 月，大明市镇、拔茅镇撤销，原区域及挂帘山村并入城关镇。全县由 18 个乡镇调整为 16 个乡镇。

是年，县委、县政府实施“三百”扶贫工程，即结对帮扶 100 个贫弱村，结对帮扶 100 个下岗困难职工家庭，结对帮扶 100 个农村专业户。

2002 年

1 月，农村社会养老保险处机构、人员、业务一并划归县劳动社会保障局管理。

2 月，县委、县政府规定农村党支部书记、村民委员会主任的务工报酬，由镇乡统一管理和统一发放。

4 月初，县民政局在梅渚镇试行村委会选举无候选人的自荐直选（也称海选）。5 月，试点结束后，“海选”方式在全县推广。

8 月，阳光建设集团董事长吴国汀出资 50 万元，设立阳光慈善助学基金。

10 月，县委、县政府批准城关镇社区建设实施方案，原 23 个居民区调整为 12 个社区。

10 月 29 日，新昌县福利企业协会成立。

是年起，义务兵家属优待金纳入财政预算，由县民政局负责发放。

2003 年

1 月，新春轴承有限公司总裁张峰、国贸实业有限公司董事长潘若平、丰岛控股集团董事长徐孝芳、鹤群机械有限公司董事长赵治辉等，分别出资设立慈善冠名基金，每年以 5%的基金利息向慈善总会提供慈善救助资金。

1 月 24 日，“新昌县殡仪馆”变更为“新昌县眠山实业开发公司”，属国有独资企业。

5 月 20 日，县政府公布第二轮行政审批制度改革方案，民政局保留审批 2 项，核准6项，审核4项。

6月，县老龄委在县城社区实施老龄工作“3587”工程。

7月1日至9月15日，持续高温干旱，农作物受灾12.61万亩；城南、东茗、镜岭、镜屏等14个乡镇95个村人畜饮水困难。达利发集团捐资30万元，帮助城南、东茗、镜岭、镜屏等乡的5个村建造饮水工程；县组织车辆定期送水2000余吨。

10月4日，2000万元福利彩票在江滨公园销售，6天完成销售750万元。

是月，县民政局在巧英、双彩、长征3个乡开展行政村规模调整试点，年底结束。

11月起，民政部门不再审批和管理婚姻介绍机构。

12月，县救助管理站设置。

2004年

3月，除梅渚镇外，全县开展行政村规模调整，至7月完成，777个行政村撤并为416个。

4月，新昌县人民教育基金会成立。

6月，儒岙镇石磁村以全民公决的形式订立《村民自治特别法——石磁村典章》，被《浙江内参》第45期、《中国民政》第11期刊登介绍。

7月，响应县委、县政府提出的“一减一缩一创新”审批制度改革要求，县民政局取消行政审批事项15项，实施定期检验事项3项。

8月，开展社区民间组织登记备案。

10月，开展扶贫济困送温暖捐赠过冬衣被活动，募集衣被3.2万余件，全部运往新昌对口支援的宁夏银川市。

12月，城关、澄潭、镜岭、回山、儒岙、小将、沙溪、大市聚8所福利院的改扩建工程完成，实现农村“五保”和城镇“三无”对象的集中供养。

是年，完成伤残军人伤残等级套改。

2005年

1月1日起，实施重点优抚对象抚恤补助标准自然增长机制，农村退伍安置对象实行安置补助制度。

4月，村级组织换届选举建立工作专报制度，规范竞选承诺行为。

2006年

2月，县民政局在阳光路设置“中福在线”彩票发行大厅，常年发行“中福在线”即开型福利彩票。

2月23—26日，首届全国慈善总会高层管理人员培训班在新昌鹤群大酒店举办。

3月，县政府决定残疾军人免费乘坐公交车。

是月，大佛寺村撤销，居民大部分归并七星社区。

7月1日起，全县婚姻登记集中办理。

8 月 14 日，县政府决定建立城乡困难家庭医疗救助制度。

9 月 22 日，县委、县政府成立新昌县大中型水库移民后期扶持工作领导小组。

是月，16 个乡镇撤并调整为 8 个镇、5 个乡、3 个街道。

10 月 9 日，县政府在白云山庄召开全县大中型水库移民后期扶持工作动员会。

是年始，县民政局指导、资助乡镇（街道）、农村和县城社区设立报灾员队伍，建设避灾场所。

2007 年

1 月起，实行城乡义务兵家属优待一体化，优待金标准按县上年农村人均收入的 70%发给。

2 月，全县大中型水库移民后期扶持人口调查登记工作结束，符合后期扶持条件的总人数为 22662 人。

4 月，新昌县大中型水库移民后期扶持工作领导小组办公室设立，开始发放农村移民直补资金，至 5 月 1 日，发放完毕。是年，实施生产安置人口项目扶持，扶持村 39 个。

9 月，县地名办出版发行《新昌县地名志》。

是月，县民政局依法取缔非法民间组织“宇宙摇篮工作委员会浙江新昌基地”。

2008 年

1 月 22 日，县政府向 51 家纳税 200 万元以上的企业发出捐赠慈善冠名基金倡议，万丰奥特控股集团有限公司、浙江医药股份有限公司、浙江新和成股份有限公司等 15 家企业和吴良定个人积极响应，踊跃捐赠冠名基金合计 2.9 亿元。市委、市政府开展“百个部门结对帮扶百个经济薄弱村奔小康”活动，指定 67 个市级部门单位与新昌 67 个经济薄弱村开展结对帮扶。

是月，县委决定对年满 60 周岁的农村退职老干部，按担职年限，规定标准，给予慰问。

3 月，村委会选举实行“女委员专职专选”的方式。

5 月 15 日，开展汶川大地震慈善捐募活动。至 8 月 4 日，县慈善总会共收到捐款 3144 万元、衣物 2000 余件。县慈善总会将其中的 2096 万元汇给省慈善总会支援地震灾区。

6 月 30 日起，婚姻登记信息全省联网。

8 月 16 日，县慈善总会在泰坦国际大酒店召开第二届会员代表大会。

8 月 21 日，县政府印发《关于进一步完善低保和医疗救助工作的意见》，决定全面推行零起点救助。

是月，县政府决定实行老退伍军人生活补贴。

9 月起，开展社会组织信用评估工作。

11月，增设南岩社区。

2009年

5月，县小康物业有限公司成立，统筹县域物业项目规划建设，帮助经济薄弱村增加集体经济收入。

9月8日，县殡葬事务管理处更名为县殡葬事务管理所；新昌县殡葬执法大队成立，与县殡葬管理所实行两块牌子、一套班子管理。

是年，农村退职老干部实行生活补助金制度，现任主职干部实行基本报酬补贴制度。

2010年

3月，医疗救助实行即时结报制度。

5月，县民政局举行“国际减灾日”和“5·12”系列防灾减灾宣传活动。

6月18日，新昌县福利企业协会第二次会员代表大会在泰坦国际大酒店召开。

9月，开展小型水库移民后期扶持工作，符合扶持条件的小型水库共124座，移民人口2117人。

10月，县建设局、县民政局联合开展农村困难家庭住房情况调查，对无房户和住房困难户实施住房救助和廉租房保障。

11月5日，县慈善总会、县人武部、县委宣传部、县机关党委、县民政局、县交通局联合发起“送温暖、献爱心”社会捐助活动。至11月底，募集捐款102.63万元及部分衣物。

是年起，县政府对社会办养老服务机构给予政策扶持和资金补助，全面实施城乡居民社会养老保险基础养老金制度。

2011年

6月，县民政局设立军队离退休干部管理所。

7月26日，新昌一彩民中110注双色球一等奖，获奖金5.65亿元。

8月，实施80周岁以上高龄老人生活补贴制度。

2012年

3月，对居住在农村和城镇无工作单位，18周岁之前没有享受过定期抚恤待遇且年满60周岁的烈士子女实行定期生活补助。

6月，城南乡设立新溪居委会。农村村务监督委员会主任实行基本报酬制度。

8月29日，新昌县养老服务指导中心成立，与县社会福利院实行两块牌子、一套班子管理。

11月，全县村民委员会选举，候选人（自荐人）资格实行村、乡镇（街道）、县三级审查同意的制度。有严重违法违纪行为的人员和丧失行为能力的人员，一律不确定为候选人（自荐人），如当选的，当选无效。

12月1日起，实施殡葬惠民政策，遗体接运（限县内普通接尸车）、小型告别礼厅、遗体火化（限普通火化炉）等8项实行免费服务。

是年起，退役士兵安置由县民政局、县监察局、县人力社保局、县编制办、县财政局共同组织实施，采取统一理论考试，集中档案考核，按照成绩排名先后，由退役士兵择岗就业的办法进行。

2013年

1月，民政资金实行社会化发放。全县各涉老部门、单位、窗口行业等开展“敬老文明号”创建活动。

4月，开展新一轮低收入农户和扶贫重点村调查认定，重新认定扶贫重点村265个，低收入农户2万户。

2014年

1月，县委、县政府实施低收入农户收入倍增计划。市委、市政府决定60个市级部门和柯桥区10个强镇结对帮扶新昌90个村。

4月，县地名办出版发行《新昌县地名图册》。

是月，县婚姻登记处被民政部评为“国家3A级婚姻登记机关”。

8月，七星社区分设为文昌社区、西岭社区。

9月30日上午9时，县委、县政府在鼓山烈士陵园首次举行烈士公祭活动。

10月24日，县殡葬违规专项整治工作领导小组公布全县禁葬严管区范围。

是年，吴良定设立“良定育英”冠名基金5000万元。

2015年

2月，马鞍山烈士陵园竣工，安葬烈士298名。

3月起，对具有新昌县户籍、未满18周岁、事实无人抚养的困难儿童，实施生活保障。

4月3日，县政府举行烈士陵园落成典礼暨清明节祭奠烈士活动。

6月，文昌社区更名为七星社区。

是年，钦寸水库移民开始动迁，当年县内纳入直补到人的钦寸水库移民后期扶持人口2454人。

2016年

1月起，实施困难残疾人生活补贴和重度残疾人护理补贴制度。

6月，县民政局、县老龄办给困难老年人投保意外伤害保险。

10月起，县民政局停止福利企业资格认定工作。

2017年

1月，开展优抚工作社会化改革试点，鼓山社区社会组织联合会以政府购买服务的形式，对20名优抚对象进行助法、助办、助乐、助医、助能等方面的服务。

9月，增设新东社区。

10月，县慈善总会举办“衣循环·爱循环”废旧衣服回收项目，由绍兴润民再生资源回收利用有限公司经营，在城内居民区设置废旧衣服回收箱200余个，常年接收居民捐赠废旧衣服。

11月21日，新昌县殡葬执法大队更名为新昌县民政综合行政执法大队，承担县民政局所有行政执法职能。

11月28日，中共新昌县社会组织综合委员会成立。

12月9日，县编制委员会批复同意民政局内设慈善工作办公室。

2019年

1月，新昌县机构改革，拥军优属、褒扬抚恤和退伍安置工作，划归县退役军人事务局管理；救灾救济、防灾减灾、生产自救等工作，划归县应急管理局管理；老龄工作中医养结合政策措施，综合协调、督促指导等项工作划归县卫生健康局负责。医疗救助划归县医疗保障局负责。殡仪馆（眠山陵园）、社会福利院、福利中心及乡村公墓建设划归县公共服务集团公司下属县城市投资建设有限公司经营管理。

县民政局内设办公室（挂慈善工作办公室牌子）、社会救助福利科（挂移民工作办公室牌子）、行政审批科（社会事务和社会组织管理科与其合署）、基层政权和区划地名科。工作人员编制情况为：行政编制9名（配局长1名、副局长2名），事业编制24名，合计33名。

5月，调整行政村规模，全县415个行政村撤并为253个。

10月，县民政局局长吴青松率慈善工作办公室主任梁军、杭州市新昌商会副会长王伯仁赴四川省小金县开展扶贫协作。

12月，调整乡镇行政区划，全县设6个镇、2个乡、4个街道。

2020年

2月，万丰奥特集团向省慈善总会捐款100万元；县慈善总会向武汉天佑医院捐赠生活物资。

8月1日，福利彩票销售服务中心关闭，停止销售中福在线游戏彩票。

2019年10月，杭州市新昌商会副会长王伯仁（左）代表商会向四川省小金县慈善会捐款人民币10万元

8月14日，全县民政暨社区工作会议召开，县委书记李宁、县长黄旭荣参加会议并作指示。

2021年

7月28日，省民政厅副厅长方仁表考察新昌社会养老服务和福利彩票销售工作。

8月11日，省民政厅厅长王剑侯、副厅长陈平在新昌调研指导社区建设、养老服务、数字化改革和移民扶持工作。

第一章 民政机构

民政机构是国家对民众部分社会事务实施行政管理的重要部门。随着朝代的兴衰更替，管理民政的职官机构名称虽有异同，职能范围亦增减不一，但民政的基本功能始终得以延续和发展。

新昌自建县至清末，民政事务由县官亲自掌理。1912 年 3 月，县公署开始单独设置民政科。新中国成立后，县民政机构随各时期政治经济体制的变革需要，经历设立、易名、归并、分设的过程，职能范围也随之调整，逐步形成职能体系科学合理、科室力量配置齐全，基础设施配套完善的管理机关。

第一节 机构沿革

民政之职，历史悠久，历代中央政府设有司徒、民曹、户部等职官机构掌管民政。但在县衙、县署则一直未专设民政职官机构，民政事务皆由县令、知县总揽，县丞、主簿、县尉、户房等佐理。中华民国成立后，县级开始设置民政机构，为政府管理民政事务的职能部门。

一、清朝以前中央政府民政职官机构

西周时，朝廷按天地四时分设天、地、春、夏、秋、冬六官，其中地官司徒职掌领土疆域、行政区划、户口户籍、基层政权与民众组织、荒政、社会救济、礼俗、教化、调节民间纠纷、移民等项民政事务。

春秋战国时，许多诸侯国基本上沿用西周的典章制度。

秦朝，改革官制，“省司徒，置丞相，掌亟天子，助理万机”。丞相掌管除军事以外的所有事务，民政由丞相统管。

西汉至东汉中期，承袭秦制。西汉末年，朝廷分置常侍曹、二千石曹、三公曹、民曹、户曹和客曹等六曹尚书，其中民曹尚书主掌民政事务。据《西汉会要》《东汉会要》记载，户口，风俗，赋籍（编制赋役、人丁名册），更役（轮流依次地服兵役和劳役），乡役，泛役（一般劳役），复除（减免役、赋等负担），置三老（设置乡官），尊高年，赐孝悌力田钱帛，恤鳏寡孤独，恤流民，徙豪族（出于政治需要，强令豪门大族移居指定地点），奴婢，治豪猾，杂录，乡三老，乡亭长，民伍（居民基层社会组织），劝农桑（督促农副业生产），假民田苑（无偿提供土地园田，令民生产以活命），赐民爵，赐酺（酺，聚会饮酒之意，秦汉时期禁止三人以上聚会饮酒，汉律规定三人以上无故群饮酒罚金四两，故赐酒令饮是特殊的优遇），崇孝行，戒奢侈，荒政，禁厚葬，瘗遗骸（收埋弃尸遗

骨）等有关民众事务均列入民政之门。

三国、两晋时，民曹尚书先后改称左民尚书（蜀为户曹尚书）、屯田尚书。南北朝时，民政事务由度支曹职掌。据《三国会要》记载，涉及民政的内容有户口、选举、赐男子爵、复田租、开仓廪赈、赐鳏寡孤独谷帛、存问高年、省徭役等。

隋朝，实行“三省六部制”，朝廷设中书省、门下省、尚书省，尚书省下设吏、民、礼、兵、刑、工六部，具体处理全国政务。在六部中，民部尚书主管民政事务。

唐承隋制，因避太宗李世民之讳，贞观二十三年（649）六月二十日，改民部为户部，下设户部司、度支司、金部司、仓部司四司，主管民政事务。隋唐时期，民政职能范围包括户口、土地、赋役、钱粮收支、领土疆域、行政区划、救灾查灾、社会救济、义仓赈济、礼俗、贡献、蠲免、优复、婚姻、继嗣、基层政权和基层社会组织等。

宋、元、明、清基本沿袭隋唐的六部制，户部尚书一直是管理民政事务的职官。宋朝，据《宋史·职官七·府州军监》记载，户口、杂录、乡三老、乡亭长、民伍、孝悌力田、劝农桑、假民田苑、赐民爵、赐粟帛、赐酺、复除、崇孝行、戒奢侈、荒政、奴婢、禁厚葬、瘗遗骸等列入民政门类。

明洪武九年（1376），朝廷在全国分置13布政使，职掌辕田（收公田税收的一部分施赏于众）、常平仓、田租、徭役、均输（均平四方贡输往来的物资）、平籴（丰年贱价购粮入库）、移粟、殉葬、墓植柏、裸葬及户口、移徙、逃户、附籍、里老、粮长、尊高年、恤鳏寡孤独、恤流民、治豪猾、奴婢、禁自宫、瘗遗骸、优免等事务。

清光绪三十二年（1906）九月二十日，清廷改革官制，废止六部制，撤销巡警部，设置11个部分管全国政务，即外务部、民政部、财政部、陆军部、海军部、法部、学部、农工商部、交通部、理藩部、吏部。清宣统三年（1911）改设为10个部，即外务部、民政部、度支部、学务部、陆军部、海军部、司法部、农工商部、邮传部和理藩部。

清末，民政部下设二厅五司：承政厅、参议厅、民治司、警政司、疆里司、营缮司、卫生司，另设京师习艺所、内城巡警总厅、外城巡警总厅、消防队等8个直属机构。职官主要有大臣、副大臣，左、右丞，左、右参议等。民政职掌内容包括管理地方行政、地方自治、核办保息、荒政、警政治安、巡查禁令、疆里版图、查验官民土地、修缮陵寝、桥道工程、救灾救济、营善公用、户口户籍、风教礼仪和管理医药卫生、移民、侨民、寺庙、方术、过继归宗等事项。

二、中华民国民政机构

（一）县民政机构

孙中山领导辛亥革命，推翻了清王朝。1912年1月1日在南京成立中华民国临时政府，中央机构设置外交部、内务部、财政部、陆军部、海军部、司法部、教育部、农商部、交通部等9个，其中内务部管理民政。

1927 年 4 月 18 日，南京国民政府成立，改内务部为内政部管理民政。

1912 年 3 月，浙江都督府公署设置民政司，新昌县公署开始设置民政科，配科长、科员、事务员、助理员 4 人。按《浙江省地方官制决议案》第十二条规定，县民政科职掌都督公共团体、民籍、警政、选举、土木、卫生、禁烟及其他属于民政事项。

1915 年，民政科改称政务科，次年复为民政科。

1919 年，民政科又改称政务科。

1927 年 3 月，县公署改称县政府，政务科改为民治科。按《浙江省县政府组织暂行条例》规定，县民政科职掌社会事业、人民生计、地方自治、土地、户籍、风俗、宗教、公共卫生等事项。

1936 年 1 月，民治科改为第一科。

1937 年，复称民政科。

1939 年，浙江省《战时县政府组织规程》规定，县民政科职掌自治、保甲、户籍、土地、风俗、宗教、社会救济及其他有关民政工作。

1942 年，浙江省公布施行《县政府组织规程》，规定民政科职掌区、乡镇保甲的调整组织及经费；各级自治人员的任免、训练、考核、奖惩；地方议员或代表候选人的考试选举；寺庙宗教管理；礼俗、各种抚恤及褒扬事项。

1943 年 5 月，县政府机构缩编，民政科又改称第一科。

1945 年 3 月，复称民政科。10 月，县政府增设社会科，分掌民政科国民组训、民众团体设立及指导监督、精神动员、新生活运动、寺庙宗教监督、改良风俗、赈济救济、劳动纠纷调处、军民合作及其他有关社会事项。民政科职掌县以下公职人员任免、人事登记、行政区划、地方自治、基层选举、编制保甲、户政管理、卫生行政、禁烟、地政、积谷仓储民食、灾歉查勘及赈济，以及其他民政事项。

1948 年 5 月，因政府财政困难裁减机构，民政科再次改为第一科。

1949 年 4 月，复为民政科。

附：1912 年至 1949 年 5 月新昌县民政科历任科长

表 1　1912 年至 1949 年 5 月新昌县民政科历任科长一览表

姓名	性别	职务	任职时间	籍贯	备注
高　尚	男	民政科科长	1912 年	杭州	
詹尚谦	男	民政科科长	1912 年至 1913 年	建德	
吴光鼎	男	民政科科长	1913 年至 1914 年	杭州	
周麐章	男	民政科科长	1914 年至 1915 年	江苏	

续表 1

姓名	性别	职务	任职时间	籍贯	备注
陈　埗	男	政务科科长	1915 年至 1916 年	四川三台	
周德潜	男	民政科科长	1916 年至 1918 年 3 月	绍兴	
谢南限	男	民政科科长	1918 年 3 月至？（失考）		总务科科长兼
陈树滋	男	第一科科长	1937 年 8 月至 1938 年 1 月		秘书兼
金关三	男	第一科科长	1938 年 1 月至 1938 年 9 月	乐清	
李学训	男	民政科科长	1938 年 9 月至 1941 年 9 月	山东平原	
周凯旋	男	民政科科长	1941 年 9 月至 1942 年 3 月	象山	
项玉明	男	民政科科长	1942 年 3 月至 1943 年	嘉善	
陈祯国	男	第一科科长	1943 年至 1943 年 12 月	温岭	秘书兼
陈镜江	男	民政科科长	1943 年 12 月至 1944 年 4 月	温岭	
周中本	男	民政科科长	1944 年 4 月至 1945 年 4 月	诸暨	
杨　选	男	民政科科长	1945 年 4 月至 1946 年 10 月	新昌	
叶人鑫	男	民政科科长	1946 年 10 月至 1947 年 8 月	临海	
杨　选	男	民政科科长	1947 年 8 月至 1948 年 10 月	新昌	
王　适	男	民政科科长	1948 年 10 月至 1949 年 5 月		

附：汪伪县政府民政科

1942 年 7 月 14 日，日军侵占新昌县城。16 日，建立汪伪“新昌县治安会”。

1943 年 3 月，汪伪“新昌县治安会”改组为汪伪“新昌县乡镇联合会”。8 月 1 日，汪伪“新昌县乡镇联合会”改组为汪伪“新昌县政府”，下设民政科，职掌民政事务。

1945 年 5 月中旬日军撤离，民政科随汪伪县政府垮台而消失。

（二）区乡镇民政机构

1939 年 12 月 5 日，县政府制定《新昌县设置区署暂行办法》《新昌县区署办事规则》《新昌县乡镇公所暂行规则》，规定区署设置民政、财政、建设、教育、军事四股，配专职民政指导员一人，承区长之命，襄理区务，指导各乡镇民政工作。同年 12 月 22 日，县政府制定《新昌县乡镇公所组织暂行办法》《新昌县保办事处办事细则》，规定乡镇公所设置民政股，配主任、干事各一人。后因事变影响，分股办事，直等虚名。次年 2 月，各区署民政机构人员全部配齐。

1943 年 11 月 5 日，县政府训令各乡镇公所，自 1944 年 1 月起一律普设民政股，股主任由副乡镇长兼任，配专任事务员一人。

1944 年 2 月 23 日，县政府制定《新昌县乡镇公所办事细则》《新昌县保办公处办事细则》，规定乡镇公所民政股掌理自治、保甲，召开乡镇民代表会，各种抚恤及褒扬，造产事业，卫生行政，户口调查与户籍及人事登记，实施国民精神总动员及促进新生活运动，改良风俗，赈济救济，土地登记，调解争执，军民合作，其他有关民政事项。各保办公处设民政干事，由副保长兼任，具体掌理户籍，召开保民大会及保务会议，兴办造产、卫生、社会救济，实施国民精神总动员，促进新生活运动，举办国民月会，军民合作及其他有关民政工作。

三、新中国民政机构

（一）县民政机构

中华人民共和国成立后，中央人民政府政务院设立内务部（1978 年 3 月改为民政部），省设民政厅，县设民政科（局）。

1949 年 5 月，新昌解放。6 月，县人民政府设立民政科，主管全县民政事务，配科长 1 名（副县长兼）、干部 4 名（1944 年 10 月由中国共产党领导的县级抗日民主政权嵊东办事处及翌年 11 月改称的嵊新县办事处均设有民政科）。民政科掌理民主建政、行政区划、人事编制、户籍、国籍、地政、救灾救济、社会福利、复员安置、优待抚恤、老区建设、民工动员、支援前线、社团登记、宗教侨务、婚姻登记、禁烟禁毒、妓女和游民的改造安置等。

1950 年，民政科统一办理全县人事登记。

1951 年，民政科配科长 1 名（副县长兼）、科员 2 名、办事员 3 名。

1952 年，民政科主管的房地产管理移交财政科。

1953 年 3 月 1 日，县人事科成立，人事登记工作从民政科划出。

1954 年 2 月 13 日，贯彻政务院《关于民政部门与各有关部门的业务划分问题的通知》，麻风病人的收容与治疗划归县卫生部门管理，麻风病人的生活困难救济由民政科负责解决。

1955 年 10 月，县人民政府改为县人民委员会，民政科亦改为“新昌县人民委员会民政科”。

1956 年 3 月 16 日，户口登记、统计和国籍工作移交公安局管理。

1958 年 10 月，新昌、嵊县合并，县民政科随之合并为“嵊县人民委员会民政科”。11 月，民政、劳动两科合并为民政劳动科。

1959 年 11 月，民政劳动科分设民政、劳动两科。民政科增加支援边疆建设管理工作。

1961 年 12 月，新昌、嵊县分设，新昌县人民政府设民政劳动科。

1962 年，增加精减退职老职工救济管理。

1966 年，民政劳动科解体。

1968 年 7 月 18 日，县革命委员会成立，下设办事组、政治工作组、生产指挥组、人民保卫组，民政隶属生产指挥组管理。

1969 年 12 月，县革命委员会设立民政安置服务站，掌理民政事务。

1970 年 12 月，民政安置服务站改称内务办公室。

1972 年 9 月，内务局革命领导小组成立。1973 年 3 月改为内务局。

1979 年 1 月，内务局撤销，分设民政局、劳动局。民政局配副局长 2 名、干部 7 名。

同年 9 月，县革命委员会侨务工作办公室成立，民政局不再管理侨务工作。

1981 年 7 月，县宗教事务办公室成立，民政局不再管理宗教事务；地政工作划交县农业局管理。县军队离休、退休干部安置工作领导小组建立，设办公室于民政局；增加县、乡选举和村（居）民委员会工作。

1983 年，县乡两级设立选举委员会后，民政局不再承担县乡两级选举的工作。

1985 年 2 月 26 日，建立分科室办事制度，民政局设办公室、优抚安置股、社会救济股。配副局长 3 名，干部 10 名。县军队离休、退休干部安置工作领导小组办公室配事业编制职工 1 名。

1988 年 10 月，增加社会福利有奖募捐工作。12 月，增设福利企业管理办公室，配事业编制 5 名（独立核算，经费自理）。原由县人事局主管的老龄工作划归民政局负责，设老龄工作办公室，为直属事业单位，配事业编制 1 名。

1989 年 11 月，增加新昌县残疾人联合会的组建工作。

1991 年 1 月 15 日，新昌县残疾人联合会成立，由民政局兼管，配事业编制 3 名。3 月，原由县城建局管理的地名工作划归民政局管理，设新昌县地名委员会办公室，为直属事业单位，配事业编制 2 名。6 月，增设民政股，增配事业编制 1 名。

1992 年，增加收养登记工作。

1994 年，增加农村社会养老保险工作，设新昌县农村社会养老保险管理处，为直属事业单位（独立核算，经费自理），配事业编制 3 名。

1995 年 7 月，增设计财股（不增加编制，人员内部调剂，与办公室合署办公）。县残疾人联合会确定为正科级事业单位，机构单列，人员编制相应划出。8 月，县农村社会养老保险管理处增配事业编制 2 名。

1996 年，增加县（市）际行政区域界线勘定和管理工作。

1997 年 3 月，增加慈善事业工作职能，设新昌县慈善总会办公室，为直属事业单位，配事业编制 3 名（2011 年增加 1 名）。6 月，股改科，民政股改称社会事务管理科。增加殡葬事务管理工作，设新昌县殡葬事务管理处，为直属事业单位，配事业编制 6 名（2000 年 1 月，殡管处由自收自支改为差额拨款，2011 年挂新昌县殡葬执法大队牌子，差额拨款改为全额拨款)。

1998 年，增加民办非企业单位登记管理工作。增设新昌县收容遣送站，为直属事业单位，配事业编制 3 名。

2001 年 3 月，建立新昌县社会福利院，属事业单位，不定编，按市场化运作。

2002 年 1 月，农村社会养老保险处机构、人员、业务一并划归县劳动社会保障局管理。增加社区建设工作。

2003 年，收容遣送站改为救助管理站。

2006 年，原由乡镇人民政府办理的婚姻登记改由县民政局集中办理登记，设新昌县婚姻登记处，为直属事业单位，配事业编制 3 名。

2007 年 4 月，增加大中型水库移民后期扶持工作，设新昌县大中型水库移民后期扶持工作领导小组办公室，增加行政编制 2 名。

2008 年年底，根据县机构编制委员会《关于印发新昌县民政局职能配置、内设机构和人员编制规定的通知》，县民政局内设办公室、优抚安置科、社会救济福利科、社会事务管理科、民间组织管理科等 5 个职能科室。

2009 年，建立新昌县儿童福利院，为直属事业单位，配事业编制 1 名。

2011 年 6 月，县机构编制委员会印发《新昌县民政局主要职责、内设机构和人员编制规定》，增设新昌县军队离退休干部管理所，为直属事业单位，配事业编制 1 名(实有 2 名)；增设新昌县养老服务指导中心(与县社会福利院、县儿童福利院合署办公)，为直属事业单位，配事业编制 5 名。县民政局内设办公室(行政审批科与其合署)、优抚安置科(挂新昌县复员退伍军人和军队离退休干部安置办公室、新昌县双拥工作领导小组办公室牌子)、社会救济福利科、社会事务和民间组织管理科、基层政权和社区建设科等 5 个职能科室。辖福利企业管理办公室、军队离退休干部管理所、地名办公室、老龄工作办公室、救助管理站、婚姻登记处、慈善总会办公室、殡葬事务管理所、大中型水库移民后期扶持工作办公室、儿童福利院等 10 个直属事业单位。

2012 年 8 月 29 日，新昌县养老服务指导中心成立，与县社会福利院实行两块牌子、一套班子管理，配事业编制 2 名。

2017 年末，县民政局行政编制 13 名(配局长 1 名，副局长 3 名)，事业编制 26 名，借用人员 1 名，实有人员 40 名。

民政局承担的工作职责范围有 24 项：

1. 贯彻执行国家有关民政工作的法律、法规；根据国民经济和社会发展规划，制订全县民政事业发展的中长期规划、工作计划和政策，起草地方规范性文件并组织实施；指导全县民政基层组织建设。

2. 负责全县社会团体的登记、监督管理和社团违法行为的查处工作。

3. 负责全县民办非企业单位的登记、监督管理和民办非企业单位违法行为的查处。

4. 查处非法民间组织。

5. 主管全县拥军优属、优待抚恤和烈士褒扬；承办伤残等级评定、烈士称号的审核批报；承担县“双拥”工作领导小组办公室的日常工作。

6. 负责复员、退伍军人和军队离休退休干部、军队无军籍退休、退职职工等接收安置工作；指导军队离退休干部管理所的管理服务工作和烈士纪念建筑物的管理；承担县军队离退休干部和退伍军人安置领导小组办公室的日常工作。

7. 组织、协调全县救灾工作，核查、上报、发布灾情；接收、管理、分配救灾款物并监督使用；组织、指导赈灾捐赠、义演、义卖等；指导灾区进行灾民生活救济和开展减灾、生产自救。

8. 主管全县社会救济，组织实施全县城乡居民最低生活保障制度。

9. 组织管理和指导扶贫济困、社会捐赠等社会互助活动及对口帮扶工作，落实农村五保供养。

10. 指导、协调全县革命老区建设。

11. 负责城乡基层政权建设和基层群众自治组织建设。

12. 组织协调社区建设，指导社区服务管理。

13. 主管全县地名标准化、规范化建设；承办县地名命名、地名标志的设置更新和管理；负责全县标准地名资料的编辑和审定。

14. 承办行政区划设立、撤销、调整、更名的审报；承办撤县设市的审报；主办村（居）委会的设立、撤销、变更等工作；负责行政区域界线的勘定和日常管理，调查和调处行政区域边界争议。

15. 承担老年人、孤儿等特殊困难群众权益保护的行政管理；指导全县社会福利事业；承办县老龄工作委员会办公室的日常工作。

16. 负责流浪乞讨人员的救助。

17. 主管婚姻登记管理。

18. 主管殡葬管理。

19. 负责收养登记。

20. 负责全县各类社会福利企业的管理和残疾职工的权益保障，会同有关部门制订社会福利企业的扶持保护政策并监督落实。

21. 负责大中型水库、电站库区移民安置和扶持开发。

22. 负责福利彩票发行和县级福利资金的使用管理。

23. 负责民政事业计划财务和统计工作，指导、监督乡镇民政事业费的使用管理。

24. 承办县政府及上级业务主管部门交办的其他事项。

2019 年 1 月，政府机关机构改革，民政局内设机构为：办公室（挂慈善工作办公室牌子）、社会救助福利科（挂移民工作办公室牌子）、行政审批科（社会事务和社会组织管理科与其合署）、基层政权和区划地名科。人员编制为：行政编制 9 名（配局长 1 名，副局长 2 名），事业编制 24 名，借用人员 1 名，实有人员 34 名。承担的工作职责为：

1. 贯彻执行国家有关民政工作的法律、法规；制订全县民政事业发展的中长期规划、工作计划和政策，起草地方规范性文件并组织实施；指导全县民政基层组织建设。

2. 指导村（居）民委员会组织建设和制度建设，组织指导村（居）民委员会的换届选举，指导、监督村（居）务公开，指导培训村（居）民委员会主任和城乡社区工作者。

3. 牵头组织全县社会救济体系建设，负责困难群众基本生活保障、特殊对象生活补助、城市流浪乞讨人员的救助管理。指导全县特困人员供养、最低生活保障、临时救助和社会救助家庭经济状况核对。协助有关部门做好医疗、教育、住房等专项救助。

4. 负责管理慈善工作，指导开展日常性捐赠。牵头对口支援和结对帮扶。

5. 牵头孤儿及其他困难儿童的福利救助，指导推进农村留守儿童关爱保护和农村留守妇女关爱服务。

6. 负责全县大中型水库、水电工程移民后期扶持管理、移民统计和移民安置后续工作，组织实施移民扶持项目，并对项目的实施效果进行监测评估、绩效评价。负责小型水库移民扶持。

7. 负责拟订全县养老服务和社会福利事业发展规划、政策和标准，承担老年人福利工作，指导全县养老服务体系建设和居家养老服务，参与推动养老服务业发展。

8. 负责指导城乡养老机构、儿童福利机构、收养机构建设和管理。负责养老机构、儿童福利机构、收养机构以及救助管理机构的安全监督管理。

9. 指导残疾人权益保障和集中就业。

10. 牵头开展精神障碍患者社区康复。

11. 负责福利彩票发行和县级福利彩票公益金的使用管理。

12. 拟订全县社会工作、志愿服务发展规划和政策，组织、指导城乡社区建设，开展志愿者招募注册、培训和激励评价管理，推进社会工作专业队伍建设。

13. 负责婚姻登记管理、收养登记管理和涉外送养儿童的文书资料审查、弃婴入福利机构抚养审批、涉港澳台和华侨收养登记工作。承办港澳台居民、华侨、外国人在新昌县的婚姻登记。参与保护合法婚姻和妇女儿童的合法权益。

14. 承办行政区划设立、撤销、命名、更名、政府驻地迁移的审核报批。负责行政区域界线的勘定和日常管理，调查处理行政区域边界争议。

15. 承担全县的地名命名、更名、销名等的审核报批及城乡门（楼）牌设置、更新和管理，指导其他地名标志的设置与更新；负责标准地名资料的编辑和地名档案管理及地名图、书、志等地名密集出版物的编纂审定。

16. 负责全县社会组织的登记、监督管理和宗教活动场所法人登记；负责社会组织的培育发展和信用管理，组织开展社会组织的评估；取缔非法社会组织。

17. 负责殡葬管理，组织拟订殡葬发展规划和政策，指导公墓建设、殡仪馆建设和安全监督。开展殡葬改革和殡葬执法。承办港澳台居民、华侨、外国人在本县的丧葬有关事宜。

18. 负责民政事业计划财务和统计，指导、监督乡镇民政事业费的使用管理。

民政局原职责中的拥军优属、褒扬抚恤和复员军人、退伍军人和军队离休退休干部、军队无军籍退休职工、退职职工等的接收安置，以及军队离退休干部管理所和烈士纪念建筑物的管理，划归新建的县退役军人事务局管理；自然灾害核查上报、救灾救济、防灾减灾、生产自救等工作，划归新建的县应急管理局管理；老龄工作中有关拟订应对人口老龄化、医养结合政策措施，综合协调、督促指导、组织推进老龄事业发展、老年人继续教育等项工作划归县卫生健康局负责。医疗救助职责划归县医疗保障局负责。民政局下属的殡仪馆（眠山陵园）、社会福利院、福利中心及乡村公墓建设划归县城市投资建设有限公司经营管理。

附：1949 年 6 月以来新昌县民政科（局）负责人变动情况

表 2　1949 年 6 月以来新昌县民政科（局）负责人一览表

姓名	性别	职务	任职时间	籍贯	备注
孔　维	男	科长	1949 年 6 月至 1950 年 7 月		
胡少康	男	科员	1950 年 1 月至 1950 年 12 月	新昌	主持工作
张志新	男	科长	1951 年 1 月至 1953 年 2 月		
李长友	男	科长	1954 年 7 月至 1958 年 6 月		
严升见	男	科长	1958 年 7 月至 1958 年 11 月	新昌	
陈瑞甫	男	科长	1958 年 11 月至 1961 年 9 月		新昌嵊县合并民政劳动科
严升见	男	科长	1961 年 10 月至 1968 年 7 月	新昌	民政劳动科
金　桥	男	负责人	1969 年 12 月至 1970 年 12 月		民政安置服务站
裘鼎茂	男	主任	1970 年 12 月至 1972 年 9 月	嵊县	内务办公室
裘鼎茂	男	组长	1972 年 9 月至 1973 年 3 月	嵊县	内务局革命领导小组
裘鼎茂	男	局长	1973 年 3 月至 1979 年 1 月	嵊县	内务局

续表 2

姓名	性别	职务	任职时间	籍贯	备注
裘鼎茂	男	副局长	1979 年 1 月至 1980 年 6 月	嵊县	主持工作
严升见	男	副局长	1980 年 6 月至 1983 年 12 月	新昌	主持工作
沈念毅	男	副局长	1983 年 12 月至 1984 年 3 月	新昌	主持工作
刘祖辉	男	副局长	1984 年 3 月至 1987 年 5 月	新昌	1984 年 3 月至 1985 年 1 月主持工作
吕青山	男	副局长	1985 年 1 月至 1986 年 5 月	新昌	主持工作
吕青山	男	局长	1986 年 5 月至 1996 年 8 月	新昌	
张长才	男	局长	1996 年 8 月至 2000 年 9 月	新昌	
袁振华	男	局长	2000 年 9 月至 2007 年 2 月	新昌	
杨成森	男	局长	2007 年 3 月至 2009 年 1 月	新昌	
蔡春秋	男	局长	2009 年 1 月至 2017 年 4 月	新昌	
金泽昀	男	局长	2017 年 4 月至 2017 年 12 月	新昌	
吴青松	男	局长	2017 年 12 月至 2021 年 5 月	新昌	
吕　江	男	局长	2021 年 6 月至在任	新昌	

附：1953 年 4 月以来新昌县民政科（局）负责人（副职）变动情况

表 3　1953 年 4 月以来新昌县民政科（局）负责人（副职）一览表

姓名	性别	职务	任职时间	籍贯	备注
梁国虎	男	副科长	1953 年 4 月至 1958 年 6 月	新昌	
严升见	男	副科长	1958 年 6 月至 1958 年 10 月	新昌	
冯宪瑞	男	副科长	1958 年 6 月至 1958 年 10 月		
曾　鲁	男	副科长	1958 年 11 月至 1959 年 10 月		民政劳动科
王彦昌	男	副科长	1959 年 11 月至 1961 年 10 月		
于登举	男	副科长	1961 年 8 月至 1961 年 10 月		
李长友	男	副科长	1961 年 8 月至 1963 年 8 月		
茹焕铨	男	副组长	1972 年 9 月至 1973 年 3 月		内务局革命领导小组
宋文堂	男	副局长	1973 年 3 月至 1979 年 1 月		内务局
严升见	男	副局长	1979 年 1 月至 1980 年 6 月	新昌	民政局
裘鼎茂	男	副局长	1980 年 6 月至 1983 年 8 月	嵊县	

续表3

姓名	性别	职务	任职时间	籍贯	备注
沈念毅	男	副局长	1983年8月至1983年12月	新昌	
黄世墉	男	副局长	1984年3月至1996年10月	浦江	
刘祖辉	男	副局长	1984年3月至1987年12月	新昌	
董翰臣	男	副局长	1987年1月至1993年3月	新昌	
吕青山	男	副局长	1985年3月至1986年5月	新昌	
钱六松	男	副局长	1993年5月至2001年12月	新昌	
娄国耀	男	副局长	1996年8月至1998年3月	新昌	
石永珍	女	副局长	1998年4月至2004年11月	新昌	
赵桂山	男	副局长	1999年7月至2004年11月	新昌	
杨亮红	男	副局长	2001年11月至2012年11月	新昌	
徐岳超	男	副局长	2006年9月至2006年12月	新昌	
梁水屿	男	副局长	2007年1月至2015年4月	新昌	
孙　洪	男	副局长	2004年9月至2014年2月	新昌	
杨中武	男	副局长	2013年2月至2019年9月	新昌	
王明灿	男	副局长	2014年2月至2017年6月	新昌	
梁鸿青	男	副局长	2014年8月至2019年1月	新昌	
梁福朝	男	副局长	2017年6月以来在任	新昌	
潘春方	男	副局长	2019年1月至2020年2月	新昌	
吴祖江	男	副局长	2019年9月以来在任	新昌	

（二）区乡镇民政机构

新中国成立之初，新昌城区、大市聚、儒岙、回山等四个区各配民政干事1人，澄潭区、黄泽区各配民政助理1人。乡镇人民政府设立优抚委员会，人员均为兼职。

1954年6月26日，乡镇优抚委员会取消，改组为民政委员会。

1958年人民公社化后，区、公社民政组织机构一直实行民政助理员制度，人员普遍为公社人武部部长兼任。村一级由大队1名委员负责。

1979年后，公社、大队相继建立民政组织机构。

1980年2月1日，县民政局印发《公社民政委员会和大队民政小组工作简则》，明确规定公社民政委员会和大队民政小组是在同级党委（支部）政府（管委会）领导下，在上级民政部门的指导下，认真执行党的民政工作方针、政策，积极开展民政工作和完成各项任务的行政组织。

公社民政委员会由公社脱产干部（副书记、民政助理、武装部长、妇女干部、文书）、信用社、卫生院、供销社、大队干部、优抚对象等7~9人组成。委员会设主任1人、副主任2人，分别由副书记、民政助理员、武装部部长兼任。大队民政小组根据大队大小由3~5人组成，组长由大队主要干部担任。

公社民政委员会和大队民政小组的主要任务和职责是：

1. 坚持执行政治挂帅，安排生产，群众优待和国家抚恤的方针，积极做好优抚工作。教育干部和群众饮水思源，搞好拥军优属工作，每逢元旦、春节、建军节开展拥军优属活动。对缺乏劳力而生活又有困难的烈军属、残疾军人给予优待劳动日，做到春评、夏查、秋兑现，使他们的生活略高于当地一般社员生活水平。教育优待对象发扬革命传统，争取更大光荣，为“四化”（即工业、农业、国防和科学技术现代化）多作贡献。

2. 坚持执行“从哪里来回哪里去”的原则，做好复退军人的安置工作，对复退军人做到热情欢迎，亲切接待，妥善安置，使之各得其所。对于当年回来的复退军人，劳动底分、口粮补贴、优待工分等要合理解决。对带病回乡的复退军人，要在分工分业上予以照顾，并按照接班人五条和全国人大常委会委员长叶剑英国庆讲话中提到选拔干部的三条，培养、考察和正确使用复退军人。

3. 按照依靠群众、依靠集体、生产自救为主，辅之以国家必要救济的方针，做好救灾和社会救济工作。每发生灾情，要查清原因，了解情况，研究措施，向上级报告，发动群众开展生产自救和群众互助，做好救灾工作；对五保户要做好供给工作，对困难户，要教育他们奋发图强、艰苦奋斗、自力更生克服困难的基础上，社队要做出扶贫规划，分析造成困难原因，提出因户制宜的扶贫措施，并在分工分业上加以照顾，在发展家庭副业上给予支持，帮助安排好家庭生活，逐步改变贫困面貌。

4. 协助部队做好革命军人牺牲和病故的善后工作，开展纪念、学习革命先烈的活动；注意烈士子女的培养；切实保护军婚，并做好烈士坟墓的维修和保养工作。

5. 管好用好优抚事业费，坚持专款专用、专物专用、重点使用的原则发放好救济款（物）。要坚持走群众路线，救济款物可由民政小组和生产队协商后提名，大队集体评议，公社批准，张榜公布，使有限的救济款物发挥较大的作用。要健全财务制度，管好账册。

6. 关心退休人员和精简职工的政治、生产、生活。

7. 改革旧习俗，做好婚姻登记工作，提倡晚婚，宣传计划生育，节约办婚事，反对包办和买卖婚姻以及结婚不登记的违法行为。

8. 及时追查和严肃处理弃婴。

公社民政委员会和大队民政小组要建立健全以下管理制度：

1. 民政委员会和民政小组，每季度召开 1 次会议，学习党和国家有关民政工作的方针政策，总结交流民政工作的情况和经验，研究和确定民政工作的短期和全年的工作任务。

2. 要坚持民主集中制，密切联系群众。

3. 建立民政工作档案，即烈属、军属和残疾、复退军人花名册；五保户、困难户花名册；享受国家百分之四十救济和定期定量补助人员的名册；灾情救济和社会救济名册，做到心中有数。

4. 加强请示汇报制度。对于每项重要工作和重大问题，做到事先请示、事后汇报，每年年终负责向党委、管委会和上级民政部门作一次总结报告。

1991 年 1 月 15 日，县人民政府批转县民政局《关于乡镇建立民政工作办公室的请示》。至 3 月底，各乡镇普遍建立民政工作办公室。乡镇民政工作办公室由 4~5 人组成，乡镇人民政府主管民政工作的乡镇长兼任办公室主任，民政助理员任副主任，人武部长、总会计、婚姻登记员为民政办成员。县民政局专门给各乡镇民政办配置桌椅橱柜等办公设备，改善办公条件。

同年 10 月 9 日，县人民政府办公室印发《新昌县乡镇民政办公室工作制度(试行)》，规定民政办公室实行集体领导和分工负责相结合的制度，民政助理员主持办公室日常工作，并建立例会制度。民政办的职责范围为：

1. 制订乡镇民政事业发展规划和年度民政工作计划，承担乡镇政府和上级民政部门确定的各项民政工作任务。

2. 管理救灾工作。做好可预报自然灾害的防灾抗灾组织动员工作；自然灾害发生后，在乡镇政府的统一领导下组织安置灾民，发动灾民互助互济，生产自救；提出查灾核灾方案，深入灾区逐村逐户查清灾害损失，并实事求是上报；组织救灾款物的发放，努力做到公开、公平、公正。

3. 建立社会救济户、五保户档案和访贫问苦制度，认真执行《浙江省农村五保供养暂行规定》，实行以乡统筹，落实五保供养政策，管理农村敬老院。

4. 制订扶贫帮困计划，分批分期帮助贫困户、受灾户摆脱贫困，逐步致富。

5. 管理福利生产，保障残疾职工的权益。

6. 认真执行《浙江省军人抚恤优待条例》，做好优抚安置工作，开展拥军优属活动，按规定兑现义务兵家属的优待金，办理退伍军人福利基金工作。

7. 管理行政区划，负责行政村设立、撤销、合并、更名等的调查和报批工作。

8. 依法办理婚姻登记，积极宣传婚姻法和计划生育政策，保护合法婚姻，制止违法婚姻。

9. 在乡镇政府的领导下，贯彻落实村（居）民委员会组织法，充分发挥村（居）民委员会的作用，建立和健全村（居）民政员队伍。

10. 受县民政局的委托管理所在地的社会团体。

11. 倡导移风易俗，宣传婚事新办、丧事简办，推广乡村“红白理事会”，破除封建陋习。

12. 管理使用民政事业费，建立和健全民政统计台账管理制度。

13. 热情接待和及时处理民政对象的来信来访，建立来信来访登记承办制度。

14. 动员群众参加各类社会保险。

2002 年起，政府机关机构改革，乡镇民政工作归属社会事务办公室，实行民政助理员管理。

第二节 民政财务

民政事业费是国家用于解决烈属、军属、伤残军人、复员退伍军人和社会孤老病残人员、困难户、灾民等生活困难的专款，是做好民政工作的物质保证，是政府借以安定社会的一项重要福利事业。管好用好民政事业费是民政部门的工作职责。

一、财务管理体制

民国时期，民政财务由县政府会计室掌管，统一编造预（决）算，科室负责支报。

1950 年，国家实行统收统付的财政体制，民政事业费使用由民政科根据需要按季制定预算，报绍兴专员公署、省民政厅根据事业需要核拨款物，县民政科将款物分发给区，再由区公所发放给抚恤和社会救济对象。事后按月造表，向专署、省民政厅报销，县属报账单位，不留账。临时抚恤慰问及救济之款物，用时即领，领后即发，发后即报。

1953 年，国家实行中央、省（市、自治区）、县三级财政体制，民政事业经费列入县财政收支范围，由县财政按预算拨款，民政科掌管优抚、社会救济费预决算的编造，监督检查预算的正确，及时执行事业费的开支等工作，会计出纳事务由县政府财务室代理。

1981 年，民政局自行建账办理财务，配专职会计 1 人，出纳由其他干部兼任。

1986 年 1 月，实行乡镇一级财政体制，民政事业费由县民政局安排预算，县财政局划拨，乡镇统一使用管理。

1991 年 1 月 21 日，根据乡镇财政包干后民政部门对民政事业费使用监督管理职能削弱的实际情况，县政府办公室印发《关于民政事业费实行县民政局专项管理的通知》，决定自 1 月份起，民政事业费不再列入乡镇财政支出包干范围，实行由县民政局专项管理，县财政局监督实施的体制。

1995 年，县编委同意民政局设立财务科，未增加人员，与办公室合署办公。

2002 年，政府机关机构改革，局财务科撤销，乡镇民政事业费复入乡镇财政统一使用管理。

2007年，县民政局增配专职财务工作人员1名。

2014年，县民政局增配专职财务工作人员1名。

二、经费使用管理

民国时期，民政经费列入县地方财政预算，专项列支出征抗敌军人家属优待抚恤、灾害救济和育婴所费用。新昌地方财政竭蹶，预算所列之数，不足以应付抚恤和救济之需时，除向专员公署和省政府申拨外，大多采取摊派捐税和祠庙公产移充等办法解决。

1953年4月，贯彻执行中央内务部、财政部《关于社会事业费管理使用的几项规定》，优抚补助费不能用于社会救济，但优抚对象可享受社会救济。

1955年4月，贯彻执行中央内务部、财政部《抚恤和社会救济事业费管理使用暂行办法》，民政事业费分为抚恤事业费和社会救济事业费。优抚事业费专项用于革命军人、工作人员牺牲病故抚恤；革命残废军人教养；革命残废军人、工作人员优抚；革命烈士、革命军人家属补助；复员建设军人生活困难补助；烈军属、革命残废军人招待，优抚对象代表会议、评模奖励等。社会救济事业费专项用于自然灾害救济；农村社会救济；城市社会救济和其他社会救济。

抚恤和社会救济费的发放贯彻“集中使用，重点发放，扶助生产”的原则，县安排控制指标给区，区作出使用计划报县核定后拨款。区再安排控制指标给乡，乡贯彻“领导掌握与民主评议相结合”的原则，结合中心工作做好调查，召开互助合作组织会议民主讨论通过，造具花名册报区批准发放。解放初期，抚恤和救济补助款物结合使用，实物补助包括牲畜、农具、种子、肥料等。发放后向群众张榜公布，乡、区凭发放清册逐级向县结报。县民政科建立预算、决算制度，每年年初，向县财政部门和省民政厅编报预算，年终报送年度决算。

是年，开始对烈属、病故和失踪军人家属实行定期生活困难补助。

1961年10月，省民政厅发布《关于试行农村救济款管理使用暂行办法（草案）》。是年起，对抗美援朝中失踪军人的家属给予抚恤，并提高病故军人家属的补助；对长期患病、生活困难的复员军人进复员军人慢性病疗养院疗养，费用均由国家开支。

1962年3月，中华人民共和国内务部、财政部颁发《抚恤和社会救济事业费管理使用办法》，规定：抚恤和社会救济事业费使用贯彻勤俭办事业的方针和“专款专用，重点发放，不得挪用”和“走群众路线”的原则。抚恤事业费专项用于牺牲病故抚恤，烈军属补助，复员军人补助，残废抚恤、休养、疗养，退休金，革命烈士陵园、碑塔修建管理，优抚工作模范和烈属、军属、残废军人、复员退伍军人积极分子会议及烈属、军属、残废军人、复员退伍军人来访招待等开支。救济事业费用于自然灾害救济，农村社会救济，城市社会救济，社会福利事业，自由流动人口收容遣送等。

固定性人员经费（退休金、残废抚恤费、精减职工救济费）和烈属、复员退伍军人的定期定量补助费的发放，由县民政科按季分月（残废抚恤金按半年）填写发放名册，连同应发款汇寄给公社，由公社代发。公社在信用社专户储存，采用开“三联单”方式发放，一联留信用社作支付凭证，一联报县民政科结报，一联由公社记账备查。领款人在“三联单”各联签名盖章后向信用社取款。信用社经发人须在领款人所持证件“发给数目”栏填写发给款数和日期，并加盖经发人印章，领款人在发放花名册上签章。领发款时，一次性抚恤费由县民政科直接汇款给信用社代发，并在花名册上除名。

临时优抚补助、社会救济，在年初由县民政科根据预算和各公社情况分配指标，分期预拨给公社，由公社掌握全年使用。自然灾害救济根据灾情另下指标，单独核拨。具体发放按照本人申请或生产队代为申请，群众讨论，大队审查，公社批准（50元以上须经县审批），张榜公布，落实到户，凭“三联单”支取的程序进行。经费发放后，公社按季度、年度造表向民政科结报，做到公社管账不管钱、信用社管钱不管账。

1972年1月起，退休金、残废抚恤费、精减职工救济费和烈属、复员退伍军人定期定量补助费，委托当地信用社代付，信用社凭领款对象和证件付款，领款人只需在信汇委托书上盖章，发放人在领款证件上签章即可，结报手续简化，方便群众。

1978年12月20日，民政部、财政部重新印发《抚恤和救济事业费管理使用办法》，恢复建立民政事业费管理使用制度。

1980年起，国家实行“分灶吃饭”财政管理体制，民政事业费除特大自然灾害救济款外，其余各种款项都列入各级财政支出包干范围，省包干给市（地）、县。

是年，开始发放扶贫资金，用于购买生产资料，支持农村贫困户发展生产。

1981年9月，全县开展1978—1980年民政事业费使用和管理情况检查。检查结果：按照规定要求使用和管理民政事业费的22个公社，占公社总数的46%；基本按照规定要求使用和管理民政事业费的23个公社，占公社总数的48%；3个公社存在用民政经费垫付计划生育费用、购置办公用具、补贴农村干部培训、普降细雨搞平均发放等问题，个别公社甚至出现贪污问题。对出现的问题，民政局督促有关公社及时进行纠正。

1982年1月1日，根据省民政厅、省财政厅、省人民银行、省农业银行等部门《关于用于农村的民政事业费由中国农业银行监督拨付的通知》精神，抚恤、救济事业费由县农业银行、基层信用社监督拨付。2月，县民政局印发《关于进一步管好用好民政事业费的补充通知》，强调贯彻执行专款专用的原则，凡不属于民政事业费开支范围的经费，一律不准开支，财务人员有权拒绝支付；健全财务制度和结报制度，专职或兼职民政助理员负责民政事业费的使用管理，每季报结；改进发放方法，今后除退伍安置费和个别优抚对象有特殊困难外，县民政局不再批临时救济，当年下拨的款项，应在12月底前发放完毕，逾期抵作下年度经费。

1983年4月，全县开展1978—1983年公社民政事业费使用管理情况检查，检查结果：大部分公社按制度规定要求做到专款专用，使有限的经费发挥应有的效益。有少数公社存在贪污、挤占、移用民政经费的情况，个别公社干部贪污民政经费被司法机关惩处。

1984年7月6日，民政部、财政部发布《民政事业费使用管理办法》，规定增加退伍军人安置补助、集体办优抚事业单位补助、精减退职老弱残职工救济费、社会残疾人福利事业费、殡葬事业费、民政职工训练费等项科目使用范围。

1986年1月，建立乡镇财政体制，民政事业费使用管理办法随着财政体制作相应调整。固定人头经费由县民政局按季列具支付清单，分别抄送县财政局和乡镇，县财政局按季划拨款项，乡镇出具支付凭证，由信用社发放到人；临时性专项救灾救济款、补助经费及中途追加的人头经费，由县民政局、财政局联合下达经费支出指标给乡镇，乡镇出具支付凭证给信用社，由信用社发放到户到人。

1987年3月，贯彻国务院关于开展增产节约、增收节支的要求，委托县审计局对1985年度、1986年度县、乡两级民政事业费收、支、存情况进行审计，至5月审计结束。审计局在肯定成绩的同时，提出加强民政财务人员业务培训、加强扶贫经费回收周转，制止和纠正挤占、挪用民政事业费的建议意见。

同年9月，县乡两级建立民政统计台账，将优抚安置、社会救济对象以及福利企业、福利事业、自然灾害救济、扶贫扶优、行政区划、基层政权、殡葬事业、婚姻登记、固定资产投资和财务管理等事项分类建卡，一式两份，一份乡镇留存，一份报送民政局查考。同时，制定民政统计台账管理办法，采取“三个结合”方法组织检查验收，即定期核对与不定期核对相结合，到区核对与到乡镇核对相结合，普遍核对与重点核对相结合，及时调整完善台账资料，确保台账资料完整正确。县民政局将卡片资料录入计算机，每季调整，为民政事业费发放、领导掌握情况提供决策依据。

11月，省民政厅、省财政厅发布《浙江省民政事业费使用管理办法》，除重申使用原则、使用范围、预算管理、财务管理和财务监督等外，强调勤俭办事业原则和民主理财原则。

1988年，开始销售社会福利彩票，开辟民政资金筹集渠道，增加民政事业费。福利彩票公益金除按规定比例上缴中央、省、市外，县民政局按规定比例留用。公益金在县农业银行专户存储，专项用于民政事业发展。

同年，利用结余的救灾、救济经费和当年救灾经费的30%，设立救灾扶贫周转金，专项用于灾民和贫困户发展生产，扶持福利企业发展。

1990年4月，县民政局、县财税局、县审计局、县农业银行联合开展1988年后乡镇民政事业费使用和管理情况大检查。检查方法：自查、互查、委托审计、民政局抽查相结合。检查结果：民政事业费使用管理好的和比较好的乡镇36个，占乡镇总数的75%；

发现有不同程度移用、挤占民政事业费以及发放不及时、有平均分发等问题的乡镇 12 个，占乡镇总数的 25%。

10 月 6 日，县政府下发《批转县民政局〈关于加强民政事业费使用管理的意见〉的通知》，对民政事业费使用和管理存在的问题提出改进意见：凡是私分或以各种名义领取的救灾救济款，必须由责任单位如数追回；凡是移用、挤占民政事业费的，由责任单位写出书面检查，保证限期归还。加强民政干部的政策教育和民政财务管理制度教育，理顺管理关系，建立健全四项制度：统一管理，完善建账制度，各项民政经费由乡镇总会计分别建立收支账目，每季向民政局编送报表；统一审批制度，民政经费使用由民政助理员提出方案，经乡镇办公会议集体讨论决定；统一“三联单”制度，民政经费发放必须开具“三联单”，一联记账，一联民政助理员备案，一联报县民政局审核；统一审计检查制度，每年对三分之一的乡镇进行审计或检查，每三年对全县乡镇轮流审计或检查一次。

1991 年 1 月 21 日，县政府办公室根据乡镇财政包干后民政部门对民政事业费使用监督管理职能削弱的实际情况，印发《关于民政事业费实行县民政局专项管理的通知》，决定自 1 月份起民政事业费不再列入乡镇财政支出包干范围，实行由县民政局专项管理，县财政局实施监督的体制。民政事业费由县民政局按季下拨，实行凭证报结，不报结不拨款的办法。各乡镇由民政办公室负责统一管理，在当地信用社单设账号，独立建账，乡镇总会计负责会计业务；民政事业费使用必须走群众路线，由民政办公室集体讨论，严禁越权审批、多头审批和突击滥发；经费发放须经群众评议，村“两委”审查，张榜公示，落实到户，确保专款专用，重点使用，不得以任何理由挪用移用，贪占私分。2 月 5 日，县民政局印发《乡镇民政事业费会计科目》，设置上年结转、财政拨款、支出总计和期末余额 4 个栏目，规定固定人头经费支出范围为：烈属、牺牲和病故军人家属定期定量抚恤金；伤残抚恤金；复退军人定期定量补助；退休人员经费；贫困户、精减职工和其他特种人员的定期定量救济。专项和临时民政经费支出范围为：烈军属、复退军人临时补助；农村困难户临时补助；五保户救济；扶持困难户发展生产；自然灾害救济。

12 月起，民政系统事业性收费按省民政厅、物价局、财政厅审查核定的收费项目和标准收费，收费项目有婚姻登记收费、收养登记收费、社团登记收费、福利企业管理收费和地名门楼牌收费。

1992 年 4 月 10 日，根据撤区并乡的新情况，县民政局下发《关于加强民政事业费管理的通知》，继续坚持民政事业费由民政局实行专项管理的体制，要求各乡镇做好民政事业费移交归并工作。

9 月 17 日，县民政局制定《乡镇民政事业费使用管理考核制度（试行）》，从 1992 年起对乡镇民政事业费使用管理实行考核，考核内容分账目齐全、专款专用、报表及时正确、发放坚持“三联单”制度等四个方面；考核由县民政局办公室负责组织，每年进行一次，对考核成绩先进的个人给予表扬奖励。

1993年2月，县审计局对县民政局民政事业费使用管理情况进行审计，提出抓紧回收扶贫周转金拖欠款、完善社会福利有奖募捐款项收付结算手续、提高财务人员业务素质等建议意见。

1994年7月，开展农村社会养老保险工作，配专职财务会计人员，实行单独建账，独立核算管理。

1997年2月，县慈善总会成立，慈善捐款和救助实行独立建账存储，民政局统盘使用管理。

1999年，民政财务实行电算化处理。11月，殡葬改革，县殡仪馆投入运行，配专职财务会计人员，实行单独建账，独立核算管理。

2000年4月，县委、县政府印发《新昌县党政领导干部任期经济责任审计暂行规定》后，县民政局局长离任进行任期经济责任审计。

2002年1月，农村社会养老保险业务、人员、经费一并划归县劳动和社会保障局管理。

2009年4月，县民政局制定内部审计制度，委托中介机构对下属单位财务进行审计。

2010年起，城乡低保、优抚对象抚恤补助、水库移民后期扶持等项大宗资金使用管理，年终由县财政局指定项目，组织进行年度绩效评价。

2013年1月起，县民政局根据乡镇财政审计中发现的民政经费管理混乱，个别民政助理员贪污民政资金被法律惩处的问题，印发《关于进一步加强民政资金管理的通知》，决定城乡低保、低保边缘补助、“三老”补助、精减退职救助、百岁老人补助、孤儿基本生活费、重点优抚对象抚恤补助、60周岁以上农村籍退役士兵老年生活补助等项定期补助资金，由县民政局直接拨款给县邮政银行，实行一人一卡直接发放（后改为市民卡发放）；救灾、救助和慰问等项临时性经费采用存单形式由乡镇发放；强调各乡镇民政资金单独建账，民政工作人员不兼任出纳，不经手现金，经费发放账目清楚，及时准确，切实做到专户管理，专款专用，封闭运行，社会化发放。

2014年8月25日，县民政局制定《财务管理制度》，从财务工作职责、经费预算与管理、经费使用与管理、具体开支标准及审批程序、财务审查监督及财务分析、专项经费管理使用、财产管理、资金管理等7个方面建立健全制度，进一步加强财务管理。

2016年5月，为进一步规范民政资金的存放管理和权力运行，确保安全、规范运作、保值增值的目的，根据县政府办公室印发《新昌县行政事业单位公款竞争性存放管理暂行办法》的要求，县民政局制定《新昌县民政局公款竞争性存放操作细则》，规定资金竞争性存放遵循安全性、流动性、收益性相统一的原则，通过公开招投标，在县内具备人民银行上年度综合评价B级以上，银监委上年度评级分支机构的二级以上或法人资格的三级以上银行金融单位存放，存款期限一般不超过 1 年。

同年 9 月，省审计厅审计新昌财政决算，延伸审计低保资金使用管理，发现少数低保对象存在工商登记、拥有车辆、多套房产、事业单位工作人员享受低保、在相关企业领取报酬等不符合低保条件的问题，民政局及时会同有关乡镇（街道）进行整改。

11 月，县民政局、县财政局及第十一纪检组派员组成检查小组，对乡镇（街道）民政资金和“涉农”项目资金使用管理情况进行专项检查，检查方法以查阅资料、实地核查、数据比对结合进行，发现问题逐一调查核实。对部分乡镇（街道） 存在的信息动态管理不及时，低保、低保边缘户资格认定不准；救灾资金未及时发放到位，申报对象与实际发放对象不符；户管资料缺失、不全；救助条件、发放标准不符合规定；福利院管理制度不够完善，供养对象信息更新不及时；五保供养待遇不统一，生活设施老化，生活物资不全，伙食标准偏低；报销票据不规范，财务制度有待完善等问题，进行书面通报，要求有关乡镇建立失责追究制度，在 12 月 20 日前完成整改。

2017 年 3 月，县民政局、县财政局和第十一纪检组派员组成检查小组，开展民政资金和“涉农”项目“清风”专项检查“回头看”。6 月，县民政局、县财政局书面通报“回头看”结果。通报指出相关乡镇（街道）专项检查后，在健全档案管理和财务管理制度，加强救助条件、发放标准的审核和动态监管等方面进行了纠正和整改，注销低保户 2 户，注销低保边缘户 6 户，1 户低保户注销部分人员，2 户低保边缘户注销部分人员；1423 条基本信息已核实比对，其中注销低保户 304 户，注销低保边缘户 200 户，5 户低保户注销部分人员，10 户低保边缘户注销部分人员，11 户降低低保标准。通报要求个别乡镇（街道）仍需继续抓紧整改落实到位。各乡镇（街道）以“回头看”为契机，建立民政资金定期检查长效机制，加强救助对象资格审查、资金使用及发放环节的审核，健全动态信息和户管资料管理，切实提高民政资金使用效率，确保各项民政资金安全运行。同时，县民政局建立《预算内业务内部控制制度》《收支业务内部控制制度》《合同管理内部控制制度》《政府采购管理内部控制制度》《国有资产管理内部控制制度》《项目建设管理内部控制制度》，加强内部管理。

附：1981—2017 年新昌县民政资金使用情况

表 4　1981—2017 年新昌县民政资金使用情况表

年度	支出（万元）	年度	支出（万元）
1981	43.37	1988	274.5
1982	47.76	1989	220.3
1983	66.71	1990	165.9
1984	61.48	1991	164.1
1985	87.85	1992	163
1986	84.5	1993	195.1
1987	120.9	1994	281.6

续表 4

年度	支出（万元）	年度	支出（万元）
1995	300.5	2007	3179.0
1996	350.9	2008	4253.2
1997	407.3	2009	5278.3
1998	414.7	2010	7018.7
1999	639.46	2011	7877.0
2000	531.1	2012	9135.9
2001	813.6	2013	15364.6
2002	1026.9	2014	9697.6
2003	1217.0	2015	9807.2
2004	1414.3	2016	11004.2
2005	2054.2	2017	14012.5
2006	2368.4		

第三节　审批制度改革

民政行政审批制度是民政部门管理优待抚恤、救灾救济、社会组织等项社会事务的一种重要的事前控制制度。计划经济体制时期，民政部门的行政审批制度主要以部门规章、文件、通知等方式设定。中共十五大后，民政部门积极改革行政审批制度，推行政务公开，实行“阳光审批”；简政放权，转变责能，调整、削减行政审批事项；创新管理方式，实行上下衔接、部门联动，容缺受理，网上审批、并联审批；规范行政审批行为，加强监督制约，实行首问负责、服务承诺、限时办结等制度，让“群众最多跑一次”，不断提高行政效能和公共管理服务质量，打造法治型、开放型、服务型、廉洁型民政新形象，促进社会主义物质文明、政治文明、精神文明建设与和谐社会建设全面发展。

一、政务公开

1997 年 9 月 12—18 日，中共十五大召开，提出“坚持公平、公正、公开的原则，直接涉及群众切身利益的部门要实行公开办事制度”的号召。

1998 年 3 月 21 日，省民政厅发出《关于在全省民政系统推行政务公开的通知》，规定政务公开的内容包括：公开服务项目、办事的法律法规和政策依据、程序、标准、结果、纪律、监督投诉渠道，以及其他应当公开的内容。原则上，与人民群众密切相关，不违反保密规定的主要民政业务都要公开。要求全省民政系统通过政务公开活动，接受社会监督，密切干群关系，促进全社会进一步了解、关心和支持民政工作；进一步完善公务员制度，建立起办事高效、运转协调、行为规范的民政行政管理体系，提高为人民服务的水平。

同年 5 月 19 日，省委、省政府在金华召开推行政务公开现场经验交流会，进一步研究、部署在全省推行政务公开。

8月，县政府办公室发布《关于推行政务公开制度的通告》，决定在公安、民政、劳动等 22 个部门和系统推行政务公开制度。为此，县民政局成立由局长任组长的政务公开领导小组，确定分管领导和联络员，组织领导小组成员赴金华市民政局学习取经，组织全局干部职工学习省民政厅、县政府关于推行政务公开的指示，统一思想认识，制订工作计划，全面贯彻部署。印发《关于在全县民政系统推行政务公开的通知》《新昌县民政局政务公开实施细则》，在《新昌报》刊登《新昌县民政局关于推行政务公开制度的通告》，在办公室门口设置政务公开栏，向有关单位发送政务公开小册子 500 本。8 月 25 日，在新昌宾馆召开推行政务公开新闻发布会，局长张长才宣布从 9 月 1 日起，在全县民政系统推行政务公开制度，政务公开的内容范围包括城乡最低生活保障、自然灾害救助、社会救济、农村五保供养、优待抚恤、退伍安置、婚姻登记、收养登记、社会团体登记、殡葬管理、地名管理、福利企业管理等 13 项。

为保证政务公开制度落到实处，县民政局采取五条措施：一是在新闻媒体公布《新昌县民政局政务公开监督与惩处措施》和办事程序、地点、联系部门以及垂询、监督投诉电话，欢迎社会各界监督。二是局机关内部实行首问责任制，第一个接待来访者即为首问责任人，即使不是分内工作，也要负责引导来访者到承办科室。三是实行限时办结制，对操作性很强的工作，在规定时间内办结。不能按时办结的，向服务对象讲明原因，明确下次办结时间。四是承办人实行 A、B 角制，同一业务由同一科室两名工作人员承担，其中一人为主，一人为辅。A 角出差或外出时，由 B 角负责承接服务对象的有关要求或代为办理，减少服务对象往返次数。五是设立政务公开监督员，邀请县人大李云苗、县政协章长青、城关镇党委杜伟阳、县监察局石红玉、电视台杨立群、新昌报社王亚萍、乡镇民政助理高洪芬、离休干部严升见、居民干部王焕仁等 9 人担任推行政务公开监督员，每半年开一次监督会，反馈信息，检查督促落实。

2000 年 6 月 8 日，县委、县政府为推进政府审批制度改革步伐，进一步转变职能，减少办事环节，简化审批手续，增强服务意识，决定设立新昌县经济社会发展服务中心（2005 年 6 月 30 日改为新昌县行政服务中心）。县民政局在行政服务中心设立窗口，派驻干部 2 人，承办社会团体成立、变更及注销；民办非企业单位成立、变更及注销等工作。

2001 年，县民政局制作婚姻登记公开栏 18 套，在各乡镇婚姻登记室上墙公布，接受群众监督。组织政务公开监督员到各乡镇检查婚姻登记中的收费情况，杜绝搭车收费。

2004 年 6 月，实施《中华人民共和国行政许可法》。县民政局在办公场所公示行政许可监督检查制度、行政许可审查和听取意见制度、行政许可听证制度、行政许可统一受理统一送达工作制度、行政许可过错责任追究制度，并将行政许可事项、依据、条件、数量、程序、期限、收取费用的法定项目和标准，以及需要提交的材料目录和申请书格式文本、示范文本等，便利申请人查询和办理。5月、10月，通过行风在线，两次向群众宣讲行政审批制度改革结果。

2005年5月，根据县政府办公室印发的《关于进一步健全三轮审改后行政审批事项集中办事制度的通知》要求，县民政局进行政服务中心集中办理的行政许可项目逐步扩大到乡村公益性墓地、骨灰存放点；遗体运出医院、异地火化、延期火化；收养登记；门牌证等事项。

同年10月起，贯彻县委、县政府《关于进一步推行政务公开制度的通知》精神，制定《新昌县民政局政务公开实施方案》，调整健全政务公开工作领导小组成员，政务公开增加领导干部廉洁自律、干部任职、调资、评选和财务收支、车辆、公务接待、公物管理等内容。公开方式以网络与新闻媒体为主要载体，采取电视、广播、报纸等形式公开。

2006年7月1日，婚姻登记进行政服务中心集中办理。

2010年2月1日，考虑到保护婚姻登记当事人个人隐私，服务窗口办公场地狭小的原因，婚姻登记撤出行政服务中心，另设专门场所办理。

2014年，响应省政府关于“三张清单一张网”建设的号召，在浙江政务服务网上公布民政局行政权力清单。

二、简政放权

2000年8月，县委、县政府实施行政审批制度改革，县民政局成立由局长为组长的审批制度改革领导小组，对照省市审批制度改革实施方案要求，自查自清，全面梳理，制订行政审批制度改革实施方案，报请县政府审批。

2001年2月8日，县政府第7号令发布《新昌县行政审批制度改革暂行规定》，批准民政局行政审批制度改革实施方案，审批事项由原来5项减少为2项，取消事项比例为60%；核准事项由原来6项减少为3项，取消事项比例为50%；审核事项由原来7项减少为5项，取消事项比例为28.6%。

（一）减少事项

1. 下放审批事项1项：乡村骨灰存放处、公益性墓地设立。

2. 审批转核准2项：城乡居民最低生活保障待遇，社区服务资格认定。

（二）取消核准事项

1. 涉外婚姻。

2. 社会福利企业残疾人招用。

3. 社会福利企业人员出国出境。

（三）取消审核事项

1. 丧葬用品的生产、经营。

2. 社会福利性募捐、义卖。

（四）保留审批的事项

1. 民间组织登记管理。

2. 创办社会福利机构。

（五）保留核准事项

1. 收养登记。

2. 退役士兵异地安置。

3. 优抚对象抚恤优待。

4. 城乡居民最低生活保障待遇（由审批转为核准）。

5. 社区服务资格认定（由审批转为核准）。

（六）保留审核事项

（最终审批权在县的 2 项）

1. 地名命名、更名、注销。

2. 行政区划调整与设置。

（最终审批权在市及市以上的 3 项）

4. 社会福利企业新办、变更。

5. 革命烈士追认。

6. 革命伤残人员等级评定及补（换）发伤残证。

2003 年 5 月 20 日，县政府公布第二轮行政审批制度改革方案，县民政局保留的事项有：审批 2 项，核准 6 项，审核 4 项。是年起，设置申请受理承诺办结时限。

（一）审批事项

1. 社会福利机构设立，7 天。

2. 社会福利企业设立、变更，5 天。

（二）核准事项

1. 社会团体登记，5 天。

2. 民办非企业单位登记，5 天。

3. 优抚对象抚恤优待，10 天。

4. 乡村公益性公墓，5 天。

5. 城乡低保，7 天。

6. 收养登记，5 天。

（三）审核事项

1. 革命烈士申报，3 天。

2. 革命伤残军人评残、换发证申报，3 天。

3. 行政区划变更申报，7 天。

4. 地名命名、更名、注销，5 天。

同年 11 月 9 日，县政府公布第三轮行政审批制度改革实施的行政许可事项，民政局保留实施的行政许可事项 4 项：

1. 社会团体成立、变更及注销。

2. 民办非企业单位成立、变更及注销。

3. 乡村公益性墓地、骨灰存放点。

4. 遗体运出医院、异地火化、延期火化。

2004 年 7 月 1 日起，根据县委、县政府提出的“一减（减少审批事项）一缩（缩短承诺时限）一创新（创新集中审批制、一审一核制、告知承诺制、网上审批制）”的行政审批制度改革目标要求，县民政局取消行政审批事项 15 项，实施定期检验事项 3 项。

（一）取消事项

1. 社会团体收取会费标准审批。

2. 成立国内婚姻介绍机构审批。

3. 代销中国福利彩票资格审批。

4. 社会团体刻制印章审批。

5. 社会团体设立企业法人备案。

6. 民办非企业单位刻制印章审批。

7. 在地方各级革命烈士纪念建筑物保护单位内进行其他建筑工程审批。

8. 社会福利企业因合并、分离、转让而终止的审批。

9. 社会福利企业法定代表人或主要负责人委任、选举、招聘或罢免的备案。

10. 社会福利企业招用残疾人员的残疾状况鉴定核准。

11. 社会福利企业辞退残疾职工备案。

12. 举办社会福利性募捐义演核准。

13. 生产、销售丧葬用品审批。

14. 创办、撤销农村敬老院审批。

15. 城镇建筑物名称审核。

（二）定期检验事项

1. 社会团体年检。

2. 民办非企业单位年检。

3. 社会福利企业年检。

2007 年 10 月，开展 10 年内由县政府印发的行政规范性文件清理工作。2008 年 3 月，县政府决定停止执行涉及民政工作的行政规范性文件 5 个：

1.《关于印发新昌县老龄事业十五发展规划的通知》（新政发〔2002〕3 号）。

2.《关于调整兵役义务费社会统筹标准的通知》(新政发〔2000〕15号)。

3.《关于做好兵役义务费社会统筹和优待工作的通知》(新政发〔2000〕47号)。

4.《关于印发新昌县自然灾害救助应急预案(试行)的通知》(新政办发〔2004〕87号)。

5.《关于印发新昌县城乡困难家庭医疗救助实施办法(试行)的通知》(新政办发〔2005〕69号)。

2010年6月，县民政局印发《新昌县民政局行政处罚自由裁量权实施标准》，对有关社会团体、民办非企业单位、殡葬等14种违法行为行政处罚自由裁量制定实施标准，规范行政处罚自由裁量行为，确保行政处罚公平公正、合理合法。2003—2007年，民政局实施行政处罚23起。

同年7月，县政府公布第四轮行政审批制度改革行政审批事项，民政局保留实施的非行政许可审批事项9项：

1. 地名的命名、更名和注销。

2. 村民委员会的设立、更名和注销。

3. 城乡居民最低生活保障。

4. 社会福利机构设立、变更和撤销。

5. 革命伤残人员等级评定及补(换)伤残证。

6. 福利企业新办、变更和撤销。

7. 福利企业年检。

8. 婚姻登记。

9. 收养登记。

未列入该次公布目录的行政审批事项不再实施。

2012年8月，推进行政审批规范化建设，按照“进一步减少审批事项、进一步减少审批环节、进一步减少审批时间”的工作要求，重新梳理、审定行政许可事项6项，非行政许可审批事项14项，行政服务事项7项，并将行政审批服务事项全部集中到行政服务中心民政窗口办理，实行由窗口“一审一核”、直接办理及事后分管领导签字的制度。

(一)行政许可事项

1. 成立社会团体的筹备许可。

2. 社会团体成立、变更、注销登记。

3. 社会团体分支机构、代表机构设立、注销登记。

4. 民办非企业单位成立、变更、注销登记。

5. 建设殡仪服务设施、公益性骨灰安葬(放)设施的审批。

6. 公墓建设的初审。

（二）非行政许可审批事项

1. 建立乡村骨灰存放处、乡村公益性墓地的审批。

2. 地名命名、更名、注销的审核或审批。

3. 全国性、全省性、全市性社会团体设立分支机构、代表机构审核。

4. 社会团体年度检查。

5. 民办非企业单位名称预登记。

6. 民办非企业单位年度检查。

7. 福利机构的筹备审批。

8. 社会福利机构设立、变更、注销审批。

9. 社会福利机构年度检查。

10. 伤残抚恤对象残疾等级评定、调整的初审。

11. 烈士评定的初审。

12. 收养登记、协议解除收养关系登记。

13. 婚姻登记。

14. 城乡居民最低生活保障待遇审批。

（三）行政服务事项

1. 社会福利基金资助项目初审。

2. 编制、变更、撤销门牌号码的核定。

3. 门牌证核发。

4. 福利企业资格认定、变更、注销的初审。

5. 城乡居民困难家庭救助待遇核定。

6. 城乡居民医疗救助待遇核定。

7. 出具婚姻记录证明。

2013 年，县民政局实施的行政审批和行政服务事项共 28 项，其中行政许可事项 5 项，非行政许可事项 9 项，行政许可初审事项 1 项，非行政许可审批初审事项 2 项，执行上级审批事项 1 项，与行政审批相关的服务事项 9 项，承办政府审批事项 1 项。

（一）行政许可事项

1. 成立社会团体的筹备许可。

2. 社会团体成立、变更、注销登记。

3. 社会团体分支机构、代表机构设立、变更、注销登记。

4. 民办非企业单位成立、变更、注销登记。

5. 养老机构设立许可。

（二）非行政许可审批事项

1. 建立乡村骨灰存放处、乡村公益性墓地的审批。

2. 地名命名、更名、注销的审批。
3. 全国性、全省性、全市性社会团体设立分支机构、代表机构审核。
4. 民办非企业单位名称预登记。
5. 社会福利机构的筹备审批。
6. 社会福利机构设立、变更、注销审批。
7. 收养登记、协议解除收养关系登记。
8. 婚姻登记。
9. 城乡居民最低生活保障待遇审批。

（三）行政许可初审事项

公墓建设初审。

（四）非行政许可审批初审事项

1. 伤残抚恤对象残疾等级评定、调整的初审。
2. 烈士评定的初审。

（五）执行上级审批事项

福利企业资格认定、变更、注销的审批。

（六）与行政审批相关的服务事项

1. 社会福利基金资助项目初审。
2. 编制、变更、撤销门牌号码的核定。
3. 门牌证核发。
4. 城乡居民困难家庭救助待遇核定。
5. 城乡居民医疗救助核定。
6. 出具婚姻登记记录证明。
7. 社会团体年度检查。
8. 民办非企业单位年度检查。
9. 社会福利机构年度检查。

（七）承办的政府审批事项

建设殡仪服务设施、公益性骨灰安葬（放）设施的审批（行政许可事项）。

2014 年，开展行政权力理权、清权、减权工作，建设“三张清单一张网”，县民政局在浙江政务网上公布的行政权力 54 项，其中：行政许可事项 5 项，非行政许可审批事项 6 项，行政处罚事项 16 项，行政强制事项 3 项，行政裁决事项 1 项，行政确认事项 5 项，行政奖励事项 2 项，年检事项 5 项，备案事项 3 项，其他审批事项 3 项，行政监督检查事项 1 项，其他事项 4 项。

（一）行政许可事项

1. 社会团体登记（成立、变更、注销）。

2. 民办非企业单位登记（成立、变更、注销）。

3. 基金会登记（设立、变更、注销）。

4. 建设殡仪服务设施、公益性骨灰安葬（放）设施的审批。

5. 养老机构设立许可。

（二）非行政许可审批事项

1. 城乡居民最低生活保障待遇审批。

2. 社会福利机构的筹办审批。

3. 社会福利机构设立、变更、注销审批。

4. 地名核准（门牌证核发）。

5. 福利企业资格认定、变更、注销审批。

6. 建立乡村骨灰存放处、乡村公益性墓地的审批。

（三）行政处罚事项

1. 社会团体不按规定使用社会团体法人登记证书、印章，违反法律、法规从事活动等的处罚。

2. 社会团体在申请登记时弄虚作假，骗取登记的，或者自取得社会团体法人登记证书之日起 1 年未开展活动的处罚。

3. 未经登记以及被撤销登记的社会团体，擅自以及继续以社会团体名义从事非法活动的处罚。

4. 民办非企业单位不按规定使用民办非企业单位登记证书、印章，违反法律、法规从事活动等的处罚。

5. 民办非企业单位在申请登记时弄虚作假、骗取登记的，或者业务主管单位撤销批准的处罚。

6. 未经登记以及被撤销登记的民办非企业单位，擅自以及继续以民办非企业单位名义从事非法活动的处罚。

7. 对基金会及其相关机构未按宗旨、业务范围从事活动及不按规定办理变更登记、年检、完成公益事业支出额度，有弄虚作假行为等的处罚。

8. 申请登记时弄虚作假，骗取登记的，或者自取得登记证书之日起 1 年未开展活动的，或者符合注销条件，不按规定办理注销登记仍继续开展活动的处罚。

9. 未经登记或者被撤销登记后以基金会及其相关机构名义从事非法活动的处罚。

10. 殡葬违规行为的处罚。

11. 违反《退役士兵安置条例》规定情形的处罚。

12. 养老机构违法的处罚。

13. 未按照规定使用标准地名以及涂改、遮挡、损毁或者擅自设置、移动、拆除地名标志的处罚。

14. 对行政区域界线进行违法行为的处罚。

15. 福利企业违反福利企业资格申请认定规定的处罚。

16. 采取虚报、隐瞒、伪造等手段骗取享受最低生活保障金，或家庭收入情况好转后不按规定申报收入变化的情况，继续享受原定最低生活保障金的处罚。

（四）行政强制事项

1. 封存社会团体法人登记证书、印章和财务凭证。

2. 封存民办非企业单位登记证书、印章和财务凭证。

3. 封存基金会法人登记证书、印章和财务凭证。

（五）行政裁决事项

政策性农村住房保险倒塌房屋争议裁定。

（六）行政确认事项

1. 内地居民收养登记。

2. 内地居民婚姻登记。

3. 大中型水库移民后期扶持资格确认。

4. 异地死亡人员运回原籍火化核准。

5. 烈士子女、农村老退伍军人认定。

（七）行政奖励事项

1. 养老机构和个人表彰和奖励。

2. 为老服务志愿者表彰和奖励。

（八）年检事项

1. 社会团体年度检查。

2. 民办非企业单位年度检查。

3. 基金会年度检查。

4. 社会福利机构（养老机构）年度检查。

5. 公墓年检。

（九）备案事项

1. 社会团体有关事项备案。

2. 民办非企业单位有关事项备案。

3. 基金会有关事项备案。

（十）其他审批权事项

1. 地名标志设置。

2. 水库移民后期扶持专项资金项目的审核、审批、验收和备案。

3. 申请困难救助对象家庭经济状况核对。

（十一）行政监督检查事项

福利企业监督检查。

（十二）其他事项

1. 村（居）委会的设立、撤销、规模调整。

2. 符合安排工作条件退役士兵、复员干部、伤病残士兵和军队离休退休人员接收安置。

3. 出具无婚姻登记记录证明。

4. 变卖捐赠物资。

2015 年，开展权力清单动态管理及部门入库行政权力事项信息比对，简化办事程序，压缩办理时限，减少审查层级。县民政局保留的权力事项共 30 项，其中行政许可 5 项，行政确认 7 项，年检事项 4 项，备案事项 3 项，其他审批事项 4 项，其他行政权力事项 7 项。

（一）行政许可事项

1. 社会团体登记（成立、变更、注销）。

2. 民办非企业单位登记（成立、变更、注销）。

3. 基金会登记（设立、变更、注销）。

4. 养老机构设立许可。

5. 建设殡仪服务设施、公益性骨灰安葬（放）设施审批。

（二）行政确认事项

1. 福利企业资格认定、变更、注销。

2. 地名核准。

3. 内地居民婚姻登记。

4. 内地公民收养子女登记。

5. 城乡最低生活保障对象认定。

6. 各类优抚补助对象认定。

7. 大中型水库移民后期扶持人口核定登记、复核。

（三）年检事项

1. 社会团体。

2. 民办非企业单位。

3. 基金会。

4. 公墓。

（三）备案事项

1. 社会团体有关事项。

2. 民办非企业单位有关事项。

3. 基金会有关事项。

（四）其他审批事项

1. 编制、变更、撤销、设置路牌、门牌。

2. 地名核准、门牌证核发、撤销、变更。

3. 申请困难救助对象家庭经济状况核对。

4. 变卖捐赠物资。

（五）其他行政权力事项

1. 符合安排工作条件退役士兵、复员干部、伤病残士兵接收安置。

2. 居民家庭经济状况信息平台建设运行（低收入家庭认定指导）。

3. 养老机构监督管理。

4. 公墓建设审批（初审）。

5. 出具无婚姻登记记录证明。

6. 社会福利机构审批。

7. 异地死亡人员运回原籍火化。

2016 年 10 月 10 日起，执行民政部《关于做好取消福利企业资格认定事项有关工作的通知》精神，停止福利企业资格认定工作。

同年 11 月 7 日，县政府公布停止执行的行政规范性文件，涉及民政工作 10 个：

1.《关于印发新昌县拥军优属若干规定的通知》（新政发〔1998〕22 号）。

2.《转发县民政局关于做好退伍军人安置和就业工作意见的通知》（新政发〔1998〕86 号）。

3.《关于印发新昌县城镇退伍安置暂行办法的通知》（新政发〔2000〕17 号）。

4.《关于印发新昌县城乡居民临时救助实施办法（试行）的通知》（新政发〔2011〕65 号）。

5.《关于印发新昌县第十届村民委员会选举工作实施细则的通知》（新政办发〔2013〕69 号）。

6.《关于印发新昌县第十届城市社区居民委员会换届选举工作规程的通知》（新政办发〔2015〕20 号）。

7.《关于建立骨灰安葬跟踪检查报告制度的通知》（新政办发〔2002〕83 号）。

8.《关于转发县民政局县残疾人联合会〈关于加强社区残疾人工作的实施意见〉的通知》（新政办发〔2004〕69 号）。

9.《关于印发新昌县城乡困难家庭医疗救助实施办法的通知》（新政办发〔2011〕03 号）。

10.《关于印发新昌县城乡困难家庭医疗救助实施办法的通知》（新政办发〔2014〕

01 号）。

是年，县民政局保留的行政许可事项 5 项、公共服务事项 15 项。

（一）行政许可事项

1. 社会团体成立、变更、注销登记。

2. 民办非企业单位成立、变更、注销登记。

3. 基金会设立、变更、注销登记。

4. 养老机构设立许可。

5. 建设殡仪服务设施、公益性骨灰安葬（放）设施审批。

（二）公共服务事项

1. 最低生活保障。

2. 自然灾害救助。

3. 医疗救助。

4. 流浪乞讨人员生活救助。

5. 流浪未成年人救助、保护。

6. 农村“五保”和城镇“三无”对象供养。

7. 孤儿养育保障。

8. 养老服务补贴。

9. 殡葬补贴。

10. 优待抚恤。

11. 重点优抚对象集中供养。

12. 退役军人安置。

13. 社区服务。

14. 地名服务。

15. 防灾减灾。

2017 年 3 月，贯彻县政府《关于全面梳理公开公共服务事项让群众最多跑一次的实施意见》，县编制委员会办公室、县行政审批管理办公室、县民政局联合公布《新昌县行政服务中心社会事务综合窗口实施细则》，由县民政局牵头推进行政服务中心社会事务综合窗口改革。一是自 4 月 1 日起，建立“一家牵头、统一受理、同步办件、限时办结、统一出件”工作机制；二是推行县乡两级“一窗受理、同城办理”工作模式；三是实行“容缺受理”[①]办事制度，进一步优化审批流程，提高审批效率。

---

①：“容缺受理”办事制度，是指对申请人申请行政许可时，基本条件具备、主要申请材料齐全且符合法定形式，但次要条件或申请材料欠缺，经申请人作出相关承诺后，办事机构先予受理，当场一次性告知需要补正的材料、时限和超期补正处理办法，并进行审查、办理许可手续。待申请人补正全部材料后，在承诺时限内给予办结，颁发相关批文、证照。

县民政局公布行政权力事项 46 项，其中行政许可事项 6 项，行政确认事项 11 项，行政裁决事项 2 项，审核转报事项 4 项，年检事项 4 项，其他行政权力事项 19 项。不实行“容缺受理”的事项 14 项。

（一）行政许可事项

1. 社会团体成立、变更、注销登记。

2. 民办非企业单位成立、变更、注销登记。

3. 基金会设立、变更、注销登记。

4. 养老机构设立、变更、注销。

5. 建设殡仪服务设施、公益性骨灰安葬（放）设施审批。

6. 慈善组织公开募捐资格认定。

（二）行政确认事项

1. 地名预命名、命名、更名、销名。

2. 居民结婚登记。

3. 居民离婚登记。

4. 居民补领婚姻登记证。

5. 居民撤销受胁迫的婚姻。

6. 居民收养子女登记。

7. 慈善组织认定。

8. 失业残疾军人改领在乡抚恤金确认。

9. 退役残疾军人集中供养批准。

10. 老年人优待证办理。

11. 特困人员救助供养认定。

（三）行政裁决事项

1. 政策性农村住房保险倒塌房屋争议裁定。

2. 政策性养老机构综合责任保险裁定。

（四）审核转报事项

1. 伤残抚恤关系接收、转移。

2. 烈士评定。

3. 伤残等级评定。

4. 补换伤残证。

（五）年检事项

1. 社会团体。

2. 民办非企业单位。

3. 基金会。

4. 公墓。

（六）其他行政权力事项

1. 社会团体设立办事机构备案。

2. 民办非企业单位审计结果备案。

3. 民办非企业单位使用外文名称备案。

4. 民办非企业单位收费许可证备案。

5. 民办非企业单位职工工资、福利及物质奖励备案。

6. 基金会有关事项备案。

7. 带病回乡退伍军人认定（初审）。

8. 福利企业安置残疾职工社保补贴及奖励。

9. 编制、变更、撤销门（楼）牌号码，核发门牌证（门牌证明）。

10. 公墓建设审批（初审）。

11. 异地死亡人员运回原籍火化。

12. 社会组织等级评估。

13. 慈善信托备案。

14. 慈善组织公开募捐方案备案。

15. 慈善组织异地公开募捐方案备案。

16. 慈善组织变更捐赠财产用途备案。

17. 对具有地名意义的专业设施名称出具意见。

18. 居民住房恢复重建救助审核。

19. 设置乡村骨灰存放处、乡村公益性墓地审核。

不实行“容缺受理”事项：

1. 地名预命名、命名、更名、销名。

2. 居民结婚登记。

3. 居民离婚登记。

4. 居民补领婚姻登记证。

5. 居民撤销受胁迫的婚姻。

6. 老年人优待证办理。

7. 伤残等级评定。

8. 政策性养老机构综合责任保险裁定。

9. 社会团体设立办事机构备案。

10. 民办非企业单位审计结果备案。

11. 民办非企业单位使用外文名称备案。

12. 民办非企业单位收费许可证备案。

13. 民办非企业单位职工工资、福利及物质奖励备案。

14. 基金会有关事项备案。

2019 年机构改革，县民政局增加行政许可事项 1 项：宗教活动场所法人登记、变更、注销登记。增加行政确认事项 1 项：大中型水库农村移民后期扶持人口核定登记。减少行政确认事项 2 项：失业残疾军人改领在乡抚恤金确认，退役残疾军人集中供养批准。减少审核转报事项 4 项：伤残抚恤关系接收、转移办理，烈士评审，伤残等级评定，补换伤残证。减少的行政裁决事项 2 项：政策性农村住房保险倒塌房屋争议裁定，政策性养老机构综合责任保险裁定。减少其他行政权力事项 2 项：带病回乡退伍军人认定（初审），福利企业安置残疾职工社保补贴及奖励。

三、效能建设

2004 年 4 月，县委、县政府决定在县级机关、镇乡和有行政管理职能的单位开展机关效能建设，要求以勤政廉政、提高效率、优化环境、执政为民、促进发展为主要内容，围绕立党为公、执政为民的宗旨，突出思想教育，注重建章立制，严格考核奖惩，改进运作方式，提高工作效率，确保县委、县政府各项工作任务的完成。

5 月，县民政局响应县委、县政府的号召，以求真务实为目标，以群众满意为标准，以效能建设为手段，开展“八百服务对象评民政”活动，发放评议表 800 余份，请优抚、低保、婚姻登记等八大类民政对象评议民政工作情况。同时，在政府机关、社会各界和基层社区中聘请 10 人为效能建设、行风建设监督员，多渠道多形式听取基层群众的意见和建议，对群众提出的意见和建议，及时进行整改落实。

是年，获县级机关目标责任制考核一等奖。

2005 年，县民政局以共产党员先进性教育活动为契机，开展助困、助医、助孤、助学、助残、助老为主要内容的“六助行动”，落实为民解困的各项措施，促使民政重点工作有新突破、综合基础工作有新提高，作风建设有新面貌，获县级机关目标责任制考核一等奖，被市民政局评为行风建设先进集体和彩票发行工作先进集体，民政窗口被县行政服务中心评为文明窗口三等奖。民政局局长袁振华的《民间组织管理贯彻〈中华人民共和国行政许可法〉体会》一文，在县人大开展的“实施行政许可法——执法局长谈执法”活动中获三等奖。

2006 年，围绕“以人为本、为民解困”的工作宗旨，加强作风建设，对关乎民生的社会救助、社会福利、优抚保障、大中型水库移民后期扶持、公共服务等重点难点工作，采取切实措施，取得明显成效，获县级机关目标责任制考核一等奖，被市人民政府评为全市信访工作先进集体，被县效能办评为县级机关“行风效能建设优胜单位”。民政窗口被县行政服务中心评为“文明窗口”一等奖，民政窗口工作人员王悦新被评为“群众最满意工作人员”。

2007年，开展“走千村、访万户，知民情、解民困，创业绩、树新风”作风建设主题实践活动，组织干部职工下基层，走访民政工作对象460余户，慰问98户，发放意见征求表760份。对征得的21条意见及时进行梳理、改进。创设“新昌县民政工作网站”，安装救灾视频系统，集政务公开、为民办事、助民生活、监督政务、与民交流于一体，缩短上情下达时间，提高办事效率。开展职业礼仪培训教育，规范干部职工职业礼仪行为，提升民政形象。获县级机关“行风效能建设成绩显著奖”，被评为“县级机关重点工作考核优胜单位”。

2008年，以“满意在基层”为主题，开展文明单位创建活动，切实提高群众对民政工作的满意度，被县机关效能建设办公室评为“十大群众满意机关”，获县级机关目标责任制考核一等奖。民政窗口被行政服务中心评为“十大群众满意窗口”。

2009年，围绕“服务农业惠农政策落实，服务农村公共事业建设，服务减轻农民负担防控体系落实，让农民放心”的目标，深入开展“满意在基层”文明单位创建活动，着力解决群众关注的热点难点问题，被县委、县政府评为奔小康工程结对帮扶先进单位、“十大群众满意机关”和“十大群众满意窗口”，获县级机关目标责任制考核一等奖。被绍兴市民政局评为平安边界建设创优工作示范单位。

2010年，开展以学有所教、劳有所得、病有所医、老有所养、住有所居为主要内容的改善民生“五大行动”，印发《改善民生工作计划汇编》和《新昌县支农惠农政策汇编》1万册，牵头组织由县人力资源和社会保障、信访、发改等21个机关单位组成的“民生保障服务团”，到各乡镇、农村开展支农惠农现场服务、“99”为老助老服务、星期三文化下乡、医疗下乡、科技下乡等活动，被县级机关效能建设办公室评为“服务基层十大工作亮点”“十大群众满意机关”。民政窗口被县精神文明建设委员会表彰为“十佳文明礼仪窗口”。

2011年，牵头组织“民生保障服务团”成员单位，整合各部门资源，深入乡镇、农村、城镇社区，有针对性地开展改善民生服务工作，帮助解决群众困难。县民政局带头组建救助解困、福利企业、农村社区、移民后期扶持项目、重点养老项目、民间组织等六支服务队，开展为民服务。被市政府评为信访工作先进集体，被县机关效能建设办公室评为“十大群众满意机关”和“服务基层十大工作亮点”，被县政府评为人口和计划生育目标考核优胜单位。民政窗口工作人员王朔芳被评为“群众最满意工作人员”。

2012年，县民政局干部职工以“真情暖人心，满意在民政”为主题，以解决群众反映强烈的突出问题为重点，开展“三亮点”（亮标准、亮身份、亮承诺）、“三比”（比技能、比作风、比业绩）、“三评”（党员互评、群众测评、领导点评）活动，提高为民服务水平，提升群众满意度。民政窗口全年受理并办结审批服务事项 731 件，“一审一核”达到 100%，群众办事提前办结率达到 100%。民政窗口被县行政服务中心评为年度“群众最满意窗口”，民政窗口工作人员王朔芳被评为“群众最满意工作人员”。

2013 年，县民政局被市政府评为市信访工作先进集体，获评县人口和计划生育目标管理责任制考核优胜单位、县人大代表和政协代表提案答复工作先进集体。民政窗口工作人员俞文相被评为“群众最满意工作人员”。

2014 年，民政窗口办理各类审批服务事项 690 余件，其中行政许可事项 83 件，提前办结率和群众满意率达 100%，承诺办理时限提速率达到 48%以上。县民政局获评县人口和计划生育、信访、人大代表和政协代表提案答复等项工作先进集体。

2015 年，民政窗口办理各类审批服务事项 660 余件，其中行政许可事项 73 件，提前办结率和群众满意率达 100%，承诺办理时限提速率达到 75%以上。

2016 年，全局受理行政审批服务事项 15500 余件，其中民政窗口受理、办理的行政许可事项 131 件，城乡最低生活保障对象认定及其他事项 10400 余件。行政审批承诺件提前办结率均达到 100%，行政许可承诺件承诺时限提速率达到 80%以上。

是年，县民政局获评县服务保障 G20 杭州峰会、行风建设、信访、档案等项工作先进集体。

2017 年，开展“让群众最多跑一次”主题教育实践活动，为群众提供优质高效便捷的民政服务。全局受理行政审批服务事项 6127 件，其中民政窗口受理、办理事项 277 件（行政许可事项 77 件），城乡最低生活保障对象认定等事项 800 余件。审批承诺件提前办结率达到 100%，行政许可承诺件承诺时限提速率在 80%以上。

第四节　先进荣誉

新中国成立后，新昌民政工作者“牢记使命、不忘初心”，上为党和政府分忧，下为人民群众解愁，发扬孺子牛精神，无私奉献，脚踏实地，勤奋工作，创造卓著成绩，获得诸多先进荣誉。限于档案资料缺失，以下仅记述中共十一届三中全会后获得的县级以上先进荣誉。

表 5　1980—2017 年新昌县民政工作所获集体荣誉一览表

<table>
<tr><th>级别</th><th>年度</th><th>荣誉名称</th><th>获奖单位</th><th>授奖单位</th></tr>
<tr><td rowspan="5">省部级</td><td>1980</td><td>退伍安置工作先进单位</td><td>拔茅公社</td><td>省民政厅</td></tr>
<tr><td rowspan="2">1986</td><td>优抚征兵先进县</td><td>新昌县</td><td>省委、省政府、省军区</td></tr>
<tr><td>“双扶”工作先进集体</td><td>三坑乡唐家村</td><td>省民政厅</td></tr>
<tr><td>1987</td><td>农村青年扶贫帮困先进集体</td><td>长征乡琅下村团支部</td><td>省民政厅、团省委</td></tr>
<tr><td>1989</td><td>省“3789Q”项目实施工作先进集体</td><td>沙溪村委会</td><td>省“3789Q”项目领导小组办公室</td></tr>
</table>

续表 5

级别	年度	荣誉名称	获奖单位	授奖单位
省部级	1990	有奖募捐工作先进集体	县民政局	省民政厅、省募委会
		退伍安置工作先进单位	县民政局	省委、省政府、省军区
		抗灾救灾先进集体	长诏水库管理局	省委、省政府
	1991	抗灾救灾先进集体	县民政局	省委、省政府
		优抚安置工作先进县	新昌县	省委、省政府、省军区
		福利生产先进集体	县民政局	省民政厅
		有奖募捐工作先进集体	县民政局	省民政厅、省募委会
	1992	有奖募捐工作三等奖	县民政局	省民政厅、省募委会
	1993	退伍安置工作先进集体	县民政局	省委、省政府、省军区
		有奖募捐工作先进集体	县民政局	省民政厅、省募委会
	1995	有奖募捐工作先进集体	县民政局	省民政厅、省募委会
	1997	年度工作目标考核优秀单位	县民政局	省委、省政府、省军区
		退伍安置工作先进集体	县民政局	省民政厅
	1999	“爱心献功臣”行动先进单位	县民政局	省“双拥”领导小组
		退伍安置工作先进集体	县商业总公司、县二轻工业总公司、拔茅镇政府	省委、省政府、省军区
	2001	先进老年活动室	巧英乡中溪村、城关镇央于村	省老龄委
		敬老模范村	镜岭镇西山头村	全国老龄办
	2002	全省示范社区居委会	钟楼社区居委会	省民政厅
		村民自治模范县	新昌县	
		群众体育工作先进集体	县老年体育协会	省老年体协、省老龄办
	2003	福利生产工作目标考核优秀单位	县民政局	省民政厅
	2004	全国先进民间组织	县轴承行业协会	民政部
		全省示范社区居委会	湖莲潭社区居委会	省民政厅
	2005	农村“五保”和城镇“三无”对象集中供养先进单位	县人民政府、沙溪镇政府	省政府
	2007	福利企业生产目标考核优秀单位	县福企办	省民政厅
	2008	全国第五期万家社区图书室援建和社区读书活动先进单位	县民政局	民政部、文化部等6个部门
		汶川大地震赈灾捐赠慈善贡献奖	万丰奥特集团有限公司、三花股份有限公司、新和成股份有限公司	省民政厅、省慈善总会

续表 5

级别	年度	荣誉名称	获奖单位	授奖单位
省部级		汶川大地震赈灾捐赠慈善爱心奖	新昌中学、南瑞实验学校、皮尔轴承有限公司	省民政厅、省慈善总会
省部级	2010	爱国拥军模范单位	县民政局	省委、省政府、省军区
省部级	2010	全国婚姻登记规范化单位	县民政局	民政部
省部级	2011	退伍安置工作先进集体	县政府	省委、省政府、省军区
省部级	2013	敬老文明号	县客运中心	国家老龄委
省部级	2013	敬老文明号	大佛寺风景旅游公司、阳光福利中心	省老龄委
省部级	2013	拥军模范企业	万丰奥特控股集团	省“双拥”办、省军区政治部
省部级	2014	水库移民后期扶持工作优秀县	县水库移民后期扶持工作办公室	省移民办
省部级	2016	水库移民后期扶持工作优秀县	县水库移民后期扶持工作办公室	省移民办
省部级	2016	敬老文明号	县人力资源和社会保障局	省老龄委
市级	1986	民政工作先进集体	沙溪镇政府	市民政局
市级	1987	敬老工作先进集体	西岭乡磕下村	市民政局
市级	1991	退伍安置工作先进单位	县工业局、拔茅镇政府	市委、市政府、军分区
市级	1992	“双拥”模范单位	回山镇、大市聚镇	市委、市政府、军分区
市级	1994	退伍安置工作先进单位	县交通局、拔茅镇政府	市委、市政府、军分区
市级	1995	民政工作先进集体	拔茅镇政府、城关镇民政办	市民政局
市级	1995	退伍安置先进集体	县二轻工业总公司、大明市镇政府	市委、市政府、军分区
市级	1997	退伍安置工作先进集体	县教委、县邮电局	市民政局
市级	1997	拥军优属模范单位	儒岙镇	市委、市政府、军分区
市级	1997	“双拥”模范单位	城关镇	市委、市政府、军分区
市级	1998	先进社团	县水利电力学会、县名茶协会、县档案学会	市民政局
市级	1999	农村先进敬老院	拔茅敬老院、沙溪敬老院	市民政局
市级	2000	退伍安置先进单位	县财政局、拔茅镇政府、万丰奥特集团	市委、市政府、军分区
市级	2000	行风建设先进集体	县民政局社救科	市民政局

续表5

级别	年度	荣誉名称	获奖单位	授奖单位
市级	2001	退伍安置先进单位、重点优抚对象和优抚事业单位普查、行风建设先进集体	县民政局	市民政局
		行风建设先进窗口	城关镇民政办	
	2002	退伍安置工作先进单位	县民政局	
		行风建设先进窗口	县社会福利院	
		“双拥”模范单位	城关镇	市委、市政府、军分区
	2002	退伍安置工作先进集体	县民政局	市委、市政府、军分区
		群众体育工作先进集体	县老年体育协会	市老年体协、市老龄委
	2003	福利企业生产先进单位、民间组织管理工作先进单位	县民政局	市民政局
		行风示范岗先进窗口	县民政局社会事务管理科	
		先进老年活动中心	藕岸村、里王村、胡卜村、后谢村	
	2004	“双拥”模范城创建工作先进集体	县“双拥”办公室	市委、市政府、军分区
		先进社团	县茗茶协会	市民政局
		农村“五保”和城镇“三无”对象集中供养先进单位	县民政局	
	2005	行风建设先进集体、彩票发行工作先进集体、抗台救灾工作先进集体	县民政局	
		基层“双拥”模范单位	城关镇、大市聚镇、新昌制药厂	市委、市政府、军分区
		军民共建示范单位	县消防大队、县供电局	
		国防教育示范单位	城南社区、大市聚职业中学、万丰奥特控股集团有限公司	
	2006	首届绍兴市慈善奖	万丰奥特控股集团有限公司	市政府
		首届绍兴市慈善捐赠先进单位	金昌房地产集团有限公司、日发控股集团有限公司	
		信访工作先进集体	县民政局	市委、市政府
		村民自治先进单位	县民政局	市民政局
		民间组织管理先进单位	县民政局	
	2008	地名公共服务工程建设示范单位	县民政局	
		民政信息宣传工作先进单位	县民政局	

续表 5

级别	年度	荣誉名称	获奖单位	授奖单位
市级	2009	平安边界建设创优工作示范单位	县民政局	市民政局
		先进社会团体	县轴承行业协会、名茶协会、冬泳协会、张氏骨伤医院	
	2010	信访工作先进集体	县民政局	市委、市政府
	2011	信访工作先进集体	县民政局	
	2013	信访工作先进集体	县民政局	
		敬老文明号	澄潭镇卫生院、县福利院、城关福利院、钟楼社区居委会、鼓山社区居委会、张氏骨伤医院	市老龄委
	2016	敬老文明号	县人民医院、中医院、夕阳红养老院、城南社区居委会、湖莲潭社区居委会	市老龄委
县级	1990	年度工作先进集体	县民政局	县政府
	1992	年度工作先进集体	县民政局	
	1997	县级机关目标责任制考核一等奖	县民政局	
	1998	县级机关“公仆杯”竞赛活动先进集体	县民政局	
	1999	县级机关目标责任制考核一等奖	县民政局	
	2001	县级机关目标责任制考核一等奖	县民政局	
	2004	县级机关目标责任制考核一等奖	县民政局	
	2005	县级机关目标责任制考核一等奖、社区共建先进单位	县民政局	县委、县政府、县精神文明建设委员会
		文明窗口三等奖	民政窗口	行政服务中心
		部门决算编报三等奖	县民政局	县财政局
	2006	县级机关目标责任制考核一等奖、行风效能建设优胜单位	县民政局	县政府
		“文明窗口”一等奖	县民政局	县行政服务中心
		部门决算编报三等奖	县民政局	县财政局
	2007	县级机关重点工作考核优胜单位、行风效能建设成绩显著奖、建设平安新昌先进集体	县民政局	县委、县政府、县效能办和纠风办

续表 5

级别	年度	荣誉名称	获奖单位	授奖单位
县级	2008	县级机关目标责任制考核一等奖、县人口和计划生育目标管理责任制考核优胜单位、十大群众满意机关	县民政局	县政府
		十大群众满意窗口	民政窗口	行政服务中心
		档案工作先进单位	县民政局	档案局
		纪检监察工作先进集体	县民政局纪检组	县纪委
	2009	县级机关目标责任制考核一等奖，奔小康工程结对帮扶先进单位、十大群众满意机关、十大群众满意窗口	县民政局	县委、县政府
	2010	奔小康工程结对帮扶先进单位、县人口和计划生育目标管理责任制考核优胜单位、党建工作先进集体	县民政局	
		文明单位	婚姻登记处	县委、县政府
		服务基层十大工作亮点、十大群众满意机关	县民政局	效能建设办公室、县精神文明建设委员会
		十佳文明礼仪窗口	民政窗口	
	2011	十大群众满意机关、服务基层十大工作亮点、县人口和计划生育目标考核优胜单位	县民政局	效能建设办公室、县精神文明建设委员会、县政府
	2012	群众最满意窗口	民政窗口	县行政服务中心
	2013	县人口和计划生育目标管理责任制考核优胜单位，县人大代表和政协代表提案答复工作先进集体	县民政局	县政府、县人大、县政协
	2014	县人口和计划生育目标管理责任制考核优胜单位、信访工作先进集体、人大代表和政协代表提案答复工作先进集体。	县民政局	县政府、县人大、县政协
	2016	服务保障G20杭州峰会、行风建设、信访等项工作先进集体	县民政局	县委、县政府
		档案工作先进集体	县民政局	县档案局
	2017	档案工作先进集体	县民政局	县档案局

表 6 1987—2017 年新昌县民政工作获奖个人一览表

级别	年度	荣誉名称	获奖个人	授奖单位
省部级	1987	军队离退休干部服务管理工作先进个人	王焕仁（军队退休干部）	省民政厅
		“双拥”先进个人	潘叶芬（儒岙镇朱路村烈属）	省政府
	1989	“3789Q”项目实施工作先进个人	徐建国（沙溪镇党委书记）、俞雪良（沙溪镇城建助理员）、王兴法	省“3789Q”项目领导小组办公室
		“三项康复”工作先进个人	黄世墉、张伯华、周日章、周先贡（人民医院医生）	市“三项康复”工作办公室
	1990	退伍安置工作先进个人	潘永法	省委、省政府、省军区
		先进民政局长	吕青山	省民政厅
		先进民政助理员	贾绍铨（大明市乡民政 办副主任）	
	1991	社会福利生产先进工作者	秦仲炎、吕怀均	
		“三项康复”工作先进个人	黄世墉、周日章（退休医生）	省“三项康复”工作办公室
		有奖募捐工作先进个人	陈仁苗	省民政厅、省募委会
	1993	有奖募捐工作先进个人	黄世墉、秦仲炎、赵汀章	
		开发使用退伍军人两用人才先进个人	潘小祥（新昌皮革厂厂长）	省委、省政府、省军区
	1995	征兵和退伍安置工作先进个人	潘永法	省委、省政府、省军区
	1997	敬老好儿女金榜奖、老有所为奉献奖	潘喜燕（儒岙镇黄泥丘村）、梁桢（县中医院）	省委宣传部、老龄委、民政厅、人事厅、劳动厅、总工会、团省委、妇联
	1998	退伍安置工作先进个人	张长才	省委、省政府、省军区
	1999	福利企业生产目标考核优秀管理工作者	秦仲炎	省民政厅
	2001	退伍安置工作先进个人	赵桂山	省委、省政府、省军区
	2003	福利彩票发行工作先进个人	袁振华	省民政厅、省募委会
	2004	爱心捐助奖	赵治辉（鹤辉机械有限公司）	民政部
		首届中华百名慈善人物	赵治辉、吴良定（中宝公司）	
		农村“五保”和城镇“三无”对象集中供养先进个人	徐良平（县政府）	省政府

续表 6

级别	年度	荣誉名称	获奖个人	授奖单位
省部级		中华孝亲敬老之星	章雪珍（南明街道茶亭社区）、王惠鸿（大市聚村）、俞巧英（七星街道磕下村）、陈亚萍（南明街道）	全国敬老爱老助老主题教育活动组委会
	2007	浙江老年电大办学先进个人	丁晓峰	省老龄办
		优秀学员	杨金山	
	2008	勘界工作先进个人	程晓帆（县政府）	省人事厅、省民政厅
		退伍安置工作先进个人	梁晓东	省委、省政府、省军区
		万家图书援建先进个人	杨成森	民政部
		浙江慈善奖	胡柏藩（新和成股份有限公司董事长）	省政府
		汶川大地震赈灾捐赠慈善贡献奖	朱先伟（新柴股份有限公司董事长）张云定（华佳热电有限公司董事长）、赵治辉、吴守明（西密克轴承股份有限公司董事长）	省民政厅、省慈善总会
	2009	退伍安置工作先进个人	王悦新	省委、省政府、省军区
		地名公共服务工程先进个人	梁水屿	省民政厅
	2010	退伍安置工作先进个人	吕如燕	省委、省政府、省军区
	2011	优秀社区工作者	何伯英（钟楼社区居委会主任）	省城乡社区建设领导小组
	2012	老龄工作先进个人	杨卫东	省老龄办、省人力资源和社会保障厅
		全省百名贴心为民服务标兵	曹晓霞	省民政厅
市级	1986	民政工作先进个人	秦仲炎、俞国达（沙溪乡副乡长）、赵汀章（镜岭区人武部长）	市民政局
	1987	敬老工作先进个人	梁生校（大市聚镇王大岩村）	
	1988	先进军队离退休干部	黄焕仁	
	1989	“三项康复”工作先进个人	黄世墉、张伯华、周日章	市“三项康复”工作办公室

续表 6

级别	年度	荣誉名称	获奖个人	授奖单位
市级	1991	退伍安置工作先进个人	潘春耕(回山区人武干部)	市委、市政府、军分区
	1994	婚姻登记管理先进个人	赵宗泽	市民政局
	1995	退伍安置工作先进个人	高洪芬(大明市镇民政干部)、朱唐仁(拔茅镇民政干部)	市委、市政府、军分区
		民政工作先进个人	吕青山、何采权(澄潭镇民政办主任)、贾绍铨、刘松千(县包装装潢厂厂长)、石相成(城关敬老院院长)	市民政局
	1997	退伍安置工作先进个人	张林阳(县国有工业总公司)、陈美英(县二轻工业总公司)	市委、市政府、军分区
	1997	先进军队离退休干部	黄焕仁	市民政局
	1998	优秀社团工作者	史庭智、蔡杏君(县档案馆)、王焕余、许浩生、王喜森	
		社团管理优秀工作者	袁相标	
	1999	敬老好儿女金榜奖	袁正连(大市聚镇西山村)、王云妃(大明市镇渡皇山村)、胡梦君(城关镇上礼泉村)	市委宣传部、市老干部局、市老龄委
		老有所为奉献奖	张天中(五洲轴承公司)、杜月中(县政法委)、凌光汉(县农技推广中心)	
		老龄工作功勋奖	俞辉华(离休干部)	
	2000	先进军队离退休干部	章山海	市民政局
		行风建设先进个人	石永珍、何勇	
	2001	行风建设先进个人	石永珍、华洪燕(城关镇民政办)	
	2002	行风建设先进个人	杨伟东、丁忠超(城关镇政府)	

续表 6

级别	年度	荣誉名称	获奖个人	授奖单位
市级	2003	退伍安置工作先进个人	潘永法	
		敬老好儿女	陈良（城关镇钟楼南村）、吕海妹（县福利院）、项崔娟（城关镇王家巷）、金竹娟（澄潭镇社古村）、王碧玲（儒岙镇南山村）、袁国芳（大市聚镇西山村）、丁玉兰（城南乡仓基村）	市老龄委、市妇联、市文明办
	2005	抗台救灾工作先进个人	杨亮洪	市民政局
	2008	先进军队离退休干部	黄焕仁	市军队离退休干部安置工作领导小组办公室
	2017	最美养老护理员	陈亚菲（县福利院）、张丽丽（阳光福利院）	市民政局、市老龄办
	2009	优秀民间组织工作者	程江（县轴承行业协会）、章伯熙（冬泳协会）、杜宏彬（向阳苦丁茶研究所）、杨伟东	市民政局
县级	1988	先进工作者	吕青山	县政府
		抗灾救灾先进个人	秦仲炎、赵宗泽、王兴法	
	2005	执法局长谈执法三等奖	袁振华	县人大
	2006	群众最满意工作人员	王悦新	县行政服务中心
	2011	群众最满意工作人员	王朔芳	
	2012	群众最满意工作人员	王朔芳	
	2013	群众最满意工作人员	俞文相	

第二章　建置区域

新昌县域，人文历史悠久。据 20 世纪 70 年代县文物管理委员会在南明街道兰沿、七星街道凤凰、儒岙镇甘湾、小将镇金元、镜岭镇安溪等地考古发掘、征集的石制刀、斧、凿、青铜锛和印纹陶罐等文物器具证实，早在新石器时代晚期至商周时期已有先民居住生活。

建县前，县境属剡县一部分。五代后梁开平二年（908），吴越王钱镠析剡县 13 个乡，并割天台县部分地域并置新昌县，取其中“新昌”乡名为县名，寓新建、昌盛之意。

建县后至 20 世纪 70 年代初，行政建制隶属、地域边界历经多变。之后，县境再无变更。90 年代末，全面勘定行政区域界线，县境边界以法定线固定。

地名是国家行政管理的重要内容。1979 年全国第一次地名普查工作会议后，新昌县成立地名工作机构，管理地名的命名、更名和规范使用标准地名，广泛服务于国家的政治、军事、经济等管理和人民群众的生产生活。

第一节　建置沿革

一、地理概貌

新昌县位于浙江省东部、曹娥江上游，处四明山、天台山、会稽山余脉接合部，介于北纬 29° 13′55″~29° 33′52″、东经 120° 41′34″~121° 13′34″。县境东邻宁波市奉化区、宁海县，南界台州市天台县，西南与金华市磐安县、东阳市接壤，西北与嵊州市毗连。县境东西宽 52.3 千米，南北长 37 千米，边界线总长 264.05 千米，区域面积 1212.8 平方千米。

县域属浙闽低山丘陵一部分，山水田面积之比为“八山半水分半田”。地势东南高、西北低，呈三级阶梯状下降。最高处为小将镇域菩提峰，海拔 996 米。最低处为七星街道五都村，海拔 28 米。

新昌属亚热带季风气候，温和湿润，四季分明。澄潭江、黄泽江、新昌江，分别从西、南、东部向西北流贯县境。

新昌县城距绍兴 38 千米、杭州 132 千米、宁波 95 千米。杭（州）台（州）温（州）高速公路、上（虞）三（门）高速公路、甬（宁波）金（金华）高速公路、104 国道、36 省道（江口—拔茅）、38 省道（象山—西山）和甬（宁波）金（金华）铁路贯穿县境。

二、隶属沿革

春秋战国时期，县境属越国。秦代，县境属越地会稽郡。汉高祖六年（前 201），会稽郡下置剡县，县境为其一部分，称剡东。隋代，先后改会稽郡为吴州、越州，新昌均为其属地。五代后梁开平二年（908），吴越王钱镠“因都城钱塘去温州之道路悠远，剡东南人物稍繁，且无馆驿”，乃析剡县永寿、石顺、昌化、像明、遵德、石城、五山、丰乐、彩烟、善政、新昌、安仁、守义13个乡，割天台县部分地域合并置新昌县，俗称“分剡割台置新昌”。因13个乡中有一乡名“新昌”，县名遂沿用此乡名，寓有新建、昌盛之意。

建县初，属吴越国越州东府镇东军。北宋属越州，南宋属绍兴府，先后隶于两浙路和两浙东路。元代属绍兴府，隶属江浙行省。明代隶属浙江布政使司宁绍道。清代属绍兴府，隶属宁绍台道。民国时期，先后隶属于会稽道，浙江省第七、第五特区，浙江省第二、第三行政督察区。1949年5月22日新昌解放，始属浙江省第二专区。同年6月改属浙江省第十专区（11月改称绍兴专区）。1952年1月，绍兴专区建制撤销，新昌改属宁波专区。1958年11月，新昌县建制撤销，行政区域合并于嵊县。1961年12月，恢复新昌县建制。1964年后，属绍兴（地区）市。

2021年，县政府机关驻南明街道人民中路190号。新昌县辖4个街道、6个镇、2个乡，20个居委会，253个行政村，1835个自然村。总人口：171764户，434806人。

附：“割台分剡建新昌”考①

新昌建县，历来有二说。一说“分剡置新”。此说最早出自南宋《嘉泰会稽志》，后历代新昌县志均承袭此说，并予以肯定。五代后梁开平二年（908），吴越王钱镠始析剡东十三乡（守义、安仁、新昌、善政、彩烟、丰乐、五山、石城、遵德、像明、昌化、石顺、永寿）置新昌县，因从剡县分出的十三乡中有一个乡名“新昌”，县名就沿用了此乡名，且寓有新建、昌隆、昌盛之意。另一说“割台分剡建新”。此说被历代官方县志所否定，但在新昌天台边界地区流传甚广。两种说法孰是孰非？编者考证后以为，第二种说法较第一种说法全面、确切，理由有七：其一，有“割台分剡建新昌”之说，早在潘义绯于开平四年（910）所作的《遁园记》就有记载，年代早于《嘉泰会稽志》及历代新昌县志。《遁园记》全文如下：“余历年四十有四矣，忆昔矢志雪案，时与谢友号来复者，沥肝胆，共晨夕，相契最善，谓异日得意功名，作凤池客，不揣胸臆，恒相期许。越唐乾宁三年，同至瀛洲，果如所愿。方将羽仪王国，黼黻圣朝，以展夙抱尔！谁知盗贼蜂起，黄巢之兵势尤盛，自采石渡江以来，甚是猖獗，际此乱离，国本动摇，功名非其时也。然顾瞻四方，几蹙匕靡骋矣。迨梁开平二年，割台分剡，置新昌县，越次年，自青社徙新昌之锦绣坊。是地也，倚马面，驮左旗右鼓，揽山川之秀，遂卜居于斯焉。舍旁隙地，筑一小圃，架数椽，仅堪容膝，名其扁曰‘遁园’。掩户以息，香一缕，书数卷。但见春之桃李芬芳，蝴蝶交飞；夏之荷香馥郁，赤鲤扬池；秋之黄云舒卷，菊绽东篱；冬之暗香微动，酝酿新诗。可玩可娱，婆娑怡愉。时而客至，设几席，布豆笾，羞觞酹，

①《割台分剡建新昌考》作者为新昌县民政局袁振华、赵宗泽。

终老其间，亦云庶几，此外，殆无庸心焉，非耽乐也。《易》曰：‘君子好遁’，吾其傚之，此志此意也，夫是为记。时开平四年岁次庚午孟冬月吉旦。”《遁园记》在新昌《鹿石潘氏宗谱》《天姥潘氏宗谱》《天台潘氏宗谱》中均有记载，宗谱称潘义绯（867—929）为新昌、天台潘氏始祖，山东诸城县青社人，翰林院学士，梁开平三年（909）奉朝命来新昌任石牛镇事，其父观庠，字文玉，为天台县知县。其二，新昌《南洲丁氏宗谱》“人物传记”中记载有丁会同议割台分剡建新之事。南洲丁氏三十一世丁会（865—945），字三省，后唐明宗朝官居通议大夫右侍郎，授院干掌南北院事，开平间同议析剡邑地并天台地添置新昌县，后调江南路镇守。另据《观棠丁氏宗谱》“重修宗谱序”记：“我祖敬礼公（丁氏二世祖）承欢终养不数世而吕寝焉，后而剡宰下车虑东南之辽远，念服役之维艰，遂率一城父老暨我都诏讨会府君（即丁会），诣阙奏鸣，上命割台分剡析一城，曰新昌，是时后梁开平二年也。”《南洲丁氏宗谱》又载，丁会卒后葬天台岭后。清咸丰年间（1851—1861），在天姥寺前茶壶弄山麓曾挖掘到他的墓志碑，存于丁家坞丁家祠堂。可见，现天姥寺附近地域在建县前系天台县属地。其三，明释传灯法师所编《天台山方外志》记载：“天姥山旧属天台，五代时钱王分台割剡置新昌县，故今属新昌。”清康熙《天台县志》亦载：“明《一统志》载，天姥峰在天台西北，与天台山相对。李太白天姥吟云：‘天姥连天向天横，势拔五岳掩赤城。’盖此山旧属天台，自五代间钱氏分台割剡置新昌县，今属新昌县，故不载。”又有民国《天台县志》载：“旧志备考云，天姥山在天台西北，旧属天台，五代钱氏割剡分台置新昌县，故属新昌，当在五代钱氏时矣，旧志沿革否载，今附辨于此。”其四，王畿在明县令萧敏道修复新昌县衙的题名碑记（见民国《新昌县志》卷一“衙署”）中记述：“新昌之设，肇于梁开平时，分台割剡，处于台剡之墟。”又在其所写的《甲科题名记》中提及“割台分剡建新”之事。王畿（1498—1583），字汝中，山阴人，明嘉靖五年（1526）进士，明代思想家，曾任南京武选郎中。郡县设置乃朝中重要政事，此等历史事件，他不至于无中生有，胡乱记述。其五，民国《天台县志》“形胜卷”载：“寿昌（即寿昌寺，在儒岙镇横渡街村，1992 年前为报国乡政府驻所），在县北五十里，新昌析县后邑属新昌。”其六，新昌《南屏王氏宗谱》载有“割台分剡”之事。明时，南山居士王涧（1443—1515，官恩授义郎）七十大寿，有庞泮贺诗一首，曰：“割台分剡地，有烨南山王。中有猗顿翁，积善多余庆。天姥插天表，沃洲郁苍苍。此地恒自佳，此庆当无疆。”庞泮（1450—1516），字原化，号芹斋，又号石壁，天台花墅后牌门人，官至河南右布政使。其七，对于“割剡建新”之说，古人早有异议，民国《新昌县志》“大事年表”记载：“五代梁开平二年，即吴越天宝元年，吴越王钱镠始析剡东十三乡县新昌，按当日明言十三乡，迄今未知其界址，惟有割台分剡之说。赤城志于次年改唐兴为新兴，意或于次年同时实行，概以新字取义，亦未可知。”综合上述史料分析，新昌建县系割台分剡合并所置无疑，至于分割了天台县多少地域、有哪些村落、公文何在，尚需深入查考。

附：新昌县历史沿革情况

表7　新昌县历史沿革情况表

历史年代			沿　革			备　考
公元纪年	朝代	时期	大省区	郡府州区	地域	
约前21世纪末至约前16世纪初	夏		古扬州		禹王后裔居地	大禹治水分全国为九州，东南为扬州，新昌地域属扬州
约前16世纪初至约前11世纪	商					
约前11世纪至前771年	西周					
前770年至前476年	春秋		越国		山越族居地（于越族）	周显王四十六年（前323）楚灭越
前475年至前221年	战国		楚国			
前222年至前209年	秦	始皇三十七年（前210）		会稽郡	剡地	秦统一中国，实行郡县制，全国分为36个郡。始皇东巡会稽，为泄“王气”，有“剡坑”之说，县亦以剡名
		秦二世元年（前209）	楚国			
前201年	西汉	高祖六年	荆王国		剡地	新昌地方为剡之东鄙，属刘贾之封地
前195年		高祖十二年	吴王国			为刘濞封地
前153年		前元四年	扬州	会稽郡	剡县	诛刘濞，剡县复属会稽郡
前106年		元封五年	扬州刺史部	会稽郡	剡县	郡国之上置十三州刺史部
9—23年		王莽摄政	扬州刺史部	会稽郡	尽忠县	新昌地域属之
25年	东汉	建武元年	扬州刺史部	会稽郡	剡县	光武帝刘秀恢复剡县
129年		永建四年	扬州刺史部	会稽郡	剡县	
231年	三国	吴黄龙三年	东吴（扬州）	会稽郡	剡县	东汉晚期刺史辖境由郡改称州
265—316年	西晋		扬州	会稽郡国	剡县	东晋时曾数改会稽郡为会稽郡（国）
326年	东晋	咸和元年	扬州	会稽郡	剡县	

续表 7

历史年代			沿　革			备　考
公元纪年	朝代	时期	大省区	郡府州区	地域	
420—479 年	南朝	宋	东扬州	会稽郡	剡县	孝建元年（454）分扬州之会稽等五郡为东扬州
479—502 年		齐	扬州	会稽郡	剡县	
502—557 年		梁	东扬州	会稽郡	剡县	普通五年（524），分扬州、江州置东扬州
557—589 年		陈	东扬州	会稽郡	剡县	天嘉三年（562），以会稽、东阳等八郡置东扬州
589 年	隋	开皇九年	吴州	总管府	剡县	改东扬州为吴州，废会稽郡置总管府
605 年		大业元年		越州	剡县	废吴州总管府置越州
607 年		大业三年		会稽郡	剡县	改越州为会稽郡
621 年	唐	武德四年		越州总管府	嵊州	以剡县置嵊州，并析置剡城县
625 年		武德八年		越州	剡县	废嵊州及剡城县，复剡县属越州
627 年		贞观元年	江南道	越州	剡县	分全国为十道，浙江属江南道
733 年		开元二十一年	江南东道	越州	剡县	分天下为十五道
742 年		天宝元年	江南东道	会稽郡	剡县	改越州为会稽郡
758 年		乾元元年	浙江东道	越州	剡县	会稽郡复改越州，江南东道又分为浙江西道、浙江东道
883 年		中和三年		越州义胜军	剡县	乾宁三年（896），钱镠据越州，改镇东军
887 年		光启三年		越州威胜军	剡县	
896 年		乾宁三年		越州镇东军	剡县	
908 年	五代吴越	梁开平二年，即吴越天宝元年	吴越国	越州东府镇东军	新昌县	五代初，剡县属吴越国。吴越越州东郡称东府，开平二年（908）析剡东十三乡置新昌县

续表 7

历史年代			沿革			备考
公元纪年	朝代	时期	大省区	郡府州区	地域	
978 年	宋	太平兴国三年	江南东道	越州	新昌县	吴越纳土归宋，罢镇东军，称越州，沿唐旧置十三道，浙江属江南东道。罢十道，浙江属两浙道
993 年		淳化四年	两浙道	越州	新昌县	
997 年		至道三年	两浙路	越州	新昌县	分天下为十五路，浙江属两浙东路。绍兴元年（1131）分两浙路为东、西路，升越州为绍兴府
1131 年		绍兴元年	两浙东路	绍兴府	新昌县	
1276 年	元	至元十三年	江淮行省	绍兴路	新昌县	置江淮行省治扬州
1284 年		至元二十一年	江浙行省	浙江东道宣慰司绍兴路	新昌县	江淮行省迁治杭州，边陲之地设宣慰司分领，绍兴路属之
1366 年		至正二十六年	浙江行中书省	绍兴府	新昌县	朱元璋改绍兴路为绍兴府，置浙江等行中书省
1368—1644 年	明	洪武九年（1376）	浙江省布政使司	宁绍道绍兴府	新昌县	改行中书省为承宣布政使司，司下设道以分领
1644—1911 年	清		浙江省	宁绍台道绍兴府	新昌县	清初为浙江省，省下设道以承省领府
1912 年	中华民国		浙江军政府		新昌县	废府、州、厅制，县直属省
1914 年			浙江军政府	会稽道	新昌县	又行道制，设会稽等四道，以承省统县，道驻鄞县
1917 年			浙江军政府		新昌县	废道，实行省县二级制
1932 年			浙江省	第七特区	新昌县	建行政督察制度，辖慈溪、新昌等 12 个县
1933 年			浙江省	第五特区	新昌县	改为第五特区
1935 年			浙江省	第三行政督察区	新昌县	设立行政督察区，署驻绍兴

续表 7

历史年代			沿　革			备　考
公元纪年	朝代	时期	大省区	郡府州区	地域	
1945 年			浙江省	第二行政督察区	新昌县	改属第二区，专署驻余姚。曾驻新昌中宅
1949 年	中华人民共和国		浙江省	绍兴专区	新昌县	5 月 22 日，新昌解放，初属第二专区。7 月改属十二专区。10 月设绍兴专区
1952 年			浙江省	宁波专区	新昌县	1 月属宁波专区
1958 年			浙江省	宁波专区	嵊县	11 月并入嵊县
1961 年			浙江省	宁波专区	新昌县	12 月恢复新昌县建制
1964 年			浙江省	绍兴专区	新昌县	9 月复设绍兴专区，新昌属之
1970 年			浙江省	绍兴地区	新昌县	改专区为地区
1983—2017 年			浙江省	绍兴市	新昌县	1983 年 7 月，绍兴地区升为省直辖市

三、县治

建县初，县治石牛镇，时石牛镇为市镇，非行政建制，属五山乡三都任岩里。其地有山酷如石牛，名石牛山。古有“石牛届止”之说。南朝梁刘勰所撰《梁建安王造剡山石城寺石像碑》中记述：“初，隐岳未开，野绝人径，及光公驯虎，时方雨雪，导迹污涂，始通西路。又东岩盘郁，千里联嶂，有石牛届止，至自始丰，因其蹄涔，遂启东道。寻石牛通崄，不资蜀丁之力；文虎摽径，无待为人之威。岂四天驱道，为像拓境者欤？”石牛镇名来历出此说。又据民国《新昌县志》载，石牛山“在西郊外故道。宋时开孝行碶，水当牛颈，因断其首，尚在碶垠。道光十一年二月，凿而去之，今牛身尚存”。石牛山即今牛头岭。

至于县治石牛镇的确切位置旧县志记载有分歧。明成化《新昌县志》卷五“县治”载：“在五山乡南明山后，地名石牛镇。”明万历《新昌县志》卷一“公署”也云：“县衙在五山乡南明山后，即石牛镇。”但卷二“市镇”却又说“石牛镇在西郊外，茶亭其故址也”（即今大佛城附近）。清乾隆《绍兴府志》也循此说。前后抵牾，形成二说。一说认为：建县时作为县署所在地的石牛镇，旧志已指在“五山乡南明山后”“前山根在县治前南明山下”，前山根在宋、元、明时是村，地名沿用至今，由此推知，县治所在地石牛镇即今县府一带。至于后来在茶亭形成的市集，亦一度名为“石牛镇”则是另一回事。明成化、万历年间出现过叫“石牛镇”的集市，地点开始在茶亭，万历时换了地点。前后两个石牛镇，名称相同而所指实体与地点则不同，不应混为一谈。但广义地说，石牛镇也指县城及附近范围，那么，县署所在地及茶亭市集也都属石牛镇范围内。另一说认为：石牛镇在今银城新村一带，县治在银城新村之西。《南明赵氏宗谱》载，始祖赵良俊于宋末避祸匿居石溪。其子友礼于元至元十六年（1279）置县治东仁政坊石氏基业建大第，其地即赵氏宗祠。赵氏宗祠现已改建为银城新村，此区域当为唐时石牛镇。古县治应在银城新村西，疑为西镇庙（现县人民医院附近）所在。

第二节　县境变迁与边界纠纷

一、县境变迁

置县时，县境边界无考。

宋代《嘉泰会稽志》载，东西 80 里，南北 105 里。东至嵊县界 50 里，以孝嘉乡为界；西至嵊县界 30 里，以乌岩溪为界；南至天台县界 75 里，以祥鸾乡为界；北至嵊县界 30 里，以王宅后溪为界。东南到天台县界 85 里，西南到嵊县界 15 里，东北到嵊县界 25 里，西北到嵊县界 15 里。

元明清至民国初，疆界无变。民国《新昌县志》援引明万历《新昌县志》载，东西广 220 里，南北袤 145 里，周围 442 里。东至黄柏尖台州宁海县界 100 里，东南至关岭天台县界 100 里，南至彩烟山东阳县界 110 里，西南至穿岩山嵊县界 40 里，西至乌岩溪嵊县界 30 里，西北至花佃岭嵊县界 15 里，北至王宅后溪嵊县界 40 里，东北至王罕岭奉化县界 100 里。

1937 年 4 月，新昌、天台两县派员勘察报国乡与天台县接壤县界，勘定万年山北隅侯王庙、毛山、上八坞、四溪庙、羹饭丘、白木庵、雪家坑、瓦窑坪 8 个自然村为新昌辖地，杨家坟、西郊、地藏寺、将公头丘、万马渡、跑家廊、高墙头、登头岭、燥丘田为天台县辖地。

1949 年 8 月 20 日，为便于行政管理，经新昌、宁海两县协商确定，原属新昌大灵乡辖地大陈、宴了、逐步、杨厂、清水厂、王家厂 6 个村，划归宁海县双峰乡管辖。

1953 年 11 月，澄潭区梅溪乡舒家村划归嵊县长安乡管辖。

1957 年 6 月，遁山乡罗家山划归嵊县管辖。

1958 年 6 月，奉化县三石乡剡界岭农业社划归新昌县管辖。

1961 年 12 月，恢复新昌县建制时，原属新昌县的黄泽镇、藕岸公社的兰洲、麻车、前王 3 个大队划归嵊县管辖。嵊县毫石公社的东陈、西陈、汤家庄 3 个大队划归新昌县管辖。

1971 年 8 月，嵊县中南公社的枣园、胡衣、舒家大队和黄泽镇的大岙底大队划归新昌县管辖。山头公社后湾大队划归嵊县中爱公社管辖，澄潭公社的新山生产队划归嵊县毫石公社管辖。

之后，县境再无变更。

二、边界纠纷

历史上，新昌边界曾发生多起权属纠纷，有的甚至引发械斗，毁坏山林和农作物，后经政府调查处理得以平息。

清康熙四十七年（1708），与嵊县毗邻的黄泽镇筑有街圳，自孟泾潭折流而入，方便居民饮用。嵊县农民为解决农田灌溉，越界开碑，穿田破坂，双方引起纠纷。报经府省调处，断令："填还民田，永禁冒占。"

1940 年 11 月 9 日，天台县松关乡乡长随带武装纠察队数人，将关岭头县界界牌移入新昌县境五六丈，侵占关岭庵（望梅茶亭）基地，引发边界纠纷。后经双方县政府查实，关岭庵基地属新昌，界牌复位原处。

1944 年 5 月，天台县大同乡与新昌县大灵乡县界起纷争，经浙东行署会同第三、六行政专员公署和天台、新昌县代表联合勘察，由行政督察专员公署指令，维持原界。

1946 年夏秋，嵊县中南乡乌岩村民越界征收鹤溪乡（今澄潭街道地域）山泊村守护会经费，强行抓人，牵走耕牛，引起县界纠纷，后经专区派员勘定，划定界线，竖立界石，平息争端。

1947 年 2 月，嵊县方升乡桥里村人捣毁与新昌县岭外乡（今七星街道地域）接壤处界牌，引起县界纠纷。16 日，省民政厅派员会同两县代表实地查勘，确定界线，复立界牌。

同年 11 月 24 日，嵊县中南乡枣园村民众数十人，携带长枪，至澄潭镇芝田村下沙溪潭捕鱼，芝田村民赶往制止，枣园村捕鱼民众朝天鸣枪示威，事后反以"妨害行政权力"为由，诉至新昌地方法院，经省高等法院第三分院鄞县分院检察处检察，决定不予起诉处分。11 月 27 日，嵊县中南乡乡长（枣园村人），率乡武装纠察队和民众数十人，再次到下沙溪潭强行捕鱼千余斤。次年年初，芝田村保长报请县政府、县参议会调处。4 月 15 日，第三行政督察区指派观察员，会同新昌、嵊县两县县长、参议长和有关人员 17 人，至现场察勘，在水清庵开会协商，勘定界线，确认下沙溪潭属新昌县芝田村所有，纠纷由此平息。

新中国成立后，边界争议和纠纷曾有发生。

1951 年 10—12 月，回山区西山乡龙潭背村与东阳县前山乡黄坑村（今属磐安县）为交界处的苦竹湾山、甲公岗山、大岩坪山土地权属发生纠纷。苦竹湾山，面积 5 亩，原系黄坑村潘姓茔山，土改前属潘姓 80 多户共有，由龙潭背村潘如生等 8 户管养，已有 200 多年历史。西山乡土地改革时（比东阳早），按土改政策予以征收，并作为国有机动山。甲公岗山，面积 2.8 亩，与苦竹湾山情况相同，西山乡土地改革时依法征收，分给龙潭背村潘红弟等 11 户。大岩坪山，面积 3.6 亩，土改时征收，其中 1.6 亩已分给龙潭背村潘根木等 4 户为己有。黄坑村以该三块山地历来属潘姓所有为由，强行砍伐山林，糟蹋桑树等作物，引发群体纠纷两三次，几乎发生械斗。

1952 年 5 月 29 日，省民政厅致函东阳、新昌两县政府派员调解，达成协议：

（一）土改时已分给西山乡龙潭背村潘根木等村民所有的土地山林，一律不予更动，按土地证管业。（二）苦竹湾山边的部分土地已分给潘姓村民的，按土地证管业；其余山林由东阳县前山乡作为机动山或分给农民。（三）大岩坪山，原来由龙潭背村民居住的房屋和耕种的土地，仍由龙潭背村民居住和耕种；其余土地山林由前山乡作为机动山或分给群众。

1962 年 3 月，镜屏、安山公社荒田坪等大队与东阳县尖山、友谊公社（1980 年改名胡宅公社，今属磐安县尖山镇）发生边界土地纠纷。3 月 31 日，宁波、金华两专署派员会同有关县、区、公社、生产大队代表，在东阳县人民委员会进行协商，议定：土地原属哪个生产队的，应当归还哪个生产队。新昌种东阳的 22.15 亩土地，应全部归还东阳；东阳种新昌的 56.47 亩土地，应全部归还新昌。镜屏、安山公社归还东阳友谊公社土地 44.29 亩，并造好土地产量过拨表，包干总产量 17363 公斤，划归东阳县。

1965 年 4 月，回山、安顶公社与东阳县尖山公社发生山界权属纠纷。东阳县尖山公社致信省政府，反映“新昌县回山区安顶公社一些社员，有时每天达 300 多人，成群结队，不分日夜，到东阳县尖山公社封山区乱砍林木、毛竹，使 300 多亩山林遭到破坏，给国家、集体经济造成严重损失。1964 年 9 月 9 日，引起纠纷，发生斗殴，东阳尖山公社社员被打伤 5 人，其中一人致残。曾向新昌县人民法院等单位请求调处未决，纠纷如不及时解决，将导致严重后果”。5 月 3 日，省人民委员会办公厅文告绍兴专署迅速调处。绍兴专员公署派员会同金华专署和东阳县、新昌县领导及法院、林业等部门以及有关公社，进行实地调查。新昌县代表向被打伤的 5 名社员认错道歉，并向被害人赔偿医药费 200 元。尖山公社对任意扣人、乱扣工具和罚款的做法表示歉意，对回山地区缺柴表示同情，最后达成协议：（一）双方重申，1963 年 9 月 19 日两县达成的山界协议书继续有效，应自觉遵守，不得违反。（二）加强团结，建设山区。新昌回山地区与东阳玉山地区山界毗邻，历来关系密切，新昌回山、安顶地区是缺柴区，东阳尖山等公社山林茂盛，是余柴区，新昌社员缺柴，东阳要给予照顾，但必须尊重山林权属。经双方协商，订立供柴合同，有计划有领导地上山砍柴，严禁乱砍滥伐。（三）毗邻双方要发扬风格，做好社员思想政治工作，加强法制教育，团结互助，如发生类似纠纷，只能通过协商予以解决。9 月 21 日，绍兴专员公署办公室将调处结果书面报告省人民委员会办公厅。

之后，再无边界纠纷发生。

第三节　县市勘界

勘界是国家实施行政管理的一项基础工作。1996—1998 年，县政府成立勘界工作组织，会同边界县市全面勘定县境行政区域界线，开启“平安边界建设”，将边界线纳入法制管理，促使边界地区社会稳定和经济发展。

一、勘界政策与勘界组织

1996 年 8 月 12 日，国务院发布《关于开展勘定省、县两级行政区域界线工作有关问题的通知》，指示：全面勘定行政区域界线对于从根本上解决边界争议，维护社会稳定，促进经济发展，具有深远的历史意义和重要的现实意义。勘界工作坚持实事求是、顾全大局、互谅互让的原则。全面勘界不是重新调整行政区划，是以行政区域管辖为基础，依照有关规定明确区域界线走向位置，即核定法定线、勘定习惯线、解决争议线。已经明确划定或者核定的边界线，按照有关文件、协议、地图予以核定；在国家土地利用现状调查中，经双方县级以上人民政府核定一致并签订协议的无争议的界线，应予认定；有争议的边界线的勘定，原则上要与自然资源权属相一致，按照《行政区域边界争议处理条例》的规定解决争议并确定边界线。通过勘界，在实地树立界桩，形成准确反映实际边界线走向的文件、资料和地形图，按照规定的程序将省、县两级行政区域界线确定下来。

同年 5 月 20 日，省政府下发《关于全面开展勘界工作的通知》。

9 月 7 日，县政府根据省政府和省勘界工作领导小组办公室的统一部署，成立县勘界工作领导小组，由分管副县长任组长，下设办公室于民政局，在民政、土管、林业、农业、水电等部门各抽调 1 名业务干部，开展勘界日常工作。

12 月 11 日，县政府发出《关于全面开展勘界工作的通知》。

1997 年 1 月 2—4 日，省政府在杭州召开全省勘界工作会议，部署勘界工作，指定新（昌）嵊（州）线为绍兴市的勘界试点，先行展开。

二、联合勘界

新昌县境边界线，大部分系陆地边界线，且属双方认可的传统习惯线，但存在 5 处争议线，具体是：新昌与天台 2 处，地点在回山镇鸡冠岩、儒岙镇上石研，长约 3.86 千米；新昌与磐安 1 处，地点在镜屏乡黄六谷坪坟山，长约 0.15 千米；新昌与嵊州 2 处，地点在凤凰窝水库和黄泽江石桥头活动堰，长约 2.1 千米。

1996 年 11 月 5 日开始，县勘界办公室工作人员分 2 组，历时 21 天，在当地乡镇干部和村指界人员的指引下，对照地形图，沿边界线进行实地踏勘，调查走访边界线形成的来龙去脉，征求当地群众处理边界争议的意见。在全面掌握边界线走向状况的基础上，议订解决争议的方案，向市勘界办书面呈报勘定新昌与嵊州两县（市）行政区域界线的主张线。

12 月，县勘界办分别与周边县（市）勘界办制定联合勘界实施方案，双方商定：

确定边界线的基础:(一)在国家土地利用现状调查中,经双方县级以上人民政府、县级以上人民政府土地管理部门以及乡镇人民政府核定一致,并签订协议,无争议的界线,认定为双方的边界线。(二)按《浙江省森林管理条例》规定,经县级以上人民政府确认、发证,且无争议的林地界线,可认定为双方的边界线。(三)未明确划定的边界线,以双方上报的主张线为基础,协商确定边界线。双方标绘的主张线一致的地段,按照双方一致的画法确定边界线;双方标绘的主张线虽不一致,但双方目前的实际管辖却无争议的地段,根据实际的行政管辖情况确定边界线;双方标绘主张线既不一致,而且双方对于实际管辖的情况又有争议的地段,按照《行政区域边界争议处理条例》和国务院批转林业部、民政部等部门关于调处省际山林纠纷问题的报告的通知等有关法律法规为依据解决后确定边界线。上述基础条款在确定边界线发生矛盾时,以《行政区域边界争议处理条例》为准,并按序号优先采用。

边界线走向原则:以山为界的,沿分水线(山脊)走向划分;以水流为界的,沿合水线(山谷)走向划分;以河流为界的,以河道中心线划分。界河中的沙洲依勘界前的归属确认;以固定地物为界的,以关隘、堤塘、桥梁、沟渠、道路和其他坚固地物划分;无明显地貌地物地段,以特定界点之间的连线划分;边界线的勘定原则上与自然资源权属相一致。对骑线的地物、文物、自然保护区及不可分割的自然资源,以及插花的土地、矿点、森林等自然资源,应本着实事求是、互谅互让的原则,可以调整的本着协商和自愿的原则进行调整,不能调整的在划定边界线的同时,根据有关法律、法规和政策规定,明确其归属权、管辖范围及管理使用办法。经实地调查双方确定没有争议的边界线,在1∶10000比例尺地形图上定界,不再实地勘界。

联合勘界实施方案报请市勘界办、省勘界办批准后,双方召开核界会议,核定传统习惯线,协商解决争议线。

(一)新(昌)嵊(州)线

1996年12月24日,新昌、嵊州边界线首次核界会议在新昌民政局会议室召开。双方核定一致的边界线达总长度的98%,凤凰窝水库和黄泽江石桥头活动堰地段因意见不一致未核定。后经市勘界办牵头,于1997年1月16日、2月25日、4月16日3次现场踏勘、协商,最后商定凤凰窝水库沿淹没线贯通,黄泽江石桥头活动堰地段按河道中心线贯通。

(二)宁(波)绍(兴)线新(昌)宁(海)段、新(昌)奉(化)段

1997年7月17日,宁波、绍兴两市勘界办在上虞召开首次核界会议,双方核定新(昌)宁(海)段全线贯通;新(昌)奉(化)段核定一致的边界线达总长度的88.4%。同年9月25日、26日,宁波、绍兴两市勘界办在余姚召开第二次核界会议,双方核定新(昌)奉(化)段全线贯通。

（三）绍（兴）台（州）线新（昌）天（台）段

1997年8月4日、5日，绍兴、台州两市勘界办在新昌县政府招待所召开首次核界会议，双方核定一致的边界线达总长度的95.5%，有争议的鸡冠岩、上石研两地段，待双方进一步实地踏勘后商定。同年8月26日、27日，绍兴、台州两市勘界办在天台召开第二次核界会议，双方商定鸡冠岩、上石研两地段权属维持现状管理，行政区域界线按山脊线贯通。

（四）绍（兴）金（华）线新（昌）东（阳）段、新（昌）磐（安）段

1997年8月21日、22日，绍兴、金华两市勘界办在东阳市政府招待所召开首次核界会议，新昌与东阳核定一致的边界线达总长度的98.93%，新昌与磐安核定一致的边界线达总长度的94.88%。未核定的黄六谷坪坟山地段待双方再行商定。1998年5月21日，绍兴、金华两市勘界办在诸暨市召开第二次核界会议，新昌与东阳边界线实现贯通，新昌与磐安商定黄六谷坪坟山地段按现状管理实现贯通。

至此，新昌与周边县（市）行政区域界线全部贯通，双方商定在边界线上埋设界桩标志，落实界桩管护责任。

1997年9月23日，新（昌）嵊（州）线1号界桩埋设。之后，新（昌）嵊（州）线2~8号界桩及绍兴市与宁波、台州、金华等市的市际边界线界桩、三交点界桩陆续埋设。参加埋设的有双方（三交点界桩三方参加）市勘界办、县（市）勘界办的工作人员及双方所在地乡镇、村的干部。

1998年1月中旬，界桩埋设完成，共埋设界桩标志21个，其中市际三面界桩2个、市际双面界桩11个、市内县际双面界桩8个。

同年3月12日，解放军某部应双方勘界办的委托进驻新昌，对新（昌）嵊（州）线、宁（波）绍（兴）线新（昌）宁（海）段和新（昌）奉（化）段、绍（兴）台（州）线新（昌）天（台）段的边界线走向和界桩位置进行实地测量、修调，编制边界线走向和界桩位置说明书、界桩登记表，历时12天，顺利完成。绍（兴）金（华）线新（昌）东（阳）段、新（昌）磐（安）段未经实测，在地形图上作业完成。

10月15日至11月30日，副县长程晓帆代表县人民政府、县勘界工作领导小组组长分别与周边县（市）政府签订县级边界线协议书和市际边界线基础协议书，报请省人民政府批准。至此，新昌历史上首次与周边县（市）全面勘定行政区域界线工作圆满完成。

2008年4月，省人事厅、省民政厅通报表彰全省勘界工作先进集体和先进个人，程晓帆受表彰。

三、边界线走向位置

经过联合勘界，边界争议全部解决，所勘定的行政区域界线均为法定线，总长264.05千米，其中宁（波）绍（兴）线新（昌）奉（化）段40.2千米，新（昌）宁（海）段13.3

千米；绍（兴）台（州）线新（昌）天（台）段74.5千米；绍（兴）金（华）线新（昌）磐（安）段28.7千米，新（昌）东（阳）段13.95千米；新（昌）嵊（州）线93.4千米。边界线位置走向如下：

（一）新（昌）嵊（州）边界线走向位置：自秤锤坑村南山岗（海拔541.4米，下同）绍（兴）金（华）线7号界桩起，向北经奖山茶场、牛窝岭，过白玉堂脑头，沿竹胡坪、穿窑尖、大梳脑、杨肇岭头、步郎岭头、国母岭，经大坪头，折东至茶道坑，转北上沿凤凰窝水库淹没线，顺溪而下转东至大坑水库，至马家山路廊，转南经外路、中央坂北、东陈，折东北过黄茅屋水库坝脚，向东北经半山、荷花塘、外半山、上陈家山、西塘湾、双经堂，过大树下、黄泥兰，穿澄潭至乌岩公路，过盈山坪，至沙墩沿澄潭江转向西，至白渡溪窑厂转北，至二圳交界处转东，经西桃头、小峰尖、大顶山、后湾、至宋家，转北经龙亭山、老厂，转东至王生村，过大岙底、耙吉、上远滩，越新昌江，穿新（昌）嵊（州）公路，过喻家山脚、白龙潭，转向东经大岭口、外滴水水库，向南过毛竹棚，转东北经桃园墩、依家坂、丁家岙、畚箕湾、二湾水库，向北经龟山头、前桃山、门口塘、葛藤湾，至丫叉坑水库，转东经龙潭坑、龙潭等、竹家山北、莲花岭脚路廊，转东南沿前门山北坡，经白泥尖、独亩头、云居寺北，穿田畈，过石明清、茹葫山，越新昌至黄泽公路，至黄泽江沿中心线转向北，至黄家山脚，折向南经下半山，转东经五石塘，折北过天打塘、岩后山，折向南过塘里湾水库、美桥湾，向东至仰裆湾，折北过东山岗、下半山，至上东江拦水坝，沿江中心线向东至无名山脚（92米），向东南行至天马山，折东南至白杨水库，经马面山，至花林山折向南，过尖脚岭、竹洞湾小水库，沿山脊过白岩山，至雷泥尖岭脚，转东经石坑岗、日亮头、九冲山、洞桥头、岩根桥、杨梅坪、马家坞水库，至汉岭坑，转北过火把岭，经白坞塘、郑公岭头，经麻顶山、大湖山，至龙潭头新昌、嵊州、奉化三县（市）边界线三交点宁（波）绍（兴）线7号界桩。

（二）宁（波）绍（兴）线新（昌）奉（化）段边界线走向位置：自龙潭头新昌、嵊州、奉化三县（市）边界线三交点宁（波）绍（兴）线7号界桩起，向东南沿山脊经拜经潭，穿剡界坑，至石桥湾，横穿江（口）拔（茅）公路，过里沙溪、大扑沙路，过棋盘岩，经黄畈田、吴家庄、塘山等、西山湾、浦丘横，过万箩湾、磨石岭至毛羊岗，折向南经后潭坑、汽洞山、九峰山，穿蔡岙至赋竹林公路，过官田山、坞岭坑，至八虎岭峧，折向西南至芥菜坑，经高湾、望海岗，折向南经榧联、郑家塘、风湾岗、吴家坑、棉牛坞岗、大竹山、石树坑岗，过桃棚脑头、长清，至界牌岭，转向西至猛虎岗山脚路廊，折向南经蟠龙、王百尖、座溪岗，转东过大公岙岭，折南至三坑岭，经罗汉坂，十八曲岭头叉路口，至雪等岗奉化、新昌、宁海三县（市）边界线三交点宁（波）绍（兴）线10号界桩。

（三）宁（波）绍（兴）线新（昌）宁（海）段边界线走向位置：自雪等岗新昌、

宁海三县（市）边界线三交点宁（波）绍（兴）线10号界桩起，向南经大洋岗，自坑岭头路廊，经蜂桐湾岗、勃刀峰岗、大尖头，过门前园，至上三坑水库等象山至西山公路路廊，沿公路至马岙水库西北，至耐烦岭，向西南经望海岗，虾脖尖，转南经羊石坑岗，至摘星岭路廊宁海、新昌、天台三县行政区域界线三交点界桩。

（四）绍（兴）台（州）线新（昌）天（台）段边界线走向位置：自摘星岭路廊宁海、新昌、天台三县行政区域界线三交点界桩起，向西经界牌山，沿牛皮湾山至龙亭，转南沿溪横涉龙潭坑，折西至无名山岗（693.2米），转向北至大月村路廊，沿山脊北上接牛平岗防火道，折向南沿防火道经烧坑湾山脊，过大月岭、大月山、西月岭，向西沿山脊防火道过山黄岭，至菩提峰东南防火道交叉口（山岗944.1米），转南沿芹塘岗脊防火道过上银坑、银坑后，折西至芹塘村西南路廊，北上沙桥岗，折西过龙吊丘南小桥、里坑，至王洞山，转西南经小鸟坑、慈圣、大竹园，沿慈圣溪至上海村北公路，沿山脊经彭坑岭头，越石子尖，向北过高崖、大坪，经大湾路、棋盘岩，向西南经牛路山、张骨头丘，至地藏寺西三叉路口，折向北经更饭丘、陈家岭、屋栋岩西坡路廊，转南经杨家坟，过万马渡桥，经平叶坑白岩岗，折西至上白岩，转南至姜岙口、折西经关岭头、楼头，穿104国道至天灯盏路廊，转北过前湾、小岭头、黄泥湾，过西岙水库，折西南至风门峧，折北至大湾头东小山岗，转南经多子尖、毛狗洞、上苏、下苏、外山、盘龙岭水库，向西南经外洋、大坟山，转东南经周家、大井头，至王会山（721米），向西南至大井头水库、回竹山东南西三面沿山脊线（587.7米山岗、572.2米山岗、575.4米山岗、603.4米山岗、403.4米山岗、494.4米山岗、445.5米山岗），转北经小里坑、下庵、西青湾，沿山脊向西经鸡冠岩，转西南经泄上山、五星岩、桥头丁、断柱山岗，过屯坑、石罗坂、湃头、外湾、里高山，至鞍顶山（835米）新昌、磐安、天台三县行政区域界线三交点界桩。

（五）绍（兴）金（华）线新（昌）磐（安）段边界线走向位置：自鞍顶山新昌、磐安、天台三县行政区域界线三交点界桩起，向西至无名山顶（699米），折北过田粑耕、孟仓、大岩平，沿夹溪过牛头山电站、胡宅电站，至荷花塘折西至太白岩头，折北至张家湾，转东北过坟山脚、天灯盏，至石门潭，折西过菜籽山、大岩岭，向西转北经九龙，黄六谷坪、天公塔、沙帽坪、东山、上大王、下大王、张家坑、双株树，折西至草头坑、横坑、大坟山、茶山后，至桐桥湾村西南山岗（522.5米）新昌、磐安、东阳三县（市）边界线三交点宁绍（兴）金（华）线8号界桩。

（六）绍（兴）金（华）线新（昌）东（阳）段边界线走向位置：自桐桥湾西南山岗（522.5米）新昌、磐安、东阳三县（市）边界线三交点宁绍（兴）金（华）线8号界桩起，向西呈锯齿状沿山脊至岩洞背，折西北经白岩坞西无名山峰（688.5米、714.5米、688.2米），转北过前门坞，至秤锤坑村南山岗（541.4米）新昌、嵊州、东阳三县（市）边界线三交点绍（兴）金（华）线7号界桩。

四、界桩联检

为防止界桩及界桩方位物自然或人为的移动或破坏，新昌与周边县（市）勘界办在埋设界桩时商定并订立协议，按单双号分担维护管理责任，在边界村落实人员管护。任何一方如果发现界桩被移动或损坏，应立即通知对方，双方到场，在原处恢复和重树，共同做好记录。如需另择地点树立或增树新的界桩，双方应就此签订文件，填写界桩登记表，上报省民政厅备案。同时，建立界桩定期联合检查制度，开展平安边界建设。

2004 年 5 月 12 日，新昌、嵊州两县（市）勘界办开展行政区域界线联合检查，对被人为损坏的 1 号界桩和因蛟镇至澄潭公路拓改需重树的 3 号界桩，组织双方乡镇、村干部在原位重竖界庄。

2009 年，新昌与宁海县、奉化市勘界办投资 1 万余元，对宁绍线 9 号界桩基础进行硬化固定，设置警示牌。

2013 年起，每年开展界桩联合检查，双方勘界办工作人员会同界桩所在地乡镇政府工作人员和村界桩管理员到现场，查看界桩及其方位物有无破损、移位情况，清除界桩周围的柴草遮挡物，重新上漆界碑文字，并拍照登记存入档案。

2016 年 5 月，绍台线界桩联合检查，发现 3 号界桩东侧部分地基塌方，随即指定村界桩管理员改道影响塌方的排水沟，加固界桩周边地基。

至 2017 年，县境周边毗邻地区社会稳定，无边界纠纷，生态资源得到保护和合理利用。

附：新昌县界桩成果

表 8　新昌县界桩成果一览表

界线代号	桩号	类型	材质	所在地	坐标	高程（米）	备注
330206007	007	双面	花岗岩	奉化跸驻水碓头 新昌沙溪剡界岭 嵊州金庭沙盘坑	X3271264.23 Y40607428・87	890.32	宁绍线市际
330206	008	双面	花岗岩	奉化跸驻前岙 新昌沙溪里沙溪	X3270204 Y40610884	243	宁绍线市际
330206	009	双面	花岗岩	奉化董李竹木 新昌沙溪下蔡岙	X3267182・83 Y40618445・94	419.38	宁绍线市际
33020610	010	双面	花岗岩	奉化董李大公岙 宁海深甽野猪坑 新昌巧英桥下	X3255270・66 Y40618736・47	822.10	宁绍线市际
330206	011	双面	花岗岩	宁海深甽马岙 新昌巧英平砚	X3249776・41 Y40618426・91	633.49	宁绍线市际
33020610S		三面	花岗岩	宁海双峰澄深 新昌小将张宝进 天台石梁培山	X3245983・61 Y40615426・38	725.27	宁绍台三交点

续表 8

界线代号	桩号	类型	材质	所在地	坐标	高程（米）	备注
330610	001	双面	花岗岩	新昌长征祥棠 天台白鹤宝通	X3240066・97 Y40586717・54	323.13	绍台线市际
330610	002	双面	花岗岩	新昌儒岙更饭丘 天台白鹤西程	X3243930・95 Y40595513・55	758.71	绍台线市际
330610	003	双面	花岗岩	新昌小将南洲 天台石梁大道地	X3247620・84 Y40609087・59	608.14	绍台线市际
330610	004	双面	花岗岩	新昌小将岭脚 天台石梁中央董	X3246822・70 Y40611259・09	661.78	绍台线市际
33060710S		三面	花岗岩	新昌回山丁山 磐安尖山小坑姆 天台三洲下屋	X3234748 Y40575530	800.0	绍金台三交点
330607	007	双面	花岗岩	新昌镜岭秤锤坑 嵊州里南龙皇寺 东阳三单下阳	X3247855・65 Y40567919・50	535.71	绍金线市际
330607	008	双面	花岗岩	新昌镜屏桐桥湾 磐安胡宅岭西 东阳三单善部坑	X3244106・15 Y40571087・07	514.90	绍金线市际
33062483	001	双面	花岗岩	新昌镜岭石宕 嵊州里南考溪坞	X3254073・63 Y40571265・67	322.77	新嵊线县际
33062483	002	双面	花岗岩	新昌澄潭芝田 嵊州苍岩小坑	X3260452・73 Y40574878・32	172.22	新嵊线县际
33062483	003	双面	花岗岩	新昌澄潭枣园 嵊州里南考溪坞	X3254073・63 Y40571265・67	322.77	新嵊线县际
33062483	004	双面	花岗岩	新昌梅渚宋家 嵊州城关任家湾	X3266809・66 Y40579494・40	172.22	新嵊线县际
33062483	005	双面	花岗岩	新昌大明市新富 嵊州黄泽前良	X3271434・12 Y40589364・71	112.06	新嵊线县际
33062483	006	双面	花岗岩	新昌大明市藕岸 嵊州黄泽兰洲	X3270333・54 Y40595145・34	128.85	新嵊线县际
33062483	007	双面	花岗岩	新昌新林曹州 嵊州金庭孝康	X3267674・44 Y40599411・36	418.99	新嵊线县际
33062483	008	双面	花岗岩	新昌新林杨梅坪 嵊州金庭念宅	X3266962・67 Y40604950・31	227.76	新嵊线县际

附：宁波、绍兴两市行政区域界线奉化、新昌、嵊州三县（市）三交点界桩登记情况

表 9　宁波、绍兴两市行政区域界线奉化、新昌、嵊州三县（市）三交点界桩登记表

<table>
<tr><td>名称</td><td colspan="2">330206007</td><td>类型</td><td>双面大</td><td>材质</td><td>花岗岩</td></tr>
<tr><td rowspan="3">所在地</td><td colspan="6">浙江省奉化市跸驻乡水碓头村</td></tr>
<tr><td colspan="6">浙江省新昌县沙溪镇刿界岭村</td></tr>
<tr><td colspan="6">浙江省嵊州市金庭镇沙盘坑村</td></tr>
<tr><td rowspan="2">坐标</td><td colspan="3">X　3　271　264.23</td><td rowspan="2">高程</td><td colspan="2" rowspan="2">890.32</td></tr>
<tr><td colspan="3">Y　40　607　428.87</td></tr>
<tr><td rowspan="4">界桩与方位物间的关系</td><td>编号</td><td>距离（米）</td><td>磁方位角</td><td colspan="3">方位物名称</td></tr>
<tr><td>1</td><td>564.0</td><td>220°　12′</td><td colspan="3">892.2 高地</td></tr>
<tr><td>2</td><td>552.0</td><td>238°　24′</td><td colspan="3">891.9 高地</td></tr>
<tr><td>3</td><td>357.0</td><td>335°　12′</td><td colspan="3">928.2 高地</td></tr>
<tr><td colspan="5">界 桩 位 置 略 图</td><td colspan="2">备注</td></tr>
<tr><td colspan="5">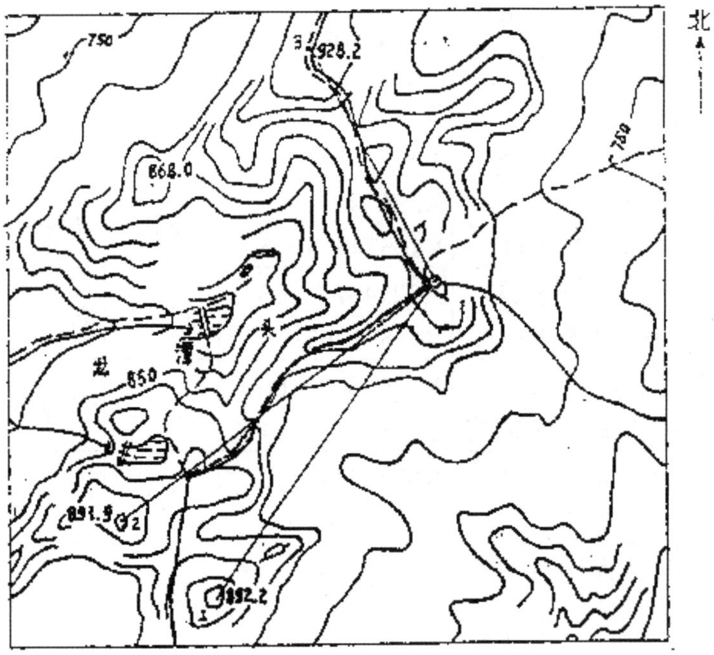

比例尺：　1：10000</td><td colspan="2">H−51−87−（18）</td></tr>
<tr><td rowspan="2">技术负责</td><td colspan="2">奉化市</td><td colspan="2">新昌县</td><td colspan="2">嵊州市</td></tr>
<tr><td colspan="2">徐国富</td><td colspan="2">赵宗泽</td><td colspan="2">宋萍</td></tr>
</table>

附：宁波、绍兴两市行政区域界线奉化市和新昌县段界桩登记情况

表 10　宁波、绍兴两市行政区域界线奉化市和新昌县段界桩登记表

<table>
<tr><td>名称</td><td>330206</td><td>界桩号</td><td>008</td><td>类型</td><td>双面大</td><td>材质</td><td>花岗岩</td></tr>
<tr><td rowspan="2">所在地</td><td colspan="7">浙江省奉化市跸驻乡前岙村</td></tr>
<tr><td colspan="7">浙江省新昌县沙溪镇里沙溪村</td></tr>
<tr><td rowspan="2">坐标</td><td colspan="4">X　3　270　204.96</td><td rowspan="2">高程</td><td colspan="2" rowspan="2">243.56</td></tr>
<tr><td colspan="4">Y　40　610　884.97</td></tr>
<tr><td rowspan="4">界桩与方位物间的关系</td><td>编号</td><td colspan="2">距离（米）</td><td colspan="2">磁方位角</td><td colspan="2">方位物名称</td></tr>
<tr><td>1</td><td colspan="2">298.0</td><td colspan="2">15°　00′</td><td colspan="2">228.2 高地</td></tr>
<tr><td>2</td><td colspan="2">375.0</td><td colspan="2">52°　30′</td><td colspan="2">260.7 高地</td></tr>
<tr><td>3</td><td colspan="2">205.0</td><td colspan="2">324°　06′</td><td colspan="2">217.9 高地</td></tr>
<tr><td colspan="6">界 桩 位 置 略 图</td><td colspan="2">备注</td></tr>
<tr><td colspan="6">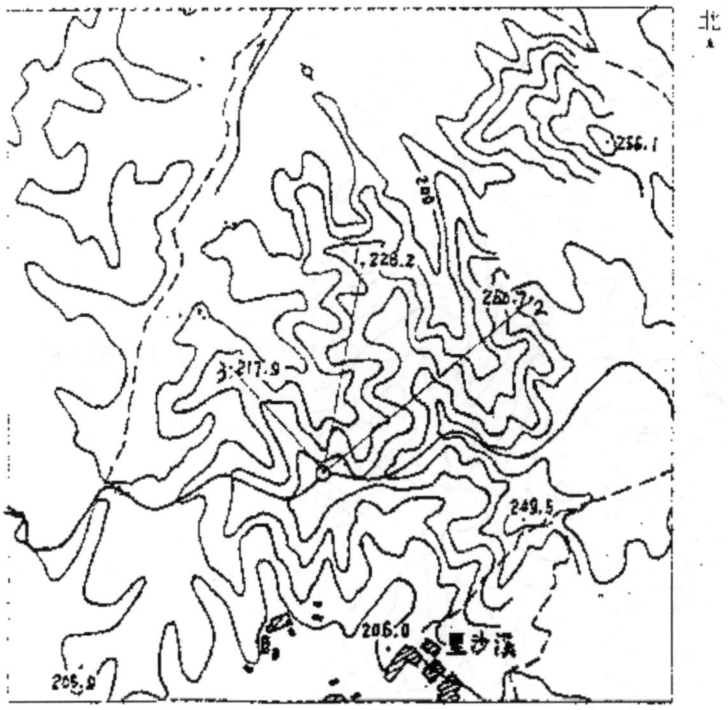

比例尺：1：10000</td><td colspan="2">H−51−87−（19）</td></tr>
<tr><td rowspan="2">技术负责</td><td colspan="4">新昌县</td><td colspan="3">奉化市</td></tr>
<tr><td colspan="4">徐国绍</td><td colspan="3">方宗淡</td></tr>
</table>

附：宁波、绍兴两市行政区域界线奉化市和新昌县段界桩登记情况

表11　宁波、绍兴两市行政区域界线奉化市和新昌县段界桩登记表

<table>
<tr><td>名称</td><td>330206</td><td>界桩号</td><td>009</td><td>类型</td><td>双面大</td><td>材质</td><td>花岗岩</td></tr>
<tr><td rowspan="2">所在地</td><td colspan="7">浙江省奉化市董李乡竹林村</td></tr>
<tr><td colspan="7">浙江省新昌县沙溪镇下蔡岙村</td></tr>
<tr><td rowspan="2">坐标</td><td colspan="3">X　3　267　182.83</td><td rowspan="2">高程</td><td colspan="3" rowspan="2">419.38</td></tr>
<tr><td colspan="3">Y　40　618　445.94</td></tr>
<tr><td rowspan="4">界桩与方位物间的关系</td><td>编号</td><td>距离（米）</td><td>磁方位角</td><td colspan="4">方位物名称</td></tr>
<tr><td>1</td><td>737.0</td><td>82°　37′</td><td colspan="4">606.5 高地</td></tr>
<tr><td>2</td><td>542.0</td><td>103°　13′</td><td colspan="4">520.2 高地</td></tr>
<tr><td>3</td><td>729.0</td><td>355°　07′</td><td colspan="4">572.7 高地</td></tr>
<tr><td colspan="6">界 桩 位 置 略 图</td><td colspan="2">备注</td></tr>
<tr><td colspan="6">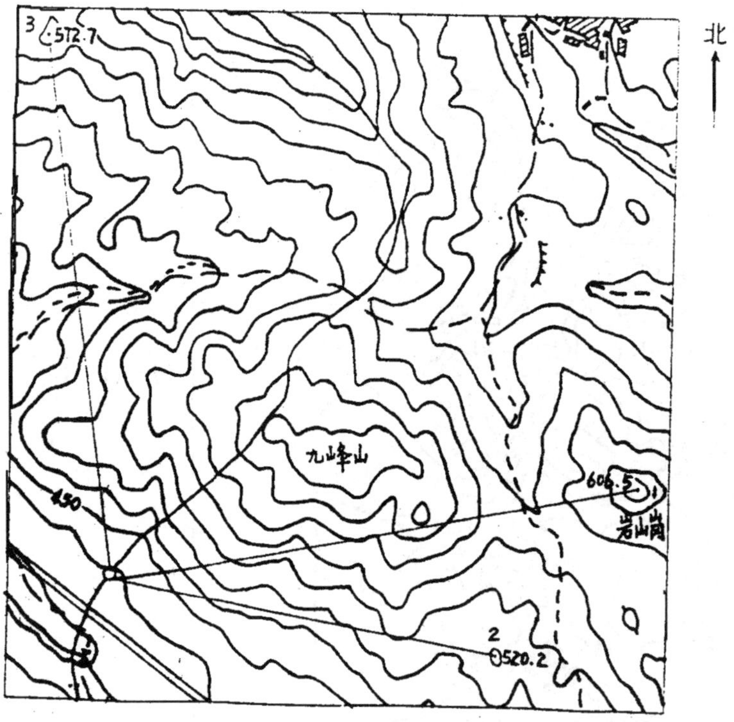

比例尺：1：10000</td><td colspan="2">H−51−87−（28）</td></tr>
<tr><td rowspan="2">技术负责</td><td colspan="3">新昌县</td><td colspan="4">奉化市</td></tr>
<tr><td colspan="3">徐国绍</td><td colspan="4">方宗淡</td></tr>
</table>

附：宁波、绍兴两市行政区域界线奉化、宁海、新昌三县（市）三交点界桩登记情况

表 12　宁波、绍兴两市行政区域界线奉化、宁海、新昌三县（市）三交点界桩登记表

<table>
<tr><td>名称</td><td>3306010</td><td>类型</td><td colspan="2">双面大</td><td>材质</td><td>花岗岩</td></tr>
<tr><td rowspan="3">所在地</td><td colspan="6">浙江省奉化市董李乡大公岙村</td></tr>
<tr><td colspan="6">浙江省宁海深圳镇野猪坑村</td></tr>
<tr><td colspan="6">浙江省新昌县巧英乡桥下村</td></tr>
<tr><td rowspan="2">坐标</td><td colspan="3">X　3　255　270.66</td><td rowspan="2">高程</td><td colspan="2" rowspan="2">822.10</td></tr>
<tr><td colspan="3">Y　40　618　736.47</td></tr>
<tr><td rowspan="4">界桩与方位物间的关系</td><td>编号</td><td>距离（米）</td><td>磁方位角</td><td colspan="3">方位物名称</td></tr>
<tr><td>1</td><td>560.0</td><td>95°　06′</td><td colspan="3">848.0 高地</td></tr>
<tr><td>2</td><td>355.0</td><td>112°　12′</td><td colspan="3">独　立　房</td></tr>
<tr><td>3</td><td>110.0</td><td>117°　15′</td><td colspan="3">独　立　房</td></tr>
<tr><td colspan="5">界　桩　位　置　略　图</td><td colspan="2">备注</td></tr>
<tr><td colspan="5">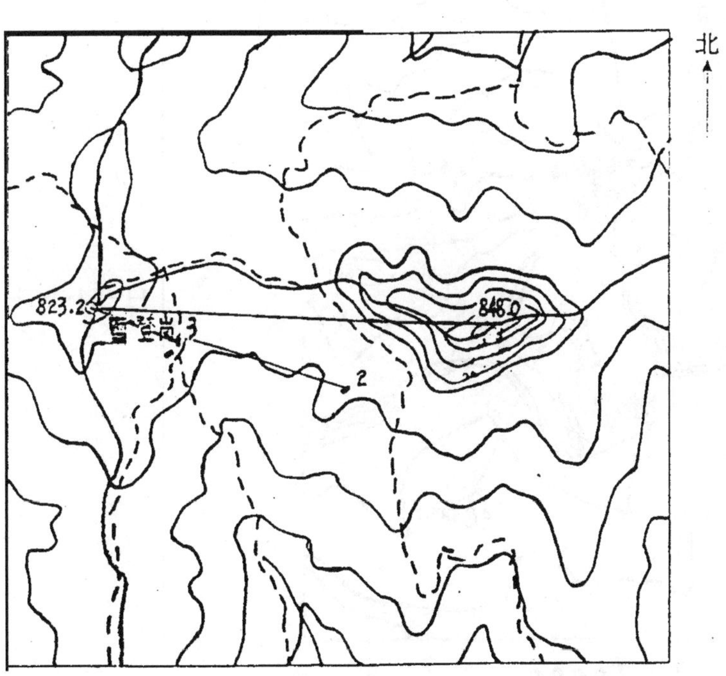

比例尺：1：10000</td><td colspan="2">H−51−87−（52）</td></tr>
<tr><td rowspan="2">技术负责</td><td colspan="2">奉化市</td><td colspan="2">宁海县</td><td colspan="2">新昌县</td></tr>
<tr><td colspan="2">徐国富</td><td colspan="2">段宏磊</td><td colspan="2">赵宗泽</td></tr>
</table>

附：宁波、绍兴两市行政区域界线宁海县和新昌县段界桩登记情况

表13　宁波、绍兴两市行政区域界线宁海县和新昌县段界桩登记表

<table>
<tr><td>名称</td><td>330206</td><td>界桩号</td><td>011</td><td>类型</td><td>双面大</td><td>材质</td><td>花岗岩</td></tr>
<tr><td rowspan="2">所在地</td><td colspan="7">浙江省宁海县深甽镇马岙村</td></tr>
<tr><td colspan="7">浙江省新昌县巧英乡平砚村</td></tr>
<tr><td rowspan="2">坐标</td><td colspan="4">X　3　249　776.41</td><td rowspan="2">高程</td><td colspan="2" rowspan="2">633.49</td></tr>
<tr><td colspan="4">Y　40　618　426.91</td></tr>
<tr><td rowspan="4">界桩与方位物间的关系</td><td>编号</td><td colspan="2">距离（米）</td><td>磁方位角</td><td colspan="3">方位物名称</td></tr>
<tr><td>1</td><td colspan="2">205.0</td><td>84°　40′</td><td colspan="3">658.5 高地</td></tr>
<tr><td>2</td><td colspan="2">480.0</td><td>157°　30′</td><td colspan="3">655.5 高地</td></tr>
<tr><td>3</td><td colspan="2">110.0</td><td>287°　50′</td><td colspan="3">两等外公路交叉处</td></tr>
<tr><td colspan="6">界 桩 位 置 略 图</td><td colspan="2">备注</td></tr>
<tr><td colspan="6">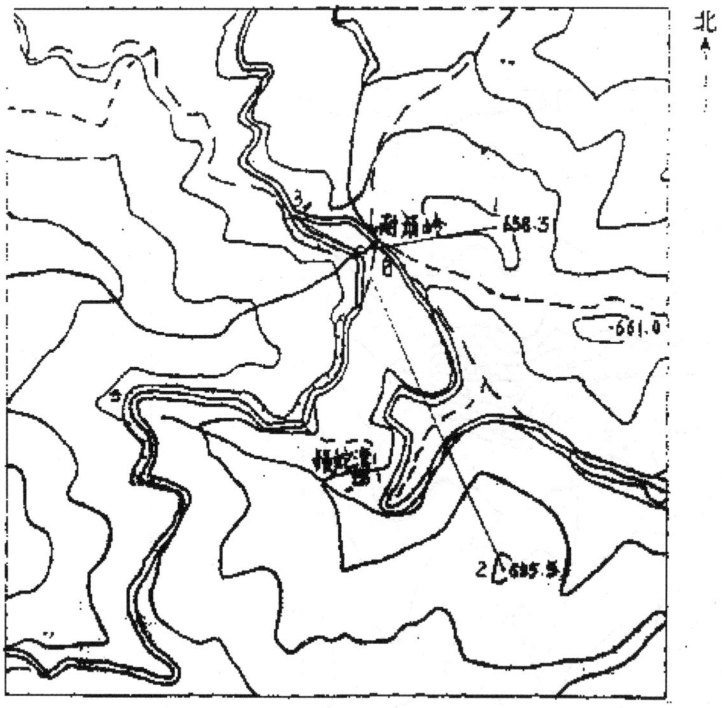

比例尺：1:10000</td><td colspan="2">H-51-87-（60）</td></tr>
<tr><td rowspan="2">技术负责</td><td colspan="3">新昌县</td><td colspan="4">宁海县</td></tr>
<tr><td colspan="3">徐国绍</td><td colspan="4">段宏磊</td></tr>
</table>

附：宁波、绍兴、台州三市行政区域界线宁海、新昌、天台三县三交点界桩登记情况

表14　宁波、绍兴、台州三市行政区域界线宁海、新昌、天台三县三交点界桩登记表

<table>
<tr><td>名称</td><td colspan="2">33020610S</td><td>类型</td><td>三面型</td><td>材质</td><td>花岗岩</td></tr>
<tr><td rowspan="3">所在地</td><td colspan="6">浙江省宁海县双峰乡澄深村</td></tr>
<tr><td colspan="6">浙江省新昌县小将镇张宝进村</td></tr>
<tr><td colspan="6">浙江省天台县石梁镇培山村</td></tr>
<tr><td rowspan="2">坐标</td><td colspan="3">X　3245　983.61</td><td rowspan="2">高程</td><td colspan="2" rowspan="2">725.27</td></tr>
<tr><td colspan="3">Y　40　615　426.38</td></tr>
<tr><td rowspan="4">界桩与方位物间的关系</td><td>编号</td><td>距离（米）</td><td>磁方位角</td><td colspan="3">方位物名称</td></tr>
<tr><td>1</td><td>595.0</td><td>4°　36′</td><td colspan="3">826.0 高地</td></tr>
<tr><td>2</td><td>347.0</td><td>80°　18′</td><td colspan="3">864.5 高地</td></tr>
<tr><td>3</td><td>500.0</td><td>324°　42′</td><td colspan="3">717.6 高地</td></tr>
<tr><td colspan="5">界桩位置略图</td><td colspan="2">备注</td></tr>
<tr><td colspan="5">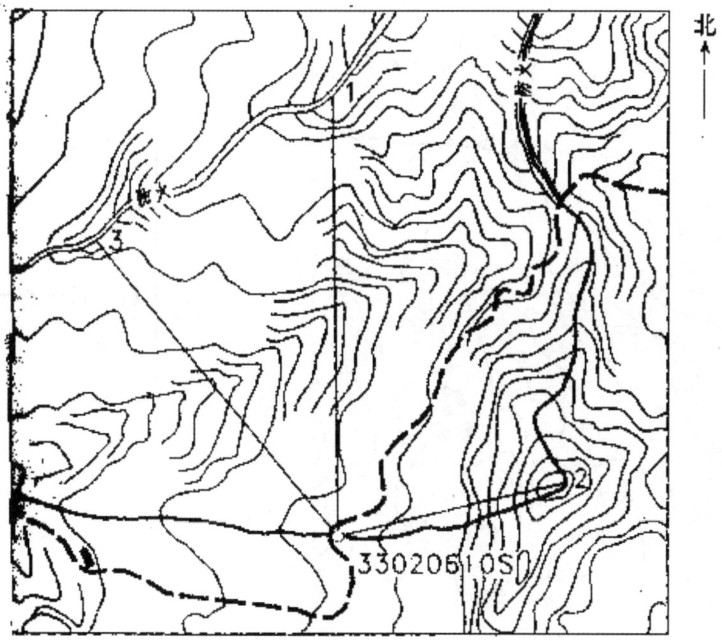比例尺：1：10000</td><td colspan="2">所在1：10000地形图图幅号：H−51−99−（4）</td></tr>
<tr><td rowspan="2">技术负责</td><td colspan="2">宁波市</td><td colspan="2">台州市</td><td colspan="2">绍兴市</td></tr>
<tr><td colspan="2">张大良</td><td colspan="2">李战地</td><td colspan="2">张建庆</td></tr>
</table>

附：绍兴、台州两市行政区域界线天台县和新昌县段界桩登记情况

表 15　绍兴、台州两市行政区域界线天台县和新昌县段界桩登记表

<table>
<tr><td>名称</td><td colspan="2">330610</td><td>界桩号</td><td>001</td><td>类型</td><td>双面大</td><td>材质</td><td>花岗岩</td></tr>
<tr><td rowspan="2">所在地</td><td colspan="8">浙江省新昌县长征乡祥棠村</td></tr>
<tr><td colspan="8">浙江省天台县白鹤镇宝通村</td></tr>
<tr><td rowspan="2">坐标</td><td colspan="4">X　3　240　066.97</td><td colspan="2" rowspan="2">高程</td><td colspan="2" rowspan="2">323.13</td></tr>
<tr><td colspan="4">Y　40　586　717.54</td></tr>
<tr><td rowspan="4">界桩与方位物间的关系</td><td>编号</td><td>距离（米）</td><td colspan="2">磁方位角</td><td colspan="4">方位物名称</td></tr>
<tr><td>1</td><td>120.0</td><td colspan="2">42°　55′</td><td colspan="4">359.5 高地</td></tr>
<tr><td>2</td><td>600.0</td><td colspan="2">198°　55′</td><td colspan="4">422.1 高地</td></tr>
<tr><td>3</td><td>430.0</td><td colspan="2">257°　55′</td><td colspan="4">473.0 高地</td></tr>
<tr><td colspan="7">界 桩 位 置 略 图</td><td colspan="2">备注</td></tr>
<tr><td colspan="7">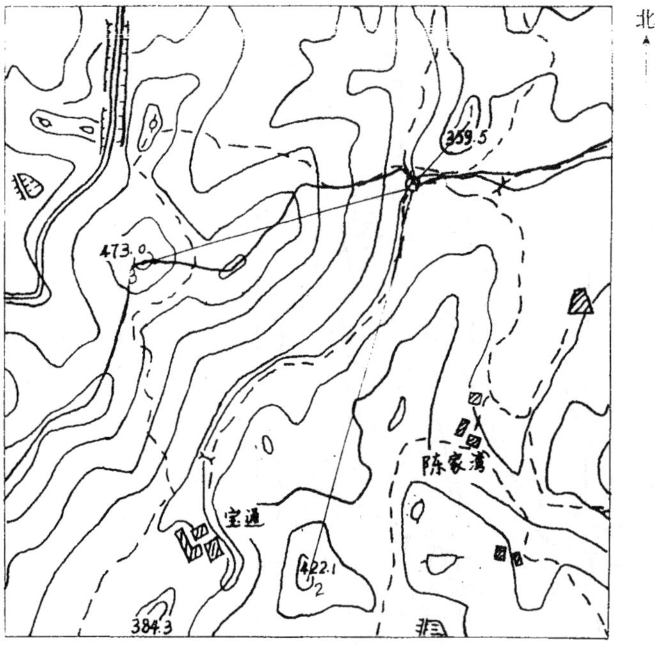
比例尺：1：10000</td><td colspan="2">H−51−98−（15）</td></tr>
<tr><td rowspan="2">技术负责</td><td colspan="4">新昌县</td><td colspan="4">天台县</td></tr>
<tr><td colspan="4">徐国绍</td><td colspan="4">施逢煦</td></tr>
</table>

附：绍兴、台州两市行政区域界线天台县和新昌县段界桩登记情况

表 16　绍兴、台州两市行政区域界线天台县和新昌县段界桩登记表

<table>
<tr><td>名称</td><td>330610</td><td>界桩号</td><td colspan="2">002</td><td>类型</td><td>双面大</td><td>材质</td><td>花岗岩</td></tr>
<tr><td rowspan="2">所在地</td><td colspan="8">浙江省新昌县儒岙镇更饭丘村</td></tr>
<tr><td colspan="8">浙江省天台县白鹤镇西程村</td></tr>
<tr><td rowspan="2">坐标</td><td colspan="4">X　3　243　930.95</td><td rowspan="2" colspan="2">高程</td><td rowspan="2" colspan="2">758.71</td></tr>
<tr><td colspan="4">Y　40　595　513.55</td></tr>
<tr><td rowspan="4">界桩与方位物间的关系</td><td>编号</td><td colspan="2">距离（米）</td><td colspan="2">磁方位角</td><td colspan="3">方位物名称</td></tr>
<tr><td>1</td><td colspan="2">300.0</td><td colspan="2">42°　19′</td><td colspan="3">820.2 高地</td></tr>
<tr><td>2</td><td colspan="2">182.0</td><td colspan="2">139°　55′</td><td colspan="3">779.0 高地</td></tr>
<tr><td>3</td><td colspan="2">302.0</td><td colspan="2">250°　55′</td><td colspan="3">806.5 高地</td></tr>
<tr><td colspan="7">界 桩 位 置 略 图</td><td colspan="2">备注</td></tr>
<tr><td colspan="7">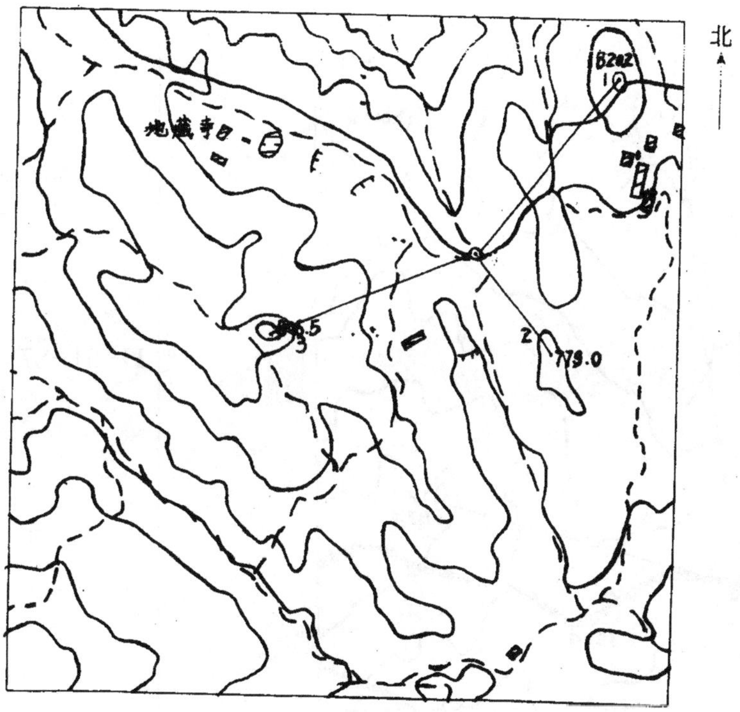比例尺：1：10000</td><td colspan="2">H−51−98−（8）</td></tr>
<tr><td rowspan="2">技术负责</td><td colspan="4">新昌县</td><td colspan="4">天台县</td></tr>
<tr><td colspan="4">徐国绍</td><td colspan="4">施逢煦</td></tr>
</table>

附：绍兴、台州两市行政区域界线天台县和新昌县段界桩登记情况

表 17　绍兴、台州两市行政区域界线天台县和新昌县段界桩登记表

<table>
<tr><td>名称</td><td>330610</td><td>界桩号</td><td>003</td><td>类型</td><td>双面大</td><td>材质</td><td>花岗岩</td></tr>
<tr><td rowspan="2">所在地</td><td colspan="7">浙江省新昌县小将镇南洲村</td></tr>
<tr><td colspan="7">浙江省天台县石梁镇大道地村</td></tr>
<tr><td rowspan="2">坐标</td><td colspan="4">X　3　247　620.84</td><td rowspan="2">高程</td><td colspan="2" rowspan="2">608.14</td></tr>
<tr><td colspan="4">Y　40　609　087.59</td></tr>
<tr><td rowspan="4">界桩与方位物间的关系</td><td>编号</td><td colspan="2">距离（米）</td><td colspan="2">磁方位角</td><td colspan="2">方位物名称</td></tr>
<tr><td>1</td><td colspan="2">627.0</td><td colspan="2">12°　48′</td><td colspan="2">小路交叉口</td></tr>
<tr><td>2</td><td colspan="2">440.0</td><td colspan="2">77°　54′</td><td colspan="2">712.0 高地</td></tr>
<tr><td>3</td><td colspan="2">20.0</td><td colspan="2">151°　00′</td><td colspan="2">亭　子</td></tr>
<tr><td colspan="6">界 桩 位 置 略 图</td><td colspan="2">备注</td></tr>
<tr><td colspan="6">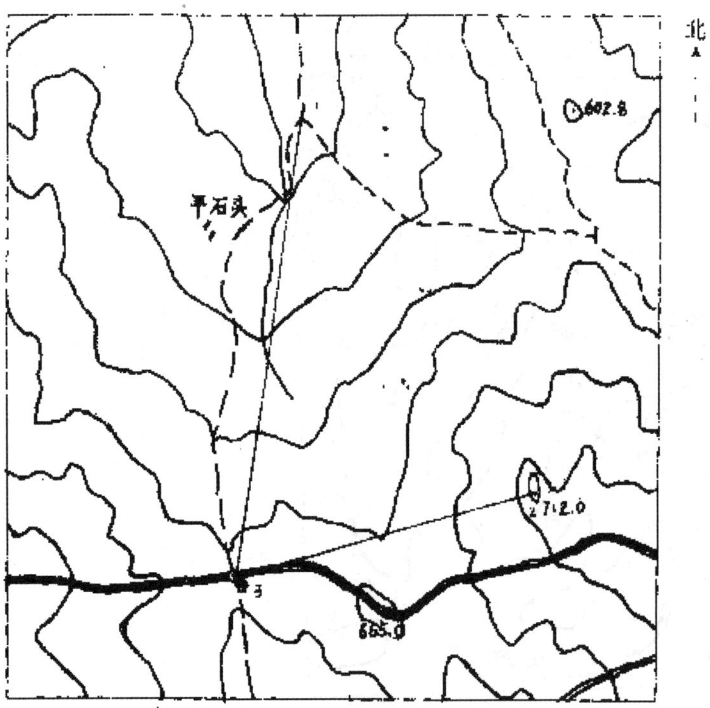比例尺：1：10000</td><td colspan="2">H－51－87－（58）</td></tr>
<tr><td rowspan="2">技术负责</td><td colspan="4">新昌县</td><td colspan="3">天台县</td></tr>
<tr><td colspan="4">徐国绍</td><td colspan="3">施逢煦</td></tr>
</table>

附：绍兴、台州两市行政区域界线天台县和新昌县段界桩登记情况

表 18　绍兴、台州两市行政区域界线天台县和新昌县段界桩登记表

<table>
<tr><td>名称</td><td>330610</td><td>界桩号</td><td>004</td><td>类型</td><td>双面大</td><td>材质</td><td>花岗岩</td></tr>
<tr><td rowspan="2">所在地</td><td colspan="7">浙江省新昌县小将镇岭脚村</td></tr>
<tr><td colspan="7">浙江省天台县石梁镇中央董村</td></tr>
<tr><td rowspan="2">坐标</td><td colspan="4">X　3　246　822.70</td><td rowspan="2">高程</td><td colspan="2" rowspan="2">661.78</td></tr>
<tr><td colspan="4">Y　40　611　259.09</td></tr>
<tr><td rowspan="4">界桩与方位物间的关系</td><td>编号</td><td>距离（米）</td><td colspan="2">磁方位角</td><td colspan="3">方位物名称</td></tr>
<tr><td>1</td><td>541.0</td><td colspan="2">70°　00′</td><td colspan="3">801.2 高地</td></tr>
<tr><td>2</td><td>260.0</td><td colspan="2">273°　30′</td><td colspan="3">731.2 高地</td></tr>
<tr><td>3</td><td>295.0</td><td colspan="2">341°　30′</td><td colspan="3">亭　子</td></tr>
<tr><td colspan="6">界 桩 位 置 略 图</td><td colspan="2">备注</td></tr>
<tr><td colspan="6">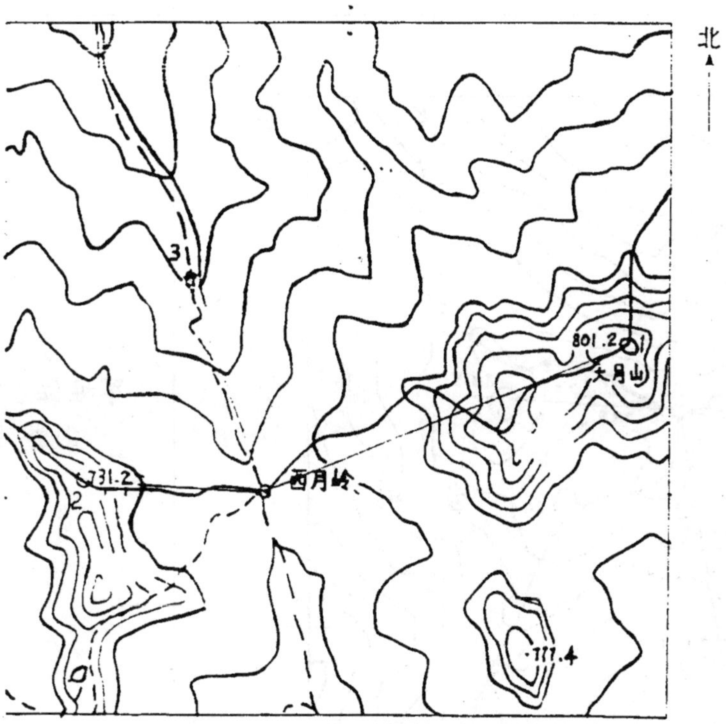比例尺：1：10000</td><td colspan="2">H-51-87-（59）</td></tr>
<tr><td rowspan="2">技术负责</td><td colspan="4">新昌县</td><td colspan="3">天台县</td></tr>
<tr><td colspan="4">徐国绍</td><td colspan="3">施逢煦</td></tr>
</table>

附：绍兴、金华、台州三市行政区域界线新昌、磐安、天台三县三交点界桩登记情况

表19　绍兴、金华、台州三市行政区域界线新昌、磐安、天台三县三交点界桩登记表

<table>
<tr><td>名称</td><td colspan="2">绍金台三交点界桩</td><td>类型</td><td>单立三面型</td><td>材质</td><td>花岗岩</td></tr>
<tr><td rowspan="3">所在地</td><td colspan="6">浙江省新昌县回山镇丁山村</td></tr>
<tr><td colspan="6">浙江省磐安县尖山镇小坑姆村</td></tr>
<tr><td colspan="6">浙江省天台县三洲乡下屋村</td></tr>
<tr><td rowspan="2">坐标</td><td colspan="3">X　3234748</td><td rowspan="2">高程</td><td colspan="2" rowspan="2">800.0</td></tr>
<tr><td colspan="3">Y　40575530</td></tr>
<tr><td rowspan="4">界桩与方位物间的关系</td><td>编号</td><td>距离（米）</td><td>磁方位角</td><td colspan="3">方位物名称</td></tr>
<tr><td>1</td><td>238.0</td><td>89°　37′</td><td colspan="3">811.5 高地</td></tr>
<tr><td>2</td><td>325.0</td><td>192°　37′</td><td colspan="3">760.1 高地</td></tr>
<tr><td>3</td><td>170.0</td><td>262°　37′</td><td colspan="3">安顶山山顶</td></tr>
<tr><td colspan="5">界　桩　位　置　略　图</td><td colspan="2">备注</td></tr>
<tr><td colspan="5">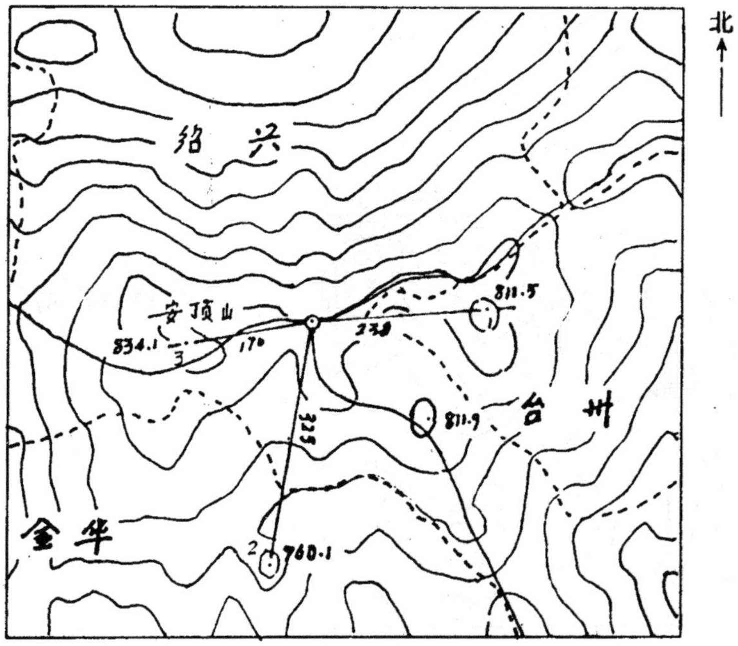
比例尺：　　1：10000</td><td colspan="2">界桩位于鞍部山脊处</td></tr>
</table>

<table>
<tr><td rowspan="2">技术负责</td><td>绍兴市</td><td>金华市</td><td>台州市</td></tr>
<tr><td>陈金富</td><td>陈志高</td><td>陈定良</td></tr>
</table>

附：绍兴、金华两市行政区域界线新昌、磐安、东阳三县三交点界桩登记情况

表 20　绍兴、金华两市行政区域界线新昌、磐安、东阳三县三交点界桩登记表

名称	330607	界桩号	008	类型	双面大	材质	花岗岩
所在地	浙江省绍兴市新昌县镜屏乡桐桥湾村						
	浙江省金华市磐安县胡宅乡岭西村						
	东阳市三单乡善部坑村						
坐标	X　3　244　106.15			高程	514.90		
	Y　40　571　087.07						
界桩与方位物间的关系	编号	距离（米）	磁方位角	方位物名称			
	1	189.0	71°　14′	475.0 高地			
	2	195.0	271°　44′	505.5 高地			
	3	70.0	318°　44′	522.5 高地			

界桩位置略图	备注
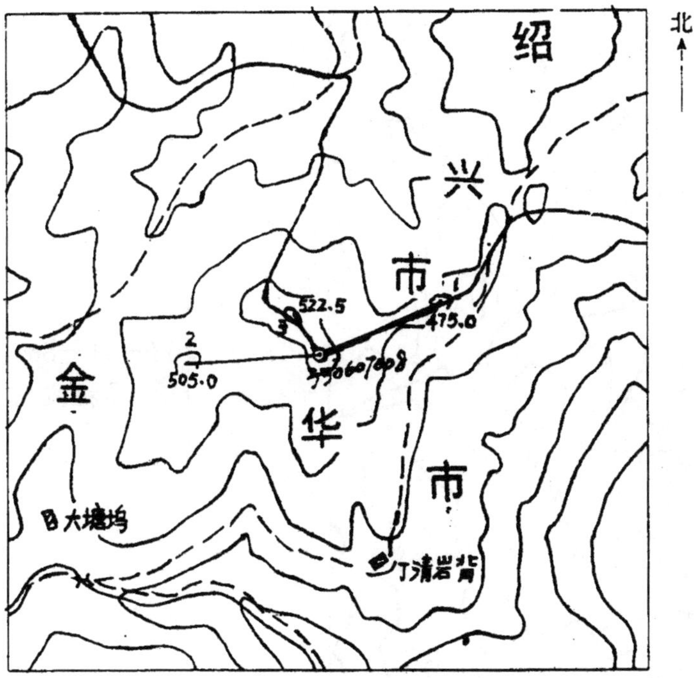 比例尺：1:10000	H-51-98-（4） 界桩坐标实测

技术负责	新昌县	磐安县	东阳市
	赵宗泽	张红权	陈伯奇

附：绍兴、金华两市行政区域界线嵊州、新昌、东阳三县（市）三交点界桩登记情况

表21　绍兴、金华两市行政区域界线嵊州、新昌、东阳三县（市）三交点界桩登记表

<table>
<tr><td>名称</td><td>330607</td><td>界桩号</td><td>007</td><td>类型</td><td>双面大</td><td>材质</td><td>花岗岩</td></tr>
<tr><td rowspan="3">所在地</td><td colspan="7">浙江省绍兴市新昌县镜岭镇秤锤坑村</td></tr>
<tr><td colspan="7">浙江省嵊州市里南乡龙皇寺村</td></tr>
<tr><td colspan="7">浙江省金华市东阳市三单乡下阳村</td></tr>
<tr><td rowspan="2">坐标</td><td colspan="4">X　3　247　855.65</td><td rowspan="2">高程</td><td colspan="2" rowspan="2">800.0</td></tr>
<tr><td colspan="4">Y　40　567　919.50</td></tr>
<tr><td rowspan="4">界桩点与方位物相关关系</td><td>编号</td><td>距离（米）</td><td colspan="2">磁方位角</td><td colspan="3">方位物名称</td></tr>
<tr><td>1</td><td>608.0</td><td colspan="2">40°　48′</td><td colspan="3">526.4 高地</td></tr>
<tr><td>2</td><td>380.0</td><td colspan="2">113°　54′</td><td colspan="3">643.1 高地</td></tr>
<tr><td>3</td><td>310.0</td><td colspan="2">231°　12′</td><td colspan="3">491.4 高地</td></tr>
<tr><td colspan="6">界 桩 位 置 略 图</td><td colspan="2">备注</td></tr>
<tr><td colspan="6">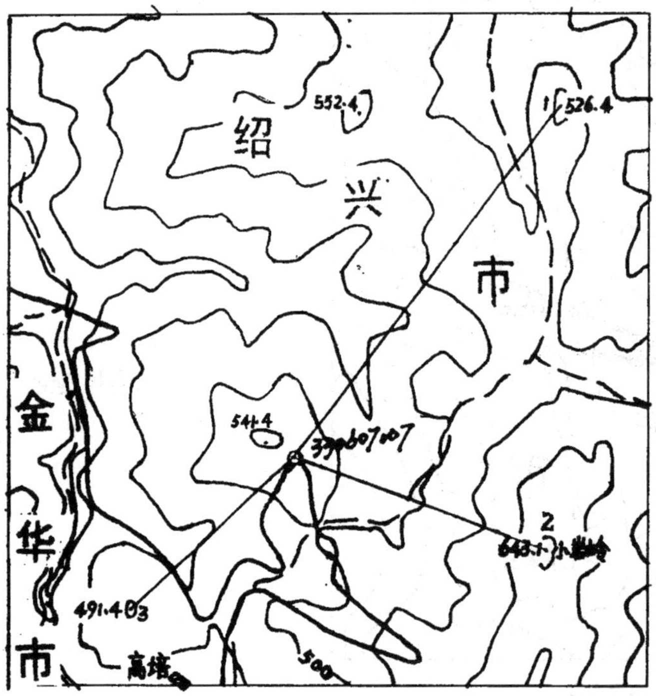

比例尺：1:10000</td><td colspan="2">H—51—86—（60）
界桩坐标实例</td></tr>
<tr><td rowspan="2">技术负责</td><td colspan="2">新昌县</td><td colspan="3">嵊州市</td><td colspan="2">东阳市</td></tr>
<tr><td colspan="2">赵宗泽</td><td colspan="3">宋萍</td><td colspan="2">陈伯奇</td></tr>
</table>

附：新昌、嵊州两县（市）行政区域界线界桩登记情况

表 22　新昌、嵊州两县（市）行政区域界线界桩登记表

<table>
<tr><td>名称</td><td>33062483</td><td>界桩号</td><td>001</td><td>类型</td><td>双面大</td><td>材质</td><td colspan="2">花岗岩</td></tr>
<tr><td rowspan="2">所在地</td><td colspan="8">浙江省新昌县镜岭镇石宕村</td></tr>
<tr><td colspan="8">浙江省嵊州市里南乡考溪坞村</td></tr>
<tr><td rowspan="2">坐标</td><td colspan="4">X　3　254　073.63</td><td rowspan="2">高程</td><td colspan="3" rowspan="2">322.77</td></tr>
<tr><td colspan="4">Y　40　571　265.67</td></tr>
<tr><td rowspan="4">界桩与方位物间的关系</td><td>编号</td><td>距离（米）</td><td colspan="2">磁方位角</td><td colspan="4">方位物名称</td></tr>
<tr><td>1</td><td>647.0</td><td colspan="2">86°　42′</td><td colspan="4">338.2 高地</td></tr>
<tr><td>2</td><td>400.0</td><td colspan="2">132°　12′</td><td colspan="4">371.4 高地</td></tr>
<tr><td>3</td><td>238.0</td><td colspan="2">202°　12′</td><td colspan="4">390.0 高地</td></tr>
<tr><td colspan="7">界　桩　位　置　略　图</td><td colspan="2">备注</td></tr>
<tr><td colspan="7">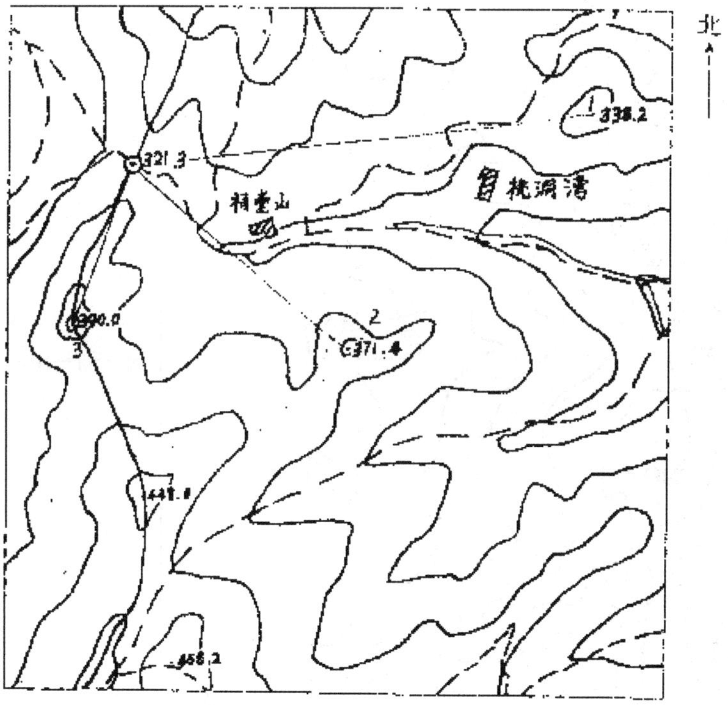

比例尺：1：10000</td><td colspan="2">H−51−86−（52）</td></tr>
<tr><td rowspan="2">技术负责</td><td colspan="4">新昌县</td><td colspan="4">嵊州市</td></tr>
<tr><td colspan="4">徐国绍</td><td colspan="4">沈美君</td></tr>
</table>

附：新昌、嵊州两县（市）行政区域界线界桩登记情况

表23 新昌、嵊州两县（市）行政区域界线界桩登记表

<table>
<tr><td>名称</td><td>33062483</td><td>界桩号</td><td>002</td><td>类型</td><td>双面大</td><td>材质</td><td>花岗岩</td></tr>
<tr><td rowspan="2">所在地</td><td colspan="7">浙江省新昌县澄潭镇芝田村</td></tr>
<tr><td colspan="7">浙江省嵊州市苍岩镇小坑村</td></tr>
<tr><td rowspan="2">坐标</td><td colspan="3">X 3 260 452.73</td><td rowspan="2">高程</td><td colspan="3" rowspan="2">172.22</td></tr>
<tr><td colspan="3">Y 40 574 878.32</td></tr>
<tr><td rowspan="4">界桩与方位物间的关系</td><td>编号</td><td>距离（米）</td><td>磁方位角</td><td colspan="4">方位物名称</td></tr>
<tr><td>1</td><td>110.0</td><td>25° 32′</td><td colspan="4">179.1 高地</td></tr>
<tr><td>2</td><td>149.0</td><td>265° 37′</td><td colspan="4">堤的东南角</td></tr>
<tr><td>3</td><td>100.0</td><td>338° 32′</td><td colspan="4">亭 子</td></tr>
<tr><td colspan="6">界 桩 位 置 略 图</td><td colspan="2">备注</td></tr>
<tr><td colspan="6">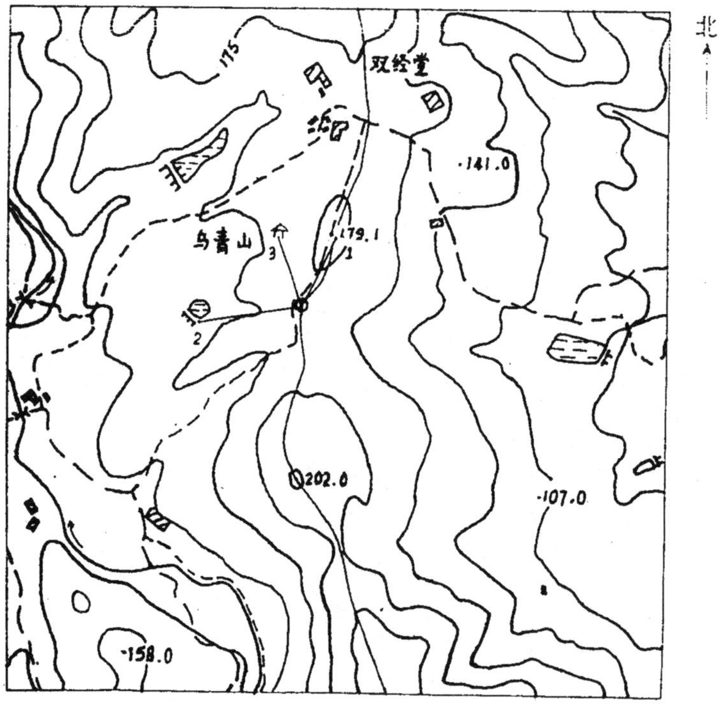

比例尺：1:10000</td><td colspan="2">H−51−86−（37）</td></tr>
<tr><td rowspan="2">技术负责</td><td colspan="3">新昌县</td><td colspan="4">嵊州市</td></tr>
<tr><td colspan="3">徐国绍</td><td colspan="4">沈美君</td></tr>
</table>

附：新昌、嵊州两县（市）行政区域界线界桩登记情况

表24　新昌、嵊州两县（市）行政区域界线界桩登记表

<table>
<tr><td>名称</td><td>33062483</td><td>界桩号</td><td>003</td><td>类型</td><td>双面大</td><td>材质</td><td>花岗岩</td></tr>
<tr><td rowspan="2">所在地</td><td colspan="7">浙江省新昌县澄潭镇枣园村</td></tr>
<tr><td colspan="7">浙江省嵊州市苍岩镇长安村</td></tr>
<tr><td rowspan="2">坐标</td><td colspan="4">X　3　262　464.76</td><td rowspan="2">高程</td><td colspan="2" rowspan="2">47.34</td></tr>
<tr><td colspan="4">Y　40　575　276.67</td></tr>
<tr><td rowspan="4">界桩与方位物间的关系</td><td>编号</td><td>距离（米）</td><td>磁方位角</td><td colspan="4">方位物名称</td></tr>
<tr><td>1</td><td>116.0</td><td>108°　59′</td><td colspan="4">93.1 高地</td></tr>
<tr><td>2</td><td>36.0</td><td>184°　59′</td><td colspan="4">路交叉北边缘</td></tr>
<tr><td>3</td><td>635.0</td><td>289°　29′</td><td colspan="4">104.7 高地</td></tr>
<tr><td colspan="6">界 桩 位 置 略 图</td><td colspan="2">备注</td></tr>
<tr><td colspan="6">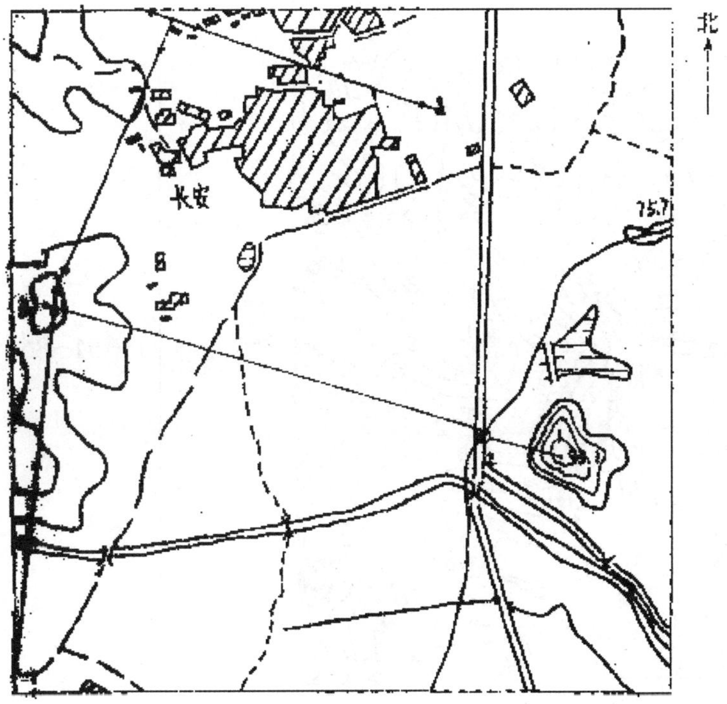比例尺：1：10000</td><td colspan="2">H-51-86-（37）</td></tr>
<tr><td rowspan="2">技术负责</td><td colspan="4">新昌县</td><td colspan="3">嵊州市</td></tr>
<tr><td colspan="4">徐国绍</td><td colspan="3">沈美君</td></tr>
</table>

附：新昌、嵊州两县（市）行政区域界线界桩登记情况

表 25　新昌、嵊州两县（市）行政区域界线界桩登记表

<table>
<tr><td>名称</td><td>33062483</td><td>界桩号</td><td>004</td><td>类型</td><td>双面大</td><td>材质</td><td>花岗岩</td></tr>
<tr><td rowspan="2">所在地</td><td colspan="7">浙江省新昌县梅渚镇宋家村</td></tr>
<tr><td colspan="7">浙江省嵊州市城关镇任家湾村</td></tr>
<tr><td rowspan="2">坐标</td><td colspan="3">X　3　266　809.66</td><td rowspan="2">高程</td><td colspan="3" rowspan="2">172.22</td></tr>
<tr><td colspan="3">Y　40　579　494.40</td></tr>
<tr><td rowspan="4">界桩与方位物间的关系</td><td>编号</td><td>距离（米）</td><td>磁方位角</td><td colspan="4">方位物名称</td></tr>
<tr><td>1</td><td>439.0</td><td>28°　06′</td><td colspan="4">水塘北角</td></tr>
<tr><td>2</td><td>608.0</td><td>220°　03′</td><td colspan="4">龙亭山大地点</td></tr>
<tr><td>3</td><td>399.0</td><td>314°　12′</td><td colspan="4">凉　亭</td></tr>
<tr><td colspan="6">界　桩　位　置　略　图</td><td colspan="2">备注</td></tr>
<tr><td colspan="6">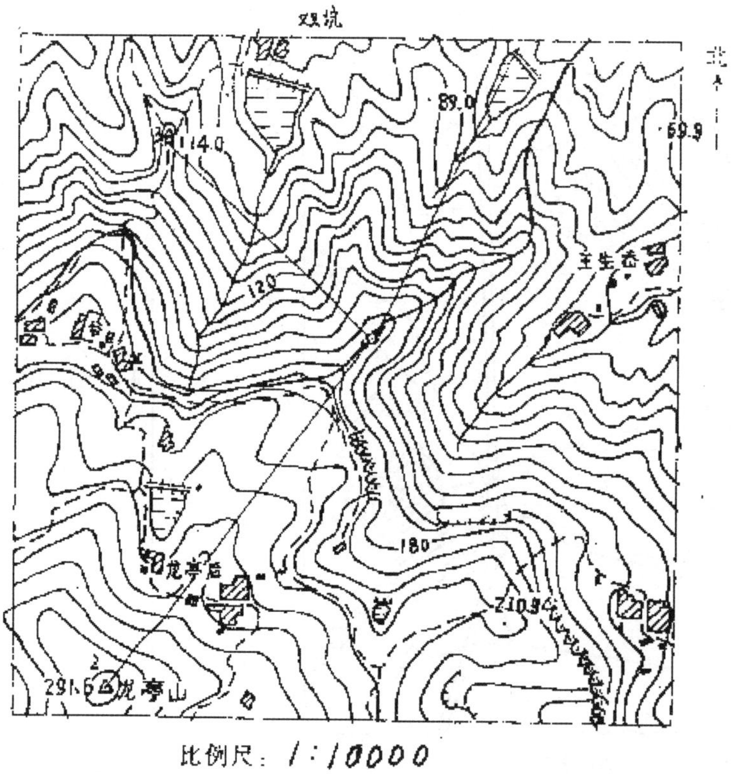
比例尺：1∶10000</td><td colspan="2">H−51−86−（30）</td></tr>
<tr><td rowspan="2">技术负责</td><td colspan="3">新昌县</td><td colspan="4">嵊州市</td></tr>
<tr><td colspan="3">徐国绍</td><td colspan="4">沈美君</td></tr>
</table>

附：新昌、嵊州两县（市）行政区域界线界桩登记情况

表 26　新昌、嵊州两县（市）行政区域界线界桩登记表

<table>
<tr><td>名称</td><td>33062483</td><td>界桩号</td><td>005</td><td>类型</td><td>双面大</td><td>材质</td><td>花岗岩</td></tr>
<tr><td rowspan="2">所在地</td><td colspan="7">浙江省新昌县大明市镇新富村</td></tr>
<tr><td colspan="7">浙江省嵊州市黄泽镇前良村</td></tr>
<tr><td rowspan="2">坐标</td><td colspan="3">X　3　271　434.12</td><td colspan="2" rowspan="2">高程</td><td colspan="2" rowspan="2">112.06</td></tr>
<tr><td colspan="3">Y　40　589　364.71</td></tr>
<tr><td rowspan="4">界桩与方位物间的关系</td><td>编号</td><td>距离（米）</td><td>磁方位角</td><td colspan="4">方位物名称</td></tr>
<tr><td>1</td><td>560.0</td><td>17°　12′</td><td colspan="4">道路交叉口 32.4 高程注记点</td></tr>
<tr><td>2</td><td>237.0</td><td>271°　06′</td><td colspan="4">水塘中部</td></tr>
<tr><td>3</td><td>555.0</td><td>285°　42′</td><td colspan="4">151.0 高地</td></tr>
<tr><td colspan="6">界桩位置略图</td><td colspan="2">备注</td></tr>
<tr><td colspan="6">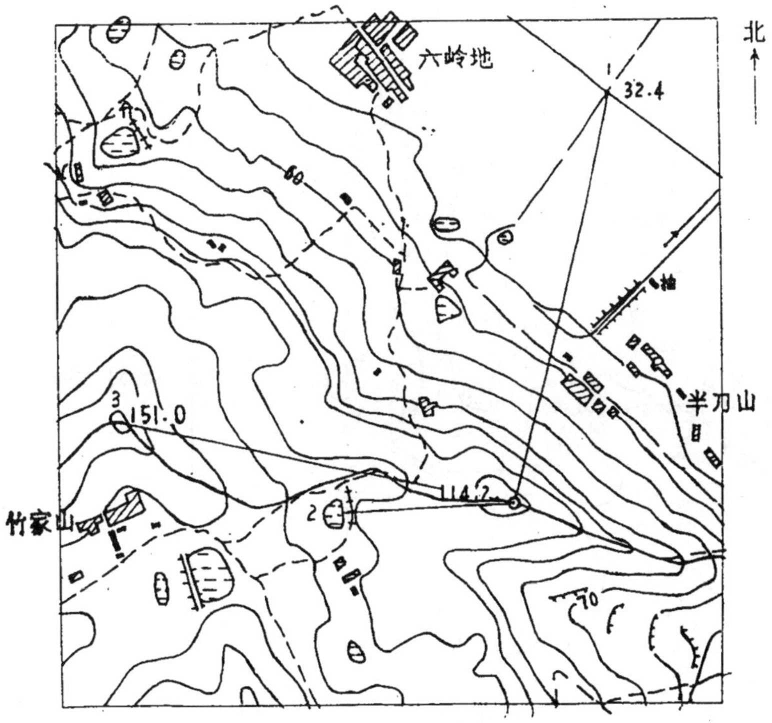比例尺：1:10000</td><td colspan="2">H−51−86−（23）</td></tr>
<tr><td rowspan="2">技术负责</td><td colspan="4">新昌县</td><td colspan="3">嵊州市</td></tr>
<tr><td colspan="4">徐国绍</td><td colspan="3">沈美君</td></tr>
</table>

附：新昌、嵊州两县（市）行政区域界线界桩登记情况

表 27　新昌、嵊州两县（市）行政区域界线界桩登记表

<table>
<tr><td>名称</td><td>33062483</td><td>界桩号</td><td>006</td><td>类型</td><td colspan="2">双面大</td><td>材质</td><td>花岗岩</td></tr>
<tr><td rowspan="2">所在地</td><td colspan="8">浙江省新昌县大明市镇藕岸村</td></tr>
<tr><td colspan="8">浙江省嵊州市黄泽镇兰州村</td></tr>
<tr><td rowspan="2">坐标</td><td colspan="3">X　3　270　333.54</td><td rowspan="2" colspan="2">高程</td><td rowspan="2" colspan="3">128.85</td></tr>
<tr><td colspan="3">Y　40　595　145.34</td></tr>
<tr><td rowspan="4">界桩与方位物间的关系</td><td>编号</td><td colspan="2">距离（米）</td><td colspan="2">磁方位角</td><td colspan="3">方位物名称</td></tr>
<tr><td>1</td><td colspan="2">300.0</td><td colspan="2">153°　24′</td><td colspan="3">独立房</td></tr>
<tr><td>2</td><td colspan="2">140.0</td><td colspan="2">259°　12′</td><td colspan="3">竹　林</td></tr>
<tr><td>3</td><td colspan="2">307.0</td><td colspan="2">332°　54′</td><td colspan="3">120.2 高地</td></tr>
<tr><td colspan="7">界 桩 位 置 略 图</td><td colspan="2">备注</td></tr>
<tr><td colspan="7">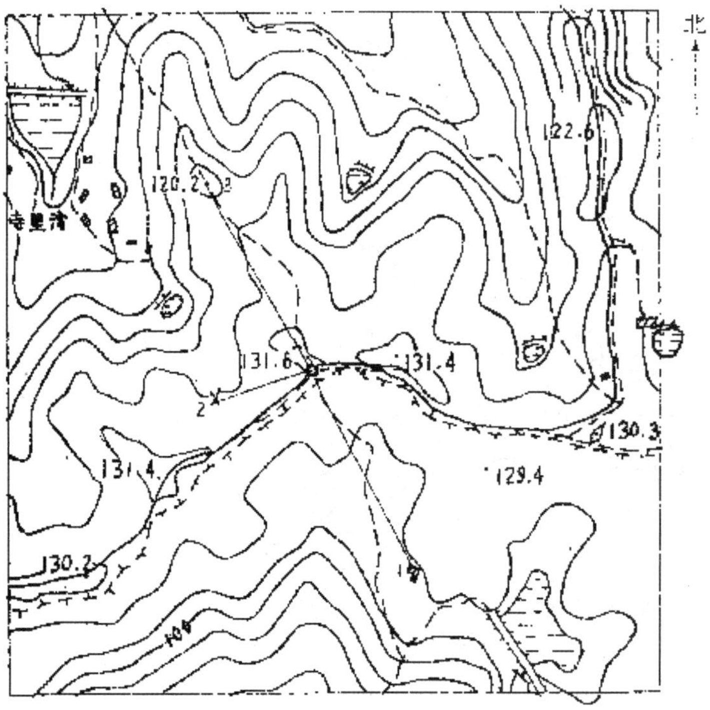比例尺：1:10000</td><td colspan="2">H-51-86-（24）</td></tr>
<tr><td rowspan="2">技术负责</td><td colspan="4">新昌县</td><td colspan="4">嵊州市</td></tr>
<tr><td colspan="4">徐国绍</td><td colspan="4">沈美君</td></tr>
</table>

附：新昌、嵊州两县（市）行政区域界线界桩登记情况

表28　新昌、嵊州两县（市）行政区域界线界桩登记表

<table>
<tr><td>名称</td><td>33062483</td><td>界桩号</td><td>007</td><td>类型</td><td>双面大</td><td>材质</td><td>花岗岩</td></tr>
<tr><td rowspan="2">所在地</td><td colspan="7">浙江省新昌县新林乡曹州村</td></tr>
<tr><td colspan="7">浙江省嵊州市金庭镇孝康村</td></tr>
<tr><td rowspan="2">坐标</td><td colspan="4">X　3　267　674.44</td><td rowspan="2">高程</td><td colspan="2" rowspan="2">418.99</td></tr>
<tr><td colspan="4">Y　40　599　411.36</td></tr>
<tr><td rowspan="4">界桩与方位物间的关系</td><td>编号</td><td colspan="2">距离（米）</td><td colspan="2">磁方位角</td><td colspan="2">方位物名称</td></tr>
<tr><td>1</td><td colspan="2">224.0</td><td colspan="2">28°　15′</td><td colspan="2">343.8 高地</td></tr>
<tr><td>2</td><td colspan="2">243.0</td><td colspan="2">73°　17′</td><td colspan="2">436.0 高地</td></tr>
<tr><td>3</td><td colspan="2">228.0</td><td colspan="2">333°　52′</td><td colspan="2">436.7 高地</td></tr>
<tr><td colspan="6">界桩位置略图</td><td colspan="2">备注</td></tr>
<tr><td colspan="6">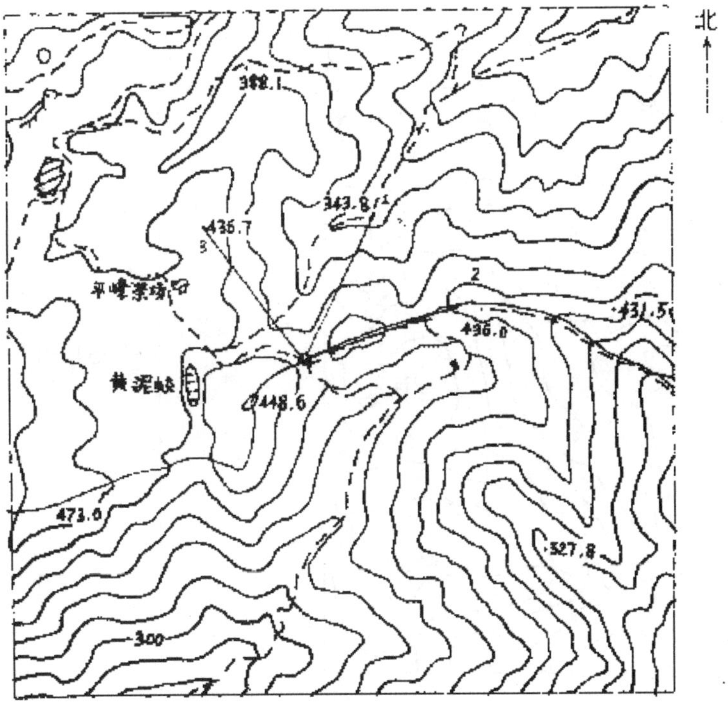
比例尺：1∶10000</td><td colspan="2">H−51−87−（25）</td></tr>
<tr><td rowspan="2">技术负责</td><td colspan="4">新昌县</td><td colspan="3">嵊州市</td></tr>
<tr><td colspan="4">徐国绍</td><td colspan="3">沈美君</td></tr>
</table>

附：新昌、嵊州两县（市）行政区域界线界桩登记情况

表 29　新昌、嵊州两县（市）行政区域界线界桩登记表

<table>
<tr><td>名称</td><td>33062483</td><td>界桩号</td><td>008</td><td>类型</td><td>双面大</td><td>材质</td><td>花岗岩</td></tr>
<tr><td rowspan="2">所在地</td><td colspan="7">浙江省新昌县新林乡杨梅坪村</td></tr>
<tr><td colspan="7">浙江省嵊州市金庭镇念宅村</td></tr>
<tr><td rowspan="2">坐标</td><td colspan="4">X　3　266　962.67</td><td rowspan="2">高程</td><td colspan="2" rowspan="2">227.76</td></tr>
<tr><td colspan="4">Y　40　604　950.31</td></tr>
<tr><td rowspan="4">界桩与方位物间的关系</td><td>编号</td><td colspan="2">距离（米）</td><td colspan="2">磁方位角</td><td colspan="2">方位物名称</td></tr>
<tr><td>1</td><td colspan="2">601.0</td><td colspan="2">56°　07′</td><td colspan="2">299.7 高地</td></tr>
<tr><td>2</td><td colspan="2">843.0</td><td colspan="2">123°　37′</td><td colspan="2">466.0 高地</td></tr>
<tr><td>3</td><td colspan="2">245.0</td><td colspan="2">201°　07′</td><td colspan="2">229.0 高地</td></tr>
<tr><td colspan="6">界 桩 位 置 略 图</td><td colspan="2">备注</td></tr>
<tr><td colspan="6">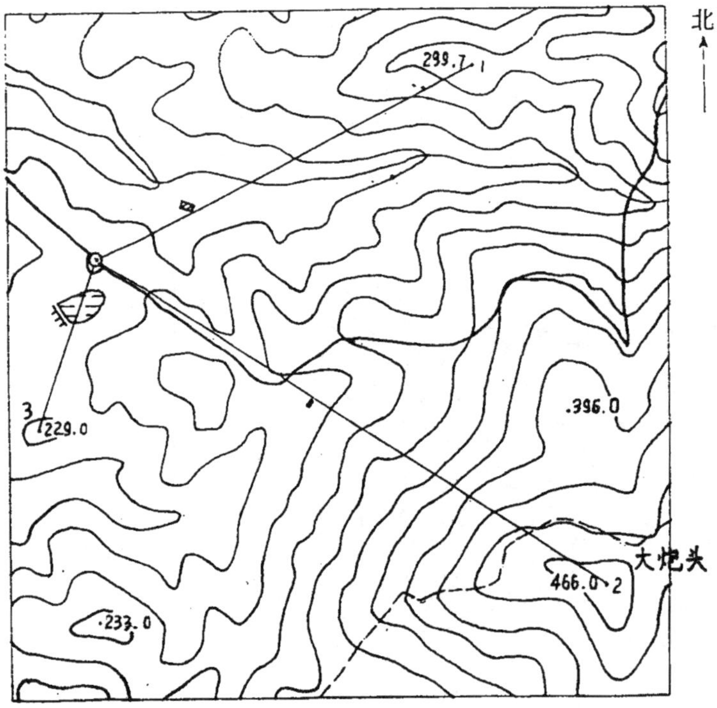
比例尺：1:10000</td><td colspan="2">H−51−87−（26）</td></tr>
<tr><td rowspan="2">技术负责</td><td colspan="3">新昌县</td><td colspan="4">嵊州市</td></tr>
<tr><td colspan="3">徐国绍</td><td colspan="4">沈美君</td></tr>
</table>

第四节　地名管理

中华民国以前，历朝政府无地名管理机关，地名称呼除忌当朝皇帝名讳外，并无律法制度。广大农村、自然地理实体、人工建筑物等地名，均由人们根据姓氏、方位、形态等因素自成一名，口口相传。州、县、乡镇等行政区划名称，则由地方长官亲自确定。

民国时期，浙江省政府为适应户籍登记，保甲户口编查，严密管理，杜绝奸宄混迹需要，曾举办全省性的门牌编钉。

中华人民共和国成立后较长时期内，各级政府均无统一的地名管理工作机构，地名的命名、更名，以及与地名密切相关的地图出版等工作处于无人管理或多头管理、交叉管理的混乱状态。1979 年以后，地名工作纳入政府行政管理范围，建立工作机构，出台法规政策，推进地名工作规范化、标准化、法治化。

一、民国编钉门牌

1932 年 9 月，浙江省政府颁行《各县编钉门牌暂行办法》，饬令各县依暂行办法的规定举办门牌编钉。

1943 年 4 月，全省举办户籍登记，省政府修订颁行《各县编钉门牌暂行办法》，省民政厅训令各县在户籍登记开办前先行分乡分镇编钉门牌，统一式样，发放居住证。

1945 年 3 月，县政府核准镜岭区鹤溪乡公所试办门牌编钉。

1948 年 6 月，县政府公布《新昌县编整门牌实施办法》，全县城乡举办编整门牌。编整门牌由各乡镇公所办理。编钉门牌以房屋为单位，除临时草舍外所有公私房屋无论有无人居住，均依其坐落之街巷道路、村庄以一门编钉一号。门编号次以每一街巷道路及村庄分别自为起讫，跨于两街道转角之房屋编入其正门所向之街道，不能确定所向之街道者，编入较大之街道。房屋两面或数面均开一门出入街道者，分别编入所向之街道。门编号起讫标准：凡系东西之路自东至西，南北之路自南至北。相对编号左单右双，其隔河相对之街道，各自顺次编号。不取相对之隔河道路，另有街巷道路名称者并自为起讫。远离街道或村庄之畸零房屋门牌，附编于各乡镇区域内距离最近之街巷道路或村庄内。门牌应钉于门楣之正中，如系石质门楣或无门楣应钉于门之左上方；编钉门牌先由乡镇公所户籍干事会同保甲长、保户籍事务员随带门牌编查册及编查单，按照各街巷道路及村庄分别逐号查编，填入编查册，并将编查单填贴门上；乡镇公所于编查门牌完竣后，将门牌编查册另缮两份送县；门牌编订后如遇有新建房屋或新开外门应增钉门牌或原有门牌因特殊情形损坏者，应补钉门牌时由房屋业主随时报告乡镇公所按季查明，编号收费，层转县政府钉置；增钉门牌之号次其在路之末端者，依原编最末号数接编。如在路之中段者，依上号编为某号之甲乙等号。门牌规格长 16 厘米，宽 12 厘米，搪瓷质地，蓝底白字，上记新昌县 × × 乡镇及街巷道路村庄名称，编定号数。门牌由县政府统一制发，每方收成本费 40000 元，并附征收户政经费 5000 元。门牌费由乡镇公所向房屋业主征收，其出租之房屋由租户垫付，在房租内扣除；门牌费由乡镇公所于编查门牌时征收，抗不遵缴者，由乡镇公所报告警察机关，以应缴门牌费额一倍之罚金勒令补交。

二、管理机关和制度

1980年11月14日，全县开展地名普查工作，县政府成立由副县长王伯祥为组长的地名普查工作领导小组，在县计委、公安、邮电、水电、工交、文教等部门抽调干部10人组成地名普查工作办公室，办公室设在县委三楼，具体工作由县城建局负责。

1982年2月23日，县政府决定地名管理列入政府行政管理组成部分，县地名普查工作领导小组改为新昌县地名委员会，副县长王伯祥任主任。下设办公室，县民政局副局长求鼎茂任主任。

1988年4月6日，县编委核定地名办事业编制工作人员1名。

1989年7月22日，绍兴市人民政府办公室下发《关于地名机构归属问题的通知》，要求各县区人民政府按照国务院的决定，尽快将县地名办由城建局划归民政局管理。在地名工作领导体制转变过程中，地名工作只宜加强，不能削弱，更不能使工作停顿。

1991年3月6日，县政府决定县地名办由城建局划归民政局管理。之后，地名工作一直由民政局负责管理。

1993年8月，为加强全县地名命名、更名的统一管理，县地名委员会印发《关于地名命名、更名权限规定的通知》，规定：县内山、岭、谷、河、湖等自然地理实体名称，乡镇以下行政区划和居民区、行政村的命名与变更，自然镇、自然村、街路、巷弄、住宅区的命名与变更，由乡镇人民政府拟订方案，报县地名办审核，由县人民政府批准。县级公路、水路、桥梁等名称，由县交通局会同县地名办商定方案，报县人民政府或市交通局批准。纪念地、名胜古迹、游览地、公园及其他具有地名意义的企事业单位、建筑物等的命名、更名，由主管部门会同县地名办商定方案，报县人民政府或上级主管部门审批。经上级主管部门批准的各类地名，均应抄送县地名办备案，并将废止的地名和启用的地名公布通告。规划设计部门和有关单位在规划设计和办理审批规划方案时，应向县地名委员会申报道路、街巷、住宅区和具有地名意义的人工建筑物等名称的拟制方案，经审批后方能列入规划。

1997年，县政府印发《新昌县地名管理实施办法》（2003年、2010年修订），分总则、管理机构、地名命名和更名原则、地名命名和更名的申报和审批、地名标志的设置和管理、地名的使用、法律责任和附则等8个方面对地名管理作具体规定，建立和完善地名管理制度。

2007年11月12日，县政府办公室印发《新昌县门牌管理规定》，对门牌的编制、设置和维护等管理工作作具体规定。

2008年1月16日，县政府调整县地名委员会成员，副县长潘启富任主任，俞向阳、杨成森任副主任，梁水屿兼地名办公室主任。8 月，经市、省地名办论证通过，县政府批准实施《新昌县城区地名总体规划》。

三、地名普查与补更

1979 年 3 月，第一次全国地名工作会议在北京召开，部署全国开展地名普查工作。

1980 年 10 月 28 日，省政府印发《关于开展地名普查工作的通知》，要求各地在 1981 年底完成地名普查工作。

同年 11 月下旬，县地名普查工作办公室在城关镇、澄潭公社进行普查试点，为期一周。12 月 4 日、5 日，县政府召开全县地名工作会议，部署开展地名普查工作，介绍试点做法，进行业务培训。会后，各区、公社即组织秘书、文书、文化站同志和大队会计为骨干的地名普查工作队伍，选择一个大队试点，以点带面展开。

1981 年 7 月，全县地名普查结束，普查成果顺利通过市、省地名办验收。此次普查，参加普查工作人员 1518 人，普查地名 3548 条，其中属行政区划 786 条，自然村 1908 条，街巷 24 条，企事业单位 71 条，人工建筑物 142 条，自然地理实体 583 条，名胜古迹 34 条；在 1∶50000 地形图上增补地名 169 条，修改错字地名 211 条，修改移位地名 44 条，重名更名、恢复原名等 61 条，同时，建立地名表卡、文字、地图档案。通过普查，基本掌握全县地名情况，消除重名、一地多名、一名多写的混乱现象，为加强地名管理奠定基础。

1990 年 2 月 7 日，省民政厅、省地名办印发《浙江省地名补查和资料更新工作实施意见》，部署开展地名补查和更新工作。

1992 年，县民政局在大市聚镇进行地名补查和资料更新工作试点，随后全县推开。不久，因地名办工作人员辞职下海、领导人事更换等原因，地名补查和资料更新内业整理工作搁置。

2003 年 5 月，县政府拨款 12 万元，县民政局聘用 5 名工作人员，重启地名补查和资料更新工作。至 11 月，地名补查和资料更新工作结束。整理地名补查和更新成果 1798 条，其中行政区划和居民点地名 1585 条，专业部门 39 条，名胜古迹和人工建筑物 158 条，自然实体 16 条。制作成果表 3596 张，标注 1∶50000 地形图 1 套、8 张。12 月 16 日，新昌县地名补更和资料更新成果通过市、省地名办联合验收，评为优秀成果。

2011 年 6 月，省政府办公厅下达《关于开展第二次全省地名普查工作的通知》，新昌县成立地名普查工作领导小组，副县长潘启富任组长，民政、交通、水利水电、林业、农业、文广等 22 个部门负责人为领导小组成员，下设办公室于民政局。第二次普查采取分解任务，落实人员，以块为主，条块结合，政府组织与购买服务相结合，历史资料与外业调查相结合的方法进行。历时半年，地名普查结束。共采集并生成地名成果 5249 条（其中行政区域类 17 条，非行政区域类 170 条，群众自治组织类 432 条，居民点类

1677条，交通运输类462条，水利、水电、电力、通信类859条，纪念地与旅游景点类212条，建筑物类25条，单位类859条，陆地水系类16条，陆地地形类520条），标绘纸质地图65幅，制作地名标志登记表114份，采集地名多媒体信息308条。此次普查，重点查清近30年地名的变化情况，修正国家地名数据库矢量地图，每条地名做到标准化、数字化，空间定位与文字描述结合，普查成果达到国家规定要求。

四、地名命名更名

1980年第一次地名普查期间，县地名办遵循国务院发布的《地名命名更名暂行规定》中关于“一个市内公社不重名，一个县内生产大队不重名”的原则，拨乱反正，厘清本源，清理大量重名、同音、一地多名、一名多字等地名，恢复以地理形貌、世居姓氏约定俗成的传统地名，对历史上形成的一些重名、同音地名予以更名命名。经省政府批准，对在“文化大革命”中更改的6个公社名称予以更名和恢复原名。

1981年3月，县政府决定对55个生产大队名称，城关镇42条街、路、巷名称予以更名和恢复原名。

之后，随着旧城改造、新区开发和集镇建设的加快，以及行政区划的调整，县地名办及时开展地名的清理整顿，命名新生地名；参与开发区道路、住宅区名称的规划论证，会同开发建设单位制定地名报批方案；编制地名规划，建立地名信息库；召开评审会、听证会论证地名命名的可行性；加强地名工作宣传，通过广播、电视、报纸和网络平台公开征集地名，使地名管理工作逐渐走向制度化、标准化、规范化。

1996年，为使地名工作适应市场经济形势，解决地名工作资金紧缺的困境，减轻政府财政负担，提高新昌企业的著名度，更好地服务经济、服务社会，经县政府同意，对七星高新技术产业园区部分主干道路试行有偿命名。

2008年8月21日，县政府批准实施《新昌县城区地名总体规划（2008—2020年）》。

至2017年，全县累计命名街、路、巷、住宅区等地名686条，其中更名260条。

五、地名标志设置

地名标志是地名信息的体现。1986年前，县域除公路有少量标牌外，很少有其他地名标志。

1987年，城关镇政府在城区设置街路、巷弄搪瓷牌322块，门牌7125块。拔茅镇设置路牌14块，门牌429块。

1989—1995年，镜岭、大市聚、小将等乡镇和城南乡在集镇所在地、开发区设置街路、巷弄、门牌。

1996年7月8日，县民政局、县公安局、县城建委、县工商局、县邮电局、城关镇人民政府联合发出《关于实行门牌证制度的通知》，规定门牌证为户籍登记、工商登记、房地产登记、通电通邮等工作中验证住址的必备证件。决定结合城区全面整顿地名标志，以居委会为单位查漏补缺，重新编排序号，安装门楼牌，发放门牌证。12 月 18 日，县民政局、县公安局联合下发《关于全面整顿、设置门牌和实行门牌证的通知》，在全县城乡统一设置门牌，实行门牌证制度。农村街路、巷弄、门楼牌以行政村为单位编号设置，乡镇组织进行。

七星街道十九峰路路牌

1997 年，城区安装街路巷标牌 81 块。

2002 年开始，在县城、集镇街道店面设置铜质、铝质门牌。

2012 年，根据城市拓展需要，按照国家标准规范，装置街路标牌 207 块。

2013 年，农村街路巷和门牌等地名标志设置工作完成村达 100%，门牌证使用普及。

六、地名文化建设

地名文化建设是地名管理的重要内容。1984 年，县地名办在第一次地名普查的基础上编印出版新中国成立后新昌首张《新昌县行政区划图》和第一部《新昌县地名志》。

1987 年，县地名办完成《浙江古今地名词典》新昌政区、聚落、水利设施等地名条目的资料收集、整理编纂工作。

1993 年，县地名办完成《中华人民共和国地名大辞典》新昌政区的资料收集、整理编纂工作。

1996 年 9 月，县地名办完成《中华人民共和国县乡大辞典》新昌政区的资料收集、整理编纂工作。

1992 年、2001 年、2002 年、2005 年、2006 年，县地名办根据行政区划调整情况和旅游城市建设需要，分别编印出版《新昌县行政区划图》和《新昌县交通旅游图》。

2007 年、2012 年，根据改革开放以来的城乡变化，为向社会和广大民众提供新生地名信息、消失地名信息，县地名办重新编撰出版《新昌县地名志》《新昌县地名图册》，公开发行各 3000 本。

2008 年 8 月，县地名办为提高地名信息服务水平，推行地名数据化管理，建立新昌地名网，录入地名信息 2620 条。

新昌县地名办编纂出版的《新昌县地名志》《新昌县地名图册》

附：1979年后新昌县公社、村名命名更名情况

表30　1979年后新昌县公社、村名命名更名情况表

序号	行政区域	重名	更名	命名时间	备注
1	城郊区	立新公社	大明市公社	1979	恢复原名
2	城郊区	八一公社	孟家塘公社	1980.1	恢复原名
3	沙溪区	东风公社	蔡峰公社	1979	恢复原名
4	沙溪区	东方红公社	龙皇堂公社	1979	恢复原名
5	小将区	高峰公社	五马公社	1979	恢复原名
6	镜岭区	东升公社	肇圃公社	1979	恢复原名
7	儒岙区	永宁公社	永丰公社	1981.8	更名
8	澄潭区	东溪公社	东茗公社	1981.8	更名
9	西岭公社	西山	凤凰	1981.3	更名
10	西郊公社	上村	上土谷	1981.3	更名
11	西郊公社	下村	店堂坂	1981.3	更名
12	大明市公社	后岸	藕岸	1981.3	更名
13	大明市公社	蟠龙	蟠龙山	1981.3	更名
14	桃源公社	燕窝	燕窝里	1981.3	更名
15	澄潭公社	塔山	西花园	1981.3	更名
16	澄潭公社	荷家	荷竺	1981.3	更名
17	澄潭公社	五一	胡衣	1981.3	更名
18	灵川公社	下宅	凤宅	1981.3	更名
19	灵川公社	横山	横联	1981.3	更名
20	遁山公社	茅阳	济阳	1981.3	更名
21	遁山公社	大林下	东林	1981.3	更名
22	遁山公社	下旺	西旺	1981.3	更名
23	诚爱公社	官塘	前官塘	1981.3	更名
24	西坑公社	西山	三村	1981.3	更名
25	西坑公社	光明	楼基	1981.3	恢复原名
26	西坑公社	洞坑	洞暖	1981.3	更名

续表 30

序号	行政区域	重名	更名	命名时间	备注
27	镜岭公社	光明	蔡家	1981.3	恢复原名
28	回山公社	王家彦	杨家年	1981.3	更名
29	回山公社	田前	田平	1981.3	更名
30	回山公社	后将	后涨	1981.3	更名
31	回山公社	五一	上市场	1981.3	更名
32	新天公社	上将	上洋	1981.3	更名
33	新天公社	王家	王家市	1981.3	更名
34	新天公社	后溪	蟠溪	1981.3	更名
35	新天公社	下洋	中洋	1981.3	更名
36	彩淳公社	后王	宅后王	1981.3	更名
37	彩淳公社	平山	下平山	1981.3	更名
38	儒岙公社	安山	安山坪	1981.3	更名
39	儒岙公社	长王	五王	1981.3	更名
40	长征公社	坑下	坑等	1981.3	更名
41	长征公社	上任	新任	1981.3	更名
42	长征公社	下宅	锦宅	1981.3	更名
43	永宁公社	大坑	龙坑	1981.3	更名
44	永宁公社	山丁平	吕家坪	1981.3	更名
45	红旗公社	下宅	东宅	1981.3	更名
46	红旗公社	上宅	升宅	1981.3	更名
47	新林公社	横山	金山	1981.3	更名
48	新林公社	下庄	新庄	1981.3	更名
49	新林公社	新民	柘树湾	1981.3	恢复原名
50	长诏公社	溪西	沃溪	1981.3	更名
51	大灵公社	坑里	里东	1981.3	更名
52	方泉公社	大坑	大兴	1981.3	更名
53	莒根公社	白段	彭潭	1981.3	更名

续表 30

序号	行政区域	重名	更名	命名时间	备注
54	雪溪公社	上村	上雪头	1981.3	恢复原名
55	雪溪公社	下村	下雪头	1981.3	恢复原名
56	雪溪公社	盘龙	新龙	1981.3	更名
57	雪溪公社	铜坑	小铜坑	1981.3	恢复原名
58	结溪公社	新中	里家溪小村	1981.3	更名
59	沙溪公社	细坑	新坑	1981.3	更名
60	董村公社	上村	上董村	1981.3	恢复原名
61	董村公社	下村	下董村	1981.3	恢复原名
62	蔡峰公社	大庵	新山	1981.3	更名
63	龙皇堂公社	孟后	孟塚坞	1981.3	更名
64	羽林街道	渡皇山	渡王山	2006 年	更名

附：1980 年后新昌县城关镇街路巷命名更名情况

表 31　1980 年后新昌县城关镇街路巷命名更名情况表

序号	行政区域	命名	原名	命名时间	方位	备注
1	城关镇	东街		1980.3	横街口至东门水电站	
2	城关镇	南街		1980.3	岔街口至南门口	
3	城关镇	西街		1980.3	横街口至西门外西镇庙	
4	城关镇	北街		1980.3	百货公司至交管站	
5	城关镇	横街		1980.3	交管站至北门口	
6	城关镇	环城东路		1980.3	东街口至北街口	
7	城关镇	环城南路		1981.3	南街口至东街	
8	城关镇	环城西路		1981.3	西街口至南街	
9	城关镇	环城北路		1981.3	北街口至西街口	
10	城关镇	胜利路	土公祠　花厅 县后　城胜	1981.3	交管站至环城北路防疫站	
11	城关镇	文体路	上司巷	1981.3	城郊区委至新昌旅馆	更名
12	城关镇	工农路	后墙弄　长墙 弄　红星路	1981.3	大会堂至环城东路	更名

续表 31

序号	行政区域	命名	原名	命名时间	方位	备注
13	城关镇	下司巷	红专路	1981.3	西街至县府招待所	恢复原名
14	城关镇	九家坞	和平路	1981.3	西街至九家坞	恢复原名
15	城关镇	安全路	太平缸巷	1981.3	西街至王家塘	更名
16	城关镇	县前巷	解放路	1981.3	西街至柴油机厂宿舍	更名
17	城关镇	红色路		1981.3	县前巷至中镇庙	更名
18	城关镇	中镇庙巷	跃进路	1981.3	工农路至环城西路	恢复原名
19	城关镇	合祥巷	大众路	1981.3	东街至环城西路	恢复原名
20	城关镇	湖头桥	大寨路	1981.3	大台门至三角塘	恢复原名
21	城关镇	忝桥里	红岩路	1981.3	交管站至皮革厂环城北路	恢复原名
22	城关镇	油车巷	支农路	1981.3	皮革厂环城北路至公路段宿舍	恢复原名
23	城关镇	大桥路		1981.3	引桥至新车站	
24	城关镇	孝子巷	为民路	1981.3	东街至环城东路	恢复原名
25	城关镇	桂花巷	向阳路	1981.3	东街至环城东路	恢复原名
26	城关镇	柏树巷	东风路	1981.3	东街至环城东路	恢复原名
27	城关镇	通明巷	光明路	1981.3	狮子牌轩至环城东路	恢复原名
28	城关镇	新东路	红领巾路	1981.3	柴行口至新东门	更名
29	城关镇	上九曲巷弄	前进路	1981.3	新东桥至青年路	恢复原名
30	城关镇	张家巷	人民路	1981.3	张家祠堂至青年路	恢复原名
31	城关镇	王家巷	劳动路	1981.3	电力公司至青年路	恢复原名
32	城关镇	青年路	后街	1981.3	艺术院至新东门	更名
33	城关镇	联盟路	新井头	1981.3	文昌阁至新井头	更名
34	城关镇	塘坊巷	幸福路	1981.3	东街至胡同底	恢复原名
35	城关镇	永安巷	红旗路	1981.3	东街永安巷至贤良方正	恢复原名
36	城关镇	狮子牌轩	红卫路	1981.3	狮子牌轩至新中操场	恢复原名
37	城关镇	学宫路		1981.3	贤良方正至环城南路	
38	城关镇	刘家台门		1981.3	环城南路至刘家台门	
39	城关镇	东坝墩	东方红路	1981.3	旧东门至新东门	恢复原名

续表 31

序号	行政区域	命名	原名	命名时间	方位	备注
40	城关镇	太史第	立新路	1981.3	青年路至工农路	恢复原名
41	城关镇	大墙弄		1981.3	太史第至大墙弄底	
42	城关镇	水弄堂		1981.3	太史第至工农路	

附：1987—2017 年新昌县地名命名情况

表 32　1987—2017 年新昌县地名命名情况表

年份	行政区域	住宅区	道路桥梁	其他
1987	拔茅镇	新屋头 老屋头 六房台门 老台门 上许家 大道地 高踏道 潘家台门 五房台门 后台门 碗足山	上马路 下马路 小马路 江拔路 巴塘路 前厅路 上街头 下街头 东墙弄 学政路 昌乐路 石鼓路	
1989	镜岭镇		直街 横街 镜溪路 桥南路 镇南路 上巷弄 中巷弄 下巷弄 老桥头 上街 镜蔡路 中心路 新村路 东北路 西南路 车站路	
1994	大市聚镇	章基山 里湾塘 桃园新村 王家碇岭 上赵家 下赵家 黄泥墩	直街 横街 新街 西大将路 聚管路 聚梁一路 聚梁二路 文教路 聚沃路 环镇南路 直街一弄 二弄 三弄 四弄 五弄 六弄 七弄 八弄 九弄 十弄 十一弄 挑水岭一弄 二弄 三弄 程家巷 程家巷一弄 横街一弄 上赵家一弄 二弄 三弄 下赵家一弄 二弄	
1995	城关镇 城南乡 小将镇		人民东路 人民中路 人民西路 鼓山东路 鼓山中路 鼓山西路 江滨东路 江滨中 江滨西路 城南路 兴南路 振兴路 振兴南路 振兴北路 眠牛山路 小将东路 小将中路永春路 双溪路 新村路 华溪路 上新路 文教路 灵鹤路 槐花巷 燕子巷 槐花东弄 槐花西弄 槐花北弄 灵鹤街后弄 潘家弄 三元弄	

续表32

年份	行政区域	住宅区	道路桥梁	其他
1996	城关镇 沙溪镇 大明市镇 镜岭镇	城东一村 城东二村 城东三村 城东四村 城东五村 临城一村临城二村 唐家湾新村 钟楼新村 钟楼北村 钟楼南村 银城新村 三花新村 白岩前新村 飞凤新村 茶亭新村 鼓山新村 凤山新村 乌山新村 桂花园新村 石家山新村 卧龙新村 七星一村 东岸新村 沙溪新村	凤山路 江南南路 江南北路 湖滨一路 湖滨二路 东昌东路 东昌西路 西昌南路 西昌北路 沃洲路 茗香路 新昌大道 桂苑一路 桂苑二路 南坑东路 南坑西路 环城东路 环城南路 环城西路 环城北路 育英路 东兴路 东沙路 梅苑路 西镇南路 西镇北路 大佛路 石城东路 石城中路 石城西路 育才路 天姥路 沿江东路 沿江中路 沿江西路 西苑路 磕山路 七星一路 盘龙路 湖滨北路 平川路 棋盘岭 广电巷 康乐巷 沙溪街 新村路 服务街 校园路 大坞巷 新直街 上街 下街 横街 新横街 振兴路 江滨北路 昌盛路 新兴路 新发路 新成路	
1997	城关镇 回山镇	镇南新村 彩烟新村	永兴路 金龙路 钟山一街 钟山二街 彩烟街 横街 关阳街 唐苑街 进镇街 育才路 塔山路 回兴路 新市弄 后街弄	
1998	城关镇 儒岙镇	章家山新村 天姥新村 龙山新村	新宁路 金三路 天姥一路 天姥二路 教工路 龙山路 龙山一路 溪下路 兴儒路 天姥一弄 天姥二弄 天姥三弄 天姥四弄 儒园弄	
1999	巧英乡		梅树畈路 梅树畈北路 五灵路 新村路 安宅路 柏杯路 卫生路 大屋路 下台门弄 大道地弄 上屋弄	
2000	城关镇	桃源新村 黄家安新村 新叶新村 印花新村 城西湖新村 金城大厦	南明路 星光路 大桥路 新回路 秀水桥 城西湖路 棣山路	
2001	城关镇	七星二村 体育新村 新星花园 阳光花园 梅园新村 金茂大厦 东方花园 金凤山庄 白云新村 新昌大厦 秀水苑 滨江新村 联盟新村	凤凰路	

续表 32

年份	行政区域	住宅区	道路桥梁	其他
2002	城关镇	金马公寓 丽都南苑 竹里人家	诚茂路 大明路	梅渚工业园区
2003	城关镇	阳光花园 新时代广场（凤祥花园更名） 天荷花园 丰岛花苑 天鸿广场 天鸿雅苑 南明花园		江滨公园 五马公园
2004	城关镇	和成花苑 三花现代城 七星花园 南岩美墅 江南之星		
2005	城关镇	新天地广场 阳光佳苑 职教公寓	万丰路 新和成 康福路 七星路 桃源路 体育场路 龙山一路 龙山二路 演溪路 南岩路 十九峰路 新中路 扑船山路 泉清路 王家园路 新岩路 羽林路 钟林路 非特路 王泗洲路 下庵路 上礼泉官宏路 官荷路 天荷路	万丰科技园 日发科技园
2006	南明街道 羽林街道 七星街道	丽都·浅水湾公寓 金星公寓 金色年华 梅湾新村 金山花园 城南新村 金利家园 金色家园 龙凤山庄 百合园 金城花园 金淙苑	塔山一路 塔山二路	
2007	南明街道 羽林街道 七星街道	世纪佳苑 锦绣华庭 佳艺东都金座 金泰江南春苑 绿城玫瑰园 安家兴花园 东方润园		浙江江南名茶市场
2008	南明街道 羽林街道 七星街道	新昌人才公寓 新中花园 城南翠苑 绿景花园城南花园 东港花园 金庭湖小区 民生园 东南嘉苑 青山雅苑 万盛家园 天姥花园 金桥花园	泰坦大道 三花路 达利路 新涛路 日发路 丽江路 茶市路 望海路 龙井路 明福路 碧玉路 毛峰路 碧芽路 菩峰路 龙珠路 香溢路 天坛路 贡熙路 灵池路 华光一路 华光二路 亿鼎路 莱盛路 五峰路	
2009	大市聚镇 南明街道 羽林街道 七星街道	金立大厦 青山绿景苑 钟林雅苑 新昌金融大厦 人和景园 邻云居 茗香苑 和庄山水天地花园	鳌峰路 平浦路 官山路 水帘路 沃溪路 红旗路 聚英路 板桥路 新柿路 兴园路	

续表 32

年份	行政区域	住宅区	道路桥梁	其他
2010	七星街道 南明街道 羽林街道	香山雅苑 尚品国际花园 东方名筑花园 望园居 瑞和月泉山庄 金水岸 金汇商厦 春江花苑	玫瑰大道	
2011	南明街道 羽林街道 七星街道 城南乡 大市聚镇 澄潭镇	翡翠公馆 世贸广场 万丰广场 万丰·壹号公馆万丰·香樟公馆 水岸华府 蝴蝶谷 龙山花园 美鹤山庄 美女山庄 万丰壹号公馆 柿园新村 西景丽苑 和园 瑞园 金紫家园		
2012	七星街道 澄潭镇 梅渚镇 南明街道	珑源一品花园 璟园 峰景花园 星河景苑 博士苑 悦庄 悦澜山府邸 滨江一号花园 绿地翠谷 御景湾 紫东茗苑 湖滨丰泽苑 星海湾锦苑		
2013	七星街道 大市聚镇	尚礼苑 金都南湾 丰盛花园 顺和家园 荷花苑 和悦广场 沃洲广场 凤山佳苑 桃源	坤豪路 中域路 兴业路 西梁路	
2014	羽林街道 七星街道 南明街道 儒岙镇	安居家园 语林花苑 梦圆楼 香榭名墅·景苑 知春苑 兰园 星辰家园 旺通楼 沃州广场 阅城景苑 御园 达利大厦 风荷苑 天姥人家		
2015	南明街道 七星街道 城南乡 羽林街道 大市聚镇	春满园 礼泉大厦 康惠楼 漫城 绿地·潜溪花园 盛世华庭 秀学楼 中林香山华府 京新大厦 潜溪壹号公馆 丰源居 南山嘉苑 凤凰城 丰泽园		

续表 32

年份	行政区域	住宅区	道路桥梁	其他
2016	七星街道 羽林街道 南明街道 大市聚镇 梅渚镇	幸福里 智慧家园 香缇锦园 玲珑居 首府昆仑府 香阁丽园 紫金苑 亲亲家园 青山豪庭 棣和园 沃东新居	田元路 山元路	
2017	羽林街道 七星街道 南明街道	和天苑 同创家园 佳和花苑 悦珑府 锦江府 蓝海御湾 乐府莲花大厦 迎曦园 新昌农商银行科技金融服务中心	初丝湾路 东园大道 东园一路 东园二路 梅溪一路 梅溪二路 秀溪路 大明市路 北山路 南山路 东江路 金市路 滨江南路 滨江北路 丁山路 北园中路 锦源路 绣园路 新北路 昌盛路 文华路 新园路 新丰路 新兴路 金山路 学苑路 翰林路 善行路	

第三章　基层政权与自治组织

行政区划是国家为实行分级管理而划分的行政区域，基层政权是国家建立在最低一级行政区域的政权机关，自治组织是城乡人民群众自己建立的基层组织。

行政区划、基层政权与自治组织三者互相关联，为国家行政管理的基础。从夏商君王分封诸侯开始，历朝政府都重视行政区划，建立基层组织体系，实行分级管理。

新昌建县至民国，境内乡镇行政区域划分、基层管理组织的形式、名称、规模等，随各朝政治、经济、军事体制的兴革多经更迭变迁。

新中国成立后，宪法规定乡镇人民代表大会和乡镇人民政府为农村基层政权组织，村（居）民委员会为城乡基层群众性自治组织。在土地改革、合作社、人民公社、改革开放等各个历史时期，境内行政区划多次调整，城乡基层政权与自治组织的形式、名称、规模等几经变革，对贯彻落实党和政府的路线、方针、政策，加强行政管理，促进经济发展和基层民主法治建设发挥重要作用。

第一节　民国以前基层组织

自夏商至春秋，国都乡野，基层组织设置实行军政合一制管理。秦汉以后，皇权不下县政，县以下乡里基层组织设置，形制多变，规模不一。清末民国，开始地方自治，实行乡镇、闾、邻制，为城乡基层自治管理组织。1934 年，国民政府废除闾邻制，实行保甲制，县下划乡镇编保甲，名曰地方自治，实为统治百姓的工具。

夏商时期，设井、邻、朋、里、邑、都、师、州等基层组织，管理国家事务。一井邻八家，三邻为朋，三朋为里，五里为邑，十邑为都，十都为师，七师为州。各都（乡）规模约在 3600 户。据《文献通考》记载："昔黄帝始经土为井，以塞争湍。立步制亩，以防不足。使八家为井，井开四道而分八宅，凿井于中。一则不泄地气，二则无费一家，三则同风俗，四则齐巧拙，五则通财货，六则存亡更守，七则出入相同，八则嫁娶相媒，九则有无相贷，十则疾病相救。是以情性可得而亲，生产可得而均；均则欺凌之路塞，亲则斗讼之心弭。"

周代，行政区划分国（王城近郊王子弟公卿大夫采邑）、野（王城郊外乡村）、都（城市）、鄙（边境地区），实行"六乡六遂制"。在国都，行六乡制，五家为比，五比为闾，四闾为族，五族为党，五党为州，五州为乡。分别置比长、闾胥、族师、党正、州长和乡大夫，各掌其政令，职在使之相保、相爱、相葬、相救、相赒、相宾。在鄙野，实行六遂制，五家为邻，五邻为里，四里为赞，五赞为鄙，五鄙为县，五县为遂。乡遂规模约为万余户。分设邻长、里宰、赞长、鄙师、县正和遂大夫等管理政务。乡遂制为军政合一组织。

春秋时期，在国设轨、里、连、乡、帅等基层组织，分设轨长、里司、连长、良人，三乡为一帅，相当周代之乡。在鄙则设轨、邑、率、乡、属，分设轨长、邑司、率长、良人、属师，五属为一大夫，相当周代之遂。同样为军政合一组织。

秦朝，实行郡县制，县下置乡，乡分里、亭，即五家为伍，十家为什，百家为一里，十里为一亭，十亭为一乡，乡约万户。什、伍各置长，里设里魁、亭置亭长，乡有三老、有秩、啬夫、游徼、乡佐等乡官。什伍、里魁、亭长，皆主检查善恶以告官。三老掌教化；有秩主徭役，征赋税；啬夫掌听狱讼，平曲直，知民善恶；游徼管治安，捕盗贼；乡佐协助有秩征收赋税。三老为乡的统领，由乡民在50岁以上为众敬仰之男人中推选，其余或为乡举或由县委派，乡官皆有禄秩。

汉代，沿袭秦朝乡亭里制。汉惠帝、汉文帝之后，乡官增设孝弟、力田两职，掌劝导乡里，助成教化；亭长之外复有亭父，掌开闭、扫除，捕捉盗贼。

三国时期，沿秦汉乡亭制。两晋，行乡里制，500户以上置乡，3000户以上置二乡，5000户以上置三乡，10000户以上置四乡。乡置啬夫一人。北魏太和十年（486），孝文帝废乡亭制，行“三长”制，即五家为邻，立一邻长，五邻为里，立一里长，五里为党，立一党长。一党为125户。“三长”的基本职责是检查户口，征收赋税，征发徭役。改乡官秩禄为“复征戌”，即免除徭役以优待。

隋朝，实行乡里制，行政区划分畿内、畿外。畿内基层社会组织设置以五家为保，五保为闾，四闾为族，设保长、闾正、族正。畿外则以25家为里，百家为党，五百家为乡，置里（闾）正、党（族长）、乡长，乡里之职，以相检查，善恶告官，编报户口，催征赋税。

唐朝，基本沿袭前朝旧制。在城邑设坊，在乡野置村。四家为邻，四邻为保，百户为里，五里为乡。置里正、村正、坊正各一人，乡置乡长、乡佐各一人。贞观十五年（641）改设耆老，由县司选六品以下的勋官（没有实际官职的在乡人员）或清平强干之富户充任，享受免课役之待遇，职掌查核户口，课植农桑，检察非违，催驱赋役。

五代后梁，新昌建县，置永寿、石顺、昌化、像明、遵德、石城、五山、丰乐、彩烟、善政、新昌、安仁、守义等13个乡，有42个里。城内有锦绣、通明2坊。

宋初，县之下为乡，乡之下划都分坊（城厢）里（乡村），里之下为户。户为长，由二等户充任；里置正，由一等户充任；乡置乡书手、耆老，乡书手负督课赋税之责，耆老主教化。另有弓手、壮丁由户轮流冲差，承符、人力、散从以供奔走，即供州县衙门随时驱使。北宋大中祥符六年（1013），撤并石城、遵德、像明、昌化、石顺、永寿6个乡，增仙桂乡，存新昌、安仁、守义、五山、丰乐、彩烟、善政、仙桂8个乡，管39个都、8个坊、26个里。

北宋熙宁三年（1070）十二月，行保甲法，乡下分都，改里为保。十家为一保，选主户有干力者一人为保长；五十家为一大保，选一人为保长；十大保为一都保，推选为众所服者二人为正副都保正。凡家有两丁以上者，出一丁为甲（保丁），轮流值夜防奸捕盗。十甲为一小保，甲置甲头以催税。

北宋元丰八年（1085），城内复置坊，城外仍以乡统都里，择相邻户三二十家排比成甲，选一甲头，督输税赋苗役。后城内分五厢，领坊。

元朝，乡都里如旧。都设主首，属公职人员。里正由上等户充任，轮流担值，不属公职人员，承担编管户口，劝课农桑，催征税粮，掌控治安之职役。另以都之规模为基础划分42个图，为征收田亩赋税单位。城内厢改为隅，设隅正，主管维护治安。

明初，乡都如旧，领里40个。洪武十四年（1381），行里甲制，编赋役黄册，十户为甲，一百一十户为里，每里编为一册，册首汇总一图，凡户、丁、赋、役尽载其内，每十年更定丁粮之增减（岁有小审，五年一编审）。里中鳏寡孤独不任役者，则带管于百十户之外，附于图后为畸零。册面用黄纸，故称黄册（也称粮户册、鱼鳞册、赋役册），除本里存一份外，分别递呈县衙、布政司、户部，为官衙征收粮税赋役的依据。实行里甲后，全县置40个里，成化时归并为39个里（图在明清时皆称里）。甲设甲首，里设里长，推丁粮多者十户为一长，先后以丁粮多寡为序，十年一周轮流值董，称排年。另设里书，亦称里胥，由略通文字算数者担任，协助里长、甲首编制黄册，摊派赋税徭役。里长、甲首的职责为祭祀思神、处理民间争斗、接应宾旅、追征钱粮、督促农耕织造。

明成化年间（1465—1487），撤并守义乡，存7个乡。39个都撤并为26个都，里归并为32个。弘治十五年（1502），尚书何鉴丁忧在家，见邑徭役军需负担过重，奏准去3个里，存29个里。

明隆庆五年（1571），邑令均丁田平里甲，增设1个里，为30个里。

清初，沿里甲制。顺治十七年（1660）后，乡下以都里之规模增设图，图下分庄。域内置都里图各30个，分482庄。都里主编户、教化、治安及支应官差等行政事务；图庄管核收田赋，汇交钱粮。

光绪三十四年（1908）十二月二十七日，清廷颁布《城镇乡地方自治章程》和《城镇乡地方自治选举章程》，筹办县乡地方自治。县治所在地称城；人口聚居满5万以上的村庄、屯集称镇；人口不满5万的村庄、屯集称乡。章程规定：城镇乡地方自治宗旨“以专办地方公益事宜，辅佐官治为主”；地方自治范围包括地方学务、卫生、道路工程、农工商务、善举、公共营业，以及为办理以上公益事业而筹集款项、向来归绅董办理而无弊端各事等八项；镇乡为地方自治的最基层单位，均设议事会、董事会，议事会为议决机关，董事会为执行机关。议员定额，城镇为20人，人口超过5万者每满5000

人增议员 1 人，最多不超过 60 人。乡议事会议员最少 6 人，最多不超过 18 人。议事会设议长、副议长各 1 人，由议员用无名单记法互选。董事会设乡董、乡佐各 1 人，由议事会选举，呈县知事任用。另设文牍、庶务等员，由乡董遴选派充。议长、副议长、乡董、乡佐及文牍、庶务等员任期两年，薪水公费，名誉议员、董事不支薪。

清宣统元年（1909），浙江省设立地方自治筹办处，制定《浙江地方自治筹办处章程》《筹办城镇乡地方自治事务所章程》，全省各厅州县一律设立自治事务机构，负责调查城镇乡人口、选民，划分城镇乡地方自治区域，筹办城镇乡议事会选举等事项。

清宣统二年（1910），实行选举法，县域分划城区、南区（彩烟乡）、东区（沃洲镇）、西区（澄潭乡）、北区（黄泽乡）5 区，乡依旧，辖 30 都，领 1276 个村。城镇乡成立议事会、董事会，区为县署辅助机关。

中华民国成立初期，城、镇、乡行政区划与基层组织延续清末旧制。

1928 年，浙江省颁行《浙江省村里制》，县以下划区设村里。居民以 5 户为邻，25 户为闾，百户以上之乡村为村，不满百户者编入村区域，百户以上之市集地方为里。次年，县域分划城区、东区、南区、西区、北区、新东区 6 个区，分辖 320 个村里，分别设村公所、里公所，邻闾里村各设长，由居民选举产生。

1929—1930 年，国民政府公布《县组织法》《区自治施行法》《乡镇自治施行法》，改村里制为乡镇闾邻制。

1932 年春，改村为乡，改里为镇，县域分划 4 个自治区、12 个镇、208 个乡、2210 个闾、11799 个邻。

1934 年 2 月，内政部公布《改进地方自治原则》，废除闾邻，实行保甲，县下为区、乡镇、保、甲。6 月，内政部训令全国自当年 7 月 1 日开始施行保甲制度。8 月，省政府公布《浙江省保甲章程》和《浙江省保甲实施程序》，新昌列入第一期编组县，限 10 月底前完成。保甲组织以户为单位编组，十户为甲，十甲为保，6~10 保为原则设乡镇，不得少于 6 保，多于 15 保。全县划 4 个区，分 42 个乡镇，编组 6170 个甲 625 个保。

甲设甲长，由甲内户长公推，由保长报告区长加给委任，呈报县政府备案。保设保长，由保内甲长公推，由区长呈报县政府加给委任，并由县长呈报省民政厅备案。保甲长如“年未满二十岁者”“非保地土著者”“有危害民国行为曾受处刑之宣告者”“褫夺公权尚未复权者”“自新分子尚在察看管束期间者”五种情形不能充任。

保甲内各户互签“联保连坐切结”，其内容为：“为出具事合给得甲内各户所填人口、职业等项均属实在，并无为匪、通匪、窝匪等情，自出结后，可相监察，倘有上开不法行为，凡结内联保之人，应即密报核办，如有扶同隐匿不行揭报者，愿受连坐之处分，所具切给是实。”

甲长之职负维持甲内安定秩序之责：辅助保长执行职务；清查甲内户口，编制门牌，填发户贴，取具联保连坐切结，查核户口异动；检查甲内奸宄及稽查出境入境人民；辅助军警及保长搜捕匪犯；监察本甲住民有无为匪通匪，或寄顿贼物，或私造藏匿违禁物品，密报保长，认为有嫌疑时，并得为检查搜索及逮捕之紧急处分；教戒甲内住民毋为非法；制止甲内住民斗殴滋闹；指挥甲内住民警戒救护水火风灾及其他非常事变；邻甲如有灾变匪盗时，指挥甲内住民前往援助救御；其他依法令或保甲规约之规定，应由甲长执行的事项。

保长承区长之指挥监督，负维持保内安定秩序之责：监督甲长执行职务；辅助区长执行职务；教戒保内住民毋为非法；复查本保户口，查察户口异动；监察出境入境人民及本保住民行为；遇本保或邻保内有灾变匪盗时，指挥本保住民援助救御并向区长报警；辅助军警搜捕匪犯；执行规约上之赏恤及处罚违犯保甲规约；分配督率保内应办防御工事及道路交通设备修筑及守护；管理保甲经费收支及预算决算之编制；其他依法令或保甲规约之规定应由保长执行的事务。

保甲长均为无给职，另设保书记一人，给予最低生活费。保甲经费向保甲内住民征集和原有公产财源移充。

各保组设壮丁队，由 18 岁以上、45 岁以下男子组成，名册存区、县，受保长及军警指挥，应办救灾御匪或公共土木事业。

1938 年 8 月，为适应战时环境，增加行政效力，城区 5 个镇划归县直辖，大市聚、儒岙、澄潭 3 个区改设乡镇联合办事处，为乡镇与县之联系。县政府公布《新昌县乡镇联合办事处组织暂行办法》和《新昌县乡镇联合办事处暂行办事通则》，规定：联合办事处设主任 1 人，由县政府委派，秉承县长之命，督率所属办理一切事务。另设事务员、书记各 1 人，指导员 2 人，警察局调派警士处丁 3 人。联合办事处由各乡镇长、乡镇事务员组成联席会议，商讨关于抗日自卫、民众组织及训练、保甲自治及调整、乡镇间互助、调解纠纷、各种应兴应革及县政府饬办事项。联合办事处及主任所需经费由县通盘支配，编入预算。

1939 年 3 月，为“提高民众政治兴趣，培养民主精神，健全保甲机构，推行战时政令，加强抗卫效能”，县政府公布《新昌县乡镇保甲事业经费筹募办法》《新昌县召开保民大会办法》《新昌县召开保民大会实施方案》。

《新昌县乡镇保甲事业经费筹募办法》规定：保甲事业经费由乡镇长召集保长开乡镇事务会议议决应派捐额，呈县核定后，召开保民大会或保甲会议决定每户捐额，造就捐册，呈送县核定加盖县印。保甲事业经费筹募每半年为一期，如遇特别事项则不在此限。保甲公产公款得仅先移充。保长向住户派捐筹募根据有钱出钱之原则，力求公平。保甲事业经费视各保贫富而定，每月至多不得超出 2 元，至少不得少于 1 元。经核定之捐款，住户不得无故拒缴，违者依情节轻重，按省保甲章程惩处。保甲事业经费收支情形应由保长在保甲会议公开，并具报备查。保甲事业经费经手人如有舞弊情事，一经查明，依法严惩。

《新昌县召开保民大会办法》规定：各保应每两月召开保民大会1次。保民大会由乡镇长预定日期，保长提前5天布告通知，县府派政工队员或区乡镇联合办事处职员督导实施。开会日期应尽量利用农闲期间。保民须有三分之一或全保户长在半数以上出席方得开会，会场应置签到簿，由到会保民亲自签名，本人不能签名的由他人代签。保民大会应讨论事项：议订或修改保甲规约；抗日自卫工作；兵役；户籍；社训；调解纠纷；兴办教育、合作、水利消防；政令实施；保甲长改选；各项公费或保甲事业经费议派以及其他有关本保事项。会议须有记录议案，并于大会终了时当众宣读，经认为无误后，由主席及记录人签名盖章。保民如有议案，须在会前一日以书面或口头陈述给保长列入议程，必要时亦可临时动议。会议记录须送乡镇公所呈县政府核准后施行。

《新昌县召开保民大会实施方案》，具体规定召开保民大会的根据原则、发动方法、参加指导人员、大会召开要点、开会时间与地点等事项。

同年4月、8月，县政府先后公布《新昌县乡镇公所组织暂行办法》《新昌县乡镇公所办事通则》《新昌县乡镇指导员服务规则》。规定：乡镇实行管教养卫合一体制，承县长之命令，受该管乡镇联合办事处主任或保甲巡回督导员之指挥，办理督导保甲任务、督导保民大会保甲会议、兵役及兵役宣传、优待出征军人家属、国民军训、指挥乡镇国民抗敌任务队、协助军队运输、守护军用交通器材、救济受伤将士难民、户口检查及人事登记、举办联保连坐、国民工役、国民精神总动员、公营事业及合作事业、教育文化事业、乡镇事业经费统筹、其他法令应属乡镇之事项。乡镇公所设乡镇长1人，副乡镇长1~2人，由县政府委任。乡镇长兼任中心小学校长（城区及乡区经济、教育特别发达之乡镇，中心小学校长设专任）、壮丁队长。各乡镇公所设民政、经济、文化、警卫四股，各股设主任、干事各1人，由乡镇长在副乡镇长及乡镇中心小学校教师中遴选呈县委任。干事为义务职，酌给津贴。另设事务员、书记、会计等职员，未有给职，由县政府就训练合格者派充。民政股办理自治、保甲、户籍、社会救济及其他有关民政事项；经济股办理公款公产、经济、合作、实业、工程及其他有关经济建设事项；文化股办理民众教育、学校教育、抗敌宣传及其他有关文化事项；警卫股办理民众组织训练、兵役及其他有关警卫事务。

同年9月，国民政府公布《县各级组织纲要》，规定“县之面积过大有特殊情形者得分区设署”，“区之划分以15乡镇至30乡镇为原则”。

12月，奉省民政厅令，乡镇改划为37个，裁撤各区乡镇联合办事处，城区及附近7个乡镇由县直辖，复置大市聚、镜岭两区区署，各辖15个乡镇。县政府公布《新昌县设置区署暂行办法》《新昌县区署办事规则》，规定：区为县政府的辅助机关，代表县政府推进全区自治、保甲、警卫、财政、教育、建设等事项；指挥该区所有自卫队并主持民众组训事项；督导区内县属各机关团体工作及其改进事项；指挥督导并考核区署员工事项；处理区政会议之决议事项；执行县政府饬办事项；处理本区日常及紧急事项。区署设区长 1 人，由县长遴选呈省政府核委；民政、财政、教育、建设各设指导员，由县政府核委；事务员 2 人，襄理区务，由县政府核委；书记 2 人，缮写文书，由区委派报县备查。各区成立纠察队，由乡镇派送之壮丁 30 人组成，区长兼队长，担负区署驻地警戒事宜。

1941 年 8 月，国民政府公布《乡镇组织暂行条例》，规定：凡县之公民应赴乡镇公所举行宣誓，经登记后行使选举、罢免、创制、复决之权。乡镇设立民代表会、乡镇公所。乡镇民代表会由各乡镇之保民大会各选举代表 2 人组成，行使下列职权：议决乡镇概算，审核乡镇决算；议决乡镇公有财产及公营事业之经营；议决乡镇规约及与他乡镇间互相公约；议决乡镇长交议及公民建议事项；选举与罢免乡镇长；选举与罢免乡镇之县参议员；听取乡镇公所工作报告及向乡镇公所提出质询及其他有关乡镇重要兴革事项。乡镇民代表任期二年，为无给职。乡镇公所置乡镇长 1 人、副乡镇长 2 人，受县政府之监督指挥，办理乡镇自治事项及执行县政府委办事项。乡镇长、副乡镇长由乡镇民代表会就公民中具有下列资格之一者选举之：经自治训练及格者；普通考试及格者；曾任委任职以上者；师范学校或初级中学以上学校毕业者；曾办地方公益事务卓有成绩者。选举乡镇长、副乡镇长由县长或其他代表莅场监督。乡（镇）长、副乡（镇）长选举后呈报县政府，汇报省政府备案。乡镇长、副乡镇长任期两年，连选得连任。

保民大会由各保每户推出一人组成，保民大会行使议决保甲公约；本保与他保间相互之公约；各保人工征募事项；保长交议及各保内公民 5 人以上提议事项；选举或罢免保长、副保长、乡镇民代表；听取保办公处工作报告、向保办公处提出询问事项及其他有关各保重要兴革事项。保民大会每月开会一次，遇有特别事故由保长或本保 20 户以上之请求召集临时会议。保长任期两年，连选得连任。保长任选须具下列资格之一：师范学校或初级中学毕业或有同等学力者；曾任公务人员或在教育文化机关服务一年以上卓有成绩者；曾经训练及格者；曾办地方公益事务者。在未办理选举以前，保长、副保长由乡镇公所推定，呈请县政府委任。选举或罢免保长、副保长时，由乡镇长、副乡镇长或其他代表莅场监督。委任之保长、副保长违法或失职时，由县政府撤职另委。甲长之选举或罢免由户长会议进行，报乡镇公所备案。

同年 11 月 1 日，省政府就执行《乡镇组织暂行条例》训令各县：一、保长、副保长工作不力或有失职情事时，县政府仍有撤换之权。二、保长选举仍应同时选举 3 人，由县圈定 1 人发给委令。三、保民大会出席人资格以具有公民资格者为准。四、保甲既只为乡镇内之编制，并无法人之地位，保民大会自不应认为地方自治团体之民意机关。保民大会决议案认为有违三民主义或国策情事者，得开明情事呈请县政府撤销该项决议。五、甲长之资格暂以年满 35 岁，具有公民资格者为准，现有甲长不合此项资格者，在年内由县政府派员按保召开户长会议改选。

是年，县政府奉令开办行政干部训练所，有员工 7 人，负责乡（镇）长、乡镇公所干事、保甲长、中心学校校长和保民学校校长及教师、人民团体及合作社理监事的训练。

1942 年 7 月，县城遭日军侵占，县政府迁驻报国。增设黄泽办事处，辖岭外乡、上北乡、中北乡、黄泽镇。

1943 年 2 月，因经费困难，训练所裁撤。

1944 年 2 月，开展自治保甲示范活动，组成报国新村直属保，开展人口调查、路名牌示修纂、道路环境卫生等项示范试验。

同年 11 月，黄泽办事处改为区署，增设南明、东溪 2 个镇。县政府公布《新昌县乡镇公所办事细则》和《新昌县保办事处办事细则》，规定乡镇公所主要职责：办理抗日自卫、民众组织与训练、征兵及优待出征军人家属和自卫经费征收事项。各乡镇公所设民政、警卫、经济、文化四股，各股设主任、干事、事务员、书记、会计等职员。民政股执掌保甲自治、乡镇民代表会、抚恤褒扬、造产事业兴办、卫生行政、户口调查及人事登记、国民精神总动员及新生活运动、改良风俗、赈灾救济、土地登记、调解争执、军民合作及其他有关民政事项；警卫股执掌编练国民兵队、兵役及优待出征军人家属、乡镇治安、自卫武器调查及其他有关警卫事项；经济股执掌乡镇经费收支、公款公产、调查公私荒山荒地、粮食调查统计、农工商畜牧、道路桥梁交通工程、水利垦殖、举办合作实业及其他有关经济事项；文化股执掌学校教育、国民教育、筹设及筹集教育基金、调查统计学龄儿童及失学民众、劝导或强迫学龄儿童及失学民众入学、抗敌宣传及其他有关文化事项。保办事处与乡镇相匹配，承担相应的职责。

1945 年 11 月，大市聚、镜岭、黄泽 3 个区署撤销，改为指导区。同时，复设训练所。

1946 年 5 月，国民党县党部奉省党部之令，裁撤区监察委员会。12 月，乡镇撤并，37 个乡镇缩编为 30 个乡镇，编保 522 个。乡镇民代表除东溪、南明 2 镇另行改选外，其余乡镇因任期未满，改隶新乡镇。至 1947 年 2 月底，乡镇长、乡镇民代表及乡镇民代表会全部改选完成。为适应乡镇缩编、乡镇民代表选举的需要，县举办乡镇队附、保队附训练班两期，参加训练 110 人。

1947 年，指导区改划为 4 个，编保 520 个。第一指导区辖南明、黄泽、分水、上北、中北、梅鹤、四庄、石溪 8 个乡镇；第二指导区辖鳌峰、炉溪、唐诏、四明、五中、大灵、五马 7 个乡镇；第三指导区辖桃源、儒岙、报国、智仁、永宁、彩淳、八和、回山 8 个乡镇；第四指导区辖岭外、东山、鹤溪、澄潭、遁溪、穿岩、镜屏 7 个乡镇。是年，县训练所培训各类人员 1660 人。

1949 年 5 月 10 日，县政府为加强组织，集中地方武装力量，制定实施方案，复设 6 个乡镇联合办事处。第一乡镇联合办事处辖中北、上北、黄泽、梅鹤、分水、四庄等 6 个乡镇；第二乡镇联合办事处辖唐诏、四明、大灵、五中等 4 个乡镇；第三乡镇联合办事处辖鳌峰、炉溪、五马等 3 个乡镇；第四乡镇联合办事处辖桃源、石溪、儒岙、报国、智仁等 5 个乡镇；第五乡镇联合办事处辖永宁、彩淳、八和、回山、镜屏、穿岩等 6 个乡镇；第六乡镇联合办事处辖岭外、鹤溪、东山、澄潭、逼山等 5 个乡镇。每个乡镇联合办事处设主任、副主任各 1 人，由县政府委派。办事员 3~5 人，在乡镇公所职员中调任。勤工 2 人，在自卫队或乡队中调用。该方案实施仅 12 天，国民党新昌县政府即告垮台。

第二节　新中国基层政权与自治组织

新中国成立后，境内行政区划和城乡基层组织规模经历多次调整撤并，基层政权形式与名称相应经历乡镇人民政府—乡镇人民委员会—大公社管理委员会—小公社管理委员会—人民公社革命委员会—人民公社管理委员会—乡镇人民政府的变革。与之相适应，城乡基层组织同样经历村政（居民）委员会—生产大队管理委员会（居民委员会撤销）—生产队管理委员会—生产大队管理委员会（复设居民委员会）—生产大队革命领导小组（居民）—生产大队管理委员会—村民（居民）委员会的变迁。

1949 年 6 月，执行省人民政府《关于目前建立乡村政权的指示》，成立县、区人民政府和乡行政委员会，全县分设 5 个区、30 个乡镇。后增设西郊、羽林、岱石、灵川、桂溪、下北等 6 个乡。

1950 年 6 月起，开展划乡建乡工作。7 月，区人民政府改称区公所，为县政府派出机构，仍设区长、副区长。9 月，划乡建乡完成，全县 36 个乡镇分为 70 个乡镇，辖 533 个村。

同年 8 月 12 日，县成立农民协会筹备委员会，在岭外乡后溪村开展选举农民代表，建立乡村农民协会的工作试点。10 月初，县内分期分批开展土地改革，在土改工作队的帮助下成立农会组织。根据土改法的规定，农民协会既是农民自愿结合的群众组织，同时也是进行土改的合法执行机关，代行党和政府在农村的基层政权职能。10 月 19 日至 21 日，县委、县政府召开首次全县农民代表会议，出席代表 157 人。会议学习《华东新区农民减租暂行条例（草案）》和《华东区农民协会组织章程（草案）》，传达省农民代表会议精神，确定当前农会工作六大任务：废除保甲组织；尽快发展农民协会和民兵组织；消灭匪特，打倒恶霸；实行减租减息；完成秋季征粮，开展增产节约。

会后，各地开始建立村农民协会，选举乡农民代表，召开乡农民代表会议（代行乡人民代表大会职能），成立乡人民政府和乡农会。各区设区长、副区长、文书兼会计、民政助理、财政助理、粮政助理、文教助理、生产助理、公安员、公务员和炊事员各 1 人，一个武装班5~6人。乡镇人民政府设乡镇长、副乡镇长、农会主任和文书各1人。区长、副区长、乡镇长、副乡镇长一般由县委、县政府委派，剿匪地区乡镇长由部队指派干部担任。12月，南区划出回山、智仁、八和、彩淳4个乡与西区划出的镜屏乡合并置回山区。至11月底，全县有5个区、12个乡、135个村分别建立区、乡、村农民协会，会员7521人。

12月，中央人民政府政务院通过《乡（行政村）人民代表会议组织通则》和《乡（行政村）人民政府组织通则》，规定：乡为县领导下的基层行政区域，设乡农民代表会议（代行人民代表大会职权）和乡政府，乡人民代表会议为农村人民民主政权机关，乡人民政府为行使政权机关。乡人民政府实行民主集中制，其职权是：具体执行上级人民政府的决议和命令；实施乡人民代表会议通过并经区县人民政府批准的决议案；根据上级人民政府的政策与制度办理全乡的一切兴革事宜；协助召开乡人民代表会议并向其作工作报告；提请区县人民政府任免或批准任免乡和乡以下的行政工作人员；编制乡的概算或预算和决算，报请区转县人民政府审核；统一领导和检查乡人民政府各工作部门的工作。

1951年5月，新昌县农民协会正式成立，有会员70902人，占全县农业人口的32.9%。

1952年3月，新昌县第二次农民代表会议召开，号召广大农民组织起来走集体化道路，开展互助合作和爱国增产运动，大力发展农业生产。4月，县委、县政府在大塘乡、梅溪乡和黄泽镇开展民主建政工作试点。5月起，各地结合土地改革、镇压反革命、修订爱国公约和生产计划、抗美援朝运动，开展民主建政，选举乡人民代表，建立村政委员会、行政小组，设村长、副村长各1人。各乡召开人民代表会议（代行乡人民代表大会职权），改建乡人民政府，选举产生乡人民政府委员会和正、副乡长。乡镇人民政府设优抚、武装、财粮、生产、合作、治安、调解、文教卫生等委员会，各委员会设不脱产的主任、副主任、委员，人员由乡镇人民政府聘定，报区核准转报县政府备案。行政村为乡人民政府推行政令的助手，其职责在于联系群众、推行政令、检查工作、反映情况等。

是年，城关镇改为直属镇，城区更名为城郊区。城内划分东溪、城东、新东、城北、城南、城西、城中、市中、梅湖等9个居民区，设立居民委员会。

1953年2月，乡镇民主建政工作结束。大灵、莒根、五马、方泉、雪溪、三坑、结溪、董村、蔡峰9个乡从大市聚区划出，建立小将区。全县农村建行政村526个。

5月，蔡峰乡从小将区划出，归属大市聚区。5月中旬至7月上旬，县派出工作组，在西岭乡、岭外乡进行基层普选工作试点。乡设立选举委员会，进行宣传发动和选民参选人口调查、选民登记。选区划分按照既便利选举又便利代表联系选民的原则，农村按照自然村落划分，城镇以居民委员会为单位。对能独立产生1名或超过1名代表的工作单位，则单独划分为一选区。代表候选人采取有组织、有领导地自下而上提名，经过各方面的反复协商和选民的酝酿讨论，按照多数选民意愿，确定正式代表候选人。代表的选举，采取无记名投票的方法，确定正式候选人，由选民直接选举乡镇人民代表。随后，召开乡镇人民代表大会，选举人民政府委员会和正、副乡镇长，同时选举县各界人民代表会议代表。9月，按照典型试验、逐步推广、分批完成的方法，小将区8个乡和大市聚区1个乡先行开展基层普选工作，于11月中旬顺利结束。

1954年2月7日开始，全县未行普选的59个乡镇全面开展普选，及3月底，普选工作全部完成，乡镇人民代表大会制度从此建立。

同年9月20日，《中华人民共和国宪法》《中华人民共和国地方各级人民代表大会和地方各级人民委员会组织法》公布，规定乡为农村基层行政区域，设乡人民代表会议和乡人民委员会，每届任期两年。乡镇人民代表大会举行会议时，依法选举产生主席团，主持每次乡镇人民代表大会会议；决定此次会议列席人员名单；提出会议的议程草案；组织各代表小组审议列入人民代表大会议程的议案；提出乡镇长、副乡镇长候选人和确定正式候选人名单；决定对代表小组和代表在会议期间提出的议案、罢免案、质询案等的审议程序；对本级人大代表向本级人民代表大会提出的各方面工作的建议、批评和意见，负责交有关机关和组织处理。村政委员会为群众自治性的村民组织，不作一级基层政权。之后，农村农民协会逐步退出历史舞台。

12月，《城市居民委员会组织条例》公布，规定城镇按居住地区设居民委员会，为群众自治性的居民组织。其任务是：办理有关居民的公共福利事项，向当地人民委员会或它的派出机关反映居民的意见和要求，动员居民响应政府号召并遵守法律，领导群众性的治安保卫工作，调解居民间的纠纷。居民委员会下设居民小组。

1955年，整顿、健全乡镇人民代表大会制度，改进乡镇领导方法，建立集体领导制度。乡镇人民政府设立生产互助合作、文教卫生、治安保卫、人民武装、民政、财粮、调解等工作委员会。各工作委员会职责范围：

生产互助合作委员会：领导农业生产和互助合作。

民政委员会：教育烈军属、荣复转业军人参加互助合作，做好烈军属代耕、实物补助和灾民、难民的救济，进行人口普查、户口管理，贯彻执行婚姻法等。

财粮委员会：征收农业税、发放贷款、收募水利费等。

文教卫生委员会：负责小学、社会教育，举办民校，动员学生入学，教育群众搞好卫生保健。

人民武装委员会：负责民兵组织、训练、保卫生产等。

治安保卫委员会：负责防盗、防奸与管制地主、反革命分子，并督促其劳动生产等。

调解委员会：调解土地、房产、婚姻及其他民间纠纷。

1956 年 4 月，贯彻省人民委员会《关于减少层次，节省干部，充实农业社领导力量，实现县对乡的直接领导的指示》，撤销城郊、澄潭、黄泽、大市聚 4 个区。全县 70 个乡镇撤并为 36 个，行政村为 536 个。乡镇人民政府改称为乡镇人民委员会，行政村废除村长制，改为代表制，村行政委员会设主任、副主任、委员。11 月，恢复城郊、澄潭、黄泽、大市聚 4 个区。

1957 年 5 月，对规模过大的乡行政区域进行调整，复设黄坛、安顶、灵川、结溪、西郊、桃源 6 个乡。

1958 年 9 月，贯彻执行中共中央《关于在农村建立人民公社问题的决议》，撤销区乡镇行政建制，以原区的管辖范围建立大公社，乡镇改建为生产大队，公社以下原生产大队改建为生产小队，城关镇 9 个居民委员会撤销，农民、非农居民均参加人民公社。全县组设新昌、澄潭、镜岭、回山、儒岙、小将、大市聚、沙溪、黄泽等 9 个人民公社，辖 72 个生产大队（不久调整为 65 个）、536 个生产队。

人民公社实行政社合一体制，既是农村基层政权组织，又是农村经济组织。人民公社社员代表大会为公社最高权力机关，人民公社管理委员会为公社最高行政机关。管理委员会内设农林水利、工业交通、财粮贸易、文教卫生、政法、人民武装、生活福利等 7 个部及科学技术委员会和办公室。人民公社为集体所有制单位，实行公社、生产大队、生产队三级管理。人民公社的主要职权，在行政管理方面是：执行公社人民代表大会的决议和上级国家行政机关的决议和命令，发布决议和命令；领导公社人民代表大会的选举；召集公社人民代表大会会议；管理本行政区域内的经济、文化建设和民政、公安等工作；保护社会主义全民所有制的财产和劳动群众集体所有制的财产，保护公民私人所有的合法财产，维护社会秩序，保障公民的人身权利、民主权利和其他权利；保障公社基本核算单位应有的自主权；保障少数民族的权利，尊重少数民族的风俗习惯；保障妇女同男子有平等的政治权利、劳动权利、同工同酬和其他权利；办理上级政府交办的其他事项。在集体经济方面是：贯彻执行中央关于人民公社的政策、法令；向各生产队提出关于生产计划的建议；对各生产队的生产工作进行督促和检查，帮助解决问题，改进经营管理、财务和收益分配工作；推行增产措施和先进经验；组织生产协作；帮助和督促生产队妥善解决生产资料。人民公社每届任期两年，设主任 1 人、副主任 1~2 人，助理员 5 人左右，分管有关行政和经济工作。

同年 11 月，新昌县撤销建制与嵊县合并，原有公社、大队建制未变。

1959 年 1 月，生产大队更名为管理区，原新昌县域内 9 个人民公社分设为 52 个管理区。2 月，管理区复为大队。7 月，新昌大队改为镇建制。

同年 3 月，城关镇复设居民委员会，划出农民部分，建立东溪、城北、市中、城西、梅湖 5 个居民委员会，下置 80 个居民小组。

1961年4月，贯彻执行中共中央印发的《农村人民公社工作条例（修正草案）》，调整人民公社规模，撤销大公社管理体制，大公社恢复为区级行政建置，以生产大队管理区域建人民公社，下辖生产大队，实行公社、大队、生产队三级所有管理体制。公社设管理委员会和监察委员会，行使政府职能，管理集体经济。生产大队设管理委员会，其职责是：统一管理生产事业；统一分配归大队所有的产品和收入；完成国家征购粮食任务；制订生产计划并督促检查实施；推行先进经验和增产措施，发展多种经营，增加社员收入；兴办集体企业、社会保险和福利事业，扩大再生产；对生活发生困难的社员，实行供给或者给以补助。生产队是人民公社中的基本核算单位，实行独立核算，自负盈亏，直接组织生产，组织收益的分配。管理委员会设主任、副主任、委员和监察委员。

12月，恢复新昌县建制，辖8个区、1个镇、48个公社、818个生产大队。

1962年6月，区公所撤销，公社直属县管。9月，城关镇5个居民委员会调整为8个居民委员会，即东溪、新东、城东、城西、城北、城中、市中、梅湖，下设98个居民小组。

1963年12月，贯彻党中央《关于目前农村工作中若干问题的决定（草案）》和《关于农村社会主义教育运动中一些具体政策的规定（草案）》，县委组成社会主义教育运动工作队进驻沙溪公社试点，在阶级教育、社会主义教育的基础上，有领导、有计划、分期分批地建立贫下中农协会（简称贫协）组织，开展农村社会主义教育运动（时称“四清”运动）。

1964年，全县开展农村社会主义教育运动，县委调派干部130余人组成工作队分驻各地，指导帮助成立贫下中农协会。

贫下中农协会由贫农、下中农自愿组成，是革命的群众性的阶级组织。其基本任务是进行阶级教育和社会主义教育，协助和监督农村人民公社的各级组织和干部，办好集体经济。贫下中农协会的权力机关是会员代表大会或会员大会，设贫下中农协会委员会，负责日常工作，选举主席1人、副主席1~2人，任期为1年。

至1965年6月，全县49个公社，已建贫下中农协会的45个；845个大队中已建贫下中农协会的669个。农村建立贫下中农协会后，许多地方的生产大队管理委员会职权被取代，大队干部“靠边站”。

1966年3月，城关镇人民委员会改称人民公社。

1968年6月，恢复区公所建置。人民公社管理委员会相继改称为人民公社革命委员会，实行党政军一元化领导，下设办事组、政工组、生产指挥组和治安保卫组。“文化大革命”开始后，多数人民公社社员代表大会未如期换届选举。

同年8月，县革命委员会在东溪公社召开建立生产大队革命领导小组现场会，批转《东溪公社革命委员会关于建立生产大队革命领导小组的情况报告》。会后，全县生产大队管理委员会开始改设为革命领导小组，管理行政和生产。9月，农村贫代会改称为农代会，受革命领导小组的领导。“文化大革命”结束后，农村农代会组织无形消失。

1970年6月，省革命委员会布置精简机构，撤并人民公社。撤销灵川、山头、诚爱3个公社，分别并入澄潭、梅渚、东溪3个公社。全县为46个公社。

1972年3月，复设灵川、山头、诚爱3个公社。

10月，城关镇革命委员会批准居民委员会改为居民革命委员会。

1975年，《中华人民共和国宪法》颁布，规定人民公社社员代表大会为人民公社权力机关，人民公社革命委员会为公社常设机关。

1978年3月后，人民公社革命委员会撤销，复称为人民公社管理委员会。

1979年4月，长诏水库竣工，库区炉溪、解放2个公社合并，称长诏公社。全县分设8个区、48个公社。

1980年1月，全国人大常委会重新公布《城市居民委员会组织条例》后，居民革命委员会恢复为居民委员会。

3—6月，恢复县、公社两级人民代表选举，人民代表采取直接选举的办法产生。

同年4月，农村革命领导小组陆续撤销，复设生产大队管理委员会。全县有生产大队740个。

1981年4月，贯彻民政部《关于城市居民委员会的工作由民政部门归口管理的通知》，县民政局恢复对居民委员会工作的管理。是年，城关镇增设梅西、南明、城南、钟楼4个居委会。

1982年1月，县人民政府批准设立澄潭居委会。3月，设立镜岭居委会。5月，设立大市聚居委会。

1983年2月，贯彻中共中央、国务院《关于政社分开建立乡人民政府的通知》，县委、县政府成立公社体制改革领导小组，派出工作组在拔茅公社试点，以公社建乡，以大队建村。乡设乡党委、乡人民政府、乡农工商经济联合委员会（第二批政社分设试点改为乡经济联合社）。乡人民政府设乡长、副乡长，乡农工商经济联合委员会设主任、副主任。乡政府机关设文书和文教卫生、民政、公安司法、财政等助理。试点工作于4月结束。6月上旬，县委、县政府抽调县级机关干部80余人组成工作组，分赴镜岭、梅渚、西岭、回山、儒岙、小将、龙皇堂7个公社开展政社分设。7月后，除回山区的安顶、新天、中彩、彩淳4个公社外，其他公社全面开展政社分设。县委、县政府批转县公社体制改革领导小组《关于开展第二批政社分设试点工作的意见》，明确规定乡人民政府是国家基层行政机关，是乡人民代表大会的执行机关。其主要任务是管理全乡的行政工作，抓好全乡的经济、文化、乡村建设和民政福利、治安保卫、民事调解、粮食征购、计划生育、文教卫生、民兵训练等工作，督促和保证国家工农业生产等各项计划的执行，加强对村民委员会和居民委员会的联系和管理，领导全乡人民贯彻实施上级党、政机关的政策法令。生产大队改为行政村以后，村党支部是党在农村的基层组织，村民委员会是基层群众性自治组织，在乡政府和村党支部的领导下负责行政工作，贯彻执行党和政府的方针、政策，执行乡政府的指示，具体实施村民大会的决议，办理本村的公共事务和公益事业，调解民间纠纷，维护社会治安，搞好计划生育，支持、协助并监督生产联合社贯彻执行各项生产计划，组织生产和经营管理，并向政府反映群众意见、要求和提出建议，发动群众制订“村规民约”，促进社会风气的根本好转。村民委员会设主任、副主任和委员，下设治保、调解、卫生等委员会。生产联合社是村的经济联合体，设社长、副社长。以生产队规模建村民小组和生产联合社，设组长、社长。

1984 年 5 月，安顶、新天、中彩、彩淳 4 个公社改乡。至此，政社分开，建立乡镇人民政府工作全面完成。全县设行政村 759 个。

是年起，乡镇人民代表大会每届任期改为 3 年。

1985 年 1 月，澄潭乡改为镇建制。7 月，儒岙乡、大市聚乡、大灵乡改为建制镇，大灵乡改镇后，称小将镇。9 月，城关镇增设城胜居委会。12 月，拔茅乡、镜岭乡改为建制镇。

1987 年 6 月，县政府转发《浙江省乡、镇人民政府暂行工作条例》，规定乡、镇人民政府设乡、镇长，副乡、镇长，由乡、镇人民代表大会选举产生，每届任期 3 年。乡、镇人民政府实行乡、镇长负责制，执行本级人民代表大会的决议和上级国家行政机关的决定和命令；执行本行政区域内的经济和社会发展计划、预算，组织和领导经济建设；保护社会主义的全民所有制的财产和劳动群众集体所有制的财产，保护公民私人所有的合法财产，维护社会秩序，保障公民的人身权利、民主权利和其他权利，保障农村集体经济应有的自主权；制订乡镇建设规划，加强公用设施的建设和土地使用的管理，进行环境的综合整治；管理和发展文化教育、科技、广播、体育、卫生等事业；保障宪法和法律赋予妇女的男女平等、同工同酬和婚姻自由等各项权划，推行计划生育，控制人口增长，改革婚丧陋习，反对封建迷信活动；管理乡镇财政、民政、公安、司法等工作；组织和办理公共事务、公益事业和各项服务事业；指导村（居）民委员会开展各项工作，帮助搞好组织建设、业务建设和制度建设；办理上级政府交办的其他事项。

1988 年 6 月 1 日，《中华人民共和国村民委员会组织法（试行）》实施，规定村民委员会为村民自我管理、自我教育、自我服务的基层群众性自治组织，其职权范围为：办理本村的公共事业和公益事业，调解民间纠纷，协助维护社会治安，向人民政府反映村民的意见、要求和提出建议。11 月，《浙江省村民委员会组织法实施办法》发布，明确县民政部门负责村民委员会的组织建设。

是年开始，乡镇设立人民代表大会主席团常务主席，负责人大主席团的日常工作。

是年12月，沙溪乡改为镇建制。

1989年5月，回山乡改为镇建制。全县分设8个区、9个镇、39个乡。12月，第七届全国人大常委会第十一次会议通过并公布《中华人民共和国城市居民委员会组织法》，规定：居民委员会属居民自我管理、自我教育、自我服务的基层群众性自治组织。人民政府对居民委员会的工作给予指导、支持和帮助。居民委员会协助人民政府开展工作，其任务是：宣传宪法、法律、法规和国家的政策，维护居民的合法权益，教育居民履行依法应尽的义务，爱护公共财物，开展多种形式的社会主义精神文明建设活动；办理居民的公共事务和公益事业；调解居民间的纠纷；协助维护社会治安；协助人民政府或者它的派出机关做好与居民利益有关的公共卫生、计划生育、优抚救济、青少年教育等项工作；向人民政府或者它的派出机关反映居民的意见、要求和提出建议。

1990年，各乡镇人大主席团陆续挂牌办公。根据浙江省七届人大常委会在1989年12月通过的《浙江省乡镇人民代表大会主席团组织条例》的规定，其职责为：检查宪法、法律、法规以及上级人民代表大会及其常务委员会和本级人民代表大会的决议、决定的执行情况；检查督促本级人民政府组织实施本级人民代表大会决定的事项；检查本级人民代表大会批准的财政预算的执行情况；对本行政区域内涉及公共利益的重大问题，向本级人民政府提出意见和建议；主持本级人民代表大会的补选；筹备、召集本级人民代表大会下次会议；乡镇人民代表大会主席团在本级人民代表大会闭会期间，一般三个月举行一次会议，必要时可临时举行会议；乡镇人民代表大会主席团决定问题，以主席团全体人员的过半数通过。

1992年5月，贯彻省委、省政府《关于做好撤区扩镇并乡工作的通知》精神，县委、县政府成立撤区扩镇并乡工作领导小组，抽调县级机关干部56人，组成18个工作组，分赴撤并乡镇指导工作。撤区扩镇并乡工作按照有利经济发展和社会稳定，有利管理和方便群众，合理布局和整撤整并的原则，平稳实施。全县48乡镇撤并为11个镇、7个乡。全县撤区扩镇并乡后，乡镇不设经济联合社机构，乡镇政府机关设党政、工贸、农业、教卫计生、政法民政、城建土管等6个办公室。乡镇人民代表大会主席团设专职常务主席。

1994年6月，城关镇城胜村和城胜居委会合并建立新城居委会。

1995年9月，城关镇增设鼓山、茶亭、湖莲潭、临城、临江、凤山6个居委会。

1996年12月，儒岙镇设立龙山居委会。

1999年4月，城关镇增设桂花园居委会。

2000年11月，城关镇增设七星、江北2个居委会。

2001年5月21日，县委、县政府成立新昌县社区建设指导委员会，县长黄金梁任主任，下设办公室于民政局。同时设立社区组织、社区服务、社区卫生、社区治安、社区文化教育、社区社会保障等6个专项工作指导组。12月，县委、县政府印发《关于加强县城社区建设的意见》《新昌县社区建设指导委员会工作职责》。随后，县民政局会同城关镇政府根据界线清晰，居民认同、规模适度、管理有方、资源共享的要求，着手筹划、制定城关镇社区建设实施方案。

同年 11 月，大明市镇、拔茅镇撤销，原区域及挂帘山村并入城关镇。全县由 18 个乡镇调整为 16 个乡镇。

2002 年 10 月下旬，县委、县政府批准城关镇社区建设实施方案，在文化中心召开社区建设动员大会，宣布原 23 个居民区调整为七星、鼓山、茶亭、钟楼、梅湖、市中、东溪、临城、湖莲潭、城南、凤山和临江 12 个社区。调整后的社区平均管辖人口 2598 户 6427 人，管辖人口最多的是钟楼社区，辖 3280 户 9207 人；管辖人口最少的是七星社区，辖 693 户 1583 人（不含区域内农村人口）；社区平均区域面积 1.55 平方千米，区域面积最大的是凤山社区，有 5.34 平方千米；区域面积最小的是东溪社区，为 0.35 平方千米。

11 月 5 日，县社区建设指导委员会向社区居民发送公开信，通报社区组建情况，号召社区居民积极参与社区建设。

2003 年 10 月，为改变行政村数量多、规模小、班子涣散、经济薄弱的状况，有利于中心镇、中心村建设和加强农村基层组织建设，民政局在巧英、双彩、长征 3 个乡开展行政村规模调整试点，村成建制撤并，原有资产不变。试点工作年底结束。

2004 年 3 月，全县开展行政村规模调整（梅渚镇因工业园区涉及土地征用未进行），7 月下旬完成。777 个行政村撤并为 416 个。

是年，根据修正后的宪法和全国人大常委会的有关规定，乡镇人民代表大会每届任期改为 5 年。2008 年任期届满的县人民代表大会提前一年与 2007 年到期的乡镇人民代表大会一并换届，实行县乡两级人民代表大会同步换届选举。

2006 年 3 月，因大佛寺景区开发建设，大佛寺村撤销，居民大部分归并七星社区。9 月，为加快新昌城市化建设步伐，撤销城关镇建制，分设羽林、南明、七星 3 个街道办事处；撤销长征乡，原区域并入儒岙镇；撤销镜屏乡，原区域并入镜岭镇。全县由 16 个乡镇调整为 8 个镇、5 个乡、3 个街道。

街道办事处为县政府的派出机构，其工作职责是：（一）负责贯彻执行党和国家的方针、政策以及县委、县政府关于街道工作的指示，制定具体的管理办法并组织实施。（二）负责研究制定街道经济发展规划，发展和管理街道经济。（三）负责指导、支持和帮助村民委员会加强思想、组织和制度建设，向上级人民政府和有关部门及时反映居民的意见、建议和要求。（四）负责市容市貌、环境卫生、市政设施、园林绿化和环境保护等项城市管理工作。（五）负责指导社区建设，兴办社会福利事业，开展社区服务，创建文明街道、文明单位，文明小区。（六）负责普法宣传、人民调解、治安保卫、综合治理，维护社会秩序。（七）负责拥军优属、优抚安置、社会救济、殡葬改革、残疾人就业等工作。（八）负责常住人口和流动人口的管理及计划生育工作。（九）配合人武部门做好辖区民兵训练和公民服兵役工作。（十）配合有关部门做好“三防”、抢险救灾、安全生产检查、居民迁移等工作。（十一）承办县委、县政府交办的其他工作。

2008 年 11 月，增设南岩社区。

2012 年 6 月，城南乡设立新溪居委会。

2014 年 8 月，七星社区分设为文昌、西岭两个社区。

2015 年 6 月，文昌社区更名为七星社区。

2017 年 9 月，根据棣山、新民人口聚居规模，增设新东社区。年末，全县有社区居委会 14 个、集镇居委会 6 个。

2019 年 5 月，为优化布局，整合资源，增强区域综合竞争力，调整行政村规模，全县 415 个行政村撤并为 253 个。

同年 12 月，调整乡镇行政区划，撤销澄潭镇、梅渚镇，原区域合并设立澄潭街道办事处；撤销回山镇、双彩乡，原区域合并建立新的回山镇；撤销大市聚镇、新林乡，原区域合并建立沃洲镇；撤销小将镇、巧英乡，原区域合并建立新的小将镇。全县辖 6 个镇、2 个乡、4 个街道。乡镇政府、街道办事处内设机构为：党政综合办公室（挂财政办公室牌子）、党建工作办公室（挂驻村、社区指导中心牌子）、综合信息指挥办公室、社会事务服务管理办公室、经济发展服务办公室、村镇建设管理和综合执法办公室（挂征迁事务管理办公室牌子）、社会治安综合治理办公室和“两美”建设办公室。

附：新昌县区乡镇建制沿革情况

表 33　新昌县区乡镇建制沿革表

时　期	乡镇数	里都图村社区数	乡镇名称	区乡镇及里都图村社区名称	备　注
五代（907—960）	13 个乡		守义、安仁、新昌、善政、彩烟、丰乐、五山、石城、遵德、像明、昌化、石顺、永寿		五代后梁开平二年（908），新昌建县
宋（960—1279）	8 个乡	26 个里	五山乡，领里 4 个	孝行、孝义、仁岩、步渚	宋大中祥符六年（1013），原 13 个乡撤并为 8 个乡
			丰乐乡，领里 8 个	纡湖、仙岩、永泰、金节、美人、通义、杨谷、怀化	
			彩烟乡，领里 3 个	松门、穿岩、太清	

续表 33

时　期	乡镇数	里都图村社区数	乡镇名称	区乡镇及里都图村社区名称	备　注
宋（960—1279）	8 个乡	26 个里	仙桂乡，领里 2 个	思仁、昼锦里	
			善政乡，领里 2 个	永宁、开化	
			新昌乡，领里 2 个	金茎、新丰	
			安仁乡，领里 2 个	义顺、？（名称不明）	
			守义乡，领里 3 个	崇贤、靖安、惟新	
元（1271—1368）	8 个乡	39 个都 42 个图	五山	一至四都，领 9 个图（其中郭内 3 个都领 6 个图）	
			丰乐	五至十都，领 7 个图	
			彩烟	十一至十七都，领 9 个图（其中 14 个都领 2 个图）	
			仙桂	十八至二十二都，领 4 个图	
			善政	二十三至三十都，领 11 个图	
			新昌	三十一至三十三都，领 1 个图	
			安仁	三十四至三十六都，领半个图	
			守义	三十七至三十九都，领半个图	
明成化年间（1465—1487）	7 个乡	26 个都 32 个里	五山	一、二、三、四都共领 8 个里，一、二都 1 个里称孝行，三都 6 个里均称任岩，四都 1 个里称思行	明初有 40 个里，成化归并为 32 个里，乡都如旧。十一都（通义里）并入十都，二十一都（昼锦里）并入二十都，二十三都（安仁里）并入二十二都，三十一、三十二都（金茎里、新丰里）并入三十三都，三十四~三十七都并入三十八、三十九都（三十四~三十六都里均称金茎，三十七都里称靖安）
			丰乐	五、六、七、八九、十都共领 5 个里，分别称怀化、永泰、美人、杨谷、全节	
			彩烟	十二至十七都共领 7 个里，十二、十三都里分称怀化、穿岩，十四至十七都里均称崇文，其中十四都有 2 个图	
			仙桂	十八九、二十、二十二都共领 3 个里，十八九都里称孝行，二十都里称思行，二十二都里称昼锦	
			善政	二十四至三十都共领 7 个里，二十四都里称安仁，二十五至二十七都里均称开化，二十八至三十都里称安仁	
			新昌	三十三都领 1 个里，称安仁	
			安仁	三十八九都领 1 个里，分称崇贤、惟新	

续表 33

时期	乡镇数	里都图村社区数	乡镇名称	区乡镇及里都图村社区名称	备注
明万历年间（1573—1620）	7个乡	24个都30个里图	五山	一二、三、四都共领8个里，其中一二都领1个里，三都领6个里，四都领1个里	五、六都合并为1个都，二十、二十二都合并为1个都都、里名称依旧
			丰乐	五六、七、八九、十都共领4个里，其中五六都领1个里，七都领1个里，八九都领1个里，十都领1个里	
			彩烟	十二至十七都共领7个里，其中十四都领2个里（图），其余均领1个里	
			仙桂	十八九、二十都共领2个里，其中十八九都领1个里，二十都领1个里	
			善政	二十四至三十都共领7个里，每都各领1个里	
			新昌	三十三都领1个里	
			安仁	三十八九都领1个里	
清乾隆年间（1736—1795）	7个乡	30个都图482个庄	五山	一二、三、四都共领8个图，其中一二都领1个图，三都领6个图，四都领1个图	
			丰乐	五六、七、八九、十都共4都共领4图，每都各领个1图	
			彩烟	十二至十七都共领7个图，其中十四都领2个图，其余均领1个图	
			仙桂	十八九、二十都共领2个图，每都各领1个图	
			善政	二十四至三十都共领7个图，每都各领1个图	
			新昌	三十三都领1个图	
			安仁	三十八九都领1个图	
清宣统二年（1910）	5个区（乡镇）	835个村	城区	一二都（小部分），三都，二十都（小部分），四都（小部分），32个村	
			南区（彩烟乡）	一二都（大部分），十三至十七都，217个村	
			东区（沃洲镇）	十八九都、二十都（大部分），二十四至三十都，三十八九都（小部分），350个村	

续表 33

时　期	乡镇数	里都图村社区数	乡镇名称	区乡镇及里都图村社区名称	备　注
清宣统二年（1910）	5 个区（乡镇）	835 个村	西区（澄潭乡）	四都（小部分），五六都，七都，八九都，十都，十二都，153 个村	
			北区（黄泽乡）	四都（大部分），二十都（小部分），三十八九都（大部分），83 个村	
1929 年	6 个区	320 个村里	城区		
			东区		
			南区		
			西区		
			北区		
			新东区		
1932 年	4 个区 12 镇	208 个乡	第一区（新东、城东、城西、城南、城北、城中、大东 7 个镇）	礼泉、岩里、后溪、黄龙、五龙岙、演溪、旗山、孟家堂、三山、王庙、屋岗、藕岸、枫山、大塘、芦墅、五峰、钦寸、长王、茹湖、丁坑、四平	全县设 4 个区，12 个镇，208 个乡，2210 个闾，11799 个邻。因第一区所辖黄泽等地割于嵊县治理，第二区大陈、宴了、王家厂等 6 个村割于宁海治理，故表中不足 208 个乡
			第二区（大市聚镇）	拔茅、王泗洲、羽林、周波、青岙、鹤岭、大市聚镇、水帘、鳌峰、管石、严溪、查林、梅溪、曹溪、东庄、王观音、塔桥、西曹、梅林、西山、钟井、沃溪、炉峰、鼓岩、岭息、岭头、灵溪、石菊、小将、坑里、蜀辽、大广、灵鹤、方泉、朱雅、道埠、茅洋、芹塘、五堡、彭马、菩峰、五灵、中溪、雪溪、叠石、平溪、真诏、剡界、唐淦、龙皇堂、唐家岩、熊峰、石壁、蔡峰、石黄、三警	
			第三区	儒三镇、梨木、东外、黄婆亭、东郭、会墅庄、雅张、后将、南山、王渡里、横山、寺后山、旧宅庄、松侯、里外岙、窦山、三堡、碳下、上岗、南咏、石里、东山庄、蒲藤、坑下、众坑、丁沙坑、明德	

续表 33

时　期	乡镇数	里都图村社区数	乡镇名称	区乡镇及里都图村社区名称	备　注
1932 年	4 个区 12 个镇	208 个乡	第三区（儒岙镇）	下洲、韩里、潘山坞、任歌坞、岭东、白马、回山、宅阳、下官斋、西塘里、贤辅、长渡、西植、雅库、六行、樟家、大宅里、柘家、荷塘里、谢金市、法官庙、下王庄、上宅、下宅、彩峰、塘头溪、欧溪坑、眉岱、石陈、斑竹、刘燕、挂帘、洋尧里、石天荷、丁依峰、秦茭、坑岙山、石坑湾	
			第四区（澄潭、梅渚、镜岭 3 个镇）	西山、庙前地、侯村、头庄、五都、元溪、葫芦岙、九峰寺、澄潭镇、成西、射圃、灵川、横朱、彩霞、左金、梅渚镇、夏畲、畈平、山嘴头、山头、山泊、苏秦、龙亭山、下后棚湾、黄马湾、上牛花岙、二熊、三韩、上王、丁灵、东臣、上胡、张家店、定畈、麻家田、里王、岭章、了山、长乐、上溪、芝山、镜黄镇、雅张、锦庄、连溪、�溪、暖谷、桂溪、濑矾、三德、四维、大畈、协进、穿岩、六一、八成	
1934 年	4 个区 42 个镇乡	625 个保 6710 个甲	第一区	新东、城东、中南、城西、城北、黄泽 6 个镇，中北、上北 2 个乡	6 月调整乡镇，废闾邻制，实行保甲制
			第二区	鳌峰镇，炉溪、五马、灵泉、大辽、五中、石熊、蔡黄、唐诏、四庄、梅鹤、分水 11 个乡	
			第三区	三联、八堡、天姥、三民、南屏、回山、彩淳、八和、永宁、七成、智仁 11 个乡	
			第四区	澄潭、镜岭 2 个镇，岭外、白鹤、梅溪、诚爱、里东山、彩霞、遁山、桂溪、镜屏 9 个乡	

续表 33

时　期	乡镇数	里都图村社区数	乡镇名称	区乡镇及里都图村社区名称	备　注
1939 年	3 个区署 37 个乡镇	527 个保	县府直属区	城区及附近 7 个乡镇：东溪、南明、黄泽 3 个镇，中北、上北、岭外、石溪 4 个乡	12 月全县 42 个乡镇，改划为 37 个乡镇、527 个保 次年设大市聚、镜岭两区署，各辖 15 个乡镇，城区及附近 7 个乡镇直属县府
			大市聚区署	桃源、分水、梅鹤、四庄、炉溪、鳌峰、唐诏、四明、五中、方泉、大灵、五马、三民、姥东 14 个乡，儒岙 1 个镇	
			镜岭区署	澄潭 1 镇，鹤溪、诚爱、东山、遁山、中岩、下彩、上彩、八和、回山、智仁、镜屏、桂溪、穿岩、永宁 14 个乡	
1942 年至 1944 年	3 个处（区署）	37 个乡镇 523 个保 5738 个甲	黄泽办事处改为区署	岭外乡、上北乡、中北乡、石溪乡、黄泽镇、南明镇、东溪镇	县城被日军占领。初设黄泽办事处，后改区署，增设南明、东溪 2 个镇
			大市聚区署	桃源、分水、梅鹤、四庄、炉溪、鳌峰、唐诏、四明、五中、方泉、大灵、五马、三民、姥东、儒岙镇	
			镜岭区署	澄潭镇、鹤溪、诚爱、东山、遁山、中岩、下彩、上彩、八和、回山、智仁、镜屏、桂溪、穿岩、永宁	
1946 年	3 个指导区 30 个乡镇	522 个保	第一指导区	南明、黄泽 2 个镇 中北、上北、岭外、石溪 4 个乡	1945 年 11 月撤区署，划分为 3 个指导区。全县 37 个乡镇缩编为 30 个，有 522 个保
			第二指导区	儒岙、桃源、报国、五马、大灵、分水、梅鹤、四庄、鳌峰、炉溪、五中、四明、唐诏 13 个乡	
			第三指导区	澄潭镇，鹤溪、东山、遁溪、穿岩、镜屏、回山、彩淳、八和、智仁、永宁 10 个乡	
1947 年	4 个指导区 30 个乡镇	520 个保	第一指导区	南明、黄泽 2 个镇 上北、中北、分水、梅鹤、四庄、石溪 6 个乡	全县划分为 4 个指导区
			第二指导区	鳌峰、炉溪、唐诏、四明、五中、大灵、五马 7 个乡	
			第三指导区	儒岙、桃源、报国、智仁、永宁、彩淳、八和、回山 8 个乡	
			第四指导区	澄潭镇 岭外、东山、鹤溪、遁溪、穿岩、镜屏 6 个乡	

续表 33

时　期	乡镇数	里都图村社区数	乡镇名称	区乡镇及里都图村社区名称	备　注
1949 年 6 月	5 个区 27 个乡 3 镇	520 个保	城区（南明镇）	南明镇、岭外乡、分水乡、石溪乡	
			西区（澄潭镇）	澄潭镇、鹤溪乡、遁溪乡、穿岩乡、镜屏乡	
			南区（儒岙乡）	儒岙乡、东山乡、桃源乡、回山乡、彩淳乡、八和乡、永宁乡、智仁乡、报国乡	
			东区 (大市聚镇)	鳌峰乡、梅鹤乡、炉溪乡、大灵乡、五中乡、五马乡、唐诏乡、四明乡	
			北区（山头里）	黄泽镇、上北乡、中北乡、四庄乡	
1949 年 12 月	6 个区 36 个乡镇	520 个保	城区	南明镇，石溪、分水、岭外、西郊、羽林、岱石 6 个乡	1949 年 5 月，划 5 个区、30 个乡镇、520 个保。后增设西郊、羽林、岱石、灵川、桂溪、下北 6 个乡。12 月南区划出回山、智仁、八和、彩淳 4 个乡与西区划出的镜屏乡并置回山区
			东区	鳌峰、炉溪、马五、四明、唐诏、大灵、五中、梅鹤 8 个乡	
			南区	儒岙、东山、桃源、永宁、报国 5 个乡	
			西区	澄潭、鹤溪、遁溪、穿岩、桂溪、灵川 6 个乡	
			北区	黄泽镇，上北、中北、四庄、下北 4 个乡	
			回山区	回山、智仁、八和、彩淳、镜屏 5 个乡	
1950 年 9 月	6 个区 70 个乡镇	534 个村	城区	城关镇，西岭、西郊、岭外、新溪、石溪、新民、分水 7 个乡	9 月，调整行政区划
			儒岙区	儒岙、岱石、桃源、永宁、白岩、韩妃、天姥、报国、石磁、三联 10 个乡	
			大市聚区	大市聚镇，水帘、炉岩、黄坛、炉溪、沙溪、龙皇堂、董村、三坑、结溪、方泉、大灵、蔡峰、五马、雪溪、莒根、梅鹤、新鹤 17 个乡	
			澄潭区	澄潭、镜岭 2 个镇，诚爱、东山、东溪、梅溪、白鹤、灵川、外遁山、里遁山、桂溪、穿岩、潜溪 11 个乡	

续表 33

时期	乡镇数	里都图村社区数	乡镇名称	区乡镇及里都图村社区名称	备注
1950年9月	6个区70个乡镇	534个村	回山区	回山、西山、塘西、安顶、中彩、上彩、下彩、彩淳、八和、泄上、祥棠、智仁、镜屏13个乡	
			黄泽区	黄泽镇，前良、兰州、孟家塘、大塘、藕岸、查林、胡卜7个乡	
1952年6月至1953年9月	7个区70个乡镇	526个村，9个居委会	城关镇	辖9个居民区、9个村	1952年6月，大市聚区划出大灵、莒根、五马、方泉、雪溪、董村、蔡峰、三坑、结溪9个乡成立小将区。城关镇改为县直属镇，城区更名为城郊区。1953年5月蔡峰从小将区划出归属大市聚
			城郊区	新民、西邻、西郊、新溪、岭外、分水、石溪7个乡	
			大市聚区	大市聚镇，水帘、炉岩、黄坛、炉溪、沙溪、龙皇堂、梅鹤、新鹤、蔡峰9个乡	
			儒岙区	儒岙、岱石、桃源、永宁、白岩、韩妃、天姥、报国、石磁、三联、祥棠、智仁12个乡	
			澄潭区	澄潭、镜岭2个镇 诚爱、东山、东溪、梅溪、白鹤、灵川、外遁山、里遁山、桂溪、穿岩、潜溪11个乡	
			黄泽区	黄泽镇，前良、兰州、孟家塘、大塘、藕岸、查林、胡卜7个乡	
			回山区	回山、西山、塘西、安顶、中彩、上彩、下彩、彩淳、八和、泄上、镜屏11个乡	
			小将区	董村、结溪、大灵、五马、莒根、雪溪、方泉、三坑8个乡	
1956年4月至11月	7个区36个乡镇	537个村	城区	城关镇，新民、西岭、新溪3个乡	70个乡镇撤并为36个。1956年4月，撤销城郊、澄潭、黄泽、大市聚4个区。同年11月又恢复4个区
			大市聚区	大市聚镇，蔡峰、沙溪、梅鹤、炉溪、新林5个乡	
			儒岙区	儒岙镇，报国、永宁、石磁、岱石4个乡	
			澄潭区	澄潭镇，诚爱、遁山、镜岭、梅溪、白岩、东溪6个乡	
			黄泽区	黄泽镇，藕岸、孟家塘2个乡	
			回山区	回山、八和、彩淳、中彩、镜屏、智仁6个乡	
			小将区	五马、雪溪、大灵、联盟、董村5个乡	

续表 33

时　期	乡镇数	里都图村社区数	乡镇名称	区乡镇及里都图村社区名称	备　注
1957 年	7 个区 42 个乡镇	537 个村	城区	城关镇，新民、西岭、新溪、西郊、桃源 5 个乡	2 月增设西郊、桃源、黄坛、安顶、灵川、结溪 6 个乡
			大市聚区	大市聚镇，蔡峰、沙溪、梅鹤、炉溪、董村、新林、黄坛 7 个乡	
			儒岙区	儒岙镇，报国、永宁、石磁、岱石 4 个乡	
			澄潭区	澄潭镇，诚爱、遁山、镜岭、梅溪、白岩、东溪、灵川 7 个乡	
			黄泽区	黄泽镇，藕岸、孟家塘 2 个乡	
			回山区	回山、八和、彩淳、中彩、镜屏、安顶、智仁 7 个乡	
			小将区	五马、雪溪、大灵、联盟、结溪 5 个乡	
1958 年 9 月	9 个公社	72 个生产大队，536 个生产队，5 个居委会	新昌人民公社	城关、五四、七星畈、金星、礼泉、拔茅、桃源、岱石、姚宫、丁村、石溪、甘棠 12 个生产大队	新增镜岭、沙溪 2 个公社，共建 9 个公社。居委会撤销。10 月，72 个生产大队合并为 65 个。新昌公社的五四、七星畈、金星大队合并为下三溪大队；石溪、丁村大队合并为杨坑大队，桃源、甘棠大队更名为刘门坞、长丘田大队
			澄潭人民公社	澄潭、里王、苫溪、绞车岭、梅渚、山头、棠川、遁山、白岩、诚爱 10 个生产大队	
			儒岙人民公社	儒岙、三联、南横、天姥、石磁、报国、智仁、祥棠、永宁、韩妃 10 个生产大队	

续表 33

<table>
<tr><th>时　期</th><th>乡镇数</th><th>里都图村社区数</th><th>乡镇名称</th><th>区乡镇及里都图村社区名称</th><th>备　注</th></tr>
<tr><td rowspan="6">1958 年 9 月</td><td rowspan="6">9 个公社</td><td rowspan="6">72 个生产大队，536 个生产队，5 个居委会</td><td>回山人民公社</td><td>渡河、雅里、回山、汤家、大宅里、上宅、下岩、新市场 8 个生产大队</td><td rowspan="6">澄潭公社的里王、苕溪、绞车岭大队合并为东溪大队；梅渚、山头大队合并为梅溪大队；棠川大队更名为灵川大队
回山公社的渡河、大宅里、汤家、上宅、下岩、新市场大队分别更名为安顶、八和、泄上、彩淳、下彩、中彩大队
大市聚公社的白竹大队更名为白石大队
镜岭公社的西山头大队更名为西山大队
黄泽公社的大塘大队更名为大明市大队
小将公社的芹塘、茅洋大队合并为五马大队</td></tr>
<tr><td>大市聚人民公社</td><td>黄坛、溪西、青坛、西山、坑西、大市聚、白竹、竹岸、胡卜 9 个生产大队</td></tr>
<tr><td>黄泽人民公社</td><td>藕岸、大塘、孟家塘、黄泽 4 个生产大队</td></tr>
<tr><td>镜岭人民公社</td><td>镜岭、楼基、中彩、下潘、西坑、安山、西山头 7 个生产大队</td></tr>
<tr><td>沙溪人民公社</td><td>龙皇堂、蔡峰、沙溪、董村 4 个人民公社</td></tr>
<tr><td>小将人民公社</td><td>结溪、雪溪、苕根、三坑、大灵、方泉、芹塘、茅阳 8 个生产大队</td></tr>
<tr><td>1958 年 11 月</td><td>9 个公社</td><td>536 个生产队</td><td>新昌公社
澄潭公社
黄泽公社
镜岭公社
回山公社
儒岙公社
大市聚公社
沙溪公社
小将公社</td><td>新昌县撤销，与嵊县合并。1959 年 1 月，生产大队更名为管理区，原新昌境内设 9 个人民公社、52 个管理区。7 月，新昌大队管理区改为镇建制。1959 年 2 月，管理区复称大队。1961 年 4 月缩小公社规模，以管理区建公社</td><td>城内复设 5 个居委会</td></tr>
</table>

续表 33

时　期	乡镇数	里都图村社区数	乡镇名称	区乡镇及里都图村社区名称	备　注
1961 年 12 月	8 个区 1 个镇 48 个公社	825 个大队 5 个居委会	城关镇		1961 年 12 月恢复新昌县建制，黄泽属嵊县 1962 年 6 月区公所撤销，公社直属县
			城郊区	新溪、西岭、新民、拔茅、孟家塘、桃源、大明市、岱石、西郊 9 个公社	
			澄潭区	澄潭、梅渚、山头、诚爱、白岩、东溪、灵川、逼山 8 个公社	
			镜岭区	西坑、镜岭、肇圃、镜屏、安山 5 个公社	
			回山区	回山、安顶、中彩、彩淳、八和 5 个公社	
			儒岙区	儒岙、石磁、报国、永宁、智仁 5 个公社	
			大市聚区	大市聚、炉溪、黄坛、新林、梅鹤 5 个公社	
			小将区	大灵、莒根、方泉、雪溪、三坑、结溪、五马 7 个公社	
			沙溪区	沙溪、董村、蔡峰、龙皇堂 4 个公社	
1968 年	8 个区 46 个公社	758 个大队		恢复区建制	
1970 年 6 月	8 个区 46 个公社	741 个大队		撤销灵川、山头、诚爱 3 个公社建制，分别并入澄潭、梅渚、东溪 3 个公社。1972 年 3 月又恢复建制	
1979 年	8 个区 48 个公社	733 个村		长诏水库炉溪、解放 2 个公社合并，称长诏公社	
1980 年	8 个区 1 个镇 47 个公社	740 个村		城关镇公社改为县属镇	1981 年居委会 9 个，1982 年有居委会 15 个
1983 年至 1984 年		777 个村		政社分设，恢复乡村建制	
1985 年 1 月至 1989 年 5 月	8 个区 9 个镇 39 个乡	777 个村，16 个居委会	城郊区	城关、拔茅 2 个镇，新溪、新民、西岭、孟家塘、桃源、大明市、岱石、西郊 8 个乡	1988 年，全县有 48 个乡镇、16 个居委会、777 个村、3479 个村民小组
			澄潭区	澄潭镇，山头、诚爱、红星、东茗、灵川、逼山、梅渚 7 个乡	
			镜岭区	镜岭镇，西坑、肇圃、镜屏、安山 4 个乡	

续表 33

时　期	乡镇数	里都图村社区数	乡镇名称	区乡镇及里都图村社区名称	备　注
1985 年 1 月至 1989 年 5 月	8 个区 9 个镇 39 个乡	777 个村，16 个居委会	回山区	回山镇，安顶、中彩、彩淳、新天 4 个乡	
			儒岙区	儒岙镇，石磁、报国、永丰、长征 4 个乡	
			大市聚区	大市聚镇，长诏、新林、红旗 3 个乡	
			小将区	小将镇，方泉、雪溪、三坑、结溪、五马、莒根 6 个乡	
			沙溪区	沙溪镇，董村、蔡峰、龙皇堂 3 个乡	
1992 年 5 月	11 个镇 7 个乡	776 个村	城关	西岭、西郊、新民 3 个乡并入	全省进行撤区扩镇并乡，增设大明市、梅渚 2 个镇
			拔茅	桃源乡并入	
			大明市	大明市、孟家塘 2 个乡合并	
			儒岙	石磁、报国 2 个乡并入	
			大市聚	红旗、长诏 2 个乡并入	
			小将	方泉、五马 2 个乡并入	
			沙溪	蔡峰、董村 2 个乡并入	
			回山	安顶、新天 2 个乡并入	
			梅渚	梅渚、诚爱、山头 3 个乡合并	
			澄潭	灵川、遁山 2 个乡并入	
			镜岭	西坑、肇圃 2 个乡并入	
			城南	新溪、岱石、永丰 3 个乡合并	
			巧英	莒根、三坑、雪溪 3 个乡合并	
			双彩	中彩、彩淳 2 个乡合并	
			新林	龙皇堂乡并入	
			东茗	红星乡并入	
			镜屏	安山乡并入	
			长征		
2001 年	9 个镇 7 个乡	776 个村		大明市镇、拔茅镇及城南乡挂帘山村并入城关镇	
2002 年 12 月	9 个镇 7 个乡	777 个村		城关镇撤销 22 个居委会，建立钟楼、鼓山、茶亭、七星、凤山、梅湖、东溪、市中、临江、临城、湖莲潭、城南等 12 个社区	
2004 年	9 个镇 7 个乡	416 个村 12 个社区	镇	城关、梅渚、澄潭、镜岭、回山、儒岙、大市聚、小将、沙溪	2002 年 12 月至 2003 年，调整行政村规模
			乡	城南、巧英、双彩、新林、东茗、镜屏、长征	

续表 33

时　期	乡镇数	里都图村社区数	乡镇名称	区乡镇及里都图村社区名称	备　注
2006 年 9 月	8 个镇 5 个乡 3 个街道	415 个村 12 个社区	镇	梅渚、澄潭、镜岭、回山、儒岙、大市聚、小将、沙溪	撤销城关镇，分设羽林、南明、七星 3 个街道；撤销长征乡，并入儒岙镇；撤销镜屏乡，并入镜岭镇；撤销大佛寺行政村，纳入七星社区管辖
			乡	城南、巧英、双彩、新林、东茗	
			街道	羽林、南明、七星	
2019 年 12 月	6 个镇 2 个乡 4 个街道	253 个村 20 个居委会	镇	沃洲、小将、回山、儒岙、镜岭、沙溪	撤销澄潭镇、梅渚镇，合并置澄潭街道；撤销回山镇、双彩乡，合并置新的回山镇；撤销大市聚镇、新林乡，合并置沃洲镇；撤销小将镇、巧英乡，合并为新的小将镇
			乡	东茗、城南	
			街道	南明、羽林、七星、澄潭	

附：乡镇、街道概况

羽林街道

羽林街道位于县城东北部，东邻沃洲镇，南、西连南明街道、七星街道，北界嵊州市。区域面积 86.42 平方千米。

羽林街道，根据南朝梁代邑人石灵宝之女石令嬴，被梁武帝收为宫女，生子梁元帝，贵为帝母，衣锦还乡，羽林军驻扎在今泉窝村外羽林坂这一典故取名。其地域宋至清属安仁乡。清宣统二年（1910）至民国初，属城区、黄泽乡。1932 年，分置拔茅、王泗洲、羽林、周波、青岙、鹤岭、孟家塘、三山、王庙、屋岗、藕岸、枫山、大塘、芦墅、五峰、钦寸、长王、茹湖、丁坑、四平等 20 个乡。1935 年拔茅、羽林、周波、青岙、鹤岭 6 个乡并为分水乡，先后隶属第二区、大市聚区；孟家塘、三山、王庙、屋岗 4 个乡并入中北乡；藕岸、枫山、大塘、芦墅、五峰、钦寸、长王、茹湖、丁坑、四平等乡并入上北乡。1950 年 9 月，分属孟家塘、大塘、藕岸、前梁、兰洲、分水、新民等 7 个乡。

1956 年分属孟家塘、藕岸、新民等 3 个乡。1958 年 10 月，分属新昌人民公社、黄泽人民公社。1961 年 11 月，置拔茅、孟家塘、大明市等 3 个公社。1966 年，大明市、孟家塘改名立新、八一公社，1980 年 1 月恢复原名。1983 年，拔茅、桃源、孟家塘、大明市公社改乡。1985 年，拔茅乡改镇。1992 年，桃源乡并入拔茅镇，孟家塘乡并入大明市镇。2001 年，拔茅、大明市 2 个镇并入城关镇。2006 年 9 月，城关镇撤销，分设羽林、南明、七星 3 个街道。街道办事处驻丽都花园 8 弄 1 号。

街道辖羽东、临江 2 个社区，山头里、丁家园、大明市、大塘坑等 4 个居委会，新和、长诏、年岙、拔茅、天峰、岳岭、王泗洲、兰沿、央于、后岸、新中、新富、三合、渡皇山、三联、新旺、三丰、孟家塘、金裕、大联、五丰、枫家潭、铁丁山、万石坑、藕岸、芦士、白杨、王山等 28 个行政村，有 14791 户、37347 人。

域内中部为丘陵，南北两翼为河谷，新昌江、黄泽江自东南向西北流经。工农业并举，农业以花卉、苗木、茶叶生产为主，工业以药品、轴承、塑料管道生产为主。

域东有大型水库钦寸水库。104 国道、甬（宁波）金（华）铁路过境。

南明街道

南明街道位于县城东南部，东邻沃洲镇，南接儒岙镇、城南乡，西连七星街道，北界羽林街道。区域面积 46.6 平方千米。

南明街道由辖区南明山得名。五代置县，其地域属石牛镇。宋至清分属五山乡、仙桂乡。清宣统二年（1910）至民国初，分属城区、东区（沃洲镇）。1932 年，其地分置新东、城东、城西、城南、城北、城中、大东 7 个镇和斑竹、刘燕、梨木、黄婆亭、东外、东郭、仙桂 7 个乡。1934 年，新东、城东、城西、城南、城北、城中、大东 7 个镇并为新东、城东、城西、中南、城北 5 个镇。1935 年，斑竹、刘燕、梨木、黄婆亭、东外、东郭 6 个乡并归三联乡，挂帘并入七成乡。1939 年，新东、城东、城西、中南、城北 5 个镇并为东溪、南明 2 个镇，三联乡并归桃源乡。1946 年，东溪、南明合并称南明镇。1949 年 6 月，分属城区、南区。1950 年 9 月，分属城区、儒岙区，置城关镇、新民乡、桃源乡。1956 年，桃源乡并入新民乡。1958 年 10 月，分属新昌人民公社城关、桃源、甘棠大队。1961 年后，分属城关镇、桃源公社、新民公社。1983 年，新民公社改乡。1992 年，西岭、西郊、新民 3 乡并入城关镇，桃源乡并入拔茅镇。2001 年，拔茅、大明市 2 个镇及城南乡的挂帘山村并入城关镇。2006 年 9 月，城关镇撤销，以原城关镇大部分和桃源乡、新民乡区域置南明街道。街道办事处驻人民东路 130 号。

街道辖湖莲潭、临城、东溪、市中、城南、梅湖、钟楼、茶亭、鼓山、新东等 10 个社区，桃源、仙桂、班竹、联湖、庄前、梨小余、新民、望江山、甘棠、棣山、南泥湾、挂帘山等 12 个行政村，有 4913 户、16343 人。

境域地处新昌江南岸，大部分地区为河谷盆地。农业主种蔬菜，工业以轴承、纺机生产为主。

域内驻县人民政府，有国家AAAA级旅游景区大佛寺。

上（虞）三（门）高速、104国道（南复线）过境。

七星街道

七星街道位于县城西北部，东与羽林街道、南明街道接壤，南与城南乡、东茗乡为邻，西连澄潭街道，北接嵊州市三江街道。区域面积54.98平方千米。

七星街道因域内有七星古井、七星田畈得名。其地域从置县至清，分属五山乡、丰乐乡。清宣统二年（1910）至民国初，分属城区、西区（澄潭镇）。1932年，分置礼泉、岩里、演溪、旗山、后溪、黄龙、五龙岙、西山、庙前地、侯村、头庄、五都、元溪、葫芦岙、九峰寺等15个乡。1935年，演溪、旗山、礼泉并入城西镇，岩里并入城北镇，西山、庙前地、侯村、头庄、五都并为岭外乡，元溪、葫芦岙、九峰寺并入诚爱乡。1950年9月，分置西岭、西郊、岭外、潜溪4个乡。1956年，西岭、西郊、岭外、潜溪合并为西岭乡。1958年10月，属新昌人民公社，分设七星畈、五四、金星、礼泉4个生产大队。1961年11月，成立西岭、西郊公社。1983年，西岭、西郊2个公社改乡。1992年，西岭、西郊并入城关镇。2006年9月，城关镇撤销，以原西岭乡、西郊乡区域置七星街道。街道办事处驻演溪路202号。

街道辖七星、凤山、南岩、西岭、滨江、江北等6个社区，龙山、磕下、上石演、葫芦岙、九峰寺、杨梅山、元岙、岩里、上礼泉、土谷庙、下礼泉、塔山、五龙岙、蟠龙、石柱湾、中喻、合新、金星、后溪等19个行政村，有11928户、55528人。

境域大部分为河谷盆地，南北边缘为丘陵山区。潜溪江由南向北流经，新昌江自东向西穿过。五都村为县域海拔最低点（28米）。有新昌县省级高新技术产业园区，以医药、机械、轻纺生产为主。农业以茶叶生产为主。

域内有南岩寺、鼓山书院、明塔、王羲之纪念馆、中国江南名茶市场。

上（虞）三（门）高速、104国道（南复线）过境。

澄潭街道

澄潭街道位于县域西部，东邻东茗乡，南连镜岭镇，西北界嵊州市、与七星街道接壤。区域面积78.86平方千米。

澄潭街道因驻地澄潭自然镇得名。其地域宋至清属丰乐乡。清宣统二年（1910）至民国初，属西区澄潭镇。1932年，置澄潭、成西、射圃、灵川、横朱、铿霞、左金、二熊、三韩、上王、丁灵、东臣、梅渚、夏裔、畈平、山嘴头、山头、山泊、苏秦、龙亭山、下后棚湾、黄马湾、上牛花岙、定畈、上湖、麻家田、张家店等 27 个乡镇。1935 年，成西、射圃 2 个乡并入澄潭镇；灵川、横朱、左金 3 乡并入铿霞乡；二熊、三韩、上王、丁灵、东臣 5 个乡并置遁山乡；梅渚、夏裔、畈平合并为梅溪乡；山嘴头、山头、山泊、苏秦、龙亭山、下后棚湾、黄马湾、上牛花岙 8 个乡合并为白鹤乡；定畈、上湖、麻家田、张家店合并置诚爱乡。1939 年，诚爱乡撤销，属东山乡；梅溪乡、白鹤乡并置鹤溪乡。1947 年，遁山乡与桂溪乡合并称遁溪乡。1949 年 12 月，复置遁山乡。1950 年 9 月，置澄潭镇、灵川乡、里遁山乡、外遁山乡，原梅溪乡仍称梅溪乡，复置白鹤乡、诚爱乡。1956 年，白鹤乡并入梅溪乡。1958 年，并置澄潭人民公社，下设澄潭、灵川、遁山、梅渚、山头、诚爱 6 个生产大队。1961 年，成立澄潭、灵川、遁山、梅渚、山头、诚爱 6 个公社。1970 年，灵川并入澄潭公社，山头并入梅渚公社，诚爱并入东溪公社。1972 年 3 月，复设山头、灵川、诚爱 3 个公社。1983 年，梅渚、澄潭、诚爱、山头、灵川、遁山 6 个公社改乡。1985 年，澄潭乡改镇，1992 年，澄潭、灵川、遁山合并为澄潭镇，梅渚、山头、诚爱 3 个乡合并称梅渚镇。2019 年 12 月，撤销澄潭镇、梅渚镇，合并置澄潭街道。街道办事处驻澄潭自然镇曙光路 18 号，距县城 12 千米。

街道辖澄潭、东街、南街、西街、北街等 5 个居委会，丰潭、岭芝山、沃西、遁东、里遁山、棠村、左于、横联、东西城、泄下、朱凤、坑下、灵山下、社古、定畈、梅屏、山支头、梅岭、宋家、麻家田、山泊、山头、上湖、张家店、梅渚、下衣、铁牛等 27 个行政村，有 15886 户、39455 人。

境域东北部为河谷平原，澄潭江自南向北流经。东部及西南部为黄土丘陵，是全县有名的产茶区。有新昌县省级高新技术产业园区，工业以轻纺、机械、电器、农副产品加工生产为主。

域内有澄潭古街，与镜岭镇域交界处有省级旅游风景区穿岩十九峰。

杭（州）绍（兴）台（州）高速公路、新（昌）磐（安）公路、蛟（镇）澄（潭）公路过境。

镜岭镇

镜岭镇位于县域西南部，东与东茗乡接壤，东南邻回山镇，南与磐安县胡宅乡、东阳市三单乡相连，西界嵊州市，北接澄潭街道。区域面积 101.14 平方千米。

镜岭镇因驻地镜岭自然镇得名。自宋至清，其地域分属丰乐乡、彩烟乡。清宣统二年（1910）至民国初，分属西区澄潭镇、南区彩烟乡。1932 年，分置镜黄镇和雅张、锦庄、连溪、砩溪、暖谷、桂溪、濑矾、穿岩、六一、八成、三德、四维、大畈、协进 15

个镇乡。1934 年，三德、四维、大畈、协进 4 个乡并设镜屏乡。1935 年，镜黄、雅张、锦庄、连溪、碲溪、暖谷、桂溪、濑矾 8 个乡并置镜岭镇、桂溪乡，镜屏、穿岩、六一、八成 4 个乡并属彩淳乡。1939 年，镜岭镇改称穿岩镇，原镜屏、穿岩、六一、八成 4 个乡地域改属上彩乡。1947 年，穿岩镇改称穿岩乡，桂溪乡和遁山乡合并为遁溪乡，原属上彩乡地域复属彩淳乡。1950 年，分设镜岭镇、桂溪乡、穿岩乡、上彩乡、镜屏乡、西山乡。1956 年，西山乡并入镜屏乡。1958 年，置镜岭人民公社，下设镜岭、楼基、西坑、中彩、下潘、西山头、安山 7 个生产大队。1961 年 11 月，分设镜岭、西坑、肇圃、镜屏、安山 5 个公社。1967 年，肇圃公社改名东升公社，1978 年 1 月复名肇圃。1983 年，镜岭、西坑、镜屏、肇圃、安山 5 个公社改乡。1985 年，镜岭乡改镇。1992 年，镜岭、西坑、肇圃合并称镜岭镇，镜屏、安山合并为镜屏乡。2006 年 8 月，镜屏乡并入镜岭镇。镇政府驻地黄婆滩村，距县城 22.1 千米。

镇辖镜岭居委会和里镜屏、潭角、竹潭、小泉溪、外婆坑、安山、暖坞坑、大畈、殿前、下潘、岩泉、大古年、肇圃、西坑、碲头、楼基、雅庄、黄岙、黄婆滩、镜岭、溪西、后染、冷水等 23 个行政村，有 10914 户、27630 人。

域内澄潭江由南向北流经，两岸为河谷小盆地，东南西部均为山区。农业主产茶叶。工业以印染机械、铸件锻打、轴承加工为主。域北蕴藏硅木化石，西坑盛产青石制品。

域内有省级风景名胜区穿岩十九峰、溪西何家祠堂、岩泉甄完祠堂、荒田坪杨家祠堂、镜澄埠。

杭（州）绍（兴）台（州）高速公路、新（昌）磐（安）公路过境。

回山镇

回山镇位于县域西南部，东邻儒岙镇，南接天台县三洲乡，西界磐安县，北连镜岭镇、东茗乡、城南乡。区域面积 97.02 平方千米。

回山镇属丘陵台地，四面围山，山势盘旋，故名。宋至民国初，其地域属南区彩烟乡。1932 年，置回山、宅阳、下官斋、西塘里、贤辅、长渡、西植、雅庠、六行、樟家、大宅里、柘家、荷塘里、谢金市、法官庙、下王塘、上宅、下宅、彩峰、塘头溪、欧溪坑等 21 个乡。1935 年，宅阳、下官斋、西塘里、贤辅、长渡、西植、雅庠、六行 8 个乡并归回山乡，樟家、大宅里、柘家、荷塘里 4 个乡并置八和乡，谢金市、法官庙、下王塘、上宅、下宅、彩峰、塘头溪、欧溪坑等 8 个乡并为彩淳乡。1939 年，彩淳乡分设上彩、下彩 2 个乡。1946 年，上彩、下彩复并彩淳乡。1950 年，回山乡分设回山、安顶、塘西 3 个乡，八和乡分设八和、泄上 2 个乡，彩淳乡分为彩淳、上彩、中彩、下彩 4 个乡。1956 年，鞍顶、塘西复并回山乡；八和、泄上复并八和乡，上彩乡并入中彩乡。

1957年，复设鞍顶乡。1958年，置回山人民公社，下设回山、雅里、渡河、大宅里、汤家、新市场、上宅、下岩等8个生产大队。1961年11月，成立回山、安顶、八和、中彩、彩淳5个公社。1966年，八和公社改名新天公社。1983年7月，回山公社改乡。1984年5月，新天、安顶、中彩、彩淳4个公社改乡。1989年5月，回山乡改镇。1992年，回山、安顶、新天3乡镇合并称回山镇，中彩、彩淳合并称双彩乡。2019年12月，回山、双彩合并为回山镇。镇人民政府驻地上市场，距县城41千米。

镇辖上市场、高湾、红联、植林、新天、回山、雅里、柘前、荷塘、西丁、贤辅、官元、上下西岭、官塘、旧里、蟠溪、大宅里、樟花、新洋、新市场、莲坂、前后王、上下宅、蔡家湾、袁家、大安、下塘、岭山、双溪、欧潭、下岩、上贝等32个行政村，有13867户、45015人。

域内农业以生产茶叶、白术、茭白、瓜果等为主，工业以茶机生产和家庭织布为主。

回山是中华人民共和国成立前新昌革命斗争的据点之一，有县人民政府成立旧址和浙东主力部队会师馆。古迹有白王殿、下宅杨氏祖第、上贝孟仓庙、后坂杨氏宗祠、双溪溪边桥。域南有大型水库门溪水库。

上（虞）三（门）高速公路、新（昌）磐（安）公路过境。

儒岙镇

儒岙镇位于县域南部，东邻沃洲镇、小将镇，南毗天台县，西连城南乡、回山镇，北接南明街道。区域面积136.82平方千米。

儒岙镇因驻地儒岙得名。自宋至清，其地域分属仙桂乡、彩烟乡。清宣统二年（1910）至民国初，属东区沃洲镇、南区彩烟乡。1932年，置儒三镇和会墅庄、雅张、后将、南山、王渡里、横山、寺后山、石里、东山庄、蒲藤坑下、众坑、旧宅庄、松侯、里外岙、窦山、三堡、碾下、上岗、南咏等19个乡。1935年，并置天姥、南屏、三民、智仁4个乡。1939年，天姥乡分设儒岙镇、姥东乡。1943年，三民乡更名为报国乡。1946年，儒岙镇改乡，姥东乡归属儒岙乡。1950年，设儒岙、天姥、三联、石磁、报国、智仁、祥棠7个乡。1956年，儒岙乡改镇。1958年，置儒岙人民公社，下设儒岙、南横、三联、天姥、石磁、报国、智仁、祥棠8个生产大队。1961年，成立儒岙、石磁、报国、智仁4个公社。1967年，智仁公社更名为长征公社。1983年7月，儒岙、石磁、报国、长征4个公社改乡。1985年，儒岙乡改镇。1992年，儒岙、石磁、报国3个乡合并为儒岙镇。2006年8月，长征乡并入儒岙镇。镇人民政府驻地儒岙自然镇天姥路66号，距县城27.4千米。

镇辖龙山居委会和儒一、儒二、五王、横山、王渡、南山、天姥、圳塍、雅张、会墅岭、横板桥、黄泥丘、官元庙、上里、石磁、东山、屋沿坑、旧宅、皇渡桥、关岭、里外岙、智仁、鱼将、碓下、前洋市、祥棠、新合、王里山等 28 个行政村，有 14262 户、37205 人。

地域处天姥山南麓，农业以生产茶叶、白术、高山蔬菜为主。工业以生产医药、胶丸为主，是全国有名的“胶丸之乡”。儒岙镇是全国综合实力千强镇。

域内有李白梦游的天姥山、天姥寺、古驿道、万马渡、王渡溪乐取桥、横渡桥大桥庙、彼苍庙。

104 国道穿境而过。

沃洲镇

沃洲镇位于县域东部，东接沙溪镇、小将镇，南连小将镇、儒岙镇，西邻羽林街道、儒岙镇，北界嵊州市金庭镇。区域面积 154.61 平方千米。

沃洲镇因境内沃洲山得名。自宋至清，其地域分属新昌乡、善政乡、安仁乡各一部，仙桂乡一小部。清宣统二年（1910）至民国初，属东区沃洲镇。1932 年，分置大市聚镇、水帘、鳌峰、管石、严溪、塔桥、西曹、梅林、西山、钟井、沃溪、炉峰、鼓岩、岭息、岭头、灵溪、百菊、查林、梅溪、曹溪、东庄、王观音、龙皇堂、唐家岩 24 个乡镇。1935 年，大市聚镇、水帘、鳌峰、管石、严溪并置鳌峰镇，塔桥、西曹、梅林、西山、钟井并置梅鹤乡，沃溪、炉峰、鼓岩、岭息、岭头、灵溪、百菊分置炉溪乡和五马乡，查林、梅溪、曹溪、东庄、王观音 5 个乡并属四庄乡，龙皇堂、唐家岩属唐诏乡、四庄乡各一部分。1947 年，鳌峰镇改鳌峰乡。1950 年，分置大市聚镇和水帘、梅鹤、新鹤、炉溪、炉岩、黄坛、查林、胡卜、龙皇堂等 10 个乡镇。1956 年，合并置大市聚镇和梅鹤、炉溪、新林等 4 个乡镇。1957 年，复设黄坛乡。1958 年，置大市聚人民公社，下设大市聚、白石、西山、坑西、黄坛、溪西、青坛、胡卜、竹岸 9 个生产大队及沙溪人民公社龙皇堂生产大队。1961 年，成立大市聚、梅鹤、炉溪、黄坛、新林、龙皇堂 6 个公社。1966 年，梅鹤改名红旗，黄坛改名解放，龙皇堂改名东方红。1979 年，东方红复名龙皇堂，炉溪、解放合并为长诏公社。1983 年，龙皇堂、大市聚、红旗、长诏 4 个公社改乡。1985 年，大市聚乡改为镇。1992 年 5 月，大市聚镇、红旗乡、长诏乡合并称大市聚镇，新林、龙皇堂 2 个乡合并称新林乡。2019 年 12 月，大市聚镇与新林乡合并称沃洲镇。镇政府驻大市聚自然镇新街路 218 号，距县城 20 千米。

镇辖大市聚居委会和安仁、大市聚、鳌峰、知新、寨岭、水帘、新航、黄坛、百菊、沃洲、何梁浦、坑西、西山、东郑、东宅、梅林山、桐中井、严丹赤、后梁、梁高、大坪头、银顶山、祝家庄、龙皇堂等 24 个行政村，有 12527 户、31315 人。

镇域属丘陵台地，农业以茶叶生产为主，特产小京生花生、牛心柿、水蜜桃、柑橘、板栗。工业以生产轴承、轻纺、机械为主，为全国轴承重要生产基地。

域内有大型水库长诏水库和钦寸水库，名胜古迹有真君殿、水帘洞、白竹岭摩崖题刻、新昌乡乡主庙、梁柏台烈士故居和纪念碑亭。

省道象（山）西（山）公路、江（口）拔（茅）公路交叉过境。

小将镇

小将镇位于县域东部，东邻宁海县，南界天台县，西与儒岙镇、沃洲镇接壤，北连沃洲镇、沙溪镇。区域面积 211.39 平方千米。

小将镇由驻地小将得名。自宋至清，其地域属善政乡，清宣统二年（1910）至民国初，属东区沃洲镇。1932 年，置小将、坑里、蜀辽、大广、灵鹤、方泉、朱雅、道埠、茅洋、芹塘、五堡、彭马、叠石、平溪、菩峰、五灵、中溪、雪溪等 18 个乡。1935 年，并置灵泉、五马、大辽、五中、石熊等 5 个乡。1939 年，灵泉、大辽并置大灵乡，复设方泉、五马乡。1949 年 8 月，原大辽乡地域划归宁海县管辖。1950 年，分置大灵、方泉、五马、结溪、三坑、莒根、雪溪等 7 个乡。1956 年 1 月，方泉乡并入大灵乡，莒根、三坑 2 个乡合并称联盟乡，结溪乡并入董村乡。8 月，原结溪乡区域又划归大灵乡。1957 年，复置结溪乡。1958 年，置小将人民公社，下设大灵、方泉、芹塘、茅洋、结溪、三坑、莒根、雪溪 8 个生产大队。1961 年，成立大灵、方泉、五马、结溪、三坑、莒根、雪溪 7 个公社。1966 年，五马公社改名高峰公社。1979 年复名五马公社。1983 年，大灵、方泉、五马、结溪、三坑、莒根、雪溪 7 个公社改乡。1985 年，大灵乡改镇。1992 年 5 月，大灵、方泉、五马、结溪 4 个乡镇合并为小将镇，三坑、莒根、雪溪 3 乡合并为巧英乡。2019 年 12 月，巧英乡并入小将镇。镇人民政府驻小将中路 88 号，距县城 35 千米。

镇辖里小将、小将新村、里东、平溪、朱部、结溪、茅洋、方泉、南洲、金村、迭里、五埠、芹塘、罗溪、新欣、泾源、三坑、中溪口、细心坑、巧英湖、雪头、大霞等 22 个行政村，有 11728 户、31236 人。

镇域地势高峻，群山连绵，菩提峰海拔 996 米，为县内最高点。山林面积占区域面积的 70%，是省级兴林富民示范镇、省级生态镇，盛产毛竹、高山名茶，所产“望海云雾”茶、“新昌雪芽”茶获 2002 年国际茶博会金奖。工业生产以毛纺织、轴承、五金、机械、竹木制品等为主。

域内有灵鹤桥、永春桥、吉安桥、风雨桥、南洲宋井、保泉庵、乡贤祠、中家岙七堡龙亭、善政乡乡主庙、三坑真君殿、雪头庆神庙等古迹，是省 AAA 级景区镇。

省道象（山）西（山）公路穿境而过，公路通天台县。

沙溪镇

沙溪镇位于县域东部，东邻奉化市，南连小将镇，西与沃洲镇接壤，北界嵊州市、奉化市。区域面积118.03平方千米。

沙溪镇因驻地沙溪得名。自宋至清，其地域属善政乡。清宣统二年（1910）至民国初，属东区沃洲镇。1932年，分置真诏、剡界、唐淦、熊峰、石壁、蔡峰、石黄、三警等8个乡。1935年，并置唐诏、石熊、蔡黄3个乡。1939年，并置唐诏、四明2个乡。1950年，分置沙溪、董村、蔡峰3个乡。1956年1月，结溪乡并入董村乡。同年8月，原结溪乡区域复归大灵乡。1958年，置沙溪人民公社，下设沙溪、董村、蔡峰3个生产大队。1961年，成立沙溪、董村、蔡峰3个公社。1966年，蔡峰改名东风，1979年复名蔡峰。1983年，沙溪、董村、蔡峰3个公社改乡。1988年，沙溪乡改镇。1992年，沙溪镇、董村乡、蔡峰乡合并为沙溪镇。镇人民政府驻地沙溪村，距县城32.3千米。

镇辖董村、沙溪、真诏、唐家坪、六合、剡界岭、孙家田、上蔡岙、下蔡岙、黄坑等10个行政村，有5292户、13236人。

镇域山约占总面积的90%，最高山峰大雾山海拔892.2米。农业以生产茶叶、板栗、蓝莓、杨桐为主。工业以生产曲轴、轴承、制冷配件、缝纫机配件为主。域南董村有花岗石矿。

域内有董村水晶矿摩崖题刻、真诏大庆桥、三进龙潭、虎尾峡等名胜古迹，为省AAA级景区镇。

甬（宁波）金（华）高速公路、省道江（口）拔（茅）公路过境。

城南乡

城南乡位于县域南部，东邻南明街道，南连儒岙镇，西与东茗乡接壤，北连七星街道、南明街道。区域面积76.3平方千米。

城南乡因位县城南部得名。自宋至清，其地域分属五山乡、仙桂乡和彩烟乡。清宣统二年（1910）至民国初，属东区沃洲镇、南区彩烟乡。1932年，分置挂帘、洋尧里、石天荷、丁依峰、秦岐、坑岙石、石坑湾、丁沙坑、明德、下洲、韩里、潘山坞、任歌坞、眉岱、石陈等14个乡。1935年，挂帘、洋尧里、石天荷、丁依峰、秦岐、坑岙石、石坑湾并置七成乡，丁沙坑、明德、下洲、韩里、潘山坞、任歌坞并置永丰乡，眉岱、石陈并置八堡乡。1939年，七成乡改名石溪乡，永宁乡分置永宁乡、中岩乡，八堡乡撤销，其地分属桃源乡、中岩乡、儒岙镇。1947年，中岩乡撤销，分属永宁乡、桃源乡。1950年，石溪乡分设石溪、新溪2个乡，永宁乡分置永宁、韩妃2个乡，始置岱石乡。1958年，分属新昌、儒岙人民公社，下置姚宫、石溪、丁村、岱石、永宁、韩妃6个生产大队。1961年，成立新溪、永宁、岱石3个公社。1981年，永宁改名永丰。1983年，永丰、岱石、新溪3个公社改乡。1992年，新溪、永宁、岱石3个乡合并置城南乡。2001年，挂帘山村划入城关镇。乡人民政府驻石溪村，距县城4千米。

乡辖新溪居委会和石溪、天荷、杨家山、潜溪、姚宫、秦高、琅珂、前进、大潘、丁龙、韩妃、下洲、企石、大山庄、朱王银、里家竹、眉岱等17个行政村，有8401户、22271人。

境域属山区，农业以生产茶叶、香料烟、药材为主。工业以生产轴承、机械加工、服装加工为主。

域内有七盘仙谷、天烛湖、八堡龙亭、韩妃庙等名胜古迹。

上（虞）三（门）高速公路、常（熟）台（州）高速公路、104国道南复线过境。

东茗乡

东茗乡位于县域西南部，东邻城南乡，南连回山镇、儒岙镇，西北接七星街道、澄潭街道、镜岭镇。区域面积48.2平方千米。

东茗乡原名东溪，因与诸暨市东溪乡重名，1981年根据该乡是全县茶叶主产地的特点改名东茗。自宋至清，其地域分属丰乐乡、彩烟乡。清宣统二年（1910）至民国初，分属西区澄潭乡、南区彩烟乡。1932年，置里王、岭章、了山、长乐、上溪、芝山、岭东、白马8个乡。1935年，里王、岭章、了山、长乐、上溪、芝山6个乡并置里东山乡，岭东、白马2个乡并属永宁乡。1939年，里东山乡改置东山乡，原岭东、白马2个乡除后金山、黄潭庵属穿岩乡外，余属东山乡。1950年，置东山、东溪、白岩3个乡。1956年，东山、东溪合并为东溪乡，后金山、黄潭庵划归白岩乡。1958年，属澄潭人民公社，分设莒溪、里王、绞车岭、白岩4个生产大队。1961年，成立东溪、白岩2个公社。1967年，白岩改名红星。1970年，诚爱公社并入东溪公社。1972年3月，复设诚爱公社。1983年，东茗、红星2个公社改乡。1992年3月，东茗、红星2个乡合并称东茗乡。乡人民政府驻地莒溪村，距县城14.2千米。

乡辖东茗、上来、东芝、里王、章王山、康庄、金山、下岩贝、后岱山、东丰坑、白岩等11个行政村，有5223户、12746人。

境域属黄土丘陵，盛产茶叶、香料烟，特产小京生花生。2003年，倒脱靴牌大佛龙井茶被农业部认定为无公害农产品，天烛牌大佛龙井茶获上海国际茶文化节中国精品名茶博览会金奖。

域内有石狗洞、倒脱靴、重阳宫、天烛湖、大石瀑等风景名胜，是浙江省旅游风情乡镇、美丽乡村示范乡镇、省AAA级景区乡镇。

附：新中国成立后新昌县城乡村（居）组织沿革情况

表 34 新中国成立后新昌县城乡村（居）组织沿革表

时期	全县总数	乡镇名称	增设村（居）	撤并村（居）	县乡镇间调整	备注
1950年	534个村	西岭乡	张家庄 侯村 坎头 五龙岙 上三溪 下三溪 下礼泉 塔山脚 上土谷庙 中土谷庙 下土谷庙（11个村）			
		西郊乡	大佛寺 岩里 上礼泉 上石演 下石演 磕下（6个村）			
		岭外乡	西山 五都 庙前地 后溪 石柱湾 中喻 黄家岩 蟠龙（8个村）			
		城关镇	5~22村，具体为东联村一带为5、6村，城裕村一带为7、8村，城民村一带为9、10村，城星村一带为11、12村，市中村一带为13、14村，城建村一带为15、16村，原城胜村一带为17~22村（18个村）			由解放前的18个保改变
		新溪乡	丁村 秦岩 石桥头 杨坑 朱家岙 屏峰岩 岐头 八里 下衣山（9个村）			
		石溪乡	龙山 天公坵 姚宫 下洋 石溪 荷花塘 挂帘山（7个村）			
		新民乡	岩下 青山头 望江山 马奥 泉窝 王家园 长坵田 棣山 甘棠 南泥湾（10个村）			

续表 34

时期	全县总数	乡镇名称	增设村（居）	撤并村（居）	县乡镇间调整	备注
1950年	534个村	分水乡	兰沿 长诏 前岸 央于 后岸 拔茅 王泗洲（7个村）			
		黄泽镇	一村(七一) 二村 三村 四村(光明) 五村 六村 七村（七一）八村(光明) 九村(梁家庄、黄芝塘)（9个村）			
		前梁乡	蓝田头 前良二村 前良三村 南湾四村 南湾五村（5个村）			
		兰州乡	白杨 麻车 前王 长王 兰州（5个村）			
		孟家塘乡	上余岙 渡皇山 下丁 太公庙 王姆店 孟家塘 三透屋 大岙底（8个村）			
		大塘乡	山头里 大明市 丁家园 上五峰 下五峰 万石坑 大塘坑（7个村）			
		藕岸乡	铁丁山 芦士 钦寸 方塘头 枫家潭 藕岸（6个村）			
		查林乡	竹岸 曹州 大坪头 王家庄 查林 秀溪（6个村）			
		胡卜乡	柘树湾 梅横 胡卜 东庄 祝家庙 上祝（6个村）			
		潜溪乡	溪西 葫芦岙 九峰寺 杨梅山 元岙（5个村）			
		诚爱乡	麻家田 上胡 官塘 张家店（4个村）			

续表 34

时期	全县总数	乡镇名称	增设村（居）	撤并村（居）	县乡镇间调整	备注
1950年	534个村	东山乡	曹波塘 王家岭 东井 绞车岭 里王 章家坂 山东 产芝 三山（9个村）			
		东溪乡	定畈 长乐 上来 了山 莒溪 黄坛坪（6个村）			
		梅溪乡	前三 上山泊 下衣 梅渚 下山泊 毛洋山（6个村）			
		白鹤乡	铁牛 宋家 后山根 坂平 马家庄 苏秦 山嘴头 后湾 山头 下田（10个村）			
		澄潭镇	东街 南街 西街 北街 芝田（5个村）			
		灵川乡	下宅 西前 横山 朱家塘 坑下 棠东 元家山 社古 棠川（9个村）			
		外遁山乡	大枫树 岭头 东旺 瓦屋基 丰白山 陈家山 茅阳（7个村）			
		里遁山乡	灵山下 上旺 燕窝 大林下 王家坪 东丁 里丁（7个村）			
		桂溪乡	西坑一村 西坑二村 西坑三村 洞坑 石宕 横坞 暖谷山（7个村）			
		穿岩乡	雅庄 左于 安溪 硎头 泄下 楼基 后金山（7个村）			
		镜岭镇	溪西前 溪西后 镜岭 黄婆滩 泗坑 下黄婆 蔡家 大用 后山岙（9个村）			

续表 34

时期	全县总数	乡镇名称	增设村（居）	撤并村（居）	县乡镇间调整	备注
1950年	534个村	水帘乡	大坑王　上下求庄后王　青白　葛坞　姚卜丁　梁高（7个村）			
		炉岩乡	上朱部　雅坑　十字路　下坂　第头　下青坛　下朱部　掉埠头　上青坛（9个村）			
		黄坛乡	黄坛　黄家库　百菊　泄上（4个村）			
		大市聚镇	丹赤　前斋流　管石　严家山　后梁　大市聚（6个村）			
		炉溪乡	溪东　岭头等　石细　息坑　南岙　焦坑　桑园　岭根　溪西（9个村）			
		结溪乡	旧坞　结局山　平山　里家溪　叠石　金竹园（6个村）			
		沙溪乡	唐家坪　王家年　王罕岭　张家车　沙溪　孙家田　真诏　上徐（8个村）			
		龙皇堂乡	龙皇堂　枫树下　扁石　孟后　棠家洲（5个村）			
		董村乡	开口岩　生田　大坑　上董　里外泄下　新宅　下董（7个村）			
		三坑乡	岙里　东田　上岙溪口　平砚　桥下　庙前　上三坑　唐家　中溪（10个村）			
		方泉乡	方口　铜坑　田陈　下坞　寨岭（5个村）			
		大灵乡	外小将　坑里　南洲　里小将　大岭下　中家岙　岭头　陈　岭脚（8个村）			

续表 34

时期	全县总数	乡镇名称	增设村（居）	撤并村（居）	县乡镇间调整	备注
1950年	534个村	蔡峰乡	黄坑 上蔡岙 淦坑 下蔡岙 竺家坑（5个村）			
		五马乡	道士岙 染里 芹塘 马坑等 鳌坑 孙家坪 茅洋 埠头（8个村）			
		雪溪乡	雪头上村 尖坑 雪头下村 大赉 石棋盘（5个村）			
		莒根乡	莒根 细心坑 溪竹 堰头 坞坑（5个村）			
		新鹤乡	下王 钟井 曹枫 桐坂 桥头 彭顶山 何家 下浦 下宅 南宅 茅坪 花坞 坑西 西王（13个村）			
		梅鹤乡	西山 千官岭 年岳 坞石坑 上塘山 天灯盏 梅林山 东郑（8个村）			
		岱石乡	朱家山 西坑 眉岱 王岙 后山 下庄 企石 大湖丘 里任（9个村）			
		桃源乡	黄婆亭 刘门山 上小佘 官坑 岙里头 下小佘 赤土 九间廊 梨木 大洋山 刘门坞 燕窝 庄前 平湖（14个村）			
		永宁乡	潘村 任胡岭 琅珂 上任 大坞 山顶头 丁家坞（7个村）			

续表 34

时期	全县总数	乡镇名称	增设村（居）	撤并村（居）	县乡镇间调整	备注
1950年	534个村	白岩乡	后岱山　白岩　下岩贝　石门坑　东岩头　马安山（6个村）			
		韩妃乡	沙滩　韩妃大村　韩妃小村　丁年仓　下洲　石槽　里家廊（7个村）			
		儒岙乡	一村　二村　王家庄　后将　长爿地　湖塘　南山　横山　足食堂　溪下（10个村）			
		天姥乡	黄泥丘　横板桥　屋沿坑　会墅岭　上下屯坑（5个村）			
		报国乡	里岙　皇渡桥　旧宅　外岙　马家溪　里赵　甘湾　上八坞　治国坞（9个村）			
		石磁乡	石磁　让里　库头山　东家坑　东山下庄（6个村）			
		三联乡	圳塍　洪塘　安山　地下坑　雅张　石竹　斑竹（7个村）			
		西山乡	大畈　练使　西山头　后年　云渡　潭角　年坑　塘北　东坑　梁家　龙潭背（11个村）			
		塘西乡	西丁　旧里　贤辅　官塘　莲花心　后坂　后将　上岗头（8个村）			
		中彩乡	岭头俞　袁家　后榭　后王　前王　金家　蔡家湾（7个村）			
		上彩乡	大古年　冷水　岩泉　肇圃　王家　上真　大安（7个村）			

续表 34

时期	全县总数	乡镇名称	增设村（居）	撤并村（居）	县乡镇间调整	备注
1950年	534个村	下彩乡	下丹溪 塘岸头 上贝 王渡里 下岩 王渡口 欧潭（7个村）			
		彩淳乡	溪边 侯家 下宅 岩头山 双柏树 下塘 侯家岭 上宅（8个村）			
		八和乡	下洋 大宅里 李间 高湖 后溪 马家田（6个村）			
		泄上乡	王家塘 外前丁 樟花 中宅 柘前 汤家 王家市（7个村）			
		回山乡	回山 官元 上市场 斋堂 井塘 前陈 殿前 宅下丁（8个村）			
		鞍顶乡	植林 里前丁 上西岭 下西岭 长虬 寒庄 上库 藤外 下山 西塘 鼎山 渡河 雅里（13个村）			
		镜屏乡	下竹潭 外婆坑 安山 小泉溪 建国 殿前 渡头 下潘 上竹潭（9个村）			
		祥棠乡	祥棠 大岗 前苏 南诠 回竹山 杨公坑 居桥安 井家口（8个村）			
		智仁乡	硠下 东山头 上道地 下宅 上将 上任 坑里 鱼头（8个村）			
1951年	534个村				白鹤乡角弓山、黄生岙、岭脚、高塘岩等4个自然村划归岭外乡管辖	

续表 34

时期	全县总数	乡镇名称	增设村（居）	撤并村（居）	县乡镇间调整	备注
1952年	525个村	城关镇	城东 东溪 新东 城北 城南 城西 城中 市中 梅湖（9个村）	5~22村：5、6、7、8、9、10、11、12、13、14、15、16、17、18、19、10、21、22村，共18个村		城关镇划为直属镇，管辖9个居民区，作村统计
1953年	526个村	孟家塘乡	里棚坑			大岙底村一分为二
		澄潭镇			舒家自然村划归嵊县	
1954年	527个村	胡卜乡	横山 梅坑	梅横		梅横村一分为二
1955年	527个村	查林乡			查林乡江村划归大市聚镇管辖，并与上海岭合并为一个行政村	
1956年	536个村	西岭乡	角弓山			
		梅鹤乡	梅渚上村 梅渚下村	梅渚		
		镜岭乡	溪西	溪西前 溪西后		
		澄潭乡	芝田			
		大市聚	石板桥 管家岭 青白石 上涨	管石 青白		管石分为管家岭、石板桥
		炉溪乡	郎坑 柱坑			
		大灵乡	田西 陈家坞 大坑	下坞 田陈		田陈分为田西、陈家坞
		联盟乡	店防			
		智仁乡	坑边	下宅		
		桃源乡			上小余、下小余划归新溪乡	
		中彩乡	台头山			

续表 34

时期	全县总数	乡镇名称	增设村（居）	撤并村（居）	县乡镇间调整	备注
1957年	536个村	新民乡			庄前、黄婆亭、平湖、九间廊、官坑、燕窠里、赤土、岙里头、大洋山、刘门山、刘门坞划归桃源乡	1957 年 2 月增设桃源、黄坛、结溪、安顶、灵川、西郊 6 个乡
		西岭乡			磕下、下石演、上石演、大佛寺、上礼泉、岩里、土谷庙上村、土谷庙中村、土谷庙下村、下礼泉划归西郊乡	
		新溪乡			上小余、下小余划归桃源乡	
		炉溪乡			黄坛、百菊、黄家库、洩上、岭根、蕉坑划归黄坛乡	
		大灵乡			里家溪、结局山、平山、旧坞划归结溪乡	
		八和乡			长虬、西塘、屯外划归安顶乡	
		回山乡			雅里、上库、上西岭、下西岭、植林、丁山、渡河、前丁划归安顶乡	

续表 34

时期	全县总数	乡镇名称	增设村（居）	撤并村（居）	县乡镇间调整	备注
1957年	536个村	澄潭乡			左于、横山、棠村、棠东、下宅、泄下、朱家塘划归灵川乡	
		镜岭乡			楼基、安溪、硃头、雅张划归灵川乡	
1958年9月	532个村	新昌公社	岙　元　马家坑　桃树坞　黄贡坑　赵婆岙　西山等　小积坑　甘　陈　高山脚	城东　马岙	天灯盏从大市聚公社划归新昌公社，葫芦岙、溪西、元岙从澄潭公社划归新昌公社	马岙分为马家坑、岙元
		澄潭公社	梅渚	梅渚上村　梅渚下村		梅渚上、下两村合并为一村
		镜岭公社	竹溪　西坑　外婆坑	上竹潭　下竹潭　西一　西二　西三	石宕、楼基、安溪、硃头、雅庄从澄潭公社划归镜岭公社，岩泉、冷水、大古年、肇圃、王家、台头山从回山公社划归镜岭公社	上竹潭、下竹潭、金竹合并为竹溪村，西一、西二、西三合并为一村
		回山公社	王家年　姜岙　后王　五一	田前　井塘　前陈　宅下　丁　李间　上市场　溪边　侯家岭　侯家		上市场、田前、井塘、前陈、宅下丁合并为五一村
		儒岙公社	鱼子坑　下宅	东家坑　坑边	王渡里、王渡口从回山公社划归儒岙公社	鱼子坑从屯坑分出，锦宅改名下宅

续表 34

时期	全县总数	乡镇名称	增设村（居）	撤并村（居）	县乡镇间调整	备注
1958年9月	532个村	大市聚公社	曹家 桐丰坂	曹丰桐坂 柘树湾 上海岭 上涨		曹丰桐坂分为曹家、桐丰坂
		小将公社	田陈 下坞 里坞坑 外坞坑	坞坑 岙里 田西 陈家坞		坞坑分为里、外坞坑，田西、陈家坞合并为田陈
		黄泽公社		里棚坑		里棚坑并入金裕村
		沙溪公社			上董、下董、泄下、新宅、开口岩、大坑、生田从小将公社划归沙溪公社	
1959年	528个村5个居委会	新昌大队	东溪 城北 市中 城西 梅湖5个居委会	梅湖 马家坑	大佛寺从西郊大队划入新昌大队	城裕等八村从居民区脱离单设村
		西郊大队		王家岩		
		拔茅大队	年岙			
		桃源大队	大沿	官坑		
		岱石大队	新陈	王岙 甘陈 高山脚		
		石溪大队		石桥头 小积坑	梨木、上小余、下小余、南泥湾4个村划入新民公社	
		澄潭大队	元前 竺陈	陈家山 元家山 西前		元家山、西前合并为元前，陈家山并入竺陈
		山头大队	下后棚	后山根 下田		下田、后山根、长安棚合并为下后棚
		遁山大队		瓦屋基		

续表 34

时期	全县总数	乡镇名称	增设村（居）	撤并村（居）	县乡镇间调整	备注
1959年	528个村5个居委会	灵川大队	棠宅	棠川　下宅		棠川、下宅合并为棠宅
		棠川大队	外白岩　里白岩	白岩		白岩村分为里、外白岩
		里王大队		山东		
		镜岭大队		蔡家　下黄婆		
		西坑大队	西一　西二　西三	西坑		西坑一分为三
		安山大队	后年山	荒田坪		
		下潘大队	联合	后年　云渡　潭角		后年、云渡、潭角合并为联合
		中彩大队		王家　台头山		
		五一大队	上市场　马坞头　井塘　田前　前陈　宅下丁	五一		五一村一分为六
		八和大队	李间	外前丁		
		上宅大队	坪山			坪山从岭山分出单设一村
		儒岙大队	儒岙　长王	儒一　儒二　长爿地　王家庄		儒一、儒二合并为儒岙，长爿地、王家庄合并为长王
		报国大队	两利	上八坞　治国坞　皇渡桥　马家溪		
		石磁大队	东家坑	库头山		
		永宁大队	韩妃	韩妃大村　韩妃小村　沙滩		三村合并为一村

续表 34

时期	全县总数	乡镇名称	增设村（居）	撤并村（居）	县乡镇间调整	备注
1959年	528个村5个居委会	大市聚大队	桥兰坞 梁家田 高来 上求 下求 外大坑 里大坑 赤岩 庄坞 王大岩 后坑 青宅 白石 王坑	青白石 大坑王 上下求 梁高 庄后王 花坞 石板桥		青白石分为青宅、白石，梁高分为梁家田、高来，上下求分为下求、下求，庄后王分为庄坞、后坑、王坑，花坞、石板桥合并为桥兰坞，大坑王分为外大坑、里大坑、王大岩
		坑西大队	山南 上宅 国光	南宅 下浦 桐丰坂		南宅分为山南、上宅
		溪西大队	石佛前 细毛洋 踏道等	石细		石细分为石佛前、细毛洋
		黄坛大队	上百菊 下百菊 湖丁山	百菊		百菊分为上、下百菊
		竹岸大队	江村 银星			
		大灵大队		岭头陈		
		方泉大队	眠犬			
		三坑大队	坞坑	里坞坑 外坞坑		两村合并为一村
		结溪大队	新华	迭石 金竹园		二村合并为一村
		莒根大队		安头		
		沙溪大队	大发洪 里沙溪 剡界岭			
		龙皇堂大队		扁石		
		董村大队	上居坑 里泄下			

续表 34

时期	全县总数	乡镇名称	增设村（居）	撤并村（居）	县乡镇间调整	备注
1960年	533个村5个居委会	蔡峰大队	菊池　马岩　高婆山			
		黄泽大队	光明　七一　桥头（桥对岸）	黄泽一村　二村　三村　四村　五村　六村　七村　八村		黄泽二、三、四、八村合并称光明，一、五、六、七村合并称七一，桥头从白泥坎划出建村
		孟家堂大队		下丁		
		拔茅大队			上五峰从藕岸大队划入拔茅大队	
		藕岸大队	长山	长王		
		澄潭大队	西前　元家山　塔山	元前		元前分为西前、元家山
		梅渚大队	社头			
		遁山大队	里下			
		镜屏大队	后年			
		青坛大队		第头　郎坑		
		回山大队	大元	下山		
		泄上大队	荷塘　田青坑　门溪	王家		
		上宅大队	侯家			从双凤分出单设一村
		儒岙大队			屯坑、王泥丘、横板桥3个村从天姥大队划入儒岙大队	
		报国大队	马家溪	两利		
		沙溪大队		上徐		
		智仁大队	大江	方棠		

续表 34

时期	全县总数	乡镇名称	增设村（居）	撤并村（居）	县乡镇间调整	备注
1961年	825个村5个居委会	城关镇	市中 仰瓦岭 新谊			
		西岭公社	上角坪 桐树岙 下磕岭 大塘湾 后门园 山头 黄生塘岙 溪二 山顶平 塘心 岭脚角弓山 磕山顶 高塘头	五联	九峰寺、杨梅山从诚爱公社划入西岭公社	
		西郊公社	王家斗 黄家岩 合新 金星			
		拔茅公社	甘竹坞 双塘 白段 里村		天灯盏从大明市公社划入拔茅公社	
		桃源公社	官坑 施家坑			从九间廊分出
		岱石公社	陈家桥 高山脚 甘家坞 王岙 大丘田 孔家山 王洋角 银地山	新陈		
		新溪公社	石溪上村 石溪下村 中一 中二 牌轩里 八石坞 猛虎头 水埠头 庙前 牛团山 仓基 俞家央 石桥头 小积坑	石溪 秦岩		石溪分为上村、下村、中一、中二，秦岩分为牌轩里、八石坞、猛虎头、水埠头、庙前
		新民公社	姜家畈 前村 百步 鸦鹊窠 下溪滩 下井 下姆岭 上田			
		大明市公社	水塘岗 长王 蟠龙 横山头 东山岗 毛洋坪	前王 兰州 麻车	前王、兰洲、麻车3个大队划归嵊县管辖	
		孟家塘公社	后董 梁家井 孟后	孟友		
		澄潭公社	竺家 陈家山 黄古浪 枣园 舒家 茅家 胡衣	竺陈	枣园、胡衣、舒家、茅家4个大队从嵊县划归新昌管辖	竺陈分为竺家、陈家山

续表 34

时期	全县总数	乡镇名称	增设村（居）	撤并村（居）	县乡镇间调整	备注
1961年	825个村5个居委会	梅渚公社	里毛洋　外毛洋　岩下山　岙底　畈田　平水庙　王洋坪　黄泥坎	社头　毛洋山　畈平		毛洋山分为里、外毛洋，畈平分为畈田、平水庙
		山头公社	长安棚　天打岗　龙亭后　后山根　下田　青廷坞　杨梅坪	下后棚　后湾	后湾划归嵊县管辖	
		遁山公社	下王　坎下田　瓦屋基　瓦窑坪　东坑坪　东陈　西陈、汤家庄		岭头从澄潭公社划归遁山公社，东陈、西陈、汤家庄3个大队从嵊县划归新昌	东坑坪从燕窠分出
		灵川公社			王家坪从遁山公社划归灵川公社	
		诚爱公社	水出坂		定坂从东溪公社划入诚爱公社	
		白岩公社	黄潭庵　石门坑　丰岩山			
		东溪公社	外了山　里了山　山东　泥塘岗	了山		了山分为里、外了山
		西坑公社	上岗坑　牛窝岭　秤锤坑	洞坑		
		镜岭公社	大岙　屏风岩　黄塘里　蔡家　东平　长湾　下黄婆		雅庄从西坑公社划入镜岭公社	
		镜屏公社	上竹　下竹　金竹　里练使　外练使　坟山脚　白岩下　双株树　云渡　街头　宅树园　大坟山	竹溪　练使		竹溪分为上竹、下竹、金竹，练使分为里外练使
		肇圃公社	台头山　王家　寺下坑　上庄　枫树坪　后云　下园　周家			

续表 34

时期	全县总数	乡镇名称	增设村（居）	撤并村（居）	县乡镇间调整	备注
1961年	825个村5个居委会	安山公社	上安山 下安山 破山头 上油坪 上王 宅树坪 荒田坪 外坞 后坪 桐桥湾 九泄坑 青山庵	安山		安山分为上、下安山
		中彩公社	上真上村 上真下村 前将 牛塘 东硍下塘岙 叶家 盛家 新市场 虎家坵王店 侯家岭	上真		上真分为上、下两村
		彩淳公社	毛坂 湾头 塘岸头 金钗 高坪 溪边 岭头王 北池岙里 大岭脚 上王 里山 外山头	塘钗		塘钗分为塘岸头、金钗
		安顶公社	外湾 屯坑 后宅湾 后塘安 前坞 孟仓 坑岭 小厅	屯外		屯外争为屯坑、外湾
		八和公社	高湾 下湖桥 旧宅岙 王家 旧屋下坂头 乌株塘 外前丁 合石坑 石界 上将 下洋 下市场	荷塘 田青坑 高湖 三合		三合分为石界、上将、下洋，高湖分为高坪、下湖桥，荷塘分为下坎头、乌株塘、外前丁
		回山公社	下山 旧住 里屋 上前陈 下前陈	旧里 前陈		旧里分为旧佳、里屋，前陈分为上、下前陈
		儒岙公社	长爿地 西将 王家庄 儒一 儒二 官元 上山 朱路 芭蕉山 兢山 坑下山 毛洋坪 后坪 后村 西坑 王渡溪 流杓 油竹坑 大塘山	长王 儒岙		
		报国公社	店基 上八坞 治国坞 后路 横渡桥 横渡街 冷水坑 蟹坑			

续表 34

时期	全县总数	乡镇名称	增设村（居）	撤并村（居）	县乡镇间调整	备注
1961年	825个村5个居委会	石磁公社	库头山 后岗山			
		永宁公社	山顶平 大油山 大坑 沙滩 大坪岭 韩妃大村 韩妃小村 下洲大村 下洲小村 冷水孔	韩妃 下洲		韩妃分为大、小2个村，下洲分为大、小2个村
		智仁公社	前洋市 下苏 芦家 上村 周家 坂口 家安 将小义 大井头 大坂头 下将湾 里碌 坑边 坑下 桥头坑 居塘田 安基 下庄 上水鲇 外坑 小里坑	井家口 居桥庵 前苏		井家口分为周家、坂口、家安、将小义、大井头、大坂头，居桥安分为桥头坑、居塘田、安基、下庄、上水鲇，前苏分为前洋市、下苏
		大市聚公社	石板桥 花井栏 姜家坞 前梁 斋堂 流河岭 前坑湾	桥栏坞 前斋流		桥栏坞分为石板桥、花井栏，前斋流分为前梁、斋堂、流河岭
		炉溪公社	坂卜平 里赤坑 外赤坑 第头 郎坑 苎坑 前坑湾			
		黄坛公社	新泄上 金钩山 东山地 西山坪			
		梅鹤公社	下梁 下浦 上坑西 下坑西	坑西		坑西分为上、下坑西
		新林公社	上海岭 岩头卜 吴家 下庄 柘树湾 杨梅坪 石沿山			
		大灵公社	南裕 南灵 里宅 岭头陈 金元 上迭石 里竹 张保金	南洲		南洲分为南裕、南灵
		方泉公社	田西 陈家坞	田陈		田陈分为田西、陈家坞
		五马公社	九江潭 外坑 赤房山 桥头王 雷峰 彭坑 上海 马力坑			

续表 34

时期	全县总数	乡镇名称	增设村（居）	撤并村（居）	县乡镇间调整	备注
1961年	825个村5个居委会	莒根公社	巧英 安头 吴家山 彭潭 防山 店前 姜山坑 三径	店防		店防分为防山、店前
		雪溪公社	马坑 同坑 蟠龙 石研坑 五公岙 飞天蜈蚣			
		结溪公社	下迭石 黄婆山			
		沙溪公社	西坑 上徐 上岭山 里王罕岭 外王罕岭 合溪	王罕岭		王罕岭分为里、外王罕岭
		龙皇堂公社	扁石 孟家坞 下后午 大龙 碇岭脚	孟后		孟后分为孟家坞、下后午
		董村公社	磊石坑 上董一队 上董二队 上董三队 上董四队 里坞山	上董		上董村分为四个大队
		蔡峰公社	岔路 竺家坑 外黄坑 里黄坑 大安 吴家田 榧联 梁家田 姜坑 山岸 郑兆坑	吴家坑 黄坑	淦坑从沙溪公社划入	黄坑分为里黄坑、外黄坑
		黄泽公社		前梁 新田 七一 光明 九村（梁家庄、黄芝塘） 桥头 大岙底（大联）		前梁等7村划归嵊县管辖
1962年	836个村8个居委会	城关公社	新东 城东 城中 3个居委会			
		西岭公社	五联 大佛寺	角弓山 高塘头 山头 塘心 岭脚 磕山顶	大佛寺从城关镇划入西岭公社	角弓山、高塘头、塘心、岭脚合并为五联
		西郊公社	赵家 喻家山脚	后溪 合新 五龙岙 黄家岩	仰瓦岭从城关镇划入西郊公社	
		拔茅公社			新裕、新丰、新谊从城关镇划入拔茅公社	

续表 34

时期	全县总数	乡镇名称	增设村（居）	撤并村（居）	县乡镇间调整	备注
1962年	836个村8个居委会	岱石公社	章家湾			
		新民公社	枫树湾　夏家　金长	鸦鹊窠　长丘田		
		大明市公社		横山头		
		孟家堂公社	大联(大岙底)油车湾			大岙底在 1962 年从嵊县划归新昌管辖
		遁山公社		东坑坪		
		梅渚公社		庙前(前三)		
		山头公社	毛里洞	杨梅坪		
		灵川公社	下宅		里下从遁山公社划入灵川公社	下宅从棠村分出
		西坑公社	门岩　洞坑　黄泥田	上岗坑　牛家顶		
		镜屏公社		后年		
		肇圃公社	里冷水　外冷水	冷水		冷水分为里、外冷水
		儒岙公社	小高坂			
		智仁公社	大庄　大坟山	周家　大坂头		
		大市聚公社	水碓湾			
		炉溪公社	柏树株			
		莒根公社	长元			
		雪溪公社	雪一　雪二　雪三　石桥　坑元　里坞	雪头上村　雪头下村		雪头上、下村分为 3 个大队
		三坑公社	里坞坑　外坞坑	坞坑		坞坑分为里、外坞坑
		沙溪公社	真诏一队　真诏二队　真诏三队　真诏四队　石桥头	真诏		真诏分为 4 个大队
		龙皇堂公社	上后午			从孟家坞分出

续表 34

时期	全县总数	乡镇名称	增设村（居）	撤并村（居）	县乡镇间调整	备注
1963年	846个村8个居委会	西郊公社	后溪　黄家岩　合新　五龙	喻家山脚		
		拔茅公社	苗圃			
		大明市公社	方塘头			
		新溪公社	官塘头			
		新民公社	联英（鸦鹊窠）			
		梅渚公社	庙外（前三）			
		山头公社	杨梅坪			
		镜屏公社	后年			
		儒岙公社		小高坂		
		智仁公社	周家			
1964年	847个村8个居委会	方泉公社	大坪头			从田陈分出
1965年	841个村8个居委会	大灵公社		张保金		
		方泉公社		大坪头		
		沙溪公社	真诏	石桥头 真诏一村 真诏二村 真诏三村 真诏四村		真诏4个大队合并为真诏村
1966年	783个村8个居委会	城关镇		市中		
		西岭公社	五一（溪一、元岙、桐树岙、下磕岭）	上角坪　大塘湾　下坎岭　桐树岙　溪一　元岙		溪一、元岙、桐树岙、下磕岭合并称五一
		西郊公社		黄家岩		

续表 34

时期	全县总数	乡镇名称	增设村（居）	撤并村（居）	县乡镇间调整	备注
1966年	783个村8个居委会	孟家堂公社		油车湾		
		拔茅公社	跃进 新胜	王家园 里村 双塘 新建 新裕 新谊		
		新溪公社	新溪（石溪） 秦岩	石溪上村 石溪下村 中一 中二 猛虎头 牌轩里 八石坞 水埠头 庙前		石溪上村、石溪下村、中一、中二为新溪，孟虎头、牌轩里、八石坞、水埠头、庙前合并为秦岩
		梅渚公社	红庄	岙底 黄泥坎 里毛洋 外毛洋 岩下山		里毛洋、外毛洋、岩下山合并为红庄
		镜岭公社	友谊（坟山脚）	屏风岩 黄塘里		
		镜屏公社		宅柱园		
		肇圃公社	冷水	里冷水 外冷水		里、外冷水合并为冷水
		安山公社	上青	上王 破山头 九泄坑 后坪 宅树坪 桐桥湾 青山庵 后年山		
		安顶公社	红联 屯外	后宅湾 后塘庵 前坞 坑岭 孟仓 长虬 西塘 小厅 屯坑 外湾		小厅、西塘、长虬合并为红联，屯坑、外湾合并为屯外
		彩淳公社	友谊	上王 外山头 里村 大岭脚 塘一 金钗		塘一、金钗合并称友谊
		儒岙公社	新联 友谊	流杓 上屯坑 官元 大塘山		

续表 34

时期	全县总数	乡镇名称	增设村（居）	撤并村（居）	县乡镇间调整	备注
1966年	783个村8个居委会	大市聚公社		斋堂 流河岭 水碓湾		
		黄坛公社		金钩 西山坪 东山地 上百菊 洩新		
1968年	759个村8个居委会	董村公社	董村	上董一村 上董二村 上董三村 上董四村		上董4个大队合并为董村
		大灵公社	新建			
		立新公社		东山岗 毛洋坪 横山头		
		新民公社	新民	夏家 枫树湾 金长		
		山头公社		红心岗（开打岗）龙亭后（新中）		
		梅渚公社	永丰（庙外）岙底 红庄一队（岩下山）红庄二队（里毛洋） 红庄三队（外毛洋）黄泥坎	红庄		红庄分为一、二、三队
		镜屏公社		光明（殿前）		
		儒岙公社	长王 红卫	王家庄 西将 长爿地 坑下山 毛洋山 油竹坑 新联（横板桥）友谊 下屯坑 朱路 芭蕉山 兢山 后村 后坪 西坑		王家庄、西将、长爿地合并为长王，油竹坑、新联、下屯坑合并为红卫
		新林公社		上海岭 石沿山 杨梅坪		

续表 34

时期	全县总数	乡镇名称	增设村（居）	撤并村（居）	县乡镇间调整	备注
1968年	759个村8个居委会	雪溪公社	新联（雪头）立新	雪一　雪二　雪三　石桥　坑元　里坞		雪一、雪二、雪三合并为新联
		沙溪公社	里外湾	里湾　外湾		里湾、外湾合并为里外湾
1969年	745个村8个居委会	新民公社		前村		
		澄潭公社		黄古浪		
		梅渚公社	红庄	岙底　永丰　黄泥坎　红庄一队　红庄二队　红庄三队		红庄一、二、三队合并为红庄
		山头公社	山泊	上山泊　下山泊　立志		上、下山泊合并为山泊
		东溪公社	了山	绞车岭　外了山　里了山		里、外了山合并为了山
		镜屏公社	光明			
		新天公社	新光	红卫　光明　新建　旧屋　胜利　门溪		
		沙溪公社	里湾　外湾	里外湾（王罕岭）		里外湾分为里湾、外湾
1970年	741个村8个居委会	城关镇	新联　卫东	城建　城裕　城民　东联　三队		城民、市中、城星合并为新联，东联、城裕、城建合并为卫东
		澄潭公社			灵川公社棠村、棠东、下宅、朱家塘、王家坪、横山、里下、左于、洩下并入澄潭公社	

续表 34

时期	全县总数	乡镇名称	增设村（居）	撤并村（居）	县乡镇间调整	备注
1970年	741个村8个居委会	梅渚公社			山头公社山头、铁牛、山支头、红胜、后山根、下田、立新、杨梅坪、青山、苏秦、山泊并入梅渚公社	
		东溪公社	绞车岭		诚爱公社定坂、上胡、东风、红心、红旗、水出坂并入东溪公社	
		安山公社	安山	胜利（上安山）新胜（下安山）上青		上、下安山合并为安山
1971年	745个村8个居委会	城关镇	城建 城裕 城民 城星 东联	新联 卫东		
		澄潭公社		下宅 东风（塔山）		
		梅溪公社	上山泊 下山泊	山泊		山泊分为上、下山泊
		新天公社	下坂头 乌株塘			
1972年	740个村8个居委会	澄潭公社	塔山 下宅			
		新天公社	三合 高湖 胜利 新风	石界 上将 下洋 高湾 下湖桥 新星 下坂头 乌株塘 王家塘 外前丁 门溪		石界、上将、下洋合并为三合，高湾、下湖桥合并为高湖，新星、下坂头、乌株塘合并为胜利，王家塘、外前丁、门溪合并为新风

续表 34

时期	全县总数	乡镇名称	增设村（居）	撤并村（居）	县乡镇间调整	备注
1973年	741个村8个居委会	东溪公社	黄芝岭			
		石磁公社	后岗山			
		大市聚公社			第头、下坑、前坑湾3村从炉溪公社划入	
		解放公社		胜利（泄上）		
		方泉公社			寨岭、上朱部、下朱部、柱坑、柏树株从炉溪公社划入	
		五马公社			湖丁山从解放公社划入	
1974年	749个村8个居委会	新天公社	石界　上将　下洋　高湾　下湖桥　旧屋　柘前　下坂头　乌株塘　王家塘　外前丁　门溪	三合　高湖　胜利　新风		三合分为石界、上将、下洋，高湖分为高湾、下湖桥，胜利分为旧屋、柘前、下坂头、乌株塘，新风分为王家塘、外前丁、门溪
1975年	745个村8个居委会	炉溪公社	赤坑	里赤坑　外赤坑　上青坛　细毛洋　双元　南峦		里、外赤坑合并为赤坑
		解放公社	卫星			
1976年	732个村8个居委会	长征公社	井家口　居桥庵　里外坑	大坟山　畈口　周家　家安　将小义　大井头　桥头坑　居塘田　安基　下庄　上水鲇　外坑　里坑		大坟山、畈口、周家、家安、将小义、大井头合并为井家口，桥头坑、导塘田、安基、下庄、上水鲇合并为居桥庵，里坑、外坑合并为里外坑

续表 34

时期	全县总数	乡镇名称	增设村（居）	撤并村（居）	县乡镇间调整	备注
1976年	732个村8个居委会	解放公社		卫星		
		炉溪公社		石佛前 踏道等	下坑、前坑湾从大市聚公社划归炉溪公社	
1978年	731个村8个居委会	东溪公社		泥塘岗		筑水库坝基
		东升公社		周家		
		新天公社	下市场 合石坑			
		解放公社		西山坪		
1979年	733个村8个居委会	拔茅公社			长诏村划入长诏公社管辖	岩头卜改名为新岩
		彩淳公社	大岭下 下坪山 塘岸头 白毛坑	东方红 友谊		东方红分为大岭下、下坪山，友谊分为塘岸头、白毛坑
1980年	740个村8个居委会	安山公社	破山头			
		安顶公社	小厅 长虬 西塘	红联		红联分为小厅、长虬、西塘
		长诏公社	西山坪 平顶山 生家地 东山地			
1981年	745个村12个居委会	城关公社	梅西 南明 城南 钟楼4个居委会			
		遁山公社	东坑坪			从燕窠分出
		红星公社	前坪 后坪 黄潭坑			
		新溪公社	外了山 里了山	了山		了山分为里、外了山
		蔡峰公社	芥菜坑			从高婆山分出设村

续表 34

时期	全县总数	乡镇名称	增设村（居）	撤并村（居）	县乡镇间调整	备注
1982年	750个村15个居委会	大市聚公社	前梁 建斋 流河岭 大市聚居委会	前斋流		前斋流分为前梁、建斋、流河岭
		澄潭公社	澄潭居委会			
		新林公社	杨梅坪 上海岭 石沿山 江村	红光		杨梅坪、石沿山从上祝分出，红光分为上海岭、江村
		镜岭公社	镜岭居委会			
1983年	759个村15个居委会	回山乡	上岗头 下董	上下		上下分为上岗头、下庄
		儒岙乡	芭蕉山 朱路 兟山 后村山 后源 西源			芭蕉山、朱路、兟山从会墅岭分出，后村山、后源、西源、西源从横山分出
1984年	777个村15个居委会	石磁乡	屯公山 下庄	庄山		庄山分为屯公山、下庄
		蔡峰乡	吴家坑			吴家坑从郑兆坑分出
		拔茅镇			长诏村从长诏乡划入拔茅镇管辖	
		安山乡	后年山 外坞 新坪			后年山从桐桥湾分出，新坪从荒田坪分出，外坞从外婆坑分出
		报国乡	蒲棚			蒲棚从蟹坑分出
		长征乡	大余山 大井头 将小义 居塘田 小里坑 畈口 上水鲇 周家 家安 安基 尚庄 桥头坑	井家口 居桥安		井家口分为大余山、大井头、将小义，居桥安分为居塘田、畈口、周家、家安、桥头坑、安基、尚庄、上水鲇

续表 34

时期	全县总数	乡镇名称	增设村（居）	撤并村（居）	县乡镇间调整	备注
1984年	777个村 15个居委会	莒根乡	后岗岭			从莒根分出
		沙溪镇	新桥			从淦坑分出
1985年	777个村 16个居委会	城关镇	市中　城胜居委会			市中从城民分出，城胜居委会由城胜村分出
		安顶乡	外湾　屯坑	屯外		屯外一分为二
1992年	777个村 16个居委会	回山镇		门溪		筑门溪水库，迁移
		城关镇	馒头山　新城居委会	城胜		从葫芦岙分出设村，城胜村与城胜居委会合组新城居委会
		镜岭镇	周家			从大古年分出设村
1995年	777个村 22个居委会	城关镇	鼓山　茶亭　湖莲潭　临城　临江　凤山 6个居委会			
1996年	777个村 23个居委会	儒岙镇	龙山居委会			
1999年	777个村 24个居委会	城关镇	桂花园居委会			
2000年	777个村 26个居委会	城关镇	七星居委会 江北居委会			
2001年	777个村	城关镇			挂帘山村从城南乡划入城关镇	

续表 34

时期	全县总数	乡镇名称	增设村（居）	撤并村（居）	县乡镇间调整	备注
2002年	777个村 12个社区 4个居委会	城关镇	12个社区：七星 鼓山 茶亭 钟楼 梅湖 市中 东溪 临城 湖莲潭 城南 凤山 临江	东溪 新东 城东 城西 城北 城中 市中 梅湖 梅西 南明 城南 钟楼 新城 鼓山 茶亭 临城 临江 凤山 七星 江北 桂花园 湖莲潭等22个居委会		城南乡兴南居民区划入城关镇社区
2004年	416个村 12个社区 4个居委会	城关镇	新联 桃源 岳岭 天峰 王山 五丰 董余 飞凤 土谷庙	后门园 山项坪 下小余 下溪滩 下井 下姆岭 黄婆亭 上田 姜家畈 联英 百步 施家坑 官坑 刘门山 桃树坞 刘门坞 黄贡坑 大沿 甘竹坞 千官岭 年岳 天灯盏 上五峰 蟠龙山 长山 长王 下五峰 水塘岗 方塘头 上余岙 后董 王家斗 仰瓦岭 赵家店 堂坂 中村 上土谷		后门园并入九峰寺，山项坪并入杨梅山，下小余、下溪滩并入梨木，下井、下姆岭并入庄前，黄婆亭、上田、姜家畈、联英4个村合并称新联，百步并入望江山，施家坑、官坑并入九间廊，刘门山、桃树坞、刘门坞、黄贡坑4个村合并称桃源，大沿并入大洋山，甘拍坞并入后岸，千官岭、年岳2个村合并称岳岭，天灯盏、上五峰2个村合并称天峰，蟠龙山并入藕岸，长山、长王2个村合并称王山，下五峰、水塘岗2个村合并称五丰，方塘头并入大明市，上余岙、后董2个村合并称董余，王家斗、仰瓦岭2个村合并称飞凤，赵家、店堂坂、中村、上土谷4个村合并称土谷庙

续表 34

时期	全县总数	乡镇名称	增设村（居）	撤并村（居）	县乡镇间调整	备注
2004年	416个村12个社区4个居委会	澄潭镇	龟岩潭 丰瓦 朱凤 岭竺 东瓦 东西城 大阳 兴旺	陈家山 元家山 西前 丰白山 瓦窑坪 朱家塘 凤宅 棠东 里山 王家坪 岭头 荷竺 东旺 瓦屋基 东陈 西陈 汤家庄 大枫树 济阳 东坑坪 东林 坎下田 向旺 上旺		陈家山并入西花园，元家山、西前2个村合并称龟岩潭，丰白山、瓦窑坪2个村合并称丰瓦，朱家塘、凤宅2个村合并称朱凤，棠东并入棠村，里山、王家坪2个村并入横联，岭头、荷竺2个村合并称岭竺，东旺、瓦屋基2个村合并称东瓦，东陈、西陈、汤家庄3个村合并称东西城，大枫树、济阳2个村合并称大济，东坑坪并入里丁，东林、坎下田2个村并入燕窠，向旺、上旺2个村合并称兴旺
		镜岭镇	黄岙 洞坑 西坑	门岩 洞暖 秤锤坑 西一 西二 三村 石宕 安溪 黄泥田 大岙 后山岙 下黄婆 黄塘里 东平 长湾 蔡家 大用 泗坑 后云 周家 下园 枫树坪 寺下坑 上庄 台头山 王家		门岩、洞暖、称锤坑3个村合并称洞坑，西一、西二、三村、石宕4个村合并称西坑，安溪、黄泥田2个村并入楼基，大岙、后山岙、下黄婆、黄塘里4个村合并称黄岙，东平、长湾2个村并入黄婆滩，蔡家并入镜岭，大用、泗坑2个村并入溪西，枫树坪、寺下坑、上庄3个村并入冷水，台头山、王家2个村并入肇圃

续表 34

时期	全县总数	乡镇名称	增设村（居）	撤并村（居）	县乡镇间调整	备注
2004年	416个村 12个社区 4个居委会	镜屏乡	兴云 练使 坪桥 后染	街头 潭角 云渡 双株树 年坑 东坑 里练使 外练使 坟山脚 大坟山 后年山 破山头 桐桥湾 荒田坪 新坪 外坞 上油坪 后年		街头并入以殿前，潭角、云渡2个村合并称兴云，双株树并入塘北，年坑、东坑2个村并入后年，里练使、外练使合并称练使，坟山脚并入渡头，大坟山、后年山 2 个村并入大畈，破山头并入小泉溪，上油坪并入安山，桐桥湾、荒田坪、新坪3个村合并称坪桥，外坞并入外婆坑，上油坪、后年2个村合并称后染
		回山镇	前陈 旧里 新洋 上下西岭 红联 荷塘	姜岙 大元 田平 马坞头 井塘 上前陈 下前陈 下市场 旧屋 汤家 旧住 里屋 后涨 寒庄 杨家年 斋堂 下湖桥 旧宅岙 合石坑 李间 渡河 上库 上岗头 华董 石界 上洋 中洋 上西岭 下西岭 长虬 西塘 小厅 前丁 屯坑 王家堂 乌株塘 外前丁 下坂头		姜岙并入回山，大元、田平 马坞头、井塘 4 个村并入上市场，上前陈、下前陈、下市场3个村合并称前陈，旧屋、汤家2个村并入柘前，旧住、里屋、后涨3个村合并称旧里，寒庄、杨家年、斋堂3个村并入官元，下湖桥并入高湾，旧宅岙并入中宅，合石坑并入王家市，李间并入蟠溪，渡河、上库2个村并入雅里，上岗头、华董2个村并入贤辅，石界、上洋、中洋3个村合并称新洋，上西岭、上西岭合并称上下西岭，长虬、西塘、小厅、前丁、屯坑 5 个村合并称红联，王家塘、乌株塘、外前丁、下坂头 4 个村合并称荷塘

续表 34

时期	全县总数	乡镇名称	增设村（居）	撤并村（居）	县乡镇间调整	备注
2004年	416个村12个社区4个居委会	双彩乡	上下真 双侯 双湾 岭岙 双溪 上下宅	前将 宅后王 后谢 金家 岭头俞 盛家 叶家 下塘岙 王店 牛塘 东硠 虎家坵 上真 下真 侯家 侯家岭 毛畈 高坪 北池 双凤 湾头 下坪山 大岭脚 岭头王 岙里 下丹溪 溪边 塘岸头 白毛坑 上宅 下宅		前将、宅后王、后谢、金家、岭头俞5个村并入新市场，盛家、叶家、下塘岙、王店4个村并入大安，牛塘、东硠2个村并入后王，虎家坵并入前王，上真、下真2个村合并称上下真，侯家、侯家岭2个村合并称双侯，毛畈并入后坂，双凤、湾头2个村合并称双湾，下坪山、大岭脚2个村并入岭山，岭头王、岙里2个村合并称岭岙，下丹溪、溪边2个村合并称双溪，塘岸头、白毛坑2个村并入下岩，上宅、下宅2个村合并称上下宅
		巧英乡	三坑 联防 雪头 五星	东田 庙前 外坞坑 里坞坑 平砚 防山 店前 将山坑 彭潭 吴家山 后岗岭 上雪头 下雪头 安头 马坑 小同坑 长元 上岙 三径 新龙 石棋盘 五公岙 飞天蜈蚣 石研坑		东田、庙前、外坞坑、里坞坑4个村合并称三坑，平砚并入上三坑，防山、店前、将山坑3个村合并称联防，彭潭并入溪竹，吴家山并入巧英，后岗岭并入莒根，上雪头、下雪头、安头、马坑、小同坑5个村合并称雪头，长元、上岙、三径3个村并入中溪，新龙、石棋盘、五公岙、飞天蜈蚣、石研坑5个村合并称五星

续表 34

时期	全县总数	乡镇名称	增设村（居）	撤并村（居）	县乡镇间调整	备注
2004年	416个村12个社区4个居委会	儒岙镇	天姥新村　庄山　里外岙	王渡溪　西源　后原　后村山　胡塘　洪塘　地下坑　溪下　后将　足食堂　安山坪　朱路　兢山　芭蕉山　鱼子坑　后岗山　泄上　藤公山　立庄　库头山　蒲棚　蟹坑　冷水坑　马家溪　横渡街　后路　里桥　里岙　外岙　店基		王渡溪并入南山，西源、后原、后村山3个村并入横山，胡塘并入儒二，洪塘、地下坑2个村并入雅张，溪下、后将、足食堂、安山坪4个村合并称天姥新村，朱路、兢山、芭蕉山3个村并入会墅岭，鱼子坑并入上里，后岗山、泄上2个村并入石磁，藤公山、立庄、库头山3个村合并称庄山，蒲棚、蟹坑2个村并入屋沿坑，冷水坑、马家溪2个村并入旧宅，后路、里桥、横渡街3个村并入横渡桥，里岙、外岙、店基3个村合并称里外岙
2004年	416个村12个社区4个居委会	沙溪镇	马菊田　黄坑　董村	大坑　新坑　合溪　大法洪　上岭山　里沙溪　张家车　里湾　外湾　岔路　新山　梁家畈　山岸　高婆山　芥菜坑　姜坑　菊池　马岩　吴家田　郑兆坑　榧联　外黄坑　里黄坑　吴家坑　新桥　上董　下董　里泄下　外泄下　上居坑　里坞山　磊石坑		大坑、新坑2个村并入真诏，合溪、大法洪、上岭山3个村并入沙溪，里沙溪、张家车并入剡界岭，里湾、外湾2个村并入孙家田，岔路并入唐家坪，新山、梁家畈、山岸3个村并入上蔡岙，高婆山并入下蔡岙，芥菜坑、姜坑2个村并入竺家坑，菊池、马岩、吴家田3个村合并称马菊田，郑兆坑、榧联、外黄坑、里黄坑、吴家坑5个村合并称黄坑，新桥并入淦坑，上董、下董、里泄下、外泄下、上居坑5个村合并称董村，里坞山、磊石坑2个村并入新宅

续表34

时期	全县总数	乡镇名称	增设村（居）	撤并村（居）	县乡镇间调整	备注
2004年	416个村12个社区4个居委会	城南乡	高依 天荷 潜溪 大山庄 朱王银 里家竹 大潘 丁龙 任家 韩妃 下洲 杨家山 前进	峧头 下依山 天公丘 荷花塘 官塘头 仓基 俞家央 牛团山 小积坑 下洋 丁村 三山 平丰岩 西坑 章家湾 下庄 后山 大湖丘 朱家山 王洋角 银地山 里任 甘家坞 陈家桥 石竹 王岙 孔家山 大丘田 高山脚 丁家坞 上任 潘村 大油山 石槽 龙坑 吕家坪 丁家仓 任胡岭 里家廊 冷水孔 韩丰大村 韩丰小村 沙滩 下洲大村 下洲小村 大坪岭 石桥头 八里 朱家岙 杨坑 西山等 山顶头 大坞		峧头、下依山2个村合并称高依，天公丘、荷花塘2个村合并称天荷，官塘头、仓基、俞家央、牛团山、小积坑、下洋6个村并入石溪，丁村、三山、平丰岩3个村合并称潜溪，西坑、章家湾2个村并入企石，下庄、后山、大湖丘3个村合并称大山庄，朱家山、银地册、王洋角3个村合并称朱王银，里任、甘家坞、陈家桥、石竹4个村合并称里家竹，王岙、孙家山、大丘田、高山脚4个村并入眉岱，丁家坞、上任2个村并入琅珂，大油山、潘村2个村合并称大潘，石槽、龙坑、吕家坪、丁年仓4个村合并称丁龙，任胡岭、里家廊2个村合并称任家，冷水孔、韩丰大村、韩丰小村、沙滩4个村合并称韩妃，下洲大村、下洲小村、大坪岭3个村合并称下洲，石桥头、八里、西岙3个村并入姚宫，朱家岙、杨坑、西山等3个村合并称杨家山，山顶头、大坞2个村合并称前进

续表 34

时期	全县总数	乡镇名称	增设村（居）	撤并村（居）	县乡镇间调整	备注
2004年	416个村12个社区4个居委会	东茗乡	东茗　东芝　章黄山　康庄　前后坪　黄潭　东丰坑　白岩	莒溪　长乐　里了山　外了山　东井　产芝　王家岭　章家坂　黄芝岭　山东　曹波塘　绞车岭　前坪　后坪　黄潭坑　黄潭庵　东岩头　石门坑　丰岩山　外白岩　里白岩		莒溪、长乐、里了山、外了山4个村合并称东茗，东井、产芝2个村合并称东芝，王家岭并入里王，章家坂、黄芝岭、山东3个村合并称章黄山，曹波塘、绞车岭2个村合并称康庄，前坪、后坪合并称前后坪，黄潭庵、黄潭坑合并称黄潭，东岩头、石门坑、丰岩山3个村合并称东丰坑，里白岩、外白岩合并称白岩
		小将镇	南洲　罗溪　金村　下联　方泉　五埠　新欣　桥里房　迭里	南裕　南灵　新建　中家岙　大岭下　金元　下迭石　黄婆山　里家溪小村　下坞　联民　柱坑　柏树株　方口　陈家坞　田西　外坑　雷峰　孙家坪　埠头　九江潭　马坑等　马力坑　鳌坑　彭坑　上海　岭头陈　大兴　桥头王　染里　赤房山　迭石　里竹　湖顶山　寨岭		南裕、南灵合并称南洲，新建并入岭脚，中家岙、大岭下2个村合并称罗溪，金元、下迭石、黄婆山3个村合并称金村，里家溪小村并入里家溪，下坞、联民2个村合并称下联，柱坑、柏树株2个村并入上朱部，方口、陈家坞、田西3个村合并称方泉，外坑、雷峰、孙家坪、埠头4个村合并称五埠，九江潭、马坑等2个村并入茅洋，马力坑、鳌坑、彭坑、上海4个村合并称新欣，岭头陈、大兴并入里宅，桥头王、染里、赤房山3个村合并称桥里房，迭石、里竹2个村合并称迭里

续表 34

时期	全县总数	乡镇名称	增设村（居）	撤并村（居）	县乡镇间调整	备注
2004年	416个村12个社区4个居委会	新林乡	祝家庄	孟家坞 枫树下 大龙 上后午 下后午 祝家庙 东庄 柘树湾 新庄 吴家		孟家坞、枫树下、大龙、上后午、下后午5个村并入龙皇堂，祝家庙、东庄、柘树湾、新庄、吴家5个村合并称祝家庄
		大市聚镇	严丹赤 庄后王 王桥 鳌东 青白石 桐中井 梁高 何梁浦 水帘 五平 炉溪 沃洲 寨岭 坑西	丹坑 严家山 赤岩 王坑 庄坞 后坑 下王 桥头 上求 葛坞 白石 青宅 流河岭 前梁 建斋 花井栏 姜家坞 石板桥 下求 中井 桐丰坂 梁家田 高来 何家 下梁 下浦 升宅 外大坑 里大坑 王大岩 上塘山 坞石坑 赤坑 板卜平 掉埠头 前坑湾 十字路 郎坑 青坛 溪东 下坂 东山地 平顶山 黄家库 西山坪 生家地 岭头等 岭根 息坑 沃溪 上坑西 下坑西	寨岭、湖顶山2个村从小将镇划归大市聚镇，寨岭村设置为设行政村，湖顶山为百菊村的一个自然村	丹坑、严家山、赤岩3个村合并称严丹赤，王坑、庄坞、后坑3个村合并称庄后王，下王、桥头2个村合并称王桥，上求、葛坞2个村合并称鳌东，白石、青宅2个村合并称青白石，流河岭、前梁、建斋、花井栏、姜家坞、石板桥、下求7个村并入大市聚村，中井、桐丰坂2个村合并称桐中井，梁家田、高来2个村合并称梁高，何家、下梁、下浦3个村合并称何梁浦，升宅并入山南，外大坑、里大坑、王大岩3个村合并称水帘，上塘山、坞石坑2个村并入西山，赤坑、板卜平、掉埠头、前坑湾、十字路5个村合并称五平，郎坑、青坛、溪东、下坂4个村合并称炉溪，东山地、平顶山、黄家库、西山坪4个村并入黄坛，生家地、湖顶山2个村并入百菊，岭头等、岭根、息坑、沃溪4个村合并称沃洲，上坑西、下坑西合并称坑西

续表 34

时期	全县总数	乡镇名称	增设村（居）	撤并村（居）	县乡镇间调整	备注
2005年	415个村 12 个社区 4个居委会	城关镇		大佛寺		
2008年	415个村 13 个社区 4个居委会	七星街道	南岩社区			
2012年	415个村 13 个社区 5个居委会	城南乡	新溪居委会			
2014年	415个村 14 个社区 5个居委会	七星街道	文昌社区 西岭社区	七星社区		七星社区一分为二
2015年	415个村 14 个社区 5个居委会	七星街道	七星社区	文昌社区		文昌社区易名
2017年	415个村 15 个社区 5个居委会	南明街道	新东社区			
2019年	253个村 16 个社区 7个居委会	羽林街道	羽东社区、丁家园居委会、山头里居委会	青山头、马大王、岙元、前岸、新岩、泉清、白段、王家园、董余、梁家井、丁家园、山头里、钦寸		青山头、马大王、岙元并入临江社区，前岸村并入长诏村，新岩村、泉清村、白段村、王家园村合并为羽东社区，董余、梁家井合并为新和村，丁家园、山头里改设为居民委员会

续表 34

时期	全县总数	乡镇名称	增设村（居）	撤并村（居）	县乡镇间调整	备注
2019年	253个村16个社区7个居委会	南明街道	梨小余、联湖、	上小余、梨木、平湖、新联、大洋山、九间廊、燕窠、赤土、岙里头		上小余、梨木合并为梨小余村，平湖、新联合并为联湖村，大洋山并入庄前村，九间廊并入斑竹村，燕窠、赤土合并为仙桂村，岙里头并入桃源村
		七星街道		下石演、飞凤、五都、庙前地、侯村、馒头山、赵婆岙、五联、凤凰、张家庄、坎头、上三溪、下三溪、溪二		下石演并入七星社区，飞凤并入凤山社区，五都、庙前地、候村、馒头山、赵婆岙、五联、凤凰并入南岩社区，张家庄、坎头并入西泠社区，上三溪、下三溪并入滨江社区，溪二并入元岙村
		澄潭街道	东街居委会、南街居委会、西街居委会、北街居委会、岭芝山、沃西、遁东、丰潭、里遁山、梅屏、梅岭、山泊	岭竺、西花园、芝田、东街、南街、西街、北街、枣园、胡衣、舒家、茅家、东瓦、大阳、龟岩潭、丰瓦、东丁、兴旺、燕窠、里丁、马家庄、平水、坂田、前三、红庄、下田、长安棚、后山根、上山泊、下山泊、苏秦、杨梅坪、青廷坞、洋坪、水出前官塘、王坂		设东街、南街、西街、北街居委会，岭竺、西花园、芝田合并为岭芝山村，枣园、胡衣、舒家、茅家合并为沃西村，东瓦、大阳合并为遁东村，龟岩潭、丰瓦合并为丰潭村，东丁、兴旺、燕窠、里丁合并为里遁山村，马家庄、平水、坂田合并为梅屏村，前三、红庄合并为梅岭村，下田并入山头村，长安棚、后山根并入山支头村，上山泊、下山泊、苏秦合并为山泊村，杨梅坪、青廷坞并入宋家村，前官塘并入定坂村，王洋坪、水出坂并入麻家田村

续表 34

时期	全县总数	乡镇名称	增设村（居）	撤并村（居）	县乡镇间调整	备注
2019年	253个村16个社区7个居委会	镜岭镇	暖坞坑、竹潭	暖谷山、横坞、洞坑、金高椅、下竹潭、上竹潭、渡头、塘北、西山头、兴云，梁家、练使、龙潭背、白岩下、建国、坪桥		暖谷山、横坞、洞坑合并为暖坞坑村，金高椅、下竹潭、上竹潭、渡头合并为竹潭村，塘北、西山头、兴云合并为潭角村，梁家、练使、龙潭背合并为里镜屏村，白岩下并入小泉溪村，建国并入安山村，坪桥并入外婆坑村
		回山镇	新天、前后王、莲坂	宅下丁、下山、前陈、顶山、屯外、晨光、中宅、王家市、上下真、双侯、前王、后王、莲花心、后坂、双湾、岭岙		宅下丁、下山、前陈并入上市场村，顶山并入植林村，屯外并入红联村，晨光并入高湾村，中宅、王家市合并为新天村，上下真、双侯并入新市场村，前王、后王合并为前后王村，莲花心、后坂合并为莲坂新村，双湾、岭岙并入上下宅村
		儒岙镇	王渡、皇渡桥、关岭、智仁、新合、王里山	王渡口、王渡里、庄山、东家坑、横渡桥、甘湾、治国坞、上八坞、锦磙坑、上道地、新任、坑里、南芦、大江、井杨、余家口、居桥安、回竹山		王渡口、王渡里合并为王渡村，庄山并入上里村，东家坑并入东山村，横渡桥、甘湾合并为皇渡桥村，治国坞、上八坞合并为关岭村，锦磙坑、上道地合并为智仁村，新任、坑里并入前洋市村，南芦、大江合并为新合村，井杨、余家口、居桥安、回竹山合并为王里山村

续表 34

时期	全县总数	乡镇名称	增设村（居）	撤并村（居）	县乡镇间调整	备注
2019年	253个村16个社区7个居委会	沃洲镇	安仁、新航、知新、鳌峰、银顶山、	王桥、西王、山南、茅坪、曹家、五平、管家岭、第头、炉溪、下坑、鳌东、姚卜丁、庄后王、青白石、银星、彭顶山、杨树坪、胡卜、竹岸、岩头卜、王家庄、上祝、石沿山、梅坑、棠家洲、金山、扁石、碇岭脚、曹州、秀溪、查林、上海岭、江村		王桥、西王合并为安仁村，山南、茅坪村、曹家合并为新航村，五平并入寨岭村，管家岭并入大市聚，第头、炉溪、下坑合并为知新村，鳌东并入水帘村，姚卜丁、庄后王、青白石合并为鳌峰村，银星、彭顶山合并为银顶山，杨树坪并入大坪头村
		小将镇	小将新村、朱部、平溪、结溪、泾源、中溪口、巧英湖、大霞	外小将、里宅、桥里房，岭脚、上朱部、下朱部、铜坑、下联、方泉、道士岙、旧坞、平山、结局山、里家溪、上三坑、唐家、桥下、中溪、溪口、莒根、巧英、溪竹、联防、尖坑、五星、大雷		外小将、里宅合并为小将新村，桥里房并入里东村，岭脚并入南洲村，上朱部、下朱部合并为朱部村，铜坑、下联并入方泉村，道士岙并入茅洋村，旧坞、平山合并为平溪村，结局山、里家溪合并为结溪村，上三坑、唐家合并为泾源村，桥下并入三坑村，中溪、溪口合并为中溪口村，莒根并入细心坑村，巧英、溪竹、联防合并为巧英湖村，尖坑并入雪头村，五星、大雷合并为大霞村

续表 34

时期	全县总数	乡镇名称	增设村（居）	撤并村（居）	县乡镇间调整	备注
2019年	253个村16个社区7个居委会	沙溪镇	董村、六合	王家年、上徐、淦坑、生田、开口岩、新宅、上董、竺家坑、马菊田		王家年并入沙溪村，上徐并入真诏村，淦坑并入唐家坪村，生田、开口岩、新宅、上董合并为董村，竺家坑、马菊田合并为六合村
		城南乡	秦高	秦岩、高依、任家		秦岩、高依合并为秦高村，任家并入琅珂村
		东茗乡	金山	前后坪、后金山、黄潭、石下坑、马安山		前后坪并入东茗村，后金山、黄潭合并为金山村，石下坑并入东丰坑村，马安山并入白岩村

第三节　基层民主自治

城乡基层是国家推行社会主义民主法治建设和经济建设的落脚点，村（居）民自治是国家法律确定的村（居）事务管理的基本形式。新中国成立后，人民政府废除保甲制，实行土地改革，建立民主政权，走集体化道路，人民群众当家做主的思想觉悟逐渐树立。改革开放后，城乡基层开展民主法治建设，以民主选举村（居）干部为标志，以民主管理村（居）务财务、民主决策村（居）事务为重点，以创建村（居）民自治示范村（居）、民主法治村（社区）活动为抓手，建立和健全村（居）民自治体系，提升村（居）民自我管理、自我教育、自我服务的能力，推进城乡基层民主自治现代化、法治化。

一、农村民主自治

（一）干部教育培训

新中国成立后，县、区、乡各级党委、政府和有关部门十分重视农村基层干部的教育培训，主要采取召开会议以会代训、举办短期培训班的方式培养训练干部，以适应开展各项工作任务的需要。

1952 年 10 月，新昌县创办干部学校，专事各级干部培训。12 月 5 日首期训练班开学，为期 20 天，来自 15 个乡 448 名学员参加培训，其中农民积极分子 408 名，脱产乡干部和农业合作社干部 40 名。12 月 29 日第二期训练班举办，参加训练的学员来自 27

个乡，共927人，其中农民积极分子833人，脱产乡干部和农业合作社干部94人。之后，县干部学校（1961年起称新昌县委党校）每年举办训练班培训乡干部和农村干部及农村积极分子。自1952年10月至1960年9月（除去并县并校3年），县干部学校举办各类训练班43期，受训人员16037人，其中大部分是农村党员和入党积极分子、大队党支部书记、妇女队长、团支部书记、合作社会计及其他干部。

1988年9月，县民政局订购《基层干部培训教材》1000余册，发至镇乡、村，供基层干部培训学习。

1999年，《中华人民共和国村民委员会组织法》施行后，农村干部培训列入各级党委、政府工作的议事日程。按照分级管理的原则，农村干部经常性教育培训主要由乡镇（街道）负责，县委组织部、县民政局、县委党校根据各个时期党和政府的中心工作需要，结合农村基层组织整顿和换届选举等阶段性工作，重点抓农村党支部和村民委员会主职干部的培训教育，分期分批开展轮训。

进入21世纪后，县各级有关部门根据农村市场经济的发展形势，注重建立健全农村干部管理制度，提高基层组织整体素质。

2000年2月，县委、县政府印发《新昌县村“两委会”工作制度（试行）》，民政、组织部门编印《新昌县村级组织管理制度汇编》，发至各村供学习培训。同时，开展村委会换届选举工作“回头看”，对换届后“两委”班子不协调、工作难开展的111个村，逐一查原因、找症结，开展县级机关挂钩帮扶，促进转化。当年有98个村“两委”（村党支部委员会、村民委员会）关系明显改善，转化面达88%。8月，县委组织部、县民政局在梅渚、沙溪、拔茅3个镇开展农村基层组织“同心工程”试点。9月，全县农村实施以面对面交流——建立村“两委”例会制度，心连心议事——建立代表议事制度，实打实评议——建立群众评议制度为主要内容的“同心工程”活动。

2003年7月，县委组织部、县监察局、县民政局、县农业局联合发文，实施村级班子实绩承诺、村干部诫勉和村主职干部经济责任审计等制度。村级班子实绩承诺制，以富民强村为目标，提出任期和年度创业目标和措施，向村民作出承诺。每年年底，由镇乡组织召开党员、村民代表参加的民主考评会，进行投票测评。考核结果与村干部政治、经济待遇挂钩，对成绩优秀的村级班子和村干部给予表彰和奖励；对未完成承诺事项的，酌情扣减村主职干部年度报酬；对考核结果处于末三位的村级班子和村干部予以通报批评或诫勉。村干部诫勉制度，对村干部有政治立场不坚定、不认真履行岗位职责、违反组织原则、违反社会公德、违反村务财务管理制度、违反廉政规定、贯彻上级政府决策决定不力等表现的，由乡镇党委组织调查取证，作出诫勉决定，并予以公示，限期整改。村主职干部经济责任审计制度，按照权责对应、界定责任、全局利益、客观公正的原则，采取任期、离任和重大建设项目等审计方式，对财务收支和财务管理、集体资产完整性和保值增值、集体债权债务真实性等内容实施审计。审计工作由乡镇提出建议，县农业局负责实施。对审计中发现违反财经法规的问题，依法依规予以处理、处罚，直至追究相关人员的刑事责任。

为使各项制度贯彻落实，县民政局印发《村民自治》读本，供村干部学习。在全县开展村民自治知识竞赛活动，新闻媒体开展村民自治先进事迹宣传，激励村干部干净干事，兴办实事。

2004 年 4 月，县委组织部、县民政局、县综治办、县司法局等部门联合开展“民主法治村”创建活动。乡镇（街道）以全国统编《农村基层民主法制建设讲话》为教材，对农村“两委”成员、村民小组长、村民代表进行法制教育培训，参训率达 90%以上。

2009 年 12 月，县委办下发《关于进一步加强村干部队伍建设的意见》，建立健全四项机制：健全农村干部教育培训机制，县级重点抓好村党组织书记和村委会主任的培训，乡镇（街道）负责抓好村级其他干部的培训；建立村干部教育培训考核制度，列入村干部年度工作考核内容；健全激励保障机制，村主职干部基本报酬列入各级财政预算；健全管理监督机制，实行村干部重大事项报告、年终述职、群众评议、考核管理等制度。

附：新昌县委党校农村党员、干部培训情况

表 35　新昌县委党校农村党员、干部培训情况表

年份	人数（人）	培训对象	培训期数（期）	培训内容
1952	448	农民积极分子、脱产乡干部、农业合作社干部	1	形势任务教育、杨德喜生产合作社介绍、互助合作社、民主建政、民兵工作、乡村工作的领导方法
1953	888	脱产乡干部、村干部、积极分子、农村党员、转业军人党员	3	形势任务教育、过渡时期总路线总任务、互助合作运动、党员八条标准、支部工作、宣传员业务知识
1954	2031	县区乡干部、办社积极分子、互助组长、妇女积极分子、第二批农业合作社会计		过渡时期总路线、互助合作的方针、农业生产技术、农业合作社基本知识、党支部的组织和任务、农业增产运动的领导方法、三位一体的阶级政策、财务管理的组织制度和记账方法、党在农村的领导方针和工作方法
1955	6316	农村党支部书记、委员、小组长、合作社正副社长、农业社会计、互助组骨干、办社专职干部、区互助合作干部、会计辅导员	15	毛泽东关于农业合作化的指示、贯彻“积极领导，稳步前进”的方针，解决办社混乱状况、党在农村的领导方针和阶级路线、如何巩固农业社、总结提高互助组经验、社会主义过渡时期总路线、整顿巩固党支部、第一个五年计划和三大任务、会计业务、预支分配等

续表 35

年份	人数（人）	培训对象	培训期数（期）	培训内容
1956	2828	农村党支部书记、建党积极分子、新建社正副主任、会计、农业社骨干	8	毛泽东关于农业合作化的指示、办社的方针政策、高级社的经营管理与办社步骤、农业发展纲要草案、党的基础知识、早稻预支政策、预支方案编造、秋收决算编造
1957	1990	党员、预备党员、分支部书记、委员	7	民主集中制、党的性质和目标、群众路线的工作方法、党员个人利益和集体利益的关系《关于正确处理人民内部矛盾》
1958	1154	公社党委副书记、宣教委员、大队党支部书记、大队长、生产队骨干	1	“大跃进”和人民公社、共产主义思想和风格、群众观点和群众路线、党的组织纪律
1959	3043	大队党支部书记、副书记、支委、生产队长、队委、建党积极分子	5	中共八届六中全会公报、关于人民公社若干问题的决议、目前形势与巩固提高农村人民公社、党的领导和群众路线、党的基础知识
1960	5416	大队党支部书记、副书记、支委、生产队长、队委、建党积极分子、妇女队长、团支部书记和支委	8	党的基础知识、社会主义建设的三大法宝、破除迷信、克服右倾机会主义、省三届一次党代会精神、团妇干部目前的任务和作用、部署食堂为中心的福利工作、学习毛主席著作
1961	2549	大队党支部书记、生产队新会计、公社宣传委员、社办场（厂）会计等	5	中共中央关于当前农村人民公社的紧急指示信、形势任务和工作作风、勤俭办社方针、人民公社财务管理基本知识、部署春节前后全县政治宣传运动
1962	1425	大队党支部书记、大队长、会计、党员队长、妇女队长	8	形势任务教育、勤俭办社方针、党的优良传统、纠正包产到户、总结春花预分、部署早稻分配、中共中央关于目前农村若干问题的决定（草案）、民兵工作
1963	889	大队党支部书记、大队长、团支部书记	2	党在农业问题上的根本路线和阶级斗争、县三届一次党代会工作报告、中共中央关于目前农村若干问题的决定（草案）
1965	59	农村、城镇青年积极分子	1	中共中央关于目前农村若干问题的决定（草案）、农村社会主义教育运动一些具体政策的规定（草案）、农村社会主义教育运动中目前提出的一些问题
1966	888	大队学习毛主席著作积极分子	1	老三篇、32111 钻井队事迹、蔡永祥烈士事迹
1970	1582	大队革命领导小组组长、党支部书记、支部成员	5	无产阶级专政下继续革命理论、两条路线斗争、老三篇、党的九大政治报告

续表 35

年份	人数（人）	培训对象	培训期数（期）	培训内容
1971	422	大队分管思想政治工作的支部委员	2	毛主席哲学著作、无产阶级专政下继续革命理论、两条路线斗争史、新党章、两报一刊社论
1972	179	各区一半大队党支部书记	1	《毛泽东选集》四卷、五篇哲学著作、中共中央有关批林整风的文件
1973	218	城郊、镜岭和城关镇所属大队党支部书记	1	《共产党宣言》、中共十大文献、元旦献词、毛主席致江青的信
1974	189	各区、公社各 1 名脱产党员干部、各公社 3 名大队党支部书记或副书记	1	中共中央 1 号、2 号、3 号文件，批林整风等七个文件
1977	726	大队党支部书记	4	《论十大关系》、华国锋在第二次全国农业学大寨会议上的讲话、中共十一大文件
1978	670	大队党支部书记、公社团委书记、公社妇女干部、大队妇女骨干	4	五届人大一次会议政府工作报告、新宪法、新团章、全国四次妇代会文件、团十大文件、叶剑英关于修改宪法的报告、华国锋和邓小平在全国科学大会上的讲话
1979	476	大队党支部书记	3	中共十一届三中全会公报、全国人大五届二次会议政府工作报告、中共中央 4 号文件、《毛泽东选集》第一卷、五届二次会议通过的七个法律
1980	661	村党支部书记、农村后备干部、建党对象	4	党章修改案、关于党内政治生活的若干准则、党的基本知识、华国锋在五届三次人代会上的讲话、胡耀邦在宣传工作会议上的讲话
1981	683	村党支部书记、公社脱产干部	3	中共中央 30、39 号文件，胡耀邦在中国共产党成立 60 周年大会上的讲话
1986	769	村党支部书记	3	整党决定、共产主义理想、为人民服务、实现党风根本好转、发挥党的战斗堡垒作用、农村经济改革
1987	295	村党支部书记	3	社会主义初级阶段理论、农村经济管理、党组织建设、宪法、刑法、民法、诉讼法、治安管理处罚条例、计划生育条例
1988	388	村党支部书记	4	中共十三大文件、报告、通俗讲话
1989	148	贫困村“两委”干部	1	社会主义初级阶段理论、发展多种经营、发展乡镇企业、农村党组织与村级班子建设、村民委员会组织法

续表 35

年份	人数（人）	培训对象	培训期数（期）	培训内容
1990	287	行政村换届后新任村“两委”干部	2	党的基本路线和群众路线、农村基层组织建设、农村经济建设与开发农业、农村精神文明建设、三大基本国策
1991	180	重点村建党对象	1	党的基本路线、理想信念、革命传统、“九间棚”事迹
1992	127	村党支部书记	1	中共十四届八中全会精神、加强农村基层组织建设
1993	263	联盟工程村书记、奔小康示范村书记、村妇女主任	4	农民走向市场经济的若干问题、发展个私企业、党支部书记业务
1994	127	村委干部、六好标兵妇女主任、专业村妇女主任	2	优高农业与农村改革、发展个私经济、基层组织建设、妇女权益保障法、母乳喂养与妇女工作业务
1995	243	新任村“两委”成员、百强村党支部书记	2	形势任务报告、发展个体企业的形势与要求、优高农业与农村改革、农村养老保险、基层组织建设、农村发展市场经济
1996	271	村级经济超千亿元村支部书记、联盟工程村书记、村女干部	3	社会主义特色理论与新昌精神、社会主义新农村建设、新昌县农业形势与发展特色农业、发展乡村企业、中国妇女发展纲要、基层女干部业务知识
1997	224	争创亿元村干部、联盟工程村书记	2	新时期农村干部形象、农业经济、社会主义特色理论与六中全会精神、农村工业经济
1998	99	村党支部书记、村委会主任	1	中共十五大精神、党的基层组织建设、农村精神文明建设、社会主义新农村建设、发展农村经济
1999	1100	行政村换届后新任村“两委”成员	8	中共十五届三中全会精神、农业农村现代化、村级组织建设
2000	68	村党支部书记、村委会主任	1	“三个代表”重要思想、农业结构调整与科技兴农、村干部业务知识与素质 教育
2001	83	村“两委”妇女干部	1	妇女参政与成长、农业农村现代化
2002	1440	农村主职干部	12	农村基层组织建设、民主政权建设、村务公开与财务管理、基层综合治理、产业结构调整、如何做好村干部
2004	100	农村主职干部	1	中共十六届四中全会精神、农村基层组织建设、农村经济和社会发展

续表 35

年份	人数（人）	培训对象	培训期数（期）	培训内容
2005	830	农村主职干部	6	新任农村主职干部赴诸暨市委党校封闭式培训，主题内容有建强新班子、理清新思路、健全新机制、创造新业绩等
2006	190	大学生村官、50 个重点村主职干部	1	上岗培训、赴湖州市委党校培训及参观
2008	824	农村主职干部	5	上岗培训、新农村政策、农村稳定与和谐社会、村干部职务犯罪预防、国土资源法规
2009	68	大学生村官	1	党性修养与素质提升、领导能力、涉农政策
2010	40	大学生村官	1	党性修养与素质提升、领导能力、涉农政策
2011	784	农村主职干部	6	党建理论、党风廉政建设、支农惠农政策
2012	522	村党组织书记		支农惠农政策
2013	700	农村工作指导员、大学生村官、农业龙头企业和农民合作社负责人、财务人员	5	支农惠农政策、中共十八大形势与当前经济、农村财经纪律与法规、农业相关税收政策
2014	613	农村主职干部	4	三中全会“三农”问题与中央一号文件解读、打造阳光村务、强化村干部规矩意识、美丽乡村建设政策、国土知识、社会综合治理与矛盾化解机制
2015	850	农村主职干部、村监委主任	7	失考
2016	263	梅渚镇村干部、双彩乡村干部	2	园区建设与政策处理、农村基层组织建设、建设美丽乡村、农村干部职务犯罪案例分析、村干部担当与规划意识、反腐倡廉的现状与路径、敬畏法律远离职务犯罪、农村电子商务应用、村干部履职能力培训
2017	932	村主职干部	7	基层组织建设年主要任务、城乡一体化与美丽乡村建设、加强和创新社会管理、基层干部如何提升化解矛盾和维稳能力、改革创新基层党建、农村干部党性修养

（二）干部报酬待遇

新中国成立初期，农村党员、干部、积极分子到县、区、乡开会，均自带干粮，徒步往返，无分文补贴。为村集体为群众办事，更是不分昼夜，不计报酬。

进入人民公社后，实行按劳分配体制，干部务工实行实务实记，给予工分补贴。农村实行生产责任制后，集体经济空虚的村，干部务工报酬无法落实兑现的问题较普遍，少数边远山村甚至出现干部无人当的情况。为此，当地乡镇政府采取开会发补助，年终给予一次性补助或奖励的办法，解决村干部务工报酬。

2002 年 2 月 8 日，为切实解决农村干部的务工报酬问题，调动干部的工作积极性，县委办、县政府办转发县委组织部、县农办《关于村主职干部报酬实行镇乡统一管理的意见》，规定从 2002 年起，全县农村党支部书记、村民委员会主任的务工报酬，由镇乡统一管理和统一发放。务工报酬包括基础报酬和奖金两部分。基础报酬由各乡镇根据历年村干部报酬和现实状况及本乡镇农民收入状况，每年确定一次；奖金部分由镇乡按照各村人口多少、经济发展状况、工作难易程度和工作实绩，经考核后确定。资金来源采取“村集体收入为主、乡镇考核资金为补充、县财政扶持”相结合的办法筹措，集体经济年收入在 5 万元以上的村，由该村全额负担；集体经济年收入在 1 万元~5 万元的村，由村和县、乡镇共同负担；集体经济年收入在 1 万元以下的村，由县财政转移支付解决。村主职干部的通信补贴、养老保险以及其他干部的报酬由各乡镇自行规定。是年，县财政拨款 96.5 万元，补助 665 个村解决村干部的务工报酬。

2003 年 12 月，县委组织部针对部分乡镇未按县委要求统一管理和统一发放农村主职干部报酬的情况，下发《关于进一步加强村主职干部报酬统一管理的补充意见》，强调各乡镇政府要严格拨付办法，规范发放制度，加强资金管理，妥善处理村其他干部的误工报酬和离任原主职干部的生活困难，以达到调动干部积极性，加强村级班子建设之目的。

2004 年，农村主职干部报酬发放开始规范化、制度化。

2005 年，县政府给 35 个经济薄弱村各拨款 1 万元，帮助解决村办公场所困难问题。

2008 年 1 月起，县委决定建立农村退职老干部定期走访慰问制度，对年满 60 周岁的农村退职老干部，按担职年限规定慰问标准：累计担职 10 年以上不满 20 年的，每人每年慰问金不少于 300 元；累计担职 20 年以上不满 30 年的，每人每年慰问金不少于 350 元；累计担职 30 年以上的，每人每年慰问金不少于 500 元。对年老体弱、生活特别困难的，予以重点照顾。走访慰问由当地乡镇政府（街道）组织。

2009 年，县委组织部、县民政局、县财政局联合制定《新昌县农村退职老干部生活补助金管理办法（试行）》，规定给担任农村主职累计 10 年以上，男年满 60 周岁、女年满 55 周岁的退职老干部发放生活补助，生活补助标准按 10~19 年、20~29 年、30 年以上三档，分别每人每年补助 1200 元、2400 元、3600 元。凡符合条件的农村退职老干部生活补助的审批，由本人向乡镇（街道）提出申请，乡镇（街道）调查核实，并在所在村公示 7 天无异议的，报民政局审批、组织部备案。农村退职老干部生活补助金列入县财政年度预算，由民政局在每年 6 月、12 月分两次拨付乡镇（街道）发放。农村退职老干部生活补助实行动态管理，乡镇（街道）分别在每年 6 月、12 月对享受农村退职老干部生活补助对象进行一次审核，新增或死亡的按时上报增减。是年，享受农村退职老干部生活补助 1167 人，补助金额 210.48 万元。

同年，实行农村现任主职干部基本报酬补贴制度。县农办发文规定农村主职干部基本报酬为人均 12000 元，经费由县财政全额拨付。其中基础性报酬为人均 6000 元，对外出时间较长履职不到位的酌情扣减；奖励性报酬按考核实绩 60%、群众测评 20%、村人口多少和工作量大小等因素综合评价 20%三方面综合评定；对年度考核不称职的，取消奖励性报酬；村党支部书记兼任村委主任的，奖励性报酬按考核结果上浮 50%发放。村主职干部基本报酬的兑现由当地乡镇（街道）组织实施。

2012 年 6 月，实行村务监督委员会主任基本报酬制度。县纪委、县委组织部、县农办、县民政局、县财政局、县农业局联合下发《关于落实村务监督委员会主任基本报酬的意见》，规定：村务监督委员会主任基本报酬标准为村主职干部基本报酬的 70%，分基础性报酬和奖励性报酬两部分，经考核后发放。村务监督委员会其他成员按照实务实记的方式给予补贴。

同年 12 月，调整农村退职主职干部生活补助标准：担任村主职干部累计 10~19 年的、20~29 年的、30 年以上的，每人每年补助标准分别提高到 1800 元、3000 元、4200 元。

2015 年 11 月，县政府决定自 7 月 1 日起，调整农村现任主职干部基本报酬和农村退职主职干部生活补助标准，农村现任主职干部基本报酬调整为人均 2.2 万元；农村退职主职干部累计 10~19 年的、20~29 年的、30 年以上的，每人每年补助标准分别提高到 2400 元、3600 元、4800 元。

2017 年 10 月 11 日，县委办公室印发《关于调整村党组织书记和村委会主任报酬的通知》，自 5 月 1 日起，农村党组织书记和村委会主任报酬在原基本报酬人均 2.2 万元的基础上，增加重点工作考核人均 1.8 万元，各乡镇（街道）根据各自实际设个性类重点工作考核人均 1 万元。基本报酬人均 2.2 万元和重点工作考核人均 1.8 万元由县财政负责保障，乡镇（街道）自设个性类重点工作考核人均 1 万元由乡镇（街道）自行解决。党组织书记和村委会主任的日常考核管理和经费发放，由乡镇（街道）党委、政府负责，县委组织部、县农办、县财政局、县民政局等单位进行宏观指导和督促检查。同时，调整农村退职主职干部生活补助标准：累计担职 10~19 年的，每人每年补助 3000 元；20~29 年的，每人每年补助 4200 元；30 年以上的，每人每年补助 5400 元。

附：2009—2017年新昌县农村退职老干部生活补助发放情况

表36　2009—2017年新昌县农村退职老干部生活补助发放情况表

年度	10~19年		20~29年		30年以上		合计		备注
	人数（人）	金额（万元）	人数（人）	金额（万元）	人数（人）	金额（万元）	人数（人）	金额（万元）	
2009	721	86.52	305	73.20	141	50.76	1167	210.48	
2010	651	39.06	270	32.40	120	21.60	1041	93.06	上半年
	742	44.52	307	36.84	138	24.84	1187	106.2	下半年
2011	756	45.36	301	36.12	137	24.66	1194	106.14	上半年
	769	46.14	303	36.36	135	24.30	1207	106.80	下半年
2012	812	73.08	302	45.30	130	27.30	1244	145.68	上半年
	834	75.06	303	45.45	126	26.46	1263	146.97	下半年
2013	841	75.69	304	45.6	122	25.62	1267	146.91	上半年
	850	76.50	305	45.75	120	25.20	1275	147.45	下半年
2014	866	77.94	313	46.95	123	25.83	1302	150.72	上半年
	873	78.57	306	45.90	120	25.20	1099	149.67	下半年
2015	876	78.84	300	45.00	116	24.36	1292	148.20	上半年
	867	104.04	297	53.46	111	26.64	1275	184.14	下半年
2016	871	104.52	291	52.38	107	25.68	1269	182.58	上半年
	877	105.24	293	52.74	105	25.20	1277	183.18	下半年
2017	883	105.96	294	52.92	107	25.68	1284	184.56	上半年
	890	133.50	287	60.27	106	28.62	1283	222.39	下半年

（三）民主选举干部

新中国成立初期，村农会主任和副主任、委员，村政委员会主任和副主任、委员等均由村民选举产生，并由乡镇党委、政府任命。

农业生产合作社建立后的社长、副社长、社委会成员及人民公社时期的生产大队正、副大队长、管理委员会成员、监察委员由社员代表大会选举，公社党委任命，任期一年，可连选连任。

1964年开始建立的贫下中农协会主席、副主席和委员，由县社会主义教育工作队提名候选人，经贫农、下中农社员大会选举，报公社贫下中农协会筹委会批准任命。

1968年8月后，生产大队建立的革命领导小组组长、副组长、组员，由公社革命委员会在征求贫下中农协会和造反派意见的基础上，提出候选人，经社员大会选举，报公社革命委员会批准任命。

1983年起，村民委员会成员及村务监督委员会成员由各村选民采取无记名投票、有候选人的差额选举方式选举产生，主任、副主任、委员采取分工负责制，由乡镇党委任命，每届任期三年。

1987 年，县人大常委会办公室印发《城关镇村民委员会选举办法》，规定：村民委员会换届选举由村民委员会或村选举委员会主持。村选举委员会的人选由村民委员会提出，村民会议通过。村民委员会主任、副主任、委员候选人由依法享有选举权的村民 10 人以上联合提名或由村民小组、党团组织提名，经充分酝酿确定。村民委员会主任、副主任、委员可直接选举产生，也可先选举产生村民委员会委员，主任、副主任由委员会分工并报上级政府备案。选举采取无记名投票，实行差额选举或等额选举的方式。是年，各乡镇参照城关镇选举办法开展农村换届选举，选民参选率在 80%左右。

1988 年，贯彻执行《中华人民共和国村民委员会组织法（试行）》和《浙江省村民委员会组织实施办法》，村民委员会主任、副主任和委员由村民直接选举产生。村民委员会的选举由村民委员会或者村民选举委员会主持。由村民选举委员会主持的，村选举委员会的人选由村民委员会提出，村民会议通过。村民委员会的候选人由选民 10 人以上联合提名，或者由村民小组提名。选举方式采取有候选人的差额选举。

1994 年 12 月，县委办公室印发《关于加强村委会班子建设的补充意见》，规定：对缺位较多或超期未进行换届选举的，可召开村民会议或村民代表会议选举产生；对需要充实或调整村委个别成员（包括村委会主任）的，可召开村民代表会议选举产生，也可由乡镇党委在充分征求意见的基础上，指定行政村负责人或任命村委会主任助理，主持村日常行政工作。对犯有错误和工作不够称职的少数村委干部，属于工作方式方法问题的，要批评教育，耐心帮助；属于一般性错误的，发给限期改正通知书（不超过 6 个月），限改期内仍不改正的，应劝其辞职；对问题比较严重的，乡镇党委可在广泛征求村“两委会”及村民意见的基础上，给予挂职停权处置；对长期不做村委会工作（一般在 6 个月以上），经组织多次教育仍不到职工作的村委干部，应作自动离职处置。凡被依法追究刑事责任的干部，应视为自动解除职务。

1998 年 11 月起，按照《中华人民共和国村民委员会组织法》的规定，村民委员会主任、副主任和委员由村民直接选举产生，村民委员会的选举由村民选举委员会主持，选举方式采取有候选人的差额选举。

1999 年，全县 777 个行政村有 95 个村换届时间不一致。县委组织部、县民政局下发《关于统一全县行政村党支部、村民委员会换届选举时间的实施意见》，对全县村级组织换届时间统一规定为：2000 年到期的提前到 1999 年举行换届，2001 年到期的推迟到 2002 年举行换届，1998 年已换届但属班子不健全、软弱涣散、问题较多的，经县委组织部批准，在 1999 年重新改选。村级组织换届，先进行村党支部换届，再进行村委会换届。县委规定 5 类人员不得推选为候选人：1. 正在服刑或刑满释放未满 5 年的，正在劳教或劳教期满释放未满3年的；2. 有违纪、违法行为被纪检部门、司法机关立案侦查的；3. 严重违反计划生育、土地管理、山林保护等政策被处罚（处分）未满3年的；4. 政治素质差、私心杂念重、热衷于搞宗派活动和封建迷信活动影响较坏的；5. 有其他违法违纪行为的（以下简称“五种情况人员”）。

5月下旬，村级组织换届选举在大明市镇藕岸、万石坑两个村试点，11月底，全县换届结束。全县完成换届选举682个村。其中一次选举成功的544个，约占换届选举村数的80%。选举结果：村委主任是党员的，占主任总数的51%，年龄在45岁以下的，占60.45%；高中以上学历的，占22.4%。选民参选率为87%。民政局首次给当选的村委会成员颁发村民委员会当选证书。

2002年村级组织换届选举，县委、县政府要求村党支部书记、村主任的年龄应在40岁左右，高中文化程度力争达到50%左右。凡年满55岁以上的，原则上不进村级领导班子；年满60岁以上的，原则上不再留任。4月初，县民政局在梅渚镇试行村委会选举无候选人的自荐直选（也称海选），即选民按照村选举办法的规定，向村选举委员会自荐竞选村民委员会主任、副主任或委员，向选民自我介绍当选后的治村方案、工作目标，由选民对照村委会成员的任职条件，直接投票选举产生主任、副主任和委员。5月中旬，梅渚镇试点结束，“海选”方式在全县推广，大部分村采取海选方式选举村委会成员。全县完成换届选举776个村（后岱山村因选委会不作为未完成）。选举结果：村委主任是党员的占主任总数的59.4%，年龄在45岁以下的占56%，高中以上学历的占26.3%。

2004年行政村撤并后，村级班子由乡镇（街道）指定人员，建立村务管理领导小组作为临时过渡，成员均为撤并前的村委会成员。

2005年2月，村级组织换届选举在镜岭镇试点，4月初全县推开。县委、县政府要求被撤并的小村至少有一名村委会成员正式候选人。根据激烈竞争的选举形势，县成立村级组织换届选举工作指导小组办公室，建立换届选举工作专报制度，印发《关于规范竞选承诺行为的通告》和《村级组织换届选举试点工作资料》各1000余份，县人大、公安、组织、民政等部门领导分别发表电视、广播讲话，营造公开、公平、公正的选举环境。全县完成换届选举408个村（1个村实施村改居、1个村进行资产调整及孙家田、石下坑、新市场、上下宅、下岩、岭岙等6村因历史遗留问题未行换届），其中实行有候选人选举的137个村，无候选人选举的271个村。选民参选率94.3%，选举成功率99.2%，当选的村民委员会成员中女委员占1.58%，高中以上学历占29.8%。

2007年，县委组织部、县民政局开展村级组织软弱涣散情况调查，收集整理典型案例，印发各地培训借鉴。组织乡镇、街道党委副书记赴山东等地考察学习村委会换届选举经验。

2008年3月，根据历届选举出现的女干部严重缺失的情况和农村干部群众的意愿，村委会选举全部实行“自荐直选”“女委员专职专选”的方式。换届选举开始之际，县民政局会同县司法局向广大村民发送选举法规宣传手册、挂图卡片，县法院、县检察院、县公安局、县民政局联合发布《关于维护村级组织换届选举秩序的通告》，各乡镇印发《致选民的公开信》，教育和引导选民正确行使选举权，规范选举行为。11 月，换届选举结束，完成选举 414 个村，选民参选率达 93.2%，选举成功率达 99%以上；当选的村委会成员中女委员占 22.8%，党员占 39.7%，高中以上学历占 33%，村委会成员平均年龄 43.5 岁。是年，有 17 人因贿选或干扰、破坏选举，被公安部门行政处罚。

2012 年 9 月，换届选举在沙溪镇试点，11 月全县推开，12 月结束。换届选举贯彻执行《浙江省村民委员会选举规程（试行）》，对有严重违法违纪行为的人员（包括被判处刑罚、刑满释放或缓刑期满未满 5 年，被劳教或者解除劳教未满 3 年，涉黑涉恶受处理后未满 3 年）和丧失行为能力的人员，一律不确定为候选人（自荐人），如当选的，当选无效。候选人（自荐人）资格须经村、乡镇（街道）、县三级审查同意。选前，乡镇（街道）组织候选人（自荐人）进行个别约谈、集体谈话，签订杜绝不正当竞选行为、任期工作目标、不正确履职或群众差评时主动辞职等书面承诺。纪检监察、组织、公安等部门对影响选举的违法违纪行为坚持有报必查、露头就打，保障换届选举顺利实施。全县完成换届选举 398 个村（钦寸水库 17 个搬迁村未选），选民参选率达 95.26%，当选的村委会成员中女委员占 27.7%，党员占 42.54%，高中以上学历的占 33.99%，村委会成员平均年龄 42.6 岁。

2015 年换届选举，各地总结推广上届选举工作经验，注重做好“五种情况人员”的教育劝导。县换届选举工作指导小组办公室将全省查处村级换届选举违法违纪典型案例印发到村，选举纪律提醒卡发送到户，选派选风观察员到各地巡查，大力营造风清气正的选举环境。全县除钦寸水库搬迁村外，398 个村委会全部完成换届选举，选民参选率达 96.4%。当选的村委会成员中女委员占 35%，党员占 40.4%，大专以上学历的占 14.6%，村委成员年龄 35 岁以下的占 10.5%。有 2 人因属“五种情况人员”，被宣布当选无效。

2017 年 3 月，县村级组织换届选举工作领导小组办公室、县纪委、县委组织部、县政法委、县法院、县检察院、县公安局、县民政局、县农业局等九部门联合制定“九严禁”“十不准”的换届选举工作纪律，坚持“有报必查”“露头就打”，保障换届选举工作正常有序进行。“九严禁”是严禁以暴力、威胁、欺骗、贿赂、伪造选票、虚报选票票数等不正当手段，妨害村民和集体经济组织成员行使选举权和被选举权；严禁以砸毁票箱、撕毁选票、冲击选举会场等手段破坏和妨害选举；严禁利用宗教、宗族、家族势力或黑恶势力等干扰、操纵、破坏选举，参与或指使他人避会抵制、跟踪监视、虚假委托、张贴大字报、分发传单等不正当活动；严禁采用诬告陷害、诽谤中伤他人，或制造和传播小道消息扰乱换届工作；严禁对检举、控告违纪违法行为的人员进行打击报复；严禁借换届之机，突击花钱或私分公款公物、滥发奖金、补贴或纪念品，进行公款旅游、公款吃请或向候选人（自荐人）、当选人员索要钱财、吃请等行为；严禁在换届前频繁接转党员组织关系、突击发展党员；严禁换届后不移交印章、账本、档案和有关事务；严禁以其他不正当手段妨害村级组织换届工作的正常开展。“十不准”是不准向选举人赠送现金、存单、银行卡、会员卡、有价证券、购物卡、电子红包或实物等进行拉票；不准为选举人提供吃请、旅游、休闲、健身、娱乐等消费活动进行拉票；不准以慰问、帮扶名义向选举人变相赠送财物，或为选举人缴纳各种保险、数字电视费、水电费、电话费等费用进行拉票；不准以保证金形式，许诺当选后将保证金发给选举人进行拉票；不准向其他竞选人送钱送物或给予某种利益，让其退出选举；不准以许诺当选后赞助村级组织或群众团体活动费、免除村民债务，或给予选举人其他利益或好处等方式进行拉票；不准以违反规定分发村集体资产，用集体资金为选举人交纳各种费用进行拉票；不准以私自通过打电话、发短信微信、分发名片、当面拜访，或者委托、授意亲属、朋友等中间人出面说情，请求他人给予关照而进行拉票；不准以贿赂等手段诱使或收买选举工作人员在选举中进行舞弊活动；不准利用其他手段进行拉票贿选。

4 月，全县除钦寸水库搬迁村外，398 个村委会全部完成换届选举，选民参选率达 93%，当选村委会成员 1531 名，其中女委员 414 名，约占 27%。当选的村委会主任中，大专以上学历的 70 人，占 18%；女主任 23 人，占村委会主任总数的 5.8%。各村委会平均职数为 3.8 个。村委会成员年龄 35 岁以下的占 10.5%。有 39 名“五种情况人员”经劝导退出竞选，2 名“五种情况人员”当选后被宣布无效。

（四）民主法治建设

新中国成立后，经过土地改革、民主建政、互助合作运动，人民民主专政制度在农村得以确立，广大农民当家做主的思想觉悟逐渐树立。

农村合作社和人民公社时期，实行社员代表大会、社员大会制度，生产大队、生产队的生产计划、分配方案、财务预算和决算、基本建设等重大事情，都由社员民主讨论决定。社员代表大会或者社员大会的各项决议、决定，由大队、生产队的管理委员会组织实施，监察委员负责监督。

1983 年，村民委员会设立后，普遍建立村民会议、村民代表会议制度，行使村民自治权力。

1992 年 8 月，贯彻中共中央批转民政部《关于在全国农村开展村民自治示范活动的通知》和省民政厅印发的《浙江省开展村民自治示范活动方案》，农村逐步开展村民自治示范活动。

1998 年 6 月，县委成立“村务公开、民主管理”工作领导小组。县组织、纪检、农业、民政等部门派干部在棣山、上礼泉、挂帘山等 3 个村开展村务公开工作试点，受到村民好评。9 月，全县推广。当年有 722 个村实行村务公开制度，占农村总数的 92.9%。

1999 年 12 月，县委组织部印发《关于进一步深化村务公开工作的实施意见》,决定农村建立村务（财务）监督小组，在村党组织领导下开展工作，对村民代表会议负责，行使监督权。其主要职责：一是对村级各项收支、集体土地征用征收、工程项目招标等内容和村民代表会议决策执行情况等进行监督；二是列席涉及群众利益的重大决策、重大开支的村务会议；三是引导村民支持村“两委会”工作，协助做好村民的思想政治工作；四是受理村民的意见建议，及时向“两委会”反映；五是协助乡镇（街道）、村“两委会”做好其他工作。村务监督小组应定期或不定期向村民代表会议或村民会议报告工作。实施意见还具体规定村务公开的内容、时间、程序、形式、监督、档案等。村务监督小组设组长 1 人，成员 2~4 人。村务监督小组成员由村民代表会议在村民代表中推选产生，任期与村民委员会相同。

2000 年 5 月，县委办下发《关于开展村民自治示范达标活动的通知》。6 月，县委、县政府成立村民自治工作领导小组，下设办公室于民政局。农村以村务公开为创建重点，逐步推行村账乡镇审、村账乡镇代理制和会计电算化，提高村务公开效率。11 月，经考核验收，有 53%的村、39%的乡镇达到村民自治示范标准。

2001 年 11 月，县民政局、县公安局联合下发《关于规范村民委员会印章制发和管理工作的通知》，统一村民委员会印章的规格式样和制发程序，规定村民委员会印章一律由乡镇政府负责制发，同时建立健全村民委员会印章的使用管理制度和监督制度。

2002 年，新昌县被省民政厅命名为全省村民自治模范县。

2003 年 7 月，县委组织部、县民政局联合制定《关于在全县农村实施重大村务公决制的通知》，规定：凡村发展规划、经济活动、基础建设及其他涉及村民切身利益的事项等重大事务，都须经过召开“两委”会议、村民代表会议或户长会议，按照确定事项、开展听证、先行预告、开会公决、公决公告的程序进行。8—10 月，县组织、纪检、监察、农业、财政、民政等部门派员组成联合检查组，采取自查、随机抽查、全面复查的方法，对乡镇政务和农村村务公开情况开展检查。农村重点检查有无设置村务公开栏、是否按时张榜公布、重大事项是否经过集体讨论公决、是否定期进行审计、群众举报的问题有否解决等内容。事后，对检查中发现的问题和矛盾突出的村，集中力量和精力进行整顿解决。同时，县司法局制定《新昌县农村深入开展“民主法治村”创建活动实施意见》《新昌县“民主法治村”创建活动内容》和《新昌县“民主法治村”考核标准》，选择 36 个村开展试点。

2004 年 4 月，县委组织部、县民政局、县综治办、县司法局等部门联合部署开展“民主法治村”创建活动，当年有 65%的村开展创建活动，棣山、梅渚、西山 3 个村被评为首批市级示范“民主法治村”。

同年6月，儒岙镇石磁村以全民公决的形式订立“村民自治特别法—石磁村典章”。8月，民政局及时总结并在70余个村推广，其内容有：坚持权力公授，健全组织领导机制；坚持村务公决，健全民主决策机制；坚持处事公正，健全民主管理机制；坚持结果公评，健全民主监督机制。对重大村务、重要村务和一般村务明确管理权限，建立干部违规责任追究和未履行义务追究制度。不久，新昌“乡村典章”被《浙江内参》第45期、《中国民政》第11期刊登介绍。

2005年10月，县纪委、县委组织部、县农办、县民政局、县农业局和县财政局联合制定《村务公开和民主管理示范村考核办法》，下发《关于在全县开展“村务公开和民主管理示范村”创建活动的意见》，要求乡镇每年有10%的村达到示范村标准，对经考核通过的县级、市级“村务公开和民主管理示范村”实行表彰奖励。

同年12月，全县农村和城关镇12个社区全面开展“民主法治村（社区）”的星级争创活动，董村被评为省五星级“民主法治村”，剡界岭、溪西、坑西等12个村被评为市四星级“民主法治村”，全县50%的村被评为三星级“民主法治村”。之后，每年有村通过省、市、县“民主法治村”验收或示范村创建达标。

2007年，开展乡镇政务和村务公开工作检查考核，有181个村达到“村务公开和民主管理示范村”考核要求，全县村务公开和民主管理规范化建设达标率为76.63%。

2008年，县政府下发《关于完善村级民主监督组织，进一步加强村级民主监督的意见》和《新昌县村务公开工作规程（试行）》，县村务公开和民主管理工作领导小组办公室制定《新昌县村务公开目录》，县委组织部制定《关于全面推行村集体财务双代理制度的意见》《新昌县村集体财务管理制度》等，村务公开逐步走上规范化。是年，儒岙镇南山村被省司法厅、省民政厅评为五星级“民主法治村”。

2009年，县委决定农村村务监督小组改为村务监督委员会。县纪委制定《新昌县村务监督委员会工作职责权利义务、监督事项基本目录和工作制度》《新昌县村务监督委员会主任考核管理办法》等，保障村务监督委员会履行职责，巩固和发展村务公开、民主管理工作成果。

2010年，县民政局、县司法局组织人员对县级“民主法治村（社区）”进行全面复查考核，复核结果，县级“民主法治村（社区）”达标面保持在80%以上。

2011年12月，县纪委、县监察局印发《新昌县村级公务“零招待”制度》，规定：县级机关各部门（单位）和各乡镇（街道）、基层站所公务人员在公务活动中严禁接受行政村安排的就餐、宴请，严禁收受伙食、交通等各种补贴，严禁收受礼金、礼卡、礼券等有价证券，严禁参加行政村安排的娱乐消费活动，严禁向行政村报销一切应由乡镇（街道）或个人支付的费用。各行政村一律不得用村集体资金招待机关工作人员，一律不得用村集体资金购买礼金、礼卡、礼券等任何形式的有价证券赠送机关干部，一律不得用村集体资金报销个人招待费用，一律不得用村集体资金用于村与村之间的吃请，一律不得用村集体资金到娱乐场所消费。

2012年，县村务公开和民主管理工作领导小组抽调人员，分组重点检查乡镇（街道）、村“零招待”制度落实情况，发现所有乡镇（街道）、村没有出现公款招待费用。

2013年，全县村务公开和民主管理规范化建设达标率为92%。获评省五星级“民主法治村”8个，市四星级“民主法治村”44个，县三星级“民主法治村（社区）”329个。

2014年3月，县委办、县政府办印发《新昌县村务公开工作规程》，具体规定村务公开的内容、方式、程序、监督及档案管理等，增强村务公开的实效性和针对性。是年，城南乡秦岩和镜岭镇外婆坑村、回山镇晨光村成功创建省级“民主法治村”和市级“民主法治村”。

2017年6月，县委组织部、县农业局、县财政局、县民政局联合下发《关于进一步加强村级非生产性开支监督管理的意见》，提出量入为出、收支平衡，厉行节约、标准从严，公开透明、管理规范的基本原则，具体规定村干部报酬补贴、办公费、会务费、差旅费、办公用品采购、村级招待、出外考察学习、培训、报刊订阅、捐助赞助、公益福利等项事宜，进一步加强村级财务的监督管理。

是年，镜岭镇外婆坑村通过全国“民主法治村”创建验收。全县村务公开和民主管理规范化建设达标率为90%以上；获评全国“民主法治村”1个，省五星级“民主法治村”10个，市四星级“民主法治村”55个，县三星级“民主法治村（社区）”329个。

（五）农村社区建设

2006年10月，中共十六届六中全会通过《中共中央关于构建社会主义和谐社会若干重要问题的决定》，首次提出“积极推进农村社区建设”的号召。

2008年12月，省委、省政府发出《关于推进农村社区建设的意见》，指示各级党委、政府加强组织领导，加大资金投入，加强队伍建设，强化宣传引导，争取用五年左右时间，确保全省半数以上的村建立集管理、服务、教育、活动等功能于一体的社区服务中心，让广大农民享受城市居民一样便捷、周到的社区服务。

2009年3月，县委、县政府发出《关于开展农村社区建设试点工作的通知》。9月，县民政局在大市聚镇坑西村、小将镇茅洋村、镜岭镇外婆坑村、羽林街道马大王村开展农村社区建设试点。12月23日，试点村通过市城乡社区建设领导小组验收，公布为首批绍兴市农村社区服务中心建设示范村。30日，县委、县政府印发《关于全面推进农村社区建设的实施意见》，提出按照“一村一社区”“几村一社区多场所”的要求，着力加强民主治理、服务设施、服务体系、社区文化、社区治安建设，用三年时间，全面完成全县乡镇（街道）、行政村的社区服务中心建设任务。为加强农村社区服务中心建设的领导，成立农村社区建设领导小组，县委副书记徐良平任组长，县委常委潘启富任副组长。

领导小组下设办公室于民政局。31日，县委、县政府召开全县农村社区建设现场会暨动员大会。会上，羽林街道介绍了马大王村开展社区建设的试点工作经验，县委副书记徐良平就全面推进农村社区建设进行动员部署。

全县农村社区建设现场会暨动员大会后，农村社区建设掀起热潮。各地因村制宜，依托现有村级办公服务场所，利用农村闲置的礼堂、校舍、仓库、民房等资源，装修、改建、扩建和新建社区服务中心。

为加快农村社区建设步伐，县民政局、县财政局制定《新昌县农村社区服务中心建设考核办法》，规定农村社区服务中心建设的基本标准为“八有”，即有农村社区建设理事会；有一块社区服务中心的标识牌；有一个让村民知情、参与、决策、监督村务的场所；有一个基本公共服务场所；有开展文体活动的室内外场地；有一批开展各项工作的专业队伍；有一套开展工作和管理的制度；有一名正常为村民服务的专职或兼职农村社区工作者。社区服务中心分示范型、标准型、简朴型三类，具体标准为：示范型社区服务中心,建筑面积在500平方米以上，室外相对集中的活动场地面积不得少于800平方米。标准型社区服务中心,建筑面积在350平方米以上，室外相对集中的活动场地面积不得少于500平方米。简朴型农村社区服务中心，建筑面积在150平方米以上，有一个相对开阔的室外活动场地。农村社区服务中心建设考核按百分制进行，90分以上为达标。考核由县农村社区建设领导小组办公室在每年的6月、12月，组织有关单位现场验收。对达到市、县示范型、标准型、简朴型标准的，以奖代补，分别给予5万元、3万元、1.5万元、0.5万元的补助。

是年，中央文明办、民政部、文化部、新闻出版总署、广电总局、中国作家协会联合组织开展“万家社区图书室援建和万家社区读书活动”，县民政局拨款2.4万元（其中省民政厅援助1.6万元），给60个行政村援助图书300册，被民政部评为第五期“万家社区图书室援建和万家社区读书活动”先进单位，局长杨成森被评为先进个人。

2010年，新昌县拨补助资金241.5万元，建成314个村（社区）服务中心，占全县行政村总数的79.9%。

2011年6月，县委办、县政府办下发《关于进一步推行村级便民服务中心建设的实施意见》。8月底，县召开村级便民服务中心建设推进会，采取听汇报、随机抽查的方式，督查各地村级便民服务中心建设情况和开展服务情况。年末，累计建成农村社区服务中心393个，其中示范型107个、标准型139个、简朴型147个。

2013年1月，西山、马大王、秦岩、麻家田、塔山、岭山、东联、方泉、上来、董村、龙皇堂、棠村、雪头、南山、黄婆滩等16个村便民服务中心被省纪检委、监察厅、民政厅、劳动和社保厅、国土资源厅等9个部门命名为“百乡千村”省级示范服务中心。

同年10月，县民政局争取省拨资金50万元，以奖代补，每个村5万元，补助灵山下、小泉溪、下岩、中溪、三坑、燕窠、杨梅山、前陈、上里、第头等 10 个村升级改造社区服务中心。经年底验收，达到省级示范服务中心标准。

2017 年 11 月，县民政局印发《关于推进农村社区示范点建设的指导意见》，确定澄潭镇棠村、梅渚镇麻家田、大市聚镇西山、沙溪镇沙溪、东茗乡后岱山、城南乡潜溪等 6 个村为农村社区建设示范点。

二、城镇基层民主自治

（一）社区工作队伍

1952 年，县城居民委员会工作人员由党委、政府在居民中挑选工作积极表现突出的人担任。之后，厂矿企业单位退休人员逐步充入，政府每月给予补贴作为报酬。

2002 年 10 月，县社区建设指导委员会办公室成立 12 个社区自治组织筹建指导小组，分赴各社区开展居委会组织机构筹建工作。社区工作队伍采取派一批、留一批、招聘一批的方式组建。县组织人事部门调派 12 名乡镇干部到社区担任居委会领导，保留行政关系和工资福利待遇。原居委会 98 名工作人员，分 3 类处理：第一类终生在居委会工作，无正常经济来源的 15 人，解聘后按月发给养老金；第二类属退休后发挥余热的 77 人，给予一次性补助和奖励金；第三类对年龄在 45 岁以下，文化程度在高中以上，有一定居民工作经验的 6 人，继续聘用。同时，面向社会公开招考录用 50 名，实行聘用合同制用工管理。新组成的社区工作队伍，年龄在 40 岁以下，具有高中以上文化，2 年以上实际工作经验。

为使社区工作人员尽快适应社区工作需要，10 月 30 日至 11 月 2 日，县委党校对全体社区工作人员进行上岗培训。

2003 年，县民政局会同街道办事处对社工队伍进行“回头看”，建立岗位目标考核奖励制度，开展社工专业理论学习活动，鼓励社工报考社会工作师职称。之后，每年采取走出去、请进来的方式，组织社工到宁波、绍兴、杭州等地参观学习，邀请专家、教授和全省优秀社工讲课培训，提高业务工作能力。

2008 年、2011 年，因增设南岩社区和社区工作需要，2 次面向社会、面向大学生村官公开招考录用社区工作者 19 名。

2010 年、2013 年，街道办事处两次提高社区工作者待遇，落实住房公积金。

2014 年、2017 年，根据社区工作者人员流动、退休和七星社区分设需要，分别公开招考录用社区工作者 16 名、15 名。

2017 年末，县城社区居委会有工作人员 135 名。社区工作人员中已取得社会工作师资格证书的 3 人。

（二）居委会选举

新中国成立之初，居委会主任、副主任、委员通过召开居民代表会议，经组织提名候选人，由居民代表采取无记名投票选举产生委员，报请城关镇党委任命，实行分工负责制。居委会成员每届任期 1 年，按期换届选举。

2002 年 9 月，为规范社区居民委员会选举，加强城镇基层民主法制建设，县委印发《关于加强社区党的建设工作的意见》，县政府印发《新昌县社区居民委员会选举暂行办法》，规定每个社区建立党总支（后改设党委）、居民委员会、社区议事协商委员会，下设保障服务、综合治理、文体科教、环境卫生、医疗计生等 5 个专门委员会。社区居民委员会主任、副主任、委员，由居民代表大会以无记名投票、实行有候选人的方式选举产生，每届任期三年。居民代表以居民小组为单位，采取召开户代表会，按照每个居民小组 1~2 名的比例推选产生，单位代表由单位民主推选产生。居民小组按照 20~30 户的规模设立，居民小组长由户代表会推选产生，任期与居委会相同。

11 月 28—29 日，钟楼社区、鼓山社区先行召开居民代表大会，采取城关镇党委提名候选人、无记名投票的方式选举产生居民委员会主任、副主任、委员，同时选举产生议事协商委员会主任、副主任、委员，建立妇联、计生协会等群团组织，制定《社区自治章程》和有关职能委员会工作职责、工作制度。

12 月底，各社区第一届居委会选举工作相继结束，一次选举成功率均为 100%，居民代表参选率在 98%以上。

2015 年，县民政局会同南明街道在鼓山社区进行居民委员会成员直接选举试点，主任、副主任、委员的初步候选人由选民自荐或由 10 人以上选民联名提出，经居民代表会议预选确定正式候选人，最终由选民采取无记名投票方式选举产生。试点工作取得成功。

（三）示范社区创建

社区建设前，因为历史条件的限制，城关镇原居委会的办公用房普遍狭小，布局分散，无活动场所。2002 年 10 月，县政府决定除钟楼社区利用现房外，其余社区采取无偿调剂、政府租赁、规划新建三结合的办法，逐步改善办公用房和基础设施。同时，为便利居民反映意见和建议，加强政府与人民群众的联系，县人大常委会决定分配给社区 5 个人民代表名额。

社区组织建立后，居委会以加强基层政权和群众自治组织建设，强化社区功能，发展社区服务，提高人民群众生活质量和文明程度，促进社会和谐为基本出发点，开展示范社区创建活动。当年，钟楼社区协助政府工作，开展为民服务成绩突出，被省民政厅命名为全省示范社区居委会。

2003 年，开展以为老服务为宗旨的“星光计划”活动，每个社区创设卫生医疗服务站。

2004 年，开展“万家社区文明”建设活动，发动在职党员带头开展治安巡逻、环境整治等活动，参与率达80%以上。同时，建立社区服务志愿者队伍，志愿者人数达1000余人。

2004年、2006年，湖莲潭社区两次被省民政厅命名为全省示范社区居委会。

2008年，县民政局开展社区建设情况调研，并向县人大常委会作专题汇报。

2011年，社区设立居民生活服务热线电话86881890，开通社会公共服务平台，为居民提供24小时服务，实现居民服务需求与社会服务资源快速有效对接。

是年，省城乡社区建设领导小组表彰全省优秀社区工作者和先进社区社会组织，钟楼社区居委会主任何伯英受到表彰。

2013年，完成新建社区居委会办公用房4座，每个居委会办公用房均达到350平方米以上，办公条件有较大改善。

2014年12月，鼓山社区被绍兴市委组织部、市民政局命名为“和谐社区”。

2015年起，县财政设立社区党组织服务群众专项经费，每年给各个社区拨款5万元。

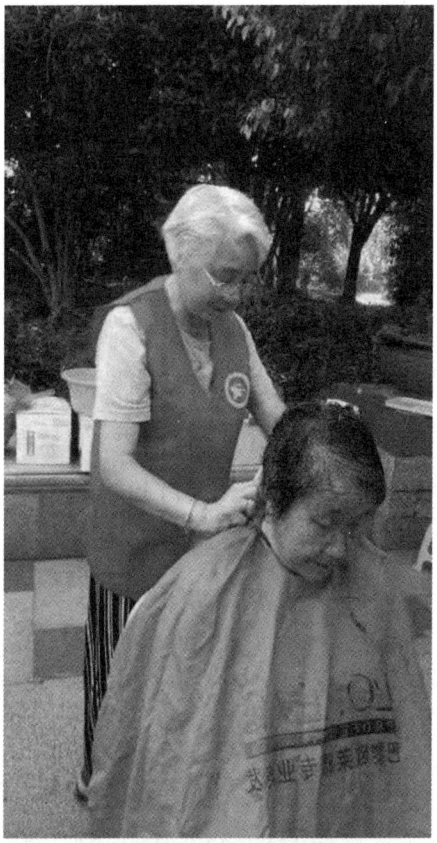

社区志愿者开展活动

第四章　拥军优属

拥护军队，优待军人及家属，是一项为军队建设服务的特殊工作，为历朝政府强军保国之良策。

军人及家属优待制度因军队的产生而产生，随兵制的变化而变化。古代兵制，各朝不同，有征兵制、世兵制、募兵制、府兵制、雇佣兵制等，基本特点为兵农合一，对军人及其家属的优待，主要是免除赋税徭役，军士论功行赏。

中华民国时期，实行征兵制兼行募兵制。抗日战争爆发后，国民政府为保证兵员征集，鼓舞士气，颁行政策法规，优待军人及其家属。

新中国成立后，实行义务兵与志愿兵相结合的兵役制度。县民政部门贯彻国家、集体和群众三结合的方针，深入持久地开展拥军优属活动，切实保障优抚对象的生活，有力地支援军队和国防建设。

第一节　清朝以前军人及家属优待

兵役和军人优待起源于国家形成过程中部落或宗族间的争斗，夏商时期初具制度。

夏商时期，实行族兵制，军队以宗族贵族子弟为主组成，平时不事生产，重在练武，战则集合，披甲上阵，不战则散。部落或宗族内平民、奴隶平时专事生产，战争兵员紧缺时充当徒兵，供军需劳役后勤保障。

西周时期，实行以井田制为基础的义务兵役制，置三师三戌（分左中右），亦兵亦农，兵民合一。

春秋战国时期，诸侯兼并，列国争雄，战争连绵。由于征战的需要，国家实行征兵制，军人在籍，给以“食田”待遇，即收取田亩税租，军人退役后交还“食田”。战国后期，各诸侯国普遍实行“士得受赏田”制度，奖励军功，以鼓舞士气。据《左传》记载，晋国大夫赵简子曾于周敬王二十七年（前 493）发布号令，作战“克敌者，上大夫受县，下大夫受郡，士田十万（可能为十顷之误），庶人工商遂，人臣隶圉免”。

秦朝，实行征兵制。商鞅变法中颁行军功授爵厚待军士的制度，按军功大小等级分封爵位。《史记· 鲁仲连列传》记载，“斩首一级，益田一顷，益宅九亩”。凡在作战中杀死敌甲士一人并取回首级者，赐爵一级；杀敌甲首者，可封 50 石俸禄的官，或使役一人为自己“庶子”①。秦《军爵律》规定，奴隶从军有功的，可免奴隶身份，也可用自

①：“庶子”近似半奴，按规定每月要为主人服力役六天，如主人有徭役，“庶子”须跟随服役。

己的爵位换取免除其亲属的奴隶身价。本人自愿戍边五年的，准许赎为奴隶的亲属一人为平民。

西汉，对征战守土有功的将士，汉武帝亲自派专使到军中慰劳。文帝、景帝时，定有献粮马、免兵役的制度。凡拿出一匹车骑马的人家，可以免除三个人的兵役；缴纳一定数量的粮食受封到五大夫以上的，可免除一人兵役；自愿应募戍边塞者，免除全家徭役。

东汉，改征兵制为募兵制，供应士兵衣食，免其家属赋役。

三国两晋，战事频起，政权更迭，东汉时期的募兵制演变为世兵制。从军士兵全家从民籍变为军籍，集中居住管理，称军户，地位低于民户。士兵终身为兵，父死子继，兄终弟及，子孙后代世代为兵。

南北朝后期，世兵制逐渐衰落，西魏开始出现府兵制，即寓兵于农，“悉属州县，垦田籍账，一与民同”。据陈傅良《历代兵制》记载，西魏大统十六年（550）规定：“籍民之才力者为府兵，身租庸调一切蠲之，以农隙讲阅战阵，马畜粮备，六家供之，合为百府……分属二十四军。”

隋朝前期，延用府兵制。《北史·隋本纪》记载，隋开皇十年（590），隋文帝下诏规定：“悉属州县，垦田籍账，一与民同，军府统领，宜依旧式。”军户编入民户，享有“受田”“身租庸调一切蠲之”的优待，还可保有自己的产业。军人平时耕作，战时出征，地位较前朝提高。

唐初，府兵制盛行，兵农合一。唐朝府兵制以均田制为基础，兵府范围内 20 岁左右的男丁，都有义务成府兵，直至 60 岁免除兵役。男丁给田一顷，其中十之二为永业，十之八为口分。男丁一旦被征为府兵，免租庸调，无军饷，征战军需自备。开元后府兵制渐废。

宋朝，实行雇佣兵制，招募的军士发给俸饷，标准因军种等级不同，以及当时货币不一，物价差异，全国无统一定制。此外，还有“招刺划物”①、“特支钱”②、“郊祀赏赐”③、“雪炭钱”④、“银鞋钱”⑤、“军转钱”⑥等补助，对杀敌立功者给予奖励。军人成为一种职业，家属随征靠军俸维持生活。

元朝，兵民分籍，兵源主要来自蒙古人，据《元史·兵志》记载，凡 15 岁以上、70 岁以下者“无众寡，尽佥为兵”，并在军中担任骨干力量。征集汉人兵员，规定 10~20

①：新兵入伍要在脸上或手臂上刺字，刺字后发给一些随行物品。

②：固定节假日或者某次军事行动的临时补助。

③：每三年举行一次郊祀大礼，给百官和军队赏赐。一次郊祀相当于一名基层军官 20 个月的俸钱。

④：冬季用于御寒的柴炭钱。

⑤：每月或每季发给戍边将士的鞋袜补助。

⑥：士兵转调部队的临时补助。

户合出一兵，年龄在 20 岁以上“丁力强者充军”，从军人家定为军户，世代相袭；弱者出钱输役，定为贴户。军官实行月俸制，当役士兵军所需盘费由家属供给。从军士兵及军户，给予免除四项以下赡军地的税粮、近仓送纳及其他粮税，并不纳课差的优待。如遇灾荒，可优先蠲免（免去差税）、赈贷（给予米粟）。

明朝，实行军户军屯制度，民以三户为一垛集单位，定其中一户为正户，另两户为贴户，正户以一丁充军，如正户军亡，贴户要抽丁补额。军队一部分戍边守疆，一部分屯田种粮，解决粮饷。军户授田 50 亩，给耕牛、农具、教树植，复租赋，遣官劝输，诛侵暴之吏。朝廷对官兵给予免除丁役、丁徭和杂役，选武袭职①，奖励军功，封赠职爵等优待。

清朝，清军入关前，实行部落兵制，以蒙古人为主建立八旗兵，16 岁以上八旗子弟，人皆为兵。清军入关后，招募汉人入伍，以营为单位建立绿营兵。绿营为世兵制，兵丁以当兵吃营粮为世业，全家靠兵丁的粮饷生活。兵丁的粮饷，马兵、步兵、守兵及特种兵各有差别。清顺治元年（1644），规定各镇马兵每月给饷银 1 两 5 钱，步兵 1 两。顺治四年（1647），改定各镇马兵每月给饷银 2 两，步兵 1 两 5 钱，守兵 1 两。同年又定兵丁每月给米 5 斗。清顺治五年，调整为每月给米三斗，后成定制。兵丁及家属遇婚丧嫁娶，发给赏银 2~4 两，多少无定制。兵丁遇战事被征调出境 300 里外，增加俸饷，以养赡其家口。对有战功的给予“功加”，军功分一至五等，立功次数经累计给予世职待遇。作战勇敢的兵卒，分别赏银 1~6 两，以资鼓励。八旗兵作为清朝的禁军，其地位和待遇高于绿营两三倍，优属更不言而喻。

第二节　民国军人及家属优待

中华民国成立之初，国民政府实行征兵制。因军阀割据，各自为政，政令难以统一，不久改为募兵制。对军人及其家属的优待，无统一和完备的制度。

1937 年，抗日战争全面爆发，部队急需补充兵员，国民政府实行征兵制，兼行募兵制。为安定军心，解除军人后顾之忧，鼓励将士杀敌和后方民众参军，国民政府逐步订立制度，加大对军属的优待。然而，由于国库无力保障，经费由地方自筹，加上政治腐败，时局动荡，物价飞涨，百姓贫穷，优待制度没有得到有效落实，出征军人及其家属所得优待甚是微薄。

一、优待制度

1928 年，国民政府先后公布陆海空三军署条例，在中央设置专门机构，负责优抚工作的组织实施。

1938 年 10 月，国民政府发布《优待出征抗敌军人家属条例》，规定出征军人之配偶

①：明洪武五年（1372）正月，军职子弟年至 20 岁，可参加选武袭职，从色目、状貌、才德诸多方面选武，中试者被封世职或袭荫。

及直系血亲属享受下列优待权利：（一）减免各项临时捐款；（二）免服劳役并优先享受一切公益设施；（三）生活不能维持或子女无力教养以及疾病无力治疗、死亡不能埋葬或遭遇意外灾害者，得由保长向县优待委员会请求救济；（四）应召前所负之债务如无力清偿得展至服役期满后第二年偿清。在服役期间，其家属赖以维持生活之财产，债权人不得强制执行。出征军人因作战阵亡或重伤残废，除依法令抚恤褒扬外，其家属得继续享受优待至子女成年。无子女者至配偶或直系亲尊亲属死亡为止。

同年 12 月 31 日，国民政府修订《优待出征抗敌军人家属条例》，在原条例基础上增加两条：（一）军人在应征前所负债务无力清偿者，准展至服役期满后第二年内偿清。其因作战阵亡或因公积劳成疾，或受重伤致残疾，或因伤病回籍归休死亡者，自阵亡、死亡或归休之日起满三年后于两年内由其本人或继承人偿清；军人在应召前出典之田地或房屋，如服役期满其约定或法定期限届满无力回赎者，准展至服役期满后第二年内赎之。其因作战阵亡或因公积劳成疾，或受重伤致残疾，或因伤病回籍而死亡者，自阵亡、死亡或停役归休之日起满三年后于两年内由其本人或继承人回赎之。（二）军人在服役期间其家属赖以维持生活之财产，债权人不得请求强制执行；军人及其家属应征召前承典或承租耕作之田地或房屋，在服役期间如无其他耕作或收益之田地或房屋时，出典或出租人不得收回或改典改租给他人；军人家属有耕作能力而无耕地者，县市政府于择定公地放租放垦或临时放领时应给予优先承租承垦或承领之权。

1939 年 7 月 4 日，省政府发布《浙江省各县（市）优待抗敌军人家属实施细则》，规定：出征军人家属之优待以直接参与作战军人家属之配偶，及其直系血亲为限；享受减免各项临时捐款及劳役、信封邮资、资金及物品借贷、劳力代耕、职业介绍、豁免学费、减免医疗费、埋葬费、助产费（5~10 元）、赈济、出征一丁发给安家费（30~50 元）、每一出征军人家属每日一角或每日一斤之粮食的优待，出征抗敌军人作战伤亡者，酌给其家属 50~100 元的特别抚恤费。

1941 年，军政部颁发《征属田地义务代耕办法》，规定凡出征抗敌军人自耕或承耕之田地，其家属无力耕种者，以保为单位组织义务代耕队，以保长为队长，以甲长为班长，年满 18 岁至 45 岁之男子为队员，义务为出征军人家属代耕田地。

同年 12 月，国民政府再次修订《优待出征抗敌军人家属条例》，规定：优待对象为直接参与作战之军人家属；调回后方修养、整训之军人家属；空军勤务人员及对空作战之部队、准备拨补前方服役之运输士兵、国民兵团常备队之预备班及补充团队之新兵、编入战斗序列或担任战地攻守任务之警察及地方团队等军人直系血亲及配偶。优待费来源：无出征壮丁及免勤役户应交之优待费或谷物；地方公户公款及公益事业之提拨；地方事业专款已停止支付者之提拨；地方救济金之提拨；地方积谷之提拨；违反兵役法罚款之提拨；没收敌逆汉奸财产及资敌物品罚金之提拨；庙会殷富宗族财产之捐助以及义卖、献金劝募等收入。优待方法：（一）减免捐款、劳役；（二）子女弟妹入公立学校免收学费，入公立医院治疗免收诊疗费；（三）优先享受公益设施利益；（四）应征前负债无力清偿者展至服役期满后第二年偿清；阵亡、积劳成疾、重伤致残或旧伤归休而死亡者，自阵亡、停役或归休之日起满第三年后于二年内偿清；（五）服役期间，家属赖以维持生活之财产，债权人不得请求强制执行；（六）应征前出典田地、房屋，在出征抗敌期内无力回赎者，得展至服役期满后第二年内回赎。阵亡或积劳成疾、重伤致残或因伤病归休回籍死亡者，得自阵亡、停役或归休之日起满第三年后于两年内回赎；（七）出征抗敌军人或其家属承租耕作之田地或自住之房屋，在出征抗敌期内出租人不得收回或改租他人；（八）出征抗敌军人或其家属承典耕作或收益之田地、自住房屋，在出征抗敌期以别无耕作或收益之田地或自住房屋为限，出典人不得收回或改典于他人；（九）出征抗敌军人在服役期内，其妻或未婚妻无论持何理由不得离婚或解除婚约；（十）出征抗敌军人家属之诉讼案件受理机关应提前处理；（十一）出征抗敌军人家属为经营生产事业需要资金得申请小本贷款；（十二）出征抗敌军人家属无土地可资耕作时，得申请地方政府指定公地供其耕作；（十三）出征军人家属生活不能维持者、疾病无力治疗者、死亡不能埋葬者、子女无力教养者、子女无力婚嫁者和遭遇意外灾害者，得申请救济。条例还规定对出征抗敌军人及其家属给予精神鼓励和安慰，如送喜报匾额、新兵集合赴营时举行欢送，举行出征抗敌军人家属恳请会，出征抗敌军人家属有婚丧大故或生子女协同庆吊馈赙。

1942 年 2 月，省政府、省军管区司令部发布《浙江省征收出征军人家属优待金办法》，规定：凡未出丁之家无论有无壮丁及依法应免役缓征缓役者，均须按照乡镇民代表会决议及县征兵会议决定之标准缴纳征属优待金。乡镇民代表会决议标准按下列原则办理：（一）以保为单位，凡各保当年出征一丁以筹足 250 元为准，除安家费于出征时随时发给外，余作其他优待之用。（二）于每保之中选定若干殷实富户并分为若干等级，按照需要筹足之数分别规定应捐金额或食粮。（三）地主、商人、房主应仅先捐助优待金。乡镇民代表会决议之征收优待金标准应经县征兵会议决定后实施。征属优待金由县优待会通盘支配。同时，省政府、省军管区司令部又发布《浙江省征收免缓役证书费办法》，规定：免缓役证书费征缴标准分为甲乙丙三等征收，数额每年由省政府、省军管区司令部规定。凡免缓役者由县政府审查认为合法后令其遵缴。逾期不缴者，以自愿放弃免缓役论。县库收起之款应全数存库，作为优待出征军人家属基金之用，收支列入优待经费预算。

12 月 30 日，省保安司令部、省第三行政督察专员公署奉令抄发粮食部《出征抗敌军人家属免派积谷办法》，规定：出征抗敌军人家属每年田产收益在谷 50 市石以下，或其他产业收益在 50 市石谷价以下者，得免派积谷，但以直系亲属为限。如旁系亲属同居产者，旁系亲属应归部分仍应照派。出征抗敌军人自起役之日起其家属得免派积谷，但已缴纳者不予退还。出征抗敌军人退伍除役或复员后，其家属仍得继续免派积谷一年；阵亡伤故或受重伤成残废者，得予战时终止后继续免派积谷三年。免派积谷事宜由县政府核准呈报省政府备案。

1943 年 3 月，省政府颁布《浙江省征属优待节办法》，规定每年农历正月十五日为“征属优待节”。其时，开展慰问军人家属、召开征属代表会议、解决征属困难、扩大兵役宣传、倡导优待献金、发放优待金等活动。

7 月，军政部、内政部颁发《各省、市、县姓族组织优待抗战出征真正贫苦军人家属委员会办法》，规定：各乡保得成立姓族优待抗战出征真正贫苦军人家属委员会，报县政府备案；姓族优待会由族长、祀产经理、监督 5 人组成，族长为主任；优待会以族产十分之六充优待基金，有支祠者得入宗祠优待；优待以实物（谷类）为原则；优待以本姓出征真正贫苦军人家属（壮丁之父母、妻、子女、弟妹、祖父母）为对象，雇人顶替及代人服役者均不得优待；优待期限以出征之日起至退役之日止；优待数量以祀产及出征军人家属之多寡平均支配；优待分春（清明）秋（冬至）两期发给；各姓族长于奉到明令之日一周内由族长召集组织，如有抗延者得将其祀产没收作乡保优待抗属会基金；姓族抗属会由乡保长及党团员负责指导监督。

8 月，国民政府颁布《出征抗敌军人家属婚姻保障条例》，规定：出征抗敌军人在出征期内，其妻或未婚妻不得以任何理由提出离婚或解除婚约；如果抗敌军人在出征期内，其妻与他人订婚者，除婚姻无效外，并处以 6 个月以下的有期徒刑，拘役或 1000 元以下罚金；其妻与他人重行结婚者，除撤销其婚姻外，并处以 7 年以下的有期徒刑，并处 5000 元以下罚金；如果抗敌军人在出征期内，其未婚妻与他人订婚者，除婚姻无效外，处以拘役或 500 元以下罚金；其未婚妻与他人结婚者，除撤销其婚姻外，处以 1 年以下的有期徒刑或拘役，并处以 3000 元以下罚金。如果对抗敌军人之未婚妻采取胁迫利诱或诈术与其订婚或结婚者，处以 3 年以下有期徒刑，并处以 5000 元以下罚金；如果抗敌军人在出征期内，其妻与他人通奸者，处以 3 年以下有期徒刑，并处以 3000 元以下罚金；如果抗敌军人在出征期内，其未婚妻与他人通奸者，处以 6 个月以下有期徒刑，拘役或 1000 元以下罚金；如果抗敌军人生死不明，满 3 年后，其妻或未婚妻可以向法院声明死亡宣告。抗敌军人死亡超过 6 个月后，其妻方可结婚。

同年，省政府、省军管区司令部抄发《荣誉军人身份及其受领优待办法》，规定凡军人对外作战因而伤残者称为荣誉军人，荣誉军人除本人享有国家固有之待遇外，其家属与出征军人家属同例享受优待。

1944 年 4 月，省社会处制定《三十三年度分季慰问抗战军人家属办法》，规定春季注重赠送抗属礼物、辅助抗属子弟就学及敦请当地党政军长官及社会名流等往抗属家中慰问；夏季注重帮助抗属预防病疫，赠送家属常用急救药品；秋季注重请求政府管理部门以布匹及其他日用必需品廉价配馈抗战军人家属；冬季注重贫苦抗属救济，发给救济金或慰问金。

1945 年 7 月，省政府发布《各县征收征属优待金办法》，规定：（一）凡未出丁之家无论有无壮丁及依法应免役缓征缓召者，均须缴纳征属优待金。（二）征收征属优待金标准，应以保为单位，凡本保本年出征一丁须筹发安家费 2500 元；生活扶助费发给食米每户每月不少于 35 斤（市斤，下同）。（三）地主缴纳征属优待金以捐收实物为原则，其标准按照田赋征实科每元出鉴 4 斤，杂粮准予抵扣；商人按营业税额征收十分之一；房主按房警捐额征收百分之十五。（四）凡属地方慈善教育等公益财产均得免征征属优待金，但该机关应有免费保育及免费教育征属子女之义务。

1946 年 5 月，行政院通令切实优待征属，壮丁在退伍以前其家属优待应仍照常办理；各县（市）原在积谷项下拨充征属优待谷者照旧办理；各县（市）仅有积谷标准而无积谷存储可资提拨者，以筹款代替发给之，其筹款数额按每口赤贫征属与每户自给征属年给黄穀（麦）二市石之标准折价办理；根本未办理积谷地区或有积谷不能拨充他用者，仍以筹款代替发给，其筹款数额准仍照前条之标准折价办理；筹款办法可依据各省往年办理出征壮丁安家费自行筹集，自行保管，自行发放之精神，由省政府拟订大纲令各县（市）制定实施细则，呈报省政府备案，事后并由省政府复实核销。

1947 年 2 月，行政院公布《荣誉军人就学公立中学以上学校办法》，规定荣誉军人有意就学公立中学以上学校并符合入学条件者，由军政部军医署发给证明书，准其就学，一律免收学膳宿杂等一切费用。

9 月，国民政府公布《动员时期军人及其家属优待条例》，原《优待出征抗敌军人家属办法》同时废止。

条例规定：（一）中央以内政部为主管机关，国防、社会、财政、教育各部为协管机关；省以省政府为主管机关，军管区司令部为协助机关；县市以县市政府为主管机关，各师团管区司令部为指导机关，兵役协会为直接承办机关。军人家属不分本籍、寄籍与久居暂得凭征召文书或服役证书向居住地县市政府申请优待。（二）优待分权益、生产、救济、荣誉四种。权益优待包括军人征召如为在校学生及在职员工，应保留其学籍及底缺，无职业者退伍复员后有优先就业之机会权利；军人在服役期间其配偶或未婚妻无论持何理由不得离婚或解除婚约；地方自治基层人员应仅先遴选军人家属之合格者充任；军人及其家属之诉讼受理机关应提先处理；军人家属酌予减免地方临时捐款及工役；军人家属酌予免派积谷。生产优待包括：县市政府设有工厂者，应尽量收容失业军人家属入厂习艺工作；军人家属组织生产合作社时，主管机关应优先予以贷款及协助。救济优待包括：士兵于入营缓作战勤务期间，其家属或未婚妻确不能维持生活者，由政府酌发一次安家费或分期拨发金谷以救济之；国立省立中等以上学校所设免费公费生学额，应依照规定标准尽先核给家境贫困军人子女；军人服役期间其子女在大岁以下无力教养及亲属年老无法生活者，得免费入当地公立之托儿所或救济院；军人家属患病免费入军医院、公立医院、卫生院等医疗卫生机构诊疗；军人家属在作战期间被敌杀害者，由地方政府给予埋葬费并从优抚恤；军人因病死亡不能埋葬、子女无力婚嫁或遭遇意外灾害者，由当地区乡镇公所或兵役协会申请救济。荣誉优待包括：军人于出发入营及凯旋返乡之日，当地政府应配合各界人士举行欢送欢迎大会，酌赠纪念物品；军人家属之婚丧大故，当地乡镇公所或兵役协会应发动地方人士庆吊；每年春节、端午、中秋三节，各地方政府、乡镇公所应联合当地各界举行慰劳动员时期军人家属大会，并赠慰劳物品；军人因作战获特殊功勋者，除依法奖励外，其原籍地方政府及有关学校应加表扬，俾示崇敬；军人因作战死亡，除依法勋偿抚恤外，中央及各省、市县政府所在地方政府应设立忠烈祠及公墓或纪念碑等，并按期祭扫，以慰忠烈。

12 月，省政府颁发《浙江省三十六年度筹集出征军人家属优待金暂行办法》，规定筹集优待金对象为共同生活户和共同事业户。共同生活户除确属现役在营军人家属以及赤贫住户经保甲长证明予以豁免外，概须缴纳优待金。共同事业户除机关、学校、法团及其他公共团体外，所有公司、工厂、行号、寺庙及公私营业户等，概须缴纳优待金。优待金缴纳标准：生活户甲等每户 10 万元，乙等每户 8 万元，丙等每户 5 万元，丁等每户 2 万元；事业户甲等每户 60 万元，乙等每户 50 万元，丙等每户 40 万元，丁等每户 20 万元，戊等每户 10 万元。生活户之负担能力以及事业户之规模大小由区乡镇公所分别造册，拟定等级，提交同级民意机关审查决定，转报县（市）政府核办。优待金征收由各乡镇于年底前一次收竣，并由县（市）政府随行汇转公库专户存储。县（市）优待金之存储应随时购存稻谷实物，并按行政院令标准于年终按户以实物清发，不足者在县积谷项下支拨。县（市）优待金收支数目应编具会计报告或清册连同收支凭证送省审计处审销，并分报民政厅备查。优待金的筹集保管、动支，实物的收购及发放均应受县（市）兵役协会的监督。

1948 年 6 月，省政府、省保安司令部发布《新兵安家费标准及发放办法》，规定：新兵限定本乡保者准发给安家费；无论志愿中签一律发给安家费；安家费发给标准分三等：一等富裕县每名筹发食米 16~20 市石（每市石以 150 市斤计），二等自给县每名筹发食米 11~15 市石，三等贫瘠县每名筹发食米 5~10 市石；补助安家费以十分之二发给其本人，十分之八于新兵入营时一次发给其家属。

同时，省政府、省保安司令部还发布《浙江省优待军警人员乘坐客车办法》，规定凡服装整齐、佩戴标号及持有差假证的现役军警人员，及持有在乡军官会颁证的在乡军官和持有退役证的退役军人，乘坐长途汽车一律半价优待；凡持有主管医院差假证的荣誉军人免费乘车。

二、优待实施

1939年3月，县优待委员会成立，下设总务、筹募、宣慰、救济四组，主管优待出征军人家属工作，县长兼任优待委员会主任。乡镇设立支会，由乡镇长兼任主任。县设立出征抗敌军人家属优待基金，经费来源以壮丁免缓役证书费征收、征属优待金征收、各地祠庙公产移充及中央、省拨补等项组成。县政府公布《新昌县收取廿八年免缓役证书费暂行办法》，规定收取对象为经核准免缓役的适龄壮丁。免缓役证书费区分对象收取，独子、受荐任职者、乡镇民代表、乡镇长、保甲长等对象，收取20元；同胞半数在营、中学以上肄业、邮差、技工等对象，收取8元；教师收取4元。收缴工作由县赋税征收处办理。免缓役证书费百分之五十由乡镇自行支配，百分之五十由县统筹支配。

同时，县政府还公布《新昌县出征抗敌军人家属优待委员会各乡镇支会撙节茔会寺庙庵观祭祀费为救济基金实施细则》，规定：撙节茔会寺庙庵观祭祀费包括各氏族大小宗祠、坟墓、各种私人共有会社（兰盆会、路灯会、文昌会、财神会等），以及公私寺庙庵观四季祭扫、迎赛酒食、斋饭糍胙等一切费用，除原拨教育与保甲办公费外，留总数四分之一仍供维持，其余全数充为所在乡镇出征抗敌军人家属救济基金；凡无僧尼道或其他人主持香火之寺庙庵观，作为废寺庙庵观论，其所有产业之全年收益如数充为军人家属救济基金。此项费用由各乡镇保甲长负责逐一彻查登记造册，上报县优待会，并于每年春分、清明、夏至、秋分、冬至等节，按期募收。

是年，县募集征属优待费35187.17元。征集入营壮丁1213人，每人发安家费20~50元，每户发征属优待款5~20元。

1940年3月17—26日，各乡镇举行游艺会（演戏卖票），筹募劳军费和优待费，以弥补优待费之不足。冬季，按照省政府发布的《督促保长发动本保壮丁协助征属农作的训令》，以保为单位，帮助征属冬耕42000亩。

是年，征集入营壮丁756人，征属优待最低标准提高为每户10元。1939年、1940年两年，有征属1025户3075人。征收优待金83400元，支付出征军人安家费、征属优待费、助产费、埋葬费、赈济费、特别抚恤金及志愿奖励金等计44130元。县小本借贷所办理征属借贷6460元。

1942年1月起，凡出征抗敌军人家属死亡无力埋葬者，一次核发丧葬费20元（法币），出征壮丁安家费按250元筹发。5月，县动员委员会发动当地中西医举行抗属义诊及优待购药活动，并规定“征属患病赴卫生院或分院求医，均须随到随治，并减免其药资，至各乡镇保就地医生亦须同样办理”。所减免经费在县征属优待基金中拨给。

7月14日，城区及部分乡镇遭日军沦陷，优待事务受阻。

是年，入营壮丁344人，全县有征属2749户8247人。县优待会发放优待费26840

元，受优待 5840 人。其中优待费 25100 元；助产费 220 元；抚恤费 180 元；埋葬费 120 元；临时救济费 280 元；特别安家费 940 元。小本借贷 181 户，3620 元。解决征属声请权益保障案件 200 余件。

1943 年，日伪军流窜猖獗，战事频繁，全县征属优待事务瘫痪。入营壮丁 455 人。

1944 年 9 月起，遵省政府、省军管区司令部训令，凡经师管区检验合格，自动服役的党（国民党）团（三青团）员、公教人员、学生等，于入营后除按照优待条例予以优待外，其安家费照被征壮丁发给 2000 元的标准加倍给予。服役者名单由师管区列册通告，县政府按照发放程序发交其家属。

10 月，镜岭前任区长吴某某拖欠 1940 年度壮丁免缓役纳金 4016 元（抵扣征收经费、差旅费，实际短解 3362.34 元），县长张晓崧训令限期解库。

11 月，局势逐渐趋稳，县政府令各乡保展开征属调查，编造名册，征收 1943 年、1944 年两年地主优待金、房主优待金、商人优待金、保民优待金和壮丁缓征召证书费。1943 年保民优待金，由乡保按每保出一丁安家费 500 元的原则，自行筹集配发。1944 年保民优待金，由乡保按每保出一丁安家费 2000 元的原则，自行筹集配发。地主优待金征收，因亩分久失整理，无从依据，改以赋谷每斗带征一升五合，由田粮处代征保管。

12 月，县卫生院规定，凡出征壮丁家属、抗战遗族持有乡保长证明者，得半费优待，如赤贫确无力承担者，免全部费用。

同月，前任县出征军人家属优待会总干事钱某某，亏欠（挪用）1940 年度免缓役纳金 13692 元，因逾限未缴解库案发，被寄押天台监狱追缴。21 日，经亲友凑足解库，由县商会会长吴朝福保释结案。

1945 年年初，保民优待金由县统筹派收，标准按每保出一丁安家费 5000 元筹集。为弥补资金缺口，县政府令饬乡镇筹募撙节寺庙茔会祭祀费移作优待经费。

4 月，县政府调整乡镇优待分会，指定乡镇户籍干事负责兼理乡镇优待事宜，饬优待会与兵团密切联系，优待业务渐趋改善。根据财政部减免抗属临时捐款的决定，县政府订定县警察必需物品供给费、冬秋季服装费、冬季劳军费、出征壮丁优待费、边境部队供应费、县级警察主食公粮、专署军警稽查处经费食米、津贴区署办公费、区署递步哨经费食米、津贴社会服务处经费食米、区队经费食米等 22 项为临时捐款范围。征属减免临时捐款，须根据家庭生活情况，经县政府批转各乡保给予减免。

6 月，县政府核准卫生院每月补助征属免费治疗费用 3000 元。

9 月，奉兵役部令停征壮丁，地主优待金，保民优待金、免缓役证书费亦随之停征。

10 月，征属调查结束。全县有征属 3634 户 14094 人，其中赤贫征属 3340 户 12808 人，自给征属 143 户 605 人，小康征属 151 户 681 人。

11 月，县政府提拨 1941 年度结存优待谷 5 万斤作征属子弟教育补助费。

是年，分等发放1944年征属优待谷，实发甲等征属631户，每户50斤；乙等征属1177户，每户40斤；丙等征属1094户，每户30斤，合计发谷111450斤。出征壮丁488人，每人发给安家费5000元；知识青年从军者17人，每人发给安家费10000元；发给11人请求丧葬费11000元；发给7人请求助产费7000元。案件50件（以田权案件为多），分别解决48件，移送法院办理2件。按照申请人的技能介绍职业13人。核准豁免一切临时捐款413人。免除劳役以出征一丁除一丁为原则，核准声请免除者320人。其他诸如发动劳力协助征属耕作、征属免费诊治疾病、宗族加倍乡飨、征属子女免费求学及制发征属光荣牌等事均得以进展。

1946年元旦，县政府举行抚慰阵亡将士遗族发放1945年优待谷慰问大会。优待谷发放标准同1944年标准，阵亡将士遗族户加倍发给。全县有征属4631户17594人。其中赤贫征属4021户14808人，自给征属463户1856人，小康征属147户930人，计发放谷135910斤。

是年，恢复壮丁征集，入营壮丁219人，安家费标准每人发50000元，其中20000元，由中央拨补，30000元由省拨补，在1947年补发。全县免缓役证书费随之恢复征收，征收标准每人50000元。

3月春耕时机，县政府制发《新昌县发动劳力协助征属办法》，规定：征属有婚丧大事，乡镇保长应尽力协助；每保成立助耕队，凡保内适龄壮丁都为助耕队队员，保长为队长，每一助耕队员每年协助两天以上，使劳役与兵役之义务相互间取得平均之发展；同胞半数在营之缓役壮丁，对其在营之同胞家属负管田园之全责，每年至少协助劳力1月以上。同时发文规定：（一）依法保障征属权益，无论何种案件，一经申请到县，须予依法调解或强制执行，使出征军人在外无内顾之忧；（二）免除劳役杂捐，征属除负担法定赋税外，一切临时捐款均一律豁免；（三）子女免费求学，县中、简师设立征属子弟公费生，各中心学校实行征属免费求学；（四）凡征属直系亲属或配偶死亡，可向县府申请发给丧葬费1万元，助产费1万元（以征人之母及妻为限）。

5月，县动员委员会发动医药界为抗战征属举行义诊及优待购药。

6月22日，五中乡13保11名出征军人家属控告代理保长张某某侵吞优待谷。经县府派员查实，本应奉令于1946年1月发放的1945年优待谷，一再拖延至8月底未发。9月6日，县府令警察局派员会同该乡乡长强行收缴，并令张某某不得再行代理保长之职，11名出征军人家属优待谷得以发还。

8月后，遵照省政府、省军管区司令部发布《浙江省征收出征军人家属优待金办法》的规定，优待金征收以实物为限，杂粮准予折抵。凡未出丁之家，无论有无壮丁及依法应免役者均须交纳。地主按田地每亩交米1斤，山荡地每亩交半斤；商人按营业额每500元征收1角，未满500元按500元论；房主按月租额每10元征收1角，未满10元按10

元论；其他殷户缴纳标准，由乡镇民代表会议决，呈县政府核定。地主优待金由田赋征收机关征收，商人优待金由税征机关征收，房主优待金由店主屋捐征收机关征收，其他殷户优待金由县派员征收。

是年，因部分乡镇遭日军数次轰炸，壮丁免缓役证书费征收困难，未能完成征集数额，优待经费拮据。全县入营壮丁540人，有征属1895户5310人。征收优待金40144元，谷176699.12斤（由乡保定户储存保管）。实际优待4940人，发优待金13582.98元。

1947年，入营壮丁216人。全县有征属5392户20638人。其中赤贫征属4721户17608人，自给征属513户2056人，小康征属158户974人。发1946年、1947年两年新兵入营安家费计2664万元，补发1946年知识青年入营安家费谷物864斤。征属困难救济13户，发谷800斤。

1948年，入营壮丁447人。5月，县政府订发《新昌县筹募出征壮丁优待金办法》，筹募出征壮丁优待金以食谷每丁30斤为准，多筹不限。筹募方式：以乡镇为单位，召开乡镇民代表会议决，或以保为单位召开保民大会议决。筹募对象以向殷实富户筹募为主，向适龄壮丁筹募为辅。

1949年，随着国民政府的溃败，征属优待荒废。

三、劳军支前

民国时期，政府订有劳军政策，定春节、端午、中秋为慰问节。向民众派募劳军物品或代金，慰问驻军和前方将士。抗日战争爆发后，国民政府劳军活动愈加频繁。

1931年“九一八”事变后，新昌商界成立抗日救国会。翌年年初，抗日救国会募集大批白米，制成炒米，支援抗日沪战前线。

1933年10月，县政府奉令招募输卒70人，应募者寥寥。后经各乡乡长奔走呼号，出钱购募，终得足额。21日，所募输卒由县政府派警送省核检，输送前方，供运输需役。

1936年7月，县各界抗敌（日）后援会成立，各乡成立分会。

1937年，中北乡、三联乡抗敌后援会募集棉背心147件，资金4元3角，交县抗敌后援会慰劳前方将士。

1938年1月22—26日，县抗敌（日）后援会赴前良、兰洲、丁家园、万石坑等地，以文艺演出形式宣传抗日救国，动员民众奋起。同年2月，各界抗敌（日）后援会改称“抗日自卫委员会”。3月，县成立“战时政治工作队”，开展抗日宣传。

1939年，县政府设立军民合作站，负责办理民夫的征集、供应等事。同年12月，县成立战时妇女合作社，组织动员妇女投入抗日。

是年，县政府募集抗战经费3.6万元，征献戎衣寒衣款1223.5元、“七七”献金373.69元、春礼劳军代金1257.95元，捐献药品价值564.43元，捐废铜1万斤。

1940年2月，县成立春节劳军运动委员会，负责劝募劳军物品。13日，全县发动，募集劳军代金 137 元。

同月，县政府遵照行政院颁发《全国人民尊敬负伤将士办法》的规定，令饬公私机关及社会人士，凡遇大队负伤将士集体行动或担架队运输时，应自动伫立让路，向负伤者注目表示关切尊敬之态度；凡在途中或车船上遇负伤将士因伤病痛苦发生困难时，应仅量扶助或安慰之；凡遇负伤将士接近之，应以和蔼亲热之态度掬诚相待，不得有厌恶或回避等情；公私机关及社会人士应绝对尊重负伤将士之人格，不可稍存利用之心；各地公共场所及公用事业应各视力之所及酌订优待负伤将士办法，以示优异；各地慈善团体及各法团，每遇国庆或重要纪念日，对附近医院之负伤将士，酌量派人慰问或赠送礼品；各机关团体及民众，凡遇附近医院有负伤将士伤愈出院仍赴前线工作时，应予以热烈欢送及宣传。

3 月 17—26 日，东溪镇 11 保保民马仲良在南门外禹王庙设组游艺会，筹募肖绍战役将士慰劳费。县政府赠送陆军第 10 预备师司令部慰劳金 1000 元，献锦旗 1 面。

6 月，遵照省政府《端午节劳军运动办法》的规定，县组设劝募队会同乡镇长征募食品、药品、日常用品及代金，要求每户至少赠送一件物品。

7 月 4 日，县动员委员会举办纪念“七七”抗战三周年活动，号召各界人士有钱出钱，有力出力。据统计，20 个乡镇募集捐款 9836 元。

9 月，全县党政军机关开展“一日所得寒衣捐”征募活动，所有公职人员将一日所得薪水捐献，支援前线部队解决冬衣。同时，发起“伤兵之友”征求社友活动，各级机关公务人员及所属警察均参加为社友，缴纳捐款。标准为：特别社友特任官不少于 100 元；简任官不少于 50 元；充任官为普通社友至少 10 元；委任官为赞助社友不少于 2~5 元；其余人员不少于 1 元。全县征捐社友费 350 元。所征社友费缴省，帮助伤兵改善医疗、营养、洗濯等方面条件。

12 月，县政府征募便衣 500 套，派夫 5 名送至 32 师。

1941 年 3 月，县动员委员会发布《发动春节出钱劳军竞赛办法》，在全县党政军机关、团体、学校和广大公民中发起出钱劳军运动。

5 月，各乡镇建立援助前方抗敌将士委员会，负责募捐，援助通信、运输、宣传和慰护等事。

6 月、7 月，奉 43 集团军伤病官兵收容所电令，各乡镇组织担架队，每队人数百名。桃源、炉溪、永宁、下彩等 4 个乡共征用民夫 502 人，自会墅岭至央于挑运军需物品，每名民夫每天付挑费 5 角。

10 月，军事形势紧张，过境部队频繁，县政府令各乡镇储备稻草 2000 斤、木板 20 副（每副 3 块）、板凳 40 条，以应战急需。

1942 年 7 月 14 日，日军约 300 人占领新昌县城，相继在西山、曹州、沙溪和三溪桥头设立据点，控制运输要道，并四处窜扰。

1943 年 2 月，奉省政府令，筹募慰劳准备金 4 万元，一直未按期缴齐，及至 1945 年 3 月尚汇缴省慰劳会 4200 元。

3 月 22 日，国军“唱凯”部队分驻儒岙、黄坛两地，县政府指令乡镇组织乡导队、铁肩队、担架队协助，每日供应部队菜 1200 斤、柴 4000 斤、肉 40 斤、菜油 22.5 斤，并组织壮丁随时调用。驻军 11 天，计支兵费 4545.5 元、慰劳费 3000 元。

3 月 28 日凌晨，“唱凯”部队分别在黄坛、儒岙伏击日伪军，当地村民冒着炮火饷军。29 日战斗结束，敌军撤离，“唱凯”部队阵亡 34 人（其中 3 人为东山地村民），黄坛村民含泪埋忠骨，切齿葬敌尸，爱憎分明，将忠骨埋于石板坪之阳，敌尸葬于湖里壁荆丛。茅阳村石服周倡率众人，赠送麻糍千斤犒劳“唱凯”部队。

5 月底，奉第三行政督察专员公署电令，各乡镇屯米 2000 斤，以济紧急时机之军食。

7 月，国民党县党部、县政府、三青团联合成立宣传队，发动各界民众筹募“七七”抗战纪念劳军费 2.5 万元，派员分头慰劳境内驻军及县自卫队和县保警队。“双十节”募集劳军费 3 万元，慰劳围剿四明山“奸匪”的挺进第三、四、五纵队官兵。

8 月，奉中国航空建设协会浙江省分会电令，定“八・一四”为空军节，发起“一县一机”运动，配额新昌募捐 15 万元。县成立“一县一机”运动劝募委员会，县长张晓崧担任筹募委员会主任。拟定筹募 20 万元，拟城区殷富捐献 10 万元，由县商会暨东溪、南明两镇公所协同筹募，其余 10 万元由各乡镇公所完成。并定各乡（镇）长各捐 200 元，各保长捐 30 元，各甲长捐 15 元。后又规定各乡镇副捐 20 元，保队附捐 10 元。运动开始后，城区劝募因日伪阻挠，仅募 2000 元。复规定乡（镇）民代表各捐 50 元，以资弥补。至翌年 4 月上旬，县“一县一机”献机运动筹募告终，募集献金共 10 万元，由天台办事处汇送中国航空协会浙江分会（扣除劝募工作经费 4000 元，实汇 96000 元）。

8 月下旬，奉 32 集团军司令电令，动员大市聚区民夫 1 万余人，会同战工队破坏奉新公路剡（剡界岭）曹（曹州）路基、桥梁，逼迫日军退守西山一隅。

9 月 10 日，县党部在藤坑村成立慰劳抗战将士委员会、县征募慰劳救济委员会，负责开展义卖，征募款物，发动民众慰劳驻军、过境国军、县自卫团警、荣誉军人及扶助出征军人家属。县党部书记长吕楚汀分别担任两会会长、主任。

10 月 18 日，县慰劳抗战将士委员会发起募捐 30000 元，定东溪、南明、黄泽、澄潭、回山、八和、儒岙等 7 个甲等乡镇，每个乡镇募 1200 元；穿岩、中北、上北、上彩、下彩、永宁、鳌峰、四庄、四明、梅鹤、五中、大灵、炉溪、方泉、五马、姥东、桃源、中岩、分水、唐诏等 20 个乙等乡镇，每个乡镇募 800 元；石溪、岭外、鹤溪、诚爱、东山、遁山、桂溪、镜屏、智仁、报国等 10 个丙等乡镇，每个乡镇募 560 元。

12月6日，县政府在龙皇堂、祝家庙设立接运站，在皇渡桥、黄坛、小将、龙皇堂设立常备运输队、民众义务担架队和荣誉军人招待所，备菜粥招待，所需经费由全县乡镇按贫富摊派。同月，奉浙东行署饬派募慰劳助奸队部布袜1000双，每双折代金70元。至1945年5月募齐交差。

1944年2月，遵省政府令，分别在大市聚、镜岭、儒岙设军民合作站，承担驻境、过境部队副食品供应。每名军人每月供应食油1斤、蔬菜30斤、猪肉1斤、柴火45斤，由各乡镇轮流送至部队秤收给据，付给副食代金，月终报县军民合作站分别核销差价。

3月，奉省劳军委员会电令，筹募劳军准备金4万元，定黄泽、澄潭、回山、儒岙、穿岩等5个乡镇各派募1280元，其他乡镇各派募1050元。

5月起，奉省第三行政督察专员兼保安司令公署令，县政府向各乡镇摊派筹集承运军粮费用。及至8月，共筹集174550元（部分乡镇未解县）。同时，县政府为增强自卫力量，严防盗匪，以杂捐方式，向各乡殷富筹募县自卫总队服装、枪弹装备购置费。至10月底，除少数乡镇情形特殊无法募集外，共募集1910500元。5月20日，省补给委员会新昌分会成立，下设黄坛、镜岭、儒岙3个分站，负责代办驻军及过境部队食粮、副食。4—10月，省保安一团驻守新昌，累计为5807人供应食油5807斤、黄豆11614斤、柴174210斤、骡马豆料及麦皮各825斤，总计付款435438元，省补给会仅拨到账83000元。过境部队平均每月约2000人，每月需款16万元，实领9万元。5—9月，征调民夫万余名，承运军粮885160斤，赔补军粮16000余斤。

在省保安一团驻守新昌期间，县政府奉省第三行政督察专员兼保安司令公署令，慰劳浙保一团鞋袜各1000双，由县妇女联合会分组筹集赶制。至1945年4月，慰劳鞋袜才送缴完结。

7月，民众团体筹集“七七”劳军款2.5万元，慰劳境内抗日部队。

1945年1月，原有大市聚、镜岭、儒岙、王渡桥、小将、回山等6个军民合作站裁撤为大市聚、镜岭、王渡桥3个，招待过境部队，办理军差。每个合作站置民夫队，常驻民夫20~30名，供给部队输送伤兵及各种军用物品。另设预备民夫队，以补充常备民夫之不足。民夫队由各乡保壮丁组织而成，因各部队征雇民夫多数未遵长官部规定，足额付给工资、草鞋费及途中膳食费，民夫时有怨愤或逃避，乡保长亦叫苦不迭。

3月，省政府为改善士兵生活，增强抗战力量，迅获抗战胜利起见，发起献金献粮活动，新昌献粮（谷）700石，献金3000元。

5月10日，驻新昌日军溃退嵊县、奉化，县城光复。16日，县政府筹办克复县城军警团队临时供应及慰劳阵亡将士恤金并联欢大会，各乡镇派捐筹募总计910000元。

6月，浙保第一、二两团和第三纵队以及陆军33师驻境，先后在城郊、镜岭、儒岙、大市聚、澄潭、桂溪、鹤溪、镜屏、穿岩、遁山、报国、炉溪、姥东、上北、中北、黄泽等乡镇强征木材 32800 丈、民工 33000 人，构筑碉堡 30 余座及其他防御工事。各乡镇组织担架队、乡导队一班，协助部队作战及转送伤兵事宜。

7 月，33 师移驻镜岭，区署向澄潭、穿岩、桂溪、遁山 4 乡镇摊派慰劳品，每乡镇猪肉 100 斤、黄豆 150 斤、蔬菜 250 斤，送师部慰劳。在穿岩、遁山、回山、鹤溪、永宁、镜屏、下彩、中岩、东山、诚爱等 15 乡镇征集民夫，每乡 150 名，分期轮流运输军粮。6—8 月，总计征发民夫 5390 名（每人每天工资 50 元），承运军粮 427605 斤，支付运费 20 余万元，赔补损耗军粮 6000 余斤。县政府向省政府叫苦，称“本县地瘠民贫，民力财力实难负担”。

12 月，县政府为庆祝抗战胜利，发动春节劳军活动，每个乡镇献猪肉 10 斤、年糕 10 斤、鸡 5 只，慰劳县自卫队。

1947 年 1 月 14 日，省政府代电转发中央宣传部、三青团中央、国防部、社会部关于《中华民国开国三十六年纪念，配合推行表扬忠烈及优礼荣军抗属运动军民合作站组设办法》，规定：各地在抗战期中壮烈牺牲之忠勇军民由当地民意机关及人民团体发起调查，将其姓名事迹予以公布并按其情节申报中央予以褒扬或抚恤；对先烈遗族按照各地方情形予以精神上或物质上之抚慰；于元旦一日扩大宣传，发动各界人士协助兴建忠烈祠，俾早日实现政府既定计划；组织慰问队就地慰问荣军及抗属；发动人民赠送荣军及抗属礼品；督促各地方机关团体筹办荣军职业介绍；劝告日用品商店于新年减价优待荣军及抗属；发动各地报章杂志、壁报等扩大宣传。

据县政府 1947 年 6 月 20 日统计，抗日战争期间，全县 31 个乡镇临时紧急支出及军队过往余作战一切供应合计 1307064 万元。

1948 年 4 月，全省举行布鞋劳军运动，各县市按等分配任务，新昌属三等县，配额 1 万双。至 1949 年 1 月，仅募集 3350 双，解缴联勤总司令部杭州第八被服厂点收。

7 月，国防部发布《推行爱护军队运动办法》《军民合作站组设办法》，令饬地方政府从精神和物质两方面爱护军队，融洽军民感情，加快军民合作，振作人心，提高士气。县政府制定《新昌县军民合作站组设办法》，在城区设军民合作总站，黄泽、上北、唐诏、报国、澄潭、穿岩、鳌峰等乡镇各设分站。各站设征雇组、供应组、救慰组、侦导组。征雇组办理过境军队征雇民夫、车船及牲畜等事项；供应组办理限价供应过境军队之油盐、菜蔬、柴草及茶水事项；救慰组发动慰劳及办理过境伤病游散官兵之临时收容与路毙官兵之掩埋事项；侦导组办理派遣向导。县军民合作总站设下市街世宝祠，站长由县参议会议长兼任，各分站站长由乡镇长兼任。

是年 1—10 月，县军民合作总站供应驻新部队菜 217120 斤、柴 52110 斤、油 1954

斤、豆4342斤、肉1085斤、盐1085斤。

12月23日，县参议会、县政府、国民党县党部、民社党县党部、南明镇公所等联合发动社会各界慰劳11月22日马坑墩部队及县属队警。总工会在军民合作站南明合作所安排铺位50张，供伤兵治疗；县卫生院采办药品材料2500元，并会同国军18团卫生队看护伤兵；县妇女会、县中学、简易师范学校组成慰劳队，慰劳肉300斤、酒5担，发给每名伤兵慰劳费20元、给养10元。总计慰劳费用8100元，由乡镇各负担200元，不足之数向城区殷商富户筹募。

附：1937—1940年新昌县动员委员会捐募财物情况

表37　1937—1940年新昌县动员委员会捐募财物情况表

年度	委托机关	财物名称	数量	备注
1937年	省抗敌救援会	寒衣	2000件	
		寒衣代金	1200元	
		国防献金	1000元	
		硬币	7元	
		金银首饰	9.66两	
		废铜烂铁	10500公斤	存县
		废钟	5只	存县（约重1250公斤）
	三区专员公署	麻袋	868只	
	本会	招待伤兵	3306元	招待驻新昌县荣誉官兵
1938年	征募寒衣省分会	寒衣	891件	
	本县司令部	寒衣	444件	
	三区专员公署	便衣	794件	
	三区专员公署	慰问袋	120个	内有毛巾、袜鞋、慰劳信、人丹
	中央政治部	救亡献金	166元	内有7元以银饰折合
	本会	月饼	750个	慰劳过境义民
	本会	毛巾	530块	欢送出征新兵
	本会	糖果	146元	

续表 37

年度	委托机关	财物名称	数量	备注
1939年	省动员会	双七献金	373 元	
	省动员会	药品代金	522 元	
	省动员会	慰劳金	1557 元	
	省动员会	戎衣代金	524 元	
	征募寒衣省分会	寒衣代金	900 元	
	省党部	慰劳信	2118 封	
	省党部	救济黄灾	201 元	
	三区专员公署	便衣	650 件	
	三区专员公署	麻袋代金	1300 元	
	本会	毛巾线袜	286 元	欢送出征壮士
1940年	征募寒衣省分会	寒衣代金	2078 元	
	省动员会	鞋袜代金	200 元	
	省动员会	劳军代金	1500 元	
	三区专员公署	布鞋草鞋	435 双	
	省春礼劳军会	慰劳金	1258 元	1000 元慰劳萧山抗战将士
	省春礼劳军会	糕粽	4329.5 公斤	慰劳萧山抗战将士
合计	16524 元，衣服 4779 件，糕粽 4329.5 公斤，废铁 11750 公斤，其他 4821 件			除废铜烂铁存县外，余均汇送各指定地点接收

附：1939—1947 年新昌县出征军人家属优待情况

表 38　1939—1947 年新昌县出征军人家属优待情况表

年份	出征壮丁(人)	优待户口		经费收入		优待支出		备考
		户数(户)	人数(人)	金额(元)	谷物(斤)	金额(元)	谷物(斤)	
1937	200							无考
1938	518	500	1480					征属优待未开办
1939	1231	1025	3075	50384		1810.48		缓役纳金 8000 元；免缓停役证书金 13250 元。支褒扬费 633.5 元；印刷费 98.27 元；征收工作经费 83.75 元；其他 594.96 元

续表 38

年份	出征壮丁(人)	优待户口		经费收入		优待支出		备考
		户数(户)	人数(人)	金额(元)	谷物(斤)	金额(元)	谷物(斤)	
1940	756	1025	3075	83400		63528		缓役纳金 3910 元；免缓停役证书金 46474 元；上年节余 19939.52 元。支壮丁安家费 6620 元；招待费 37030 元；征属埋葬费 285 元；征属助产费 50 元；赈恤 110 元；褒扬费 45 元；借贷 16000 元；印刷费 110.40 元；其他优待 3286.85 元
1941	540	1895	5310	40144	176699	13426.98		免缓役纳金 14652 元；其他 11332 元。支壮丁安家费 1780 元；征属埋葬费 210 元；征属助产费 15 元；赈恤 105 元；征收经费 2823 元；其他优待 8649.98 元
1942	344	2749	8247			3456		
1943	455							日军流窜，优待事务受阻停顿
1944		3553	12299	8319.60	149256	500	99000	
1945	停征	3634	14094		131005		638	当年所收优待系 1944 年旧欠
1946	219	4631	17594	258318	15009		135910	当年所收优待谷系 1944 年旧欠及返还冒领数
1947	216	5392	20638	26640000		26640000	864	所发优待金系 1946 年、1947 年两年新兵安家费和以前未领之优待谷
1948	447							无考

第三节　新中国拥军优属

新中国成立后，党和政府十分重视拥军优属工作，建立健全政策法规和工作机构，各级贯彻国家、社会和群众三结合的优抚工作方针，深入持久地开展拥军优属活动，给予现役军人、革命伤残军人、复员退伍军人、革命烈士家属、因公牺牲军人家属、病故军人家属、现役军人家属（统称优抚对象）政治上和物质上的优待，保障优抚对象的生活不低于或略高于当地群众的生活水平，有力地支持军队和国防建设。

一、拥军厚属

（一）法规制度

1949 年 9 月 29 日，中国人民政治协商会议第一届全体会议通过《中国人民政治协商会议共同纲领》，规定："革命烈士家属和革命军人家属，其生活困难者应受国家和社会的优待。参加革命战争的残废军人和退伍军人，应由人民政府给以适当安置，使能谋生立业。"

1950 年 12 月，中央人民政府内务部公布《革命烈士家属革命军人家属优待暂行条例》，规定：凡人民解放军及人民公安部队中一切取得军籍的人员，其家属享受优待。革命军人家属，系指与军人同居之直系血亲、配偶及依靠军人生活之十六岁以下的弟妹，或军人自幼曾依靠其抚养长大现在又必须依靠军人生活的其他亲属。烈属是指革命军人牺牲业已取得烈士资格者的家属。在同等条件下，应尽先优待烈属。凡烈属、军属享受下列各项优待：（一）在土改中分配土地、农具、耕畜及多余的粮食、房屋时，对贫苦烈属、军属应适当照顾；（二）公有土地房屋、场所、器物，在分配、出租、出借、出卖时，在与群众同等条件下，烈、军属有分得、承租、借用、购买之优先权；（三）贫苦烈士、穷苦革命军人的子弟入学有享受公费及助学金待遇之优先权；（四）公营企业、商店及合作社、机关、学校雇用员工时，在与群众同等条件下，应尽先雇用烈、军属；（五）合作社廉价出卖货物时，在与群众同等条件下，应尽先售烈、军属；（六）贫苦烈、军属到公共卫生机关治病时，经区以上人民政府介绍，应酌情减免医药费；（七）政府举办社会救济或贷粮、贷款时，在同等条件下，贫苦烈、军属有领取与借贷之优先权；（八）尊重并提高烈、军属社会地位，予以精神安慰，如贺功贺喜、挂光荣匾、重要节日慰问、开会设烈属及军属席等。还规定对烈军属生活的照顾以组织其参加生产建立家务为主。在农村可尽量组织其参加各种农副业生产，对土地较少而又缺乏劳动力者，得采用代耕或其他办法帮助解决生产中的困难，使其土地产量不低于当地一般农民的收获量。在城市尽可能地帮助其谋得职业，组织其进行手工业和其他副业生产。

1955 年 7 月 30 日，第一届全国人大第二次会议通过《中华人民共和国兵役法》，规定："现役军人和他们的家属，应当受国家优待。"

1984年5月31日，第六届全国人大第二次会议通过的《中华人民共和国兵役法》规定："现役军人，革命残废军人，退出现役的军人，革命烈士家属，牺牲、病故军人家属，现役军人家属，应当受到社会的尊重，受到国家和人民群众的优待。""革命残废军人乘坐火车、轮船、飞机、长途汽车，优先购票，并按照规定享受减价优待。""义务兵从部队发出的平信，免费邮递。""家居农村的义务兵家属，由乡、民族乡、镇的人民政府采取平衡负担的办法给予优待，家居城镇的义务兵家属，生活困难的，由县、自治县、市、市辖区的人民政府给予补助。"

之后，为保障国家对军人的抚恤和优待，激励军人保卫祖国、建设祖国的献身精神，加强军队建设，国务院、中央军事委员会分别于1988年7月18日、2004年8月1日、2011年7月29日3次修订《军人抚恤优待条例》。全国人民代表大会常务委员会分别于1998年12月29日、2009年8月27日、2011年10月29日3次修改《中华人民共和国兵役法》，对军人优待订立专门章节，规定义务兵服现役期间，其家庭由当地人民政府发给优待金或者给予其他优待，优待标准不低于当地平均生活水平。义务兵和初级士官入伍前的承包地（山、林）等，应当保留；服现役期间，除依照国家有关规定和承包合同的约定缴纳有关税费外，免除其他负担。义务兵从部队发出的平信，免费邮递。现役军人凭有效证件、残疾军人凭中华人民共和国残疾军人证优先购票乘坐境内运行的火车、轮船、长途公共汽车以及民航班机；残疾军人享受减收正常票价50%的优待。现役军人凭有效证件乘坐市内公共汽车、电车和轨道交通工具享受优待，残疾军人凭中华人民共和国残疾军人证免费乘坐市内公共汽车、电车和轨道交通工具。现役军人、残疾军人凭有效证件参观游览公园、博物馆、名胜古迹享受优待。

（二）慰问、表彰和纪念活动

1950年2月17日（农历正月初一），县人民委员会组织各界代表分五组，以城关镇为主，慰问烈属、军属、工属（供给制国家工作人员家属）和革命残废军人，由农会打优抚粮、工会挂光荣牌、商会发慰问信送年画。2月18日开始，慰问活动遍及全县城乡，各地群众慰劳野战军及南下干部，向烈军工属发送慰问信，钉光荣牌，赠年画，贴春联，送年货等，总计慰问烈军工属1132户，慰问粮食499.5公斤。

1951年年初，县成立拥军优属委员会，县长王士英兼任主任，潘景炎、胡少康任副主任，各区建立拥军优属分会，乡镇建立支会，村成立小组，开展群众性拥军慰问活动。春节期间，各地农会组织帮助军属劈柴、挑水、清粪缸、打扫卫生、帮理家务，给军属赠送柴火、米、年糕、粽子和挂光荣牌、挂光荣灯、贴春联年画等。据统计，全县赠送现金 7333350 元、食米 2829 公斤、年糕 7943 公斤、粽子 8037 个、猪肉 285 公斤，还有白糖、花生等年礼。

之后，每年春节、建军节，县乡各级政府和基层自治组织慰问驻新昌部队和烈军属、伤残军人、转业、复员、退伍军人成为传统制度。慰问驻新昌部队的主要形式有举办军民联欢晚会、电影晚会，县领导带领民政、财政等部门干部到军营赠送慰问金和慰问品，拨款改善部队营房设施和官兵生活伙食。慰问烈军属的主要形式有县领导在广播或电视上致慰问词、发送慰问信，乡镇、村（居）干部上门赠送年画、慰问金和物品，帮助解决烈军属生活生产中的困难。

1953 年 2 月，省拨补助金 800 万元，分拨给各乡镇，慰问烈军属，帮助解决其生活困难。

1962 年 1 月 29 日，县民政劳动科、县商业局联合下发通知，给烈军属和残废军人照顾供应副食品，烈属和二等以上残废军人供应白糖 0.5 公斤、带鱼 1 公斤。

1969 年 2 月上旬，县革委会组织慰问团，慰问解放军毛泽东思想宣传队。

1976 年 7 月 6 日，纪念毛主席畅游长江 10 周年，县革委会在北门新昌江外滩召开军民庆祝大会，会后进行游泳活动。

1978 年 1 月 15 日，召开驻新昌部队慰问大会，会后县文艺宣传队演出《暴风雪中的烈火》。

1979 年 2—3 月，新昌籍现役军人参加对越自卫反击战，59 人立战功，7 人受团、营嘉奖。县政府组织社会各界群众在遁山公社和莒根公社召开庆功大会，敲锣打鼓向军属报喜，号召全县人民学习英雄模范，以实际行动为四个现代化作贡献。

1982 年 10 月 28 日，拔茅公社党委（代表：俞尚林）、肇圃公社民政助理员何采权、龙皇堂公社唐家洲大队梁凤槐出席全省“双拥”先进集体和先进个人表彰大会。

1983 年 1 月 30 日，县委、县政府组织 1600 多人在人民大会堂召开纪念延安“双拥运动”40 周年大会，表彰拥军优属先进集体和优抚先进个人。次日，县领导慰问驻新昌部队。

1985 年 3 月 21 日，县委、县政府在小礼堂召开“纪念梁柏台烈士牺牲 50 周年”大会。

1979 年 2 月至 1985 年 7 月，新昌籍现役军人参加对越自卫反击作战中，有 92 人立战功，牺牲 12 人，因战伤残 50 人。县政府向参战新昌籍干部战士寄出特印慰问信 268 封，鼓励他们英勇作战，为家乡人民争光。7 月 26 日，县委、县政府在大会堂举行“青春献祖国、热血保边疆”英模报告会，对越自卫反击战一等功臣张新华作英雄事迹报告。

8月3—10日，县委书记王贤芳、县人大常委会主任俞辉华、县长宋益康、县政协主席赵仁良、县纪委书记林锡孝和县人武部、工会、共青团、妇联、民政等部门负责人共56人组成慰问团，由副县长毛田华带队，行程3500余公里，赴陆军某师驻地杭州、新沂、郯城和无锡陆军101医院，慰问新昌籍参战干部战士和伤员，向10个团以上单位赠送绣有"英雄的部队、英勇的战士"锦旗，赠送新昌籍干部战士冬夏衣共600余套、收音机近300台。陆军某师回赠县民政局"前线打胜仗、人民是靠山"的锦旗1面。17日，县退伍军人和军队离退休干部安置领导小组成立，副县长毛田华兼任组长，俞丁江、陈六才、吕青山任副组长。领导小组下设办公室于县民政局，吕青山兼任办公室主任，潘永法任副主任。28—30日，县领导带领县民政局干部分别到城关、儒岙、肇圃、大明市、龙皇堂、报国、镜屏、新溪、岱石等乡镇，抚慰对越自卫反击战中牺牲的烈士家属。

9月3日，县召开纪念抗日战争暨世界反法西斯战争胜利40周年报告会。会后，全县各地普遍采取召开烈士事迹报告会、展览会、广播专题报道、小分队文艺演出等形式，广泛开展拥军优属活动。同时，县组织慰问组，由县领导带队，会同乡镇领导，敲锣打鼓，给立一等战功的张新华和烈士董德明、刘兰军家颁挂由省人民政府特制的"人民功臣"荣誉匾。县民政局对立一等、二等和三等战功的参战军人家属分别赠送纪念品。

12月，县民政局拨专款6980元，由乡镇领导逐户走访慰问参战烈军属。

1986年年初，省政府、省军区授予新昌县政府"优抚征兵先进县"称号。

同年11月10—18日，县召开纪念"浙东武装回山会师，浙东人民解放军第二游击纵队司令部成立"座谈会，当年浙东武装部队老首长顾德欢（又名张瑞昌，中共浙东临委书记、浙东人民解放军第2游击中队政委），诸敏（浙东人民解放军3支队政治处主任），邵明（浙东人民解放军4支队政委），刘发清（浙东人民解放军第2游击中队副司令员），丁友灿（嵊新奉县自卫总队长）等应邀参加。

1987年5月22日，召开新昌解放40周年纪念大会，当年参加解放新昌的人民解放军团政委刘建功、诸敏等到会讲话。

7月27日，儒岙镇朱路村烈属潘叶芬被省政府评为"双拥"先进个人，并作为特邀代表赴京参加"全军英模代表大会"，受到中央领导的接见并合影留念。31日，县委、县政府在小礼堂召开庆祝建军

烈属潘叶芬

60 周年座谈会，60 余名烈军属、战斗英雄、革命荣誉军人、老游击队员、军队离退休干部和驻新昌部队指战员代表参加会议，县长钱信浩作庆祝中国人民解放军建军 60 周年广播讲话。

1991 年 9 月 6 日，县委、县政府建立“双拥”工作领导小组，县委副书记屠福浪兼任组长，石相标、吴阿森、俞丁江兼任副组长。领导小组下设办公室于县民政局。之后，因县领导人事变动，县“双拥”工作领导小组组长、副组长及成员多次变动，“双拥”工作领导小组办公室设于县民政局一直未变。

1997 年 7 月 22 日，中共绍兴市委、市人民政府、绍兴军分区联合命名城关镇政府为“双拥”模范单位，儒岙镇政府为拥军优属模范单位。

1998 年 11 月，全县开展在乡复员军人、享受定补的带病回乡退伍军人“三难”（生活难、医疗难、住房难）情况调查，掌握“三难”重点对象 78 户。县民政局向政府机关和企事业单位发出结对帮扶信函，并在广播电视、报纸上宣传报道，发动全社会开展“爱心献功臣”活动。

12 月，县政府印发《新昌县拥军优属若干规定》，具体规定拥军优属宣传教育、拥军优属活动月、拥军优属内容。

1999 年 7 月初，县委、县政府印发《新昌县“爱心献功臣”实施办法》，受到各级党政机关和社会各界的积极响应，有 84 个单位迅即开展结对帮扶，扶助资金 128000 余元，义务帮工 358 个，修建住房 32 间，捐赠床、桌椅、衣被等 6000 余件。人民医院、中医院为重点优抚对象开展就医优待和帮医服务。7 月 30 日，县委、县政府在文化中心召开纪念中国人民解放军建军 73 周年暨“爱心献功臣”行动表彰大会，县、乡党政机关、国家机关、县人武部、驻新昌部队、优抚对象和社会各界代表 1000 余人参加。会上，代县长黄金梁作庆祝建军 73 周年讲话，战斗英雄杜月中和一等功臣张新华等 10 名代表介绍战斗事迹。县旅游局、广播电视局、土管局、国税局、团县委、人民医院、城关镇政府、大市聚镇政府、大明市镇政府、拔茅镇政府等 10 个单位受到县委、县政府表彰。

是年，新昌被评为全国“爱心献功臣”行动先进县，县民政局被评为全省“爱心献功臣”行动先进单位。之后，“爱心献功臣行动”持续开展。

2000 年 10 月，开展纪念抗美援朝作战 50 周年纪念活动，县领导分 4 个组走访在抗美援朝战争中牺牲的烈士家属和革命伤残军人。县民政局、县老干部局联合举行抗美援朝老同志座谈会，县党史办和县关心下一代工作委员会联合编印纪念抗美援朝宣传资料 25000 册，县民政局编印入朝作战牺牲烈士英名录，分发给机关、学校和企业单位。县广播电台、县电视台和新昌报开设专题节目，褒扬英烈，崇尚光荣，教育后人。

2003年，县民政局建立军地联系制度，向新昌籍现役军人发送信件，鼓励他们安心服役多作贡献。

2004年，县民政、文化部门与驻新昌部队联合在江滨公园举行“军民联欢文艺晚会”。

2005年，市委、市政府命名城关镇政府、大市聚镇政府、新昌制药厂为“拥军优属模范单位”；命名县供电局为“军民共建示范单位”；命名城南社区居委会、大市聚职业中学、浙江万丰奥特控股集团为“国防教育示范单位”。

2006年春节，县民政局向全县优抚对象发送年画20000张。建军节前夕，召开军休干部和一等残疾军人茶话会，给每人赠送慰问金500元。

2007年春节，县领导走访慰问失业残疾军人和参战立功退伍军人，发给一次性生活补助每人500元。建军节前夕，开展中国人民解放军建军80周年庆祝活动，县领导慰问驻军，赠送县人武部、县消防大队、县武警中队慰问金1.8万元，慰问品各6000余元。民政局给96户“三属”、238名残疾军人、20名二等功以上复退军人、历次参战的退伍军人，以及有特殊困难的优抚对象，每人发慰问金300元。

2010年，省委、省政府、省军区授予县民政局“爱国拥军模范单位”称号。

2011年，县委、县政府召开拥军爱民、拥军优属工作暨先进表彰大会，有8个双拥模范单位、20名双拥工作先进个人和15名优秀自主创业退伍军人受到表彰。

2013年11月，省“双拥”办、省军区政治部表彰万丰奥特控股集团为拥军模范企业。

2017年1月，开展社会化优抚工作改革试点，县民政局给鼓山社区社会组织联合会拨款3.5万元，以政府购买服务的形式，对20名优抚对象开展助法、助办、助乐、助医、助能等方面的服务。建军节前夕，县民政局与县新闻信息传播中心、县文学艺术界联合会为庆祝中国人民解放军建军90周年，联合举办“军人梦，方寸情”摄影活动和“我是一个兵”全县文学书法美术摄影大赛，给驻新昌部队官兵拍摄学习、训练、执勤、演练等内容的照片300余张，数码影像30余份。文学书法美术摄影大赛评出一、二、三等奖各1名、2名、3名，分别给予3000元、2000元、1000元的奖金及获奖证书。凡三等奖以上和部分优秀作品，在省文学内刊联盟期刊《天姥山》杂志予以发表。

（三）优抚对象普查

新中国成立后，全县7次开展优抚对象调查、核查，登记造册，为开展优待工作提供依据。

1949年12月，县人民政府通令各乡调查登记烈军属、革命伤残军人，开展慰问、代耕等优待工作。至1950年5月，全县有烈属101户、军属505户、工属450户、荣誉军人 32 人。

1961 年，开展优抚对象普查，并建立档案。全县有烈属 167 户 555 人，失踪军人家属 10 户 25 人，病故军人家属 13 户 82 人，革命残废军人 558 人，带病回乡复员军人 251 户 753 人。

1963 年，全县有烈属 160 户 525 人，其中享受定期定量补助 85 人；失踪军人家属 8 户 31 人，其中享受定期定量补助 1 人；病故军人家属 20 户 82 人，其中享受定期定量补助 5 人；革命残废军人 145 人，其中在职 36 人。

1978 年，开展新中国成立以来规模最大的一次优抚对象普查。县民政局组织 16 名复退军人和局干部共 19 人，组成普查工作队，在大明市公社先行试点，后分 8 个组到各区指导普查。普查工作采取宣传发动、逐户走访、核对证件、填表登记、落实政策、检查验收等方法步骤进行。至次年 9 月，普查结束，建立档案 9807 份。全县有烈士 216 人，病故军人 35 人，革命伤残军人 169 人。平反纠正优抚对象蒙受的冤、假、错案，恢复政治荣誉，落实优待政策 313 起，新批定期定量补助 76 人。

2000 年 11 月，开展在乡入朝参战复员军人调查，为上级政府制定优抚政策提供依据。

2001 年 3 月，为全面掌握重点优抚安置对象人数、年龄结构、健康状况和生活水平等情况，全县开展优抚对象普查，建立和完善 1810 名重点优抚安置对象台账。

2006 年 11 月，县政府拨款 10 万元，建立复员军人、退伍军人数据库，优抚对象实行信息化管理。

2007 年，开展参战退役人员调查，对符合定期补助条件的给予优待。

2017 年 5 月，为使优抚对象信息数据核查规范化、常态化，开展优抚对象信息数据核查。8 月核查结束。全县享受国家定期抚恤补助的优抚对象 3202 人，其中烈属 20 人，因公牺牲军人遗属 4 人，病故军人遗属 7 人，残疾军人 240 人，带病回乡退伍军人 121 人，“两参”（参战、参加核试验）退役军人 339 人，60 周岁以上农村籍退役军人 2278 人。

（四）烈军属荣复转业退伍军人代表大会

1951—1983 年，县委、县政府为总结经验，表彰先进，推动拥军优属工作，鼓励优抚对象在社会主义建设中发挥带头模范作用，先后召开全县烈军属荣复转业退伍军人代表大会 30 次。1983 年后，全县烈军属荣复转业退伍军人代表大会再无召开。

附：历次新昌县烈军属荣复转业退伍军人代表会议情况

表 39 历次新昌县烈军属荣复转业退伍军人代表会议情况表

会议名称	会议时间	参加会议人员（人）					会议内容	评选结果
		总人数	其中					
			烈军属	荣复转退军人	拥军优属模范	其他		
第一届县烈军工属代表会	1951 年 2 月 27 日至 29 日	126	104	5	1	26	总结工作，布置开展“优抚月”活动	
第一届二次县烈军属荣誉军人代表大会	1951 年 8 月 21 日至 23 日	115	96	3	9	7	评选先锋	烈军属先锋：一、二、三等各 1 人；拥军优属先锋：一、二、三等各 1 人
第二届一次县烈军属代表大会	1952 年 3 月 20 日至 21 日	100	88	2	10		评选模范	烈军属模范 2 人，拥军优属模范 2 人
第二届二次县烈军属荣誉军人代表大会	1952 年 12 月 26 日至 28 日	139	78	21	40		总结优抚工作，评选英模	烈军属模范：一等 1 人、二等 3 人、三等 10 人；复员转业军人模范：一、二、三等各 1 人；拥军优属模范：一等 1 人，二等 2 人，三等 7 人；荣誉军人模范：三等 1 人；拥军优属模范乡和模范互助组各 1 个
县烈军属转业复员军人代表大会	1954 年 4 月 3 日至 6 日	149	78	39	32		总结优抚工作，评选烈军属模范	烈军属模范：一等 1 人、二等 4 人、三等 9 人；复员转业军人模范：一等 1 人、二等 2 人、三等 7 人；拥军优属模范：一等 1 人，二等 1 人，三等 2 人；拥军优属模范乡 1 个；模范互助组：一等 1 个、二等 2 个、三等 3 个

续表 39

会议名称	会议时间	参加会议人员（人） 总人数	其中 烈军属	荣复转退军人	拥军优属模范	其他	会议内容	评选结果
县回乡转业军人代表大会	1954 年 7 月 27 日至 29 日	100					总结转业建设工作	
县优抚模范座谈会	1954 年 11 月 11 日至 12 日	12	5	5	2		了解优抚对象参加互助合作情况	
县烈军属复员转业建设军人代表会议	1955 年 2 月 22 日至 27 日	217	92	85	40		总结优抚工作，评选烈军属模范	烈军属模范：一等 2 人、二等 3 人、三等 10 人；复员转业军人模范：一等 1 人、二等 1 人、三等 12 人；拥军优属模范：三等 3 人；模范农业社 4 个；模范互助组 2 个；优抚工作模范乡 1 个
县复员建设军人代表会议	1955 年 7 月 22 日至 25 日	270					总结一年来复员转业工作	
县烈军属残废复员军人代表会议	1956 年 1 月 22 日至 25 日	183	81	82	20		总结优抚工作和复员安置工作情况，评选烈军属模范	烈军属模范：一等 5 人、二等 5 人、三等 9 人；残废军人和复员转业军人模范：特等 1 人、一等 2 人、二等 5 人、三等 15 人；优抚工作模范乡 6 个；优抚模范乡长 3 人；优抚模范 6 人；优抚模范农业社 7 个。推选藕岸村复员军人潘岳千 11 月 15 日赴京，出席全国烈军属、残废军人、复员军人社会主义建设积极分子大会

续表 39

会议名称	会议时间	参加会议人员（人）					会议内容	评选结果
		总人数	其中					
			烈军属	荣复转退军人	拥军优属模范	其他		
县优抚模范座谈会	1956 年 6 月 4 日至 6 月 5 日	16					总结交流经验	
县烈军属残废复员军人社会主义建设积极分子大会	1956 年 10 月 3 日至 5 日	235	52	183			总结优抚工作情况，传达贯彻全省烈军属残废复员军人社会主义建设积极分子代表会议精神	
县第三次复员建设军人代表会议	1956 年 12 月 19 日至 22 日	206					开展整风“反右”，大鸣大放动员	
县烈军属、残废、复员军人代表会议	1957 年 2 月 18 日至 21 日	277	100	124	21	乡干部 32 人	动员部署开展增产节约运动，评选烈军属模范	烈军属模范：一等 6 人、二等 7 人、三等 13 人；残废军人和复员转业军人模范：特等 1 人、一等 2 人、二等 5 人、三等 32 人；在职复员军人模范 4 人；优抚工作模范乡 2 个；优抚模范 5 人；优抚模范农业社 9 个；优抚模范单位 1 个
县烈军属、残废、复员军人社会主义建设积极分子大会	1957 年 7 月 9 日至 11 日	219	44	175			总结优抚工作情况	

续表 39

会议名称	会议时间	参加会议人员（人）					会议内容	评选结果
		总人数	其中					
			烈军属	荣复转退军人	拥军优属模范	其他		
县烈军属、残废、复员军人、民兵社会主义建设积极分子大会	1958 年 7 月 9 日至 7 月 11	190	29	120		乡干部 6 人，民兵 35 人	总结工作，评选积极分子，推选出席省代会代表	先进积极分子 70 人，出席省积极分子代表大会代表 10 人
嵊县烈军属、残废、复员军人、民兵社会主义建设积极分子大会	1959 年 5 月 11 日至 5 月 13 日	405	82	192		民兵 115 人，其他 16 人	农业生产“大跃进”，评选先进	先进积极分子 70 人，优抚先进单位 4 个
嵊县烈军属、残废、复员军人社会主义建设积极分子大会	1959 年 12 月 17 日至 19 日	407	116	291			农业生产“大跃进”，评选先进，发倡议书	标兵 15 人
县烈军属、残废、复员、退伍军人代表会议	1962 年 1 月 11 日至 13 日	255					总结几年来优抚安置工作情况	
县烈军属荣复退伍军人代表会议	1962 年 12 月 6 日至 10 日	250	100	150			总结工作，评选积极分子，推选出席省代会代表	
县烈军属荣复退伍军人代表会议	1964 年 2 月 1 日至 4 日	362	82	215		65	总结优抚工作，评选模范	优抚模范个人 57 人，优抚模范单位 10 个

续表 39

会议名称	会议时间	参加会议人员（人）					会议内容	评选结果
		总人数	其中					
			烈军属	荣复转退军人	拥军优属模范	其他		
县烈军属荣复退伍军人，上山下乡知识青年，活学活用毛泽东思想讲用会	1970 年 4 月 9 日至 12 日	638				列席 3 人，特邀 30 人	交流经验	
县烈军属、荣复退伍军人、上山下乡知识青年代表会议	1971 年 12 月 30 日至 1972 年 1 月 1 日	607	158	235		知青 138 人，特邀 76 人	交流经验总结工作	
县烈军属、荣复转业退伍军人代表会议	1972 年 12 月 28 日至 30 日	409	162	238		特邀 9 人	总结交流经验，推选出席地区代表会议代表	
县烈军属、荣复转业退伍军人代表会议	1974 年 1 月 5 日至 7 日	500				列席 57 人	总结工作，典型发言	
县烈军属、荣复转业退伍军人代表会议	1975 年 1 月 4 日至 6 日	507					总结工作，典型发言，发倡议书	
县烈军属、荣复转业退伍军人代表会议	1978 年 1 月 13 日至 15 日	357	127	230			总结工作	
县烈军属、荣复转业退伍军人代表会议	1979 年 1 月 12 日至 15 日	374	90	224		列邀 60 人	评选先进，推选出席省代会代表	先进集体 22 个，先进个人 88 个，出席省烈军属荣复转业退伍军人代表大会代表 6 人

续表 39

会议名称	会议时间	参加会议人员（人）					会议内容	评选结果
		总人数	其中					
			烈军属	荣复转退军人	拥军优属模范	其他		
县烈军属、荣复转业退伍军人代表会议	1980 年 1 月 25 日至 27 日	371				列邀 60 人	总结工作，典型发言	先进集体 25 个，先进个人 86 人
县烈军属、荣复转业退伍军人代表会议	1981 年 1 月 13 日至 15 日	368					总结布置工作，表彰先进	先进公社 4 个，先进大队和单位 27 个，先进个人 51 人
县烈军属、荣复转业退伍军人代表会议	1983 年 1 月 28 日至 30 日	262				列邀 60 人	总结两年工作，传达省“双拥”工作会议精神，典型发言	优抚工作先进公社 4 个，先进大队 19 个，先进个人 32 人

1980 年新昌县烈军属、荣复转业退伍军人代表会议部分获奖单位合影

（五）群众与社会优待

新中国成立初期，群众性优待烈军属的主要形式是帮助代耕土地。

1950 年 3 月，贯彻省人民政府《关于烈军工属代耕工作的通知》精神，对无劳力或缺乏劳动能力的烈军属、二等以上革命残废军人和享受供给制待遇的革命工作人员家属，实行代耕优待。规定居住农村（包括小集镇）、年龄在 17~55 岁的整半劳力均应负担代耕义务。代耕方式有包耕制、工票制、包产制、拨工制等。至 5 月，代耕土地 4382.4 亩。

1951 年 4 月，县政府下发《认真检查烈军工属代耕工作的指示》，要求各地结合春耕生产，加强代耕工作。8月，新昌县在大塘乡、大灵乡、黄泽镇开展烈军工属代耕工作试点。10月，全县普遍建立代耕制度，大部分地区采取固定负责，保证产量的方式。回山区拥优先锋梁中罗，发动妇女成立代耕检查小组，带动各地清工齐工。

是年年底，全县烈属、军属、工属、荣誉军人合计3806户，享受代耕2224户，代耕土地5004.52亩。

1952年4月，县政府下发《关于执行省政府“关于加强代耕工作的指示”的指示》，并转发澄潭区穿岩乡左于村张营来互助组帮助军属叶荷香代耕的做法。8月，全县开展烈军工属和残废军人代耕土地清工补工检查。

是年，全县烈属、军属、工属、残废军人、复员军人享受代耕1921户，代耕土地5307.04亩。城关镇开展烈军属失业调查，帮助解决就业困难，介绍拣烟、打绳102人，做工91人。开办拥军雨伞厂，安排烈军属做工10人。各地公私诊所对贫苦烈军属减免医疗费518人，学校安排贫苦烈军属子弟入学11人。

1953年3月，县政府下发《关于贯彻1953年代耕工作的指示》，规定代耕办法：一是对已参加互助组而缺乏劳动力的烈军属，由互助组实行固定代耕，并与享受代耕者订立合同，包工包产，取消以前的临时拨工制与票工制；对未参加互助组而缺乏一部分劳动力的烈军属，确定代耕土地数量后，由互助组制订计划，统一派工进行生产，保证烈属的产量，做到固定代耕。二是缩小代耕面，对应代耕的要搞得更好；对不应代耕而代耕的通过检查后可不给予代耕。三是扩大负担面，凡17~55岁有劳动力的居民，均应负担代耕义务，农村小集镇和城郊区的手工业和工商业户，都应负担代耕工资（工资由所在乡镇确定标准）。

是年4月，区别情况，推行三种代耕模式：（一）对缺乏劳动力，需要全部代耕的，订立代耕合同，包耕包产。（二）对缺乏部分劳动力的，一是将部分土地列入互助组常年代耕计划，统一派工、评工计分，实行包工制；二是将需要代耕的部分土地采用小包工办法，由互助组将代耕土地全部固定代耕，做到包耕包产。（三）对基本上有劳动能力，但因土地面积广，存在劳动力困难者和无劳动能力，面积广、土质差，资种、肥料、工夫很大而产量低于代耕工资的，实行贴工制。

是年，代耕土地4118亩。

1954年6月22日，省民政厅下发《关于整顿代耕工作的几项规定》，要求各地结合发展互助组或农业生产合作社，推广固定代耕制，逐步取消“工票制”和“临时拨工制”。对代耕的土地，根据各互助组的劳力情况，适当分配，在齐工方法上扩大负担面，使大部分互助组都代耕到土地。固定代耕之互助组，超额之工，实行以工补偿或以工资抵工。

是年6月28日，宁波专署转发新昌大塘乡代耕整顿的工作总结，肯定大塘乡代耕工作整顿之所以收到应有的效果，主要是明确代耕整顿工作就是发动群众和烈军属，参加农业生产和互助合作组织的整个过程，在做法上深入宣传教育、讲解政策、充分发动群众，从改善代耕工作着手，因之从 1953 年的 223.8 亩缩紧到 93.3 亩，使代耕工作趋于合理，减轻了群众负担，改变少部分烈军属依赖代耕的现象，树立了劳动光荣的思想，使有劳动能力的烈军属不但参加农业生产，而且都参加了互助组。

1955 年 3 月下旬，县组织工作组在岭外乡开展以互助合作社为中心的春耕生产运动和组织烈军属参加互助合作生产、整顿代耕工作的试点，6 月上旬试点结束后，全县分两批展开。随着互助合作的发展，代耕面积逐步缩小。是年，全县享受代耕的烈军属 2741 户，代耕土地 1645 亩。

是年 7 月起，现役军官由供给制改为薪金制，其家属不再享受代耕和物质优待。

年底，县人委转发分水乡开展动员烈军属、复员军人入社，结合发放实物补助，整顿代耕工作试点经验，要求各乡在动员烈军属、复员军人入社时，结合落实明年代耕劳动日，全面清理历年积欠，年前付清代耕工资，巩固代耕制度。

1956 年，实行农业合作化，全县烈军属、复员军人 90%以上已入社。农业合作社实行土地集体经营、按劳分配后，原先的代耕制已经不适应新的生产关系。为此，4 月 24 日，县人民委员会下发文件，改代耕制度为优待劳动日制度，要求合作社在分工分业时，适当安排烈军属妇女和辅助劳力参加农业生产，发挥他们的劳动潜力，增加收入；同时把优待劳动日的方案具体贯彻到社，将优待工分记入享受优待的烈军属的劳动手册内，视同统筹负担之劳动投入，参加春化、早稻预支和秋收决算。具体办法：以农业合作社规划全年投入生产的总劳动工分，按照每个社员平均能得的劳动日，作为一般社员生活水平的标准。通过社内适当安排烈军属、残废军人的生产，依靠他们自己所作的劳动日，加上其他固定收入达不到这个水平时，其不足部分由农业社优待劳动日补足，并记入烈军属、残废军人的劳动手册，合并自作劳动日，参加社内分红。秋收后，全社实作劳动日超过原规划总数时，优待劳动日亦相应提高。如烈军属、残废军人的实作劳动日超过劳动定额时，则多劳多得，不减少优待劳动日。

是年，全县有 21 个乡实行优待劳动日制度，享受优待烈军属、残废军人 255 户，优待劳动工分 127067 分（1 个劳动日计工分 10 分），户均优待 498.2 分。

1957 年 3 月，省民政厅制定《优待烈士家属军人家属劳动日暂行办法》，规定农村无劳力或缺乏劳力、自作劳动日少的军官家属，按照所在社、队的分配价格或国家销售牌价付款取得必需的实物。

是年，全县普遍实行优待劳动日制度，享受劳动日优待的烈属 30 户、军属 287 户、在乡二等以上残废军人 15 户，户均优待工分 486.6 分。

1958 年，实行人民公社化，大部分公社继续实行优待劳动日制度，少数公社由于“办食堂，吃饭不要钱”，优待面缩小，有的社队曾一度停止优待。

1959年6月，省民政厅发出《认真做好农村烈军属优待工作的通知》，指示各级民政部门根据农村人民公社整顿后的新体制，加强农村烈军属和革命残废军人的优待工作，以保证他们的生活水平不低于或稍高于一般社员的生活水平。此后，在开展优待劳动日的同时，一些社队采用现金或实物的优待方式。

1961年，优待烈属44户92人，优待劳动日28250分，优待金136元，其他优待502.2元；优待失踪军人家属1户1人，优待工分800分，优待金7元；优待病故军人家属3户5人，优待工分1000分，优待金36元，其他优待49.5元；优待现役军人家属11户181人，优待工分19720分，优待金58元，其他优待687.6元；优待残废军人5户15人，优待工分2300分；优待带病回乡复员军人21户79人，优待工分12900分，优待金70元，其他优待142.9元。

1962年2月，县人民委员会下发《认真做好1962年烈军属残废军人优待劳动日工作的通知》，规定优待劳动日制度实行“一年评定、三年不变，特殊情况个别调整，落实到队，发证到人”的优待办法。劳动日固定优待后，烈军属、残废军人劳动超额部分归己，优待工分和社员一样参加生产队的一切分配。

是年，全县享受优待劳动日424户1524人，优待工分263495分，优待面占烈军属、伤残军人总人数的40.4%。

1963年，全县享受优待劳动日的烈军属、残废军人474户1663人，优待工分361442分，户均优待762.5分。

1964年3月，县人民委员会下发《关于及时做好今年优待工分的评定落实工作的通知》，规定义务兵家属的优待劳动日实行“困难大多优待，困难小少优待，不困难不优待”的原则，采取干部、群众、优待户三见面的民主评议落实的办法。优待劳动日的对象扩大到年老体弱的复员军人和带病回乡的退伍军人。是年，全县享受优待劳动日对象657户，优待工分530190分，户均优待工分807分。

“文化大革命”期间，有少数公社或大队的优待劳动日制度存在春不评、夏不查、秋不兑现的状况，数据也无统计。

1978年，全面恢复优待劳动日制度，全县享受优待劳动日对象1632户，户均优待工分776.4分。

1979年，义务兵家属优待不再实行“大困难多优待、小困难少优待、不困难不优待”的做法，实行户户优待。部分实行联产承包责任制的生产大队，改优待劳动日为优待现金，优待标准为当地整劳力全年收入的二分之一到三分之一，优待金以生产大队为单位统一筹集。全县享受优待劳动日对象6566人，优待工分126714分，优待现金3139元。

1980年，农村实行形式多样的生产责任制，优待劳动日制度面临落实困难。为保障优抚对象的生活不低于当地一般群众的生活水平，县政府决定改优待劳动日为主为优待现金为主，优待金由生产大队统一筹集。义务兵家属实行逐户优待，优待标准为当地全劳动力年收入的三分之一到二分之一。

1981 年 11 月，省民政厅、省军区政治部发出《关于检查落实农村优待烈军属工作的通知》，指出农村实行生产责任制后，无论采取哪种形式的责任制，都必须继续做好农村优待烈军属工作。凡实行包产到户的地方，可采取优待现金的形式，由生产大队统一筹集；仍采取以工计酬的地方，可继续实行优待工分的办法，做到户户优待。优待标准要求达到当地整劳力全部收入的二分之一到三分之二。不管采取哪种优待形式，都必须保证优待金、工分或实物落实兑现。

1982 年 6 月 24 日，省政府批转省民政厅《关于进一步做好农村烈军属优待工作的意见》，批示："在稳定和完善农业生产责任制的过程中，要把落实优抚政策作为一项内容。各级政府必须重视这项工作，不论实行哪种形式的生产责任制，都必须把烈军属和革命残废军人的生产和生活切实安排好。"规定享受优待的对象为革命烈士家属，义务兵家属和生活困难的革命残废军人。对革命烈士家属，通过优待和照顾，使他们的生活略高于一般群众的生活水平；对义务兵家属，优待相当于当地一个整劳动力全年收入的三分之二；对生活困难的残废军人，根据困难程度给予适当优待。凡实行统一核算、统一分配的社队，继续采取优待工分的办法，优待的工分和自做的工分一样参加现金和实物的分配。凡实行包产到户或包干到户，不搞统一分配的社队，采取由生产大队统筹优待金、粮食和其他实物。并规定"在实行包产到户和包干到户的地方，对解放军战士应同社员一样划给一份承包土地。如战士家庭缺少劳力，暂时无力承包的，生产队可预留部分机动土地，待战士退伍后再交其承包"。

1983 年，义务兵家属优待普遍实行以乡镇统筹、平衡负担、优待现金的做法，户均优待标准提高，户均优待 95.05 元。

1984 年 5 月，《中华人民共和国兵役法》颁布，规定家居农村的义务兵家属由乡镇人民政府采取以乡统筹，平衡负担的办法给予优待。

1985 年，省政府转发省军区司令部、省民政厅、省财政厅《关于做好义务兵家属优待工作的报告》，规定从 1985 年冬季征兵开始，全省实行征优结合，在征兵的同时落实好义务兵家属的优待工作。家居农村的义务兵家属，采取以乡镇统筹，平衡负担的办法，年优待金不得低于当地同等劳动力年收入的 50%~70%，并要保证兑现；家居城镇的义务兵家属的优待标准由各市人民政府制定。义务兵原为在职职工入伍者，经费由原单位开支；不是在职入伍者，家庭生活有困难的，优待金经费原则上由所在街道（镇）解决，街道（镇）有困难的，由市县人民政府酌情补助。

1986 年 1 月，县政府印发《关于做好义务兵家属优待工作的通知》，规定家居农村的义务兵家属年优待金不得低于 150 元，家居城镇的义务兵家属优待办法和标准为：义务兵原是在职职工入伍的（含合同工以及集资进企业单位工作的职工），以入伍时本人基本工资为优待金标准，由原单位按月发给，企业在营业外例支；义务兵原是城镇待业入伍的，义务兵家属优待标准掌握在每月 20 元左右，由所在乡镇在所属企业税后上交部分中解决。

1988 年 3 月，绍兴军分区组织县人武部、县民政局负责人赴永嘉县考察实行征收义务兵役费优待烈军属办法。考察后，市政府和军分区决定在新昌试点。县政府于 4 月 21 日成立新昌县征收兵役义务费领导小组，制定《关于征收兵役义务费实施办法（试行）》，规定：征收兵役义务费旨在增强公民的国防观念，促进征兵工作，同时使乡镇统筹平衡负担优待义务兵家属的办法合理化、优待工作法治化、制度化。征收兵役义务费工作，在乡镇人民政府和主管部门直接领导下，由乡镇人武部部长、民政助理员和分管干部组织实施。兵役义务费征收对象为每年 12 月 31 日前年满 18~22 周岁的男性应征公民。《征兵工作条例》规定的免征、缓征、不征对象暂不征收。乡镇应征公民兵役义务费征收标准最高不超过当地上年人均收入的 5%；机关、团体、企业、事业单位工作的应征公民按二级工年基本工资的 5%征收。义务兵优待金标准：乡镇（包括非农业户口待业）入伍的原则上应不低于当地上年人均收入的 60%；在职（全民和集体单位的固定工、合同工、计划内临时工）入伍的不低于入伍时的基本工资的 80%。乡镇入伍的义务兵优待金由乡镇人民政府负责发放，在职入伍的由入伍前单位的主管部门负责发放。

7 月 5—15 日，县人武部、县民政局选择回山区 5 个乡进行征收义务兵役费试点。全区应征公民 2065 人，按规定交纳兵役义务费 2060 人，占应征公民的 99.76%。当年义务兵家属优待标准从 1987 年的 150 元提高到 250 元。

回山区试点成功后，结合兵役登记，全县推行应征公民征收兵役义务费制度，义务兵家属优待实现平衡负担。

1989 年 2 月，县政府印发《新昌县征收兵役义务费实施暂行办法》。

1990 年，县政府印发《新昌县筹集义务兵家属优待金实施办法》，调整义务兵家属优待标准：城乡入伍的，按农村上年人均收入的 70%发放；在职入伍的，按其入伍时的基本工资发放。

1991 年，县民政局被评为省优抚安置工作先进集体。

1992 年 6 月，县政府印发《新昌县军人抚恤优待实施办法》，规定义务兵家属优待标准：农村入伍的按不低于上年农村人均收入的 60%计发，在职入伍的按义务兵入伍时的基本工资计发。义务兵在部队立功受奖的，对其家属实行一次性奖励优待：获大军区以上称号的，奖励年优待标准的 80%；立一、二、三等功的，分别奖励 60%、30%、15%。

1995 年，县政府印发《关于进一步做好义务兵家属优待工作的通知》，调整义务兵家属优待标准：农村入伍的按不低于上年人均收入的 55%计发；待业入伍的按不低于 660 元发放；在职入伍的按本人入伍时年工资总额的 50%计发（不低于 1680 元）。

1996 年 4 月，县政府制定《新昌县兵役义务费社会统筹实施办法》，规定：县兵役义务费主要用于义务兵家属优待和民兵预备役训练，县兵役义务费统筹额由县人武部、县民政局和县财政局按照以支定收，均衡负担的原则，拟定年度预算，经县政府批准后实施。兵役义务费征缴对象：在县境内缴纳增值税、营业税、消费税的全民企事业单位（包括中央和省属企事业）、集体企业、股份制企业、私营企业、个体工商户和当年 12 月 31 日年满 18~22 周岁的男女公民。革命烈士、牺牲和病故军人的子女、退伍军人、全日制学校学生（不包括实习生）、丧失劳动能力的残疾公民免缴兵役义务费。兵役义务费征缴标准：企事业单位和个体工商户按营业税、所得税、增值税额的 5‰缴纳，由国税、地税部门负责征收；农村男女应征公民按不高于上年人均收入的 3%缴纳，由乡镇政府负责征收。义务兵家属优待标准：农村入伍的按不低于上年人均收入的 70%计发；在职入伍的按不低于全年职工年人均工资的 70%计发。进藏服役义务兵家属优待按其他地方服役义务兵优待标准的 3 倍发给。在部队立一等功以上的，奖励优待 10000 元；立二等功、三等功的，分别奖励优待 3000 元、500 元。

是年，全县统一农村入伍义务兵家属优待标准，每户每年优待 1200 元，城镇待业入伍的 1000 元，在职入伍的 3600 元。合计优待 667 户，发优待经费 111.8 万元。

1997 年 12 月，县政府印发《关于切实做好 1997 年度义务兵家属优待工作的通知》，规定进西藏和南疆服役义务兵家属的优待标准按农村入伍在其他地方服役义务兵优待金的 3 倍计发；在职入伍的，按在职入伍在其他地方服役义务兵优待标准的 2 倍计发。

1998 年 8 月 1 日起，县政府建立优抚对象抚恤、补助、优待自然增长机制。根据国家、社会、群众相结合的原则，对享受定期抚恤的烈属、牺牲军人家属、病故军人家属、定期补助的在乡复员军人和在乡革命伤残军人，以抚恤、补助加优待的办法保障他们的生活。保障标准依据农经口统计的全县上年农民人均收入的 90%为基数确定，烈属、牺牲军人家属、病故军人家属的优待不低于基数的 100%，在乡复员军人的优待不低于基数的 70%。优抚对象抚恤、补助、优待自然增长机制实行定额、定期保障制。国家保障部分，增加优抚事业费 6.85 万元；社会、群众保障部分，烈属不低于基数的 40%，牺牲军人家属不低于基数的 35%，病故军人家属和在乡伤残军人不低于基数的 35%，新中国成立前入伍的复员军人不低于基数的 20%，新中国成立后入伍的复员军人不低于基数的 15%。上述保障制度一定三年不变。经费来源：国家保障部分由县财政相应增加年度优抚事业费预算；社会优待部分，按上述优待金总额的 50%在兵役义务费社会统筹中列入预算；群众优待部分由乡镇负责落实。重点优抚对象社会优待金由县民政局统筹管理，专款专用，50%在年终发放到人，50%转入扶优基金，用于优抚对象的医疗、生活困难等临时补助。

1999 年，调整企事业单位兵役义务费征缴标准，由原营业税、所得税、增值税额的 0.5%提高到 1%。

2001 年，县政府、县人武部联合印发《关于做好 2001 年冬季征兵工作的通知》，规定进新疆、西藏服役的义务兵家属优待标准按在其他地方服役义务兵优待金的 1.5 倍计发；在校大学生和大学毕业入伍的义务兵家属增发优待金 1000 元。

2002 年，根据国家税费改革规定，终止实施《新昌县兵役义务费社会统筹实施办法》，义务兵家属优待金纳入财政预算，由县民政局负责发放。

至 2017 年，优抚对象的优待以政府优待为主。

（六）国家补助优待

新中国成立初期，国家财政困难，解决烈军属生活困难的主要途径是扶持生产、介绍就业和群众给予物质优待。如仍有困难，再由政府给予适当补助。

1949 年 5 月至 1950 年 5 月，政府 3 次给烈军工属发放救济粮 43.5 吨、救济金 70863426 元、鞋 4313 双、毛巾 4430 条。

1953 年，省民政厅根据中央人民政府内务部、财政部通知，对烈军属补助标准和分配使用作出规定：城市烈军属的补助面一般不超过烈军属总人数的 12%；农村烈军属的补助面一般不超过烈军属总人数的 8%。补助标准：城市按应补助人口平均每人每年 60 万元（旧币）计算；农村按应补助人口平均每人每年 24 万元（旧币）计算。对烈士、军人子女入学困难的补助标准，城市按每人每年平均 5 万元（旧币）计算；农村按每人每年平均 25 万元（旧币）计算。

1955 年，县政府发放实物补助费 18155.02 元，帮助烈军属、复员建设军人解决生产生活上的困难。其中生产资料补助占 81.93%，生活资料补助占 18.07%。计补助双轮双铧犁 19 部、打稻机 23 部、玉米脱粒机 35 台、喷粉器 11 个、耕牛 44 头、水车 11 部、入社股份基金及投资 2215.50 元。对医病有困难的 802 户烈军属、复员建设军人，临时补助人民币 3295.54 元。对 10 户特困军属给予定期定量补助。

1959 年 11 月，省民政厅印发《关于开展对孤老烈属定期定量补助工作的通知》，规定给予无依无靠的孤老烈属、病故军人家属和失踪军人家属定期定量补助。补助标准：城市每人每月 10~15 元；农村每人每月 7~12 元。

1961 年，全县烈军属、复员军人享受定期定量补助的 116 人，年补助金额 1576 元；临时补助 230 人，年补助金额 372.8 元。

1962 年 7 月，县人民委员会批转《县民政劳动科关于执行烈属、军属、残废军人优待补助具体问题的报告》，规定：1. 残废革命工作人员，参战民兵、民工、三等残废军人伤口复发的医药费和带病回乡的复员军人门诊医药费在优抚费中开支，生活困难的烈军属、残废、复员、退伍军人的疾病治疗费，应由卫生科在烈军属医疗减免费和社会贫病减免费中优先解决。2. 对孤老烈属和二等以上残废军人的粮油和副食品供应，由商业、粮食、供销部门根据货源多则多供应、少则少供应的原则，采取定期定量凭卡供应。凡是口粮由国家供应的烈属和二等以上残废军人，在粮食品种搭配上给予少搭或不搭杂粮的照顾；食油供应，不论农村和城镇，二等以上残废军人本人和烈属每户每月除定量供应外，再照顾供应食油四两（十两制）。3. 贫困烈军属、残废军人的直系亲属（包括现役军人的未婚妻）和16岁以下的弟妹，现在公办学校就学而负担读书费用确有困难者，就读学校应优先给予享受人民助学金和学杂费减免的优待。如民办学校限于经济条件，对烈军属、残废军人的子女无法给予优待的，由当地公社在优抚费内适当补助或由生产大队在公益金中酌情照顾，以保证他们的适龄子女均能上学。4. 为便于烈军属、残废军人买到必要的日用工业品，在国家发放抚恤金、残废金、退休金、定期定量补助金时，由商业部门按发放金额 5%的比例计发购货券。应发购货券名单由民政科每季函告百货公司，百货公司根据名单把购货券交给民政科代发。

1963年2月，新昌县给烈军属、残废军人发放烈军属、残废军人优先证，享受购货买票等多方面的优待照顾。3月，贯彻省民政厅《关于认真做好定期定量补助工作的通知》，规定享受定期定量补助的对象为孤老烈属、病故军人家属和失踪军人家属；烈士及病故、失踪军人的遗孤和虽有亲属而无力抚养的烈士及病故、失踪军人的未成年的子女；已经失去劳动能力而其子女又确实无力抚养的烈士及病故、失踪军人的父母和配偶；生活有困难的在乡三等残废军人、退伍老红军和带病回乡长期不能劳动的复员退伍军人。补助标准：农村每人每月 2~4 元；城市以保证享受补助对象的生活不低于一般市民为原则。

1965年，全县享受定期定量补助的优抚对象 110 人，年补助金额 3150 元。享受临助补助的优抚对象 1940 人，年补助金额 14011.52 元。

1976年，全县享受定期定量补助的优抚对象 83 人，年补助金额 4029 元。优抚对象临时补助 31184 元。

1978年，全县享受定期定量补助的优抚对象 95 人，年补助金额 6479 元。优抚对象临时补助 43118 元。

1979年9月，县革委会批准 13 名已进县属大集体企业工作的烈士子女转为非农户口，供应商品粮。10月，县民政局印发《关于改进优抚对象定期定量补助工作的通知》，对孤老烈士家属和孤老病故军人、失踪军人家属；没有亲属抚养或虽有亲属而无力抚养的烈士、病故、失踪军人的未成年子女；丧失劳动能力而其子女又无力供养的烈士、病故军人、失踪军人的父母和配偶；带病回乡不能经常参加生产劳动，生活特别困难的复员、退伍军人；完全丧失劳动能力、生活困难的复员军人给予定期定量补助，补助标准：

农村每人每月 6~10 元；城镇每人每月 10~15 元。优抚对象的定期定量补助，须由基层群众评议，经公社审查，报县民政局批准，发给定期定量补助证。定补对象持证按期到公社信用社领取。

是年，优抚对象享受定期定量补助 207 人，年补助金额 1.35 万元。

1980 年 3 月，民政部印发《关于改进优抚对象定期定量补助工作座谈会纪要》，指示烈属定期定量补助面一般应占总户数的 60%~80%，复员军人定期定量补助面一般可占总人数的 10%~15%，退伍军人定期定量补助面一般不超过总人数的 0.5%。

是年 11 月起，对家居农村的烈士父母、配偶和未成年子女一律给予定期定量补助；家居城镇的烈士家属生活有困难的，也给予定期定量补助。补助标准按最高标准发放：农村每人每月 10 元，城镇每人每月 15 元。是年，享受定期定量补助的烈士家属共 106 人。

1983 年 1 月，调整孤老烈属、因公牺牲军人家属、病故军人家属的定期定量补助标准，一律在原补助标准的基础上每人每月增加 5 元。

1985 年 1 月，烈属和因公牺牲军人家属、病故军人家属的定期定量补助改为定期抚恤，并调整定期抚恤标准：革命烈士家属、因公牺牲军人家属，居住在农村的，每人每月 25 元，居住在城镇的，每人每月 30 元；病故军人家属居住在农村的，每人每月 20 元，居住在城镇的，每人每月 25 元。原已达到或高于上述标准的，仍按原标准发给；未达到标准的差额，给予补发；原享受定期定量补助的复员、退伍军人，经逐人逐户检查后，根据生活情况亦作调整。定期抚恤对象和定期定量补助对象统一填发定期抚恤金领取证和定期定量补助领取证。

是年，在对越自卫反击战中牺牲的 13 名烈士家属，照顾安排 1 名符合招工条件的兄弟姐妹进全民企事业单位工作，并转为非农户口。给烈属优先审批宅基地 8 间，照顾钢材计划指标 2.5 吨、水泥计划指标 15 吨。

1986 年，针对在乡老复员军人年龄大，身体弱，负担重，生活差的状况，从 7 月 1 日起，扩大在乡复员军人定期定量补助面，提高生活补助标准，解放战争时期入伍的在乡复员军人，每人每月补助 15 元；新中国成立后入伍的在乡复员军人，每人每月补助 10 元；给已在享受定期生活补助的解放战争时期入伍的在乡复员军人，每人每月增加补助 5 元（孤老复员军人每人每月为 20 元）。10 月，全县在乡复员军人定补率达 57.8%。其中抗战时期入伍的在乡复员军人定补率达 100%，解放战争时期入伍的在乡复员军人定补率达 98.6%，新中国成立后入伍的在乡复员军人定补率达 40.2%。

1987—1988 年，较大幅度地扩大在乡复员军人定期定量生活补助面。

1988 年 1 月，县政府给全县烈军属和残废军人供应鲜鱼，每户 2.5 公斤，全县 1477 户，合计供应 3692.5 公斤。

1990 年 1 月，调整在乡复员军人定期定量补助标准：抗日战争时期入伍的在乡复员军人，每人每月补助 45 元；解放战争时期入伍的在乡复员军人，每人每月补助 33 元；新中国成立后入伍的在乡复员军人，每人每月补助 28 元；其中孤老人员每人每月补助 40~45 元。烈士家属和因公牺牲、病故军人家属每人每月增加 5 元。

1991 年 5 月，调整在乡复员军人定期定量补助标准：解放战争时期入伍、新中国成立后入伍的在乡复员军人，补助标准分别提高到 35 元、30 元。全县在乡复员军人全部享受定期补助。

1992 年 4 月，调整在乡复员军人定期定量补助标准：抗日战争时期入伍、解放战争时期入伍、新中国成立后入伍的在乡复员军人，补助标准分别提高到 48 元、38 元、33 元。定期定量补助标准达到和超过省定标准。

6 月 29 日，县政府制定《新昌县军人抚恤优待实施办法》，规定享受定期抚恤金的“三属”、在乡革命伤残军人、定期定量补助的其他优抚对象死亡后，加发半年的定期抚恤金作为一次性丧葬补助。并规定在同等情况下，优抚对象享有国家机关和企事业单位录用职工、社会救济、农资供应、公有住房分配和购买、农村建房用地审批等方面的优先权。

1994 年，调整在乡复员军人定期定量补助标准：抗日战争时期入伍、解放战争时期入伍、新中国成立后入伍的，分别提高到 55 元、45 元、39 元。

1996 年 1 月起，提高优抚对象抚恤补助标准，增发粮价补贴每人每月 5 元。

2000 年 5 月，县政府印发《关于安置在企业单位的二等乙级以上革命伤残军人医疗费用报销管理的意见》，规定原安置单位破产、歇业而自谋职业或失业，以及转业、复员、退伍自谋职业的二等乙级以上残废军人，全部纳入县医疗保险范围。

2002 年 7 月 20 日，县政府办公室印发《关于做好革命伤残军人生活保障工作的通知》，规定安置在企业单位的二等乙级（含）以上革命伤残军人的医疗费，所在单位应予保证，不得实行定额包干或一次性支付医疗补助费。对因战因公负伤，领取伤残保健金的三等革命伤残军人，因伤口复发治疗，所在单位应按照公（工）伤给予公费医疗，享受公（工）伤生活待遇。

10 月 10 日，县政府办公室制定《新昌县重点优抚对象医疗补助办法》，规定给“三属”、在乡三等革命伤残军人、享受定期补助的在乡复员军人和带病回乡的退伍军人享受医疗补助。县设立重点优抚对象医疗补助保障基金，按抚恤对象每人每年 500 元、定期补助对象每人每年 300 元的标准实行统筹，列入年度财政预算。医疗补助采取“分类别，定起点，上封顶”的做法，补助标准为：烈属按住院医疗费的 50%补助，年累计补助不超过 4000 元；因公牺牲和病故军人家属住院医疗费以 2000 元为起点，超出部分按 40%予以补助，年累计补助不超过 3000 元；伤残军人（旧病复发的医疗费按实报销）和新中国成立前入伍的复员军人住院医疗费以3000元为起点，超出部分按40%予以补助，年累计补助不超过3000元；新中国成立后入伍的复员军人住院医疗费以3000元为起点，超出部分按30%予以补助，年累计补助不超过2000元；带病回乡退伍军人住院医疗费以3000元为起点，超出部分按20%予以补助，年累计补助不超过2000元。全县享受定期补助的优抚对象1232人，其中在乡复员军人786人，在乡退伍军人446人。

是年，县民政局给1000余名“三属”、伤残军人，在乡老复员军人发放新昌县重点优抚对象优待证，免费进入县内风景名胜区和文物保护单位游览参观。

2003年9月，县建立在乡重点优抚对象优抚标准自然增长机制，在乡重点优抚对象抚恤补助标准随当地经济社会发展和人民生活水平提高而相应提高。优抚标准自然增长机制的适用对象为在乡残疾军人、“三属”、享受定期定量补助的红军失散人员、享受定期定量补助的在乡复员军人、带病回乡的退伍军人。优抚标准自然增长机制以县为单位建立，以全县年度职工平均工资和农村居民人均纯收入为参照，每年调整。在乡残疾军人优抚标准，以上年度职工平均工资为参照基数，按残疾等级分别以15%到100%的比例计发；家居农村的革命烈士家属、因公牺牲军人家属、病故军人家属优抚标准，按上年度农村居民人均纯收入的110%、105%、100%计发，城市“三属”适当高于农村；红军失散人员不低于上年度农村居民人均纯收入100%计发；抗日战争、解放战争、新中国成立后入伍的在乡老复员军人和带病回乡的退伍军人，分别按不低于上年度农村居民人均纯收入的80%、75%、70%计发。如全县年度职工平均工资和农村居民人均纯收入出现负增长时，优抚标准维持不变。

是年，县建立重点优抚对象医疗补助保障基金35万元，当年补助近20万元，有81名优抚对象得到补助。享受定期补助的优抚对象1112人。

2005年3月，县政府决定残疾军人免费乘坐公交车。

是年7月，纪念抗日战争胜利60周年，县领导走访慰问13名抗日战争时期入伍的复员军人，给他们颁发国家定制的抗日战争胜利60周年纪念勋章，赠送慰问金每人500元。同时，根据省民政厅、省财政厅、省劳动和社会保障厅《关于将全省红军失散人员、在乡抗战老战士纳入城镇职工基本医疗保险管理范围的意见》精神，将9名抗日战争时期入伍的复员军人纳入城镇职工基本医疗保险，享受企业退休人员的医疗保险待遇。

2006年，县政府决定对没有用人单位的残疾军人因病住院的医疗费由县财政予以补助，补助标准：在享受新型农村合作医疗规定报销后的部分，七至十级因战残疾军人补助不低于70%，七至十级因公残疾军人补助不低于60%。当年，享受医疗补助的重点优抚对象117名，补助医疗费25.8万元。

2007年1月1日起，县民政局对重点优抚对象住院医疗费在享受新型农村合作医疗规定报销后的部分，再给予按比例补助，补助标准：烈属补助 80%，因公牺牲军人家属补助 70%，病故军人家属补助 60%，在乡因战因公七至十级残疾军人旧病复发以外的医疗费分别补助 70%、60%，解放战争时期入伍的复员军人补助 60%，新中国成立后入伍的复员军人补助 50%。门诊医疗费按抚恤、补助标准的 10%，每年一次性发给，包干使用。

是年 2 月，贯彻执行民政部、财政部、劳动和社会保障部印发的《一至六级残疾军人医疗保障办法》，残疾军人按照属地管理原则，参加城镇职工基本医疗保险和重大疾病医疗补助，其中由国家供养的一至四级残疾军人个人参加城镇职工基本医疗保险和重大疾病医疗补助应缴部分由县财政负担，确保残疾军人医疗待遇不降低，并随经济社会发展有所提高。

5 月 1 日起，对 81 名失业下岗的残疾军人，给予每人每月 200 元的生活补助。

8 月 1 日起，对在农村的参战退役人员，给予每人每月 200 元的生活补助；城镇无工作且生活困难的参战退役人员，给予每人每月 300 元的生活补助。

10 月 30 日，县政府办公室下发《关于进一步落实部分复员退伍军人有关政策的工作意见》，对部分复员退伍军人再就业给予扶持，凭失业证改领在乡抚恤金，同时享受工伤保险相关待遇；残疾军人按对应等级享受工伤相关待遇；军龄合并计算为基本养老保险缴费年限和医疗保险缴费年限；非农优抚对象可按规定以个人自缴和财政补贴的方式参加城镇居民医疗保险；失业下岗残疾军人缴纳基本养老保险中属于单位缴费部分由县财政适当补助；自主创业的残疾军人和参战立功人员再就业的，按规定减免税费；不符合再就业优惠政策的，每人每年给予减扣 8000 元地方税费；非公企业录用安置参战立功人员，给予每人每年 5000 元的补助。

是年起，执行《浙江省拥军优属若干规定》，实行城乡义务兵家属优待一体化，优待金标准按新昌县上年农村人均收入的 70%发给，每户 5000 元。

2008 年 8 月，为保障退伍军人晚年生活，共享改革开放和经济发展的成果，县政府办公室印发《关于实行老退伍军人生活补贴试行办法的意见》，决定对 1954 年 11 月 1 日以后入伍、年满 60 周岁及以上、无社会保障的退伍军人，给予每人每月 100 元的生活补贴，所需经费由县财政安排列支，由县劳动和社会保障局按月发放。

9 月 28 日，县政府决定烈属、牺牲军人家属、病故军人家属免费乘坐县内公交车。

是年，义务兵家属优待每人每年 6600 元，在西藏服役的义务兵家属优待标准按此标准的 3 倍计发。

2009 年 8 月，县政府办公室制定《新昌县抚恤优抚对象医疗保障实施办法》，规定：一至六级残疾军人在所在单位参加城镇职工基本医疗保险，应由个人交纳的部分由所在单位支付；所在单位支付无力或没有工作单位的，由民政部门统一办理参保手续，资金由县财政安排；残疾军人按规定享受基本医疗保险待遇后，享受残疾军人医疗补助。七至十级残疾军人旧伤复发，已参加工伤保险的，按国家和本省工伤保险规定享受工伤保险待遇；其所在单位未参加工伤保险的，享受该单位因公（工）伤残职工相同的待遇；所在单位无力参保和无工作单位的，保障经费由县财政予以解决，民政部门负责办理。七至十级残疾军人旧伤复发以外的医疗费用和“三属”、解放战争和新中国成立后入伍的复员军人、带病回乡的退伍军人、享受生活补助的参战和参加核试验军队退役人员的医疗待遇按以下规定享受：1. 有工作单位的，随所在单位参加城镇职工基本医疗保险，单位和个人无力缴纳医疗保险费的，经民政、劳动保障、财政部门审核确认，由县财政予以解决；城镇无工作单位人员参加城镇居民医疗保险，农村人员参加新型农村合作医疗，个人缴纳部分由县财政全额补助。在乡七至十级残疾军人，自行参加城镇职工基本医疗保险的，其单位交费部分由县财政给予解决。2. 已参加城镇居民医疗保险或新型农村合作医疗的，其住院费用按城镇居民医疗保险或者新型农村合作医疗规定报销后的部分，由民政部门参照城镇职工基本医疗保险报销范围的规定，按以下标准给予医疗补助：七至十级因战、因病残疾军人分别补助 75%、65%，烈士遗属、因公牺牲军人遗属、病故军人遗属分别补助 85%、75%、65%，解放战争入伍的复员军人补助 65%，新中国成立后入伍的复员军人、带病回乡的退伍军人、享受生活补助的参战和参加核试验军队退役人员补助 55%。3. 上述抚恤优抚对象的门诊医疗费用，按其抚恤补助标准的 10%予以发放，包干使用，超支不补。有工作单位的，由单位负责发放；无工作单位的，由县财政拨付，县民政局统一发放。

同时，为适应《新昌县抚恤优待对象医疗保障实施办法》的运作需要，县民政局投入 40 余万元，开发“一站式”结算电子管理软件，实施抚恤优抚对象医疗补助“一站式”结算服务。

是年起，县民政局每年组织优抚对象免费健康体检，组织在乡伤残军人疗休养。当年参加健康体检 450 人，疗休养 37 人。

2010 年 1 月，县政府决定对“三属”、在乡残疾军人、在乡复员军人、享受补助的带病回乡退伍军人、享受生活补助的参战退伍军人发节日慰问金，每人每年 500 元。对 31 名申请带病回乡退伍军人进行病情鉴定，给予 26 人享受定期生活补助。采取信函调查、走访部队、战友证明等形式，开展退伍军人参战事实调查，给 11 名老复退军人落实优抚政策。

10 月 20 日，县政府召开有关部门协调会议，决定残疾军人和“三属”享受以下三项优待：1. 城区供水区域内，要求新装自来水一户一表的，水务集团免收一户一表改造费；2. 在有线电视覆盖范围内，新昌华数为新装有线电视的家庭，赠送有线数字电视机顶盒 1 台，免收一次性主终端初装费和电视主终端基本收视维护费；3. 燃气公司给符合管道燃气安装条件的家庭，免收一次性管道燃气建设配套费。

2011 年 5 月，县民政局给 16 名孤老优抚对象实行农村五保供养和城市最低生活保障待遇，每人每月 584 元。

8 月，贯彻省民政厅、省财政厅《关于给部分农村籍退役士兵发放老年生活补助的通知》精神，对 1954 年 11 月 1 日以后入伍，年满 60 周岁及以上，无社会保障的农村籍退役士兵开展调查，掌握农村籍退役士兵人数。

11 月，县民政局批准 51 名带病回乡退伍军人享受定期定量生活补助，每人每月 804 元。

12 月 31 日，县政府召开专题协调会，贯彻省人力资源和社会保障厅、省财政厅《关于解决未参保集体企业退休人员及其他相关人员基本养老保障等遗留问题的实施意见》，研究老退伍军人参加养老保险有关问题，商定：1. 对符合省人力资源和社会保障厅、省财政厅《关于解决未参保集体企业退休人员及其他相关人员基本养老保障等遗留问题的实施意见》中涉及的相关人员，达到法定退休年龄的，在一次性补缴职工基本养老保险费时，可自愿选择是否参加职工基本医疗保险。2. 由县工商银行为 60 周岁以上老退伍军人提供小额贷款，帮助解决老退伍军人养老保险缴费困难。协调会议精神贯彻后，县政府《关于实行老退伍军人生活补贴试行办法》停止执行。

2012 年 3 月起，给 1954 年 11 月 1 日以后入伍、年满 60 周岁及以上、无社会保障的农村籍退役士兵发放生活补助，补助标准为每服役 1 年（不满 1 年的按 1 年计算），每月补助 10 元。

2013 年 1 月，县政府决定给享受生活补助的对越参战退伍军人减免数字电视基本视维费。年底，根据中宣部、民政部、财政部、人事部、劳动和社会保障部、建设部、卫生部、总政治部《关于进一步做好优抚对象和军队退役人员有关工作的宣传教育提纲》要求，对涉核军队退役人员给予每月 100 元的定期补助。

2014 年，开展残疾等级评定和带病回乡退伍军人认定申报工作，调整残疾军人残疾等级 1 名，批准带病回乡退伍军人享受定期生活补助 1 名。

2015 年 8 月，给抗日战争老战士老同志发放一次性生活补助金，发放对象：抗日战争时期在乡老复员军人和残疾军人；移交政府安置的抗战时期军队离退休干部、无军籍职工；抗日战争时期在国民党军队服役，后在解放战争中起义投诚编入解放军序列的在乡复员军人；以及参加过抗日战争，后回乡务农的原国民党抗战老兵。发放标准：每人

5000元。全县享受一次性生活补助金33人，发放金额16.5万元。其中原国民党抗战老兵25人，计发生活补助金12.5万元。

2016年7月5日，县政府召开民政、财政、人力社保、卫生等部门负责人协调会，就完善优抚对象医保一站式结算系统研究商定：自2016年7月1日起，由县人力社保局医保科每月将更新的医疗目录提供给系统维护工程师，及时进行系统匹配完善；优抚对象医保参照当地医保报销范围给予相应的减免，对未列入医保报销目录的药品，不予减免报销。

2017年7月14日，副县长杨哲文召集县委政法委、县信访局、县民政局、县财政局、县人力社保局等单位负责人，就复退军人信访有关问题进行专题协调，商定：1. 已办理退休手续的七至十级残疾军人门诊医疗费用，由县民政局按其残疾抚恤金标准的10%给予补助。2. 城乡统一参战退伍军人的县定生活困难补助标准。3. 2011年11月1日前，转业并选择自谋职业的转业士官（志愿兵），生活确有困难的，每年最高给予6000元的生活困难补助；2011年11月1日后，自谋职业的转业士官，系本人申请，并经县退役士兵安置领导小组批准，已领取一次性自谋职业安置补助金的，不再享受相关的县定补助。

8月17日，为提高退役士兵社会化服务水平，充分发挥退役士兵在促进改革、发展、稳定中的重要作用，县委、县政府成立退役士兵安置和权益保障工作专班，人员由县委、县政府和县委办、县政府办、县委宣传部、县委政法委、县编办、县信访局、县教体局、县公安局、县民政局、县财政局、县人力社保局和县人武部等单位负责人组成，县委副书记孙建焕、县委常委潘海波、副县长杨哲文等3人为召集人。

是年，在乡复员军人定补标准为：抗日战争时期入伍的，每人每月1669元；解放战争时期入伍的，每人每月1571元；新中国成立后入伍的，每人每月1473元。带病回乡退伍军人享受定期定量补助的，每人每月1473元。60周岁以上，无社会保障的农村退伍军人享受定期生活补助的，每服一年役每月补助30元。

二、拥军支前

1949年6月初，县政府设立供给处，负责给解放军输送军粮，当年完成输送任务65吨。

是年9月，县成立支前委员会，具体负责拥军支前工作。县长王士英任支前委员会主任，潘景炎任副主任，党政军首长和县相关部门负责人为支前委员会成员。委员会设秘书股、调运股、组织股、宣教股，由县政府各科室负责人任股长。

1950年1月，县支前委员会发动妇女赶制军鞋，支援解放舟山群岛部队，一次交货700双。3月22日，接定海战役支前司令部电令，县组织担架96副，每副担架配备民工4人，听候命令，随调随到。4月，为保证完成支前任务，各区对担架和民工进行一次检阅。5月，96副担架和民工分组6个排，赴定海支援前线。

是年11月至翌年年初，组织两批支前民工744人，支援闽北国防工程建设。

1951年4月，新昌县成立抗美援朝新昌分会，王玉文兼任分会主席。20日，在人民文化馆举行城关镇各界人民抗美援朝代表会议，宣传、动员参军，号召增产节约，捐献飞机大炮。到会代表有文教界、学生界、工商界、职工界、宗教界、妇女界、农会、居民等289人。会后，全县掀起抗美援朝，捐献飞机大炮运动。至11月，全县人民捐献金额共36.6亿元（旧币），可购战斗机2.4架。捐鞋2800余双、毛巾600条。634名青壮年参加志愿军，赴朝鲜参战。

5月，城乡各地举行“抗美援朝，反对美帝国主义武装日本”示威游行，参加游行达15.6万余人，游行民众纷纷在《和平宣言》上签名。

11月2日，新昌县第三届第四次各界代表常委会决定，购买毛巾计115万元（旧币），赴绍兴柯桥慰问志愿军。

1953年1月，县支前委员会动员泥、石、木等技工375人，支援舟山和宁波国防工程建设，历时2月余。俞兰生等4名民工在机场建设中牺牲，澄潭区为牺牲的支前民工召开追悼大会，干部群众1500余人参加悼念。

1954年1月22日，中国人民第三届赴朝慰问团第四总分团第四分队宁波地区代表队到新昌作传达报告，全县140名宣传员及县级机关干部到会聆听。

10月，县支前委员会先后组织开山民工400人，参加江（口）拔（茅）线国防公路建设。1954—1955年，县支前委员会先后组织开山民工1260人，参加浙闽两省沿海国防公路建设。

1956年11月初，县支前委员会组织开山民工150人，赴舟山支援国防公路建设。

1968年8月，南京军区某部在县境进行国防测量，县革命委员会下发文件，要求各区、各公社和有关部门、有关单位在部队执行测量期间予以大力协助，测量人员因工作需要进入校区、住宅区、厂矿及重要桥梁、码头等地进行测量时，准予进入工作。所设测量标志，妥为保护，不得破坏。

1996年3月10日，解放军某部拉练途经新昌，县政府组织公安民警和民兵沿途警戒保卫，县领导率有关部门干部在后溪村慰问过境部队指战员，县民政局赠给部队矿泉水225箱、芦柑220箱，计款15110元。

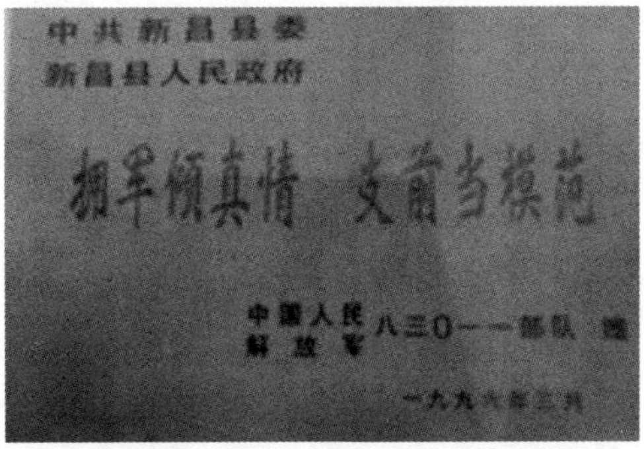

1996年3月，解放军某部赠送的“拥军倾真情，支前当模范”奖牌

1998年7月，解放军某部通信光缆工程施工经西郊、西岭、新溪、新民、桃源、儒岙、报国等7个乡镇，县政府专门召开有关部门和沿线乡镇领导参加的协调会议，布置做好配合工作，安排施工部队的住宿和生活，组织民兵1000余人协助部队施工。当地村民自发参加光缆线路的挖掘，主动给子弟兵送茶送点心，妇女们为解放军洗衣洗被。据不完全统计，村民给子弟兵送点心“锅拉头”500余公斤，有关部门和单位慰问施工部队肉猪60头、长诏水库鲜鱼1500余公斤、鸡蛋500余公斤，以及其他慰问物品，有力地配合部队按时完成光缆埋设施工任务。

之后，境内再无支前活动。

第五章　褒扬抚恤

褒扬抚恤是指国家、社会和人民群众对阵亡、病故、伤残军人及其家属给予精神抚慰和物质照顾。褒扬抚恤是军人优抚工作的组成部分，随兵役制度更替、经济社会发展而变化。古代，军人伤残亡故，抚恤褒扬全由皇恩赏赐。清朝后期，清政府积累历朝律令，颁行历史上首部《恤荫恩赏章程》。中华民国成立后，尤其是抗日战争开始后，国民政府颁布系列法令，褒扬抚恤阵亡将士，激励军人奋勇杀敌。新中国成立后，党和政府继承和发扬革命战争时期的优良传统，把军人褒扬抚恤纳入法制范围保障实施。县民政部门贯彻落实军人褒扬抚恤政策法规，保障抚恤对象社会上有地位，生活上略高于当地群众水平，有力地促进国防建设、经济建设和社会稳定。

第一节　清朝以前褒扬抚恤

古代军人褒扬抚恤，主要有设坛临祭、瘗遗骸或给殡敛、发给丧费、廪食恤抚、免役赐复、蠲除缓贷等措施。

西周时期，周王朝对作战将士实行死则善葬、伤则重医的举措。唐《六典》记载，“凡行军吏士有伤亡者，给其丧具，使归而葬。军人被创即给医药，使谨视之，医不即治，鞭之”。

秦汉时期，以军功授爵，对阵亡将士举行祭悼慰问活动。《三国会要·兵政》记载，东汉建安七年（202），汉献帝诏令：“将士绝后者，求其亲戚以后之，授田给耕牛，置学师以教之，为存者立庙，以祀其先人。”建安十四年（209）又令：“死者家无基业不能自存者，县官勿绝廪，长吏存恤抚循。”东汉延康元年（220）令：“士卒死亡者，郡国给槥椟（古时的小棺材）殡敛，送至其家，官为设祭。”

南朝时，据《南齐书·高帝》记载，齐国萧道成称帝后不久，曾下诏：对“建元以来战亡，赏蠲租布二十年，杂役十年。其不得收尸，主军保押，亦同比例。”另有诏令要求“或杜骸不收，毁亲莫掩，宜速宣下埋葬营恤”。

隋唐时期，在均田制基础上实行府兵制，对因战争阵亡或失踪的士兵家属及残废士兵本人，优恤的主要办法是不减少或不收回国家所受均田。据《通典·田制》记载：“诸因王事没落外藩不还，有亲属同居，其身分之地，六年乃追。身还之日，随便先给。”即身死王事者，其子孙虽未到成丁，其身分之地勿追。其因战伤及笃疾废疾者，亦不追减，听其终身受用。军人失踪未归，一般在六年之后才收回其受田，如回到兵府，还应优先给他田。

宋朝，对军人伤亡抚恤采取留军差役、终生供养和临时补助三种办法。据《宋会要》记载，宋仁宗时规定："军人经战至废折者，给衣粮之半，终其身。不愿在军人，给钱三十千，听自便。"对军人死亡者，规定："诸阵亡军士祖父母、父母无妻、子、孙依倚，人日给米二升，以终其身。妇人改嫁即停给。"北宋熙宁十年（1077），宋神宗诏："安南道死战没者，所假衣奉咸蠲除之。弓箭手、民兵、义勇等有贷于官者，展偿限一年。"北宋元丰二年（1079）诏："荆南雄略军十二营南戍。瘴没者众，其议优恤之。军校子孙降授职，有疾及不愿为兵若无子孙者，加赐缗（古代穿铜钱用的绳）钱；军士子孙弟收为兵，并给赙（给钱财帮助办理丧事），除籍后仍给粮两月；即父母年七十以上无子孙者，给廪之半，终其身。"此外，对残废和死亡士兵还发给本人或家属不定量的赏钱，作为临时补助和抚慰费用。

元朝，对参战阵亡军兵抚恤各异，战死与病死抚恤有别。《元史·兵一》记载，军官参战阵亡，子孙可承袭爵位。元至元十五年（1278）正月颁令规定："万户、千户死阵者，子孙袭爵，病死者降一等。把总、百户老病死，不在承袭之例。凡将校临阵中伤，还营病创者，亦令与阵亡之人一体承袭。士兵战死者，家中的次丁可以缓征赋税、徭役。"病死戍所者，百日外役次丁；死阵者，复一年。"对残废军人和由军队"放罢归民"的鳏寡孤独不能自存者，许养济院收录。大灾之年，战亡者家属和因战伤残的士兵可优先薄征（免去差税）和赈贷（给予米粟）。

明朝，对参战伤亡军士抚恤开始走向定制，抚恤方式有选武袭职、给俸、赐复、瘗遗骸与祭祀等。

明洪武元年（1368），朝廷制定《优给将士例》，规定："凡武官军士，两淮中原者，遇有征守病故、阵亡，月米皆全给之。若家两广、江西、福建诸处，阵亡者亦全给之；病故者初年全给，次年半之，三年又半之。其有应袭而无子及无应袭之人，则给本秩之禄赡其父母终身。"洪武三年（1370）十一月，朱元璋设坛亲祭将士。洪武四年（1371）二月，制定《军官军士优给之例》，规定："凡军职战役，无子弟承袭而有父母若妻者，给以全俸，三年后减半给之。有子弟年幼亦如之。俟袭职给本俸，罢优给。见有子弟承袭者，止给营葬之费。有特旨令其子弟参随历练及未授职名者，给半俸。其病故，无承袭而有父母若妻者，给半俸终身。有子弟年幼者，初年与半俸，次年又减半给之，俟其袭职，则给本俸，罢优给。有子弟承袭者，止给本俸，不优给。有特旨令其子弟参随历练及未授职名者，给半俸。军士战没者，有妻全给月粮，三年后守节无依者，月给米六斗终身。有次丁继役，止给营葬之费。继役者月给粮。其病故有妻者，初年全给月粮，次年总小旗月给米六斗，军士比旧给月粮减半。守节无依者，亦给月粮之半终其身。其有次丁继役者，止给月粮，不优给。凡军官、军士守御城池战没病故，其妻子无依或幼小者，守御官计其家属，令有司给行粮，送至京优给之。如愿还乡者，亦给行粮送之。

若无亲可依愿留见处者，依例优给。其新附军士未历战功而病死者，不在优给之例。其家属，官给行粮送还乡里。诏从之。”洪武十七年（1384）四月，因云南平，收阵亡遗骸。“令阵亡病故军给丧费一石，在营病故者半之。”洪武十九年（1386）六月颁令：“士卒战伤，除其籍，赐复三年。”明正统十四年（1449）九月，祭宣府、土木阵亡将士，瘗遗骸。

清朝，优待抚恤实行条例化管理。清乾隆五十年（1785），颁布《户部军需则例》，规定死亡抚恤与伤残抚恤标准及批准给恤时限。

死亡抚恤，分阵亡抚恤、病故抚恤和死者遗属抚恤三种：

（一）阵亡恤赏银两：提督 800 两，副将 600 两，参将 500 两，游击 400 两，都司 350 两，守备 300 两，千总 150 两，把总、经制外委 100 两，客外外委、马兵 70 两，步兵 50 两，余丁 25 两。准奏招募的新兵照步兵例议恤。

（二）出征途中病故恤赏银两：提督总兵 200 两，副将及三四品官 50 两，五、六品官 40 两，七品以下 30 两，兵丁立功后病故的 16 两。未立功的无具体规定。

（三）凡出征阵亡、病故的兵丁，有子弟可顶补为兵的，可顶补为兵，以资养赡。无子弟或子弟年幼不能自立而眷属又无依靠的，月给赏银 5 钱，米 3 斗，直至 16 岁。军官在营病故，如遗属无依靠的，继发军官生前的半俸。出征阵亡、病故官兵的子弟成丁之后，如因残疾仍不能谋生自立的，经总督、巡抚查明，办理一定手续，可保留兵丁生前的半饷以资赡养。如其子弟成丁后病故尚有遗属，也准许报明情况，经批准给半饷。

伤残官兵抚恤，分类赏银：

（一）阵伤兵丁赏银，头等伤 30 两，二等伤 25 两，三等伤 20 两。

（二）随征官兵的跟役及子弟因战受伤的赏银，头等伤 25 两，二等伤 20 两，三等伤 15 两。

（三）奴仆随征战伤的赏银，头等伤 12 两 5 钱，二等伤 10 两，三等伤 7 两 5 钱。

（四）军官阵伤临时视情请恤。

批准给恤时限：作战负伤并因伤死亡的官兵，头等预限六个月，二等预限五个月，三等预限四个月。因战伤死亡的，在预限内按阵亡抚恤。病故的不解除名粮，有子弟在营食粮的，月给米三斗，无子弟在营食粮的，得请恤。因战伤死亡按阵亡抚恤之后，扣除已发的伤残恤银。如负伤后又因参战而死的，则不得扣除。死亡超过限定日期的官兵，一般分别再延至四至六个月。此间因战伤而死的军官可按其军职品位荫袭子弟。兵丁则照原伤等次再加伤残抚恤。逾期者，不再议恤。

清宣统二年（1910），清政府颁布《恤荫恩赏章程》，分阵亡抚恤、伤亡抚恤、因公殒命抚恤、积劳病故抚恤、临战受伤抚恤等五类。

阵亡抚恤：因与敌交战而死、临敌受伤旋即殒命、战地防守受伤旋即殒命者，发给其遗属一次性的恩恤金和按年发给恩抚金。

表 40 《恤荫恩赏章程》规定的阵亡抚恤标准表

品　级	恩恤银额（两）	年恩抚银额（两）	品　级	恩恤银额（两）	年恩抚银额（两）
正一品	2000	1200	正七品	500	200
从一品	1600	1000	正八品	400	120
正二品	1400	800	从八品	300	44
从二品	1200	700	正九品	260	42
正三品	1000	600	从九品	220	40
从三品	900	500	正兵	180	30
正四品	800	400	一等兵	140	28
正五品	700	300	二等兵	100	26
正六品	600	250			

伤亡抚恤：官兵临敌、防守、出征负伤，头等伤在一年以内因伤殒命的；二等伤在十个月以内因伤殒命的；三等伤在六个月以内因伤殒命的，可享受伤亡抚恤。非因伤发而属于因病死亡的，不能按伤亡对待。伤亡抚恤亦按阵亡抚恤的标准办理。

因公殒命抚恤：官兵在战争防守时因公差遇水火等灾害或弹药误伤而死的，或因公差在江河海洋以及各危险之地失事而死的，属因公殒命。因公殒命官兵或当即死亡或在伤发期限之内（所定期限同伤亡）因伤发死亡的，均按规定的标准给予抚恤。

表 41 《恤荫恩赏章程》规定的因公殒命抚恤标准表

品　级	恩恤银额（两）	年恩抚银额（两）	品　级	恩恤银额（两）	年恩抚银额（两）
正一品	15000	800	正七品	400	150
从一品	12000	700	正八品	300	80
正二品	11000	600	从八品	250	36
从二品	10000	500	正九品	200	34
正三品	900	400	从九品	150	32
从三品	800	350	正兵	100	26
正四品	700	300	一等兵	80	24
正五品	600	250	二等兵	60	22
正六品	500	200			

积劳病故抚恤：官兵在出征中患病身亡或者立功后在军营病故者，均按积劳病故规定给予抚恤。官兵未曾立有军功而在营病故的、被派至要隘之地或戍边在防时病故的，均减半给予一次性抚恤，不发长期抚恤。

表 42　《恤荫恩赏章程》规定的积劳病故抚恤标准表

品　级	恩恤银额（两）	年恩抚银额（两）	品　级	恩恤银额（两）	年恩抚银额（两）
正一品	1000	500	正七品	250	100
从一品	800	400	正八品	160	60
正二品	700	350	从八品	140	24
从二品	600	300	正九品	120	22
正三品	500	250	从九品	100	20
从三品	450	200	正兵	50	14
正四品	400	180	一等兵	40	13
正五品	350	160	二等兵	35	12
正六品	300	120			

恩抚金，凭证由督抚大臣于两年内咨部，由部查核发给。恩抚金享受按顺序给予死者的妻子、孤儿或者父母、祖父母，直至享领者失去恩抚条件为止。

有下列条件之一的，停发并注销执据：（一）入外国籍者；（二）被处重罪入刑狱者；（三）寡妇死亡或改嫁或失去原户籍者；（四）孤儿死亡或为他人之养子或满 18 岁以上者；（五）父母、祖父母死亡或失去户籍者；（六）自议准给予恩抚金之日起两年内未呈禀领取者。无上述亲属的予以注销。

阵伤抚恤：战伤致残分为头等、二等、三等三个等次，凡被评定为阵伤的，给予伤赏银和恩赏银，伤赏银为一次性的，恩赏银按年给予，以终其身或至失去恩赏条件。

表 43　《恤荫恩赏章程》规定的阵伤抚恤标准表

品　级	头等伤		二等伤		三等伤	
	伤赏银额（两）	恩赏银额（两）	伤赏银额（两）	恩赏银额（两）	伤赏银额（两）	恩赏银额（两）
正一品	1800	1500	1400	1000	800	500
从一品	1600	1200	1200	800	700	400
正二品	1400	1000	1000	700	600	350
从二品	1000	800	800	600	500	300
正三品	900	700	700	500	400	250
从三品	800	600	600	400	350	200
正四品	700	500	500	300	300	160
正五品	600	400	400	250	250	120

续表 43

品　级	头等伤		二等伤		三等伤	
	伤赏银额（两）	恩赏银额（两）	伤赏银额（两）	恩赏银额（两）	伤赏银额（两）	恩赏银额（两）
正六品	500	300	300	200	200	80
正七品	400	200	200	160	150	60
正八品	250	140	150	120	100	40
从八品	160	80	100	60	60	35
正九品	140	70	80	50	50	30
从九品	120	60	60	45	40	25
正兵	80	40	50	28	25	12
一等兵	75	53	45	24	22	10
二等兵	70	30	40	20	20	8

官兵出征或在防戍时染病以至一时难愈者，照三等伤减半给予伤赏金，不发恩赏金。雇募的工役佣人以及随军的官员子弟有上述各项事故致伤的，按正兵减半给赏金。

伤残认定须经军医诊断，长官给据报陆军部核办。如在退伍一年以内因伤病发展致成残废者，由本人或家属将证书执据呈由该管长官核验并报部查核后，酌量给予相当数量的赏金。已经领取阵伤赏金的官兵因伤死亡的，应将领取的伤亡抚恤金扣除三分之二。

具有下列情形之一者，停发伤残抚恤并注销执据：（一）失掉军人分位者；（二）被剥夺公权者；（三）改就文职而领薪俸者；（四）本人死亡。

除以上述各类抚恤外，官兵特别是文武大员生前功绩卓著的，或临战时首当其冲遇难以及死难情节十分壮烈的，还可单独请旨给予从优议恤并赠职衔、享有世职荫监待遇以及树碑、建祠、立传，以示褒荣彰功。

第二节　民国褒扬抚恤

中华民国时期，国民政府重视军人褒扬抚恤制度的建设，在沿袭前朝军人褒扬抚恤制度的基础上，吸收国外军人褒扬抚恤做法，革除传统军队荫袭制弊端，先后制定和颁布法令，建立和健全系列军人褒扬抚恤制度。

一、“忠烈”褒扬

中华民国时期，国民政府褒扬忠烈，方式有建祠、立碑、祭祀及颁发匾额、褒章或褒扬证书等。

1913 年，北京政府制定《褒扬条例》，规定凡孝行纯笃、特殊义行、尽心公益、有功艺术、行德淑行、睦姻任恤、节烈妇女、年登百岁等八种事迹之一者，得报请赠予匾额、或颁给褒辞、褒章。

1928年，南京国民政府定每年8月1—3日为追悼国民革命阵亡将士日期，每年3月29日为春祭时间，9月3日为秋祭时间，7月7日为公祭时间。

1931年7月，国民政府立法院制定《褒扬条例》，规定对德行优异、热心公益者给予褒扬，颁给匾额、褒章或褒扬证书。

1936年6月，国民政府军事委员会发布《各县设立忠烈祠办法》，指令各县在文庙、乡贤祠旁有昭忠、忠义等祠或公共庙宇改建为忠烈祠，用以祭祀自北伐战争以来历次战役死亡之官兵。

是年，县政府将城中下司巷弄旧有先贤祠改并为忠烈祠。祠有享殿三间，厨房、会客室各一间，膳室和大门二廊休息室各两间。

1939年7月，县动员委员会为褒扬忠烈，崇祀抗战殉难将士，将旧城西门城隍庙改建为忠烈祠。7月7日举行入祠典礼，首次入祠忠烈牌位57位。

1940年6月，国民政府行政院电令：以7月5日为清明祭扫之期，全国各界应于是日举行公祭活动，追荐1937年7月7日卢沟桥阵亡将士及殉难同胞，公祭忠魂，慰问死难家属，以鼓励群众，激励抗战情绪。省政府第三区行政督察公署发布《七七第三周年追荐抗战阵亡将士及死难同胞办法》。县政府布告全县，7月7日，全县停止娱乐，素食一天；自7月4日起至10日，全县禁止屠宰牲畜及捕捉水族7天。

7月7日9时，县政府在忠烈祠举行恭送抗战阵亡将士入祠典礼，各寺、观及各教会开展施礼追荐，新昌道教会在西门外纪念塔旁设坛施礼追荐。12时整，以鸣炮为号，民众肃立，脱帽致敬，俯首点念三分钟。

同年9月，国民政府发布《抗敌殉难忠烈官民祠祀及建立纪念坊碑办法大纲》和《忠烈祠设立及保管办法》。

《抗敌殉难忠烈官民祠祀及建立纪念坊碑办法大纲》规定：抗敌殉难忠烈官兵有下列情事之一者，得入祀忠烈祠并得建立纪念碑或纪念坊：（一）身先士卒冲锋陷阵者；（二）杀敌致果建立殊勋者；（三）守土尽力忠勇特著者；（四）临难不屈或临阵负伤不治者；（五）其他抗敌行为足资矜式者。抗敌殉难忠烈人民有下列情事之一者，得入祀忠烈祠并得建立纪念碑：（一）侦获敌人重要情报者；（二）组织民众协助军队工作或执行军队命令者；（三）刺杀敌人或汉奸者；（四）破坏敌人仓库者；（五）焚毁敌人重要交通路线者；（六）破获敌伪间谍组织者；（七）被掳不屈者；（八）救护抗敌官兵者；（九）组织民众实行国民公约者；（十）其他忠勇抗敌者。凡符合上述规定各款情形之一者，得由事迹表着地、殉难地或原籍地之公正人民或乡邻亲属填具详细事迹表，呈由县（市）政府调查属实后，呈请省政府转咨内政部分别核准入祀建立纪念碑。抗敌殉难忠烈官兵由原属部队填具事迹表并造具清册，报由军政部转咨内政部核准。

忠烈祠设立于县政府所在地，乡镇设立纪念坊碑。忠烈祠建设经费由地方政府支出。忠烈祠并祀古代名将及革命先烈。

《忠烈祠设立及保管办法》规定：各级政府所在地均应设立忠烈祠一所，乡镇公所所在地如有公共寺庙亦得设立之。设立忠烈祠得就公共寺庙改建，事先应商得寺庙负责人的同意，并报内政部核准。各地忠烈祠成立后，当地原有类似忠烈祠之祠庙得酌予归并，呈报内政部备案。忠烈祠陈列烈士牌位、遗像、遗物及文献。忠烈祠应于每年7月7日依公祭礼节举行公祭，县忠烈祠由县长主祭，乡镇忠烈祠由乡镇长主祭。县、乡镇忠烈祠由县、乡镇政府保管，不得占用或处分，保管经费列入预算。

1941年3月29日，县政府在忠烈祠举行第二次入祠典礼，入祠忠烈牌位98位。

1942年4月29日，国民政府军事委员会发布《抗战阵亡殊勋将士定期祭慰办法》，规定：抗战阵亡殊勋将士每年于7月9日（陆军纪念日）依法举行祭慰；祭慰地点在殊勋将士阵亡地点或忠骸墓地；祭慰由当地最高军事长官及地方政府长官举行，党政军学商各界均参加，所在省（市）或派员慰问。

是年5月1日，县政府在大礼堂举行抗战殉难党政团警工作人员及人民追悼大会，县长宣读祭文。

7月14日，县城被日军占领，忠烈祠无法使用。为使后来殉难将士得以继续入祠，县政府呈准省政府备案，就报国乡岭岗庙改建为忠烈祠。县城光复后，因财政困难，忠烈祠未予重建。

1943年，国民政府发布《国殇墓园设置办法》，训令："凡参加中日战争之阵亡将士，均得葬于国殇墓园，文职官吏及人民因守土抗战阵亡者，经查明核准，并得葬于国殇墓园。"国殇墓园应建立公共纪念碑，记载战役时间、事迹、部队和阵亡官兵姓名、职级、籍贯和死亡年月。

是年8月20日上午，县政府在驻地报国新村礼堂举行授奖典礼，授予张载阳、吴朝福、俞雨生、袁剑秋等4名士绅由行政院核颁的"人民荣誉奖状"。县政府称：张载阳等4名士绅在县城被敌盘踞后，"苦心孤诣组织自卫武力，襄助政府推行政令，与敌伪周旋，争取敌后政权。敌伪仍以暴力胁悍，复以政治诱附，该绅等深明大义，持正不阿，以致遭受敌伪之忌，将该民等家产掠劫一空。该绅等不顾一切牺牲，始终不屈，大义凛然，深堪嘉尚"。

1944年4月，县政府在黄坛村外坂田小山上建"三二八"抗战阵亡将士纪念塔，在石板坪立墓铭志。黄坛村妇女筹"三二八"法会，岁岁春分，为致祭祀。五马乡第10保保长项金助倡组"三二八"阵亡将士千秋公祭会，每逢春冬两季率众祭祀，以慰亡魂而扬忠勇。附近各校师生，每年来塔下瞻仰。

1945 年，值“三二八”抗敌 2 周年，县长傅知行临儒岙忠烈碑前举行公祭。

1946 年 3 月，国民政府发布《褒扬抗敌忠烈条例》，规定：无论官兵人民，“凡符合杀敌致果，建立殊勋，尽力守土，忠勇特著，临难不屈，以身殉国或不受敌人利诱威胁致伤亡或拘囚；义举乡里，抵抗敌人，或毁坏敌人所用重要战具；个人或全家或全村与敌搏斗致伤亡或被毁；因守土伤亡及其他忠勇义烈足资矜式等事迹之一者”，报内政部核定，给予褒扬。褒扬办法由国民政府或行政院、内政部明令褒扬、题匾褒扬；国葬、公葬或入葬国殇墓园；入祀忠烈祠或建立纪念碑坊；事迹宣付国史馆或刊入省市县志。

是年 7 月 7 日，县政府在忠烈祠举行公祭。

1947 年 6 月，国民政府发布《春秋二季致祭阵亡将士办法》，重申春祭日期为每年 3 月 29 日，秋祭日期为每年 9 月 3 日。

是年 7 月 7 日下午四时，县政府及各界代表在城隍庙举行公祭抗战阵亡将士活动。

1948 年 9 月 28 日，忠烈祠共入祠忠烈牌位 250 位，其中北伐烈士 25 名，抗日战争烈士 224 名。

二、伤亡抚恤

民国时期，国民政府对因战、因公牺牲和病故军人的遗族及伤残军人给予抚恤，经费在县总预备费或抗战经费项下支拨。

1912 年 3 月，南京临时政府发布《陆军官佐士兵恤赏规则》，规定对在辛亥革命前后伤亡的革命军人及其遗族给予恤赏。恤赏分阵亡恤赏、阵伤恤赏两种，恤赏金均按军阶军级计发。阵亡恤赏又分一次性恤赏与年恤赏：阵亡者，发给其遗族一次性恤金，其标准依次为将军 1500~1100 元，都尉 900~700 元，军校 500~300 元，额外军官 200 元，上士至下士 150~120 元，上等兵至二等兵 100~60 元。年恤赏，每年给予阵亡者之父母子女遗族恤金，父母子女具全者，则终其父母天年，若父母逝世其子女年幼者，受恤至 20 岁。年恤赏标准最高 800 元（大将军），最低 25 元（二等兵）。阵伤恤赏每年发给阵伤致残者，恤金标准按伤残部位和程度分三等：一等伤，从大将军 800 元至二等兵 50 元；二等伤，从大将军 600 元至二等兵 40 元；三等伤，从大将军 500 元至二等兵 25 元。

是年 6 月，北京政府为解决南北陆军抚恤办法不一的问题，公布《陆军部请恤请奖各项章程变通办法》，规定：在共和未宣布以前，南方军队中被难负伤或积劳病故之官佐士兵，拟按南京陆军部所定陆军官佐士兵恤赏分别给恤；在共和未宣布以前，北方军队中被难负伤或积劳病故之官佐士兵之请恤未经办出者，拟按陆军部所定之简明阵亡阵伤章程分别给恤；在共和宣布后，南北各军中之伤亡官佐目兵，拟一律按照本部现在改订之抚恤章程中之平时恤赏章程分别给恤。

是年 9 月，北京政府公布《陆军平时恤赏暂行简章》，分总则、剿办内乱伤亡之恤赏规则、因公伤亡之恤赏规则、积劳病故之恤赏规则、恤赏规则等五章，规定陆军平时恤金包括一次性恤金和年恤金两种，其中一次性恤金分为被戕身死一次性恤金、因公毙命一次性恤金两个档次；年恤金分为被戕身死遗族年恤金、因公毙命遗族年恤金、因公负伤年恤金三个档次，而因公负伤年恤金又细分头等伤、二等伤、三等伤三个档次。

是年 10 月，北京政府公布《战时陆军恤赏简章》，分总纲、阵亡规则、伤亡规则、阵伤规则、因公殒命规则、积劳病故规则、恤赏规则、年抚规则、陆军雇佣人员恤赏规则和恤金给予规则等十章，规定战时陆军恤金包括一次性恤金和年恤金两种，一次性恤金按死者等级议准，照恤赏表分阵亡、因公殒命、积劳病故三个档次发给遗族；年恤金按年给予受伤官佐士兵或死者遗族，分阵亡、阵伤致废、因公殒命、积劳病故四个档次，阵伤致废年恤金又分一、二、三等。

1927 年 7 月，南京国民政府公布《国民革命军战时抚恤暂行条例》，适用对象为战时伤亡的官佐平、战时抚恤。

1928 年，国民政府军政部设立陆军署，内设军衡司、军医司及残废军人教养院。军衡司分管“赏赉、叙勋、奖章、褒状及其他赏给事宜”和“残废官兵处置事项”。军医司主管“伤病等差之诊断及解除兵役之检查事项”。残废军人教养院的主要任务是收容各军队残废官兵实行教养。为便于统一组织、协调陆海空军的优抚工作，军政部设陆海空军抚恤委员会，办理抚恤事宜。

是年 8 月，国民政府公布《陆海空军战时抚恤暂行条例》和《陆海空军平时抚恤暂行条例》，抚恤按军阶，分阵亡、伤剧殒命、因公殒命、积劳病故等 4 类；平时分御敌被戕、因公毙命 2 类，分别给予不同数量的一次性恤金和年恤金。负伤致残官兵按军阶分等给予终身年恤金。平时伤亡之一次性恤金及年恤金较战时为少。如二等兵至上将战时战亡，一次性恤金为 80~3000 元，而平时为 50~900 元。

1929 年 2 月，国民政府公布《陆海空军抚恤委员会编制大纲》，规定：抚恤委员会下设总务处、审核处、教养处和经理处；总务处掌管陆海空军官佐兵夫阵亡及因公殒命各项善后事宜；审核处掌管陆海空军官佐兵夫阵亡、阵伤，因公伤亡、积劳病故等项审核和调查统计事宜；教养处主持官佐兵夫阵伤及因公受伤等残废教养，及阵亡、因公殒命者遗族抚养教育事宜。

1933 年 10 月，国民政府公布《陆军平战时抚恤暂行条例》，规定：平时和战时官佐士兵的抚恤分为阵亡、因公殒命、积劳病故、临阵及因公受伤、伤剧殒命等五种。死亡者，按死者军阶发给其遗族一次抚恤金和年抚金；享领死亡年抚金的遗族，仅限于死者的妻子及子女（妻子已经再婚的不发）；无妻子、无子女的，发给父母；无父母的，发给祖父母及孙；上述遗族皆无的，发给死者未成年的胞弟妹。年抚金从领取一次抚恤金的第二年发给。遗族领取年恤金年限规定：战时阵亡的，发给 20 年；平时阵亡的，发给 15 年；战时因公殒命的，发给 10 年；平时因公殒命的，发给 7 年；积劳病故的，发给 3~5 年。

负伤致残废者，按军阶发给其年抚恤金。平战时负伤各分三个等级，年恤金原则上终身给予。但因伤情发生变化，康复或痊愈的，则规定一等伤给抚恤 7 年，二等伤给抚恤 5 年，三等伤给抚恤 3 年，限期满即注销。

表 44 1933 年 10 月国民政府陆军官兵因战阵亡抚恤标准表

级 别	一次抚恤金（元）	年抚恤金（元）	级 别	一次抚恤金（元）	年抚恤金（元）
上将	3000	800	少尉	400	160
中将	2000	700	准尉	300	120
少将	1500	600	上士	150	80
上校	1000	500	中士	130	70
中校	900	400	下士	120	60
少校	800	360	上等兵	100	50
上尉	600	320	一等兵	80	40
中尉	500	240	二等兵	80	40

表 45 1933 年 10 月国民政府陆军官兵平时阵亡抚恤标准表

级 别	一次抚恤金（元）	年抚恤金（元）	级 别	一次抚恤金（元）	年抚恤金（元）
上将	900	600	少尉	200	130
中将	800	500	准尉	150	100
少将	700	400	上士	100	70
上校	600	350	中士	90	50
中校	500	300	下士	80	40
少校	400	250	上等兵	70	35
上尉	350	200	一等兵	60	30
中尉	300	160	二等兵	50	30

表 46　1933 年 10 月国民政府陆军官兵战时因公殒命抚恤标准表

级　别	一次抚恤金（元）	年抚恤金（元）	级　别	一次抚恤金（元）	年抚恤金（元）
上将	1000	600	少尉	200	130
中将	900	500	准尉	150	100
少将	800	400	上士	120	70
上校	700	350	中士	100	50
中校	600	300	下士	90	40
少校	500	250	上等兵	80	35
上尉	400	200	一等兵	60	30
中尉	300	160	二等兵	60	30

表 47　1933 年 10 月国民政府陆军官兵平时因公殒命抚恤标准表

级　别	一次抚恤金（元）	年抚恤金（元）	级　别	一次抚恤金（元）	年抚恤金（元）
上将	700	400	少尉	140	80
中将	600	350	准尉	100	60
少将	500	300	上士	80	40
上校	400	250	中士	60	35
中校	350	200	下士	50	30
少校	300	160	上等兵	45	25
上尉	240	130	一等兵	35	25
中尉	180	100	二等兵	35	25

表 48　1933 年 10 月国民政府陆军官兵战时积劳病故抚恤标准表

级　别	一次抚恤金（元）	年抚恤金（元）	级　别	一次抚恤金（元）	年抚恤金（元）
上将	800	400	少尉	160	80
中将	700	350	准尉	120	60
少将	600	300	上士	90	40
上校	500	250	中士	80	35
中校	400	200	下士	70	30

续表 48

级　别	一次抚恤金（元）	年抚恤金（元）	级　别	一次抚恤金（元）	年抚恤金（元）
少校	360	160	上等兵	60	25
上尉	320	130	一等兵	50	25
中尉	240	100	二等兵	50	25

表 49　1933 年 10 月国民政府陆军官兵平时积劳病故抚恤标准表

级　别	一次抚恤金（元）	年抚恤金（元）	级　别	一次抚恤金（元）	年抚恤金（元）
上将	700	400	少尉	140	80
中将	600	350	准尉	100	60
少将	500	300	上士	80	40
上校	400	250	中士	60	35
中校	350	200	下士	50	30
少校	300	160	上等兵	45	25
上尉	240	130	一等兵	35	25
中尉	180	100	二等兵	35	25

表 50　1933 年 10 月国民政府陆军官兵战时伤残抚恤标准表

级　别	战时伤残年恤金			级　别	战时伤残年恤金		
	一等伤（元）	二等伤（元）	三等伤（元）		一等伤（元）	二等伤（元）	三等伤（元）
上将	800	700	600	少尉	160	120	100
中将	700	600	500	准尉	120	80	70
少将	600	500	400	上士	80	70	50
上校	500	400	300	中士	70	60	45
中校	400	350	250	下士	60	50	40
少校	360	300	200	上等兵	50	45	30
上尉	320	240	150	一等兵	40	35	30
中尉	240	180	120	二等兵	40	35	30

表51　1933年10月国民政府陆军官兵平时伤残抚恤标准表

级　别	平时伤残年恤金			级　别	平时伤残年恤金		
	一等伤（元）	二等伤（元）	三等伤（元）		一等伤（元）	二等伤（元）	三等伤（元）
上将	450	400	350	少尉	100	80	70
中将	400	350	300	准尉	700	60	50
少将	350	300	250	上士	50	40	35
上校	300	250	200	中士	45	35	30
中校	250	200	160	下士	40	30	25
少校	200	160	130	上等兵	35	25	20
上尉	150	130	110	一等兵	30	25	20
中尉	120	100	90	二等兵	30	25	20

是年，军事委员会发布《请恤须知》，详细规定伤亡官兵请求抚恤的程序、手续。

此后，随着物价上涨，通货贬值，抚恤标准多次调整提高。

1934年8月，国民政府公布《空军抚恤暂行条例》，其抚恤原则和内容与陆军大体相同，但空军的一次性恤金是陆军的6.6倍，年恤金是陆军的1.9倍。

1938年10月，行政院公布《人民守土伤亡抚恤实施办法》，对参加抗敌战斗临阵伤亡者；扰乱敌人后方及侦查敌人行动因而伤亡者；保卫村镇抗拒敌人因而伤亡者；其他抗敌行动因而伤亡者给予抚恤。抚恤标准规定：亡故者除给予其遗族80元之一次恤金外，并给予每年50元之年恤金；受一等伤者除给予70元之一次恤金外，并给予每年40元之年恤金；受二等伤者除给予60元之一次恤金外，并给予每年35元之年恤金；受三等伤者除给予40元之一次恤金外，并给予每年30元之年恤金。享受抚恤的遗族其顺序为妻及子女（再醮或出嫁者不在内），妻及子女俱无者给其父母，父母俱无者给其祖父母及孙，上例遗族俱无者，给其未成年之胞弟妹（给之其成年为止）。人民守土伤亡抚恤由当地自治人员及受恤人亲属或同事4人以上或当地人民10以上之联署填具请恤事实表，声请该管县（市）政府详查确实后，呈请省政府审核转咨内政部核定，转呈行政院核准行之。

同时，省政府公布《浙江省各县战时应征民工伤亡抚恤暂行办法》，规定：抗日战争期间，浙江省各县为构筑国防工事，破坏公路铁路，及其他各项工程，征用民工，因公伤亡者，一律依照下列标准给恤：民工在应征期间，或在工作场所，遭遇意外事变，以致受伤残废或心神丧失，不能工作者，得斟酌情形，给予30元或50元之一次恤伤费；民工在应征期间，或在工作场所，遭遇意外事变，以致死亡者，得给予30元之丧葬费，

100 元之一次恤金；其因征罹疾致死者，得给予 30 元之丧葬费，50 元之一次抚恤费。应征民工恤伤丧葬抚恤各费，应由民工本人或依法有继承权人取得乡镇保长 1 人及督工人员之证明，详报县政府，经县长查实，呈请省政府核准后，在县总预备费或抗日战争经费项下支拨。

1940 年 9 月，国民政府公布《陆军抚恤暂行条例》，规定享受抚恤的遗族依次为父母、妻及子女（再醮或出嫁者不在内），以上遗族均存者，依照家属互相抚养义务，所领抚恤金按口均分，有父母者，恤令由父母保存，无父母者，由其妻及子女保存，父母有其他子女足以抚养者，应将恤令交妻及子女保存，无上例遗族时，给其祖父母及孙，上例遗族俱无者，给其未成年之胞弟妹（给之其成年为止）。

对遗族领取年抚金的年限限定为：战时阵亡的，发给 20 年；平时阵亡的，发给 15 年；战时因公殒命的，发给 10 年；平时因公殒命的，发给 7 年；积劳病故的，发给 3~5 年。

1941 年，省政府规定县抚恤事宜，属于兵役范围者归军事科掌理；属于警察人员者由县政府警佐掌理；其他各种抚恤由民政科掌理。未设军事科或警佐之县，所有抚恤事项概由民政科掌理。

1942 年，国民政府军事委员会公告，自本年度起，所有陆海空伤亡官兵恤金，按其标准加倍发给。

1943 年 8 月，国民政府行政院发布《战时雇员公役给恤办法》，规定雇员公役在办公场所或因公出差遭遇意外事变以致受伤残废或心神丧失不能服务者，按其最后薪资给予 10 个月薪资之一次性恤伤费，其受伤未达残废或心神丧失程度者，酌给 2 个月至 4 个月薪资之一次性医药费；雇员公役致死亡者，按其最后薪资给予 14 个月薪资之一次性抚恤费；雇员公役在职病故，按其最后薪资给予 4 个月薪资之一次性抚恤费。

1945 年 10 月，军事委员会公布《陆海军伤亡官兵抚恤金给予颁发办法》，规定抚恤分一次性恤金、阵亡年恤金、死亡一次性恤金、死亡年恤金、负伤年恤金 5 种，并按军阶分别恤金标准。

表 52　1945 年 10 月国民政府陆海军官兵阵（死）亡官兵恤金标准表

级　别	阵亡恤金		死亡恤金	
	一次恤金（元）	年恤金（元）	一次恤金（元）	年恤金（元）
上将	200000	160000	100000	80000
中将	180000	140000	90000	70000
少将	160000	130000	80000	65000
上校	140000	120000	70000	60000
中校	120000	100000	60000	50000

续表 52

级　别	阵亡恤金		死亡恤金	
	一次恤金（元）	年恤金（元）	一次恤金（元）	年恤金（元）
少校	100000	80000	50000	40000
上尉	80000	70000	45000	35000
中尉	70000	60000	35000	30000
少尉	60000	50000	30000	25000
准尉	50000	40000	25000	20000
士	30000	20000	15000	10000
兵	20000	15000	10000	7500

表 53　1945 年 10 月国民政府陆海军官兵阵伤官兵恤金给予标准表

级　别	战时阵伤恤金（照退役俸标准计算）			
	一等伤（元）	二等伤（元）	三等伤（元）	轻微伤（元）
上将	160000	80000	60000	20000
中将	140000	70000	50000	15000
少将	130000	65000	40000	10000
上校	120000	60000	35000	9000
中校	100000	50000	30000	8000
少校	80000	40000	20000	7500
上尉	70000	35000	15000	7000
中尉	60000	30000	10000	6500
少尉	50000	25000	8500	6000
准尉	40000	20000	8000	5000
上士	20000	10000	7000	4500
中士	20000	10000	6000	4000
下士	20000	10000	5000	3500
上等兵	15000	7500	4000	3000
一等兵	15000	7500	3500	2000
二等兵	15000	7500	3500	2000
备考	给予终身	给予 10 年	给予 5 年	给予 1 次

1945年开始，国民党县政府按年发给抗战阵亡官兵遗族每户公粮七担二斗，并定每斗计发代金500元，每户计发代金18000元。

1948年7月，陆海军伤亡官兵抚恤标准调整提高，一次性恤金从将军22560元至二等兵750元；年抚恤金从将军9950元到二等兵750元。伤残年抚恤金从将军一、二、三等伤分别为6630元、3320元、1660元到二等兵一、二、三等伤分别为380元、280元、130元。具体标准调整见表54、表55。

表54　1948年7月国民政府陆海军官兵阵（死）亡抚恤标准表

级　别	一次抚恤金（元）	年抚恤金（元）	级　别	一次抚恤金（元）	年抚恤金（元）
上将	22560	9950	少尉	3740	3280
中将	20900	8650	准尉	3060	3060
少将	18530	7720	上士	1730	1730
上校	16630	6790	中士	1230	1230
中校	13070	5770	下士	990	990
少校	9770	4650	上等兵	880	880
上尉	7500	4090	一等兵	830	830
中尉	4180	3580	二等兵	750	750

表55　1948年7月国民政府陆海军官兵伤残抚恤标准表

级　别	一等伤（元）	二等伤（元）	三等伤（元）	级　别	一等伤（元）	二等伤（元）	三等伤（元）
上将	6630	3320	1660	少尉	2190	1090	550
中将	5770	2880	1440	准尉	2060	1030	520
少将	5150	2570	1290	上士	870	580	290
上校	4530	2260	1130	中士	620	410	210
中校	3840	1920	960	下士	500	350	170
少校	3130	1550	780	上等兵	440	330	150
上尉	2370	1360	680	一等兵	420	300	140
中尉	2290	1190	600	二等兵	380	280	130

1940—1946年，新昌在册抚恤伤亡员兵共522人，其中无遗族领恤35人，经核查并未死亡41人。

第三节　新中国褒扬抚恤

新中国成立后，国家建立国家、社会、群众三结合的抚恤优待制度，对革命烈士、牺牲军人、病故军人、革命伤残军人和因公伤亡或负伤致残的国家机关工作人员、人民警察、参战牺牲或负伤致残的民兵民工实行优待抚恤制度。同时，建设烈士陵园，宣传表彰英烈事迹，开展烈士纪念活动，使烈士英名永垂千秋。

一、烈士褒扬

新昌解放后，县民政科遵照《革命烈士褒恤暂行条例》规定，收集、整理革命烈士事迹，核查登记烈士故地和家庭情况，抚恤革命烈士家属，颁发革命烈士证明书，为革命烈士家庭挂"烈士光荣牌"，拨发抚恤粮、款。

1950年5月，全县有烈属101户、荣誉军人32人。

是年12月，内务部颁布《革命军人牺牲病故褒恤暂行条例》《革命工作人员伤亡褒恤暂行条例》《民兵民工伤亡褒恤暂行条例》，规定革命军人因参战、公干牺牲者（被俘不屈慷慨就义或被特务暗杀等）均称烈士，其家属称烈属，由革命军人生前所在部队团以上政治机关填具革命军人牺牲证明书，发至烈士原籍县（市）人民政府，再换发革命牺牲军人家属光荣纪念证交其家属保存，以示纪念。革命工作人员或民兵、民工凡因公牺牲者，亦授予烈士称号。

1951年1月，内务部印发关于革命烈士的解释，规定革命烈士的范围为：辛亥革命中因参加反对清朝统治而牺牲的烈士；1921—1927年因参加东征和北伐战争而阵亡的烈士；1927—1937年因参加国内革命战争和武装起义而牺牲的烈士和红军官兵；1932年1月淞沪抗日战役、1933年3月长城抗日战役、1933年东北抗日战役、1936年东绥远抗日战役牺牲的官兵和东北抗日义勇军抗日联军牺牲的官兵；1937—1945年因参加抗日战争牺牲的八路军、新四军及其他人民抗日部队官兵；确因抗日阵亡的国民党官兵；在人民解放战争中牺牲的人民解放军指战员；1919年"五四运动"以来因参加各种革命斗争被帝国主义和国内反动派杀害（包括入狱病死）的烈士。

1962年5月，根据内务部、财政部《关于处理抗美援朝战争中失踪军人的家属待遇问题的联合通知》的规定，省民政厅批准新昌原失踪军人赵福财、陈长兴、俞相棠、黄金相等按抗美援朝牺牲军人处理，并寄发"抗美援朝牺牲军人证明书"。

是年7月，省民政厅发布《关于迅速处理失踪军人家属待遇问题的通知》，规定："凡中国大陆解放以后、朝鲜停战以前在国内沿海岛屿失踪的军人，其家属应迅速与有关部门联系，如属被俘者可保留其家属的军属待遇，其余只要证实是参加解放军后失踪者，均可按牺牲军人身份予以追恤。"9—12月，省民政厅给吕士君等34名在各个革命斗争和革命战争时期牺牲及失踪的人员核发革命烈士证明书。

1966年"文化大革命"开始后，褒扬革命烈士工作受到影响。

1979年，镜屏乡下潘村义务兵杨银华在对越自卫反击战中壮烈牺牲，被批准为革命烈士。

1980年4月，国务院颁布《革命烈士褒扬条例》，规定在革命斗争中、保卫祖国统一和社会主义现代化建设事业中壮烈牺牲者为革命烈士，其家属称革命烈士家属。革命烈士的条件是：对敌作战牺牲或对敌作战负伤后因伤死亡者；对敌作战致成残废后，不久因伤口复发死亡者；在作战前线担任向导、修建工事、救护伤员、执行运输等战勤任务牺牲，或者在战区守卫重点目标牺牲者；因执行革命任务遭敌人杀害，或者被敌人俘虏、逮捕后坚贞不屈遭敌人杀害或受折磨致死者；为保卫或抢救人民生命、国家财产和集体财产壮烈牺牲者。此外，事迹特别突出，足为后人楷模者，也可以批准为革命烈士。革命烈士的审批机关，因战牺牲的现役军人为团以上政治机关，其他人员为县、市、市辖区政府；因公牺牲的现役军人为军级以上政治机关，其他人员为省、自治区、直辖市政府。经批准为革命烈士者，由民政部向革命烈士家属颁发革命烈士家属证明书。此外，还规定各级政府应当搜集、整理、陈列革命烈士的遗物和斗争史料，编印《革命烈士英名录》。

1981年8月，县民政局收集烈士事迹，整理、编写《革命烈士英名录》，录入革命烈士198名。

1983年3月，换发、补发革命烈士证明书，县民政局在大明市公社试点，一星期后全县展开，至7月9日全县结束。经走访、核实、登记、审批、换发证工作，纠正错登烈士1名，增补烈士3名，共有烈士200名，其中有直系亲属的78名、有旁系亲属的110名、无亲属的12名。应换发证烈属78户，除5户直系亲属在外地由外地换发外，实际换发证73户。

是年，西郊乡现役义务兵傅亚明被批准为革命烈士。

1984年，省政府批准新溪乡丁村蔡岳相为革命烈士。

1985年，新昌籍参加对越自卫反击战干部梁新成，战士董德明、刘兰军、成正富、张仁财、章贤明、潘正良、盛海忠、潘旭忠、王永忠、朱军方、梁新军等壮烈牺牲，被部队批准为革命烈士。

是年6月20日，王贤芳、毛田华等县领导偕县人武部、县民政局、妇联、团县委等部门负责人及烈士生前部队首长到肇圃、冷水、大古年等村慰问对越自卫反击战中牺牲的烈士家属，帮助解决实际困难。随后，县政府在人民大会堂举行追悼大会，悼念对越自卫反击战中牺牲的13名烈士，常务副县长梁光道致悼词，县级机关、企事业单位、乡镇、村干部和烈士家属1000余人参加追悼大会。同时，县民政局与县委宣传部编印《青春之歌》《英烈千秋》2000余册，分发到各单位。在县城百货公司和各区所在集镇设立橱窗专栏，展览13名烈士英容和生平事迹，新昌广播站进行专题报道，全县广泛开展爱国主义、革命英雄主义和革命理想与人生观的教育，掀起拥军优属高潮。

9月13日，县委决定成立“新昌县革命烈士纪念碑筹建委员会”，俞辉华担任主任。委员会下设办公室，吕青山兼任办公室主任。9月18日，县政府作出《关于建造革命烈士纪念碑的决定》。全县人民热烈拥护，纷纷捐款近2万元，其中报国乡朱伯和捐助500元。

1987年1月，县政府投资10万元，群众捐款2万元，征用鼓山荒地3330平方米，开工兴建革命烈士纪念碑。7月，革命烈士纪念碑竣工。建军节举行揭碑仪式，县级机关和社会各界群众2000余人参加。

同时，县民政局出版发行《革命烈士英名录》。

1988年1月21日，县政府印发《关于切实管理保护好鼓山革命烈士纪念建筑物的通知》，将鼓山革命烈士纪念碑列为保护单位。

是年，根据民政部《关于贯彻执行“革命烈士褒扬条例”若干问题的解释》中关于“在对越自卫还击战、中印边界还击战和抗美援朝期间失踪的军人、参战民兵民工，建国前失踪的军人和因参加对敌作战、对敌斗争中失踪的地方工作人员，凡未发现其投敌、叛变、被俘、自杀、判刑的，都按对敌作战牺牲处理。没有追认为革命烈士的，经县、市、市辖区人民政府审查批准，可追认为革命烈士”的规定，经县人民政府审查批准，追认俞相棠、黄金相、梁菊忠、潘小彰喜、陈江造、梁世理、陈长兴、梁张银、张道明、刘双潮、吕立强等11名原失踪军人为革命烈士。

是年，新昌遭受百年未遇之“7·30”洪灾，曹州信用社职工袁亚瑟、张金昌、俞杏琴（女）为抢救国家财产壮烈牺牲，经省人民政府批准为革命烈士。

1990年，大明市乡枫家潭村现役义务兵俞胜在福建省政府值勤时壮烈牺牲，被武警总部批准为革命烈士；镜岭镇雅庄村张桥兴、新民乡平川桥村何爱生经省人民政府批准为革命烈士。

1992年，新中国成立初期遭敌（土匪）报复杀害的报国乡地下交通员王焕和，经省人民政府批准为革命烈士。

1998年，双彩乡人民教师杨英明为抢救落水学生壮烈牺牲，经省人民政府批准为烈士。

2001年，新林乡上祝村现役义务兵孙军波在泅渡训练中，为抢救战友牺牲，经部队批准为革命烈士。是年，沙溪镇上蔡岙村15岁学生胡桂锋，为抢救溺水同学牺牲，经省人民政府批准为烈士，系境内年龄最小的烈士。

2005年，县政府拨款5万元，整修鼓山烈士陵园，硬化园内道路，再度植树绿化。

2006年10月，县民政局拨款5万元，补助小将镇修缮马坑等烈士墓。

是年，回山镇旧宅岙村国民党第八十八师少校营长梁雨亭，于1937年上海“八一三”对日军作战中壮烈殉国，经省人民政府批准为革命烈士。

2007年3月，县民政局拨款1.5万元，补助原新林乡修缮梁柏台烈士纪念碑亭。

2009年9月14日，县委、县政府为纪念梁柏台烈士110周年诞辰，在新林乡查林村举行梁柏台雕像揭幕暨浙江省青少年法制宣传教育基地授牌仪式，省党史研究室副主任王祖强，省司法厅副厅长、省普法办主任陈志忠等出席大会。

2011年，全县开展烈士纪念建筑设施普查工作。经普查，新昌县级以上烈士纪念建筑设施管理保护单位3个，未列入县级以上烈士纪念建筑设施管理保护的散葬烈士墓28座。对未列入县级以上管理保护的散葬烈士墓，县民政局与烈士亲属或所在乡镇（街道）以及所在村签订管理保护协议。

2012年，因鼓山公园建设需要，县委、县政府决定烈士陵园迁建拔茅马鞍山。

2013年3月20日，县民政局拨款10万元，补助原大市聚镇政府重建东山地“3·28”抗日战争阵亡将士纪念墓。

2014年3月31日，民政部公布《烈士公祭办法》。8月31日，十二届全国人大常委会第十次会议决定9月30日为烈士纪念日。

是年9月30日上午9时，县委、县政府在鼓山烈士陵园首次举行烈士公祭活动，县长马永良主持烈士公祭，参加公祭活动的有县委、县人大、县政府、县政协、县人武部的主要领导、县级机关党员干部、驻新昌部队官兵代表、烈军属代表、老战士代表、学校师生代表共200余人。此后，县政府每年举行烈士公祭活动。

2015年1月27日，县民政局下发《关于加强散葬烈士墓保护工作的通知》，要求各乡镇（街道）对散葬烈士墓保护情况进行排查摸底，如发现有遗漏的及时上报。鉴于新建的烈士陵园即将竣工，要求乡镇（街道）干部上门征求烈士家属及亲属意见，在3月15日前择日自行将散葬烈士墓迁移至烈士陵园集中安葬。对散葬烈士墓迁移至烈士陵园集中安葬的，给予每座2000元的迁移补助；有名无墓迁移至烈士陵园集中安葬的，给予每座500元的迁移补助；对不愿迁移的散葬烈士墓，且需要修缮的，由烈士家属及亲属提出书面申请，由乡镇（街道）审定并组织修缮，经民政局抽查验收后，给予每座不超过5000元的修缮补助。事后，有9座散葬烈士墓迁移至烈士陵园集中安葬。

2月，马鞍山烈士陵园竣工，集中安葬烈士298名。4月3日，县政府举行烈士陵园落成典礼暨清明节祭奠烈士活动。清明节前后，参加祭奠活动的县级机关干部、驻新部队官兵、烈军属、复退军人、社会团体、学校师生达5万余人。

2020年，全县有革命烈士299名。

二、伤亡抚恤

抚恤分一次性抚恤和定期抚恤两种。牺牲病故的给予其遗属一次性抚恤和定期抚恤，伤残人员给予定期抚恤。

（一）死亡抚恤

（1）一次性抚恤

1951 年，因公牺牲与烈士未作区分，都按烈士对待。县民政科根据规定，给抚恤对象发放一次性抚恤粮。牺牲军人的抚恤标准为：战士级，食粮 300 公斤；班排连长级，食粮 400 公斤；营团长级，食粮 500 公斤；旅长级以上人员，食粮 600 公斤。病故军人的抚恤标准为：战士级，食粮 225 公斤；班排连长级，食粮 300 公斤；营团长级，食粮 375 公斤；旅长级以上人员，食粮 450 公斤。牺牲、病故军人曾立大功者，给其家属增发应领抚恤粮的四分之一。革命牺牲工作人员的抚恤标准为：勤警人员，食粮 300 公斤；区长、县科长级以下人员，食粮 400 公斤；县长级人员，食粮 500 公斤；专员级以上人员，食粮 600 公斤。病故工作人员的抚恤标准为：勤警人员，食粮 225 公斤；区长、县科长级以下人员，食粮 300 公斤；县长级人员，食粮 325 公斤；专员级以上人员，食粮 450 公斤。参战牺牲的民兵民工，一次发给其家属抚恤粮 250 公斤。抚恤粮的发放依下列顺序一次领讫：父、母，妻、夫，子、女，16 岁以下弟、妹，抚养已故革命军人长大而现在需依靠已故革命军人生活之其他军属。无上述亲属者不发。

1952 年，随着国民经济的恢复，国家财政的好转，提高一次性抚恤标准。牺牲军人的抚恤标准为：战士级，食粮 600 公斤；班排连长级，食粮 900 公斤；营团长级，食粮 1500 公斤；旅长级以上人员，食粮 2200 公斤。病故军人的抚恤标准为：战士级，食粮 450 公斤；班排连长级，食粮 675 公斤；营团长级，食粮 1125 公斤；旅长级以上人员，食粮 1800 公斤。

1953 年起，抚恤粮改发抚恤金。烈士一次性抚恤金标准为：战士级，烈士 140 万元（旧币，下同），病故 110 万元；班排连长级，烈士 210 万元，病故 160 万元；营团长级，烈士 350 万元，病故 260 万元；旅长级以上人员，烈士 550 万元，病故 410 万元。

1955 年，烈士一次性抚恤金标准为：战士级，烈士 180 元，病故 150 元；班长级，烈士 230 元，病故 200 元；排连长级，烈士、病故均为 230 元；营长级，烈士 350 元，病故 280 元；团长级，烈士 450 元，病故 360 元；师长级以上人员，烈士 650 元，病故 520 元。

1979 年 1 月，调整军人、机关工作人员、参战民兵民工牺牲、病故抚恤金标准，规定从战士、班长级至师职或 13 级以上干部，按职级分牺牲、病故两类，分别为 500 元、400 元~700 元、600 元；参战民兵民工牺牲、病故抚恤分别为 470 元、370 元。

1980 年 6 月 4 日，国务院颁布《革命烈士褒扬条例》，抚恤分为烈士抚恤、因公牺牲抚恤、病故抚恤三种。参战民兵、民工比照班长、战士级标准抚恤。国家职工按照有关规定比照相当职级标准抚恤。经批准为革命烈士的，均增发抚恤金 300 元。

1983 年 2 月，省民政厅、省财政厅印发《关于革命残废军人伤口复发死亡抚恤办法的通知》，规定：革命残废军人因战致残，经医疗终结评残发证后一年内伤口复发死亡，经团以上政治机关或县、市、市辖区人民政府审查批准为革命烈士，不分在职还是在乡，均由家属居住地县、市、市辖区民政部门，按革命烈士的抚恤批准发给其家属一次性抚恤金，其家属享受革命烈士家属的待遇。革命残废军人因战致残，经医疗终结评残发证后一年以后因伤口复发死亡和因公致残的革命残废军人伤口复发死亡，在乡的，由县、市、市辖区民政部门，按因公牺牲军人家属抚恤标准发给其家属一次性抚恤金，其家属享受因公牺牲军人家属的待遇。革命残废军人的一次性抚恤金，在职的按照死亡时职级发给，在乡的按其离开部队时的职级发给。

1984 年 11 月，民政部、财政部发布《关于提高革命烈士一次性抚恤金标准的通知》，规定革命烈士一次性抚恤金标准为：战士、班长级 2000 元，连、排职或 21 级以下干部 2100 元，营级或 19 级至 20 级干部 2200 元，团级或 15 级至 18 级干部 2300 元，师职或 14 级以上干部 2400 元。参战民兵、民工、人民群众，比照班长、战士级抚恤标准发给。国家职工按照有关规定比照相当职级抚恤标准发给。

1985 年 10 月，省民政厅、省财政厅调整革命烈士、因公牺牲、病故军人的一次性抚恤标准，规定：革命烈士按牺牲时的 40 个月工资计发；因公牺牲军人按牺牲时的 20 个月工资计发；病故军人按病故时的 10 个月工资计发。没有工资收入的或工资低于 23 级正排职干部工资标准的，按其牺牲时军队 23 级正排职干部的月工资计发。被军委或大军区授予英雄模范称号的因公牺牲或病故人员，增发应领一次性抚恤金的三分之一。荣立二等功以上的军人因公牺牲或病故，增发应领一次性抚恤金的四分之一。除一次性抚恤外，对烈士、牺牲、病故军人家属实行终身抚恤。

1988 年 6 月，国务院颁布《军人抚恤优待条例》，规定：现役军人死亡，根据死亡性质确定为革命烈士、因公牺牲军人、病故军人。现役军人死亡，根据死亡性质和本人死亡时的工资收入，由民政部门发给其家属一次性抚恤金。被军委、军区级单位授予荣誉称号的、立一、二、三等功的，分别增发应领一次性抚恤金的 35%、30%、25%、15%、5%。享受定期抚恤金的人员死亡，加发半年的定期抚恤金作为丧葬补助。

2004 年 10 月 1 日，新的《军人抚恤优待条例》施行，革命烈士、因公牺牲、病故军人的一次性抚恤金，分别按死亡时工资 80 个月、40 个月、20 个月计发。月工资或津贴低于排职少尉军官工资标准的，按照排职少尉军官工资标准计发。

2011 年 7 月 29 日，国务院、中央军委发布《关于修改〈军人抚恤优待条例〉的决定》，规定烈士、因公牺牲的一次性抚恤金标准，按上年度全国城镇居民人均可支配收入的 20 倍加本人 40 个月的工资计发；病故的按上年度全国城镇居民人均可支配收入的 2 倍加本人 40 个月的工资计发。至 2017 年，革命烈士、因公牺牲、病故军人的一次性抚恤金标准未作变动。

附：新昌县“三属”一次性抚恤金历次调整标准情况

表56　新昌县“三属”一次性抚恤金（粮）历次调整标准情况表

职级	性质	1950年(公斤)	1952年(公斤)	1953年(万元)	1955年(元)	1979年(元)	1980年(元)	1984年(元)	1985年(元)	2004年(元)
战士级	烈士		600	140	180		800	2000	正排级40个月	正排级80个月
	因公牺牲	300				500	500		正排级20个月	正排级40个月
	病故	225	450	110	150	400	400		正排级10个月	正排级20个月
班长级	烈士		900	210	230		800	2000	正排级40个月	正排级40个月
	因公牺牲	400				500	500		正排级20个月	正排级20个月
	病故	300	675	160	200	400	400		正排级10个月	正排级10个月
连排级	烈士		900	210	280		850	2100	40个月	80个月
	因公牺牲	400				550	550		20个月	40个月
	病故	300	675	160	230	450	450		10个月	20个月
营级	烈士		1500	350	350		900	2200	40个月	80个月
	因公牺牲	500				600	600		20个月	40个月
	病故	375	1125	160	280	500	500		10个月	20个月
团级	烈士		1500	550	450		950	2300	40个月	80个月
	因公牺牲	500				650	650		20个月	40个月
	病故	375	1125	410	360	550	550		10个月	20个月
师长及以上级	烈士		2200	550	650		1000	2400	40个月	80个月
	因公牺牲	600				700	700		20个月	40个月
	病故	450	1800	410	520	600	600		10个月	20个月
民兵民工	烈士			140			800	2000		
	因公牺牲	250	600		150	470	500			
	病故					370	400			

说明：1953年以人民币（旧）万元为计算单位；1955年3月起以人民币元为计算单位

（2）定期抚恤

定期抚恤，亦称长期抚恤。

新中国成立之初，县政府对生活极端困难的牺牲、病故和失踪军人家属发给临时救济粮、款。

1955年起，对孤老烈士家属和病故、失踪军人家属；烈士、病故军人的遗孤和虽有亲属而无力抚养的烈士、病故、失踪军人的未成年子女；已经失去劳动能力而其子女又确实无力供养的烈士、病故军人的父母和配偶，给予按月或按季的定期定量经济补助，补助标准：农村一般为 2~4 元；城镇一般为 3~5 元。此后，补助对象逐年增加，补助标准亦逐渐提高。

1965 年年底，烈士家属享受定期定量经济补助 40 户 91 人。

1985 年 1 月 1 日起，根据《中华人民共和国兵役法》规定，“三属”定期定量补助改为定期抚恤，抚恤标准：革命烈士家属、因公牺牲军人家属居住农村的每人每月 20~25 元，居住小城镇的每人每月 30~35 元；病故军人家属居住农村的每人每月 15~20 元，居住小城镇的每人每月 25~30 元。

1997 年，县政府批转县民政局、县财政局《关于建立优抚对象生活保障制度的实施意见》，规定优抚对象生活保障标准以上年县农村居民人均收入的 90%为基数确定，“三属”的优待不低于基数的 100%；在乡复员军人的优待不低于基数的 70%。优抚对象生活保障贯彻国家、社会、群众相结合的原则，县财政保障不低于基数的 60%，社会保障和群众优待均不低于基数的 20%，社会保障列入兵役义务费统筹预算，群众优待由乡镇负责　落实。

1998 年，居住城镇的革命烈士家属、因公牺牲军人家属抚恤标准为每人每月 148 元，居住农村的每人每月 133 元；居住城镇的病故军人家属抚恤标准为每人每月 143 元，居住农村的每人每月 128 元。

1999 年 5 月，省政府下发《关于进一步加强优抚安置工作的通知》，指示逐步建立抚恤、补助、优待标准与群众生活同步提高的自然增长机制，保障优抚对象的生活水平达到或略高于当地群众的生活水平。优待标准以当地农村居民人均收入为参照基数，享受定期抚恤的“三属”抚恤标准要高于基数，并随当地人民群众生活水平的提高适时调整。

是年 1 月起，居住城镇的革命烈士家属、因公牺牲军人家属抚恤标准为每人每月 190 元，居住农村的每人每月 170 元；居住城镇的病故军人家属抚恤标准为每人每月 185 元，居住农村的每人每月 165 元。

2003 年，居住城镇的革命烈士家属、因公牺牲军人家属抚恤标准为每人每月 340 元，居住农村的每人每月 320 元；居住城镇的病故军人家属抚恤标准为每人每月 330 元，居住农村的每人每月 310 元。

2004 年，省民政厅、省财政厅下发《关于规范建立在乡优抚对象优抚标准自然增长机制的通知》，明确自然增长机制以县为单位建立，今后，全省优抚对象抚恤补助标准不再统一调整。规定“三属”抚恤自然增长机制以上年农村人均收入为基数，烈士家属、因公牺牲军人家属和病故军人家属抚恤标准分别达到基数的 110%、105%、100%。抚恤标准每年调整一次，如遇负增长时，抚恤标准不降。

2006年,县建立重点优抚对象优抚标准自然增长机制,自2006年1月1日起施行。

是年，烈士家属、因公牺牲军人家属和病故军人家属抚恤标准分别为每人每月595元、568元、541元。

2007年1月1日,《浙江省军人抚恤优待条例》施行，规定退出现役的因战因公残疾军人旧伤复发死亡，经县级以上医疗卫生机构确认，其遗属享受因公牺牲军人遗属的抚恤待遇。退出现役的一至四级因战因公残疾军人病故的，其遗属享受病故军人遗属的抚恤待遇。退出现役的因病残疾军人和五至十级因战因公残疾军人病故的，对其家庭按本人法定标准增发12个月的残疾抚恤金，作为一次性丧葬补助。“三属”病故，增发6个月其原享受的定期抚恤金,作为一次性丧葬补助。从8月1日起,城镇“三属”在2006年抚恤标准的基础上提高20%，农村“三属”提高15%。

2012年3月，省民政厅、省财政厅印发《关于落实给部分烈士子女发放定期生活补助政策的通知》，规定对居住在农村和城镇无工作单位，18周岁之前没有享受过定期抚恤待遇且年满60周岁的烈士子女发放定期生活补助，标准为每人每月200元。

2016年，完成15名“三属”优待证的换发。

附：1985—2017年新昌县“三属”定期抚恤金标准情况

表57　1985—2017年新昌县“三属”定期抚恤金标准情况表　单位：元（人·月）

年度	烈士遗属		牺牲军人遗属		病故军人遗属		备注
	城镇	农村	城镇	农村	城镇	农村	
1985	30~35	20~25	30~35	20~25	25~30	15~20	
1988	35	30	35	30	30	20	
1989	40	35	40	35	35	30	
1990	45	40	45	40	40	35	
1991	47	47	47	47	42	42	
1993	80	65	80	65	65	60	
1994	120	105	120	105	115	100	
1997	125	110	125	110	120	105	
1998	148	133	148	133	143	128	
1999	190	170	190	170	185	165	
2000	215	205	215	205	200	190	
2001	230	210	230	210	225	205	
2002	280	260	280	260	270	250	
2003	340	320	340	320	330	310	
2004	365	330	365	330	345	315	

续表 57

年度	烈士遗属		牺牲军人遗属		病故军人遗属		备　注
	城镇	农村	城镇	农村	城镇	农村	
2005	544	544	519	519	494	494	
2006	595	595	568	568	541	541	
2007	666	666	636	636	606	606	
2007	714	742	708	708	674	674	8 月 1 日起提高
2008	1340	1340	1218	1218	1096	1096	城乡统一抚恤标准
2009	1472	1472	1338	1338	1204	1204	
2010	1602	1602	1455	1455	1310	1310	
2011	1772	1772	1611	1611	1450	1450	
2012	2012	2012	1829	1829	1646	1646	
2013	2247	2247	2042	2042	1838	1838	
2014	2513	2513	2296	2296	2082	2082	
2015	2793	2793	2563	2563	2337	2337	
2016	3003	3003	2730	2730	2466	2466	
2017	3236	3236	2942	2942	2648	2648	

附：1985—2017 年新昌县“三属”定期抚恤情况

表 58　1985—2017 年新昌县“三属”定期抚恤情况表

年　度	烈士遗属（人）	牺牲军人遗属（人）	病故军人遗属（人）	年抚恤额（万元）
1985	88	2	19	2.32
1986	87	2	22	2.56
1987	89	2	23	3.3
1988	89	7	23	3.9
1989	88	7	20	6.5
1990	88	7	20	6.5
1991	84	7	20	7.3
1992	81	7	20	9.5
1993	79	7	20	10.3
1994	72	6	20	12.4
1995	66	6	21	12.9

续表 58

年　度	烈士遗属（人）	牺牲军人遗属（人）	病故军人遗属（人）	年抚恤额（万元）
1996	63	6	21	13.7
1997	63	5	21	13.9
1998	62	5	21	14.3
1999	62	4	21	18.85
2000	60	4	19	22.46
2001	59	6	18	24.87
2002	61	6	18	30.51
2003	54	6	19	26.11
2004	55	6	19	33.2
2005	54	6	19	45.8
2006	53	6	19	48.9
2007	53	6	19	52.79
2008	40	6	15	92.82
2009	34	6	18	99.4
2010	36	6	13	106.6
2011	35	6	13	102.0
2012	32	6	13	107.9
2013	30	9	24	141.2
2014	26	6	13	114.4
2015	26	4	7	124.7
2016	23	4	7	122.6
2017	20	4	7	128.2

（二）伤残抚恤

伤残抚恤是国家对因战、因公和因病致残的革命伤残军人及国家机关工作人员、人民警察、参战民兵民工等对象，按不同残废等级给予的定期抚恤。伤残抚恤分在职和在乡两类。

1950年12月，内务部颁布《革命残废军人优待抚恤暂行条例》《革命工作人员伤亡褒恤暂行条例》《民兵民工伤亡褒恤暂行条例》，规定：人民解放军及人民公安部队之指战员，因参战负伤或因公而致残废者，均称革命残废军人，享受优待与抚恤。革命残废军人依其残废轻重和失去劳作能力之大小，确定残废等级，分为四等六级，即特等、一等、二等甲级、二等乙级、三等甲级、三等乙级。凡革命残废军人参加工作者，除在其工作单位享受生活待遇外，每年发给残废金食粮：一等150公斤，二等甲级100公斤，二等乙级75公斤，三等甲级50公斤，三等乙级40公斤。复员回家或安家者，特等，每年发给残废金食粮150公斤，抚恤粮650公斤，供给终身；一等，每年发给残废金食粮100公斤，抚恤粮500公斤，供给终身；二等甲级，每年发给残废金食粮75公斤，供给终身，抚恤粮450公斤，两年后减半供给终身；若其家庭甚为困难无法维持生活者，可经省以上人民政府批准，酌情延长其全部供给年限；二等乙级，每年发给残废金食粮50公斤，供给终身，抚恤粮300公斤，二年后减半供给终身；三等甲级，一次发给残废金食粮200公斤，抚恤粮300公斤；三等乙级，一次发给残废金食粮150公斤，抚恤粮200公斤。

因公致残之革命残废军人，评定残废等级后，发给“优待证”。对参加工作或住革命残废军人教养院或学校者，除享受其规定之生活待遇外，每年发给残废金食粮：特等150公斤，一等100公斤，二等甲级75公斤，二等乙级50公斤，三等甲级40公斤，三等乙级30公斤。复员回家或安家者，每年发给优待粮：特等750公斤，供给终身；一等550公斤，供给终身；二等甲级450公斤，二年后减半供给终身，特别困难者，可经省以上人民政府批准，酌情延长其全部供给年限；二等乙级300公斤，二年后减半供给终身；三等甲级，一次发给优待粮300公斤；三等乙级，一次发给优待粮200公斤。

民兵民工因参战负伤致成残废者，经评定残废等级后，发给“民兵民工残废证明书”，并给予抚恤。特等，每年发给食粮500公斤，供给终身；一等，每年发给食粮400公斤，供给终身；二等甲级，每年发给食粮300公斤，二年后减半供给终身；二等乙级，每年发给食粮250公斤，二年后减半供给终身；三等甲级，一次发给食粮300公斤；三等乙级，一次发给食粮200公斤。

1958年1月，对下放干部中的革命残疾人员在照发工资期间（包括其劳动收入加上工资差额补足期间），仍按在职标准发给伤残抚恤金。

1961年，享受定期抚恤残疾军人65人，其中在乡残疾军人33人。

1962年10月，换发革命残疾军人抚恤证。

1965年8月，根据省民政厅、省财政厅《关于对在乡三等革命残废军人发放残废补助费的通知》，对在乡三等革命残疾军人不分因战、因公致残，由一次抚恤终了改为长期补助，三等甲级的，每人每年补助30元，三等乙级的，每人每年补助24元。

是年，在乡二等以上残疾军人34人，在职残疾军人39人。享受在乡三等残疾补助的54人。

1978年1月起，在乡三等革命残疾军人每年发给的残疾补助费改为长期抚恤。

1979年7月起，对日常生活需人扶助的特、一等革命残疾军人、参战残疾民兵民工发给护理费。11月起，对在乡革命残疾军人发给副食品价格补贴。

是年普查，有革命残疾军人163名，其中在职的80人，在乡的83人。残疾工作人员2名。

1980年1月，根据民政部关于"革命残疾军人参加集体所有制单位工作并成为正式职工，而这些单位的工资标准大体相当于本地区、本行业全民所有制单位的基本工资标准；职工看病及在病假期间能够领取一定数量的工资或生活费，在退休后能领取退休金的，应按在职革命残废人员抚恤标准发给残疾金"的规定，对在集体所有制单位工作的许声华、王渭标、李永华等5名革命残废人员改按在职革命残疾军人发放抚恤金。

是年9月，民政部印发《关于参加对越自卫还击作战伤残战士退伍后伤口复发治疗问题的通知》，规定退伍在乡的二等乙级以上残疾军人，按照公费医疗办法办理，医药费、手术费、治疗费均由卫生部门在公费医疗费内报销。住院期间的伙食费由民政部门补助，经批准到外地医院就医的往返路费由民政部门解决。退伍在乡的三等残疾军人和负伤不够评残条件，但伤口复发或伤处留有弹片需作手术取出的，全部医药费由民政部门负责，住院期间的伙食费由民政部门补助。

1982年，换发革命残疾人员抚恤证，全县有革命残废人员211人，其中在职的132人，在乡79人，有残疾工作人员5人。

1988年7月，国务院颁布《军人抚恤优待条例》，规定现役军人根据伤残性质确定为因战致残、因公致残、因病致残。因战致残、因公致残的伤残等级分为特等、一等、二等甲级、二等乙级、三等甲级、三等乙级。因病致残的伤残等级分为一等、二等甲级、二等乙级。退出现役后，没有参加工作的伤残军人由民政部门发给伤残抚恤金；参加工作或者享受离退休待遇的革命伤残军人，由民政部门发给伤残保健金。退出现役的特等、一等革命伤残军人由国家供养终身。

是年8月，省民政厅、省财政厅规定，凡领取在乡伤残抚恤金的革命残疾军人，每月增发物价补贴8元。

1991年1月，提高在乡革命伤残军人抚恤标准，抚恤标准每月为：特等因战130元，因公120元；一等因战105元，因公98元，因病88元；二等甲级因战77元，因公70

元，因病 63 元；二等乙级因战 60 元，因公 49 元，因病 46 元；三等甲级因战 35 元，因公 33 元；三等乙级因战、因公 28 元。

1992 年 5 月，民政部规定现役伤残军人转业、退伍、离退休移交民政部门安置的，当年的伤残保健金由部队发给，民政部门从第二年一月起发放伤残保健（抚恤金）金。之后，随着经济发展和人民生活水平的提高，国家多次提高伤残保健（抚恤金）金标准。

是年 10 月，民政部下发《关于公安干警伤亡抚恤待遇有关问题的通知》，规定对在制止、侦察犯罪活动、拘捕、追捕、看管犯罪分子，平息骚乱、暴乱、紧急处置重大治安事件的行动中被犯罪分子致残的公安干警以及在扑救火灾的行动中（返回途中除外）致残的武警消防警察，符合评残条件的，可比照因战性质办理。

1993 年 11 月，省民政厅、省人事厅、省财政厅发文规定，从当年 1 月 1 日起，特等、一等伤残军人的护理费标准提高到每人每月 100 元。同时从 12 月起增发护理补贴：因战、因公特等革命伤残军人每人每月 80 元；因战、因公一等革命伤残军人每人每月 60 元；因病一等革命伤残军人每人每月 40 元。

1999 年 1 月 1 日起，提高革命伤残人员抚恤标准，同时原来的物价补贴不再发给。

2001 年 4 月，根据绍兴市政府文件规定，退役伤残军人自谋职业的，除发给一次性安置补助金外，可享受在乡伤残军人待遇。

2002 年 5 月，县民政局根据民政部《关于失业伤残军人抚恤问题的复函》精神，印发《关于失业伤残军人抚恤问题的通知》，对依法与所在单位解除了劳动（聘用）关系及工作关系；未能领取或已不再领取失业保险金；未再就业等三者同时具备的伤残军人，经本人提出申请、乡镇调查核实证明、县民政局审查后报经省民政厅批准，从次年起，其伤残保健金改领伤残抚恤金。是年，有 3 名失业伤残军人被批准改领伤残抚恤金。

2003 年 7 月，民政部、人事部、财政部下发《关于提高特、一等革命伤残军人护理费标准的通知》，规定特等、一等革命伤残军人护理费标准以各地区社会平均工资为基数，标准为：特等因战因公的为基数的 50%；一等为基数的 40%；因病一等为基数的 30%。

是年，有 25 名失业伤残军人，批准改领伤残抚恤金。至 2013 年，失业伤残军人改办伤残抚恤金的共 36 名。

2004 年，根据新颁布的《军人抚恤优待条例》和民政部通知，开展残疾人员伤残等级套改和换发残疾抚恤证工作。套改后的残疾等级分为十级，与地方工（公）伤残等级相对应。原三等乙级套改为八级；原三等甲级套改为七级；原二等乙级套改为六级；原二等甲级套改为五级；原一等套改为三级；特等套改为一级。全县残疾人员套改后，有三级残疾 4 人、五级残疾 14 人、六级残疾 37 人、七级残疾 86 人、八级残疾 113 人、九级残疾 10 人。新的抚恤标准自 10 月 1 日起执行。

2005 年 1 月 1 日起，实施重点优抚对象抚恤补助标准自然增长机制，在乡残疾人员的抚恤标准以上年城镇职工平均工资为基数，各级残疾人员的抚恤标准按伤残等级和伤残性质分别不低于基数的比例为：一级因战 100%，因公 95%，因病 90%；二级因战 90%，因公 85%，因病 80%；三级因战 80%，因公 75%，因病 70%；四级因战 70%，因公 65%，因病 60%；五级因战 60%，因公 55%，因病 50%；六级因战 50%，因公 45%，因病 40%；七级因战 40%、因公 35%；八级因战 30%、因公 25%；九级因战、因公 20%；十级因战、因公 15%。残疾人员的抚恤标准每年随城镇职工平均工资的增加同步提高，负增长则不降。

2007 年 1 月起，贯彻《浙江省军人抚恤优待办法》，无工作单位或无固定收入的残疾军人抚恤金标准，按当地城镇单位职工平均工资的下列比例确定：一级因战、因公、因病分别不低于 100%、95%、90%；二级因战、因公、因病分别不低于 90%、85%、80%；三级因战、因公、因病分别不低于 80%、75%、70%；四级因战、因公、因病分别不低于 70%、65%、60%；五级因战、因公、因病分别不低于 60%、55%、50%；六级因战、因公、因病分别不低于 50%、45%、40%；七级因战、因公分别不低于 40%、35%；八级因战、因公分别不低于 35%、30%；九级因战、因公分别不低于 30%、25%；十级因战、因公分别不低于 25%、20%。

是年 7 月，民政部印发《伤残抚恤管理办法》，规定：因参战、参加军事演习、军事训练和执行军事勤务致残的预备役人员、民兵、民工及其他人员；为维护社会治安同违法犯罪分子进行斗争致残的人员；为抢救和保护国家财产、人民生命财产致残的人员，根据《工伤保险条例》应当认定视同工伤的，不再办理因战、因公伤残抚恤。在服役期间因战、因公、因病致残的，发给中华人民共和国残疾军人证；人民警察因战、因公致残的发给中华人民共和国伤残人民警察证；公务员以及参照《中华人民共和国公务员法》管理的国家机关工作人员因战、因公致残的发给中华人民共和国伤残公务员证；其他人员因战、因公致残的发给中华人民共和国伤残人员证。

8 月 1 日起，对在乡无工作单位的残疾军人的抚恤标准在 2006 年抚恤标准的基础上提高 30%。

是年，根据省民政厅《关于开展全省精神病退伍军人残疾等级评定工作的通知》关于“《军人抚恤优待条例》施行前，在部队期间因战、因公患精神病的，并且有档案记载或原始医疗证明的对象作为精神病退伍军人评残的范围”的规定，给羽林街道刘某某、城南乡章某某 2 名精神病退伍军人办理评残手续，分别评定为三级、六级残疾军人，享受定期抚恤。

附：1979—2004年新昌县革命残疾人员抚恤情况

表59　1979—2004年新昌县革命残疾人员抚恤情况表

年度	伤残抚恤总人数（人）	在职伤残人数（人）						在乡伤残人数（人）					
		合计	一等	二等		三等		合计	一等	二等		三等	
				甲级	乙级	甲级	乙级			甲级	乙级	甲级	乙级
1979	165	80	1	8	19	33	19	85	1	11	18	24	31
1980	180	101	1	11	26	38	25	79	1	9	17	23	29
1981	200	121	1	12	26	50	32	79	1	9	17	22	30
1982	215	138	1	10	31	56	40	77	1	9	17	21	29
1983	222	146	1	9	34	57	45	76	1	9	17	21	28
1984	225	149	1	9	34	58	47	76	1	9	17	21	28
1985	244	168	1	13	38	63	53	76	2	10	17	20	27
1986	270	193	1	13	38	72	69	77	3	10	17	20	27
1987	275	198	1	13	36	72	76	77	3	10	17	20	27
1988	271	198	1	13	36	69	79	73	3	10	15	20	25
1989	274	201	1	13	36	69	82	73	3	10	15	20	25
1990	275	204	1	13	36	69	85	71	3	10	13	20	25
1991	276	206		12	36	69	89	70	3	10	13	19	25
1992	274	208		12	35	68	93	66	3	9	11	19	24
1993	273	207		11	35	68	93	66	3	9	11	19	24
1994	272	207		11	35	67	94	65	3	9	10	19	24
1995	278	214		11	36	70	97	64	3	9	10	19	23
1996	286	222	1	11	37	72	101	64	3	9	10	19	23
1997	287	224	1	12	37	73	101	63	3	9	10	19	22
1998	276	223	1	12	36	73	101	53	3	8	6	16	20
1999	270	221	1	11	35	73	101	49	3	7	5	15	19
2000	270	222	1	12	35	73	101	48	3	7	5	15	18
2001	273	223	1	12	36	73	101	50	3	8	5	14	20
2002	270	222	1	12	36	72	101	48	3	8	5	13	19
2003	259	218	1	10	32	73	102	41	3	3	4	14	17
2004	256	194	1	8	29	64	92	62	3	5	8	23	23

附：2005 年伤残等级套改后新昌县抚恤情况

表 60　2005 年伤残等级套改后新昌县抚恤情况表

年度	总计(人)	在职伤残人数（人）									在乡伤残人数（人）								
		小计	三级	四级	五级	六级	七级	八级	九级	十级	小计	三级	四级	五级	六级	七级	八级	九级	十级
2005	255	137	2		7	22	45	60	1		119	3		7	15	41	53		
2006	253	139	2		7	22	50	58	1		114	3		6	15	35	54	1	
2007	257	141	2		6	23	50	59	1		116	4		6	15	36	54	1	
2008	245	144	2		7	23	41	70	1		101	4		6	15	33	42	1	
2009	253	149	2		8	22	46	71			104	4		6	18	33	42	1	
2010	261	148	2		7	22	46	71			113	4		6	19	38	45	5	1
2011	266	147	2		6	22	46	71			119	4		6	17	37	35	9	1
2012	260	146	1		5	26	40	73	1		114	4	1	6	17	37	37	10	2
2013	259	159	1		6	28	44	79	1		100	4	2	6	14	29	32	11	2
2014	246	160	1		6	25	49	78	1		86	4	3	4	13	22	29	11	2
2015	246	170	1		6	30	51	80	2		76	4	3	3	9	19	25	12	1
2016	246	172	1		6	31	53	79	2		74	4	3	3	9	16	25	12	2
2017	232	170	1	1	5	31	53	77	2		62	3	3	1	8	12	18	14	3

附：1950—2004 年新昌县革命残疾人员历次调整抚恤标准情况

表 61　1950—2004 年新昌县革命残疾人员历次调整抚恤标准表

年度		特等		一等			二等甲级			二等乙级			三等甲级		三等乙级	
		因战	因公	因战	因公	因病	因战	因公	因病	因战	因公	因病	因战	因公	因战	因公
1950	在职	200	150	150	100		100	75		75	50		50	40	40	30
	在乡	800	750	600	550		525	450		350	300		500	300	350	200
1952	在职	250	200	200	160		150	120		125	100		100	80	75	60
	在乡	1650	1400	1400	1200		700	600		525	500		800	600	650	500
1953	在职	66	53	53	42		40	33		33	27		27	21	20	16
	在乡	390	360	330	300		168	150		125	115		200	160	150	130
1955	在职	72	62	60	50		44	38		36	30		30	24	24	20
	在乡	420	380	360	330		190	170		136	126		30	30	24	24

续表 61

年度		特等		一等			二等甲级			二等乙级			三等甲级		三等乙级	
		因战	因公	因战	因公	因病	因战	因公	因病	因战	因公	因病	因战	因公	因战	因公
1978	在职	72	62	60	50		44	38		36	30		30	30	24	24
	在乡	520	480	460	430		260	240		196	186		100	100	80	80
1982	在职	90	78	76	66		60	54		52	46		46	40	40	38
	在乡	520	480	460	430		260	240		196	186		100	100	80	80
1984	在职	132	120	118	108		96	86		84	76		70	64	60	56
	在乡	570	518	498	464		390	350		296	268		180	180	140	140
1988	在职	240	216	204	184		156	140		135	122		108	98	90	82
	在乡	1200	1100	1020	950		740	660		538	480		336	320	272	272
1991	在职	240	216	204	184		156	140		135	122		108	98	90	82
	在乡	1560	1440	1260	1170	1060	920	830	760	565	590	554	416	400	342	342
1994	在职	450	420	374	342	332	288	268	250	231	214	210	174	160	132	122
	在乡	2240	2100	1860	1740	1620	1250	1150	1070	856	780	740	535	516	442	442
1996	在职	600	570	500	460	450	380	360	340	300	280	270	220	200	170	160
	在乡	3240	3080	2460	2330	2200	1430	1320	1230	960	880	840	628	608	526	526
1997	在职	600	570	500	460	450	380	360	340	300	280	270	220	200	170	160
	在乡	3840	3680	3060	2930	2800	2030	1920	1830	1560	1480	1440	1228	1208	1126	1126
1998	在职	600	570	500	460	450	380	360	340	300	280	270	220	200	170	160
	在乡	4236	4076	3456	3326	3196	2246	2136	2046	1776	1696	1656	1444	1424	1342	1342
1999	在职	1000	970	800	760	750	455	435	415	360	340	330	260	240	205	195
	在乡	6120	5960	4780	4650	4520	2900	2790	2700	2100	2020	1980	1680	1660	1560	1560
2000	在职	1180	1150	980	940	930	515	495	475	420	400	390	320	300	265	255
	在乡	7020	6860	5620	5490	5360	3500	3390	3300	2700	2620	2580	2070	2050	1950	1950
2001	在职	1500	1470	1200	1160	1150	600	580	560	500	480	470	380	360	320	310
	在乡	8200	8040	6600	6470	6340	4100	3990	3900	3140	3060	3020	2380	2360	2250	2250
2002	在职	1800	1770	1440	1400	1390	690	670	650	580	560	550	440	420	370	360
	在乡	9960	9800	8040	7910	7780	4890	4780	4690	3790	3710	3670	2920	2900	2770	2770
2003	在职	2140	2110	1720	1680	1670	810	790	770	680	660	650	510	490	430	420
	在乡	10560	10400	8640	8510	8380	5490	5380	5290	4390	4310	4270	3520	3500	3370	3370
2004	在职	2140	2110	1720	1680	1670	810	790	770	680	660	650	510	490	430	420
	在乡	11880	11720	9960	9830	9700	6810	6700	6610	5710	5630	5590	4840	4820	4690	4690

说明：1. 1950 年、1952 年抚恤标准以食粮公斤为计算单位；1953 年以人民币万元（旧币）为计算单位；1955 年 3 月起以人民币元为计数单位。2. 2004 年 10 月 1 日起执行套改后的抚恤标准，以元为单位

附：2005—2017年新昌县残疾人员抚恤标准

表62　2005—2017年新昌县残疾人员抚恤标准表　　单位：元/年

等级	性质	类别	2005	2006	2007	2008	2009	2010	2011	2012	2013	2014	2015	2016	2017
三级	因战	在职	8960	11650	15000	18000	20700	22770	16190	30120	34640	41570	47810	52590	57850
		在乡	16654	21063	21532	28776	31476	33552	36972		45432	52368	58608	63396	68664
	因公	在职	8400	10920	14100	16920	19460	21410	24620	28310	32560	39070	44930	49420	54360
		在乡	15612	19824	20266	26988	29532	31488	34704		42660	49176	55044	59544	64488
	因病	在职	7800	10140	13200	15840	18220	20040	23050	26510	30490	36590	42080	46290	50920
		在乡	14574	18585	18999	25188	27564	29388	32400		39852	45960	51456	55668	60300
四级	因战	在职							21470	24690	28390	34070	39180	43100	47410
		在乡							30060	31092	36996	42684	47796	51720	56040
	因公	在职							19380	22290	25630	30760	35370	38910	42800
		在乡							27984	29016	34248	39384	44004	47544	51444
	因病	在职							17810	20480	23550	28260	32500	35750	39330
		在乡							25944	26940	31692	36408	40656	43908	47496
五级	因战	在职	5600	7280	9600	11520	13250	14580	16770	19290	22180	26620	30610	33670	37040
		在乡	12492	16107	16466	21252	22980	24312	26508	26940	31920	39390	40356	43416	46788
	因公	在职	5040	6500	8400	10080	11590	12750	14660	16860	19390	23270	26760	29440	32380
		在乡	11450	14868	15199	19404	20916	22080	23988	24876	28812	32700	36192	38880	41820
	因病	在职	4560	5930	7800	9360	10760	11840	13620	15660	18010	21618	24850	27340	30070
		在乡	10404	13629	13933	17604	19068	20148	21924	22800	26412	30012	33252	35748	38484
六级	因战	在职	4480	5820	7500	9000	10350	11390	13100	15070	17330	20800	23920	26310	28940
		在乡	10404	13629	13933	17604	18960	20004	21720	22800	26412	29892	33012	35412	38052
	因公	在职	4200	5460	7080	8520	9800	10780	12400	14260	16400	19680	22630	24890	27380
		在乡	9368	12390	12666	15936	17220	18204	19824	20724	24012	27300	30252	32520	35016
	因病	在职	3600	4680	6000	7200	8280	9110	10480	12060	13860	16630	19120	21030	23130
		在乡	8328	11151	11399	14088	15168	15996	17364	18660	21612	24384	26800	28800	30900
七级	因战	在职	3360	4350	5700	6840	7870	8660	9960	11450	13170	15800	18170	19990	21900
		在乡	8328	11151	11399	14088	15060	15852	17148	18660	21612	24252	26628	28452	30456
	因公	在职	3000	3800	5100	6120	7040	7740	8900	10240	11780	14140	16260	17890	19680
		在乡	7286	9912	10133	12300	13224	13920	15084	16584	19212	21576	23700	25332	27132

续表 62

等级	性质	类别	2005	2006	2007	2008	2009	2010	2011	2012	2013	2014	2015	2016	2017
八级	因战	在职	2400	2880	3600	4320	4970	5470	6290	7230	8310	9970	11470	12620	13880
		在乡	6245	9912	10133	12000	12648	13920	14544	16584	19212	20880	22380	23532	25272
	因公	在职	1920	2480	3300	3960	4550	5010	5760	6620	7610	9130	10500	11550	12710
		在乡	5206	8673	8866	10320	10908	11616	12720	14508	16812	18336	19716	20772	22116
九级	因战	在职	1680	2180	3000	3600	4140	4550	5230	6010	6910	8290	9530	10480	11530
		在乡	4163	8673	8866	10320	10800	11616	12720	14508	16812	18192	19440	20400	22116
	因公	在职	1440	1870	2400	2880	3310	3640	4190	4820	5540	6650	7650	8420	9260
		在乡	4163	7434	7600	8532	9048	9960	10908	12432	14412	15528	16536	17316	18960
十级	因战	在职	1120	1460	2100	2520	2900	3190	3670	4220	4850	5820	6690	7360	8100
		在乡	3128	7434	7600	8532	9048	9960	10908	12432	14412	15504	16464	17136	18960
	因公	在职	960	1250	1800	2160	2480	2730	3140	3610	4150	4980	5730	6300	6930
		在乡	3128	6195	6333	6634	7536	8292	9084	10368	12012	12912	13728	14304	15804

说明：除 2007 年抚恤标准自 8 月 1 日起执行外，其余年份均自 10 月 1 日起执行

三、烈士纪念建筑

（一）革命烈士纪念碑、陵园

原革命烈士纪念碑、陵园位于县城西鼓山顶，占用荒地 5 亩，总投资 12 万元。1987 年 1 月开工兴建，同年 7 月竣工，建军节举行揭碑仪式。

革命烈士纪念碑、陵园由鼓山西面拾级而上，条石铺砌，面积 398 平方米。革命烈士纪念碑高 18.4 米，宽 3.6 米，碑座宽 4.8 米。碑身系方泉花岗石实砌，正面嵌镶“革命烈士永垂不朽” 8 个大字，系浙江省原省委书记王芳所题。纪念碑东侧安葬 14 名烈士。

鼓山革命烈士纪念碑

纪念碑旁有县政府所立花岗石碑志，铭记：在中国共产党领导下，新昌人民的优秀儿女，为武装夺取政权，保卫祖国，振兴中华，前仆后继，英勇献身，浩气长存。为褒扬烈士，教育后代，继承遗愿，立碑永志。

2012 年，县政府投资 1962 万元，在马鞍山征用山地 37752 平方米，新建烈士陵园，2015 年 2 月竣工。陵园建有六柱石牌轩、烈士陵园记幕墙、战斗题材的青石浮雕、纪念广场、烈士墓区、烈士纪念碑、纪念馆、森林休闲园等设施。烈士纪念碑高 17.9 米，上书“烈士永垂不朽” 6 个大字，系原南京军区司令员向守志上将所题。

至2020年，烈士陵园安葬烈士299名。

（二）梁柏台烈士纪念碑亭

梁柏台烈士纪念碑亭位于原新林乡查林村东南1千米来龙山麓。碑亭建于1991年，整个亭区占地7200平方米。碑亭为六角飞檐亭台，占地20平方米，亭中立碑，碑身高2.15米，宽0.8米，碑座高0.6米，宽1米。碑阳镌刻“梁柏台烈士纪念碑”8个大字，系第一任海军司令、第五届全国人大常委会副委员长肖劲光大将所题。碑阴刻有《梁柏台烈士纪念碑记》。碑亭前有170级台阶，长128米，两旁松柏花木簇拥，环境优美。2009年9月梁柏台110周年诞辰之际，碑亭前增立梁柏台雕像。

亭区内还安葬梁柏台革命伴侣、中华苏维埃共和国中央执行委员及主席团成员、妇女生活改善委员会主任、中共中央妇女部部长周月林之墓。

（三）“三二八”抗战阵亡将士纪念塔、墓

重建的“三二八”抗战阵亡将士纪念塔

“三二八”抗战阵亡将士纪念墓位于沃洲镇黄坛村东山地高尖山顶。1943年4月，黄坛村民为纪念3月28日国民党西南军事训练班桂系番号“唱凯”部队在黄坛抗击日军小岛部队31名阵亡将士及3名民工，自发倡捐义资，在黄坛村外南坂田建塔铭志，8月落成。

纪念塔呈三角形，石质，高约六米，柱峰三面镌“三二八战役抗战阵亡将士纪念塔”，正方刻“千秋景仰”（县长张晓崧书），左方“浩气长存”（县党部书记长吕楚汀书），右方“奕世流芳”（县参议会袁剑秋书）。下方刻甘俊良等34名阵亡将士姓名、年龄、籍贯，左右两方详铭战绩。基座为三级石阶，庄严穆威。建阵亡将士墓于石板坪，墓前树碑一方，上刻“三二八阵亡将士之墓”。“文化大革命”前期，因建水电站，纪念塔被拆除。2013年3月，县民政局拨款10万元，资助原大市聚镇重新建塔于高尖山，迁阵亡将士墓于塔旁。

（四）马坑等烈士墓

马坑等烈士墓位于小将镇马坑等村南500米处，1977年建成，用于纪念1948年11月22日马坑等战斗中牺牲的2名革命烈士。烈士墓坐东朝西，占地500平方米，水泥混凝土圆形，墓前立石碑，碑书“奚小狗、王德林革命烈士之墓”。墓旁有200年生马尾松2棵，周围群山环抱。

马坑等烈士墓

第四节　烈士名录

清末以降，新昌众多志士仁人，在历次革命战争和社会主义建设中献出宝贵生命。他们中有的为反帝反封建，争取民主、自由和幸福，抛头颅洒热血；有的为保家卫国，抵御外国侵略，英勇杀敌，战死沙场；有的为保护国家和人民生命财产，舍身忘我，英勇献身。

此节专门辑录革命烈士英名、辛亥革命阵亡军士英名和国民党军、警、自卫队在抗日战争中阵亡的官兵英名，以缅怀先烈，激励后人，不忘初心，牢记使命，为实现中华民族的伟大复兴而奋斗。

一、英烈概况

全县有革命烈士 299 名，其中牺牲于第二次国内革命战争的 1 名，牺牲于抗日战争的 22 名，牺牲于解放战争的 104 名，牺牲于抗美援朝战争的 48 名，牺牲于对越自卫还击防御战的 13 名，在社会主义革命和建设中牺牲的 68 名，家庭地址不详的烈士 37 名，外籍牺牲于新昌的烈士 6 名。

烈士中，女烈士 2 名，"一门双烈"的有 3 户，年龄最小的烈士仅 15 岁，抗日阵亡国民党军官被省政府追认为革命烈士的 2 名，梁柏台烈士入录中华英烈。

表 63　新昌县革命烈士一览表

乡镇街道	人数(人)	烈士英名
南明	40	倪毅飞　叶向阳　吕　国　何爱生　俞菊生　刘小牛　陈和世　张彰侬　俞相铨　黄云涛　祝学林　吕刚之　陈瑞钱　张铨和　黄贵涛　吴南铨　盛德清　吕见华　章国仁　章永昌　黄仁钱　俞焕侬　张戌女　章高雄　孙　鑫　陈佳增　俞柏年　陈颂华　吕乐钧　高伯勤　王福昌　张仁财　王全洪　俞三火　章加荣　陈焕堂　张金昌　梁福祥　李　安　梁　狄
羽林	45	吕再岳　石和明　王全来　李彰才　高岳相　赵小志　张洪仁　徐喜昌　何本富　章太富　章老六　俞德丰　成星全　孟裕仁　陈云璋　潘火侬　王惠成　吕洪均　庞伯荣　陈明祥　胡立章　高火钱　石叶根　王见法　俞松法　竺型钱　赵小毛　潘佳云　龚香安　石小宝　赵小来　曹志江　章家土　吕中山　潘大源　俞培和　吕学渊　石火荣　黄金相　钱苗正　成正富　俞　胜　徐忠义　俞苗章　俞相棠
七星	15	陈　渊　张泰馀　俞法千　姜德忠　赵国定　王喜贺　俞仕标　王相荣　应老三　高仁钱　陈玉堂　丁先仁　赵福财　张银槐　傅亚明
城南	11	蔡叶银　蔡岳相　石小荣　章金标　王桂富　吕玉招　章贤明　刘兰君　张南铨　吕定福　俞杏琴（女）

续表 63

乡镇街道	人数(人)	烈士英名
澄潭	14	徐在持 张贤昌 徐土朝 宋锦文 王柏林 王岳生 张玉祥 徐伯千 张相会 丁宝弟 叶顺福 吕石沙 陈世成 金才章
东茗	5	王雪铨 张喜铨 陈银才 梁新成 葛雪清
镜岭	15	何锡章 杨雨千 陈求生 潘小桐 张桥兴 何省生 王华铨 何 革 潘伯勋 何忠叶 杨银华 潘旭忠 潘正良 盛海忠 徐竹千
回山	18	杨明昌 梁钟泰 梁菊忠 梁绪千 杨柳青 王焕明 梁雨亭 朱上虎 杨品苗 梁成明 张雨年 杨法千 李日耀 俞锦照 杨良焕 陈信良 杨英明 杨光辉
儒岙	30	张善生 潘彰喜 王锡钦 李焕增 潘相忠 朱良才 潘尧标 朱火标 盛炳尧 郑才标 章永生 潘小钏 张文才 王瑞银 潘才源 潘国华 徐相银 竺相铨 潘标林 章瑞琪 潘年初 姚林和 王永忠 朱军方 梁新军 王焕和 杨永真 潘小彰喜 上官华彰 王清娟（女）
沃洲	35	梁英统 吕培全 陈其裕 石炳生 吕财昌 王小生 金 迪 梁福才 梁伯章 石才泰 石 莹 梁贵海 吕国任 周高银 袁湘忠 梁德才 潘德全 袁 英 陈长兴 王岳清 陈江造 黄永全 邱永茂 梁焕范 梁世理 袁亚瑟 陈相荣 黄掌江 黄鸿槐 梁斐章 胡焕林 梁张银 董德明 孙军波 梁柏台
沙溪	14	俞立灿 王大贵 俞玉法 俞善法 俞庆樟 俞桂法 陈法康 唐国兴 俞才火 肖江海 吕立强 梁建富 梁云才 胡桂锋
小将	14	石玉兴 王益成 吕桂宝 倪升邦 石竹梅 石芳兆 董华昌 石雪桃 王永全 王仁火 刘双潮 张志成 董槐兴 张道明
地址不明	37	唐己志 潘畲忠 陈 铭 闻纪友 张光琪 高 兴 俞定国 陈忠毛 崔德生 张太福 沈招桥 张培美 杨一德 高小钱 王建开 张成保 高大全 张成钱 朱一超 沈竹根 梁文明 臧列章 陈明志 陈明吉 王文彬 杨荣顺 董存义 陈乾尧 章家云 翁秀清 祝外昌 周和光 张治中 龙小毛 符永富 徐永富 潘永昌
外籍在新昌	6	张兴标 陈樟定 袁英同 徐瑞君 王德林 奚小狗

各时期英烈简况如下：

（一）土地革命战争时期

梁柏台（1899—1935）又名梁殿栋、梁佑民，沃洲镇（原新林乡）查林村人。1922 年加入中国共产党。1933 年 7 月起，历任中央内务人民委员会代部长；中央司法委员会委员、司法人民委员会部副部长、部长；最高法院委员；临时检察长；中央审计委员；中央苏区分局成员、中华苏维埃共和国中央政府办事处副主任。1935 年 3 月 4 日，率部通过国民党军队封锁线时负伤被俘，后被杀害于江西省大余县。梁柏台烈士被录入《中共党史人物传》《中华著名英烈》。

（二）抗日战争时期

倪毅飞（1918—1940）又名倪锡波，南明街道东街狮子牌轩人。1936 年参加革命，中共党员。1940 年 7 月 25 日在新昌县城渡佛桥东岳庙牺牲。牺牲时任新昌县战时政治工作队队员、无线电台台长。

叶向阳（1918—1941）又名叶宗淦，新昌县城人。1938 年 7 月加入中国共产党，1941 年 9 月 9 日，在绍兴后堡村对日伪军作战中牺牲，时任皋北抗日自卫队指导员。

俞菊生（1917—1944）笔名胡原、黎平、葛丁、旅隼、小 D，新昌县城人。1944 年 3 月 13 日，在绍兴市上虞区横塘乡徐家岙村对日伪军作战中牺牲，时任新四军浙东游击中队五支队一大队指导员。

吕国（1915—1945）又名吕钟杰、张德兴，南明街道下四房人。1942 年参加革命，1945 年 5 月在余姚北门牺牲。牺牲时为新四军浙东游击纵队侦察员。

张彰侬（1921—1945）南明街道九间廊村人。1944 年 6 月参加革命，1945 年 9 月在鄞县鄞江桥牺牲，时为新四军浙东游击纵队四支队二大队六中队战士。

何爱生（1920—1943）南明街道新民村人。1938 年参加抗日武装部队，1943 年 9 月 20 日在拔茅与日军战斗牺牲，时为抗日武装“显超部队”战士。

陈和世（1926—1945）又名陈和水，南明街道望江山村人。1945 年 3 月参加革命，同年 7 月在鄞县鄞江弄牺牲，时为新四军浙东游击纵队三支队二大队六中队战士。

刘小牛（1917—1945）又名刘钦渭，南明街道人。1944 年 12 月参加革命，1947 年 7 月牺牲，时为新四军浙东游击纵队某部电话员。

吕再岳（1918—1943）又名吕亚成，羽林街道藕岸村人。1938 年参加新昌县战时政治工作队，1939 年加入中国共产党，1943 年 10 月在慈北掌起桥渡河牺牲，时任三北抗日自卫总办事处警卫连指导员。

俞苗章（1929—1945）羽林街道铁丁山村人。1945 年 3 月参加革命，同年 6 月在上虞县许岙镇牺牲，时为新四军浙东游击纵队战士。

陈渊（1925—1944）又名陈云千，七星街道上土谷庙村人。1943 年 6 月参加革命，1944 年 10 月在鄞县银山牺牲，时任新四军浙东游击纵队某部文书。

蔡叶银（1919—1945）又名蔡如千，城南乡秦岩村水埠头人。1944 年 5 月参加革命，同年在余姚县西门牺牲，时为新四军浙东游击纵队五支队二大队五中队战士。

梁狄（1922—1943）又名梁柏炎，南明街道原西街人。1942 年 8 月参加革命，同年 12 月入党。1943 年 11 月在余姚县渡姚江时牺牲，时任慈溪县江中乡指导员。

杨明昌（1921—1943）又名杨义忠，回山镇回山村人。1942 年 9 月参加三北游击司令部第一期教导队学习，其间加入中国共产党。1943 年 4 月 18 日在余姚县城玉皇山牺牲，时任中共姚虞县委陆埠联乡自卫队指导员。

梁雨亭（1906—1937）回山镇旧宅岙村人，1937 年 10 月 28 日在上海闸北四行仓库对日军作战中牺牲，时为国民党第八十八师少校营长。

梁福祥（1915—1940）南明街道南街一弄人。1939 年参加革命，中共党员。1940 年 7 月在诸暨县枫桥回村牺牲。

梁英统（1923—1944）又名梁柏江，沃洲镇大市聚村人。1943 年 6 月参加革命，1944 年 4 月在金萧地区战斗中牺牲，时任新四军浙东游击纵队司令部侦察员。

吕培全（1921—1945）沃洲镇卜坞村人。1943 年 5 月参加革命，1945 年 5 月在余姚县陆家埠牺牲，时任浙东游击纵队五支队二大队六中队班长。

梁斐章（1927—1945）原新林乡秀溪村人。1945 年参加革命，同年 5 月在奉化县沙地牺牲，时为新四军浙东游击纵队战士。

俞立灿（1924—1945）沙溪镇真诏村人。1943 年 4 月参加革命，1945 年 5 月在奉化县江口牺牲，时为新四军浙东游击纵队战士。

王大贵（1929—1945）沙溪镇真诏村大坑自然村人。1945 年 4 月参加革命，同年 5 月在新昌竺家庙牺牲，时为新嵊奉自卫队队员。

杨光辉（1914—1940）回山镇上宅村人。1937 年参加浙江抗日自卫团。1940 年 2 月在钱塘江南岸与日军作战中阵亡，时任自卫团六支队二总队四支队少尉分队长。2015 年 5 月被省政府追认为烈士。

（三）解放战争时期

黄云涛（1917—1946）又名黄岳云，南明街道钟楼下人。1945 年 3 月参加革命，1946 年 12 月在江苏宿北战役中牺牲，时为华东野战军一纵队三旅战士。

祝学林（1913—1946）南明街道岙桥里人。1946 年在莱阳战役中牺牲，时为华东野战军一纵队三旅八团二营战士。

吕刚之（1920—1946）又名吕石权，南明街道原北街人。1943 年参加革命，中共党员。1946 年在淮安县湖心寺牺牲，时任连东县中学教导主任。

陈瑞钱（1920—1946）又名陈二毛，南明街道新东路枣树下人。1943 年 2 月参加革命，1946 年 12 月在江苏宿北战役中牺牲，时为华东野战军一纵队三旅九团三营战士。

黄贵涛（1923—1947）又名黄岳金，南明街道钟楼下一弄人。1945 年参加革命，中共党员。1947 年 5 月在山东孟良崮战役中牺牲，时任华东野战军一纵队班长。

盛德清（1929—1948）南明街道东街人。1945 年参加革命，1948 年在淮海战役中牺牲，时为华东野战军一纵队战士。

吕见华（1924—1949）又名吕见洪，南明街道大桥路人。1949 年参加革命，同年 7

月在嵊县华堂牺牲，时为新昌县大队民工。

章国仁（1929—1949）南明街道岙桥里人。1949 年 5 月参加革命，同年 8 月在福建省厦门马尾港牺牲，时为第三野战军三十一军二七二团战士。

俞三火（1919—1947）南明街道燕窠村人。1945 年参加革命，1947 年 2 月在山东莱芜战役中牺牲，时任华东野战军一纵队三旅七团二营六连副班长。

吴南铨（1918—1947）又名吴南侬，南明街道刘门山村人。1945 年参加革命，1947 年 7 月在山东胶济牺牲，时为华东野战军一纵队三师七团战士。

章加荣（1928—1949）南明街道班竹村人。1945 年 3 月参加革命，1949 年 4 月在渡江战役中牺牲。时任第三野战军六〇师一七八团副排长。

俞相铨（1919—1946）南明街道棣山村人。1945 年 8 月参加革命，1946 年 11 月在山东泰安战斗中牺牲，时为华东野战军一纵队三旅九团二营四连战士。

王全洪（1923—1947）又名王洪全，南明街道梨木村石竹坑人。1943 年参加革命，1947 年 7 月在山东省鲁南牺牲，时任华东野战军一纵队三旅九团三营九连班长。

张铨和（？—1947）南明街道棣山村人。1944 年 5 月参加革命，1947 年 7 月在山东蒙阴县孟良崮战役中牺牲，时任华东野战军一纵队三旅九团二营四连副排长。

高岳相（1922—1946）羽林街道丁家园村人。1942 年参加革命，中共党员。1946 年 12 月在山东山峄县傅山口战斗中牺牲，时为华东野战军一纵队三旅八团战士。

赵小志（？—1946）羽林街道大明市村人。1945 年参加革命，1946 年在山东焦山战役中牺牲，时为华东野战军一纵队战士。

张洪仁（1924—1946）羽林街道白杨树湾村人。1945 年 4 月参加革命，1946 年 6 月在江苏宿北战役中牺牲，时为华东野战军一纵队三旅战士。

石和明（1926—1945）又名石和财，羽林街道大塘坑人。1944 年 3 月参加革命，1945 年 3 月在山东肥城战役中牺牲，时为华东野战军一纵队三旅九团三营战士。

李彰才（1921—1946）羽林街道方塘头村人。1945 年 4 月参加革命，1946 年 12 月在江苏宿北战役中牺牲，时为华东野战军一纵队三旅七团战士。

徐喜昌（1921—1947）羽林街道藕岸村人。1943 年参加革命，1947 年 1 月在山东莱芜战役中牺牲，时为华东野战军一纵队三师八团战士。

成星全（1925—1947）羽林街道藕岸村人。1943 年参加革命，1947 年在山东焦山牺牲，时任华东野战军一纵队三师七团班长。

陈明祥（1926—1948）羽林街道三丰村水口山人。1945 年参加革命，1948 年 11 月在淮海战役中牺牲，时任华东野战军一纵队三师排长。

俞松法（1924—1948）羽林街道大岙底村人。1945 年 5 月参加革命，1948 年 12 月在淮海战役中牺牲，时任华东野战军一纵队三师七团副班长。

赵小毛（1923—1949）羽林街道三丰村人。1948年6月参加革命，1949年牺牲，时任浙东第二游击纵队某部排长。

孟裕仁（1919—1947）又名周一生，羽林街道藕岸村人。1943年参加革命，中共党员。1947年在河北牺牲，时任华东野战军一纵队三师九团连长。

陈云璋（？—1947）羽林街道铁丁山村人。1944年参加革命，1947年在山东蒙山牺牲，时为华东野战军一纵队三师战士。

潘火侬（1921—1947）羽林街道铁丁山村人。1944年2月参加革命，1947年在山东蒙山牺牲，时为华东野战军一纵队三师三团三营战士。

何本富（？—1947）羽林街道大塘坑村人。1944年10月参加革命，1947年5月在河南牺牲，时任华东野战军一纵队三师七团副班长。

潘佳云（1927—1949）又名潘家荣，羽林街道丁家园村人。1947年8月参加革命，1949年6月在嵊县北樟牺牲，时为新昌县大队战士。

王见法（1918—1948）羽林街道枫家潭村人。1943年参加革命，中共党员。1948年12月在淮海战役中牺牲，时任华东野战军一纵队三师七团副连长。

赵小来（？—？）羽林街道大明市村人，中共党员，1947年在山东焦山牺牲，时为华东野战军一纵队三师七团战士。

王惠成（1925—1948）又名范兴鳌，羽林街道丁家园村人。1942年6月加入中国共产党，1948年5月被梁弄国民党绥靖指挥部杀害，时任中共虞南区特派员。

胡立章（1918—1948）羽林街道枫家潭村广溪人。1945年参加革命，1948年12月在淮海战役中牺牲，时为华东野战军一纵队三师战士。

高火钱（？—1948）羽林街道大明市村人。1944年参加革命，1948年12月在淮海战役中牺牲，时任华东野战军一纵队三师九团班长。

石叶根（1919—1948）羽林街道长王村长山人。1948年9月参加革命，同年12月在嵊县黄泽牺牲，时为浙东嵊新奉独立大队新北区武工队战士。

龚香安（1917—1949）羽林街道长王村人。1948年参加革命，同年加入中国共产党。1949年7月在嵊县华堂牺牲，时为新昌县大队民工。

竺型钱（1921—1949）又名竺德钱，羽林街道长王村人。1948年12月参加革命，1949年3月在新昌县花田岭头牺牲，时为浙东嵊新奉独立大队新北区武工队员。

石小宝（1926—1946）羽林街道铁丁山村人。1944年参加革命，1946年在许山口战斗中牺牲，时为华东野战军一纵队三旅七团战士。

王全来（1921—1946）又名王永昌，羽林街道年岙村人。1944年参加革命，1946年6月在山东泰安战斗中牺牲，时为华东野战军一纵队三旅九团战士。

章太富（？—1947）又名章春富，甘竹坞村人。1945年参加革命，1947年加入中国共产党。1947 年 6 月在河南开封战役中牺牲，时任华东野战军一纵队三师八团副排长。

章老六（1922—1947）又名章太美，甘竹坞村人。1945 年参加革命，1947 年 6 月在河南省开封市邱城牺牲，时任华东野战军一纵队三师九团二营六连代理副排长。

俞德丰（1926—1947）羽林街道拔茅村人，1944 年 12 月参加革命，1947 年 7 月在山东滕县战斗中牺牲，时任华东野战军一纵队三师九团二营六连排长。

吕洪均（1927—1948）羽林街道上五峰村人。1944 年参加革命，1948 年 8 月在河南临颍牺牲，时任临颍县凡城区区长。

庞伯荣（1920—1948）又名庞孝夫，羽林街道央于村人，1945 年参加革命，同年 9 月在新昌县城北门牺牲，时任浙东行署嵊新奉办事处里东区通讯员。

徐忠义（1927—1949）又名徐光，羽林街道马大王村人。1947 年参加革命，1949 年在海南岛牺牲，时为第四野战军四十三军一二七师战士。

张泰馀（1919—1946）七星街道下石演村人。1941 年 2 月参加革命，中共党员。1946 年 4 月在下石演村牺牲，时为浙东行署嵊新奉办事处下东区代理区长。

赵国定（1921—1946）七星街道五联村角弓山人。1943 年参加革命，中共党员。1946 年 12 月在江苏宿北战役中牺牲，时任华东野战军一纵队三旅七团副班长。

姜德忠（1922—1946）七星街道茶亭人。1944 年参加革命，中共党员。1946 年 6 月在山东牺牲，时为华东野战军一纵队三旅九团三营九连战士。

王喜贺（1926—1946）又名王喜河，七星街道下礼泉村人。1944 年 2 月参加革命，1946 年 12 月在山东鲁南战役中牺牲，时任华东野战军一纵队班长。

俞法千（？—1946）七星街道土谷庙村人。1945 年 1 月参加革命，1946 年 6 月在嵊县浦口牺牲，时为浙东游击纵队四支队战士。

俞仕标（1921—1947）七星街道土谷庙村人。1943 年 6 月参加革命，1947 年 1 月在山东莱芜战役中牺牲，时为华东野战军一纵队三师九团炮连战士。

王相荣（1923—1947）七星街道蟠龙村人。1945 年 11 月参加革命，1947 年在山东牺牲，时任华东野战军一纵队班长。

应老三（1909—1948）又名应小相汀，七星街道下礼泉村人。1944 年 12 月参加革命，中共党员。1948 年 11 月在安徽省定运县凤凰山牺牲，时任华东野战军一纵队三师九团三营排长。

高仁钱（1922—1948）又名高小毛，七星街道石柱湾村人。1945 年 7 月参加革命，1948 年 11 月在淮海战役中牺牲，时任华东野战军一纵队三师重机枪排排长。

蔡岳相（1923—1946）城南乡丁村人。1944 年 8 月参加革命，1946 年 12 月在江苏宿北战役中牺牲，时为华东野战军一纵队三旅九团二营六连战士。

石小荣（1925—1947）城南乡姚宫村人。1942 年 12 月参加革命，1947 年 5 月在山东蒙阴县孟良崮战役中牺牲，时为华东野战军一纵队三师七团战士。

张南铨（1933—1949）城南乡上任村人。1949 年 5 月参加革命，1949 年 7 月在嵊县华堂牺牲，时为新昌县大队战士。

徐在持（1910—1948）澄潭街道上湖村人。1945 年 6 月参加革命，1948 年 12 月在淮海战役中牺牲，时为华东野战军一纵队三师八团战士。

张贤昌（1929—1949）澄潭街道定坂村人。1949 年 4 月参加革命，同年 7 月在新昌县下衣村牺牲，时为新昌县澄潭区中队战士。

徐土朝（1906—1949）澄潭街道上湖村人。1944 年 5 月参加革命，中共党员。1949 年 7 月在新昌县芝田村牺牲，时任第三野战军二十军六〇师一七九团炮连副连长。

张相会（1925—1946）又名张柏才，澄潭街道北街人。1944 年 8 月参加革命，中共党员。1946 年 11 月在宿北战役中牺牲，时任华东野战军一纵队三旅九团三营九连班长。

丁宝弟（1905 年—1949）澄潭街道茅阳村人。1949 年参加革命，同年 8 月在嵊县石湾头牺牲，时为新昌县澄潭区农会主任。

何锡章（1924—1947）镜岭镇溪西村人。1945 年 8 月参加革命，1947 年 12 月在山东省曹村牺牲，时为华东野战军一纵队一师三团战士。

陈求生（1921—1949）镜岭镇西坑村人。1949 年 3 月在新昌县西前村牺牲，时为新昌县�溪乡农会主任。

潘小桐（1914—1949）镜岭镇下潘村人。1948 年 3 月参加革命，1949 年在下潘村牺牲，时为浙东第二游击纵队工作人员。

徐竹千（1930—1949）镜岭镇后染村东坑人。1946 年 4 月参加革命，1949 年 4 月在新昌县回山牺牲，时为中共嵊新东县工委烟山区工作人员。

杨雨千（1921—1948）又名杨光，镜岭镇台头山村人。1945 年 6 月参加革命，1948 年 12 月在淮海战役中牺牲，时任华东野战军六纵队十六师四十八团副排长。

梁钟泰（1930—1949）回山镇大宅里村人。1948 年 3 月参加革命，1949 年 6 月在嵊县华堂七里坑牺牲，时任新昌县大队二中队文化干事。

杨品苗（1920—1947）又名杨正苗，回山镇下宅村人。1945 年参加革命，1947 年 8 月在义乌县横山牺牲，时任金萧支队八大队三中队副分队长。

朱上虎（1920—1949）又名朱尚国，回山镇下岩村人。1948 年 10 月参加革命，1949 年 7 月在奉化县牺牲，时为浙江省第二军分区警备二团一营战士。

梁成明（？—1948）回山镇岭头村人。中共党员。1948 年在淮海战役中牺牲，时任华东野战军第一纵队三师七团某部连长。

潘尧标（1916—1945）儒岙镇儒二村人。1944 年 4 月参加革命，1945 年 9 月在宁波市牺牲，时为新四军浙东游击纵队战士。

李焕增（1928—1946）儒岙镇会墅岭村人。1944 年参加革命，1946 年 12 月在江苏宿北战役中牺牲，时为华东野战军一纵队三旅九团战士。

潘相忠（1923—1946）儒岙镇官元庙村流杓人。1945 年 11 月参加革命，1946 年在安徽宿县牺牲，时为华东野战军一纵队号兵。

王锡钦（1929—1946）儒岙镇会墅岭村人。1944 年 4 月参加革命，1946 年 9 月在山东省牺牲，牺牲时为华东野战军一纵队三旅七团号兵。

张善生（1918—1945）又名吕德昌，儒岙镇南山村人。1945 年 1 月参加革命，同年 10 月在海盐县澉浦牺牲，时任新四军浙东游击纵队五支队三大队七中队副班长。

潘彰喜（1921—1948）儒岙镇横板桥村人。1945 年 7 月参加革命，中共党员。1948 年 10 月在河南省杞县王老集牺牲，时任华东野战军一纵队三师九团三营三机连排长。

王清娟（1926—1949）又名王喜珍，女，儒岙镇南山村人。1944 年参加革命，中共党员。1949 年 2 月在新昌县甘湾村周家山牺牲，时为浙东行署第十办事处交通员。

朱火标（1928—1948）儒岙镇横山村人。1948 年 6 月参加革命，1949 年 7 月在嵊县华堂牺牲，时为新昌县大队战士。

徐相银（1933—1948）儒岙镇石磁村人。1948 年参加革命，1949 年 7 月在嵊县华堂牺牲，时为新昌县大队战士。

朱良才（1923—1949）儒岙镇屋沿坑村人。1948 年 11 月参加革命，1949 年 4 月在新昌县横渡桥牺牲，时任浙东人民解放军新天县大队（“火星”部队）班长。

郑才标（1927—1949）儒岙镇横渡桥村人。1948 年 11 月参加革命，1949 年 7 月在奉化县西坞牺牲，时任浙江省第二军分区警备团班长。

盛炳尧（1929—1949）儒岙镇坑里村人。1949 年 5 月参加革命，同年 7 月在嵊县华堂牺牲，时为新昌县大队二中队战士。

王焕和（1906—1949）儒岙镇横渡桥村人。1948 年 12 月参加革命，1949 年 7 月在新昌牺牲，时为中共新天县工委第十办事处情报员。

杨永真（1927—1949）儒岙镇鱼将村鱼头人。1949 年 8 月牺牲。

陈其裕（1922—1946）又名陈其生，沃洲镇姜家坞村人。1945 年参加革命，1946 年 6 月在山东泰安战斗中牺牲，时为华东野战军一纵队三旅七团三营八连战士。

金迪（1923—1946）又名金孟令，沃洲镇大市聚村人。1939 年参加革命，1946 年 12 月在江苏宿北战役中牺牲，时任华东野战军一纵队三旅七团文化教员。

梁福才（1923—1946）沃洲镇青宅村人。1945 年参加革命，1946 年 12 月在江苏宿北战役中牺牲，时任华东野战军一纵队三旅九团二营六连副班长。

梁伯章（1917—1947）沃洲镇姚家村人。1944 年参加革命，1947 年 8 月在鲁南战役中牺牲，时为华东野战军一纵队三师战士。

石炳生（？—1946）沃洲镇茅坪村人。1945 年 2 月参加革命，1946 年 12 月在山东泰安战斗中牺牲，时为华东野战军一纵队三旅战士。

吕财昌（1925—1946）沃洲镇桥头村人。1945 年 8 月参加革命，1946 年 12 月在山东陇海铁路战斗中牺牲，时任华东野战军一纵队三旅九团炮连班长。

王小生（？—1946）沃洲镇青坛村人。1944 年参加革命，1946 年在山东焦山牺牲，时为华东野战军一纵队三旅九团战士。

石莹（1922—1948）又名石颂华，沃洲镇沃溪村溪西人。1944 年 12 月参加革命，1949 年 8 月在上海战役中牺牲，时任第三野战军二十军五十九师政治部组织科干事。

石才泰（1926—1947）沃洲镇岭根村人。1945 年参加革命，1947 年在山东省尉氏县牺牲，时为华东野战军一纵队三旅通讯连通讯员。

黄掌江（1929—1949）沃洲镇寨岭村人。1949 年 2 月参加革命，同年 7 月在嵊县华堂牺牲，时为新昌县大队战士。

黄鸿槐（1925—1949）沃洲镇寨岭村人。1949 年 6 月参加革命，同年 7 月在华堂牺牲，时为新昌县大队二中队战士。

胡焕林（1923—1949）沃洲镇枫树下村人。1947 年参加革命，1949 年 5 月在奉化县江口牺牲，时为人民解放军二十一军六十一师战士。

俞玉法（1925—1946）沙溪镇下董村人。1942 年 10 月参加革命，1946 年 2 月在山东省文祖牺牲，时为华东野战军一纵队三旅战士。

俞善法（1925—1949）沙溪镇新宅村人。1948 年 10 月参加革命，1949 年 7 月在嵊县上东牺牲，时任浙江省警备团二营二连班长。

石玉兴（1925—1946）小将镇里小将村人。1943 年 9 月参加革命，1946 年 12 月在江苏宿北战役中牺牲，时任华东野战军一纵队三旅排长。

吕桂宝（1924—1949）小将镇金元村人。1949 年 2 月参加革命，1949 年 5 月在天台县牺牲，时为浙东第二游击纵队战士。

倪生邦（1918—1949）又名倪和铨，小将镇埠头村人。1949 年参加革命，同年 7 月在嵊县华堂牺牲，时为新昌县大队二中队战士。

王益成（1915—1947）又名王成侬，小将镇里家溪村人。1944 年 10 月参加革命，1947 年 10 月在江苏沭阳牺牲，时任华东野战军一纵队三旅九团一营三连班长。

张志成（？—1947）又名张成生，小将镇中溪村人。1945 年 5 月参加革命，1947 年 7 月在山东省牺牲，时为华东野战军一纵队三师九团二营六连战士。

（四）抗美援朝战争时期

孙蠡（1926—1952）南明街道岙桥里人。1947 年 12 月参加革命，1952 年 1 月在朝鲜百花岭牺牲，时任志愿军一四九师文书。

章高雄（？—1951）南明街道班竹村人。1949 年参加革命，1951 年 3 月在朝鲜江原道牺牲，时为志愿军二十七军八十一师二四三团三营九连战士。

黄仁钱（1920—1950）南明街道棣山村人。1948 年 7 月参加革命，1950 年 11 月在朝鲜咸南牺牲，时为志愿军二十军五十九师一七七团战士。

俞焕依（1929—1950）南明街道百步村人。1947 年 10 月参加革命，1950 年 12 月在朝鲜咸镜南道牺牲，时为志愿军二十七军九十四师二八〇团战士。

潘大源（1927—1950）羽林街道丁家园村人。1943 年 5 月参加革命，中共党员。1950 年 11 月 27 日在朝鲜古土里牺牲，时任志愿军六〇师一七八团二营四连指导员。

石火荣（1920—1951）羽林街道枫家潭村人。1945 年 10 月参加革命，1951 年 6 月在朝鲜名胜洞牺牲，时任志愿军二十军六〇师一七八团排长。

吕学渊（？—1951）羽林街道大明市村人。1951 年 6 月在朝鲜牺牲，时任志愿军二十军六〇师炮团指导员。

俞相棠（1919—1950）羽林街道万石坑人。1944 年参加革命，1950 年在朝鲜牺牲，时任志愿军二十军六〇师一八〇团三营七连班长。

黄金相（1915—1950）羽林街道大塘坑村人。1945 年参加革命，1950 年 11 月入朝参战后失踪，时任志愿军二十军六〇师一八〇团五营七连排长。

丁先仁（？—1951）七星街道杨梅山村人。1949 年 1 月参加革命，1951 年 10 月在朝鲜牺牲，时任志愿军一九九师运输连副班长。

陈玉堂（1925—1951）七星街道上礼泉村人。1948 年 11 月参加革命，1951 年 6 月在朝鲜牺牲，时为志愿军炮兵师二十六团战士。

赵福财（？—1952）七星街道土谷庙村中村人。1949 年 1 月参加革命，1952 年在朝鲜失踪，时任志愿军六十四军一九〇师五六八团六连班长。

吕玉招（1924—1953）城南乡大山庄村下庄人。1944 年 4 月参加革命，1953 年在朝鲜上甘岭牺牲，时任志愿军二十军六〇师一七九团排长。

吕定福（1922—1950）城南乡姚宫村人。1942 年参加革命，1950 年 12 月在朝鲜咸镜南道牺牲，时任志愿军二十军六〇师一八〇团排长。

宋锦文（1925—1950）澄潭街道宋家村龙亭山人。1948 年参加革命，1950 年在朝鲜牺牲，时为志愿军二十军六〇师战士。

吕石沙（？—1950）澄潭街道棠东村人。1948 年 3 月参加革命，1950 年 10 月在朝鲜元山牺牲，时为志愿军四十军一二〇师三六〇团二营机炮连战士。

葛雪清（1927—1954）东茗乡东芝村产芝人。1949 年参加革命，1953 年 1 月在朝鲜牺牲，时为志愿军二十三军六十九师战士。

王雪铨（？—1951）东茗乡后岱山人。1951 年 6 月参加革命。同年 11 月在朝鲜永柔元柳里牺牲，时为志愿军工兵十八团警卫连战士。

何省生（1926—1950）又名何小毛，镜岭镇溪西村人。1948 年参加革命，1950 年 12 月在朝鲜新兴里牺牲，时为志愿军二十一军二四二团卫生队战士。

何苹（1921—1951）又名何连成，镜岭镇溪西村人。1948 年 11 月参加革命，1951 年 2 月在朝鲜三登牺牲，时为志愿军炮兵二师二十九团二连战士。

王华铨（1928—1950）镜岭镇安溪村人。1948 年参加革命，1950 年失踪，时为二十六军七十七师警卫连战士。

梁绪千（1932—1953）回山镇旧宅岙村人。1945 年 12 月参加革命，1952 年在朝鲜牺牲，时为志愿军二十六军二二九团三营机连战士。

俞锦照（1924—1951）回山镇（原双彩乡）岭头俞村人。1948 年参加革命，1951 年 2 月在朝鲜牺牲，时为志愿军三十九军一四九团二连战士。

潘才源（1927—1951）又名潘焕才，儒岙镇儒二村人。1946 年参加革命，中共党员。1951 年 10 月在朝鲜牺牲，时为志愿军一九九师五九五团一营一连战士。

潘国华（1920—1953）儒岙镇黄泥坵村人。1948 年 11 月参加革命，1953 年 6 月在朝鲜牺牲，时任志愿军二十四军七十四师二二一团九连副班长。

潘标林（1930—1953）儒岙镇藤公山村人。1949 年 3 月参加革命，1953 年 7 月在朝鲜牺牲，时任志愿军一九九师五九六团一营二连副排长。

上官华彰（1933—1953）儒岙镇石磁村泄上人。1951 年 4 月参加革命，1953 年 7 月在朝鲜牺牲，时为志愿军二十一军六十一师一八三团六连战士。

竺相铨（1921—1952）儒岙镇南芦村南云人。1949 年 10 月参加革命，1952 年 12 月在朝鲜牺牲，时任志愿军某部排长。

潘小彰喜（1927—？）儒岙镇横板桥村人。1945 年参加革命，1950 年在朝鲜失踪。

梁德才（1922—1951）沃洲镇石板桥村人。1945 年参加革命，1951 年 5 月在朝鲜旺盛庄战役中牺牲，时任志愿军二十军六〇师一七八团排长。

潘德全（1925—1951）又名潘德法，沃洲镇里大坑村人。1948 年 10 月参加革命，1951 年 5 月在朝鲜牺牲，时为志愿军三十八军一一三师三三八团警卫连战士。

陈江造（1925—1951）又名陈法生，原大市聚横街人。1943 年参加革命，中共党员，1951 年在朝鲜牺牲，时任志愿军二十军炮团一营二连连长。

陈相荣（1920—1950）沃洲镇梅林山村人，1945 年 4 月参加革命，1950 年 11 月在朝鲜乾磁牺牲，时任志愿军二十军六〇师一七九团二连排长。

袁湘忠（1929—1950）沃洲镇东郑村娘湾小村人。1948 年 11 月参加革命，1950 年 12 月在朝鲜青龙里牺牲，时为志愿军三十八军三四一团三连战士。

王岳清（1920—1951）沃洲镇西山村人。1949 年 2 月参加革命，1951 年在朝鲜上杏里牺牲，时为志愿军五十军一四九师战士。

袁英（1920—1951）又名袁明凡，沃洲镇西山村人。1949 年 6 月参加革命，1951 年 7 月在朝鲜牺牲，时为志愿军十二军三十五师战士。

黄永全（1922—1952）沃洲镇沃洲村溪西人。1949 年 1 月参加革命，中共党员。1952 年 10 月在朝鲜五圣山牺牲，时任志愿军十一军四十三师一三四团二营六连班长。立三等功一次。

梁张银（1925—？）沃洲镇（原新林乡）秀溪村人。1945 年参加革命，系抗美援朝失踪军人。失踪前为志愿军二十军六〇师一八〇团人员。

唐国兴（1933—1953）沙溪镇真诏村人。1951 年 4 月参加革命，1953 年 8 月在朝鲜牺牲，时为志愿军二十一军六十一师炮团五连战士。

俞才火（1928—1953）又名俞小火，沙溪镇孙家田村里湾人。1951 年 4 月参加革命，1953 年 7 月在朝鲜牺牲，时为志愿军八一师四团战士。

吕立强（1917—？）又名吕小毛，沙溪镇沙溪村上岭山人。失踪军人。

梁云才（1922—1950）沙溪镇上董村人。1945 年参加革命，1950 年在朝鲜牺牲，时为志愿军二十军六〇师一七九团侦察员。

王仁火（1923—1951）小将镇罗溪村中家岙人。1948 年 9 月参加革命，1951 年 10 月在朝鲜牺牲，时为志愿军四十七军一四〇师四一八团侦察连战士。

石雪桃（1928—1953）小将镇里小将村人。1951 年 3 月参加革命，共青团员。1953 年 8 月在朝鲜牺牲，时为志愿军二十一军六十一师一八三团二营四连战士，立三等功一次。

王永全（1921—1953）小将镇南洲村人。1949 年参加革命，1953 年在朝鲜五圣山牺牲，时任志愿军十五军一三四团二营六连班长。

石芳兆（1921—1950）又名石其招，小将镇年里村人。1948 年 10 月参加革命，1950 年 12 月在朝鲜三八线牺牲，时为志愿军〇一四四部队二支队五连战士。

陈长兴（？—1951）沃洲镇第头村人。1949 年 7 月入伍，1951 年入朝后失踪，原为志愿军九十九师二九五团一营二连战士。

张道明（1921—？）小将镇中溪村人。在抗美援朝战争中失踪。

（五）社会主义革命和建设时期

张成女（1924—1950）又名张一鹤，南明街道太史第人。1949 年 6 月参加革命，1950 年在四川荣昌县牺牲，时任解放军十二军文书。

陈佳增（1930—1952）又名陈振钧，南明街道水弄堂人。1949 年参加革命，1952 年在福建闽侯岛牺牲，时任福建军区某团参谋。

俞柏年（1930—1955）南明街道青年路人。1952 年 12 月参加革命，1955 年 8 月在宁波市牺牲，时为〇三九〇部队报训大队二中队三区队二分队战士。

陈颂华（1934—1958）南明街道大巷弄人。1954 年 2 月入伍，1958 年 12 月在上海市吴淞口牺牲，时任解放军一〇四三部队班长。

吕乐钧（？—1961）南明街道北门内人。1956 年参加工作，1961 年 10 月在义乌佛堂牺牲，时任义乌水分站技术员。

高柏勤（1942—1964）南明街道百鹿堂人。1961 年 9 月参加革命，1964 年 9 月在福建连江县敖江牺牲，时任解放军八十四师二五一团一营卫生科卫生员。

王福昌（1938—1980）南明街道中镇庙巷人。1955 年 3 月参加革命，1980 年 4 月在安徽省山界牺牲，时任国营五三一六厂仓库副主任。

张仁财（1965—1985）南明街道东联村人。1984 年应征入伍，1985 年 1 月在中越边境自卫防御作战中牺牲，时为一军一师一团二连战士，追认为中共党员，追记三等功。

章永昌（？—1950）又名章岳千，南明街道庄前村人。1947 年参加革命，1950 年 8 月在福建省金门牺牲，时任解放军二十九军八十五师二五三团一营三连副排长。

陈焕堂（1958—1979）南明街道庄前村人。1979 年 1 月参加解放军，共青团员。同年 8 月在湖北宜昌牺牲，时为解放军〇〇八一五部队战士。

张金昌（1965—1988）南明街道挂帘山村人。1983 年参加工作，1988 年 7 月 30 日在曹州村抗洪中牺牲，时任西岭乡信用社记账员。

李安（1985—2019）南明街道赤土村人。中共党员，新昌县陆野户外救援队副队长。2019 年 8 月 11 日，在新昌江救援落水人员中牺牲。2020 年 6 月 9 日，被省政府批准为烈士。

章家土（1926—1950）羽林街道天灯盏村人。1949 年 5 月参加革命，1950 年 6 月在浙江黄岩海门牺牲，时为二十一军六十二师一八四团三营机连战士。

钱苗正（1935—1956）羽林街道王泗洲村人。1955 年 3 月入伍，1956 年 3 月在南京牺牲，时为南京军区后勤部政治部直属工作处战士。

俞培和（1927—1950）羽林街道枫家潭村人。1949 年 11 月参加革命，1950 年在葫芦岙牺牲，时任中共新昌县委交警班交通员。

曹志江（1930—1950）又名曹锡槐，羽林街道钦村人。1949 年参加革命，1950 年 5 月在四川省璧山县征粮剿匪中牺牲。时为四川军大三分校四中队学员。

吕中山（1929—1950）羽林街道丁家园村人。1948 年 3 月参加革命，1950 年 8 月在浙江余姚牺牲，时任余姚县大队司务长。

成正富（1965—1984）羽林街道藕岸村人。1984 年 1 月应征入伍，同年 12 月在中越边境自卫防御作战中牺牲，时为一军一师一团一机连战士。追认为中共党员，追记三等功。

俞胜（1971—1989）羽林街道枫家潭村人。1989 年 1 月加入中国共产主义青年团，同年 3 月应征入伍，同年 11 月在执勤中牺牲，时为武警福建省总队直属支队战士。

张银槐（1935—1958）七星街道下礼泉村人。1955 年 3 月入伍，1958 年 3 月在浙江定海外龙乔牺牲，时任解放军九五八二部队班长。

傅亚明（1963—1983）七星街道蟠龙村人。1983 年 1 月应征入伍，同年 5 月在山东郯城国防施工中为保护战友牺牲，时为八三二三五部队战士。

刘兰君（1964—1985）城南乡石溪村小积坑人。1980 年 1 月加入中国共产主义青年团，1984 年 1 月应征入伍，1985 年 1 月 16 日在对越自卫反击战中牺牲，时为陆军某连战士，被追认为中共党员，追记一等功。

俞杏琴（1966—1988）女，城南乡姚宫村人。1986 年 12 月参加工作，1988 年 7 月 30 日在曹州村抗洪中牺牲，时任新林乡信用社会计。

章金标（1930—1950）城南乡大山庄村下庄自然村人。1949 年参加革命，1950 年在广东琼崖芳草岭牺牲，时为四十三军一二七师三七九团二营机炮连战士。

王桂富（1929—1951）城南乡里家竹村甘家坞人。1948 年参加革命，1951 年 7 月在慈溪县观海卫牺牲，时为慈溪县观海卫仓库保管员。

章贤明（1964—1985）城南乡里家竹村石竹村人。1984 年 1 月应征入伍，1985 年 1 月在中越边境自卫防御作战中牺牲，时为一军一师一团八连战士。追认为中共党员，追记三等功。

陈世成（1931—1962）澄潭街道坑下村人。1950 年参加工作，中共党员。1962 年 9 月 6 日在嵊县城关北门牺牲。时为嵊县试验场职工。

叶顺福（1922—1951）澄潭街道左于村人。1949 年 12 月入伍，中共党员。1951 年 8 月在新昌县秤锤坑牺牲，时任绍兴军分区独立四营三连班长。

金才章（1934—1977）澄潭街道社古村人。1949 年 12 月参加革命，1950 年参加抗美援朝，1957 年转业至新疆建设兵团，1976 年被派往巴基斯坦援建中巴喀昆仑公路，1977 年 5 月在巴基斯坦牺牲。追认为中共党员。

王柏林（1927—1953）澄潭街道山头村人。1951 年 2 月入伍，1953 年 9 月在新昌县高白山牺牲，时为解放军第三汽车学校驾驶员。

王岳生（1930—1953）澄潭街道定坂村人。1951 年 5 月入伍，1953 年在山西省大同市北关牺牲，时为华北军区工兵二十团指挥连通讯员。立三等功一次。

张玉祥（1941—1961）澄潭街道麻家田村人。1960 年 3 月入伍，1961 年 10 月在舟山牺牲，时为解放军九七〇一部队战士。

徐伯千（1946—1966）澄潭街道上湖村人。1964 年入伍，共青团员，1966 年在安徽省南陵县牺牲，时任安徽省芜湖市二〇〇一信箱甲三〇一副班长。

陈银才（1947—1967）东茗乡上来村人。1966 年入伍，共青团员，1967 年在平湖县乍浦牺牲，时为六五一六部队十二分队战士。

张喜铨（1923—1952）东茗乡马鞍山村人。1943 年参加革命，1952 年 7 月在山东省济南市牺牲，时为济南铁路局保卫科科员。

梁新成（1955—1985）东茗乡石下坑村人。1974 年加入中国共产主义青年团，1976 年 3 月应征入伍，1979 年 2 月加入中国共产党，1985 年 2 月在对越自卫反击战中牺牲，时任陆军某连副连长，立三等功一次，追记二等功。

何忠叶（1925—1953）镜岭镇黄塘里村人。1953 年参加志愿军，同年因病牺牲于吉林省，时为志愿军工兵一团战士。

张桥兴（1915—1950）镜岭镇雅庄村人。1950 年 4 月在雅庄村开村干部会时遭土匪袭击被杀害，时任雅庄村农会调解委员。

潘伯勋（1931—1952）镜岭镇殿前人。1950 年 5 月入伍，1952 年 7 月在定海县牺牲，时任解放军二十二军六十六师一九六团政治处班长。立三等功一次。

杨银华（1959—1979）镜岭镇下潘村人。1978 年 3 月入伍，1979 年 3 月在中越边境自卫防御战中牺牲，时为广西军区独立师步兵三团一营二连战士。立三等功一次。

潘正良（1964—1985）镜岭镇下竹潭村人。1984 年 1 月入伍，1985 年 1 月在中越边境自卫防御战中牺牲，时为一军一师一团七连战士。追认为中共党员，立三等功一次。

盛海忠（1965—1985）镜岭镇冷水村人。1984 年 1 月入伍，1985 年 1 月在中越边境自卫防御战中牺牲，时为一军一师一团二连战士。追认为中共党员，立三等功一次。

潘旭忠（1964—1985）镜岭镇大古年村人。1984 年 1 月入伍，1985 年 1 月 15 日在中越边境自卫防御战中牺牲，时为一军一师一团二连战士。追认为中共党员，立三等功一次。

王焕明（1944—1967）回山镇官塘村人。1965 年入伍，1967 年 9 月在嵊泗县牺牲，时为解放军六三八一部队四分队战士。追认为中共党员。

杨柳青（1949—1969）回山镇石界村人。1968 年 4 月应征入伍，1969 年 12 月在浙江嵊泗牺牲，时任解放军六三八一部队副班长。

梁菊忠（1929—1952）又名梁叶千，回山镇樟花村人。1948 年参加革命，1952 年在浙江定海失踪。原为解放军二十二军六十四师机炮连战士。

张雨年（1913—1950）回山镇（原双彩乡）后王村人。1949 年参加革命，1950 年 2 月在新昌县后王村牺牲，时任后王村农会主任。

李日耀（1924—1950）又名李仁青，回山镇溪边村人。1947 年 10 月参加革命，1950 年 3 月在贵州省荔波城牺牲，时任十七军五十一师一五三团三连战士。

杨法千（1921—1950）回山镇后坂村人。1950 年参加革命，1950 年 3 月在新昌县孟苍村牺牲，时任后坂村农会主任。

陈信良（1943—1965）回山镇莲花心村人。1961 年入伍，1964 年 8 月在象山县石浦牺牲，时任解放军六四一七部队排长。追认为中共党员。

杨良焕（1934—1952）回山镇北池村人。1951 年 5 月入伍，1952 年 8 月在浙江黄岩西江闸牺牲，时为二十二军六十六师炮团战士。

杨英明（1954—1998）回山镇上贝村人。1972 年 8 月参加工作，1998 年 6 月 19 日在上贝村为抢救落水学生牺牲，时为上贝村完小校长。

潘小钏（1911—1950）儒岙镇横板桥村人。1949 年 5 月参加革命，1950 年在浙江玉环牺牲，时任浙江警备一旅二团二营六连班长。

张文才（1934—1951）儒岙镇雅张村人。1949 年 8 月参加革命，1951 年 5 月在新昌县黄婆滩牺牲，时任绍兴军分区独立第四营副班长。

王瑞银（1926—1951）儒岙镇南山村人。1949 年 6 月参加革命，1951 年 6 月在嵊县华堂牺牲，时为华东军区三一五团一营四连战士。

章瑞琪（1919—1956）儒岙镇官元庙村流杓人。1948 年入伍，1956 年 4 月在吉林长春牺牲，牺牲时为三〇三〇部队六支队通讯连通讯员。

潘年初（1946—1969）儒岙镇儒一村人。1965 年 3 月入伍，退伍后于 1969 年 10 月在浙江嵊泗牺牲，时为嵊泗县军管会五二八办公室民工队民工。

姚林和（1958—1979）儒岙镇雅张村人。1977 年 1 月入伍，1979 年 7 月在安徽芜湖牺牲，时任解放军八三四五五部队三十五分队副班长。

王永忠（1965—1985）儒岙镇朱路村人。1984 年 1 月入伍，1985 年 1 月 15 日在中越边境自卫防御战中牺牲，时为一军一师一团三连战士，追认为中共党员，立三等功一次。

章永生（1932—1949）儒岙镇下庄村人。1949 年 5 月参加革命，1950 年 4 月在新昌吴家田村牺牲，牺牲时为新昌县大队二中队战士。

朱军方（1964—1985）儒岙镇旧宅村人。1984 年 1 月入伍，1985 年 1 月在中越边境自卫反击战中牺牲，时为解放军一军一师一团三连战士。追认为中共党员，立三等功一次。

梁新军（1964—1985）儒岙镇居桥安村人。1984 年 1 月入伍，1985 年 1 月在中越边境自卫反击战中牺牲，时为解放军一军一师一团九连战士。追认为中共党员，立三等功一次。

梁贵海（1926—1949）沃洲镇上求村人。1949 年 9 月参加革命，同年 10 月在新昌县息坑村牺牲，时任中共新昌县大市聚区委民运干事兼文书。

周高银（1926—1950）沃洲镇上求村人。1949 年 12 月参加革命，1950 年 9 月在浙江岱山高亭镇牺牲，牺牲时为二十二军三二一团通讯连通讯员。

梁焕范（1934—1954）沃洲镇石板桥村人。1951 年入伍，1954 年 4 月在河南薄山牺牲，时为水利工程第二师战士。

梁世理（1926—？）沃洲镇大市聚村人。失踪军人，原为解放军九十一师二七二团一营三连人员。

吕国任（1923—1950）又名吕长水，沃洲镇梅林山村人，1949 年 6 月参加革命。1950 年 3 月在重庆江津牺牲，时为十二军军大三分校四纵队一大队学员。

邱永茂（1939—1966）沃洲镇下坑村人。1959 年入伍，中共党员。1966 年 8 月在浙江象山檀头山牺牲，时任浙江省军区守备二十三团排长。立三等功一次。

袁亚瑟（1953—1988）沃洲镇西山村人。1977 年参加工作，1988 年 7 月 30 日在曹州抗洪中牺牲，时任新林乡信用社副主任。

董德明（1965—1985）沃洲镇（原新林乡）扁石村人。1983 年 12 月应征入伍，1985 年 1 月 15 日在对越自卫反击战中牺牲，时为陆军某连战士，被追认为中共党员，追记一等功。

孙军波（1979—2001）沃洲镇上祝村人。1999 年 12 月应征入伍，2001 年 8 月 23 日在大连武装泅渡时牺牲，时为六五七五一部队七八分队二排战士。

陈法康（1927—1952）又名陈可其，沙溪镇唐家坪村人。1950 年 5 月入伍，1952 年 10 月在浙江玉环县鸡冠山牺牲，时任华东公安军十七师五十团三营八连班长。立三等功一次。

俞庆樟（1925—1949）沙溪镇下董村人。1949 年 10 月在新昌县生田牺牲，时为下董村民兵队长。

俞桂法（1922—1950）沙溪镇新宅村人。1948 年 3 月入伍，1950 年 8 月在广西平乐县牺牲，时任解放军四十九军一四五师四三四团二机连班长。

肖江海（1929—1953）沙溪镇岔路村人。1951 年 4 月入伍，1953 年 8 月在宁波市牺牲，时为二十一军六十二师一八五团通讯连战士。

梁建富（1936—1961）沙溪镇菊池村人。1958 年参加工作，中共党员。1961 年在嵊县南门桥下为救落水儿童牺牲，时任中共沙溪区委组织干事。

胡桂锋（1986—2001）沙溪镇下蔡岙村人。2001 年 3 月 31 日为抢救落水同学牺牲，时为宁波联丰中学学生，被共青团宁波市委追认为共青团员，追授优秀共青团员称号。

石竹梅（1929—1956）小将镇里小将村人。1949 年 4 月参加革命，1950 年 2 月在贵州麻江县牺牲。时为贵州军区都匀军分区步兵一五三团战士。

董华昌（1931—1952）小将镇平山村人。1951 年参加革命，1952 年在浙江黄岩焦山岛牺牲，时为解放军〇〇八四部队三支队三分队战士。

董槐兴（1934—1959）小将镇溪竹村人。1955 年 3 月入伍，1959 年 9 月在舟山牺牲，时任解放军九八一九部队三分队班长。

刘双潮（1916—？）小将镇桥下村人。1948 年 12 月参加革命，失踪军人，失踪前为宁波军分区警卫二团一营一连战士。

（六）出生年月及住址不详的烈士

杨一德（？—1948）中共党员。1948 年 6 月在豫东战役中牺牲，时为华东野战军第一纵队三师七团战士。

陈乾尧（？—？）1943 年参加革命，中共党员。1948 年 10 月在河南省杞县王老集战斗中牺牲，时任华东野战军第一纵队三师七团某部排长。

徐永富（？—？）牺牲时任华东野战军第一纵队三师七团某部副班长。

高兴（？—1947）1942 年 2 月参加革命，中共党员。1947 年 1 月在鲁南战役中牺牲，时任华东野战军第一纵队三师十二团某部副指导员。

张培美（？—1948）中共党员。1948 年 6 月在豫东战役中牺牲，时任华东野战军第一纵队三师七团副班长。

龙小毛（？—？）中共党员，牺牲年月、地点不详，时任华东野战军第一纵队三旅七团班长。

唐己志（？—1946）中共党员。1946 年 6 月在山东泰安战斗中牺牲，时任华东野战军第一纵队三旅七团班长。

高小钱（？—1948）中共党员。1948 年 12 月在淮海战役中牺牲，时任华东野战军第一纵队三旅九团某部班长。

梁文明（？—1948）中共党员。1948 年 12 月在淮海战役中牺牲，时任华东野战军第一纵队三旅八团代理连长。

臧列章（？—1948）中共党员。1948 年在淮海战役中牺牲，时为华东野战军第一纵队三旅七团战士。

陈明志（？—1949）中共党员。1949 年 1 月在淮海战役中牺牲，时任华东野战军第一纵队三师十一团副排长。

王文彬（？—1948）中共党员。1948 年 12 月在淮海战役中牺牲，时任华东野战军第一纵队三师十三团某部班长。

杨荣顺（？—1948）中共党员。1948 年 12 月在淮海战役中牺牲，时任华东野战军第一纵队三师十四团某部班长。

董存义（？—1948）中共党员。1948 年 12 月在淮海战役中牺牲，时任华东野战军第一纵队三师七团副排长。

陈明吉（？—1949）中共党员。1949 年 1 月在淮海战役中牺牲，时任华东野战军某部排长。

王建开（？—1948）中共党员。1948 年在淮海战役中牺牲，时任华东野战军某部连长。

张成保（？—1948）中共党员。1948 年在淮海战役中牺牲，时任华东野战军某部班长。

崔德生（？—1947）中共党员。1947 年 7 月在山东滕县战斗中牺牲，时任华东野战军第一纵队三旅七团排长。

符永富（？—？）在淮海战役中牺牲，时为华东野战军某部班长。

潘畲忠（？—1946）中共党员。1946 年 12 月在宿北战役中牺牲，时任华东野战军某部班长。

高大全（？—1949）中共党员。1949 年 1 月在淮海战役中牺牲，时任华东野战军第一纵队三师七团战士。

沈招桥（？—1948）中共党员。1948 年 6 月在豫东战役中牺牲，时为华东野战军第一纵队三师七团战士。

陈铭（？—1946）1946 年 12 月在宿北战役中牺牲，时为华东野战军第一纵队三旅七团战士。

陈忠毛（？—1947）中共党员。1947 年 7 月在山东滕县战斗中牺牲，时为华东野战军第一纵队三师七团战士。

闻纪友（？—1946）中共党员。1946 年 12 月在宿北战役中牺牲，时为华东野战军第一纵队三师七团战士。

章家云（？—1949）中共党员。1945 年 3 月参加革命，1949 年 4 月在渡江战役中牺牲，时任第三野战军二十军六〇师一七八团某部班长。

张成钱（？—1948）中共党员。1949 年 1 月在淮海战役中牺牲，时任华东野战军第一纵队三师十团班长。

朱一超（？—1948）中共党员。1948 年在淮海战役中牺牲，时任华东野战军第一纵队三师七团副班长。

沈竹根（？—1948）中共党员。1948 年在淮海战役中牺牲，时为华东野战军第一纵队三师七团号兵。

张治中（？—？）在淮海战役中牺牲，时为华东野战军第一纵队三师七团战士。

张光琪（？—1946）1944 年 8 月参加革命。1946 年 12 月在宿北战役中牺牲，时为二十军六〇师一七九团战士。

俞定国（？—1947）1945 年 10 月参加革命。1947 年 1 月在山东莱芜战役中牺牲，时为华东野战军第一纵队三师七团战士。

周和光（？—？）在山东省广饶县牺牲。

潘永昌（？—1949）1949 年 9 月在湖北省宜昌县东山牺牲，时为第四野战军四十七军一四一师四二二团炮兵连战士。

张太福（1923—1948）1945 年参加革命。1948 年 6 月在豫东战役中牺牲，时为华东野战军第一纵队三师七团战士。

祝外昌（？—？）牺牲年月及地点不详。1945 年 4 月参加革命。时任华东野战军第一纵队三师七团副班长。

翁秀清（1918—1949）1949 年 5 月在上海战役中牺牲于宝山，时为第三野战军二十八军八三师二四八团三连战士。

（以上住址不详的烈士根据中国人民解放军二十军六〇师政治部组织科整理的新昌县籍烈士共 34 名；山东省广饶县烈士陵园函告新昌县籍烈士 1 名；湖北省宜昌民政局函告新昌籍烈士 1 名；上海警备区党史办公室函告新昌籍烈士 1 名。）

（七）外籍在新昌牺牲的烈士

张兴标（1919—1949）浙江省嵊州市黄泽镇前良村人。1945 年 5 月参加革命，1948 年加入共产党，1949 年在原大市聚镇息坑牺牲，时为新昌县政府干事。

陈樟定（1920—1942）浙江省嵊州市浦口街道四明村人。1942 年 1 月参加革命，同年在原大明市镇藕岸牺牲，时为浙东游击队嵊东大队战士。

袁英同（1918—1949）浙江省天台县石桥人。1944 年 3 月参加革命，1949 年在新昌牺牲，时为新昌县大队班长。

徐瑞君（1925—1950）浙江省天台县集云人。1949 年 1 月参加革命，1950 年在新昌大市聚牺牲，时为新昌县大队班长。

王德林（？—1948）出生年月及家庭地址不详。1948 年 11 月在新昌马坑等战斗中牺牲。

奚小狗（？—1948）出生年月及家庭地址不详。1948 年 11 月在新昌马坑等战斗中牺牲。

二、辛亥革命阵亡士兵名录

陈文桢　正兵　1911 年攻打南京战役阵亡。

吴德龙　正兵　1911 年攻打南京战役阵亡。

三、国民党部队抗日阵亡官兵名录

根据县档案资料辑录，国民党军队在抗日战争中阵亡的将士 140 名，其中在 1940 年 1—2 月，浙江省国民抗敌自卫总司令部所辖部队在钱塘江抗击日军中阵亡于萧山的新昌籍官兵 81 名，在其他地方抗击日军阵亡的新昌籍官兵 12 名，国民党军队在新昌抗击日军阵亡的外籍官兵 31 名，县警察局、自卫队、村民在境内抗击日军阵亡的 16 名。

钱塘江保卫战阵亡将士：

杨光辉（新市场上宅）	王国荣（上北乡 8 保）	黄福仁（炉溪乡 5 保）
王正祥（城西 7 保）	商尊余（新昌）	吕相炎（三联乡 19 保）
吴孝章（东乡 2 保）	王海法（新昌）	张钱兴（澄潭镇 16 保）
沈宪连（城西 4 保）	裘德法（炉溪乡 9 保）	王银法（里东山乡 7 保）
黄祖波（里东山乡 15 保）	陈林顺（澄潭镇 17 保）	孙小江（澄潭镇 6 保）
毛美焕（城西 5 保）	俞文火（石熊乡 6 保）	王钱波（彩淳乡 7 保）
何渭铨（中北乡 22 保）	陈善贤（新昌）	丁法金（中北乡 15 保）
黄保仁（城西 1 保）	张法松（城西 2 保）	朱林法（城西 5 保）
吴尧兴（五中乡 11 保）	张忠明（镜屏乡 19 保）	张林法（城东镇 8 保）
张祺（中北乡 1 保）	梁海树（东山乡）	梁志波（彩淳乡 29 保）
章钦标（梅鹤乡 10 保）	章安槐（岭外乡 9 保）	江法标（鳌峰镇 2 保）
杨永源（回山乡 26 保）	裘火标（八堡乡 7 保）	梁伯彰（鳌峰镇 9 保）
袁建富（梅鹤乡 1 保）	吕德泰（天姥乡 9 保）	蔡根铨（七成乡 7 保）
王宝善（智仁乡 16 保）	潘才言（桂溪乡 5 保）	石才堂（八堡乡 10 保）
石乌侬（新昌）	胡相海（上北乡 12 保）	俞锦和（新昌）
章艮盛（里油 13 保）	吴钱招（岭外乡 11 保）	潘小铨（天姥乡 2 保）
俞根仁（八堡乡 3 保）	吴宝云（灵泉乡 22 保）	王香正（岭外乡 10 保）
董相成（上北乡 18 保）	刘长仁（梅溪乡 4 保）	娄灰章（炉溪乡 8 保）
潘福生（新昌）	章生木（雪溪乡 5 保）	杨贵德（中北乡 12 保）
吕福田（城西 15 保）	张国祺（梅溪乡 14 保）	俞小贝（炉上乡 1 保）
周先福（黄泽镇 5 保）	余应民（黄泽镇 1 保）	吕梅和（城北 4 保）
吕德灿（里东山乡 15 保）	侯少连（七成乡 2 保）	黄载岳（新昌）
梁小毛（中北乡 4 保）	石少千（分水乡 1 保）	黄钱章（梅溪乡 2 保）
邓绍香（桂溪乡 10 保）	俞正钱（五中乡 7 保）	丁财焕（七成乡 13 保）
赵春钱（岭外乡 1 保）	石华忠（五马乡 5 保）	贝凤钱（五马乡 2 保）
王肇发（炉溪乡 2 保）	章佩彰（岭外乡 1 保）	俞达福（梅溪乡 7 保）
何行信（大辽乡 2 保）	王生奎（城西 1 保）	吕槐坧（城西 2 保）

国民党军队在其他地方抗击日军阵亡的新昌籍官兵：

王穆华（骅）　镜岭镇小泉溪村人，1937 年 12 月南京保卫战阵亡。

王健中　1938 年 10 月河南湘豫桂战役阵亡。

徐小和铨　1939 年 11 月浙江余杭年头山阵亡。

徐裕昌　浙江余姚小安街阵亡。

潘相标　浙江镇海炮台阵亡。

张景昌　1943 年 11 月 19 日浙江奉化大前阵亡。

潘荣良　上彩乡平头岗人，浙江绍兴禹王庙阵亡。

傅根生　1941 年 10 月 12 日江西南昌莲塘战役阵亡。

王钱生　1941 年 8 月 14 日江西南昌王家山战役阵亡。

张士昌　1941 年 5 月 18 日南昌向塘战役阵亡。

梁开扬　浙江东阳尖山阵亡。

梁雨亭　回山镇大宅里村人，上海淞沪战役阵亡。

1943 年 3 月 28 日，国民政府军委会西南干训班突击第三营在黄坛抗日战斗中阵亡的官兵：

上尉　甘俊良　　中尉　彭峰

士兵：李凯　李仲明　盖新华　杨省恒　陈学兴　杨德成　何立甫　陈和清　苏长林　何凯　李生顺　陈世界　屈树松　吴万新　张少林　刘治臣　黄子玉　王胜久　李德富　刘桂卿　李俊德　杨云　李福田　毛盛良　胡清海　袁其山　刘芳　席连山　邓介成

在黄坛战役中阵亡的东山地村民：徐定高　徐定义　张凤钱

境内抗日阵亡的警察、自卫队员：

吕源兴　1943 年 12 月 16 日在王羊角抗击日军阵亡，时为新昌警察局第二中队二等警士。

石槐兴　1943 年 12 月 16 日在王羊角抗击日军阵亡，时为新昌警察局第二中队三等警士。

俞才标　1943 年 12 月 16 日在王羊角抗击日军阵亡，时为新昌警察局第二中队二等警士。

章林牛　1943 年 12 月 16 日在王羊角抗击日军阵亡，时为新昌警察局第二中队二等警士。

俞宝松　1943 年 11 月 13 日被日军捕杀于嵊县，时为新昌警察局第二中队驻城区情报员。

梁桂和　四庄乡 11 保人，三青团员，1942 年 4 月在竹岸侦察日军情报被害，时为新昌警察局第二中队二等警士。

陈小灿　桂溪乡碲头人，1945 年 7 月 4 日在日军攻击新昌县城中阵亡，时为新昌警察局第二中队三等警士。

吕士昌　中北乡兰洲村人，三青团员，1944 年 2 月 12 日在兰洲阵亡，时为新昌县自卫大队中北乡任务队班长。

竺邦英　中北乡兰洲村人，1944年2月12日在兰洲阵亡，时为新昌县自卫大队中北乡任务队队士。

吕香政　中北乡兰洲村人，1944年2月12日在兰洲阵亡，时为新昌县自卫大队中北乡任务队队士。

吕春阳　中北乡兰洲村人，1944年2月12日在兰洲阵亡，时为新昌县自卫大队中北乡任务队队士。

刘云标　中北乡兰洲村人，1944年2月12日在兰洲阵亡，时为新昌县自卫大队中北乡任务队队士。

叶和法　1944年2月12日在兰洲阵亡，时为新昌县自卫大队中北乡任务队队士。

第六章　退伍安置

退伍安置是指国家和社会对退出现役的军人生产、生活方面的安排，保障其生活。

军人退伍安置，事关军队建设、社会稳定和经济发展，为历朝政府所重视。

退伍安置与兵役制度密切相关。清朝以前，兵制多样，基本特点是民入军籍，终身为伍，年老残疾“解甲归田”。清末，军人退伍资遣回籍，各自谋生。民国时期，南京政府颁布兵役法，壮丁从军给安家费，退伍归休资遣乡里。抗日战争结束后，政府拟定集团复员计划安置退伍军人，最终因忙于战争，计划未得全面实施。

新中国成立后，国家采取“原籍安置”“妥为安置，各得其所”的政策安置复员军人和转业干部。义务兵退伍安置实行“从哪里来回哪里去”的原则，由当地政府妥然安排生产生活。实行义务兵制结合志愿兵制后，军人退伍安置逐步实行政府安排工作与自主择业、资金扶持相结合的制度。同时，接收安置军队离退休退职人员，保障其安度晚年。

第一节　民国前退伍安置

清朝以前，军队基本实行兵民合一管理，年老残疾军人，实行“解甲归田”安置。清末，政府颁布《陆军常备兵退伍办法》，军人退伍资遣回籍，各自谋生，同时接受地方政府的管教训练。民国时期，南京政府颁布兵役法，壮丁从军给安家费，退伍归休资遣乡里，由地方政府给予就业、就学、受田等方面的便利。抗日战争结束后，政府曾拟定集团复员计划安置退伍军人，最终因忙于战争，未得全面实施。

夏商时期，族内贵族成年人都要承担兵役，战则群集操戈，战息解散回乡，重操旧业。

西周时期，实行世兵制，民为甲士，终身为伍。

春秋战国及至秦朝，各国普行征兵制，以编户齐民为基础，凡适龄男子均有当兵服役的义务，服役以后，还复原籍原业。

汉代，兵役承秦制。处理复员官兵，令各归其县，依军功爵位大小行赐田宅，借以谋生。

东汉后期，开始实行募兵制，“募民徙塞，寓兵于农”，平时事农操练，战时上阵作战。粮草自给，兵器自备，政府免其全家徭役，无须退伍安置。

三国两晋南北朝，世兵制为主要兵制形式，一人从军，终生为兵，其家庭变民籍为军户，子孙后代世代为兵。军户屯田戍疆，形同前朝，既解决军士就业，又解决军粮供给。

隋唐时期，改世兵制为府兵制，军人具有军籍和民籍，计口受田，各给屋宅，亦兵亦农，兵农合一，身租、庸、调一切蠲之。

北宋，实行募兵制，军士给军俸。兵种有禁兵、厢兵、乡兵、藩兵等七八种，杂乱臃肿。军俸因此五花八门，三六九等，加之当时货币不一，全国无统一定制。据《宋史》《兵志》记载，北宋熙宁元年（1068），宋神宗下诏裁兵，令“诸路监司察州兵招简不如法者，按之。不任禁军者降厢军，不任厢军者免为民”。规定军士“五十以上愿为民者，听之”。对年老、病弱而又无家可归的，除去军籍，留军中充差役，不直接参战，享半份月俸；对不能再从事战斗或有战功而无家可归的，划编为剩员，以做战斗勤务，享半份月俸；对残弱不能作战而又无家可归的，“放其百姓，听其自便在京居止”或“听归农”。

元朝，军队分蒙古军和汉军两大类。由蒙古族成年男子组成的蒙古军，平时牧业生产，一有战事，空帐而出，举国皆兵。由征集汉人所建立的汉人军，则行军户制度，凡列入军籍的人户世代为兵，军屯全国，永不退伍。对鳏寡孤独、老弱残废而不能自存者，如有五服之内的亲友又有能力收养而不予收养者，按律重议其罪；亲族贫穷无力收养者，许养济院寄食。

明洪武七年（1374）八月，定兵卫之制，各地方设立统军都司，都司之下府县两级分设卫所，一府设几所，几府连为卫，实行军户军屯制，分屯设兵。边塞卫所军三分守城，七分屯田种地；内地卫所军二分守城，八分屯田种地。战则为兵，宁则归卫，耕以自食。对于病残军人的退伍安置，《明史》记载，明洪武十九年（1386）六月，曾诏定“士卒战伤，除其籍，赐复三年”。免除军籍复为民户，三年内免缴税租。明建文元年（1399）二月诏令：“笃废残疾者收养济院，列支衣粮。”对完全丧失劳动能力的军人可直接由养济院收容，国家拨发口粮衣物，供养终身。“军士战斗伤残，难备行伍，可于宫墙外（指守城的京师部队驻防地之外）造舍以居之，昼则治生，夜则巡警。”白天边养伤病边做点力所能及的营生，夜晚帮助进行一些巡逻。

清朝，兵分八旗兵和绿营兵。八旗兵实行部落兵制，16 岁以上满族男子人皆为兵。绿营兵由招募汉人组成，行职业兵制，兵丁以当兵吃营粮为业。官兵退伍不以服役年限多少为条件，主要以出征效力大小为根据。凡出征作战负伤三处以上的军官及受伤致残的兵丁，或曾效过大力，年届 50 岁以上不能操练的兵丁，均可申请离营并领取退休俸饷。

清同治三年（1864），太平天国农民起义被镇压后，清政府开始遣撤湘军、淮军、捻军官兵。遣撤原则为哪里来回哪里去，各还其籍，各归其业。遣撤方法由原带兵将领对被裁官兵进行遣撤教育，同时发给一定数量的资遣费，包括官兵在营时所积累的欠饷和军队发给回籍安家置产之用的“恩饷”，然后强行押送回籍。地方政府对官兵的遣撤事务予以配合，对官兵回籍后进行管理。

中日甲午战争后，清朝政府推行新政，改募兵制为征募制，编练北洋新军。清光绪三十年（1904），清廷颁发《新订营制饷章》《退伍兵暂行办法章程》《退伍兵应守规则》等法规，规定：军人服满三年常备役后，由各镇统制发给凭照和遣资，由官长带送回籍，交当地续备军官弁、地方官及原保人共同点验接收，注册入续备军。服续备役者平时各自谋生，每年十月须参加集中训练，必要时还要完成地方官所赋予的缉捕弹压等任务。服续备役期间，每人每月可领 1 两饷银，集中训练期间可领与常备军士兵相同的饷银。服满三年续备役者转入四年后备役。在服后备役期间，每两年须参加一个月的集中训练，平时每月领饷银五钱。四年满退为平民。同时，要求退伍兵丁爱惜自己军人的荣誉，“虽退归乡里，应与在队充当兵役相同”，“各兵在乡无论务农、治商以及各项职业，均宜勤慎耐劳，勿忘本份”，“国家有事之秋，一闻宣战诏旨，勿论力田在家或经商在外，必须函赴旧属部队投到为要”。

次年，清军开始办理常备役士兵退伍，部分充任巡警，部分自谋生路。地方政府和当地续备军官弁对其生产和生活适当给予照顾和约束。

辛亥革命后，新军官兵常规性退伍安置中途夭折。

中华民国初期，战乱不断，各派军力膨胀，政府和军队并未对军人退役之后的安置制定统一的制度和办法。陆军部对申请退役的官兵采取“著共给川资陆百二十六，速归乡里务农立业”的政策。

南京政府成立后，政府和军队开始重视军人的退伍安置，逐步制定统一的法规和办法。

1933 年 6 月，国民政府颁布兵役法，实行征兵制，凡年满十八岁到四十五岁之男子，均有服兵役之义务。兵役分为国民兵役、常备兵役两种，设师管区团管区掌理其事。

1936 年 7 月，军政部颁发《陆军士兵退伍归休实施细则》和《陆军征募及退伍归休费给予规则》，规定：军人服役满 3 年的为退伍，不满 3 年的为归休。对自愿返乡的复员军人由政府发给一次性的资遣费，并负责在返乡途中的交通费、伙食费、医药费等，直至送回原籍。对于返乡的复员军人，由政府及自治团体资助他们恢复原有职业，并在技术上和权利上给予一定协助和扶持，同时在该兵住所门首，置以铜质退伍兵标牌，以示优民。

次年，抗日战争全面爆发，兵员紧缺，政府号令征兵制与募兵制兼而行之，暂不办理退伍。

1939 年 7 月，省政府颁发《修正浙江省各县优待出征军人家属实施细则》，规定依法征集之壮丁，每人发给 30 元至 50 元安家费，壮丁安家费于壮丁在县集中验收时发半数，于接收部队验收时发清。

是年，域内发壮丁安家费每人 20~50 元，经费来源系殷富捐、庙会寺产祭费。

1942 年，壮丁安家费按每保出一丁 250 元标准筹发。

1943 年 1 月，国民政府农林部、军政部及地政署联合草拟《复员军士授田计划纲要草案》，对复员军人及其家属实施计口授田计划。授田方式分集体授田与个别授田两种。集体授田是将那些无固定恒产与无家室而具有耕种能力的退伍官兵分别编为屯垦队与垦殖队，派往西北边疆的屯垦区与垦殖区开垦土地。被派往西北边疆的屯垦队员由国家给予垦殖用具、种子、肥料、耕畜以及必需的粮食、生活用品等。其他地方的屯垦队员可向政府租赁所需的垦殖用具、种子与耕畜等。自开始收益之第六年起，向国家缴纳地租。个别授田，规定每一地主占有农地之最高限额，发行土地债券，强制征购地主之逾额土地，授予具有耕种能力的退伍官兵与伤残官兵及伤亡官兵家属。

同年 7 月，军政部函示：学生应征入营后学校应保留其学籍，待退伍或归休时仍准继续入学。

1944 年 5 月，国民政府颁行《战时陆军现役士兵退伍及除役停役暂行办法》，规定：陆军参战部队士兵家庭不在沦陷区域，服满现役并逾期一年以上者及服满现役成绩优良而家庭确有重要事故者，经部队长官核准，予以退伍。已满服役年龄者（45 岁）；身体畸形残废或有不治之病者；身体疾弱已无健复之望者，予以除役。身体疾病或作战受伤在短期内无健复之望者和被处徒刑在执行中者，予以停役。士兵退伍、除役、停役在每年 12 月进行。退伍、除役、停役士兵，发给两个月原响、主食费及归家旅膳费。各地县政府以各县新兵招待所作为退伍者归途中转住所，由各县政府依次保护递送。凡除役、停役士兵其家庭属于沦陷区域或无家可归，或不愿及不能归家者，按下列各款处理：伤病者送入医院，残废者依规定送入残废教养院，其能操工作及无正当职业者就附近工厂、矿场、垦牧场、驿运机关、慈善机构或修筑道路、飞机场主办机关负责派予工作或他处介绍工作。

1945 年 5 月，国民党六大制定 150 万名官兵集团复员安置计划，重申战后为伤亡将士及其家属实行授田决议，提出“复员之官兵，均属抗战有功之将士”“务使人人各安其业，各得其所，不使有一人失业”的口号。新昌县政府根据行政院和社会处关于工厂工人及商店店员从军优待办法，规定在工厂、商店服务之知识青年志愿从军后，恢复其原工厂、商店职位及应有权益。退伍时，如原服务工厂或商店停业的，由社会行政机关按各所业优先介绍其就业。

同年 10 月，县政府设立从军壮丁安家费保管委员会。壮丁安家费改由各县征集后上缴中央，再由中央下拨各县（市）。同时，成立童子军复员委员会新昌分会，吕楚汀任主席，委员由俞渭川、张良岳、章柏庭、韩荫桐等人组成。

是年，县政府奉转兵役部《从军青年退伍后参加考试优待办法》，规定：从军青年退伍后参加公职人员候选人考试和专门职业及技术人员考试，不受年龄规定限制，其军龄可并入应考资格所规定经历年资。参加检定考试时，其笔试科目给予免试。因战致残疾除其不能胜任工作之外，不应受考人体检规则所定不准应考之限制。退伍青年经考后其及格分数线（60 分）为满 55 分，残疾军人 50 分，在录取名额时与其他应考人同选及格标准者，退伍青年尽先录取。

1946 年 3 月，行政院设立复员官兵计划委员会，负责复员退伍军人、伤残官兵及其家属的安置工作，制定安置措施。对自愿返乡的复员军人，由政府发给一次性的资遣费，并负责在返乡途中的交通费、伙食费、医药费等，直至送回原籍。地方政府及自治团体资助他们恢复原业，并在技术上和权利上给予一定协助和扶持，同时给予荣誉待遇，以示优待。确定缩编部队官兵复员安置分二期实施。第一期安置方向为警官、交通管理、工厂管理、农林垦牧、土地测量、地方行政、金融财政税务、民众教员、劳动服务队督导员等。第二期为集团转业，分三年实施，安置方向是铁路修筑、公路修筑、水利工程建设、垦殖畜牧、矿山开采、水电工程建设及地方建设服务队。

6 月，国民政府成立“国防部东北屯垦总局筹备处”，拟定 300 万名官兵复员东北屯垦计划。

7 月，县政府设立青年军复员委员会，县长蒋琰兼任委员会主任，县参议会参议长吴朝福为副主任，县商会、农会、教育会理事长为委员。该会成立后，在县商会和南明、东溪两镇劝募经费 20 万元，开展欢迎青年军复员志愿兵活动。

8 月，省军管区设立杭州、衢州、鄞县（今宁波市鄞州区）陆军士兵复员站，负责办理复员士兵还乡中转给养、医疗等事宜。第一批由杭州站返回新昌的复员士兵 41 名，后陆续有复员士兵返乡回籍。

10 月，行政院颁布《荣誉军人职业保障办法》，指令荣誉军人退役后，由地方政府安排力所能及的职业，开办生产合作社安排荣誉军人职业。

11 月，县政府采取个人申报，乡镇军管会核查的方法开展复员退役军官调查。至年底，仅 4 个乡上报 21 人。

国民党全面发动国内战争后，军队规模不但没有压缩反而急速膨胀，官兵复员安置计划未得全面实施。

1947 年 1 月，域内复员军人俞逸民、吕骥、陈养吾、梁仲昆等 14 人发起筹组新昌县在乡军人消费合作社，以互助复员、转业军人改善生产生活为宗旨。

3 月，省政府转发国防部关于《安置抗战回籍无产无业无法生活官兵原则》，指令：一、各县（市）应就辖境内各机关团体工厂洽商安置名额，是项名额之计算以各县（市）出征壮丁人数为依据，不得少于百分之五。二、各县（市）乡保队附缺额及县（市）所属各机关队警员兵缺额仅先以复员士兵补充。三、县（市）工厂所应继续维持并尽量设法扩充俾复员士兵得有受业之所。四、县（市）境内荒山荒地应尽速统筹分区管理，收容复员士兵集体开发，并供应农具种子。五、筑塘、建路、造堤、架桥等工程，除技术人员外，应尽量以复员士兵参加工作。六、无产无业无法生活之复员士兵在未获工作前，应由县（市）政府切实予以救济，其救济经费得在县（市）优待经费内开支。

6月，省政府举办复员转业军官佐转任地方行政人员训练班，经考试、检核，根据个人意愿及特长，8名新昌籍复员军官被分派至政府机关任职。

7月，省政府发布《复员转业军官佐分发任用及候差经费发给办法》，指令：各主管机关应拟订安插计划，查考转业人员之籍贯、经历、志愿等，配备于适当地区及职位；转业警官人员较多分发不易的，应由警察总署查明各级警察机关不合格人员严格淘汰，以转业军官补充。警官学校本分校当年度原定招生名额应由复员军官转任；嗣后政府新设机构，新办事业，必须仅先任用复员转业人员。否则不准成立，不发给经费；各军垦所需人员应就转业军官派用。

11月，国防部、内政部发布《优礼复员退役军人办法》，指令：凡退役军人返回原籍时，县（市）出征军人家属优待委员会应负责发动所在地各机关、团体举行欢迎大会，以钦敬荣归。

12月，国防部发布《复员军官转业人员管理办法》，规定："转业人员三年以内如已就业而又因正当原因（如机构缩编或裁撤）失业者，得检具原机关失业原因之证件，报请所隶团管区司令部递转本部核发退役俸三年，三年以外即为久停除役，不发退役俸。"

是年，壮丁安家费发放标准为每人5万元，计发安家费176.17万元。

1948年1月，省政府发布《浙江省安置转业军官限期补实办法》，指令各政府机关如有出缺应仅先由转业军官递补；各县（市）常备自卫队队长副得应仅先由转业军官充任。

5月，省政府、省军管区司令部决定，调整新兵安家费标准：富裕县每一新兵筹发安家补助食米发16~20市石（每石150市斤）；贫瘠县每一新兵发5~10市石，补助食米以其十分之二发给新兵本人，其余发给家属。如无家属者，留作征属经常优待使用。

同时，县政府奉令成立新昌县退役（伍）军人就业辅导委员会，县长兼任委员会主任，县参议会参议长为副主任，县商会、农会、教育会理事长为委员，军事组指导员为总干事，第一科（民政）科长为副总干事。在乡由乡镇军管分会负责兼办。县退役（伍）军人就业辅导委员会负责调查登记及统计退役（伍）军人失业；介绍、指导、协助退役（伍）军人就业；协助或代为租田、耕田、耕地；举办小本贷款；创办合作社等生产事业；举办修路、造林、垦殖、渔牧、水利等公益事业。

是年，陆军退役除役回籍军官50人，士兵176人，均回乡务农。

1949年，国民政府农村部提出垦殖为复员、增产之急务，并在各省开办国营和集体农场，安置残废军人和退伍军人。县政府饬令各乡保发动退役军人参加农场垦殖，最终未见有人报名响应。

据查考县档案资料，自国民政府颁布兵役法后，新昌县政府既无返乡复员退伍官兵的完整统计数据，也无有效帮助复员退伍官兵解决生活出路的事迹。国民政府的复员退伍官兵安置政策、法令和措施多数未予落实。

第二节　新中国复员安置

新中国兵役制度规定，在1954年10月以前参加人民解放军的干部和战士，于1950年6月至1951年12月期间退出现役的，称复员军人；1952年1月至1954年12月期间退出现役的，称转业建设军人；1955年1月至1958年全国志愿兵大批复员工作基本结束期间退出现役的，称复员建设军人。1954年10月实行义务兵役制后，军队干部和志愿兵经批准复员的，也称复员军人；义务兵退出现役的，称退伍军人。

新中国成立后，为适应国家经济建设和国防建设的需要，中央人民革命军事委员会和政务院决定在人民解放军中进行复员工作。县、区、乡、村各级成立复员委员会，贯彻“原籍安置”“妥善安置，各得其所”的政策，实行“统一领导，分工负责”制，促使每个复员军人各得其所，有家有业，在各条战线上发挥骨干作用。

一、安置机构

1950年6月，根据中央军事委员会和政务院发布的《关于人民解放军1950年的复员工作的决定》，县成立复员委员会，县长王玉文兼任复员委员会主任，秘书潘景炎任副主任。区、乡、村各级成立复员委员会，区、乡、村长任主任。

1952年1月，根据省政府《关于加强回乡转业军人（复员军人）安置工作的通知》，县复员委员会更名为转业建设委员会，县长王玉文兼任主任，副县长张志新、秘书潘景炎任副主任。

1954年11月，因人事变动，调整县转业建设委员会组成人员，副县长张志新兼任主任，民政科长李长友兼任副主任。

1958年，复员转业军人接收安置工作基本结束。根据中央转业建设委员会的决定，县、区、乡各级转业建设委员会撤销，复员军人接收安置工作纳入民政日常工作。

二、接收安置

1950年6月开始，县、区、乡、村各级复员委员会，贯彻“原籍安置”“妥善安置，各得其所”的政策，实行“统一领导，分工负责”制，采取随时接收随时安置，边安置边检查，安置一批巩固一批，安置一人巩固一人的办法，依靠当地群众解决土地、住房、家具、农具等问题，按规定发放回乡复员军人生产补助粮。对因灾、病生活发生困难的，政府给予临时补助，促使每个复员军人安家立业，各得其所，在各个工作岗位和生产战线上发挥作用。

当年，接收的复员军人大部分回农村参加农业生产，少数原住城镇的，由劳动、人事部门安排就业。全县发放省拨回乡复员军人生产补助粮（主粮）7吨。

1951年，开始土地改革，全县预留机动土地494亩、公房816间、农具2122件、家具4085件，用于土改后回乡复员军人安置。

1953 年 1 月，中央转业建设委员会对复员建设军人的生产资助标准作出规定：（一）以人民币（旧币）40 万元为基数，解放战争后参军的，每一个月军龄加发 2 万元；抗战时期入伍的，每一个月军龄加发 4 万元；1937 年 7 月 6 日前入伍的，每一个月军龄加发 6 万元。（二）干部按级别递加，以战士发资助金为基准，按班（含五年以上军龄老战士）、排、连、营级以增发 0.5 倍递增。（三）对第一次立二等功以上的功臣增发资助金，自解放战争以后立功的，增发 24 万元，抗战时期立功的，增发 48 万元。

1954 年，人民解放军精简整编，大批军队干部转业到地方工作。5 月 8 日，中央人民革命军事委员会和政务院发出《关于处理军队干部转业建设的联合指示》，强调各级人民政府应把转业安置工作作为一项重要的政治任务和组织任务来完成。规定：军队转业干部主要是转作地方工作，为国家经济建设干部来源之一。对年龄过大、身体过弱而不适合转地方工作或因家庭确无劳动力需要本人回去照顾者可作复员回乡处理；对于长期为革命工作而基本上失去工作能力者，国家给予供养或者给以补助；对于伤病未愈须继续治疗或疗养者待治疗后再处理。

同年 10 月，国务院颁布《复员建设军人安置暂行办法》，规定：家在农村的以从事农业生产为主，家在城市的，如具有一定的工作能力或专门技术，劳动人事部门在分配、介绍员工时，应给予优先就业便利；如参军时原有一定社会职业，当地人民政府应尽可能帮助他们恢复原有职业；如参军时原是政府机关、团体、工矿企业的职工，原工作单位应予以吸收；如介绍或恢复原来职业确有困难时，应帮助他们从事其他生产。复员建设军人的安置工作必须在各级党、政统一领导下进行，县以上人民政府应加强转业建设委员会的组织机构，配备专职干部，管理日常业务。此项工作，平时由民政部门主管，同级的人民武装部门应积极予以协助。

1955 年 4 月，省人民委员会发布《关于妥善安置复员军人的通知》，指令各地认真贯彻“区乡为主，县、市、专署调剂的层层负责方针”。5 月 31 日，国务院颁布《关于安置复员建设军人工作的决议》，规定：各单位在调用干部、调配劳力和招收工人、学徒、职员、技术人员时，应把复员建设军人作为第一位录用对象。原由农村参军的复员建设军人，如无专门技术，仍然应当全部回到农村参加农业生产。既不能参加农业生产，又没有在其他方面就业条件的复员建设军人，民政部门应当在有关部门协助下，根据他们的条件和当地情况组织他们从事适当的生产。年老体弱、长期患病、丧失劳动力而又无人赡养的复员建设军人，应由民政部门送革命残废军人教养院或贫民生产教养院收容。带病还乡和患病需要治疗的复员建设军人，当地卫生部门应当优先予以治疗。伤口复发的复员建设军人，应当切实治疗。患有精神病需要治疗的复员建设军人，应当由当地卫生部门负责收容治疗，生活供应由民政部门负责。

同年 8 月 31 日，国务院发出《关于中国人民解放军退出现役干部就业的指示》，规定：凡身体健康，能坚持8小时工作，政治历史已经审查清楚的干部，不论文化水平高低均作转业处理，由各级人事部门接收分配工作。年老体弱不能坚持工作的或自愿回乡的均作复员处理，由各级民政部门给予妥善安置。分配转业干部的方向，主要是农业生产合作社办社干部和粮食、商业部门，其次是银行、铁道、交通、邮电、农林、水利、工矿、文教等部门。各部门、各地区对军队转业干部必须贯彻“热情欢迎、亲密团结、耐心培养、大胆使用”的方针。对转业干部采取公开或变相拒绝接收和采取歧视态度的单位或个人应提出批评，情节严重的应予以处分。

1956年1月，国务院发出《关于贯彻执行转业建设委员会、中国人民解放军总政治部〈关于1956年复员工作的指示〉的通知》，指令各地对复员建设军人安置工作认真地、普遍检查一次，对某些执行国务院决议好的单位和个人予以表扬和奖励。凡不执行国务院决议的任何单位和负责人，查明事实，予以纪律处分。对没有安置或安置不当的复员军人应当设法适当安置，要做到一个县之内每个复员军人都得到安置。否则，应追查县级领导责任。10月，省人民委员会批转省转业建设委员会和省民政厅《关于进一步检查优抚和复员军人安置工作的联合报告》，指示各级政府要高度重视复员安置工作，进行一次全面检查，加强对优抚和复员安置工作的领导。

是年，根据国家建设需要，介绍部分具有初中以上文化程度、技术专长的复员军人到省钢铁厂、省水利厅第六、第七测量大队和省工业厅、省文化厅、省卫生厅、省交通运输厅下属单位工作，及在县内邮电局、保险公司、木材公司等企事业单位工作，余均在农村安置。

1957年1月，县人民委员会通报表扬在安置复员建设军人工作中成绩显著的单位和个人。受表扬的单位：中国人民保险公司新昌分公司、新昌县邮电局、新昌县手工业品制造厂。受表扬的个人：孟家塘乡干部沈金才、永宁乡乡长张建发、城关镇干部金桂成、藕岸乡副乡长何雪芬、黄泽镇副镇长金根苗。

同年4月，省委、省人民委员会发出《关于认真做好安置复员军人的指示》，指令各级党政领导加强对复员军人的思想政治教育，认真帮助他们解决生产、生活困难，使他们安心农业生产，为建设社会主义新农村而努力。5月，省人民委员会在杭州召开县长参加的全省复员安置工作会议。6月，省民政厅通知：“凡作复员处理的人员，由民政部门与一般复员军人同样进行安置；作转业处理者由人事部门负责分配工作。”8月，省转业建设委员会、省民政厅发出《关于做好1957年复员军人归口包干安置的通知》，提出“从哪里来，回到哪里去”“归口包干、统一分配”的安置原则。县委、县人民委员会先后两次召开区乡长会议，传达贯彻上级指示，发出《关于认真做好安置复员军人的指示》，总结肯定全县98%以上的复员军人得到妥善安置，在各条战线上发挥积极作用，有800余人成为社会主义积极分子、各种模范和骨干分子。县委、县人民委员会要求各区乡领导，分工负责，认真、耐心地做好复员军人思想政治工作，教育他们认识面向农村安置的方向，发扬艰苦奋斗的优良传统，谦虚谨慎，遵纪守法；要十分关心复员军人的疾苦，认真检查落实优待劳动日制度，切实解决他们生产生活上的困难，务必做到妥善安置。

是年，接收安置部分复员军人到县搬运站、食品公司、商业局、手工业联社等单位工作，或复工复职，余均在农村安置。

1958年后，批量的复员军人接收安置工作基本结束。

1959年10月，宁波专署在大佛寺建办复员军人疗养院，潘雪千任院长，配有医师、炊事员，设病床30张，接收疗养对象为患严重慢性病，久治不愈，需较长时间疗养的带病回乡复员军人和残废军人。11月，首批入院疗养的复员军人13人。1965年4月，大佛寺疗养院撤销停办。

1964年6月，省民政厅、省财政厅下发《关于复员、退伍军人使用公房问题的复函》，明确“对家居农村，在土地改革以前入伍因而未分给房屋的复员军人，回乡后由当地政府分给他们的房子，均应承认其所有权”。

1969—1975年，陆续有复员干部回乡，全部安置在农村务农。

1973年3月，县革委会、县人武部根据总政治部通知，联合发出《关于换发复员、转业、退伍军人证明书的通知》，凡1950年6月8日至1971年9月复员、转业、退伍军人班以下人员证明书，统一换发新证。为保质、保量、按时完成换发新证工作，县内务局抽调人员与县人武部军务动员科成立县换发复员、转业、退伍军人证明书办公室，张玉山任办公室主任，朱南桥任办公室副主任，办公地点设在县人武部军务动员科。5月开始换发证，9月底基本完成。

1978年3月，国家实行义务兵与志愿兵相结合的兵役制度。

1980年，根据中共中央、国务院、中央军委批转总政治部、民政部、国家劳动总局《关于将1969年至1975年期间军队复员干部改办转业的请示报告》提出的“1969年至1975年7月期间这批军队复员干部中符合转业条件的，应当改办转业手续，恢复在部队时的工资级别，享受地方同等级别干部的工资待遇”的通知精神，对1969—1975年复员回乡的干部全部改办转业手续，安排到工矿企业、事业和其他部门工作。

1983年2月，国务院，中央军委颁布《中国人民解放军志愿兵退出现役安置暂行办法》，规定：“退出现役的志愿兵，原则上转业回原籍，由县（市）人民政府安置工作；本人申请复员回乡参加农业生产的，应予鼓励，除由部队按规定发给生产、生活等项补助费外，生产、生活有困难的，当地人民政府应协助解决。”

1984年，开始接收安置退役志愿兵工作，按照“用其所长，量才录用”的原则，实行“按系统分配任务包干安置”、退役志愿兵与退役义务兵分开安置的做法。

是年，接收的转业志愿兵，全部安排到企事业单位工作。

1998 年开始，转业志愿兵与退役义务兵合并同时安置。

1999 年 6 月 30 日，《中国人民解放军士兵服役条例》第二次修订发布，改志愿兵役制为士官兵役制，士官转业或复员由民政部门负责接收安置。

第三节　新中国退伍安置

义务兵退伍安置从 1958 年开始，实行“从哪里来，回哪里去”的政策。从农村入伍的，退伍后回原住地参加农业生产；从城市入伍的，回原单位复工复职或复学，原是待业的，由劳动部门给予安排工作。国家改革经济体制，开始建立社会主义市场经济后，县政府改革安置方式，逐步建立义务兵退伍安置补助金制度，实行包底安置与自谋职业相结合的方式安置，圆满完成年度退伍安置任务。

一、计划经济体制下的退伍安置

1955 年 7 月 30 日，《中华人民共和国兵役法》颁布施行，人民解放军由志愿兵役制改为义务兵役制。

1958 年，实行义务兵役制后入伍的义务兵开始退伍。5 月，国务院发布《关于处理义务兵退伍暂行规定》，指令各级民政部门在人民委员会领导下联系有关部门负责检查和处理有关义务兵退伍后的具体事宜，兵役部门负责义务兵退伍后的管理教育工作。义务兵退伍安置实行“从哪里来，回哪里去”的原则和“妥善安置，各得其所”的方针，入伍前家居农村或系城市郊区的农民，退伍后回原住地区参加农业生产；入伍时原是国家机关、人民团体、企业、事业等单位的正式职工或者工人，退伍后要求恢复工作的，原工作单位在两个月内安排他们的工作；在未安排好工作以前，原工作单位负责解决他们的生活问题；入伍时原是学校未毕业的学生，退伍后要求继续学习而本人又符合学习条件（年龄适当放宽）的，原学校在他们退伍后的下一学期开始时准予复学。入伍前家居城市，没有固定职业，或者原来的职业已不适合国家需要的，退伍后劳动部门予以就业登记，并在与一般群众同等条件下给予优先就业的便利，或者由当地人民委员会帮助他们参加农业生产或其他劳动生产。

是年，除抽调少数复员退伍军人到绍兴钢铁厂工作，县内复工复职、安排工作外，余均回原籍参加农业生产。

退伍军人回乡，各级政府及时开展走访慰问，召开座谈会、茶话会，欢迎退伍军人光荣回乡，向他们宣传党的安置政策，鼓励他们保持和发扬部队的优良传统，在农村社会主义建设中作出新的贡献。同时，社队在分工分业时给予照顾，优先安排退伍军人进社队企业工作。对生产生活中存在实际困难的退伍军人，通过国家、集体和群众三结合的办法帮助解决。

1965 年起，省民政厅、省计划委员会每年下拨木材计划指标，按市场批发价供应，帮助解决退伍军人住房困难。当年拨给新昌指标 30 立方米。至开始建立市场经济起，此项优惠政策取消。

1966 年起，县供销社、县民政局联合下拨计划指标，给每个退伍军人补助棉花 1.5 公斤；迫切需要购买棉花絮的退伍军人，凭公社证明，到区供销社购买 4 公斤棉花絮一条，帮助解决退伍军人生活困难。至开始建立市场经济后，此项优惠政策取消。

1968 年，除县内复工复职，城镇退伍军人安排工作外，选调部分农村籍退伍军人到安徽省公安系统工作，余均回农村安置。

1969 年 3 月，省革命委员会《关于做好 1969 年退伍军人安置工作的通知》中规定，凡退伍军人入伍前是临时工、合同工，原从事经常性工作的，可根据国家招工计划，重新安排为固定工；凡原从事季节性工作，属农业人口，应回农村参加农业生产；属非农业人口的，按照家居城市、从城市应征入伍的退伍军人安置原则办理；入伍前家居城镇的学生和社会青年，凡能去农村的，应动员、组织他们到农村参加劳动，如建设需要，可根据国家招工计划招收为工人。

1973 年 3 月，省革命委员会批转省生产指挥组《关于退伍军人接收、安置工作中有关问题的请示报告》，对接收、安置退伍军人工作中急待解决的政策性问题作明确规定：（一）入伍前是在职的常年性临时工、合同工，凡按国务院有关文件规定符合转正为固定工条件的，均由各地统一安排工作。（二）城镇青年到农村入伍的，退伍后，应由入伍地的社、队接收、安置。其安置经费和木材，可以按照城镇知识青年下乡插队标准办理。（三）个别没有经过县（市）征兵办公室办理入伍手续的退伍军人，应由入伍前户粮关系所在地接收，分别情况，给予安置。（四）在校入伍的中专学生，凡原是列入国家计划分配的，退伍后，可适当安排工作；不列入国家计划分配的，按普通中学学生入伍的同样对待，家住城镇的回城镇，家住农村的回农村。（五）入伍后，因家庭住址合法变迁，退伍时，要求到现在家庭所在地安置的，原则上应准予转迁安置。

1975 年，县革命委员会照顾安排 74 名带病回乡的农村退伍军人进合作商业、公社保健所、手工业社等县属集体所有制单位工作。

1979 年 11 月 17 日，县革命委员会成立复退军人安置办公室，由县革命委员会副主任杨光明担任办公室主任，人武部邓习斋和民政局严升见任副主任。

1980 年 1 月，县革命委员会调整县复退军人安置工作领导小组成员，俞辉华任组长，县人武部朱海荣、县民政局严升见任副组长。下设办公室于民政局，严升见兼任主任，胡维训、裘鼎茂兼任副主任。

复退军人安置工作贯彻国务院委托民政部召开的全国退伍军人和军队离退休干部安置工作会议精神，城镇退伍军人安置实行“按系统分配任务，包干安置”的办法，县政府向各行业系统分配退伍军人安置任务，由各行业系统所属企事业单位承担任务。同年 9 月，省政府批转《省退伍军人安置工作领导小组会议纪要》，将戳社户入伍的退伍战士也列入城镇安置对象，在县属集体单位予以安排。

是年，省民政厅通报表扬热心优抚、复员退伍安置工作先进单位和个人，拔茅公社受表扬。

1981 年 9 月 22 日，县人民政府调整县复退军人安置工作领导小组成员，副县长杨焕星任组长，县人武部朱海荣、县民政局严升见任副组长，严升见兼任办公室主任，鲁均祥兼任办公室副主任。

1983 年，根据民政部、公安部、劳动人事部、总参谋部、总政治部《关于城镇退伍义务兵安置工作几个问题试行意见的通知》规定，城镇退伍安置工作试行鼓励先进、鞭策后进、区别对待的原则。对在部队立功，获得大军区以上单位各种荣誉称号和超期服役的城镇退伍义务兵，在安置政策及客观条件许可的情况下，优先照顾本人志愿，妥善安排工作；对在部队犯罪被判刑（过失罪除外）和被开除军籍、除名或退伍后待分配期间犯罪被判刑的城镇退伍义务兵，不再作退伍安置而按社会待业人员处理。服役不满一年，中途退伍的，按社会待业人员处理；服役超过一年的，在优先安排服满现役的退伍义务兵后，酌情安置。待分配期间，于分配通知下达后，无正当理由，超过半年不报到的，一般不再作退伍义务兵分配工作，按社会待业人员对待。

1984 年，时逢县内国有企业、集体企业推行承包经营和企业兼并裁员的新情况。县政府按照省政府提出的对立二等以上战功和因战残废军人，不审查档案、不政审、不体检、不推诿的要求，对立二等功以上的退伍义务兵和家居农村的因战和因公致残的二等、三等残废军人，全部安排进企事业单位工作。

1985 年 4 月，县人武部、县民政局联合成立“新昌县军地两用人才介绍所”， 办公室设在民政局，人员由县人武部、县民政局抽调组成。主要任务：结合复退安置工作，对复退军人中的两用人才进行登记，传递用人信息，及时向用人单位推荐，承办日常流通工作。

同年 8 月 17 日，县复退军人安置工作领导小组改为县退伍军人和军队离退休干部安置工作领导小组，毛田华任组长，俞丁江、陈六才、吕青山任副组长，下设办公室于民政局。领导小组成员有民政、计经委、公安、财政、人事、劳动、城建、物资、卫生、粮食等部门负责人。之后，县退伍军人和军队离退休干部安置工作领导小组成员随政府换届、人事调动而变动。

1988 年，国务院办公厅、中央军委办公厅规定征兵时间由 10 月、11 月改为次年 3、4 月。老兵退伍时间，亦作相应改变。

1989 年 10 月，为保障义务兵退伍后晚年生活老有所养，促进国防建设和经济建设。县政府决定建立新昌县退伍军人福利基金会总会，副县长钱福全兼任总会会长，俞丁江、吕青山、吕金旺担任总会副会长。总会下设办公室于民政局，董翰臣兼任办公室主任，孟青松兼任副主任。县政府批转《新昌县退伍军人福利基金会章程》（以下简称《章程》），要求各区公所、乡镇政府认真贯彻执行。按照《章程》规定：县设总会，负责集中管理会员基金；向分会下拨会员福利金；管理本会档案、表册等。乡镇设分会，负责会员基金的筹集；向会员发放福利金；审报会员的入会、退会等。会员入会、退会实行自愿原则，均需本人申请，分会审核，总会批准。会员入会基金为500元。基金分本金和非本金。本金来源由现役义务兵一次性缴入 300 元（从翌年优待款中提缴）。非本金来源由乡镇在兵役义务费余额中补助 100 元，乡镇预算外资金补助 50 元，县财政补助 50 元。会员在入会后第 35 年开始享受福利金：服役三年、四年、五年的分别为每月 210 元、215 元、220 元。会员在部队立三等功、二等功、一等功及获全军荣誉称号的，每月增福利金 5 元、10 元、15 元、20 元。

1990 年 5 月，县退伍军人福利基金会总会在回山乡召开退伍军人福利基金会会员发证大会。是年，全县有 32 个乡镇多名现役和退役军人加入福利基金会。之后，因财政体制和银行利率变化等原因，基金会停止吸收会员，并开始清理退会善后。

是年，省政府、省军区通报表彰全省征兵和退伍安置工作先进单位和先进个人，新昌县为退伍安置工作先进县，县民政局干部潘永法为先进个人。

二、市场经济体制下的退伍安置

1991 年，县内开始国有企业和集体企业产权制度改革、劳动用工制度改革和机关事业单位机构改革，“按系统分配任务，包干安置”办法面临很大冲击，城镇安置成为退伍安置工作的难点。为适应市场经济新形势，县政府开始探索退伍安置新办法，制定《新昌县退伍义务兵安置实施办法》，下发《关于做好 1991 年冬季退伍安置工作的通知》，规定“城镇安置对象一般分配到全民所有制单位工作，因工作需要安排到县属大集体单位工作的，保留其全民固定工身份”。退伍安置采取“供需见面，双向选择，市场调节，保底安置”的方式，做到安置任务如期完成，安置对象、用人单位和安置部门三满意。

1992 年 10 月，省政府、省军区通报表彰 1991 年度全省征兵和退伍安置工作先进单位和先进个人，新昌县为退伍安置工作先进县。绍兴市政府、军分区通报表彰退伍安置工作先进单位和先进个人，县工业局、拔茅镇和回山区人武干部潘春耕受表彰。

1993 年，贯彻国务院《关于退伍义务兵安置工作随用工单位改革实行劳动合同制的通知》，对分配到实行全员劳动合同制企事业单位的，实行全员劳动合同制，与用工单位签订无固定期限合同。在合同期内，用工单位不得随意辞退。对分配到尚未实行全员劳动合同制企事业单位的，仍按原规定执行。

是年，新昌被省政府、省军区通报表彰为退伍安置工作先进单位，新昌皮革厂厂长潘小祥被省民政厅、省军区政治部评为开发使用退伍军人两用人才先进个人。

1994 年，城镇安置对象 41 名，保质保量完成安置任务。县交通局和拔茅镇政府被绍兴市政府、军分区通报表彰为退伍安置工作先进单位。

1995 年，省政府、省军区通报表彰全省征兵和退伍安置工作先进单位和先进个人，潘永法受表彰。县二轻工业总公司、大明市镇和大明市镇政府民政干部高洪芬、拔茅镇政府民政干部朱唐仁受到绍兴市政府、军分区通报表彰。

1997 年，县民政局被省政府、省军区授予退伍安置工作先进集体。县工业总公司张林阳、二轻工业总公司陈美英被绍兴市政府、军分区通报表彰。

1998 年 5 月，县政府印发《关于对城镇退伍安置任务实行有偿转移的通知》，城镇安置采取以指令性安置为主，双向选择为辅，同时实行城镇安置对象有偿转移的新举措。规定完成城镇安置任务有困难的部门和单位，在下达安置任务一个月内提出书面申请，经安置部门核实，县退伍安置工作领导小组批准，可以有偿转移安置任务。县设立安置保险基金，有偿转移安置费列入县安置保险基金。

同年 12 月，县政府印发《关于做好退伍安置和就业工作的意见》，指示：一、凡经县退伍安置领导小组下达的城镇退伍军人安置任务，各部门和单位（包括县境内的省属以上单位）必须接收安置，不得拒收或变相拒收。二、分配到企业单位的退伍军人，用人单位原则上与安置对象签订无固定期限合同；如退伍军人自愿签订有期限合同，则应当允许，在合同期内，不得随意辞退。对已签订有期限劳动合同的，合同期满，按前款规定续订劳动合同，不得以合同期满辞退。三、对当年分配的退伍军人，用人单位必须在一个月内安排上岗。对迟迟不予落实的，由单位补发从开具安置介绍信至上岗时的工资。对拒绝支付安置对象工资和有偿转移安置费的，由安置部门报请县退伍安置领导小组批准后通知银行从该单位的账户中直接划拨应付款项。对拒绝接收退伍军人安置任务的单位，劳动人事部门停止该单位的人员调动和招工计划，直至安置任务落实为主。四、凡属革命伤残军人，原则上不安排下岗、不易地安置（即不重新调换工作单位），在岗伤残军人所在单位必须按规定保障医疗及工资。对已经下岗的伤残军人，劳动部门应督促所在单位再就业服务机构优先安排再就业。在没有就业前，由所在单位在享受下岗失业工人的失业救济金的同时，按同等级在乡革命伤残军人抚恤金标准每年给予一次性救济。五、股份制企业不能因在职退伍军人持股额的多少决定下岗条件。对自谋职业的下岗、失业退伍军人，有关部门要按政策规定给予税费方面的优惠照顾。

是年，城镇安置对象中有 1 名志愿兵选择自谋职业安置，获发安置费。县民政局局长张长才被省政府、省军区通报表彰为退伍安置工作先进个人。

1999 年 5 月，省政府发布《关于进一步做好优抚安置工作的通知》，规定“从 1999 年起，对省、部属重点管理单位的安置指标，由省统一分配”。县政府修订完善城镇安置任务有偿转移实施办法，城镇安置采取指令性安置和指导性安置相结合，有偿安置与自谋职业相结合的方式。

是年，城镇安置对象选择自谋职业安置人数有所增加。县商业总公司、县二轻工业总公司、拔茅镇政府被省政府、省军区通报表彰为退伍安置工作先进单位。

2000年1月，省政府办公厅下发《关于城镇退伍军人安置期间发给生活补助费的通知》，规定退伍军人待安置的期限：退伍义务兵，从部队批准退伍的下月起到政府安置部门开出安置通知书规定的报到时间的上月止；转业志愿兵，从规定地方接收的当月起到政府安置部门开出安置通知书明确报到时间的上月。退伍军人离开部队后，因本人原因超过报到通知规定的时间到地方安置部门报到的，在取消安置资格的同时，不再发给生活补助费。对政府安置部门已给予安置，在规定期限内未到政府安置部门办理有关报到手续的，或政府安置部门已开出安置通知书，在规定期限内未去接收单位报到的，从当月起停发生活补助费。发放生活补助费由当地人民政府负责解决，列入财政预算。生活补助费的发放，有条件的可按月实施，没有条件的可在退伍安置部门开出安置通知书之日，一并一次性发给。不足半月的按半月计发，超过半月不足一月的按一月计发。因接收单位原因，安置通知书开出后无法上岗的，由接收单位从安置通知书开出之月起，按单位职工平均工资标准发给安置对象生活补助费，直至上岗工作。城镇退伍军人安置期间发给生活补助费的具体标准，按不低于当地城镇居民最低生活保障线原则，由当地人民政府自行确定。

是年，城镇安置对象是对越自卫反击战后安置人数最多的一年。县政府依据《中华人民共和国兵役法》规定的“个人自主择业、市场调节就业、政府促进就业”的方针和省委、省政府提出的向市场拓展，向非国有经济单位分配，扶持退伍士兵自谋职业的指示，制定《新昌县城镇退伍安置暂行办法》，采取指令性安置与自谋职业相结合，均衡承担与经济补偿相结合的办法，对因战、因公致残的二等、三等革命残废军人、立二等功以上和大军区以上授予荣誉称号的退伍士兵、服役满10年的转业士官，原则上实行包底安置，由县政府下达指令性任务落实工作单位。同时，配套实行安置金制度，对自谋职业的采取经济安置，根据其服役年限给予一次性安置金。对农村入伍的城镇安置对象自谋职业者，保留其城镇户口；对从事个体私营经济或兴办企业的，给予政策优惠。当年，城镇安置对象自谋职业率为63%，城镇退伍安置工作开始走向以自谋职业为主的新格局。县财政局、拔茅镇、万丰奥特集团被绍兴市政府、军分区通报表彰为退伍安置工作先进单位。

2001年，县政府根据全省城镇退伍安置工作会议确定的“到2002年全省基本实现以自谋职业为主的安置新格局”要求，印发《关于认真做好2000年冬季退役士兵安置工作的通知》，规定城镇安置对象自谋职业的，在享受《新昌县城镇退伍安置暂行办法》有关规定外，按照国有企业下岗职工的待遇享受有关税收优惠，免交职业介绍费和招工服务费，申办个体工商户或私营企业的3年内免交管理费，免征3年营业税和所得税，免费进劳动力市场择业，鼓励退役士兵自谋职业。

是年，城镇安置对象选择自谋职业安置的占77%。县民政局副局长赵桂山被省政府、省军区通报表彰为退伍安置工作先进个人。

2002年7月20日，县政府办公室印发《关于做好革命伤残军人生活保障工作的通知》，规定用人单位不得因伤残军人身体伤残而安排下岗失业。因破产、改制等原因致革命伤残军人失业，未重新上岗的，原单位有生产任务的，由原单位重新安排上岗；原单位因破产、歇业无法安置的，由原单位的主管部门在本系统予以安置；本系统安置确有困难的，可在劳动力市场优先推荐上岗。

是年，通过集中培训和个别座谈，宣传引导等措施，促使退役士兵认清就业形势，转变择业观念，实现城镇待业入伍的退伍士兵100%自谋职业，城镇退伍安置对象自谋职业率为96.7%。县民政局被评为全市退伍安置工作先进集体。

2005年起，农村退伍安置对象实行安置补助制度，补助标准为上年农村人均收入的50%加上每1年军龄增发1000元。

2007年，县政府办公室印发《关于进一步落实部分复员退伍军人有关政策问题的意见》，鼓励企业接收安置退伍军人，对安排残疾军人和参战立功退伍军人就业的公有制企业给予经济补助。

是年，城镇入伍退役士兵全部选择自谋职业。

2008年，县民政局梁晓东被省政府、省军区通报表彰为退伍安置工作先进个人。

2009年3月，县人武部、县民政局、县劳动局联合成立复退军人职业技术培训中心，制定复退军人岗前培训优惠政策，复退军人2年内参加政府组织的职业技术培训1次，给予补助培训经费500元，学习驾驶技术的给予补助1000元。同时与县职业技术学校订立双向培训协议，通过开办短期技术培训班的形式，每年免费培训100名退伍军人。

是年，县民政局王悦新被省政府、省军区通报表彰为退伍安置工作先进个人。

2010年，举办退役士兵技能培训班15期。民政、劳动部门通过举办退役士兵就业专场招聘会、推荐就业的方式，帮助下岗、伤残、自谋职业退伍军人重新落实就业岗位；政府部门推出公益性工勤岗位，采用民主推荐和抽签方式，安置城镇退伍军人。县民政局吕如燕被省政府、省军区通报表彰为退伍安置工作先进个人。

2011年11月1日起，执行《退役士兵安置条例》，退役士兵安置实行以扶持就业为主，自主择业、安排工作、退休、供养等多种方式相结合的安置制度。退役士兵符合下列条件之一的，由政府安排工作：一、士官服现役满12年的；二、服现役期间平时荣获二等功以上奖励或者战时荣获三等功以上奖励的；三、因战致残被评定为5级至8级残疾等级的；四、是烈士子女的。义务兵和服役不满12年的士官退出现役的，由政府扶持自主就业。对自主就业的退役士兵，由部队发给一次性退役金，地方政府根据当地实际情况给予经济补助。县政府规定：自主就业的退役义务兵一次性经济补助标准，按部队规定退出现役时间的上年度新昌县城镇常住居民人均可支配收入的50%发放。服役不满12年的退役士官的一次性经济补助标准，在义务兵补助标准的基础上每多服役1年增发10%；符合政府安排工作条件，但本人选择自主就业的，自主就业一次性经济补助标准，以部队规定退出现役时间的上年度新昌县城镇常住居民人均可支配收入的2倍为基础，每服役1年增发3000元。

是年，城镇安置对象全部选择自主就业。举办退役士兵就业专场招聘会1场，多人与招聘单位签订劳动合同。

2012年，为保证安置工作的公开、公正、公平，县委办、县政府办印发《新昌县符合政府安排工作条件退役士兵安置实施办法》，规定退役士兵安置由县民政局、县监察局、县人力社保局、县编制办、县财政局共同组织实施，采取统一理论考试，集中档案考核，按照成绩排名先后，由退役士兵择岗就业的办法进行，分别安排到事业编制岗位和国有独资企业或国有控股企业工作。

2013年，县民政、劳动部门举办退役士兵技能培训班、退役士兵就业专场招聘会，退役士兵通过技能考试获得证书，25家企业推出就业岗位530个，多人达成就业意向。

2014年，开展退役士兵职业技能教育培训和报考高等职业学校，1名退役士兵被高等职业学校录取。政府部门推出公益性岗位30个，帮助部分复退军人实现再就业。

2017年1月，经公告、报名、审核、抽签择岗，安排部分复退军人重新上岗就业。

第四节　离退休人员安置

新中国成立初期，国家对在战争中负伤致残或积劳成疾的老、弱、病、残军队干部，采取由军队干部休养团留养、发给生产资助金复员回乡、由荣军教养院供养等办法进行安置。

1954年12月，内务部、财政部、总政治部、总干部部发出《关于军队供养人员移交地方安置的联合通知》，规定少数第二次国内革命战争和抗日战争时期入伍的属于无家可归、生活确实无保障的排以上干部，长期从事革命工作、年老体弱已基本丧失工作能力不能在部队继续服务也不能转业地方工作或复员回乡参加生产的军队供养人员移交地方政府民政部门由国家供养。

1955年8月，国务院发布《关于中国人民解放军退出现役干部就业的指示》，规定凡年老体弱不能坚持工作的或自愿回乡的均作回乡处理，由各级民政部门按复员建设军人给予妥善安置。

1958年7月，国务院发布《关于现役军官退休处理的暂行规定》，明确规定现役军官退休的待遇：在第二次国内革命战争时期入伍的，发给本人原薪金的全部；在抗日战争时期入伍的，大尉及以上军官发给本人原薪金的90%，上尉及以下军官发给本人原薪金的75%；在第三次国内革命战争时期入伍的，发给本人原薪金的65%；在中华人民共和国成立以后入伍的，曾经参加抗美援朝战争的，发给本人原薪金的55%；没有参加抗美援朝的，发给本人原薪金的 40%；因公负伤身体残疾退休、饮食起居需要人扶助的，发给本人原薪金的 80%；饮食起居不需要人扶助的，发给本人原薪金的 65%；对建军、作战有特殊贡献的退休军官，可以酌情提高其生活费，但提高部分不得超过本人原薪金的 15%，提高结果不得超过本人原薪金的 100%；退休军官在退休以前服满现役 15 年以上的，生活费发至本人去世的时候为止；退休军官在退休以前服现役不满 15 年的，如果在退休以后健康状况好转或者恢复正常，主管机关可以根据情况减发或者停发其生活费，当地人民委员会应当安排他们参加适当的劳动或者工作。退休军官凭退休证明书按月向所在县、市人民委员会民政部门领取生活费。

1964 年，新昌开始接收安置军队退休干部。

1966 年 3 月，国务院发出《关于修改军队退休干部生活费标准的通知》，规定自 4 月 1 日起，在第二次国内革命战争时期入伍的，发给本人原工资的全部；在抗日战争时期入伍的，发给本人原工资的 90%（在 1943 年以后入伍，现为行政 19 级以下的干部，符合“暂行规定”第三条第三项的，其生活费加上提高部分，不得超过本人原工资的 95%）；在第三次国内革命战争时期入伍的，发给本人原工资的 75%；在中华人民共和国成立以后入伍的，工作年限不满 10 年的，发给本人原工资的 50%；满 10 年不满 15 年的，发给本人原工资的 60%；满 15 年以上的，发给本人原工资的 70%。

“文化大革命”期间，军队退休干部的接收安置工作停顿。

1975 年 8 月，国务院、中央军委颁发《关于军队干部退出现役暂行办法》，对退休军队干部生活费作了部分修改，规定：在第三次国内革命战争时期入伍的，发给本人原薪金的 80%；在中华人民共和国成立以后入伍的，工作年限不满 10 年的，发给本人原薪金的 60%；满 10 年不满 15 年的，发给本人原薪金的 70%；满 15 年以上的，发给本人原薪金的 75%。其他各项和安家补助费，仍按原规定执行。并规定退休干部原则上回本人或配偶原籍省、市、自治区安置。如有特殊情况，可到配偶的父母工作地区安置。退休干部需要修建住房的，由当地革命委员会负责修建，经费由军队解决。

1978 年 5 月，省革命委员会发布《关于做好军队退休干部接收安置工作的通知》，规定军队退休干部原籍浙江省的，由原籍县、市接收安置；原籍安置确有困难的，可由爱人现在居住的县、市接收安置；退休干部原籍不是浙江，但爱人是浙江人，现在又在浙江居住的，或退休干部从小在浙江长大又在浙江参军，其父母或爱人现在又居住在浙江的，可由爱人或父母所在县、市接收安置；退休干部和爱人双方原籍都不是浙江的，原则上浙江不予接收。团级以上的退休干部，须经省委组织部批准后方可接收；营级以下的退休干部，由县、市民政部门接收安置。退休干部原籍有房屋的，应用原屋居住；原住房有困难或者无房屋的，由当地县、市房管部门在现有公房中优先安排。退休干部的退休费、丧葬补助费、亲属抚恤费等，统一由县、市民政部门支付。当年的退休费由军队一次拨给安置地的县、市民政部门，从第二年起由民政部门列入预算支付。

1981 年，贯彻国务院、中央军委颁发的《关于军队干部退休的暂行规定》，县建立军队离休、退休干部安置工作领导小组，领导小组下设办公室于民政局。

是年，县政府根据中共中央办公厅、国务院办公厅、中央军委办公厅《转发关于解决 1981 年前军队移交政府安置的军队离休干部待遇问题的请示的通知》精神，批准原由县老干部局管理的军队退休干部张汉良改为离休安置。

1982 年 1 月，国务院、中央军委发布《关于军队干部离职休养的暂行规定》，规定凡年高体弱不能坚持正常工作的 1937 年 7 月 6 日以前入伍（含参加革命工作）的干部，1945 年 9 月 2 日以前入伍的团职干部或行政 18 级以上干部以及与其职、级相当的干部，1949 年 9 月 30 日以前入伍的师职干部或行政 14 级以上干部以及与其职、级相当的干部，均可离休。具备上述条件的军队干部，离休的年龄为：师职以下干部年满 55 周岁、军职干部年满 60 周岁、兵团职和大军区职干部年满 65 周岁身体不能坚持正常工作者，可提前离休；因工作需要，身体又能坚持正常工作的，可推迟离休。已离队的退休干部，符合离休条件的，由地方组织人事部门负责改办离休。2 月，原由县委老干部局管理的军队离休干部张汉良改由县委组织部管理。

同年 8 月，民政部、劳动人事部、总参谋部、总后勤部发布《关于做好军队编内和编外职工退休、退职工作的通知》，规定军队队列单位和事业单位无军籍的编内和编外的固定职工退休、退职后，由各地民政部门管理

1983 年 5 月，省民政厅、省公安厅、省粮食厅、省人事局、省劳动局发出《关于军队退休干部随迁家属调动工作等问题的通知》，规定异地安置的军队退休干部，其配偶、未成年的和转业的子女、干部退休前经批准随军供养的其他亲属可随同前往。异地安置后身边无子女照顾的，可准调一个已工作的子女随迁（包括随迁子女的配偶及其未成年的子女）。异地安置军队退休干部，其配偶和随迁子女是工人或在职干部的，分别由安置地的劳动或人事部门负责安排。

8 月，县政府根据中共中央办公厅、国务院办公厅、中央军委办公厅《转发关于解决 1981 年前军队移交政府安置的军队离休干部待遇问题的请示的通知》精神，批准原由县老干部局管理的军队退休干部董秋江改为离休安置。

军队离休退休干部安置管理，主要是组织他们参加县内重大政治活动，每年给他们订阅报纸杂志，专门安排办公室，为他们开展组织活动创造便利条件，每逢八一、春节进行慰问。生活上做好服务，全面落实住房、医疗保障待遇，帮助解决家属就业困难；每年组织 1 次户外活动和健康检查，使他们幸福快乐，安度晚年。

1985 年，省民政厅下达县民政局军队离休、退休干部安置管理事业编制工作人员 1 名。

1987 年，根据杭州军分区纪委复议和政治部决定，原作复员处理的军队干部王燕德改办为军队退休干部安置。

1987 年、1988 年，省民政厅、市军队离休退休干部安置工作领导小组办公室通报

表彰军队离休退休干部服务管理工作先进单位和个人，军队退休干部黄焕仁受表彰。

1992 年 6 月，省委组织部、省老干部局、省民政厅、省人事厅、省财政厅、省军区政治部、后勤部转发中央组织部等五部《关于贯彻中办发〔1991〕11 号文件解决 1981 年以前军队移交政府安置的离休干部待遇的实施办法》，规定调整待遇的对象是 1981 年年底前由军队批准退休移交政府安置管理的原军队干部及 1982 年以后按国务院、中央军委 1982 年 16 号文件规定改办离休的原军队干部。从 1991 年 9 月 1 日起，这部分离休干部各项生活待遇按军队离休干部的标准执行。解决这部分离休干部生活待遇和住房困难所需经费和从 1993 年 1 月起发付的荣誉金，由地方财政开支。

同月，省民政厅和省军区政治部、后勤部转发民政部安置司、总政治部干部部《关于移交政府安置管理的军队离退休干部生活待遇上几个问题的通知》，具体规定调整军队离退休干部生活有关待遇的经费标准。

根据上述文件规定，县政府批准张汉良、董秋江两人享受军队离休干部待遇，自 1991 年 1 月起增发交通费、公勤费、服装费、荣誉金等项补贴。

同年 12 月，省民政厅、省公安厅、省财政厅、省人事厅、省卫生厅和省军区政治部、后勤部转发民政部等发布《关于军队干部退休安置中几个问题的通知》，规定军队退休干部可就地安置，也可回本人原籍、入伍地、配偶原籍、子女或父母居住地安置。退休待遇为军龄 10 年及其以下的退休干部退休生活费按本人原薪金（工资）的 75%计发；军龄 10 年以上者，从第 11 年起，每增加 1 年军龄，增发本人原薪金的 1%，但总额不得超过本人原薪金。

1995 年建军节前夕，军队离休干部张克纳在绍兴市群英会上被授予独立功勋荣誉章。8 月 15 日，县委、县政府召开纪念抗日战争胜利 50 周年大会，向全县曾为国家独立、民族解放作出贡献的抗日战争时期及抗日战争以前参加革命工作的健在的 101 名离休干部授予抗日战争胜利 50 周年纪念章。

1996 年 8 月，贯彻总政治部《关于制发中国人民解放军离休干部荣誉证的通知》，给军队离休干部颁发荣誉证。

1999 年，改革军队离休退休干部住房制度，经测算评定，将两套军队离休退休干部安置房出售给两位军队离休退休干部。

2000 年，章山海被评为绍兴市先进军队离退休干部。

2004 年，中共中央办公厅、国务院办公厅、中央军委办公厅印发《关于进一步做好军队离休退休干部移交政府安置管理工作的意见》，指示军队离休退休干部安置管理工作要确保军休干部政治待遇和生活待遇（简称两个待遇）的落实。政治待遇主要包括阅读文件，听报告，参加重大庆典和重大政治活动等；生活待遇包括及时落实住房、医疗待遇，及时兑现离休费、交通费、公勤费及各项规定的补贴、津贴等，做到不拖、不欠、不错。

2005 年，接收安置军队无军籍退休职工 1 名。

2008 年,市军队离休退休干部安置工作领导小组办公室通报表彰军队离休退休干部服务管理工作先进单位和先进军队离休退休干部，军队退休干部黄焕仁受表彰。

2011 年 6 月，县设立军队离退休干部管理所，负责日常管理工作。主要任务是贯彻党、国家和军队关于离休退休干部工作的方针、政策和法规制度，做好离休退休干部的服务保障和教育管理工作，努力为离休退休干部安度晚年创造良好的环境和条件，保障他们的晚年生活。

第七章　救灾扶贫

新昌境域，干旱、洪涝、台风等自然灾害多发，直接影响灾民的生产生活。历史上，政府虽重农贵粟、以置仓储粮、兴修水利、捕灭蝗蝻等办法防灾减灾，用蠲缓赋税、开仓赈粮、煮粥散济等办法救灾。然而，由于生产力水平和社会制度等原因，每遇灾荒，政府救灾之举似杯水车薪，无力解救灾民于水火。

新中国成立后，党和政府以人为本，为民解困，实行政府统一领导，民政部门组织实施，有关部门密切配合的救灾扶贫工作管理体制，贯彻“依靠群众，依靠集体，生产自救，互助互济，辅之以国家必要的救济与扶持”的救灾工作方针，卓有成效地开展防灾、抗灾、救灾和扶贫工作，帮助灾民恢复生产重建家园，扶持贫困山区和革命老区人民摆脱贫困，共享社会主义建设成果。

第一节　古今荒政

灾荒救济，古称荒政，是指遭遇灾荒时政府采取的救灾政策和措施。

古之荒政，发端于殷商时期的巫术救灾。至西周，始现仓储、赈济、减免租税等荒政雏形。之后，历朝传承发展。中华民国成立后，初步形成近代救灾制度。新中国成立后，逐步建立和完善集防灾、抗灾、减灾和救灾为一体的工作体制。

一、清朝以前荒政

殷商时期，生产力水平低下，人们敬畏天神，祭天求雨为巫术救灾的主要方式。

西周，荒政初具雏形。据《周礼·地官·司徒》记载，地官司徒职掌荒政，行十二法，即“散利”（贷种）、“薄征”（轻租税）、“缓刑”（宽释刑罚）、“驰力”（息徭役）、“舍禁”（准许百姓狩猎、开采）、“去几”（减免租税）、“眚礼”（灾礼）、“杀哀”（省凶礼）、“蕃乐”（禁歌舞作乐）、“多昏”（鼓励结婚生育，繁殖人口）、“索鬼神”（求神问鬼，祈祷降福）、“除盗贼”。

此外，有仓储、调粟、平粜、除蝗螟的救灾措施。《周礼·地官·司徒》记载，“遗人掌邦之委积，以待施惠”，“仓人掌粟之入藏，辨九谷之物，以待邦用”。“大荒大札，则令邦国移民通财”。“若食不能人二鬴，则令邦移民就谷”。“司稼掌巡邦野之稼”，“以年之上下出敛法掌均万民之食”。以年之上下出敛粮谷，出则减价粜，敛则增价籴。《周礼·秋官·司寇》记载，“庶氏掌除毒蛊”，“翦氏掌蠹物”。

春秋战国，每遇灾歉，多行赈济、平粜、移民就粟、工赈、施粥等诸举。据《晏子春秋》记载，齐景公时（前547—前490），霖雨十有七日，百姓冻寒短食，晏子请景公开仓赈饥，用粟九十七万钟，受赈七千家。又载：“齐景公时，饥。晏子请为民发粟，公不许，当为路寝之台，晏子令吏重其赁，远其兆，徐其日，而不趣。三年台成，而民赈。故上悦乎游，民足乎食。”周威烈王四年（前422），李悝为魏相，行“平籴法”，把丰歉年各分大、中、下三等。大丰之年，官府籴入粮食四分之三，留四分之一；中丰之年，籴入三分之二，留三分之一；下熟之年，则籴入二分之一，留二分之一。遇歉年，官府粜粮，大饥之年，全部卖出，以赈饥民平市价。周显王三十二年（前337），河内（黄河以北）夏旱，秋无禾，令移民于河东（今山西）就食。翌年，河东大凶，移民河内就食，而移粟于河东。

秦朝，立常太平仓，创输粟纳官制。《太平御览》载：“秦始皇四年七月，立常太平仓，丰则籴，歉则粜，以利民也”；《资治通鉴》载：（四年）“十月庚寅蝗、疫，令百姓纳粟千石，拜爵一级”。临灾遇荒，地方官须遣差飞报，由君王遣使赈济或令郡县长官自理赈济。

两汉时期，救灾举措已较全面。《汉书·食货志》载：“文帝从晁错之言，令人入粟输边，六百石爵上造，四千石为五大夫，万二千石为大庶长。”汉景帝中元三年（前147），夏旱，禁酤酒。汉昭帝始元二年（前85）八月，诏曰：“经年灾害多，今年蠹麦多，所赈贷种，食勿收责。”汉宣帝本始三年（前71），大旱。郡国伤旱甚者，民毋出租赋。《西汉会要》载，汉元帝初元元年（前48）元月，关东十一郡国大水，齐地人相食。“诏吏虚仓廪、开府库赈救，赈寒者衣。”《汉书·食货志》载：“平帝元始二年，郡国大旱，蝗虫蔽日，饥民流亡。遣使者捕蝗，民捕蝗诣史，以石斗受钱。”“号安汉公、四辅、三公、卿大夫献其宅田，以口赋贫民，给民疾者施医，赐死者以葬钱，起官寺市里以安民，至徒所者赈田宅什器，假与犁、牛、种、食。”汉和帝永元十五年（103）闰月乙未，诏流民欲还归本而无食者，过所食廪之，疾病加致医药；其不欲归还者，勿强。《后汉书·献帝本纪》载，兴平元年（194）七月，“三辅大旱，自四月至于是月。帝避正殿请雨，遣使者原轻系。是时谷一斛五十万，豆麦一斛二十万，人相食啖，白骨委积。帝使侍御史侯汶出太仓米豆，为饥人作糜粥。”

三国两晋南北朝，每遇凶年，多行开廪赈济，蠲免逋租悬调。据《三国会要》记载，魏文帝黄初三年（222）七月，冀州大蝗，民饥，使尚书杜畿持节开仓廪以赈之。黄初五年（224）冀州饥，复遣使仓廪赈之。吴赤乌三年（240）冬十一月，民饥，诏开仓廪以赈贫穷。赤乌十二年（249）八月，丹阳诸山崩，水溢，诏原逋责，给贷粮食。《晋书·武帝纪》载，西晋太康三年（282），诏四方水旱甚者，无出田租。五年，雨暴伤秋稼，减天下户课三分之一。太康六年（285），岁不登，免租。东晋以后，宋、齐、梁、陈诸朝，凶年率多令除赋。北齐，创义仓，其谷由民以义租的形式在正税之外纳于官府贮藏管理，用于凶年赈济。

隋朝，创互助自救之社仓。开皇五年（585），文帝令诸州百姓及军人，劝课当社（25户为一社），共立义仓。秋收，每家出粟麦一石以下，贫富差等，于闾巷造仓窖贮之，当社有饥馑者，即以此谷赈给，故名“义仓”，亦称“社仓”。“自是州里丰衍，民多赖焉”。政府救灾，多行免租税。如开皇五年（585），水灾，免租税。开皇六年（586），诏亦如之。开皇十八年（598），又免遭水处租调。

唐朝，义仓、太仓、正仓、转运仓、常平仓、军仓诸仓形成体系。贞观二年（628）四月，诏令天下常平仓皆置库，仓储粮按亩纳2升，粟、麦、秔、稻，随土地所宜。商贾无田者按户分九等自五石于五斗为差出粟。储粮州县，唯荒年开仓赈给，不得杂用。显庆二年（657）后，各州置常平署，掌平籴仓储之事。免赋税徭役为救灾的普遍措施，规定：田禾耗收四成者，免租；桑麻无收，免调；耗收十分之六则免租调；耗收十分之七，租庸调全免。此外，另有平粜、施粥、贷种食、遣医施药、禁酤、理囚、赐物等之举。贞观二十二年（648），各地水灾，朝廷委派官吏到各州贷种子。贞观二十三年（649）八月，河东地震，遣使存问，给复二年，赐压死者人绢三匹。《册府元龟》记载：开元十二年（724）八月，诏曰：蒲、同等州，自春遍旱，虑来岁贫少粮。宜令太原仓出十万石付蒲州，永丰仓出十五万石付同州，减时价十钱，粜与百姓。乾元三年二月，米贵斗至五百文，民多饥死。令遣使于西市烹粥，以饲饿者。乾符三年二月，以旱降死罪以下。

宋朝，相当重视仓储备荒制度。《宋史·食货志》记载，乾德年间（963—968），诏诸州县置义仓，岁输二税，石别收一斗。景德三年（1006）春，县置常平仓。嘉祐二年（1057），诏天下置广惠仓。“凡振贫恤患之意，视前代尤为切至。诸州岁歉，必发常平、惠民诸仓粟，或平价以粜，或贷以种食，或直以赈给之，无分于主客户。不足，则遣使驰传发省仓，或转漕粟于他路，或募富民出钱粟，酬以官爵，劝谕官吏，许书历为课，若举放以济贫乏者，秋成，官为理偿。又不足，则去内藏或奉宸库金库金帛，鬻祠部度僧牒，东南则留发运司岁漕米，或数十万石，或百万石济之。赋租之未入、未入备者，或纵不取，或寡取之，或倚阁以须丰年。宽逋负，休力役，赋入之有支移、折变者省之，应给蚕盐若和籴及科率追呼不急，妨农者罢之。薄关市之征，鬻牛者免算。运米舟车除沿路力胜钱。利有可与民共者不禁，水乡则蠲蒲、鱼、果、蓏之税。选官分路巡抚，缓囚系，省刑罚。饥民劫囷窖者薄其罪，民之流亡者，关津毋责渡钱，道京师者，诸城门振以米，所至舍以官第或寺观，为淖糜食之，或人日给粮。可归业者，计日并给遣归，无可归者，或赋以闲田，或听隶军籍，或募少壮兴修工役。老残疾弱不能存者，听官司收养。水灾州县船栰拯民，置之水不到之地，运薪粮给之。因饥疫若压溺死者，官为埋祭，厌溺死者加赐其家钱粟。京师苦寒或物价翔踊，置场出米及薪炭，裁其价予民。前后率以为常。”除害捕蝗有厚给之制。熙宁八年（1075）八月，诏有蝗蝻处委县令佐募民扑捕，易以钱粟，蝗子一升至易菽粟三升五升。倘有穿掘打扑损伤苗种者，除其税仍计价官给地主钱数。报灾实行限时制。淳化二年（991），诏荆湖、江淮、两浙、四川、岭南管内水旱，夏以四月三十日为限，秋以八月三十日为限。

元朝时，恩免、报灾、灾免、赈贷、入粟补官等立有规制。世祖中统元年（1260），诏令量减丝料，包银分数（亦称“包垛银”，元代征收的一种科差）；各处被灾，验实减免科差；鳏寡孤独废疫不能自存之人，所在官司以粮赡之；水旱疫疠，遣使赈之。至元元年（1264），诏减明年包银十分之三，全无业者十之七。是年四月，逃户复业者，免差科三年。至元九年（1272），规定地方官报灾时间：夏田四月，秋田八月，非时灾伤，一月为限，限外申告，并不准理。后告灾期限有所放宽。至元二十二年（1285），京城南城设三铺，分遣官吏，发海运之粮，减其市值以赈粜。凡白米每石减钞五两，南粳米减钞三两，岁以为常。天历三年（1330），内外郡县亢旱为灾，举入粟补官制。凡江南、陕西、河南等处定为三等，令富实大户依例出米，无米者折纳价钞。陕西每石八十两，河南并腹里每石六十两，江南三等每石四十两，实授茶盐流官。钱谷官考满，依例升转。

明朝，备荒有预备仓、社仓及军储仓。据《明会要》记载，洪武三年（1370），令州县东西南北设预备仓四，以振凶荒，选耆民运钞籴米，即令掌之。《明政统宗》记载，嘉靖八年（1529），令各府按社设仓，民二三十家为一社，择家殷实而有义行者一人为社首，处事公平者一人为社正，能书算者一人为社副，每朔望会集。别户上、中、下，出米四斗至一斗有差，斗加耗五合，上户主其事。年饥，上户不足者，量贷，稔岁还仓。中下户酌量振给，不还仓，有司造册，送抚按岁一查核。仓虚，罚社首出一岁之米。军储仓各行省边境均置，收屯田所入以供军需。明朝报灾定时限。弘治十一年（1498），定夏灾不过六月底，秋灾不过九月底。万历九年（1581），内地各省夏灾改限五月，秋灾限七月；沿边各地夏灾限七月，秋灾限十月。救灾赈粥，订有十二规，即亲审灾民、多设粥场、审定粥长、犒劳粥长、亲察场弊、预备米谷、预置柴薪、严立厂规、收留子女、禁止卖妇、收养流民和散给药饵。灾荒蠲免规定标准：被灾十分者免七分，九分者免六分，八分者免五分，七分者免四分，六分者免三分，五分者免二分，四分者免一分。

清朝，备荒、报灾、勘灾、蠲免、赈济等规制较历朝完善。据《大清律例》和《荒政辑要》记载，一是立有严格的报勘灾时限。顺治十年（1653），定报灾时限：夏灾限六月终，秋灾限九月终。题后续灾，准其扣除程限。勘灾，地方官要亲履勘察，将被灾分数按照区图村庄逐一造册，在 40 日内上报请蠲，司道上司官以州县报到日始 5 日，视灾情轻重委员或亲履稽查加结题报。州县勘报续灾，除旱灾外，水霜风灾距原报情形之日在 15 日以外者，准于正限外展限 20 日勘报；距原报情形之日未过 15 日者，统于正限内勘报请题，不得延期。二是蠲免有严格的程序和标准。灾民蠲免钱粮，填给清单各户收执，并告示晓谕。蠲免地丁按灾户原纳地丁正赋作为十分，按灾请蠲。被灾十分者蠲七分，被灾九分者蠲六分，被灾八分者蠲四分，被灾七分者蠲二分；被灾五六分者蠲一分。蠲缓钱粮，自勘报之日即行停征，所停钱粮系被灾八至十分者分作三年带征；被灾五至七分者分作两年带征；五分以下不成灾地亩钱粮准予缓征者，缓至次年麦熟以后，其次年麦熟钱粮递缓至秋成。如被灾之年，深冬方得雨或积水方退者，由督抚另疏题明，将应缓至麦熟以后钱粮再缓至秋成后新旧并纳。凡灾蠲地丁，正赋之年，其随正耗羡银两，按照被灾分数一律验蠲。民田应征漕粮及漕项钱米，被灾之年或分年带征，或与地丁正耗钱粮一律蠲免。官地被灾，灾户原纳租银作十分按灾请蠲。被灾十分者蠲五分；被灾九分者蠲四分；被灾八分者蠲二分；被灾七分者蠲一分；被灾六分以下者，不作成灾分数，其应纳租银概缓至来年麦熟后启征。官地正赋照民田之例蠲缓。蠲免钱粮在准其蠲免之日前已输在官者，准流抵次年应完正赋。灾荒之年，业户情愿蠲免佃户之租者，不限分数。三是赈济有标准。清初赈济所给米钱及赈期长短无统一规定，皆视灾情轻重而行。乾隆四年（1739）规定，民田秋月水旱成灾，缺粮贫民不论成灾分数，督抚均先开仓正赈一月。查明成灾分数后分极贫次贫加赈，被灾十分者，极贫加赈四个月，次贫加赈三个月；被灾九分者，极贫加赈三个月，次贫加赈两个月；被灾八分七分者，极贫加赈两个月，次贫加赈一个月；被灾六分者，极贫加赈一个月。赈米标准：大口日给米五合，小口减半。对被灾五分以上仅可维生，或赈后尚未完全恢复，或青黄不接缺口粮籽种者，酌借籽种口粮，秋后免息还仓。另有开仓平粜，折赈米价之举，定江南、浙江、江西三省折赈每石米定价银一两二钱，每石谷定价六钱。对水灾冲塌房屋无力修复或淹毙人畜者分别抚恤，所用银两统入田地灾案报销。民间失火毁房亦酌加抚恤。浙江省水冲民房修费银较外省为高，楼房每间二两，瓦平房每间一两，草房每间五钱，草披每间二钱五分。淹毙人口埋葬银，每大口二两，每小口一两。煮赈是清朝流行的赈济措施，每遇被灾饥荒，在城厢设厂，煮粥散济。四是鼓励捐赈。灾歉之年，凡捐米50石或银百两者，由地方官给匾旌奖；捐米百石或银二百两者，给九品顶戴；再多者递加品级；现任文武官员有捐助者，题请议叙晋级。五是督捕蝗蝻。凡遇蝗害，责成地方官督率乡民及早扑除，捕蝗践伤之田禾，查损确数，核给价值，据实报销。六是查勘灾赈公费。凡查勘灾赈，现任正印及丞卒不支盘费，教职及县丞佐杂候补试用等俱支给口粮盘费。对迟延报灾或隐匿不报，或奉蠲钱粮不实的官吏，均以侵欺论罪，分别受罚俸、降级、革职惩处。

二、民国救灾政策措施

民国时期，救灾管理和救灾政策法规开始体系化。

（一）管理机构

民国时期，民政部门掌管赈恤、救济、慈善等事宜。1920年9月，北京政府内务、农商、交通等部合组筹议赈灾临时委员会，专门筹议临时赈灾及善后事宜。1921年6月，成立全国防灾委员会，附属于内务部，下置赈务处。1928年，行政院、各省设赈济委员会（1930 年易名为赈务委员会），主办赈灾事宜。1937 年抗日战争全面爆发，行政院设非常时期难民救济委员会，统筹难民的救护、收容、拾养、运送等事项。1938 年，难民救济委员会合并于赈务委员会。1945 年 1 月，为适应联合国救济总署对华援助的需要，设立行政院善后救济总署。11 月，赈务委员会撤销，其职能归并行政院善后救济总署。

（二）勘报灾歉

勘报灾情实行程序化管理。1915 年，北京政府公布《勘报灾歉条例》，规定：风雹、水灾及其急灾，地方勘灾最迟不得超过三天。勘察后先将灾情向省政府及民政厅报告备案，然后由民政厅复勘，以确定是否实行赈济。1928 年、1936 年，南京政府两次公布《勘报灾歉规程》，规定：地方遇旱灾、虫灾，由县政府先行随时勘察，至迟不得逾十日；遇风雹、水灾及其急灾，须立即履勘，最迟不得逾三天。报灾限期，夏灾限立秋前一日，秋灾限立冬前一日止。临时急变成灾的不在此限，气候较迟之区域酌量展限；如连续遭灾，除旱、虫各灾仍依限勘报外，其他续灾距原报灾情之日未过 15 日者，应并入原限勘报。如初灾勘限已过续被重灾，准另起勘报。地方勘报夏灾，察看情形较轻尚可播种秋禾者，一律等到秋收时再行勘定分数。其向不播种秋禾者，即在夏灾时勘定分数。核定被灾分数应自被灾地亩全年收获不及中稔半数时起算，其收获在中稔半数以上者，以不成灾论。1945 年 10 月，行政院公布《勘报灾歉条例》，改报灾限期为：夏灾限 8 月 15 日，秋灾限 11 月 15 日止。

（三）蠲缓赋税

民国初规定：被灾十分、九分、八分、七分、五六分者，分别蠲正赋的十分之七、十分之六、十分之四、十分之二、十分之一。蠲余钱粮，被灾八、九、十分者分三年带征；被灾五、六、七分者分两年带征。1927 年，《浙江省勘报灾歉暂行办法》规定：颗粒无收者为灾，收成不及十分之五者为歉。被灾者全数蠲免，被歉者缓至次年上忙带征。1928 年，规定被灾九分、七分、五分以上者，分别蠲正赋十分之八、十分之五、十分之二。1939 年规定，被灾减免分数以被灾地亩中稔年成收获总量为标准，其收获不及一成者，准免全赋；不及二成、三成、四成、五成者，分别蠲正赋十分之七、十分之五、十分之三、十分之一；其收获量在中稔半数以上者，以不成灾论。1945 年规定：其收获未达二成者，准免全赋；收获二成以上未达三成者，减免田赋十分之八；收获三成以上未达四成者，减免十分之七；收获四成以上未达五成者，减免十分之六；收获在中稔六成以上者，不予减免。其随赋征借粮食及带征县派公粮，随同田赋减免。

（四）以工代赈

1920 年，北方五省大旱。次年，成立中国华洋义赈救济会，统筹全国募捐、工赈事宜。1931 年，江淮水灾，南京政府成立救济水灾委员会，下设工赈处，负责整治河道，修筑道路，修挖水渠，掘井抗旱，倚建海塘，修葺房屋，修造桥梁，推广农事，植树造林，兴办实业学校等工赈项目。

（五）生产补助

1941年，省赈济委员会发布《灾民难民生产事业申请补助办法》，规定凡灾民自行举办或各地方政府及慈善团体为收容灾民难民而举办之生产事业均可申请补助。生产事业补助按灾民难民数目及其实际需费酌予补助。补助期最多以一年为限。补助金的使用受赈济委员会的督导。

（六）仓储备荒

1928年，内政部颁布《义仓管理规则》，令各地义仓、社仓一律改为义仓，用于灾民赈放、散与和平粜等。义仓至少应储备当地贫民可食用3个月的粮食。义仓储粮采取派募筹集。1930年，内政部修订《各地方仓储管理规则》，规定县区乡镇驻地必设仓储，由县市区乡镇长负责管理，其筹备积谷应以地方公款办理，如无地方公款可采取派收和捐募办法筹集。乡镇仓积谷以1户积谷1石为准。1935年，行政院发布《农仓法》和《农仓法施行条例》，明确农仓以"保管农产物品，调节民食流通、农村金融为目的"。

（七）赈济经费

救灾资金除国库拨发外，政府通过发行公债、借款及社会捐款等途经筹集。1914年，北京政府颁布《义赈奖劝章程》，规定凡捐助义赈款银1000元或不满1000元者，分别由大总统、地方行政长官给予奖励。1920年，颁布《赈灾公债条例》，政府采用发行公债募集赈款。1928年，南京政府颁布《赈务委员会助赈给奖章程》，规定：私人或团体捐款100、300、600、800元以上者，分别授予四等、三等、二等、一等银质褒章并给褒状；捐款1000、3000以上者，分别授予三等、二等金质褒章并给褒状；捐款5000元以上者，授予一等金质褒章和题给匾额。1930年，国民政府公布《救灾准备金法》，规定中央、省建立救灾准备金。1931年，公布《赈灾公债条例》，规定公债专充急振、工振及购买振粮之用。1935年，又公布《实施救灾准备金暂行办法》，规定：中央政府每年由经常预算收入总额内支出1%为救灾准备金，至积存满5000万元后停止；省政府每年由经常预算收入总额内支出2%为省救灾准备金，以每百万人口积存20万元后停止预算。1945年4月，《浙江省各县市救灾准备金保管办法》和《浙江省各县市救灾准备金保管委员会组织规程》公布，规定：凡各县市原有或临时拨充之款额均属救灾准备金。各县市均须组织保管委员会妥为保管，存入公库不得移作他用。保管委员会由县党部、县政府、县参议会、县赈济委员会、民众团体代表各一人，并选聘士绅二人。

（八）赈灾散放

1934年后，国民政府先后颁布《各省市举办平粜暂行办法大纲》《冬令救济实施办法》《收复区失业工人临时救济办法纲要》《灾赈查放办法》，规定：发放赈款赈物概用赈票，由省市政府派员会同县市政府查放，于三日内发放赈票。赈票每人一张，遗失不补，不得抵偿抵租或让与赠予。给赠五岁以上为大口,未满五岁为小口,两小口折合一大口。赈票由查放人、监放人按户籍册，顺保甲户号次第、灾户人口实数发放（已外出谋生者剔除），经保长出具甘结。赈票发毕，统计汇报县市政府决定发赈日期地点，在三日内布告于各保。发赈现场须布告张贴受赈人户、等次及品类数量，受赈人须凭票亲领，委托亲友代领转交的须由保甲长证明。受赈人领赈在赈票收据联上加盖私章或捺左手大拇指印，其由亲友代领者，由代领人盖章。赈票收回，由查放人盖章，并批明所发赈品赈款数量，再由监放人核对并盖章，每日造册封送县市政府存备查核。发放急赈，免予逐户查放，由赈册代替赈票，受赈灾民持证明身份文件径行领赈。

（九）难民垦殖

抗日战争爆发后，难民急增，社会动荡加剧。1938 年、1939 年，国民政府制定难民垦殖计划，颁布《难民垦殖实施办法大纲》《非常时期难民移垦规则》《非常时期难民移垦条例》《非常时期救济难民办法大纲》，力图以生产实现救灾。中央和省设难民垦务管理机关，统筹难民移垦事宜。移民垦殖分国营、省营、民营三种，国营、省营由中央和省主办，经费分别由中央负担、各省自筹和中央补助。民营由农户、农业合作社以及特许团体机关分别办理，经费呈请政府酌予补助或贷款解决。公有荒地直接无偿分配给垦民耕作，私有荒地以强制租佃于垦户、强制卖于垦户、强制征收三种方式处理。移垦难民在未收获之前的生活,由赈济机关及垦务机关维持。垦民生产第一年所需食粮、农具、耕牛、种子、肥料、种畜及饲料，由垦务管理机关采购贷予。

（十）办赈奖惩

1930 年,行政院公布《灾赈查放办法》《办赈人员惩罚条例》,对办赈人员不避艰险，特著勤劳者、办赈异常出力者、办赈三年以上著有劳绩者，分别由国民政府、中央赈务委员会、省赈务委员会题给匾额或给予金质奖章、银质奖章。办赈受伤致病或身故者，给予一次恤金或遗族一次恤金。对办赈人员或法团有挪用赈款、荒废职务致酿成巨灾、调查灾况不实等情事者，按情节轻重分别依法惩戒或依法加重三分之一处断。1931 年，行政院公布《办赈团体及在事人员奖励条例》，对赈灾团体所办救济活人在十万以上，或成立在五年以上成绩卓著者，呈由国民政府颁予褒状或匾额；赈灾团体其所办救济范围在数省或一省市者，由赈务委员会颁予褒状或匾额。对热心赈济，声誉素著，捐款在一万元以上，募款在五万元以上者，呈由国民政府给予褒章，并刊名于纪念碑碣。

三、新中国救灾政策措施

新中国成立后，党和政府以人为本，建立管理机构，健全防灾、抗灾、救灾三结合的救灾制度。

（一）管理机构

1950 年，各级政府成立生产救灾委员会，民政承担日常工作。

1958 年，生产救灾委员会撤销，生产救灾归属民政。

1969 年，各级民政机构撤销后，救灾工作分属农业、财政部门。

1978 年，各级民政机构成立后，恢复救灾管理工作。

1989 年，各级政府成立“中国国际减灾十年委员会”，下设办公室于民政部门。

2014 年，国务院公布《社会救助暂行办法》，救灾工作实行政府领导、部门分工、对口管理、互相配合、社会协同的管理体制。

（二）救灾方针

1949 年 10 月，省政府发布《关于今后三个月民政工作的指示》，指令各地把组织群众生产渡荒作为压倒一切的中心任务，强调“不准饿死一个人”。

1950 年，中央生产救灾委员会、第一次全国民政会议确立“以防为主，防救结合”的救灾工作总方针和“生产自救，节约度荒，群众互助，以工代赈，辅之以国家必要的救济”的基本方针。

1953 年，第二次全国民政会议改救灾方针为“生产自救，节约度荒，群众互助，辅之以国家必要的救济”。

1963 年，中共中央、国务院发布《关于生产救灾工作的决定》，确立“依靠群众，依靠集体力量，以生产自救为主，辅之以国家必要的救济”的救灾工作方针。

1983 年，第八次全国民政会议将救灾工作方针修订为“依靠群众，依靠集体，生产自救，互助互济，辅之以国家必要的救济和扶持”。

1988 年，第九次全国民政会议增加救灾工作与扶持生产相结合、有偿扶持和无偿扶持相结合以及救灾向社会保险过渡的救灾工作内容。

1997 年，国务院在《关于加强抗灾救灾管理工作的通知》中提出“防御为主、救助为辅、自力更生、生产自救、恢复生产、重建家园”的抗灾救灾方针和“地方自救为主、中央补助为辅；统筹规划、重点安排”的原则。

2010 年 7 月，国务院颁布《自然灾害救助条例》，规定“自然灾害救助工作遵循以人为本、政府主导、分级管理、社会互助、灾民自救的原则”。

（三）救灾经费

计划经济时期，各地救灾经费由国家财政包揽。

1980 年，国务院批准外经部、民政部、外交部《关于接受联合国救灾署援助的请示》，决定改变过去封闭自救的做法，“欢迎国际社会向我灾区提供人道性质的援助”。

1983 年，中共中央办公厅、国务院办公厅转发《第八次全国民政会议纪要》，决定实行“救灾工作分级管理，救灾经费分级承担”的体制。

1987 年，国务院批准民政部门开展有奖募捐活动，筹集救灾救济经费。

1994 年，第十次全国民政会议决定中小灾由地、县级政府负责救助；大灾由省级政府负责救助；特大灾由省级政府负责救助为主，中央适当补助。同年，中华慈善总会成立，其宗旨为募集善款救灾赈济。

1999年，《中华人民共和国公益事业捐赠法》公布，国家鼓励自然人、法人或者其他组织对公益事业进行捐赠。

2008年，国务院公布《救灾捐赠管理办法》，规定县以上民政部门可以根据灾情组织开展救灾捐赠活动，用于支援灾区、帮助灾民。

2014年，国务院公布《社会救助暂行办法》，规定：国家鼓励、支持社会力量参与社会救助。对在社会救助工作中作出显著成绩的单位、个人，按照国家有关规定给予表彰、奖励。

（四）计灾报灾

1949年10月，省政府通令各级政府建立灾情必报制度，规定普通灾荒半月报省府一次；严重灾情一周报一次；紧急灾情随时报告。有灾不报、报不及时、报告失实或传闻有灾，既不深入调查据实报告，又不发动群众生产自救和社会互助等工作，均由该地政府负完全责任。

1951年3月，中央生产救灾委员会发布《关于统一灾情计算标准的通知》，规定收成三成以下为重灾，六成以下为轻灾，全年灾情按全年正产物收成统一计算。

1961年，内务部发布《关于报告自然灾害内容的通知》，规定灾情报告内容包括灾情种类；受灾与成灾面积；粮食减产成数、面积及减产数量；成灾人口、牲畜、倒房及水利工程等损毁情况。

1981年，国家统计局统一规定灾情报表格式、统计指标和统计口径。

1997年3月，民政部发布《灾情统计、核定、报告暂行办法》，规定核定灾情应视情况采用全面核定、抽样核定、典型核定和专项核定的方式进行。紧急灾情在灾害形成24小时内上报，以后每日一报；春荒、夏荒、冬令统计，县（市、区）分别在当年1月15日前、6月5日前、10月1日前报市、地，市、地在接到报告的次日上报省厅。

2014年，民政部、国家减灾委员会办公室印发《特别重大自然灾害损失统计制度》，规定如遇危害严重的洪涝、风雹（包括龙卷风、沙尘暴、飓风等）、台风（包括热带风暴）、地震、雪灾、滑坡、泥石流等突发性灾害，实行灾情快报，县、地（市）、省民政部门应在灾害发生后的2小时内或接到灾情报告的2小时内，逐级上报至民政部。对造成10人以上死亡（含失踪）或大量倒房、农田大面积受灾等严重灾情，应在2小时内同时上报省民政厅和民政部。在灾情稳定前，各级民政部门每24小时续报1次灾情和救灾工作动态。灾后，应全面核灾，在5日内将核灾数据报至地（市）民政局；地（市）、省民政部门分别在接到报表后3日内、2日内将审核、汇总数据逐级上报至民政部。

（五）税征减免

1949年10月，省政府颁发《浙江省征收农业税暂行办法》，规定受灾后收成在六成以上者不减，六成以下者减四成，三成以下者全免。

1950 年，《浙江省征收农业税暂行办法》规定：灾情减免以户为单位，减免标准按全部农作物歉收成数计算，歉收不到二成者，不予减免；歉收二成以上不到三成者，减免二成；歉收三成以上不到四成者，减免三成；歉收四成以上不到五成者，减免四成；歉收五成以上不到六成者，减免六成；歉收六成以上不到七成者，减免八成；歉收七成以上全免。

1952 年，政务院颁布《受灾农户农业税减免办法》，规定：凡歉收六成以上者，全免；歉收五成以上不到六成者，减征七成；歉收四成以上不到五成者，减征五成；歉收三成以上不到四成者，减征三成；歉收不到二成者，不予减免。

1953 年，税征减免改为：歉收二成以上不到四成者，改按歉收成数减征。遭灾或由于其他原因致缴税有困难者，视其困难程度，酌减其应纳税额的二成至六成，特殊困难者全免。同年，政务院决定粮食实行统购统销，对农村余粮户实行粮食计划收购，对城市和农村缺粮户实行粮食计划供应。宁波专署规定乡村人均占有 250 公斤为起征点，低于起征点的给予限量供应。

1954 年，《浙江省农业税减免实施办法》规定：凡农作物遭受水、旱、风、雹、病虫及其他灾害而致歉收的受灾农户，按农户实产量与评定的常年产量相比较之歉收成数减免。歉收免征税额的计算仍按《受灾农户农业税减免办法》的规定执行，其中“歉收三成以上不到四成者，减征三成半”改为“歉收三成以上不到四成者，按其歉收成数减征其应缴税额”。

1955 年 4 月，政务院颁布《农村粮食统购统销暂行办法》，实行粮食定产、定购、定销政策。先核定产量，后核定“三留粮”（口粮、种子粮、饲料粮）。对余粮户征购公粮；对自给户，酌情征交部分现粮或代金；产量不足“三留粮”的缺粮户，酌情由国家定销（返销粮）或救济。同时鼓励增产，规定新开荒地三年内免予计产。

1957 年，省人委调整农业税灾情减免办法，规定：农场、农业社歉收不到半成者，不予减免；歉收半成以上不到三成者，按歉收成数减征；歉收三成以上不到四成者，按歉收成数加一成减征；歉收四成以上不到五成者，按歉收成数加二成减征；歉收五成以上者，全免。个体农户歉收二成者，不予减免；歉收二成以上不到四成者，按歉收成数减征；歉收四成以上不到五成者，按歉收成数加一成减征；歉收五成以上不到六成者，按歉收成数加二成减征；歉收六成以上者，全免。

1967 年，省军管会生产委员会修改灾情减免计灾办法，从是年起，改按当年灾后的实际产量与上年同口径实产量对比计灾。如上年实产量不能代表正常年景，可就近另选一年或几年平均计算。规定：实际歉收三成起不到四成的，按不同经济情况减征其应纳税额的一成半到三成；实际歉收四成起不满五成的，按歉收成数减征；实际歉收五成起不满六成的，按歉收成数加一成减征；实际歉收六成以上者，全免。

1972 年，改原歉收三成起减、六成全免的规定，为歉收二成半起减、歉收五成半以上全免。

1979 年，农业税实行起征点制度。浙江省规定的起征点标准为：按正常年景，生产队人均口粮（自产粮）在 200 公斤以下、社员平均分配收入（包括土肥报酬）在 50 元以下者，免征农业税；起征点以上的生产队，如因缴纳农业税（现粮）后口粮下降到起征点以下者，也酌情减免。

2005 年 1 月，国家停征农业税，次年取消农业税。

（六）救济规则

新中国成立初，灾荒救济实行“专款（物）专用”“重点使用”的原则。

1954 年 7 月，华东行政委员会发布《关于掌握灾情与发放救济粮款的若干规定（草案）》，规定：定灾标准以当地农作物一般年成计算，遭灾后收成不足七成者为成灾，收成不足四成的户为重灾户；不足七成者为轻灾户。遭灾乡，收成不足四成者为重灾乡；不足七成者为轻灾乡。遭灾县，收成不足五成者；或全县有 40%的重灾乡者；或全县轻重灾乡占 60%，其中重灾乡占 20%以上者为重灾县。收成不足七成者为轻灾县。救济面，轻灾区不超过成灾人口的 20%；重灾区不超过成灾人口的 40%。救济粮款，根据受灾户受灾轻重、缺粮情况、积蓄情况、生产自救能力、有无亲友相助等条件决定。救济粮平均每人每日不超过 400 克。救济时间，轻灾区不超过两个月，重灾区不超过四个月。

1957 年，国务院《关于进一步做好救灾工作的决定》，指示：“救灾款应当用在最需要的时候和必须救济的灾民身上。”救济灾区的粮食、布匹和煤炭等，由粮食、商业等部门按牌价供应。救济粮、棉、布等的分配和救济款的发放，实行民主评定，严格手续，张榜公布，经常检查。

1962 年，省民政厅《关于切实发放使用好救灾款物的紧急通知》规定，救灾款物的使用执行“专款专用”“专物专用”和“重点使用”的原则，解决灾民基本的吃、穿、住、医（因灾引起的疾病）问题。

1979 年，民政部《关于印发十三省、区生产救灾工作会议文件的通知》，强调救灾款要“专款专用”“重点使用”，决不许挪用、滥用。救灾款是“救命钱”，发放时必须走群众路线，民主讨论，公社批准，落实到户，张榜公布。

1983 年，民政部在《关于严格执行灾民生活救济专款专用原则的通知》中指示：“在解决灾民口粮、穿衣、住房、治病困难的前提下，可适当帮助灾民开展生产自救，实行专款专用”。

1997 年，省财政厅、省民政厅印发《浙江省民政救灾经费分配管理暂行办法》，规定：救灾经费的使用只能用于灾民的吃、穿、住支出；灾民的抢救、转移、安置及因灾治病防病等项支出；直接用于灾民的其他支出。不得平均分配，不得向无灾区拨款，不得提取周转金，不得用于临时社会救济，不得截留、挪用，不得用作抵扣。救灾经费发放实行“三公开一监督”制度，即公开发放原则，公开发放程序，公开发放结果，接受群众监督。同时，建立跟踪反馈制度，加强同级财政、审计、监察部门及上级民政部门的监督和检查。

（七）防灾减灾

新中国成立后，党和政府明确提出“以防为主，防救结合”的指导思想，号召全国大力发展粮食生产，兴修水利，治理江河，植树造林，改土造田。改革开放后，国家开启防灾减灾制度建设和救灾物资储备，以增强重大自然灾害紧急救助能力。

1990 年 2 月，“国际减灾十年”委员会成立大会提出：要做好应付重大自然灾害的预案制定工作，把减灾活动纳入国民经济发展的战略规划，列入各级政府的重要议事日程。要加强减灾宣传教育，增强全民的减灾意识。加强防灾设施建设，防患于未然。

2004 年 1 月，省政府办公厅印发《浙江省重特大自然灾害救助应急预案》，提出以人为本，积极救助，努力减少人员伤亡，减轻国家和人民群众财产损失，确保灾民基本生活需要，确保不发生因灾饿死、冻死人的现象，确保社会稳定的工作目标，以及分级负责、部门协作，快速反应、果断处置，规范程序、提高效能的基本原则。

2008 年 12 月，民政部印发《关于加强自然灾害救助应急预案体系建设的指导意见》，要求在 2009 年 3 月底前完成省、市、县、乡镇（街道）和行政村（社区）的自然灾害救助预案制定工作，形成“纵向到底、横向到边”的救助应急预案体系。

2010 年 7 月，国务院颁布的《自然灾害救助条例》规定：各级政府应当加强防灾减灾宣传教育，提高公民的防灾避险意识和自救互救能力。县级以上人民政府应当根据本行政区域的自然灾害风险调查情况，制定相应的自然灾害救助应急预案，建立救灾物资储备制度，设立应急避难场所。

2014 年，省财政厅、省民政厅发布《浙江省救灾物资储备管理暂行办法》，规定各地应建立购置、储备和管理救灾物资制度，专项用于紧急抢救转移安置灾民和安排灾民的基本生活。救灾物资的采购、储备和管理由各级民政部门负责，财政部门负责落实经费。救灾物资储备可采用救灾物资仓库储备和委托商（厂）家代储两种方式。物资储备品种包括生活保障用品、生活保障设施和应急救援类物资。

（八）法律责任

救灾工作关系国计民生，国家法律法规保障救灾工作的实施。对于行政机关工作人员迟报、谎报、瞒报灾害损失；未及时组织灾民转移安置，或者在提供基本生活救助、组织恢复重建中工作不力，造成严重后果的；截留、挪用、私分救灾款物或者捐赠款物；采取虚报、隐瞒、伪造等手段，骗取救灾款物或者捐赠款物的，将依照法律法规给予处分；或追究刑事责任。抢夺或者聚众哄抢救灾款物或者捐赠款物，或以暴力、威胁方法阻碍救灾工作人员依法执行职务的，将依法追究刑事责任。

第二节　灾荒救济

东晋

咸康元年（335），剡县大旱，人相食。咸康二年（336），会稽饥荒，郡开仓赈济。

南朝

宋大明七年（463），浙东诸郡大旱，郡府令诸县开仓赈恤。

唐

广德二年（764）秋，蝗食田殆尽，免越州今岁田租之半。

永贞元年（805）夏，越州水竭山崩。诏以前百姓所欠诸色课利租赋并宜免除。

元和八年（813）正月，免浙东今岁税。

长庆三年（823），浙东、西道旱，遣使宣抚，理系囚，察官吏，开仓平粜。

大和四年（830），会稽大旱。

开成五年（840）六月，浙东蝗疫，除其徭。

乾符三年（876）五月，免浙东一岁税。

五代

长兴四年（933），剡县大旱。

北宋

太平兴国三年（978）五月，两浙给复（免除赋税徭役）一年。太平兴国七年（982）十二月，诏减免两浙诸州六年以前拖欠的租税。

雍熙三年（986）九月，浙东民饥，减免欠租。

淳化元年（990）二月，除两浙诸州渔禁。淳化四年（993）二月，江浙饥，遣使巡抚，诏分道近臣有可惠民者得便宜行事。淳化五年（994）七月，免除两浙诸州百姓在吴越王时拖欠负担。

咸平二年（999）三月，江浙春霜害稼，发廪赈饥。闰三月，以久不雨，诏江浙饥民入城池渔采勿禁。

景德二年（1005）正月，罢江浙增榷贴钱。夏，两浙路饥，遣使分赈。

大中祥符四年（1011）七月，除闽浙岁丁钱。大中祥符七年（1014）八月，旱，井泉多涸，人渴乏，疫死者众。除两浙被灾民租。大中祥符八年（1015），以天下水灾，分命朝臣宣抚。

天禧三年（1019），江浙饥，赈之。天禧四年（1020）二月，遣使安抚江浙饥民。天禧五年（1021）十月，蠲江浙被灾民租。

皇祐二年（1050）三月，诏两浙流民听人收养。皇祐三年（1051）八月，遣使安抚两浙饥民。

嘉祐六年（1061）七月，诏两浙水灾，差官理量蠲税。

熙宁八年（1075）夏，越州大旱，诏发运司查实两浙米价，州县所存上供米减值予民，每斗价钱勿过八十。

元祐六年（1091）七月，赈两浙水灾。

绍圣四年（1097），两浙旱饥，诏行荒政，移粟赈贷。

崇宁五年（1106）四月，浙东水灾，停免夏税。

大观三年（1109），浙东旱，赈粟并免税赋。

重和元年（1118），特大水灾。

南宋

建炎二年（1128），越州旱，免欠税。

绍兴元年（1131），蠲两浙夏税。绍兴四年（1134）四月，霜雨至五月，浙东诸县坏圩田。绍兴六年（1136）正月，赈浙东饥民。绍兴十四年（1144）二月，蠲江浙诸路逋欠钱帛。六月，蠲江浙州县酒税坊场纲运仓库积年逋负，赈两浙被水灾民。绍兴十七年（1147），减江浙诸州折帛钱。十二月，赈明（今宁波市）、越（今绍兴市）、秀（今除海宁外的嘉兴地与上海市的吴淞江以南部分）、婺（今金华市）诸州民，借给被灾农民春耕费，蠲被灾下户积欠租税。绍兴二十一年（1151）三月，蠲江浙等路中户以下积年逋负。绍兴二十九年（1159）九月，蠲两浙蝗潦州县租。绍兴三十一年（1161）八月，蠲江浙等路上供米。

隆兴元年（1163），两浙水旱蝗，民大饥，悉蠲其租。隆兴二年（1164）二月，赈两浙饥民。乾道二年（1166）十二月，严寒，民大饥；夏麦无收，减两浙明年夏税和市之半。

淳熙三年（1176）秋，淫雨、虫害稼，五谷多腐，令赈之。淳熙九年（1182）正月，诏江浙旱伤州县，贷民稻种。三月，浙东常平茶盐使朱熹至新昌，调黄岩米赈济灾民。淳熙十六年（1189）八月，山洪，淹田漂庐。减月桩等钱。

绍熙四年（1193）六月，大水，赈两浙被水贫民。十二月，赈两浙流民。自冬至无雨，至绍熙五年（1194）夏秋止。绍熙五年十月，诏减和市折帛钱，免丁盐丁身钱一年，蠲赋，赈之。

庆元元年（1195）正月，大水，饥，令荒歉州县收养遗弃小儿。庆元四年（1198）正月，诏有司宽恤两浙流民。三月，免绍兴府租税有差。

嘉泰四年（1202）五至七月，大旱，免逋租及绍兴府拈宫所在民身丁钱绢绵盐。

开禧元年（1205）夏，百余日无雨，令赈之，免赃赏钱丁。

嘉定元年（1208）夏，旱蝗，免贫民逋赋，发米赈民。

嘉定三年（1210），诸州旱，赈之。十二月，诏永除两浙路身丁钱。

嘉定六年（1213），两浙诸州水，赈之。嘉定七年（1214）九月，绍兴府大风、久雨，命监司发常平米赈之，蠲免赃赏钱、茶盐赏钱。嘉定八年（1215）三至五月，无雨。六月，诏两浙路谕民杂种粟麦麻豆，有司毋收其赋，田主毋责其租。嘉定九年（1216）五月，绍兴府水，淹田漂庐，蝗害。九月，诏被水最甚者免其租。嘉定十年（1217）十月，久旱无雨。十一月大风。诏浙东提举司发米十万石赈给贫民。嘉定十四年（1221），浙东旱，诏令赈济。嘉定十六年（1223），大水。嘉定十七年（1224）七月，旱，闰八月，诏申严两浙诸州输苗过取之禁。

宝庆元年（1225）四月，久雨。宝庆二年（1226）三月，以久雨诏两浙属县凡赃赏等钱勿征。宝庆三年（1227）秋，水潦，洪水毁县城东堤，诏令赈之。

嘉熙四年（1240）六月，绍兴府旱饥，诏免夏税。

景定二年（1261）六月，绍兴府水，螟害，诏亟行荒政。

咸淳二年（1266），洪水决东堤。咸淳七年（1271）六月，绍兴府水，大风拔木，坏民居，赈粮万石。咸淳十年（1274）九月，大雨、水灾，诏免田租。

至元十三年（1276），诏浙东西府州军县官吏，凡故宋烦冗科差，圣节上供经总制钱等百有余件，悉除免之。

元

至元十八年（1281）二月，浙东饥，发粟千二百七十余石赈济。至元二十年（1283）正月，以上年旱，权停税粮之在民者。至元二十六年（1289）六月，绍兴路大水，免未输田租。至元二十七年（1290）二月，浙东诸郡饥，给粮九十日。至元三十一年（1294）十月，诏蠲今岁田租十三分之三，田民输租田主亦如之。

元贞二年（1296）七月，江浙水灾，赈饥民。

大德二年（1298）七月，浙东水灾，赈饥民。大德三年（1299）正月，遣使问民疾苦，除年内郡包银俸钞，免夏税十分之三，置各路惠民局，择良医主之。大德六年（1302），绍兴路饥，以粮赈之。大德九年（1305），绍兴路水，诏免租税。大德十一年（1307）五月旱，至八月方雨，粮食无收，民饥死者十之八九。诏行省于盐茶课钞内折粟遣官赈之。

至大元年（1308）正月，绍兴路旱、饥、疫病流行，户月给米六斗赈之；十一月，免田租，凡佃户止输田主十分之四，山场河泺商税截日免之。

泰定元年（1324）二月，绍兴饥，发官仓赈米。

元统元年（1333）十一月，旱，赈之。元统二年（1334）五月，绍兴路水，民大饥，赈之。

至元二年（1336），春至八月，旱，民食草根。至元三年（1337）三月，绍兴路大水，发义仓米赈饥民，所在山场河泊开禁，听民樵采。

至正三年（1343），旱，自四月至七月不雨。至正十四年（1354）十二月，绍兴路地震。令有司赈恤，免租税三年。至正二十七年（1367）四至六月，旱，大饥。

明

洪武三年（1370），免浙东田租。洪武四年（1371）四月，免两浙当年夏税秋粮。洪武九年（1376）三月，免浙江本年夏税秋粮。洪武十五年（1382），免浙江田租。洪武十九年（1386），诏本年夏税秋粮，浙江蠲免一半。

永乐十三年（1415）十二月，免浙江府州县粮。

正统六年（1441），旱，诏赈饥民。正统十四年（1449），新昌大水，水决虎队岭，毁田无数。

景泰元年（1450），新昌大饥。景泰四年（1453），自冬十一月至次年孟春，大雪，诏免粮税。

天顺元年（1457），旱、饥，诏免被灾税粮。天顺三年（1459）四至八月，绍兴府亢旱，禾苗枯死。天顺四年（1460），免江南浙江粮三十三万余石。

成化四年（1468）、成化五年（1469），新昌大旱。成化二十二年（1486），大旱，饥。成化二十三年（1487），大旱。

弘治元年（1488），大饥，减银课。弘治四年（1491），大饥，诏赈饥民。弘治六年（1493）六月，令捕蝗。弘治十四年（1501）秋，旱蝗，大饥。弘治十七年（1504）闰四月，蠲浙江夏税。

正德三年（1508），大旱，饥。正德七年（1512），以水旱免税粮。

嘉靖元年（1522），蠲浙江旧逋，仍免当年田租之半。嘉靖五年（1526）十月，以旱免税粮有差。嘉靖九年（1530），夏秋旱，无收。嘉靖十八年（1539）闰七月，以水免税粮有差。嘉靖十九年（1540）夏，蝗飞蔽日。嘉靖二十三年（1544）九月，大旱，免税粮有差。嘉靖三十二年（1553）十月，免灾伤秋粮。嘉靖三十六年（1557）十二月，浙东水灾，免税。嘉靖三十八年（1559）十月，免税粮有差。

万历十三年（1585）五月，诏改折浙江漕粮十之三，并免行粮。万历十五年（1587）九月，浙江民屯钱粮停免改折。万历十六年（1588），大风败稼，大饥。万历二十六年（1598）五至七月，旱，泉流皆竭，饥民采野草为食。

天启二年（1622）二月，免天下带征钱粮。

崇祯六年（1633）、崇祯九年（1636）、崇祯十二年（1639）、崇祯十四年（1641）、崇祯十五年（1642）、崇祯十六年（1643），旱、饥。

清

顺治二年（1645），蠲免浙江人丁地亩钱粮。顺治三年（1646），新昌旱，八月初一，大风拔木，水毁田禾。顺治四至六年(1647—1649)，灾岁大饥，米价每石售银四至五两，在城居民以糜粥施赈。顺治四年（1647），诏浙东八府，横征逋赋概予豁免。顺治六年（1649）四月，谕所在有司广招流民，给以荒田，永为口业，顺治六年（1649）后方议征租。顺治七年（1650），大饥，免四年民欠税。顺治八年（1651）正月，诏：万历年间加派地亩钱粮准免三分之一；二月，免顺治五年（1648）以前民欠，题派各价统免三分之一。顺治九年（1652），绍兴府大旱。顺治十年（1653），夏秋无雨，四郊尽赤，虫害茎穗，几无遗粒。户部复准浙江各属，被灾田亩按分数免本年正额钱粮。顺治十二年（1655），旱，免顺治六、七年两年民欠。顺治十三年（1656），免顺治八、九年两年民欠。顺治十四年（1657）、顺治十五年（1658），旱，免顺治十、十一年两年民欠。顺治十六年（1659）、顺治十七年（1660），旱，免顺治十六年前民欠。

康熙四年（1665）三月，免顺治十六、十七、十八年三年民欠。康熙五年（1666），秋旱。康熙八年（1669）十一月，豁免康熙元年（1662）、二年（1663）、三年（1664）地丁正项拖欠。康熙十年（1671）十一月，自夏至秋无雨，免康熙四（1665）、五（1666）、六（1667）年地丁正项拖欠。康熙二十年（1681）十月，免康熙十七年（1678）以前民欠。康熙二十六年（1687）五月，诏康熙十三年（1674）以后加增各项杂税银两具尽豁免。康熙二十七年（1688），免康熙二十八年（1689）地丁钱粮。康熙三十四年（1705），奉诏豁免康熙三十三年（1704）前历年积欠及带征未完银米。康熙四十三年（1704），免康熙四十四年（1705）应征地丁银米。康熙四十五年（1706），免康熙四十三年前未完地丁银米。康熙四十六年（1707）、四十七年（1708），浙江通省人丁银，悉与蠲免。康熙四十八年（1709），大旱，通省地丁银全行蠲免。康熙四十九年（1710），蠲免康熙五十年除漕项钱粮外的应征地亩人丁银两并历年旧欠。康熙五十二年（1713），诏：嗣后增益人丁，永不加赋；豁免康熙五十三年（1714）山地租。康熙五十六年（1717），大旱，蠲免当年带征地丁银两。康熙六十一年（1722），诏免民欠。

雍正五年（1727）、六年（1728），夏旱。雍正七年（1729）二月，谕当年额征地丁豁免十分之二。雍正九年（1731），夏旱。雍正十三年（1735）九月，诏民欠钱粮系雍正十年以上者皆豁免，余未完民欠一并宽免。

乾隆六年（1741），夏旱。乾隆十年（1745），旱，谕普免钱粮；定于乾隆十二年（1745）轮免，凡轮免之年，漕项钱粮不在免例。乾隆十一年（1746）、十六年（1751）、二十年（1755）、三十年（1765），旱。乾隆三十五年（1770），普免钱粮，定于乾隆三十七年（1772）轮免。乾隆三十七年，旱。乾隆四十二年（1777），普免钱粮，定于乾隆四十四年（1779）轮免。乾隆五十五年（1790），普免钱粮，定于乾隆五十七年（1792）轮免。乾隆六十年（1795），普免钱粮，定于嘉庆二年（1797）轮免。

嘉庆七年（1802），岁旱歉收，米价腾贵。嘉庆十七年（1812），知县陈铭与城绅士共商，捐钱 3000 余贯，然市价石米 4000 文，难以谋事，再向殷富巨商加息贷钱 8000 贯，粜米平粜，平抑米价。继之，择极贫户，定一、四、七日，在城分设男女两场，照大小人口散放口粮以资急赈。嘉庆二十四年（1819），豁免嘉庆二十二年（1818）以前民欠。嘉庆二十五年（1820），诏豁免被旱歉收缓征银两。

道光元年（1821），知县张邦栋延续捐资，已捐者加派，未捐者补捐，一日计筹钱 6800 文，又向在城富商借资万贯，粜米间日平粜，每升定价 35 文，低于市价 3~5 文，市价顿减。至秋，共计平粜谷米 23800 余石。道光二年（1822），诏各省老妇有孤贫残疾无人赡养者，加意抚恤，毋令失所；直省坍没田地，其虚粮相沿进纳者，查请豁免；从前借给好种、口粮、牛具等，力不能完者，豁免；各处养济院鳏寡孤独、残疾无告之人，有司留心养赡之。道光十二年（1832），旱。道光十五年（1835），大旱，赈贷灾民口粮，减缓被灾新旧赋额。道光二十四年（1844），洪灾，淹没田地庐舍甚多。

咸丰二年（1852），旱，在域灾民聚众破门入室向富户借粮，官府弹压无效。咸丰十年（1860），秋，大水，疫病流行，免被灾额赋。

自道光三四年（1854）起，至同治元年（1862），其中国家大庆及旱潦不常，所有民欠地丁粮米，奉旨蠲免。同治二年（1863），旱。同治四年（1865），豁免咸丰十一年（1861）及同治元年、二年、三年（1864）钱粮及民间积欠。同治十二年（1873），豁免同治四年（1865）、五年（1866）、六年（1867）民欠地丁钱粮。

光绪元年（1875）五月，豁免同治七年（1868）、八年（1869）、九年（1870）、十年（1871）民欠地丁钱。光绪三年（1877），大雪连月。五月二十二日，洪水自青阳门入城，潘家桥至北镇庙一片汪洋，积水三日，伤 3 人，毁房无数。光绪五年（1879），新昌大旱，他处丰收。知县鲍国琦倡议，有田满 50 亩以上者，每亩岁捐谷 1 斗，得谷 800 余石。光绪十五年（1889）八月，西乡水灾，城内淹水八九尺深，所储积谷移拨半数赈济灾民，剩余部分，划由吕锡时、吕桂芬两人经理，贩谷存钱。光绪十九年（1893），岁旱，知县濮文曦责成吕锡时、吕桂芬买谷还仓。光绪二十五年（1899）、二十六年（1900），连遭水灾，知县侯琫森准拨谷择贫赈济，并委派俞鸿学等续办积谷，凡田满 20 亩以上者起捐，得谷 500 余石。翌年米价上涨，为平抑米价，以积谷垫本，从外地贩米平粜，结果积谷无存，米价有升无降。光绪二十九年（1903），饥荒，米价大贵。县设平粜局，吕六皆经理，每斗米卖钱 500 文。

宣统元年（1909）七月，水潦，稻禾霉烂，赈之。宣统二年（1910）九月，绍兴府水，田禾受损。宣统三年（1911）春，免被灾荒地钱粮及漕米。七月，暴风雨，田禾遭淹，人畜漂失无算，赈之。

中华民国

1912 年，大水，城内学宫大成殿水深五尺。

1920 年 5 月 9 日，大雨，彩烟乡欧潭村前滑坡，伤亡 17 人，毁房数十间。7—9 月，旱。

1921 年，秋旱，洪涝，冲毁新民沿溪 11 村水田 1358 亩，损失稻谷 4583 石，冲毁房屋 222.5 间，死亡 20 人。

1922 年 8 月，山洪暴发，新东门城墙决口，旧东门、新东门、北门进水深 3.4 米，西门外钟楼下 10 余户被水冲光，死 6 人。据岭外、新民、镜岭、澄潭、梅渚、四庄等乡调查，冲毁水稻 7604 亩，损失稻谷 2.2 万石，毁房 1046 间，淹死 94 人。

1928 年夏秋之际，旱虫相继，禾苗被伤。7 月 9 日始，飓风淫雨数昼夜，山洪暴发，倒房甚多，人畜淹毙不计其数，复又疫症蔓延。省拨赈洋 1.5 万元，棉衣 500 件。

1929 年，旱、涝、虫灾相继，米价自每斗 1 元涨至 18 元（银圆）。省赈务会赈济 1.8 万元，受赈 1.5 万人。

1931 年 8 月，风雨肆虐，夜以继日，新昌、嵊县、天台等 36 个县市受灾。

1932 年 5 月 22 日下午，飓风、冰雹袭县城，历时半小时，坏屋无数。

1933 年入夏，两月无雨，田土尽赤，稼禾枯槁，尤以稻包虫、螟虫肆虐，早稻绝收。番薯、玉米、花生等副产品同遭厄运。

1934 年，特旱。

1935 年，旱。县政府组织赴上海救灾会订购免税谷米 5000 石，用于平粜。省救灾会拨谷米 1500 石，连同自行劝输集资籴米，举办水利工赈，每工给米 2 升。

1936 年，绍兴旅沪同乡会与同乡京剧票友社、公余越声票友社组织演戏筹款，赈济绍兴各县 1200 元。

1937 年 6 月，洪涝，外出逃荒者数以万计。

1938 年，县政府动支仓谷 2003.38 石。

1939 年，旱。县政府出资 4000 元，商贾出资 8000 元，银行抵押 4 万元，赴黄岩采购谷米 500 石，平粜 400 石，存储 100 石。

1940 年春荒，核定缺粮户 163225 人，占全县总人口 255975 人的 63.7%。8 月，干旱奇重，虫害、洪涝相加。水田受旱 16.25 万亩，其中严重减产 9.05 万亩，颗粒无收 7.2 万亩，损失稻谷 18600 吨。饥民载道，粮价高升，业主照现时谷价增加租金，有的聚增至三四倍，以致田业纠纷迭起，聚众劫粮事件时有发生。为解决民食，县政府成立粮食平价委员会，向银行押借 60 万元，合商会筹垫 19 万元，旅沪同仁捐赠 4 万元，向各乡镇筹措并动用有关款项，到临海天台等县设立办事处采购谷米，举办平粜。平粜由县政府视贫富核拨谷米至乡镇，以保为单位，按户计口公平供应。城内设立公店负责供应城区缺粮户和机关团体，日均供应 100 担左右。至 10 月底，计购小麦、谷米 12856 石，平粜 12756 石（人均 4 公斤多）。年底，募集旧便衣 177 套救济灾民。

1941 年 1 月，耆绅张宣初等 10 余人发起，在东溪、南明两镇各办一施粥厂，场址分设岙桥祠堂、止水庙。公推陈仁华为南明施粥厂经理，张善昌为东溪施粥厂经理。施粥厂以城区义仓谷款 4533.2 元为基金，再向城区殷富商劝募及戏捐共计 14923.2 元为资。3 月 12 日开办施粥，每日上午施粥一次。县在儒岙、镜岭、黄坛设立难民收容所，急救过往难民。

4 月 18 日，日机 2 架轰炸西山，投弹 2 枚，炸死炸伤各 1 人，物资损失 1500 余元，灾民 20 人。19 日，日机 11 架轰炸城区，投弹 43 枚，炸死 30 人，炸伤 6 人，炸毁房屋 4094 间，物资损失 5000 万元，灾民 7000 余人，施粥厂遂告停顿。20 日，日机 3 架轰炸曹州，投弹 16 枚，炸毁房屋 36 间，物资损失 1.5 万元，灾民 150 人。23 日，日机 3 架轰炸唐家州，投弹 5 枚，炸死 1 人，炸毁房屋 5 间，物资损失 1500 余元，灾民 50 人。5 月 19 日，日机 5 架轰炸城区，投弹 56 枚，炸死 12 人，伤 9 人，炸毁房屋 956 间。次日，日机 3 架，分别轰炸下潘、大畈、荒田坪、祥堂等村，投弹各 2 枚，炸死 5 人，炸伤 2 人，炸毁房屋 3 间，灾民 30 人。4 月、5 月，新昌城乡遭日机轰炸共 6 次，炸死平民 50 人，炸伤 18 人，炸毁房屋 5132 间，损失财产 5000 余万元，灾民 7205 人。灾后，县政府成立敌灾赈济委员会，多次召开紧急会议商议赈济措施，令饬乡镇调查灾情，安抚灾民，呈请省府拨款赈济。

6 月，时局略趋安定，粥厂余款 2146.55 元及施粥事宜由县赈济会接办。

7 月，虫害水灾并至，澄潭、镜岭一带水稻收获仅一二成。7 月 6 日，南明坑发生山洪，沿坑民居多被冲毁，死 38 人。

8 月初，蝻虫危患遍及全县，十之八九颗粒无收。受灾 3 万余户，12.9 万余人；受灾作物 91402 亩，占全县耕种面积 103006.2 亩的 88.7%，损失粮食 47557 担。东溪、南明两镇饥民载道，惨不忍睹。县农、工、商、教等社会团体及 37 个乡镇联名呈请豁免前年田赋和缓征当年滞纳金。县政府召集地方士绅组织水虫灾害急赈委员会，向外劝募。同时开展民间粮食调查，动员民众垦荒，扩种杂粮。同月，新昌天主教堂司铎吴祥霖创办“宁波国际难民救济会新昌分会”，聘当地士绅 9 人为委员，会址设在东溪镇潘家桥天主教堂内，经费纯由“宁波国际难民救济会”补助。至翌年 5 月，该会共发放赈米 3 次，赈款 1 次，总计赈济 5 万元。

9 月 3 日，发生山洪，城区大东门及南门城脚一带冲毁房屋 176 间，溺亡 27 人。

是年，县政府奉省拨敌灾赈款 37886.95 元，动支县灾害预备金 3000 元，县政府预算经费 2000 元，义仓积谷款 1805.2 元，施粥厂捐款 2146.55 元，游艺场捐款 200 元，陈则忠捐款 1 万元，陈石民捐款 500 元，共计 57538.7 元，赈恤灾民。被炸死者每名发安葬费 30~60 元，伤者医疗费 20~40 元。11491.10 元交由县粮食管理委员会购米 7.06 吨，配发 21 个乡镇施赈，6778.9 元购米发放遭灾最重之东溪、南明、诚爱、东山、石溪

5个乡镇。

1942年1月，县政府发小本贷款扶助贫民、灾民、难民生计。凡无不良嗜好之贫民、灾民、难民志愿自力谋生缺乏资本，经查明属实者得申请贷款，贷款数额为：以摊贩为业者20~50元；开设小商店者50~300元；经营小工业者100~600元。申请贷款需具当地政府机关或社会团体，或保甲长，或殷实商店、或有正当职业居民2人以上之证明。申请贷款超过100元时，必须取得当地政府机关或社会团体之证明。借款需有殷实铺保或有正当职业者2人以上之保证。借户申请贷款时如查出已经营小工商业而无增益资金之必要理由者不得申请贷款。在同一地方设有贷款处所二处以上，借款人已由一处贷款尚未清偿前，不得再向他处申请贷款。贷款清还期限分甲乙两类：甲类自借款日起以5个半月分10次还清，第1个月满期时还本十分之一，第2个月起每满半个月还本十分之一。乙类自借款日起以5个月分5次还清，第1次于1个月满期时还本十分之二，其余每满1个月还本十分之二。贷款到期不能清偿时，应由借款人于10日前会同原保证人以书面申请延期，但最长不超过2月，并以1次为限。贷款到期未经申请延期而不偿还者，由保证人负全部清偿之责。借款不收利息及其他费用。

同年2月，省拨虫灾水灾赈济款7万元（其中1万元系蒋介石捐赠），由县粮食平价委员会至天台购米669石，按灾户分三等以人定量放赈：一等8374户，52586人，每人1元，折赈米22两（16两制，下同），合计317石；二等9217户，40917人，每人0.6元，折赈米14两，合计239石；三等4641户，19002人，每人0.3元，折赈米7两，合计55石。诚爱、东山、石溪3乡灾情最重，各乡加赈1500元，折米配发。给被炸贫民及老弱残者发放棉背心100件，其中东溪、南明两镇48件。

3月，县政府奉省社会处转发省抚慰团及浙灾筹赈会敌灾赈济款9万元，赈恤遭日机轰炸灾民。

7月，干旱复水灾。水灾毁地7604亩，毁坏房屋1046间，死94人。7月14日，县城沦陷日手，日军四出掳掠，损失惨重。据调查统计，被日军打死70人，伤313人，烧毁房屋1720间，被抢粮食385.81吨，币钞326961元，死猪牛羊4800余头，家禽9000余只，以及其他金银财物，损失总计币8363182元。

1943年入夏，梅雨、暴雨相继，继之干旱肆虐。据20乡查核，损失粮食9056万石。5—7月，每石米市价自710元涨至1430元（法币）。县成立赈济委员会，县长张晓崧兼任主任，县党部书记长吕楚汀兼任副主任，县政府第一科科长陈祯国、县商会主席吴朝福、县财会委员会主任吕德钧及地方士绅俞隐民、俞雨生、陈肇科、梁佐勋等为会员。发放中央和省赈济会各拨敌灾赈款4.5万元，发放省拨1942年水旱灾赈济款3万元，浙灾筹赈会赈济棉衣背心款3万元。

同年11月，县政府转发《下彩乡农会会员遭遇灾害救济办法》，令各乡镇知照拟订。

该会拟定：会员凡遭遇水旱虫灾由组长呈请该会派员履勘后转报县政府暨县农会请求赈济，而佃稍者并由该会名义向业方力减租额；会员有佃稍者业主无故撤田，应由该会呈请县政府维持佃权；会员遭遇火灾当年不能维持生活者，得由被害人申请该会酌予救济；会员遭遇病害乏人工作者，得由申请组长将组内各会员协助1天或5天工作，如境遇困难无力医治者，得申请该会酌予救济；会员遭遇敌戮洗劫灾情，应由该会查明灾情救济之；农会救济资金由全体会员筹集“救济储金”，筹集办法另订。

1944年4月，“浙灾赈济会”拨给平粜款7万元，赈济款7万元，平粜、施赈行政经费0.43万元，由省粮政局拨购谷米，县平粜委员会办理平粜和施米。实际领到并办理平粜谷729石，赈济谷580石，急赈款4.5万元。夏季干旱，蝻虫为害，受灾4.76万亩，受灾严重16个乡，损失稻谷13.6万石、六殳3万石、番薯1.05万担、豆0.85万石。8月26日，大水，复虫害，收成不及三成。继之日伪军肆扰，各乡保纷纷呈请核减县级公粮。11月，发放棉衣赈款3万元。县民食调节委员会从黄岩、温岭先后采购稻谷1.5万石，举办平粜，调剂民食。

是年夏，黄河泛滥，灾民数百万，啼饥号寒。11月1日，县政府在潘大宗祠组织筹募黄河水灾暨建设经费游艺大会，由中山舞台名班登台演戏，历时14天闭幕，聚众人山人海，然所募款项除去开支，余款甚微。究其原因，因连年灾祸，黎民自身难保。

1945年1月，县农、工、商、教等社会团体各理事长及37个乡镇长以连年遭灾为由，联名呈请省政府免减1945年田赋。入夏，干旱、虫害相继。入秋，疾风暴雨。1—8月，每石米市价自4500元涨至11000元（法币）。县拨积谷平粜3000石，半数配售给未领公粮之公职人员，半数售作民食。9月，国民政府电令豁免田赋1年。10月，奉省社会处训令，撤销县赈济会，业务归属县社会科。

是年，“浙灾赈济会”拨给平粜施赈款20万元，县赈济会派员赴闽采购糙米1483石，分期举办平粜。同年，“中国善后救济总署浙江省分署”拨款办理河道、堤坝、池塘等水利工赈，由当地乡公所承办，赈施小麦51.47吨、面粉52.2吨，受赈者104934人。县百善会施米16石，救济3360人。

1946年夏，旱灾、虫灾交加。据分水等11个乡查核，受灾作物2.96万亩，减产六至七成。县政府拨积谷100石，配发各乡镇施米，南明、东溪、澄潭、穿岩、回山、鳌峰、儒岙、上北、中北、炉溪等11个乡镇各配2石，其余乡镇各配3石。12月，县政府工赈面粉180吨，急赈面粉12吨、豆粉30箱、棉衣300件、旧衣40包、食米54吨、面粉83包、牛奶136箱36听。

是年，奉令豁免1941年以前各年田赋旧欠，当年田赋按1944年总额减半征收。

1947年1月，奉省社会处配发冬令救济奖助费50万元、豆粉30箱、食米面粉各1吨，除东溪、南明、儒岙、黄泽、鳌峰、澄潭、穿岩7个镇外，每乡配发1箱，奖助费除东溪、南明2个镇外，儒岙、黄泽、鳌峰、澄潭、穿岩5个镇各发4万元，其他乡镇各发1万元。豆粉限定每户发1罐，款限定每户发5000元。救济对象以鳏寡孤独或子女在五人以上并家境赤贫者为限，每乡配发8户。春季，县政府呈请省政府核借贷款2000万元，配合有资力粮商去外县购储粮食，由县民食调节委员会附设公卖店，办理民食调剂。至7月，公卖店平粜谷米3049石。5月，奉拨旧衣658包，救济3299人；拨发化肥20吨，每个乡镇600公斤。县米业公会与一些绅士发起办理平米会，其资金概由私人凑合借垫，经营亏损由发起人自负，如有盈余，一概拨充地方公益。自5月底至7月底，盈余款额487万余元，按当时谷价计算折合稻谷21石。

是年夏旱，水田龟裂，旱作皆枯。米价每石自春17.5万元涨至52万元（法币）。

1948年4月3日，普降冰雹，大如鸡蛋，入土寸许，时约20分钟，麦、豆等作物严重毁坏。继之干旱。5月15日，澄潭米价暴涨，激怒饥民，全镇米店悉数遭毁。7月，大雨成灾。

中华人民共和国

1949年春，淫雨连月，毁青苗。7月，淫雨连绵，作物受灾4400亩，减产三至四成。时民间粮食主要依赖私人粮商从中调剂。

1950年春夏荒，全县缺粮。政府发放救济大米52.75吨，受救济3533户10947人。同时，县政府委托县供销合作总社从临海贩米输入，限购平粜，对各乡申报经批准的贫困户按牌价九三折供应。县供销合作总社还为中粮公司绍兴分公司和嵊县办事处代购代销大米，平抑市价，使粮食供求渐趋平衡。4月，县政府成立人民生产救灾委员会，县长吕少英兼任主任，下设生产、总务、宣募、社救4组，各区设生产救灾小组，动员各界人民积极参加生产自救，社会互救，节约度荒。全年筹集社会互助互济大米200石；民间自由借贷（米及杂粮）3.33吨，帮助困难户304户1213人。10月15日，县第二届各界人民代表大会常务委员会第一次会议决定，撤销县人民生产救灾委员会，另组人民福利救济事业委员会，内设秘书、宣传、筹募、调查、监理等股，负责动员和组织人民对水旱虫雹、瘟疫及其他灾难之紧急救济和烈军工属、老弱孤独残、失业工人、妇婴儿童、医药卫生等救济。救济福利款项以在人民中劝募为主，必要时由政府补助。

是年夏，皖北苏北水灾，受灾人口近千万，逃荒来新昌的难民400余人。10月23日，县政府成立劝募委员会，王士英兼任主任，全县发起节约一两米支援皖北苏北灾民运动。11月底，共募集寒衣4430.5套，大米20石折款514450元，支援皖北苏北灾民。

1951年4月，县发救济款22.5万元、大米1.14吨、稻谷1.74吨、玉米5.32石、粟谷40公斤、番薯丝354公斤、年糕30公斤，帮助孟家塘、前梁、兰洲、石溪、新溪5个乡3529户困难户解决春荒。5月、7月、8月，旱，新昌、澄潭、黄泽三江断流，水田龟裂，旱作皆枯。6月下旬、8月下旬，大水，农田受灾4789亩，毁房3间。政府拨发大米63.28吨，受救济烈军工属、困难户2706户7538人。

1952年春夏荒，全县有11603户40255人断炊。政府发放救济大米16.04吨，救济款168832800元，受救济3987户17058人。举办以工代赈，发代赈粮74吨，修建水利设施28处。同时发动互助互济，出借玉米181.33石、大米51.56石、稻谷9.04吨、番薯丝655公斤、白术100公斤，人民币510.45万元，帮助1425户4816人度荒。7—8月，旱涝交加，干旱尤重。7月20—22日，台风、水灾，倒房43间。政府紧急救灾122104250元，受救济612户2305人。灾后，县供销合作总社举办平粜，销售大米4272.7吨，平均售价每百公斤19.98元，比城关镇市价20.60元低0.62元。

1953年春荒，政府发放救济款3650.42万元，受救济657户1911人。是年春旱连夏旱，部分地区连续70天无雨，受灾粮田11万余亩，亩均减产25公斤。8月，虫害。

1954年3月，全县断粮户4480户17325人，占总户数的6.17%，占总人口数的6.38%。县发放春荒救济款18020元，救济大米29吨。4—5月，连续降雨47天，洪涝成灾。据潜溪、前梁等11个乡不完全统计，倒房13间，淹没水稻1600亩。6月15—17日，暴雨、洪水，受淹农田近万亩。9月，旱。

1955年5月，旱，4万亩稻田无水下种。6月18—21日，暴雨、洪水，毁坏民房36间，27个乡2100户受灾，死亡2人。8月，旱，受灾农田10万亩。是年，全县粮食定销指标2077吨，实际销售2142吨。

1956年春荒，全县缺粮3193户12152人，永宁、岱石、报国、东溪、白岩、诚爱等11乡尤重。4—7月，旱，受灾粮田11.3万亩。8月1日，12号台风中心过境，暴雨、山洪，县城水漫膝盖，农田遭灾4.74万亩，冲毁农田7400亩，受灾水稻1.5万亩，其中颗粒无收589亩；倒房2210间；死25人，伤42人。8—12日，狂风暴雨，冰雹，受灾2乡，倒房20间，死3人，伤5人。9月19日，暴雨、山洪。损失粮食2294吨，死3人，伤4人。全年发放救济款69611.42元，其中春荒救济14969元，台风洪灾救济44994元；发冬令救济棉被480条，棉衣290套。

是年，县粮食部门除按定销指标供应农村困难户口粮外，安排退库①、返销和增销粮食共计4318.65吨。

1957年2月，农村部分社员开始缺粮。5月，据36个乡镇调查，缺粮严重的有16个乡镇，其中小将、镜岭等地，有少数群众借口缺粮，聚众肇事。6—7月，旱，受旱水田15万亩。9月，旱，晚稻受旱12万亩。是年，发放救灾款24938元，安排返销粮3561.05吨。

1958年5—7月，旱，山塘水库干涸，溪江断流，受灾粮田12万亩。

---

①：退库、返销指余粮队、户，按春夏两季向国家交售粮食征购任务后，遇灾秋粮减产，或年终结算确认全年征购过头，造成农民生活困难，口粮达不到规定最低标准时，通过核实产量，检查分配，适当给予减购、退库、返销处理。

1959年7月31日下午，回山、安顶、儒岙3公社遭遇冰雹25~40分钟，受灾71个大队、96户、492人。受灾作物7775亩，损失稻谷267吨。9月4—6日，暴雨、洪水，冲毁农田、耕地7170亩，水稻受灾2.6万亩，其中颗粒无收2000亩，减产五成以上3814亩；玉米受灾2066亩，其中颗粒无收1046亩；毁坏民房1825间，冲走耕牛等牲畜492头。

1960年6—7月，旱。9—11月，旱。农作物受旱12万亩，成灾8万亩。7月18—19日，镜岭、回山等区乡遭遇冰雹。

1961年6—8月，干旱70天，受灾粮田10万亩，成灾7.5万亩。10月3—5日，洪涝，受灾粮田6200亩，冲毁农田709亩、旱地608亩；倒房413间；死4人，伤16人。全年农村社员人均口粮164公斤，各地出现挖野菜草根充饥，因饥饿而患浮肿病的情况。是年，宁波专区拨救灾款2万元，县发冬令救济被絮73条，棉衣36件，毯子100条，棉布1886市尺。

1962年冬至1963年4月，干旱148天，山塘水库半数干涸，4.2万亩水田无水下种。6月24—25日，暴雨成灾，受灾农田1.36万亩，毁房13间，死6人。7月31日至8月1日，台风、暴雨，受灾农田1800亩，毁房5间。9月4—7日，14号台风侵袭，普降暴雨，受灾粮田2.44万亩，损失粮食2500余吨，倒房1986间；死亡3人，受伤12人。是年，发放春荒救济款1.7万元、冬令救济款37450元、棉被絮176条、棉布16699市尺、棉花708公斤、卫生衫287件、卫生裤78条。县粮食管理部门对接上新粮有困难的余粮队、自给队，发放预借粮（按统销价供应成品粮），秋收后酌情归还（按统销价收购原粮）。

1963年4月9日，县政府成立防洪防旱指挥部，副县长王成智任指挥，各公社相应建立指挥机构。同月29日，雪溪公社15个大队遭受雹灾。5月22日，梅渚、澄潭两公社的梅渚、畈田、平水庙等9个大队遭受风、雹袭击，最大雹粒如鸡蛋。受伤9人，倒房16间。6月至9月上旬，干旱，水稻受灾7.6万亩，旱地作物受灾2.6万亩。9月10—12日，台风伴特大暴雨，受灾农田2万亩，毁房147间，死1人。9月下旬至11月，干旱40天，农作物受旱3.8万亩。是年，发放春荒救济款8500元，救济粮310吨；县粮食管理部门发放预借粮594.25吨，后经政策处理免予归还312.4吨。

1964年6—9月，干旱，山塘水库干涸，溪江断竭，受灾水稻11.6万亩，旱地作物4.7万亩。8月，县粮食管理部门发放预借口粮464.75吨，预借种子粮11.45吨。11月，发放救灾款43980元、冬令救济款32530元、发放救济棉被102条、棉布10020市尺、棉衣23件、棉裤49条、棉花980公斤。

1965年8月19—21日，发洪水，农作物受灾2250亩。是年，发放救灾款3.5万元、社会救济款2.75万元，发放救济棉花500公斤、棉布8000市尺、棉被絮1100条、卫生衫500件。

1966年7—9月，干旱55天，草籽田受灾3万亩。9月5—7日，发洪水，农作物受灾4850亩。

1967年，遭百年未遇旱灾。6月下旬至11月，连旱130余天，水源断绝，人畜饮水困难，受灾粮田18.8万亩，其中0.5万亩无法秋种，虽种无收13.3万亩；旱地作物5.1万亩无收或减产，粮食产量比1966年86万吨减产32.57万吨。受灾农民3.8万户，16.8万人，占全县总人口的52%。全县全年人均口粮仅137.5公斤，比上年237公斤减少99.5公斤。灾后，全县每人留粮25公斤以下的有376个大队、154472人，25.5~40公斤的有121个大队，49684人，40.5~55公斤的有100个大队、43816人，55.5~70公斤的有94个大队、40898人，70.5~85公斤的有24个大队、9339人，部分山区出现逃荒要饭。是年，发放救灾款20万元、冬令救济棉被705条、棉衣300件。县粮食管理部门供应农村缺粮户口粮19601吨，为历史最高返销量。

1968年6月25—27日，发洪水，受灾农田2800亩。8月11日至10月15日，连旱66天，农作物受灾3万亩。

1969年8月6日至9月12日，连旱38天，农作物受灾4.5万亩。发放救灾款3万无，贫病减免费9900元，冬令救济款18735元，棉被200条，棉衣230件。

1970年6月30日至9月5日，连旱68天，农作物受灾4.5万亩。入冬，发放冬令救济款30315元、棉被250条、棉衣300件。

1971年6—9月，持续干旱90天，受灾粮田10.5万亩，成灾7万亩。7月18日，石磁公社东家坑大队遭受冰雹。8月17日下午，莒根公社、儒岙公社遭受冰雹。8月24日，大明市公社、大市聚公社遭受冰雹。9月22—23日，澄沄江洪水，沿江两岸受灾农田5400亩。是年，因灾生活发生困难的有44个公社，县粮食管理部门供应农村缺粮户口粮10464.05吨。民政部门发放春荒救济款26450元，冬令救济款33615元，棉被300条，被絮180条，棉衣300件，卫生裤160条。

1972年6月24日下午，莒根公社细心坑大队遭遇特大冰雹，粒径10厘米，地面积雹10厘米，持续30分钟，击伤耕牛，打碎瓦片。8月15—17日，黄泽江发洪水，沿江两岸受灾农田2800亩。

1973年5月14—18日，暴雨成灾，全县受灾农田1.26万亩，毁坏农田1146亩，倒房7间，伤亡4人。7月下旬至8月底，连旱40天，农作物受灾1.6万亩。

1974年3月7日，蔡峰、小将、大市聚、长诏、回山、安山等公社遭遇冰雹。

1975年7月2日，连降暴雨，山洪成灾。蔡峰公社153亩农田，30亩旱地被冲毁。12日，洪水，受灾农作物1万亩，毁坏农田859亩，倒房80间，伤亡2人。秋后，国家对缺粮队实行增产抵销政策。

1976年4月28日，回山公社、城关镇遭遇冰雹。

1977年7月1日，洪灾，受灾农作物1万亩，倒房171间，伤亡4人。7月2日至8月6日，连旱36天，农作物受灾4.1万亩，新溪、桃源、东茗、诚爱、儒岙、永宁、方泉、结溪、沙溪等地灾情尤重。

1978年6月25日至7月15日，高温干旱，受灾粮田5万亩，旱地作物遭灾7万亩。7月7日，新溪、茅洋等地遭遇冰雹。8月16日，茅洋、龙皇堂遭遇冰雹。

1979年冬未雨，254个大队无水育秧，无水插秧超过立秋关的4.61万亩。春旱连伏旱，伏旱连秋旱，至7月23日，晚稻种不下的有2万亩；7月22日，西岭公社遭冰雹，雹下2分钟，雹大2厘米，致早稻倒伏，稻头打断，受淹水稻4000亩，倒房140余间；8月24日，台风、暴雨，254个村受灾，倒房145间。

是年，发放救灾经费20.5万元、蚊帐8顶。

1980年5月4日、14日，两次大风暴雨，倒伏大小麦2.6万亩，减产1.6万吨，水稻受淹7000余亩，烂谷籽37225公斤，倒房16间，死2人。

是年，发放救灾经费2.39万元。

1981年3月14日凌晨5时，遁山公社灵山下、上旺、里丁等地遭冰雹袭击，雹大似鹅蛋，地面积雹1市尺，95%的屋瓦打碎。8月13日下午3—4时，城郊、澄潭、儒岙、镜岭4个区大部分公社暴雨成灾，岱石公社雨量达124毫米。因雨大范围广，致南明坑水急泻县城，现实验中学校区一片汪洋，434户民居进水。全县被淹水稻3.2万亩，冲毁水田4713亩，冲毁旱地1903亩；倒房278间，淹死2人。8月31日至9月1日，14号台风、暴雨，沙溪公社雨量在268毫米以上。16个乡镇受灾，倒房643间，损坏1204间；死3人，伤13人；水稻被淹7719亩，农作物减产3000余吨。

雹灾后修屋瓦（张伯英 摄）

是年，发放救灾经费3.1万元，有关部门供应计划木材指标100立方米、水泥指标612吨、化肥指标30吨。

1983年春，小麦黄锈病危害严重。6月2日，彩淳公社欧潭村滑坡，148米公路塌陷0.8米，危及村民安全。6—7月，连日下雨39天。7月15日17—18时，持续暴雨，最大降雨量141毫米，9个公社受灾尤重，全县受淹稻田16696亩，有250亩冲成沙滩，倒房859间，死3人，伤46人。

是年，发放救灾经费5.58万元，有关部门供应计划木材指标48立方米、水泥指标

221 吨。

1984 年 6 月 25—27 日，连降暴雨。8 月 9 日、10 日， 7 号台风伴随暴雨，倒房 78 间，死 2 人，淹没早稻 3836 亩，晚稻 528 亩，损失粮食 425 吨。

是年，发放救灾经费 2.68 万元，粮食部门供应返销粮 25 吨。

1985 年 3—7 月，干旱少雨，降雨量仅 259.9 毫米，山塘水库大部分干涸，22 个乡严重受灾。17.7 万亩水稻断水 7 万亩，开裂发白 3.5 万亩，旱地作物基本无收，仅早稻减产达 3200 吨。5 月 4 日，突降暴雨成灾。7 月遭遇 6 号、10 号台风。6 号台风死 2 人，倒房 36 间，损坏 148 间，直接损失 9.3 万余元。冬季连降大雪，一周内严寒达-5℃~-7℃，冻死耕牛 347 头。

是年，发放灾民生活救济 11.33 万元。

1986 年 4 月 10 日傍晚，遁山、东茗、诚爱等 22 个乡镇 221 个村、28483 户，遭受百年罕见的龙卷风、冰雹、暴雨袭击，雹大似鸡蛋，最大的重 2.85 公斤，胸径尺半松树拦腰折断，4.5 万余亩大小麦、2545 亩油菜尽毁，1 万余亩茶叶及桑叶、白术嫩芽打光。327 人受伤，131 间民房倒塌，61115 间房屋瓦片粉碎，直接损失 1908.26 万元。7 月 21 至 8 月 25 日，连续 36 天高温干旱，绝大部分山溪断流，山塘水库干涸，5200 亩水田无水下种，1.4 万亩水稻枯死，5.7 万亩旱地作物减产；岱石、新溪、石磁、安山、红星、东茗、诚爱等山区乡人畜饮水困难。8 月 27 日，15 号台风、暴雨，洪水成灾，澄潭江水位暴涨，沿岸 500 余亩水稻淹没，枣园、胡衣、茅家、舒家 4 个村进水没膝。全县倒房 175 间，死 2 人。

是年，因灾缺粮 12.1 万人。发放救灾款 18.2 万元、救济粮 200 吨。

1987 年 6 月 20 日，暴雨成灾，澄潭区尤重，死 2 人。7 月 28 日，7 号台风过境，风力 8 级，普降暴雨，23 个乡镇遭灾，早稻受淹 11460 亩，晚稻秧田受淹被冲 440 亩，直接损失粮食 2500 吨。后又遭 12 号台风、龙卷风侵袭，倒塌和严重损坏民房 1193 间，损失粮食 4885 吨。

是年，发放灾民生活救济 30 万元。

1988 年 6 月 23 日至 7 月，高温干旱 36 天，受旱农田 5.6 万亩，占全县水田的 31%，旱地作物严重受灾 5.8 万亩，有 20 个村 8000 余人饮水困难。7 月 29 日晚 8 时起，特大暴雨，10 小时内黄泽江流域平均降雨量高达 350~400 毫米，黄泽江洪水泛滥，洪峰流量达每秒 2050 立方米，超过安全流量（每秒 800 立方米）一倍以上，大明市、丁家园、山头里、藕岸、枫家潭、钦寸、方塘头等村沦为汪洋，水深 2~3 米，洪水围困时间长达 15 小时以上，特大洪灾 500 年未遇。全县有 4 个区 20 个乡镇 261 个村遭灾，受灾 36927 户 134241 人，成灾 35300 户 123944 人，死 28 人，伤 339 人；倒房 13362 间，损坏 18415 间，7300 人无家可归；受灾农田 4.5 万亩，绝收 2.02 万亩，其中冲成乱石滩 9898 亩；

减产、损失粮食14659吨；电力、通信、广播线路和交通、水利设施均遭严重毁坏，29个乡镇断电，9个乡镇通信中断，省道江拔公路和沙溪、小将县乡公路交通中断，直接经济损失1.774亿元。

7月30日凌晨，县委、县政府召开紧急会议部署抢险救灾，成立抗灾救灾指挥部，组织民政、水利、农业、卫生等部门，全力投入救灾工作，民政局及时向省民政厅报告灾情。当日晚，省民政厅农救处副处长崔光明到新昌调查灾情，次日一早赴大明市、新林重灾区察看灾情，指导救灾。8月2日，县民政局紧急发放救济粮30吨、油毛毡1000筒、蚊帐1500顶、铝锅600个。

8月8日，县境又遭7号台风袭击，受灾面扩大，灾情加重。

灾后，县政府发出《告全县人民书》，号召全县人民募捐救灾。社会各界群众积极响应，纷纷捐款捐物支援灾区，共募集捐款100余万元（其中绍兴县援助10万元）、衣物10余万件、粮食75吨、粮票105吨。民政局陆续将救灾物资运送灾区，发放生活救济款70万元、生产救济款110万元，安排以工代赈款90万元，用于修复农田水利、灾区防疫消毒、购置救灾物资等。入冬前，发放棉被1700条、冬令生活救济款11.5万元，灾民基本生活得到保障，无一人因灾饿死或病死。

8月上旬，副省长许行贯至灾区大明市、沙溪考察，指导救灾。21日，联合国世界粮食计划署官员黄斌到新昌大明市灾区勘察灾情。

9月中旬，联合国世界粮食计划署援助浙江省小麦1万吨。9月29日，许行贯副省长主持召开全省“3789Q”项目（灾民新村重建）领导小组第一次会议，决定：1万吨小麦统一由省粮食局按议价收购，所得款额三分之一用于上虞、慈溪、绍兴等地海池修复（称“2700”项目），三分之二用于嵊州、新昌、奉化、宁海4个县11个村重建灾民新村，新昌大明市、山头里、沙溪3个村列入“3789Q”项目，援助小麦1500吨。会议要求灾民新村在年底前全面建成，确保灾民春节前入住。

会后，县成立副县长林廷峰为组长的“3789Q”项目建设领导小组，下设办公室于县民政局，指派1名民政干部，专事物资调拨、粮款发放、建设进度的督促检查。灾民新村按村镇规划要求，由灾民自主建造，民政局给予无息贷款、以工代赈、建筑材料等的补助。无息贷款按每人建筑面积20平方米，每平方米借款30元安排，期限3年。以工代赈按建筑面积每平方米补助30个工日（相当于60元），每个工日补助小麦3.25公斤，折合大米2.167公斤（相当于人民币2元）计发。3个灾民新村共补助45万个工，补助钢材70吨，补助木材100立方米，补助玻璃90箱。

12月，灾民新村如期建成，176户，766人在春节前入住，并通过“3789Q”项目组验收和新昌县审计局的授权审计。翌年7月，省“3789Q”项目领导小组办公室表彰“3789Q”项目实施工作先进集体和个人，沙溪镇党委书记徐建国、沙溪镇城建助理员俞雪良、县民政局王兴法等3人和沙溪村委会受到表彰。

1989年6月27日至7月5日，连降暴雨，降雨量350毫米。磐安县五丈岩水库泄洪100个流量以上，致镜岭、澄潭等10个乡镇54个村受灾，受灾人口7700人，成灾3438人；农作物受灾6160亩，其中成灾4126亩，绝收235亩，粮食减产890吨，损失粮食41吨；倒塌民房175间，损坏民房1652间，直接经济损失219万元。9月15日，23号台风伴大暴雨，澄潭江流域平均降雨130毫米，最高达149毫米。同时，五丈岩水库以每秒 283 立方米流量长时间泄洪。16 日凌晨四时，溪西水文站洪峰流量高达每秒1880立方米，致澄潭江流域成50年一遇洪灾。全县受灾36个乡镇522个村，受灾3.15万户11.9万人，其中成灾9.5万人。倒房6302间，损坏1.5万间，有441户1662人无家可归，伤亡4人。受灾农作物13万亩，受淹成灾3.7万亩，损失粮食20315吨（含屋内冲走粮食）。直接经济损失1.1亿元。同日，回山区下山村发生滑坡，长约千米，宽约300米，面积约30万平方米。村址上方出现长80余米、宽5米、深14米的大裂缝；全村167户，有103户住房地裂墙倾成一级危房，67间房倒塌。

是年，用于紧急安置灾民生活4.3万元，发放救灾款93.8万元，发放救济粮100吨，发放以工代赈粮35万公斤。有关部门供应水泥指标150吨、钢材指标20吨，帮助下山村灾民修建住房。

转移安置灾民（张伯英 摄）

给灾民发放食品（张伯英 摄）

1990年7月3日至8月10日，持续高温干旱，旱地作物受灾6.41万亩；彩淳、岱石、肇圃、新溪、西岭等乡87个村3.1万人饮水困难。7月13日下午2时，大市聚、长诏2个乡遭遇风力9级龙卷风夹带暴雨，11个村、1671户、5110人受灾，倒房34间，损坏15间；早稻倒伏350亩、玉米1100亩，减产粮食75吨。8月31日，15号台风过境，沙溪、董村等 35 个乡镇 423 个村影响，倒塌和严重损坏民房 6631 间，损失粮食602.5吨，直接经济损失6500 万元。

是年，用于紧急安置灾民5万元，发放灾民生活救济20.9万元，救济粮50吨。县长诏水库管理局被省政府评为抗灾救灾先进集体。

1991年6月22日至7月29日，持续高温干旱，18个村7500余人饮水困难，7.9

万亩秋地作物严重影响。7月12日，东茗、澄潭、灵川、红星、西坑、镜岭等6个乡镇50个村遭冰雹灾害，冰雹粒径近10厘米，持续20余分钟，并伴龙卷风、大雨。两次灾害范围涉46乡镇450个村，受灾人口18万人，成灾8.9万人，其中重灾6878户2.27万人；农作物受灾9.2万亩，成灾4.47万亩，绝收0.98万亩，减产粮食520吨，损失4175吨；倒房13间，损坏1.5万间，直接经济损失878.5万元。8月12日至9月12日，秋旱，农作物受灾8.92万亩。

灾后，发放救灾款28万元，其中16万元用于以工代赈，救济粮食55吨。是年，县民政局被省委、省政府评为抗灾救灾先进集体。

1992年5月11日15时，彩淳、新天、岱石、新民等4个乡28个村遭冰雹、狂风、暴雨灾害，倒房16间，损坏171间。7月14日至8月13日，持续高温干旱，农作物受灾8.58万亩，6个乡镇23个村万余人饮水困难。8月28—31日，16号台风袭击，普降暴雨，平均降雨量302.8毫米，巧英乡最大达567毫米。18个乡镇392个村受灾，受灾人口14万人，其中成灾8万人，有4500人被洪水围困，紧急转移3200人，死4人；受灾粮田14850亩，其中成灾3450亩，绝收975亩，减产粮食520吨，损失粮食67.5吨；倒房350间，严重损坏2430间；牲畜死亡798头，直接经济损失3795.1万元。

9月22—23日，遭到19号台风袭击，普降暴雨，平均降雨量177毫米，巧英乡最大达365毫米。18个乡镇450个村受灾，受灾人口18万人，有5000人被洪水围困，紧急转移7000人，死2人；农作物受灾7.2万亩，其中成灾4.6万亩，绝收1.5万亩，减产粮食1.27万吨，损失粮食420吨；倒房1075间，严重损坏民房3150间，无家可归353户；牲畜死亡400余头，直接经济损失11535.79万元。

是年，发放灾民生活救济款13.6万元，救济大米25吨。

1993年4月，大市聚等5个乡镇部分村遭遇龙卷风、冰雹袭击，损坏民房250间。6月、7月，连日暴雨，镜岭、镜屏等9个乡镇部分村倒房431间，严重损坏1294间。7月20日，双彩乡部分村遭龙卷风袭击，倒房4间，损坏70间。

是年，发放灾民生活救济款24.4万元。

1994年6月8—23日，梅雨16天，新昌江、黄泽江、澄潭江持续洪峰，18个乡镇、150个村、8万人受灾，农作物受灾1.47万亩。6月24日至8月20日，干旱，农作物受灾15.49万亩。9月9—22日，连降大雨，倒房54间，损坏650间；农作物受灾9620亩，成灾7150亩，绝收116亩。23日后，持续高温干旱一个半月，农作物受灾15.7万亩，成灾14.9万亩，绝收3.7万亩；102个村3.06万人饮水困难。

是年，发放灾民生活救济款8.8万元。

1995年5月30日下午2.30分，沙溪、新林、大市聚、小将、巧英、大明市、镜屏等乡镇暴雨，不到一小时内平均降雨91毫米，受灾3.97万人，倒房114间，损坏786

间，无家可归1户5人，死1人；农作物受灾1.31万亩，成灾0.76万亩，绝收0.167万亩，粮食减产706.5吨。7月7日至8月22日，伏旱，山塘水库干涸，农作物受灾15.31万亩；54个村1.59万人和5110头牲畜饮水困难。8月28日，城关镇遭遇冰雹。

是年，发放灾民生活救济款27.5万元。

1996年7月2日至8月15日，持续高温晴热，850余座山塘水库干涸，12个村饮水困难；370亩晚稻无法下种，农作物受灾5.09万亩。旱情解除后，又遇台风、暴雨侵袭，倒房123间，损坏1520间，死1人，重伤6人。粮食减产3070吨，损失9.5吨，直接经济损失1557万元。

是年，发放灾民生活救济款64万元。

1997年5月至6月中旬，40余天无雨，29个村饮水困难；农作物受旱10.81万亩，其中2万亩早稻和单季稻断水，4.2万亩单季稻无法下种。6月20日起连续阴雨，26日下午4时，城关、梅渚等地暴雨，一小时内降雨78毫米，21个村进水，农作物受灾1.6万亩，成灾1.5万亩；倒房130间，损坏700间。7月13日下午4时，城关、城南等8乡镇再遭暴雨，2万亩农田被淹，倒房150间，死1人。8月17—18日，11号台风过境，普降暴雨，3000人转移，死1人，伤28人，倒房1690间，严重损坏4100间，86户296人无家可归。农作物受灾5.4万亩。9月19—20日，普降大暴雨，18个乡镇、350个村、6万人受灾，毁房108间，倒房34间，农作物遭灾5.165万亩。

是年，发放灾民生活救济款67.9万元，救济大米93吨。

1998年1月22日，历史罕见大雪，倒房1434间，受灾18万人，毛竹、茶叶、果木、蔬菜损失严重。8月1—24日，晴热少雨，受旱农作物13万亩，1.3万人饮水困难。

是年，发放灾民生活救济款45.7万元，救济大米141吨。

1999年6月20—27日，降雨350毫米，山洪暴发，澄潭江、黄泽江沿岸7个乡镇8.9万人受灾，成灾人口6.3万人，倒房287间，损坏1617间；农作物受灾7950亩，减产粮食7510吨，损失粮食360吨。

是年，发放灾民生活救济款73.84万元，救济大米85吨。

2000年5月13日，城关镇遭遇冰雹。6月19—24日，暴雨，洪灾。7月2日、8月23日，9号、14号台风影响，小将等部分乡镇山洪暴发，受灾8万人，成灾4.5万人，倒房537间，损坏2300间；农作物受灾46320亩，成灾32430亩，绝收2910亩，减产粮食5500吨。

是年，发放灾民生活救济款44万元，救济大米100吨。

2001年6月23日，受台风“飞燕”影响，小将、沙溪等地暴雨成灾，受灾7.9万人，成灾5.1万人，死1人，伤2人；倒房706间，损坏1576间，无家可归93户，279人；农作物受灾30240亩，成灾21210亩，绝收4920亩，减产粮食4.698万吨。7月14日，城关、城南、东茗、拔茅等乡镇遭短时特大暴雨，25个村2.5万人遭灾，毁房6000

间，死 1 人，伤 2 人，受灾农作物 1.2 万亩。

是年，发放灾民生活救济款 63 万元。

2002 年 8 月 15 日傍晚，城关、新民一带暴雨，山洪暴发，受灾人口 2.1 万人，成灾 0.8 万人，倒房 368 间，损坏 1321 间，无家可归 28 户 56 人；农作物受灾 12945 亩，成灾 6780 亩，绝收 1950 亩，减产粮食 5000 吨。下山村、华董村山体滑坡，96 间民房成危房。

是年，发放灾民生活救济款 38 万元。

2003 年 7 月 1 日至 9 月 15 日，持续高温干旱，农作物受灾 12.61 万亩；城南、东茗、镜岭、镜屏等 14 个乡镇 95 个村人畜饮水困难。达利发集团捐资 30 万元，帮助城南、东茗、镜岭、镜屏等乡的 5 个村建造饮水工程；县组织车辆定期送水 2000 余吨。9 月 14 日下午，回山、长征、双彩 3 个乡遭受冰雹伴大暴雨，农作物受损。

是年，发放灾民生活救济款 24.9 万元，救济大米 10 吨。

2004 年 7 月至 8 月上旬，持续高温干旱。8 月 12—13 日，受台风“云娜”影响，普降暴雨，降水量在 100 毫米以上，16 个乡镇受灾，镜屏、巧英等乡灾重。全县受灾 68180 人，房屋倒塌 385 间，粮食作物受损 16875 亩。12 月 28 日，普降暴雪，山区积雪 30 厘米以上。

是年，发放灾民生活救济款 55.2 万元。

2005 年 1 月 13—14 日，普降中到大雪；2 月 10—12 日，普降中雪；3 月 11—12 日，大暴雪。降雪日达 14 天，为 1970 年后出现的最重雪灾，大片毛竹压倒，果树断枝。5 月 28 日至 7 月 17 日，高温干旱；入夏，先后受“海棠”“麦莎”“泰利”“卡努”“龙王”等台风影响，其中 8 月 6 日台风“麦莎”、9 月 11 日台风“卡努”灾情较重，受灾 5 万余人，倒房 376 间，损坏 609 间，农作物受灾 6330 亩，直接经济损失 2000 万元。

是年，发放灾民生活救济款 269.3 万元。

2006 年 7 月 28 日至 8 月 6 日，持续高温晴热少雨，农作物受灾 4.57 万亩；8 月 10 日，受台风“桑美”外围影响，倒房 10 间，损坏 582 间，农作物受灾 77325 亩，绝收 11355 亩，直接经济损失 6450 万元；9 月 17 日至 10 月底，降水仅 2.4 毫米，部分山村饮水困难。

是年，发放灾民生活救济款 108.1 万元。

2007 年 5 月 4 日晚，芹塘突降冰雹 10 余分钟，最大粒径 10 厘米。6 月 21 日，澄潭、梅渚、东茗等乡镇遭特大暴雨，11 个村进水，受灾 675 户，1.5 万人。7 月 18 日至 8 月 6 日，持续高温，山区用水紧张，农作物受灾 3.96 万亩；9 月 17—20 日，受台风“韦帕”影响，全县平均降雨量 227.1 毫米，暴雨成灾，受灾 9.44 万人，40 个村受淹，紧急转移 8138 人，倒房 406 间；农作物受灾 5.33 万亩，减产粮食 7540 吨。10 月 6 日，受超强台风“罗莎”影响，全县出现强降雨，时达 48 小时，平均降雨量 258 毫米，沙溪竺家坑一带高达 479.5 毫米，受灾人口 8.08 万人；农作物受灾 38655 亩，绝收 4050 亩，粮食减产 5005 吨；倒房 365 间，损坏 832 间，直接经济损失 14679 万元。

是年，发放灾民生活救济款 224.9 万元。

2008 年 1 月 29 日至 2 月 5 日，连续雨雪冰冻，受灾人口 8.9 万人，紧急安置 1952 人，倒房 38 间，损坏 890 间，农作物受灾 9.9 万亩，绝收 1500 亩，直接经济损失 9500 万元。7 月 28、29 日，受台风“凤凰”影响，普降大到暴雨，东部山区降雨 80~150 毫米，受灾 7500 人，直经济损失 210 万元。

是年，发放冰雪灾害救济款 94 万元，县慈善总会发放救济款 52.4 万元，其中 4.5 万元用于乡镇敬老院修缮。

2009 年 6 月 5 日晚，沙溪等地降冰雹。8 月 6—11 日，受台风“莫拉克”影响，平均降雨 204.8 毫米，沙溪镇蔡峰最大降雨 433 毫米，并伴 7 到 10 级大风，受灾 92689 人，40 余个村受淹，紧急安置 6837 人，农作物受灾 85845 亩，倒房 245 间，直接经济损失 1.89 亿元。8 月 17—27 日，持续高温干旱，极端最高气温 40.2℃（7 月 19 日），农作物受灾 439.9 亩，其中干枯 1110 亩，0.85 万人饮水困难，直接经济损失 0.1 亿元。

是年，发放灾民生活救济款 179.3 万元。

2010 年 3 月 1—9 日，持续低温阴雨，茶叶、马铃薯、油菜遭受严重冻害。5 月 22—23 日，普降大雨，新林乡查林村马岸山体滑坡，小将有房屋倒塌。8 月 10—27 日，持续高温干旱，极端最高气温 40.3℃（8 月 14 日），局部地区农作物受旱。12 月 15 日，普降暴雪，积雪深 10~20 厘米，倒房 121 间。

是年，发放灾民生活救济款 49.1 万元。

2011 年 1 月 18—21 日，两次普降中到大雪，受灾 1.2 万人，农作物受灾 1.65 万亩。1 月下旬至 5 月，少雨，降水量占常年同期的 59.8%，局部受旱，农作物受灾 27795 亩，近 2 万人饮水困难，直接经济损失 330 万元。6 月 10—26 日，梅雨期洪水，受灾人口 3.55 万人，倒房 595 间，转移人口 546 人，其中安置灾民 27 人；粮食作物受灾 19560 亩，其中成灾 5091 亩，绝收 919.5 亩，减产粮食 2311 吨。8 月 13 日，暴雨，倒房 11 间，农作物受灾损失 90 万元。9 月 8 日，台风、暴雨，农作物受灾 100.5 亩，受淹 20 户。11 月，受台风“南玛都”部分影响。

是年，发放灾民生活救济款 191 万元。

2012 年 6 月 10 日，普降大雨，局部大暴雨，3 个乡镇受灾，受灾人口 2090 人，倒房 27 间，转移人口 17 人。农作物受灾 1564 亩。6 月 26 日，普降大雨，局部大暴雨，6 个乡镇受灾，受灾人口 507 人，倒房 7 间，转移人口 27 人。农作物受灾 399 亩。8 月 6—9 日，受台风“海葵”影响，风力 9~10 级，全县普降暴雨、大暴雨，局部特大暴雨，平均降雨量 180.6 毫米，3.5 万人受灾，倒房 161 间，粮食作物受灾 1.3 万亩，其中绝收 7129.5 亩，直接经济损失 4.12 亿元。

是年，发放灾民生活救济款 199 万元。

2013 年 7—8 月，持续晴热高温。10 月 5—9 日，受台风“菲特”影响，风力 8 级以上，伴暴雨到大暴雨，平均降雨量 287.3 毫米，受灾 15795 人，直接经济损失 8410 万元。

是年，发放灾民生活救济款 397 万元。

2014 年 7 月 23 日、30 日，9 月 21 日，受台风“麦德姆”“凤凰”影响，全县不同程度受灾。发放灾民生活救济款 45.6 万元。

2015 年 7 月 10—12 日，受台风“灿鸿” 影响，倒房 103 间，转移人口 6965 人，102596 人受灾，农作物受灾 5.93 万亩。8 月 7—10 日，受台风“苏迪罗”影响，倒房 95 间，转移人口 1673 人，受灾人口 2.5 万人，农作物受灾 1.01 万亩。9 月 28—30 日，受台风“杜鹃”影响，10490 人受灾，倒房 20 间，农作物受灾 2766 亩。

是年，发放灾民生活救济款 391.9 万元。

2016 年 9 月，受台风“莫兰蒂”和“鲇鱼”影响，全县普降暴雨，农作物不同程度受灾。发放救灾款 50.1 万元，救助 3721 人次。

2017 年 6 月 9 日至 7 月 5 日，阴雨 21 天，间夹暴雨，为 1972 年后日照时数最少一年。7 月 29 日至 10 月 14 日，受台风“纳沙”“海棠”“泰利”“卡努”等影响，农作物不同程度受灾。

是年，发放救济款 99 万元，救助 2050 人次。

附：1979—2017 年新昌县灾荒救济情况

表 64　1979—2017 年新昌县灾荒救济情况表

年份	灾害简况	救济款(万元)	救济粮(吨)	其他物资	备　注
1979	干旱，冰雹	20.25		蚊帐 8 顶	
1980	台风暴雨	2.39			
1981	冰雹，山洪、台风、暴雨	3.1		木材 100 立方米，水泥 612 吨，化肥 30 吨	补助灾民修建住房
1982		5.58			补助灾民修建住房
1983	滑坡、暴雨	6.7		木材 48 立方米，水泥 221 吨	补助灾民修建住房
1984	暴雨、台风	2.68	25		补助灾民修建住房
1985	干旱、台风	11.33			生活救济 6.68 万元，扶贫 2.7 万元
1986	龙卷风、冰雹、暴雨、干旱、台风	12.9	200		生活救济 10.2 万元，安置灾民 8 万元，扶贫 55 万元

续表 64

年份	灾害简况	救济款(万元)	救济粮(吨)	其他物资	备　注
1987	台风、洪水、龙卷风	51.2			生活救济 30 万元，扶贫 21.2 万元
1988	洪涝	187.8	30	油毛毡 1000 筒、蚊帐 1500 顶、铝锅 600 个，衣服 10 余万件，粮票 10.5 万公斤，棉被 1700 条	生活救济 124.8 万元，安置灾民 8 万元，扶贫 55 万元，联合国世界粮食计划署援助小麦 1500 吨，以工代赈，复建灾民新村
1989	洪涝、台风	118.9	100		生活救济 93.8 万元，安置灾民 4.3 万元，扶贫 20.8 万元
1990	干旱、台风、龙卷风夹带暴雨	40.9	50		生活救济 20.9 万元，安置灾民 5 万元，扶贫 15 万元
1991	干旱，冰雹，龙卷风	33.8			生活救济 28 万元，扶贫 5.8 万元
1992	台风，洪涝	21.6	25		生活救济 13.6 万元，扶贫 8 万元
1993	龙卷风、冰雹	34.4			生活救济 24.4 万元，扶贫 10 万元
1994	暴雨，高温干旱	15			生活救济 8.8 万元，扶贫 6.2 万元
1995	暴雨，山洪	37.5			生活救济 27.5 万元，扶贫 10 万元
1996	高温干旱，台风、暴雨	76			生活救济 64 万元，扶贫 12 万元
1997	干旱，台风、暴雨	99	93		生活救济 67.9 万元，扶贫 31.1 万元
1998	大雪，台风	45.7	141		生活救济
1999	阴雨，山洪	73.84	85		生活救济
2000	热带风暴、台风、山洪	44	100		生活救济
2001	台风暴雨	63			生活救济
2002	暴雨，山洪、山体滑坡	38			生活救济
2003	干旱	24.9	10		生活救济
2004	干旱、台风、大雪	55.2			生活救济

续表 64

年份	灾害简况	救济款(万元)	救济粮(吨)	其他物资	备　注
2005	台风	272.7			生活救济 269.3 万元，救灾物资储备 3.4 万元
2006	高温干旱 台风	108.1			生活救济
2007	台风	224.9			生活救济
2008	低温雨雪	146.4			生活救济
2009	高温干旱	179.3			生活救济
2010	高温干旱	202.2			生活救济 49.1 万元
2011	高温干旱	191			生活救济
2012	高温干旱	262			生活救济 199 万元，其他 63 万元
2013	台风	422			生活救济 397 万元，其他 25 万元
2014	台风	192.6			生活救济 45.6 万元，救灾物资储备 127.2 万元，其他救济 19.8 万元
2015	台风	522.9			生活救济 391.9 万元，救灾物资储备 131 万元
2016	台风	72.1			生活救济 50.1 万元，20 万元用于救灾物资储备
2017	台风	99.5			

第三节　防灾减灾

抗灾救灾，重在防灾减灾。而防灾减灾，首要的是解决人们的吃饭问题。古往今来，历朝县政都重视防灾减灾，通过兴修水利，扩大垦殖，防病除害，改良农技，发展粮食，丰时防歉，积谷仓储等政策措施，抗御自然灾害对人们的生存影响。新中国成立后，各级政府和民政部门认真贯彻“以防为主，防救结合”的方针，集国家、集体、个人、社会各方资源，多渠道、多形式构建防灾减灾工作体系，增强防灾、抗灾、减灾和灾害救助能力。

一、民国以前防灾减灾

民国以前，兴修水利、仓储备荒为防灾减灾的主要措施。民国时期，国民政府开始实行救灾准备金制度。

（一）兴修水利

据民国《新昌县志》记载，南宋绍兴十二年（1142），知县林安宅率民众筑东堤，开凿孝行碑，治理水患，灌溉田禾。明弘治九年（1496），大水决东堤数十丈，县令杨琛率众累石修复，并增筑子堤。明嘉靖四年（1525），县令曹祥继修东堤防水患。嘉靖四十五年（1566），县令萧敏道募工修竣。明万历三年（1575），知县田琯督民修整城郊外水渠，立均水法，按亩放水，并亲捐俸金买田 10 余亩作为每年修资。明万历六年（1578），田琯领众筑南堤碑、后溪堤，便利灌溉，防治水患，受益后世。清嘉庆八年（1803），知县李品镐令民广修碑渠，尤以疏竣孝行碑最著，实行分畈均水，按亩征谷，作为年修资费。清道光三十年（1828），县令孙钦若捐鹰洋 800 银圆，修筑孝行碑。

（二）仓储备荒

据《新昌县粮食志》记载，元至元十六年（1279），县治西文昌坊设置平粜仓。元元贞元年（1295），县治平粜仓改为马院，另在县治西北设际留仓。

明成化十年（1474），县治际留仓改为存留仓（后称常平仓），并在县治、二十三都沃洲、十七都皇渡、六都梅渚、三十一都胡卜各设都仓 1 处，供纳乡输。明万历五年（1577），田琯建义仓 1 处，倡议捐谷备赈，邑人工部尚书吕光洵捐谷 200 石，在城绅士陈大顺、陶文光各捐谷 100 石，陈应壁、陈应阳各捐谷 50 石。万历十七年（1589）六月，县治西设预备仓及官厅 3 间，澄潭设义仓 1 间，供赈饥。

清康熙十八年（1679），县令乡村建社仓，市镇设义仓。社仓谷自官府调拨和民间捐输，众举社长管理，春贷秋还。义仓系民间捐建，赈济借贷自行议决。清雍正五年（1727），县治西侧新建仓廒 33 间。清道光元年（1821），县治西设有常平仓，劝输在城殷富户有田满百亩以上者，每亩岁捐稻谷一升。清咸丰十一年（1861），县治常平仓储满，于县署仪门外再建仓二楹，所储积谷不下数千石。清同治元年（1862）十月，常平仓遭兵火，俱成灰土。清光绪三十三年（1907），县借捐戏资和购铁路股票，集资举办积谷。不久因戏文禁止，铁路收归国有，该款无存。

1912 年，县城设有常平仓。县议会会长俞往钦议决命吕秉钧筹办积谷。1914 年，城北镇采取少收价银办法，积谷 50 余石。1915 年，县知事宋承家令全县捐办积谷，城区劝募备谷 400 石。1929 年，县常平仓改称城区义仓。义仓储粮采取派募筹集，派募对象主要是地主、房东（每月房租收入百元以上者）、商人（资金每月生息百元以上者）、富户（有田地百亩以上者）。派募数额按田赋每亩不少于二升，山、荡减半；商人按营业税额的三分之一派募。1930 年，城区义仓储谷 561 石，存银圆 639 元。1936 年，县政府根据《浙江省积谷办法纲要实施细则》之规定，改捐募积谷办法，地主积谷：以田或耕种之山地，每亩岁捐谷 5 升，山地以所种杂粮折交，所交杂粮价售变银籴谷入仓。有己田 5 亩以上者，除每亩岁捐谷 5 升外，须加特别捐，每亩不少于 2 升，超捐者酌情核奖。

商人积谷：按资本额、营业额课税，其资本额在 300 元以上者、其年营业额在 500 元以上者，均须捐银 10%。房主积谷：按房租额捐银 15%。地主积谷由田粮机关随田赋收纳，商人、房主积谷由税捐机关代收，统一拨给积谷委员会，将现银籴谷存储。1938 年，县城东岳庙新建县仓 3 幢 19 间，地主积谷 9137.99 石，商人积谷 1492.12 石，房主积谷 30.85 石，合计 10660.96 石。1939 年，县存积谷 1607 石，款额 12323 元。1942 年 5 月，为免遭日军掳掠，县政府停止使用原有粮仓，改在烟山、茅洋两地设置集中仓。1943 年，县积谷捐募随赋额每元带捐一斗七升，旧欠一斗一升四合。1944—1945 年，积谷捐募随赋额每元带捐三升。1946 年，县在文昌阁、品福祠设集中仓，潘大宗祠、澄潭、儒岙、鳌峰镇分设收纳仓。积谷捐募照前减半捐派，普通商人按营业税税额捐银 15%；特种商人（屠宰、牙行、锡箔、蚕丝等）按资本额捐银 1%，房主按房租额改捐银 20%。1948 年，县政府发起"一乡一仓运动"，穿岩乡黄婆滩村、鳌峰乡大市聚村、流河岭、管家岭、上求、后梁等村首先响应，建仓储粮，以备灾荒。1949 年 5 月，全县置有粮仓 22 处，仓容 4812 吨。

（三）救灾准备金

1931 年，县政府开始设立救灾准备金，每年预算数 3000 元。

二、新中国防灾减灾

新中国成立后，各级政府和民政部门多渠道、多形式开展防灾减灾工作，增强灾害救助能力。

（一）生产救灾

新昌，古为农业县，以种粮为主，且是缺粮县。1949 年，全县粮食种植面积为 21.84 万亩，亩产 207 公斤，总产 46290 吨，人均占有粮食 197 公斤。新中国成立后，各级政府贯彻生产救灾的方针，把发展粮食生产、解决吃饭问题作为防灾救灾的首要任务，依靠集体，依靠群众，大力改进耕作技术，培育推广优良品种，加强病虫害防治，不断提高单位面积产量。1972 年，水稻单产超千斤，初步改变缺粮状况。1982 年，实行联产承包责任制，全县粮食种植面积为 21.82 万亩，亩产 667 公斤，总产 147975 吨，人均占有粮食 336 公斤。之后，农村逐步调整产业结构，农民发展多种经营，经济收入增加，自我防灾救灾的能力大幅增强。

（二）建仓积粮

1949 年 6 月，县人民政府接管县城潘家祠、品福祠、潘大宗祠等旧政府粮仓，并陆续在县城忠信坊，东区大市聚、管家岭、坑西，南区儒岙、太平庵及回山，西区澄潭，北区丁家园、藕岸、黄泽、前梁等地利用祠庙修建粮仓，积谷防灾。1950 年秋，建公粮库，占用祠庙 41 间，借用民房 137 间，修整粮仓 100 间。1952 年，贯彻省政府关于积谷备荒、举办义仓的指示，县政府在黄泽区试办义仓，制定《新昌县举办义仓方案及组织简则》，规定：义仓以收在各区用在各区为原则，但县政府认为有必要时，得互济外区。义仓粮的用途：救济灾民度荒的口粮及生产资助粮；开展对贫苦群众的社会互济及生产资助粮；其他特殊灾荒的紧急救济。仓粮按每亩稻田纳谷 0.5~1.5 公斤的要求（具体数额由各界人民代表会议议决，贫苦农民免收），于秋征后一次募足。积谷由群众自愿，不搞摊派。义仓分置大塘、前梁两地，由黄泽区义仓委员会负责管理。义仓救济粮的核发、动员组织交粮由民政部门办理，有关粮谷结账保管由财粮部门负责。12 月，省政府通报介绍新昌县举办义仓经验。至 1956 年，全县共建公粮仓 80 座，总仓容 13125 吨。1961 年起，逐步改造更新祠庙仓，淘汰简易仓。1964 年，全县推广澄潭公坑下大队队办储备粮试点经验。1970 年，响应毛主席关于“广积粮”的号召，农村普建粮仓储备粮食。1982 年，农村实行联产承包责任制后，农村集体粮仓大都弃用。2004 年，全面放开粮食市场后，乡间国有粮仓逐渐弃用，县重点经营管理中心粮库，在备战备荒中起主导作用。

（三）兴修水利

新昌山区，水旱为患，治水抗旱为历代县政之要务。新中国成立初期，农村靠挖塘蓄水、碶圳引水及人蓄提水抗旱。1955 年起，政府发动农村合作组织兴建山塘水库，至 1958 年，兴建小型水库 60 余座。“文化大革命”期间，农业学大寨，农田水利建设掀起高潮。到 1985 年，全县有水库、塘坝 5592 座，其中大（二）型水库 1 座（长诏水库），中型水库 2 座（巧英水库、门溪水库），小（二）型水库 108 座，小（三）型水库 470 座，塘坝 5000 余座，总库容 3.08 亿立方米，灌溉面积 19.334 万亩。2017 年，新昌、宁波两地合资建成钦寸水库，以给宁波供水、黄泽江防洪为主，兼顾灌溉和发电，对两地经济社会发展产生巨大影响。

（四）救灾保险

为减轻自然灾害给灾民造成的损失，提高灾害救助水平，民政部门积极推行耕牛保险、家财保险、水稻保险。

1. 耕牛保险

1951 年 12 月，为帮助农民防灾减灾，发展粮食生产，县在西岭、岭外两乡举办耕牛保险试点，次年春全面推广。全县共有耕牛 24775 头，其中合符保险条件的耕牛 15324 头，参保耕牛 14380 头，占符合保险条件耕牛的 93.8%。两年间，投保耕牛死亡 131 头，保险赔款 1631 万元（旧币）。

1953 年，中央决定集中力量搞好农业生产，停办耕牛保险。

1956 年，恢复耕牛保险，至 6 月底，有 20 个乡镇、531 个农业生产合作社投保耕牛 3553 头。

1958 年 4 月，中国人民保险公司新昌支公司并入县财政局后，耕牛保险业务停办。

2. 家财保险

1983 年 4 月，学习推广诸暨县开展家庭财产保险的经验，县民政局会同县保险公司联合下发《关于认真贯彻国务院〔1982〕27 号文件，积极开展家庭财产保险的联合通知》，要求各区乡民政干部把发动群众参加家财保险作为救灾救济的分内工作来抓，宣传教育群众居安思危，防患于未然，踊跃参加家财保险。

1985 年 4 月，为激励群众参加保险，县民政局与县保险公司联合下发《关于进一步开展农村家庭财产保险的通知》，再次要求各乡镇以村为单位发动和组织广大农户参加家庭财产保险。提出今后对不参加保险的乡村发生自然灾害、意外事故造成农户财产损失的，原则上不再救助。同时，县民政局拨款给烈属、抗日战争时期入伍的在乡复员军人、五保户以及 2%困难户投保家庭财产保险，共投保 2557 户。是年，澄潭镇有 25 户农户遭受火灾，其中 19 户参加保险，获赔 4.3 万元，灾民迅速恢复生产生活。西坑乡碓头村 5 户农户发生火灾获赔后，乡民政干部抓住机遇宣传发动，全村农户参加保险率达到 94%。

1986 年年初，县民政局提出全县农户家庭财产保险投保率达到 50%的考核目标。半年时间，全县参保农户 38245 户，占总农户的 37.6%，其中澄潭、镜岭两区投保率超过 80%。4 月 10 日，东茗、诚爱等乡遭受历史罕见的特大雹灾，受灾农户得到保险赔款合计 86 万元，灾民生产生活迅速恢复。8 月，县政府召开会议表彰家庭财产保险先进单位，澄潭、镜岭两区公所和澄潭、东茗、诚爱等 3 个乡镇为红旗单位；镜岭、西坑、镜屏、灵川、长征等 5 个乡镇为奖状单位；遁山、梅渚、红星、肇圃、安山、沙溪、儒岙、岱石、小将等 9 个乡镇为表扬单位。是年，全县农户家财保险投保率超过 55%。

1987 年前三季度，农村家庭财产保险出现下滑。10 月 13 日，县民政局、县保险公司联合下发《关于加强农村家庭财产保险工作的通知》，并于 16 日召开民政、保险工作会议进行贯彻，下达任务指标，制定奖励措施，要求各乡镇集中力量，搞好四季度财产保险突击月活动，力争农村家庭财产保险投保面达到 60%，户均保费在 20 元以上。

1988 年，全县参加农村家庭财产保险 67405 户，投保率超过 59.12%。当年，理赔 2680 件，赔款 143.5 万余元。

之后，随着保险工作队伍和宣传力度的加强，农村家庭财产保险业务逐步巩固扩大，政府救灾救济压力也相应减轻。

3. 水稻保险

1990 年 6 月，为保障农业生产的持续发展，维护种粮农户的经济利益，县民政局与保险公司合作，在董村乡开展水稻保险试点。董村乡政府与保险公司订立协议，投保水稻 2733 亩，以前三年平均产量 427.5 公斤为投保产量。保险费按晚稻每亩 5 元，单季稻每亩6元计交。早晚稻收获如达不到保险产量，保险公司按现行国家收购议价计算赔偿，最高赔偿金额以不超过保额的1.5倍为限。若安全无赔款，保险公司返还保险费的60%；如赔付率在50%以下，保险公司返还保险费的20%，作为投保方的安全奖励。

1991年，水稻保险在澄潭、小将、结溪、新民、孟家塘、西郊、大明市、新溪等15个乡镇推广，投保水稻12万亩，保险费按早稻每亩3元、晚稻每亩5元、单季稻每亩6元计交。是年受干旱、台风影响，农户获保险公司赔付12万元，自然灾害给农户造成的损失得以减轻。

之后，因水稻生产受自然灾害影响大，保险公司得不偿失，水稻保险未再继续开展。

（五）救灾预备金

1997年，国家实行救灾工作分级负责，救灾经费分级负担的灾害救助工作体制。县民政局、县财政局联合发出《关于落实镇乡自然灾害救济事业费的通知》，决定在县、乡镇两级财政中设立“217”科目（大灾预备金）。当年，县落实“217”科目资金10万元，乡镇落实“217”科目资金16.75万元。

1998年3月，为全面落实乡镇自然灾害救济费预算，强化乡镇救灾功能，县民政局、财政局联合下发《关于认真落实自然灾害救济事业费的通知》，要求乡镇1998年度“217”科目资金按当地农业人口人均1.8元标准安排预算，最少不得低于1元。6月底，各乡镇“217”科目资金全部落实，共78.6万元。

2002年，全县落实大灾预备金112.86万元，人均3元以上。

2008年，全县落实大灾预备金208.9万元。

之后，随着省拨、县拨救灾资金的充裕，县乡救灾预备金未继续设立。

（六）救灾预案

救灾工作是一项涉及面广，内容庞杂，协调要求很高，时效性要求很强的系统工程，需要建立健全应对突发重大自然灾害救助体系和运行机制，规范应急救助行为，提高应急救助能力。1999年7月，县政府印发《新昌县自然灾害救助暂行办法》，规定：各乡镇要把救灾工作列入重要议事日程，加强领导，民政部门要做好参谋，有关部门要密切配合，共同做好；各乡镇要建立救灾工作组织，设立救灾应急小组，落实联络员；灾害发生后，各乡镇要迅速组织力量抢救、疏散、转移灾民，妥善安排灾民生活，并在24小时内报告县政府办和县民政局；灾害稳定后，各乡镇要进一步核实灾情，积极组织、发动群众生产自救，互助互济，尽快恢复生产生活；要严格执行救灾工作分级负责，救灾经费分级负担的救灾工作体制，小灾，救灾款物由乡镇、村共同救济；中灾和大灾，在上级政府和有关部门资助下，救灾款物由乡镇、村两级落实救济；救灾款物的使用应坚持专款专用、重点使用的原则，主要用于解决灾民自身无法解决的吃、穿、住、医等困难及紧急抢救、转移安置灾民、扶持灾民生产自救；救灾救济的重点对象是受灾重、自救能力弱的重灾户、烈军属、伤残军人、“五保”户、特困户；救灾款物必须公开发放、公开发放程序、公开发放结果，接受群众监督和审计部门审计。

2001 年，县民政局制定《新昌县自然灾害救助预案》，明确规定灾害种类和重点防御区域、组织机构和抗灾救灾队伍、抗灾救灾措施等。

2004 年 9 月，县政府办公室制定《新昌县自然灾害救助应急预案（试行）》，提出以人为本，确保受灾人员基本生活；统一领导，综合协调，分级负责，属地管理；政府主导、社会互助、灾民自救的救灾工作原则。县成立减灾救灾委员会，作为自然灾害应急综合协调机构，由分管副县长兼任主任，县政府办、县民政局、县发改局、县公安局等 28 个单位负责人为成员。应急预案对成员单位职责、预防与应急准备、灾情信息管理、预警响应、应急响应、灾后救助与恢复重建等方面有明确的规定和部署。

2007 年 4 月，县政府办公室修订发布《新昌县自然灾害救助应急预案》，成为各级政府应对自然灾害的紧急行动方案。

（七）救灾物资储备

1997 年，为迅速有效地开展救灾工作，县民政局开始建立救灾物资储备制度，利用第一福利厂余屋，设置救灾物资仓库，通过集中采购和社会捐赠的方式，储备救灾必需的帐篷、棉衣、棉被等物资。

2007 年，县民政局与新昌华联商厦签订协议，由华联商厦供应价值 5 万元的临灾救急物资。

2009 年，县民政局对储备的救灾物资进行盘点清理、购置补充，继续与华联商厦签订救灾物资应急供货协议，确保临灾紧急救助。

2015 年 4 月，县民政局采购 9.71 万元的救灾救援设备，提供给新昌县红十字会户外救援队，帮助该民间救援组织解决经费不足、装备缺乏的困境，在省内首开救灾工作“资源共享、社会参与、统筹兼顾、综合协调”的先例。

2017 年，救灾物资仓库储备棉被、毛毯、救生衣、雨衣等物资共 3289 件。

（八）避灾场所建设

2006 年，为贯彻落实全省第十六次民政会议提出的每个乡镇建有 1~2 个容量不小于 100 人的乡级避灾中心，每个村建有 1 个容量不小于 50 人的村级避灾点，确保灾民有饭吃、有衣穿、有干净水喝、有临时住处、有病得到医治的目标任务，民政局在乡镇（街道）、农村和县城社区设立报灾员队伍，开展减灾、救灾基础设施建设，指导各地按照“因地制宜、整合资源、功能完备、平灾结合”的原则，结合新农村建设，采取先建立后提高的办法，利用原有敬老院、乡镇（街道）和村（社区）办公用房、中小学校舍、“星光老年之家”及其他公共用房建设避灾场所。

2009 年，按照避灾场所“五有标准”（有标志牌、有指示牌、有防灾减灾宣传窗、有管理制度、有应急物资储备）的要求，县民政局拨款265万元，资助乡镇（街道）、村改造避灾场所，购置必需的救灾物资，完善配套设施，订立管理制度，开展业务培训。是年，巧英、沙溪、回山等乡镇避灾中心经验收达到标准化、规范化要求。

2010—2011年，县民政局拨款70万元，资助小将、大市聚、城南、羽林等9个乡镇（街道）完成避灾中心的规范化改造。

2012年，全县建成避灾中心20个，占地1.09万平方米，可容纳3050人，其中县级避灾中心2个，占地1800平方米，可容纳450人；乡镇（街道）避灾中心18个，占地9100平方米，可容纳2600人。

2013年6月，贯彻落实省政府办公厅《关于加强避灾安置场所规范化建设的意见》，按照安全、实用、规范、完善的要求，开展各级避灾场所（中心）抽查检验，对避灾安置场所达到"五有标准"的村（社区），给予5000~10000元的补助。11月，南明街道东溪社区被省减灾委、省民政厅命名为"浙江省综合减灾示范社区"。是年，全县新建、改扩建村（社区）级避灾安置场所119个，占行政村（社区）总数的30%。

2016年5月，为增强社会力量灾害救助能力，县民政局联合鼓山社区救援队、县登山协会、县红十字会户外救援队开展高楼逃生救助演练，参加演练200余人。

2015—2017年，县民政局共拨款318.2万元，资助乡镇（街道）和村（社区）改扩建村（社区）级避灾安置场所236个。

2017年年底，县、乡镇（街道）和行政村（社区）避灾安置场所建设实现全覆盖。

（九）防灾减灾宣传

2009年3月，国务院批准每年5月12日为全国防灾减灾日。

2010年5月，县民政局举行"国际减灾日"和"5·12"系列防灾减灾宣传活动，会同街道干部走进社区、农村、学校和企业，采取召开座谈会，开展问卷调查，利用黑板报、标语、橱窗图片展览以及上街设咨询台、散发传单、文艺演出等方式，宣传党的救灾救济政策和防灾减灾科普知识，增强人民群众的防灾减灾意识。之后，县民政局每年举行防灾减灾日宣传教育活动。

2011年，县民政局对农村、社区灾害信息员进行业务培训和职业技能鉴定，在城南、临江、鼓山3个社区开展争创全国综合减灾示范社区建设。

2017年5月，全县第九个国家防灾减灾日活动以"减轻社区灾害风险，提升基层减灾能力"为主题展开，各乡镇（街道）组织社区和社会福利机构举行防灾救灾演练16场次，参与演练1700余人，排查安全隐患500余家，发放宣传海报、防灾减灾手册、环保袋等宣传品5000份。

第四节　扶贫奔小康

新昌，古为贫瘠之邑，直至20世纪70年代中期，仍为省内次贫县之一。由于受自然环境、交通、信息及家庭等因素的制约，县域经济发展不平衡，城乡差别比较大，贫富差别比较明显，扶贫帮困任务艰巨。为改变贫困面貌，长期以来，各级政府统筹城乡发展，坚持不懈地开展扶贫帮困，多形式、多渠道扶持贫困乡村、革命老区和农村中的贫困户、水库移民发展生产经营，逐步摆脱贫困，走上奔小康之路。

一、全面扶贫

新中国成立之初，政府采取发放贷款和物资，帮助农民发展生产，解决生活困难。1951—1952 年，全县放贷 231459 万元（旧币），其中农业生产与农田水利贷款 4480 万元，委托放贷（包括稻种、口粮、农具）49707 万元。

农村合作化时期，县民政科为支持贫困户、烈军属参加互助合作组织，先后发放救济补助费作为贫困户、烈军属入社股金或用于购买农具、耕畜。

人民公社化后，县政府对贫困地区的社队在税收、种子、肥料等方面给予扶持，社队对贫困户在分工分业、口粮分配、公益金享受等方面给予照顾。

1964 年 5 月，省人民委员会批转省民政厅、省财政厅、农业银行浙江省分行《关于扶持生活有困难的社员解决养猪资金的通知》。8 月，省人民委员会发出《关于发放家庭副业生产贷款的通知》，决定从社会救济款中拨出部分资金作为无息贷款和低息贷款贷给生活困难的社员，扶持其发展养猪、养羊等家庭副业。贷款对象规定为缺乏劳动力、生活有困难的烈军属、残废军人、复员军人和贫下中农困难户以及缺乏资金、生活有困难的城镇下乡插队人员。贷款以 1 年为期，到期收回，作为救济基金周转使用。到期还贷如有困难，可再延期一年；延期后如仍无力归还，经贫下中农代表小组讨论，报公社、县民政部门批准后作社会救济处理。贷款额度每户 15~30 元。低息贷款月息率为 0.12%，利息收入作为信用社代办手续费。

是年，省分配新昌贷款指标 79400 元，实际贷出 65563 元。

1965 年 3 月，省人民委员会发出《关于划出一部分社会救济款作为扶持贫下中农家庭副业生产贷款的通知》，分配给新昌无息贷款 7 万元，扶持贫下中农困难户和老、弱、孤、寡、残疾中有生产能力的社员发展养猪、养羊、养兔等家庭副业。同年，省下拨口粮贷款 20 万元，粮食 6500 吨，帮助农村社员生产自救。

1966 年 1 月，省下拨口粮贷款 12 万元。

1978 年，中共中央批转《第七次全国民政工作会议纪要》，提出扶贫是帮助贫困户改变贫困面貌的正确途径，各级民政部门要在党委的统一领导下，积极会同有关单位做好常年贫困户的扶持工作。

1979 年 8 月，省民政局下发《关于搞好规划扶贫试点工作的通知》，指示各级民政部门制订计划，开展扶贫试点工作。9 月，县民政局组织力量在东溪公社长乐大队开展扶贫试点，取得一些经验。

1980年6月，县革命委员会批转县民政局《关于在全县农村开展规划扶贫工作的情况报告》，要求各区、公社、县属单位重视规划扶贫工作，切实加强领导，对困难户全面调查，逐户安排照顾。各部门要密切配合，从多方面采取措施，支持和帮助社队搞好这项工作，以充分体现社会主义制度的优越性。随后，民政局拨发扶贫资金3万元，帮助6个公社开展扶贫。

1981年，全县有24个公社开展扶贫，县民政局发放扶贫资金5万元，扶持贫困户2042户9257人，占全县贫困户总数的40%。

1982年，各公社展开扶贫工作，当年脱贫64户267人。

1983年1月，县政府下发《关于进一步做好农村扶贫工作的通知》，要求各级各部门十分重视农村扶贫工作，切实加强领导，区、社有一名主要领导抓扶贫，银行、农业、供销、粮食、计划、物资、卫生、教育等部门要大力支持，密切配合，共同做好农村扶贫工作。是年开始，县民政、供销部门每年给贫困乡和灾区供应平价化肥五六十吨。当年，脱贫229户966人。

1984年11月，省民政厅召开全省“双扶”（扶持贫困户、扶持优抚对象中的贫困户）工作会议，部署全省“双扶”工作。县政府确定石磁、岱石、永丰、安山、红星、莒根、结溪、董村等8个乡为贫困乡，制定优惠政策，各方面给予扶持照顾。

1985年，县民政局拨款4.7万元，以无息贷款形式，扶持8个贫困乡发展生产，到期收回后充入乡扶贫周转金。是年，规划扶贫168户，脱贫63户。

1986年，全县开展人均收入在200元以下的贫困户调查，建立贫困户档案。调查结果，全县有贫困户5293户，占全县农户总数的5%左右。在调查的基础上，县民政局选定有志气而缺乏资金的500户先行扶持，发放扶贫资金2.7万元，安排扶贫化肥50吨，帮助贫困户发展商品经济，当年有30%的贫困户基本脱贫。

是年，乡镇企业发展较快的长征乡，以乡办针织总厂为龙头，购买织机500台，分配给农户发展家庭工业，收到“时间短、面上平衡、见效快”的效果。三坑乡唐家村干部开展包户扶贫，三年内全村23户贫困户全部脱贫，被评为全省“双扶”工作先进集体。

1987年，县政府决定贫困乡乡办企业减免所得税3年。县民政局发放扶贫款21.2万元。团省委、省民政厅表彰长征乡碗下村团支部为农村青年扶贫帮困先进集体。

1988年，县委、县政府建立县级机关联系乡镇制度，各部门从本职工作出发，发挥业务优势，加强乡村建设，发展农村经济。

是年，县民政局根据《浙江省救灾扶贫周转金使用管理办法（试行）》的规定，利用结余的救灾救济经费和当年救灾经费的30%设立县救灾扶贫周转金，实行周转使用。要求各乡镇清理回收前几年发放的有偿扶贫经费，合并民政事业费结余部分，设立乡镇救灾扶贫周转金，实行周转使用。当年，有10个乡镇设立救灾扶贫基金，拥有周转金82

万元。县民政局给灾区大明市乡、新林乡和蔡峰、五马、雪溪、莒根等山区乡发放扶贫资金55万元，有偿扶持贫困户发展食用笋、蘑菇和养鱼、养鸡、养羊。

1989年9月，县民政局印发《新昌县救灾扶贫周转金发放细则（试行）》，规定周转金的发放对象为贫困灾民、贫困户和福利企业。发放条件为年人均收入在300元左右的贫困灾民、贫困户，有生产经营能力和偿还能力，有投资少，周期短，见效快的生产经营或开发性项目。福利企业的发放条件为社会效益和经济效益良好，产品适销对路，有盈利，讲信誉，守合同，有偿还能力。贫困灾民、贫困户扶持资金的回收期限，一般为1~2年，最长不超过3年。福利企业扶持资金的回收期限，原则上不超过半年。扶持资金发放，单户一般不超过500元，福利企业一次借款一般不超过5万元。凡贫困灾民、贫困户发展生产需要扶持资金的，由乡镇审核，报民政局审批。福利企业发展生产需要借款的，由县福利企业办公室审核，报县民政局审批。为确保周转金的正常回收，采取以下奖惩措施：乡镇不及时回收和上缴到期借款的，对应缴还县救灾扶贫周转金的资金，从到期之日起按信用社利息交纳资金占用费，同时限期归还，并视情停借。福利企业按期归还借款和资金占用费的，一星期后可续借，并可增加数额；福利企业如不按期归还借款和资金占用费的，从借款期之日起，按信用社延期借款罚息规定交纳资金占用费，同时限期归还，并视情停借。对违反专款专用规定的，民政局可提前收回借款。

是年起，县民政局开展科技扶贫，鼓励贫困乡村青年农民进县农函大学习农业科技，凡贫困乡村青年农民进县农函大学习者，每人补助学费50元。当年补助农函大学员30名，发放扶贫资金20.8万元。

1990年，据调查统计，全县农民人均收入在500元以下的乡有8个，集体经济收入在3000元以下的村有323个，占总村数的42%，其中在1000元以下的村有125个。为帮助贫困乡村发展经济，县政府决定，贫困乡乡办企业继续减免所得税3年。

同年，县民政局对历年扶贫资金的使用情况开展清理检查。拨款15万元，扶持安山、安顶等乡发展名茶生产，扶持镜岭镇发展食用笋。拨款1700元，用以安山、红星、石磁等贫困乡农函大学员补助。

1991年5月，县委、县政府制定县属企业扶持贫困乡村办法，规定：县属企业，特别是骨干企业，采取独资、合资、联营的形式，扶持贫困乡村兴办乡镇企业；凡帮助新办的集体企业，给予税收优惠；县属企业选派骨干到乡镇企业任职，原工资待遇不变，并可在所扶持企业领取适当补贴；县属企业利用资金、设备投资农村集体企业，所分得利润，可优先用于该企业税前还贷；在结溪、永丰、石磁等8个贫困乡投资兴办乡镇企业，所分得利润，其所得税给予特别照顾。

同年8月，县委、县政府组织财税、农业、水电、民政、粮食、交通等20多个部门，对11个贫困乡人均收入在500元以下的贫困户进行全面调查，帮助制定兴修水利、改善交通、兴办乡镇企业和发展名茶、板栗、蚕桑基地等规划措施。

11 月，县委印发《关于“八五”期间扶贫工作的若干意见》，提出“八五”期间，绝大多数村年经济收入达到户均 50 元以上，农民人均口粮达到 250 公斤，人均纯收入超过 700 元；80%以上的贫困村通公路或机耕路，水利设施基本配套，科技、教育、卫生等事业有新的发展。为保障扶贫目标的完成，县财政每年安排 100 万元扶贫贴息贷款，用于贫困乡发展村级经济；每年安排 25 万元农业发展基金，专项补助贫困乡村建设；从当年起五年内，对贫困乡的乡镇集体企业免征所得税，所上缴农业税由县财政专户储存，按谁上缴谁使用和实行项目补助的原则返还。对新办集体企业，继续享受税收优惠；对贫困乡的基本建设项目，优先立项审批和优先供应平价物资。对适宜贫困乡发展的生产项目、科技开发项目优先列入计划。县委决定继续实行并完善县、区级机关联系乡、联系村制度和工矿企业扶持贫困乡制度，提倡富裕乡与贫困乡、富裕村与贫困村联姻，先富帮未富。加强贫困乡干部队伍建设，对在贫困乡工作并在三年内实现脱贫目标的国家干部，可在 15%的奖励晋级指标内优先给予升级奖励。对村干部报酬无法兑现的特困村，按县、乡分级负责的原则帮助解决。民政、粮食、供销、商业、交通、农业等部门应根据工作职责分解落实任务。

是年，县民政局拨款 5.8 万元，扶持农村发展名茶生产，扶持肇圃乡岩泉村发展良种西瓜；向岱石等 15 个缺粮乡镇分配扶贫化肥 50 吨；拨款 5000 元、大米 2.5 吨，帮助迁居绍兴县的 1 户下山村移民和迁居上虞县的 2 户门溪水库移民开发海涂，种植西瓜和养蟹。

1992 年 8 月，县委、县政府实施“百厂联百村”联盟工程，确定 100 家骨干工业企业与贫困村、经济薄弱村结对扶持，帮助兴办或扩大工业企业，开发农业项目。

1998 年，县民政局获评第三轮联盟工程先进单位。

县民政局获评第三轮联盟工程先进单位

2001 年，县委、县政府实施“三百”扶贫工程，即 100 个县级机关和企业事业单位结对帮扶 100 个贫弱村，100 个县级机关和企业事业单位党支部结对帮扶 100 个下岗困难职工家庭，100 名农业科技人员结对帮扶 100 户农村专业户。

2002 年 2 月，县委、县政府成立送温暖活动领导小组，建立扶贫帮困联席会议制度和督查制度，发出《关于建立扶贫帮困长效工作机制，深入开展送温暖活动的通知》，要求各级各部门多渠道多层次开展结对帮扶，机关干部、基层党组织、工会组织以及群团组织实施对口帮扶，切实帮助后进村、困难家庭、特困职工摆脱贫困。

2007年，县级机关干部以“走进贫困、关注民生、促进和谐”为主题，开展基层蹲点调查月活动，审核认定集体经济欠发达村和低收入农户。经调查，全县415个行政村中，集体经济年收入在3万元以下的村有294个，占行政村总数的70.8%，其中年收入在1万元以下的村有200个，占行政村总数的48%；农户人均收入在4000元以下的有20285户38746人，分别占全县农村总户数和总人数的15.69%、11.02%，其中人均收入在2500元以下的农户有10466户17123人，是全市欠发达乡村和低收入农户占比最高、人数最多的县。

为促进欠发达乡村和低收入农户增收致富，县委、县政府决定实施欠发达村和低收入农户奔小康工程，开展“百名干部联百户”活动，组织全县483名副科级以上领导干部每人联系1户困难家庭，发放“爱心联系卡”， 进行“1＋1”的结对帮扶。

2008年4月，市委、市政府决定开展“百个部门结对帮扶百个经济薄弱村奔小康”活动，指定67个市级单位与新昌67个经济薄弱村开展结对帮扶。5月，县委、县政府印发《新昌县欠发达村和低收入农户奔小康工程行动计划》和《关于推进欠发达村和低收入农户奔小康工程实施意见》，提出2010年前目标任务：基本消除年收入在3万元以下的村，2500 元以下的农户收入分别达到当年全县农民人均纯收入的 60%以上，2500~4000元的农户人均纯收入达到全县平均水平。要求各级各部门通过思想教育和典型示范，加强劳动力培训和转移；鼓励工商企业吸纳低收入农户就业；根据当地资源发展投入少、见效快的特色农业项目；鼓励农业龙头企业、专业合作社和经纪人带动低收入农户参与农业产业化经营、发展来料加工；鼓励各村单独或联建标准厂房、物业用房，并通过出租增加集体收入。县委、县政府决定：每年安排1200万元以上专项资金，重点扶持欠发达村发展集体经济和低收入农户发展特色产业；建立五项制度（领导干部“联一帮一”、部门单位“包一扶一”、工商企业“联村助推”、 一般干部“联户帮扶”、农技专家“指导咨询”）实现扶贫帮困全覆盖，保障目标任务的落实。5月20日，县委、县政府召开动员大会，部署实施欠发达村奔小康工程。会后，县级机关133个单位开展一对一结对帮扶，528名县级机关领导干部每人结对帮扶1户贫困户。8月，绍兴县钱清、杨汛桥、福全、平水、兰亭等5个镇分别与新昌东茗、城南、双彩、巧英、回山等5个乡镇开展帮扶协作。

2009年5月，县成立小康物业有限公司，统筹县域物业项目规划建设，设定大市聚联建物业、澄潭联建物业、梅渚联建物业、儒岙联购物业、18村联购商铺、5村联购商铺、9村联购商铺、多村联购物业、30联联购物业、多村联建农业基地等10个规模型扶贫项目，投资2亿元，扶持281个经济薄弱村参股联建厂房、联购商铺、联建基地，通过出租、联合生产等方式获取收益，增加村集体经济收入。当年，大市聚联建物业、儒岙联购物业、18村联购商铺3个项目启动建设。

是年，市级 67 个结对部门单位累计提供帮扶资金 1000 万元，111 个县级结对单位累计提供帮扶资金 680 万元，帮助经济薄弱村举办建设项目 376 个，其中规模型扶贫项目 3 个。累计给低收入农户提供公益性就业岗位 80 个，培训劳动技能 3160 人，提供低收入农户帮扶资金 188 万元，帮助发展特色种养业 1722 户。有 3452 户 5290 人被纳入最低生活保障。

2010 年 1 月 31 日，县委、县政府通报表彰结对帮扶工作先进单位，受表彰的单位是：县民政局、县委组织部、县外经贸局、县科技局、县财政局、县住房公积金管理中心、县国土资源局、澄潭中学、新昌制药厂、绍兴市新峰电控成套设备有限公司。

是年，县下达以奖代补项目补助资金近 200 万元，培育以奖代补个体项目 36 个，累计完成 26 个，增加村级经济收入 110 万元。培训低收入农户劳动技能 917 人，转移就业 322 人；发展种植业 796 户，1068.2 亩；养殖业 126 户；给低收入农户提供公益性就业岗位 19 个。绍兴县及 5 个镇、村提供帮扶资金 305 万元。大市聚联建物业标准厂房（一期）建成，由浙江博泰纺织有限公司承租，租期 10 年，年收益 250 万元，参股 44 村年均收益 4 万元；18 村联购商铺项目投入运营，12 间茶市商铺由江南名茶市场有限公司承租，租期 8 年，年收益 67 万元，参股村年均收益 3 万元。

2011 年 5 月，县委、县政府印发《关于加快推进欠发达乡村和低收入农户奔小康工程的若干意见》和《关于深入开展第二轮欠发达乡村和低收入农户奔小康结对帮扶的实施意见》，提出第二轮欠发达乡村和低收入农户奔小康结对帮扶的重点是：上年村集体经济收入在 5 万元以下的乡村及低收入农户相对集中的行政村和家庭人均纯收入在 6000 元以下的低收入农户。之后两年的扶持发展目标是：通过 3 年努力，欠发达乡村及低收入农户相对集中村基本实现村级集体经济收入达到 6 万元以上，80%以上的低收入农户人均纯收入达到 6000 元以上。为此，全县开展县级领导联系帮扶、乡镇区域协作帮扶、百个部门联村帮扶、百家企业结对帮扶、同乡能人资助帮扶、百名干部挂职帮扶、千名干部联户帮扶、千万资金财力帮扶等活动。县安排扶持资金 2000 万元，重点扶持欠发达村发展集体经济和低收入农户发展特色产业。

是年，大市聚联建物业、联购中国茶市商铺、儒岙胶囊原辅料市场等异地联建联购物业项目和回山多村联建杨桐基地、澄谭联建物业等项目建设全面推进。全县集体经济 4 万元以下薄弱村和家庭人均纯收入 4000 元以下低收入农户基本消除。

2012 年 1 月，县委、县政府通报表彰 2011 年度奔小康结对帮扶先进单位，受表彰的单位是：县科技局、县财政局、县人防办、澄潭中学、合作银行、三花集团有限公司、万丰奥特控股集团有限公司、丰岛控股集团有限公司、国贸实业有限公司和顺泰实业有限公司。

是年，县市协作、部门联村，干部联户帮扶活动深入开展，市级结对部门及绍兴县落实帮扶资金 1297 万元，县级结对部门落实帮扶资金 516 万元，结对企业落实帮扶资金 2184 万元。万丰奥特控股集团、三花集团分别设立爱莲乡情基金、道才公益基金，每年给巧英乡细心坑村、雪头村提供帮扶资金 100 万元。全县培训低收入农户创业就业技能 920 人，龙头企业和专业合作社带动 782 户低收入农户发展农产品基地 810 亩，解决季节性用工 251 人，实现来料来样加工业务对接 325 人，加工费 15 万元。增加低收入农户保洁岗位就业 56 人。

2013 年 4 月，开展新一轮低收入农户和扶贫重点村调查认定工作，低收入农户认定条件为 2012 年农户家庭人均纯收入低于扶贫标准（市定标准为 8000 元，省定标准为 5500 元），扶贫重点村在省定经济薄弱村中产生。重新认定扶贫重点村 265 个，低收入农户 2 万户。同时，县委办、县政府办印发《关于扶持经济薄弱村发展村级集体经济的若干意见》，提出重点扶持 2011 年村级集体经济收入在 10 万元以下且经营性收入在 5 万元以下的省定经济薄弱村，通过大力发展集体物业经济、培育农村特色产业、搞活集体资产经营、提升服务创收能力等途径，力争到 2016 年，经济薄弱村基本实现村村有物业，市级经济薄弱村集体经济年收入在 20 万元以上且经营性收入超过 10 万元，其他省定经济薄弱村集体经济年收入达到 10 万元以上且经营性收入超过 5 万元，形成村级集体经济自我发展的良好机制。县委、县政府决定：加大财政扶持，每年继续安排不少于 700 万元专项资金，重点扶持异地联建物业（产业）等规模型扶贫开发项目；对经济薄弱村的物业项目，实行优先申报，优先供地；免收征地管理、土地登记、房屋登记、白蚁预防等规费，缓缴人防工程易地建设费等行政事业性收费；优先提供配套贷款，贷款基准利率上浮不超过 10%；优先申报“一事一议”“一村一策”等财政奖补项目。6 月，县委办、县政府办印发《关于进一步做好欠发达乡村和低收入农户奔小康结对帮扶的通知》，要求各级各部门加强联村共建、联户帮扶和督查通报，全面落实既定目标任务。

是年，各级给经济薄弱村和低收入农户提供帮扶资金 3400 万元，其中 60 个市级部门提供 700 万元，绍兴县和柯桥区 10 个强镇提供 500 万元，103 个县级机关提供 500 万元，103 家工商企业提供 1200 万元，“万名干部联万户”活动中 4872 名干部提供慰问金（含物）500 万元。丰岛控股集团、县农商银行分别设立“孝方公益基金”“农商行洁净基金”，年提供扶持资金 60 万元。全县培训低收入农户就业技能 320 人，带动 550 户低收入农户发展农产品基地 920 亩，解决季节性用工 120 人，低收入农户保洁岗位就业 50 人。来料来样加工 60 人，工资收入 30 万元。低保困难群体有线电视实现全覆盖。5 村联购商铺、9 村联购商铺、多村联购商铺、儒岙联购商铺投入运营，由江南名茶市场有限公司承租，租期 10 年，每年总收益 378 万元，参股村年均收益分别为 9.6 万元、9.6 万元、3.6 万元、9.6 万元。

2014 年 1 月，县委、县政府印发《关于实施低入农户收入倍增计划的若干意见》，提出自2014年至2017年，对2012年人均纯收入在市扶贫标准8000元以下的农村户籍人口实施倍增计划。具体目标是：第一阶段，力争到2015年，基本消除人均纯收入8000元以下农户；农村低保标准提高到6000元以上。第二阶段，力争到2017年，全县低收入农户人均纯收入达到1.2万以上，低收入农户（低保户除外）70%以上家庭人均纯收入超过1万元；农村低保标准提高到8000元以上，低收入农户的人均教育、医疗消费支出占生活消费支出的比重分别接近全县农村居民平均水平，困难群众住房救助全面覆盖；低收入家庭劳动力实现充分就业。县委、县政府要求各级各部门加强组织领导，加大扶持力度，强化督查考核，实施产业开发帮扶、就业创业促进、结对帮扶助推、社会救助扶持、公共服务提升、改革创新驱动等六大工程，加快推进扶贫重点村和低收入农户奔小康工程。

同年，绍兴市委、市政府开展第三轮经济薄弱村和低收入农户奔小康结对帮扶活动。60个市级部门和柯桥区10个强镇与新昌90个村结对帮扶，提供资金1300万元；县级机关105个部门单位为113个行政村提供帮扶资金700余万元，108家工商企业为103个行政村提供帮扶资金1500万元。县新考录干部、挂乡驻村干部提供帮扶资金300万元（含物）。县农业龙头企业、农民专业合作社带动858户低收入农户发展蓝莓、水蜜桃等特色农业1100余亩。低收入农户就业技能培训852人次。安排低收入农户参与保洁服务增收333人。建立低收入农户来料加工示范点11个，带动低收入农户来料加工增收386人。

2015年12月，县委办、县政府办印发《关于经济薄弱村稳定增加村级经营性收入的若干意见》，提出：重点扶持2014年年底村集体经济总收入在10万元以下或经营性收入在5万元以下的村，通过异地建购物业项目、参股经营重点建设项目、改造利用闲置资产发展物业项目、加快土地流转，吸引农业龙头企业在村建基地，吸纳农户入股入社、建立农村集体经济发展基金等途径，力争到2017年，确保市级经济薄弱村集体经济总收入达到20万元以上且经营性收入超过10万元；确保全部消除村集体经济总收入10万元以下的村，实现村村有物业，并使村经营性收入达到5万元以上。县委、县政府决定：加大财政扶持，每年继续安排1000万元专项资金，用于扶持发展村经营性收入项目补助、融资贴息等；免征村级物业项目征地管理、土地登记、房屋登记、白蚁预防、人防工程易地建设费等行政事业性规费，属自收自支事业的收费项目，减免后由县财政对其补贴。对用于租赁的物业用房，收益属于村集体的，营业税、房产税、土地使用税县财政留存部分以奖代补方式返还给村。继续加强用地保障，强化金融扶持，深化结对帮扶，以确保目标任务的完成。

是年，30联联购物业建成并出租。全县4600元以下低收入农户504户948人。其中67户109人纳入最低生活保障、五保供养；15户37人纳入残疾人生活保障；46户

96 人实行产业帮扶；150 户 366 人实行就业帮扶；116 户 150 人实施督孝帮块；29 户 54 人给予困难救助；81 户 136 人实施其他措施帮扶。年底，低收入农户人均收入超过 5000 元。

2016 年，新昌县投资 1000 万元，59 个经济薄弱村每村参股 60 万元，设立发展村级集体经济专项基金，首期基金投放于政府融资平台，年息分红 8.5%，年获益 300 万元。全县上下开展“万名干部联万户”活动，为低收入农户提供帮扶资金 300 余万元。落实产业就业帮扶、企社带动增收、社会救助保障等举措，带动 212 户低收入农户来料加工增收 157.5 万元。优先安排低收入农户参与村级保洁等公益性岗位 186 个，创收 100.4 万元。

2017 年，深入开展第四轮经济薄弱村和低收入农户奔小康结对帮扶活动，县委办、县政府办印发《关于加快经济薄弱村消除转化，促进村级集体经济发展的实施意见》，提出到 2017 年年底，全面消除集体经济年收入不足 10 万元、经营性收入不足 5 万元的经济薄弱村；村均集体经济收入年均增幅不低于全市平均水平，到 2019 年年底，全县消除集体年经济收入不足 20 万元的村。

新昌县慈善总会向四川省小金县教育局捐款

是年，省定新昌经济薄弱村 44 个，县定低收入农户 5075 户 7878 人，全部纳入全省扶贫系统。市委、市政府指定 64 个市级部门单位帮扶新昌经济薄弱村。县级机关 100 个部门单位与 114 个行政村结对帮扶，226 家工商企业与 222 个行政村结对共建。各级各部门提供帮扶资金计 2500 万元。年底，投资 430 万元的澄潭联建物业屋顶光伏发电扶贫项目建成，年获益 50 万元。44 个省定经济薄弱村集体经济年收入全部达到 10 万元以上，且经营性收入超过 5 万元，提前完成省下达的经济薄弱村消除任务。农村低收入农户可支配收入增长 13.1%。

在大力扶持经济薄弱村和低收入农户奔小康的同时，县委、县政府按照省委、省政府的安排，发动有关部门开展省外国家级贫困县的结对扶贫工作。2019 年 10 月，民政局长吴青松率杭州市新昌商会副会长王伯仁一行赴四川省小金县开展扶贫协作，商会向小金县教育局捐款 10 万元，县慈善总会向小金县慈善会捐款 80 万元。

二、革命老区扶持

在抗日战争和解放战争时期，境内大明市、石磁、西坑、五马等地曾建立过共产党的组织和革命政权，开展政治斗争和武装斗争，为新昌的解放、新中国的成立作出过贡献。新中国成立后，县委、县政府一直十分关心革命老区人民的疾苦，重视扶持革命老区发展经济，改善老区人民的生产生活条件。

1952年3月，县政府奉省政府指令，成立慰问团，傅振起、胡少康为正副团长，率电影、幻灯放映员和医疗卫生人员，赴兰洲乡、藕岸乡、大塘乡、前梁乡，采取家庭访问、开座谈会和代表会、诊治疾病、放映幻灯电影、赠送毛主席像等形式开展慰问活动，把党和政府的关怀送到老区人民心中。之后，县民政局把革命老区扶持工作列为重要的民政工作，在救灾救济、拥军慰问、优抚安置等项工作经费安排上给予重点照顾。

改革开放后，省委、省政府成立革命老区工作领导小组，开展革命老区认定审批工作。

1984年，省民政厅在给遂昌、开化、龙泉县政府《关于划定革命老根据地问题的复函》中规定，第二次国内革命战争根据地的划定标准为：该地曾建有中共党组织，有革命武装，发动群众，进行打土豪、分田地、分粮食、牲畜等运动，主要是建立工农政权并进行武装斗争时间在半年以上的。抗日根据地的划定标准为：该地曾建立中共党组织，有革命武装，发动群众进行减租减息运动，并进行武装斗争时间在一年以上的。其他革命老根据地的划定标准为：划定革命老根据地的村超过半数的乡，可定作革命老根据地。革命老根据地乡镇的审批权限，由县（市）政府提出申请，报地（市）政府审批。革命老根据地村的审批权限，由乡镇政府提出申请，报地（市）政府审批并抄送省民政厅备案。

是年，绍兴市政府批准大明市、石磁2个乡为革命老区乡。

1986年8月，县政府批准石磁乡东山、石磁、后岗山、立庄、屯公山、库头山、东家坑；大明市乡藕岸、白杨、长旺、长山、蟠龙山、山头里、丁家园、大明市、方塘头、枫家潭、钦寸、铁顶山、芦士、万石坑、大塘坑等22个村为革命老根据地村。

同年11月，县民政局分别给大明市乡白杨村、石磁乡东山村拨款2.5万元、2万元，帮助修筑机耕路。

1988年，县民政局拨款1万元，帮助石磁乡建造电视差转台。

1989年，县民政局拨款2万元，帮助石磁乡建造东山公路。

1991年，县民政局拨款3.5万元，帮助石磁乡开发农业项目，发展杨梅生产。

1992年10月，省民政厅根据全省撤区扩镇并乡的情况，印发《关于重新认定革命老区乡镇的通知》，规定："由原老区乡镇和非老区乡镇合并，老区村数达到行政村总数半数的"或"由原老区乡镇和非老区乡镇合并，原老区乡镇数达到合并乡镇数半数的"认定为革命老区乡镇。据此，县内仅大明市镇被认定为革命老区乡镇。

是年，县民政局给大明市镇、儒岙镇合计拨款2.55万元，帮助开发农业项目。

1995年，县民政局拨款5000元，帮助儒岙镇修建石磁至路基坑村机耕路。拨款1.3万元，帮助大明市镇修建乡村公路。

1996年，县民政局拨款1.55万元，帮助大明市镇、儒岙镇改造农业生产基础设施。

1997年，县民政局拨给大明市镇科技扶贫经费3500元。拨款1.2万元，帮助儒岙镇后岗山村修建公路。

2001年，大明市镇并入城关镇后，新昌再无革命老区乡镇，原老区乡镇的扶持工作纳入全面扶贫范围。

2008年5月30日至6月1日，省新四军研究会、省革命老区促进会合唱团先后到儒岙镇老年活动中心和丁家园村举行慰问演出。

三、水库移民后期扶持

二十世纪七八十年代，新昌先后建造长诏、巧英、门溪3座大中型水库，上万余人迁移，其中迁居县内安置8300余人，迁居江西、福建两省和浙江省嵊州、上虞、天台、奉化等地2500余人。另外，还有少数小型水库移民，分散移居在县内外。

计划经济时期，县政府对库区和移民安置区采取减免农业税、减免粮食征购任务、增加返销粮指标和照顾安排农业生产资料等办法，补偿库区村的损失，减轻安置村的负担。

2006年4月，国务院在北京召开新中国成立以来第一次全国移民工作会议。5月，国务院印发《关于完善大中型水库移民后期扶持政策的意见》，在全国实施大中型水库移民后期扶持工作。9月13日，省移民安置办公室召开全省大中型水库移民后期扶持工作会议，部署全省大中型水库移民后期扶持工作。9月22日，县委、县政府成立大中型水库移民后期扶持工作领导小组，县长夏久传兼任组长，副县长徐良平兼任副组长。领导小组下设办公室于县民政局，核定行政编制2名，局长袁振华兼任办公室主任。

县大中型水库移民后期扶持工作领导小组根据《浙江省大中型水库农村移民后期扶持人口核定登记办法》的规定，制定《新昌县大中型水库移民后期扶持人口核定登记实施细则》《新昌县完善大中型水库移民后期扶持政策实施方案》，规定：水库移民后期扶持的范围为农村移民，具体对象为：（一）2006年6月30日前搬迁的水库移民及移民户迁入人口，包括农村原迁移民及其仍居住在安置地的后代；投亲靠友和自主搬迁安置的农村原迁移民及其后代；2006年6月30日前与农村原迁移民及其后代结婚的农村婚嫁迁入人口；从移民安置地迁出的农村原迁移民及其后代（包括现役义务兵、二级及以下士官、在校大中专学生及婚嫁迁入人口）；2006年6月30日前已依法落户的农村返库原迁移民及其后代。（二）2006年6月30日前与农村原迁移民及其后代依法结婚，户口尚未迁入的农村婚嫁人口和2006年6月30日前出生的子女，户口尚未落户，但在限定时间内办好落户手续的。（三）原农村移民及其后代户籍变化后仍在农村生活居住，且依法承包经营分配的农村集体土地的或虽在城镇居住，但仍然依法承包经营分配的农村集体土地，且未享受城镇社会保障待遇的。（四）跨库村淹地不淹房的生产安置人口。（五）2006年7月1日以后搬迁的原迁人口。农村移民扶持标准为每人每年600元，自2006年7月1日起扶持20年；2006年7月1日后搬迁的原迁移民，自完成搬迁之日起扶持20年。跨库村淹地不淹房的农业生产安置人口登记到村，自2006年7月1日起扶持20年。后期扶持的方式为：对登记到人的移民人口，采取资金直补到人的方式扶持；

对登记到村的农业生产安置人口，采取项目扶持的方式扶持。

10月9日，县政府在白云山庄召开全县大中型水库移民后期扶持工作动员会，县移民工作领导小组成员，各乡镇长、街道办事处主任和分管民政工作的副乡镇长（副主任）及业务工作人员，长诏、巧英、门溪3座水库负责人参加会议。会上，副县长徐良平就开展水库移民后期扶持工作作动员部署。

会后，县移民办采取张贴公告、发送公开信、电视广播、新昌报开设专栏等方式，广泛进行宣传发动。各乡镇、街道召开村（社区）干部会议传达贯彻，组织干部进村入户调查登记。移民人口以户为单位登记到人，所有调查登记对象上墙公示，接受群众监督，防止错登、漏登、重登。农业生产安置人口登记到村，不登记到户，其人数按被淹没的耕（园）地总面积 除以该村受淹前人均占有耕（园）地面积，再加全县人口自然增长数确定。

为做好移民人口调查登记，县移民办聘请3名退休干部，负责政策解释、信访处理、巡回指导、检核验收。在调查登记期间，县移民办共接待处理政策咨询和上访人员3500余人次，其中接待处理迁居江西、福建两省未被列入登记的移民群体上访300余人次。为落实外迁移民的后期扶持政策，解决移民的合理诉求，县移民办给江西、福建两省有关县、市移民办出具新昌外迁移民名单和相关证明，副县长徐良平和县民政局局长袁振华专程赴外迁移民较多的江西省靖安县民政局协调落实。

2007年2月，全县大中型水库移民后期扶持人口调查登记工作顺利结束。经报省移民办核定，全县符合后期扶持条件的总人数为22662人，其中登记到人的10596人，分布于16个乡镇（街道）356个村；登记到村的12066人，集中于大市聚镇、回山镇、巧英乡22个行政村。

4月18日，省移民办发出通知，全省统一在五一前夕发放移民后期扶持第一笔直接补助资金。根据前期工作中部分农村干部群众要求把直接补助资金归村、非农移民要求补助、小型水库移民要求补助的思想反映，县政府专门召开移民后期扶持资金发放工作会议，副县长潘启富要求各级各部门按照属地管理，分级负责的原则，认真处理好农村移民与非农移民的关系、农村移民与安置地村的利益分配关系、库区直补到人与项目扶持到村的关系、大型水库移民与小型水库移民的关系，确保兑现政策无差错、群众满意无投诉、社会稳定无事故的工作目标。各乡镇、街道与县政府签订确保稳定，平稳实施的目标责任书。4月20日开始，全县农村移民2006年度下半年的直补资金通过县农村合作银行代理，实行一人一存折发放。至5月1日，全部发放完毕，直接补助金额共317.88万元。之后，移民直补资金改为按季发放，直补对象实行年度复核、动态管理。

同年，县移民办对生产安置人口实施项目扶持，扶持村39个，每村1个项目，扶持金额共180.99万元。扶持资金主要用于群众生产生活所必需的基础设施建设补助，移民发展种养业、农产品加工业及发展二、三产业的补助，移民开展实用技术、技能培训等补助。项目扶持资金实行县级报账制，即由项目实施单位按规定程序报经批准，由县移民办集中核算并统一拨付。移民后期扶持资金的使用管理接受审计和上级主管部门的监督检查。

2010 年 9 月，省政府印发《关于解决小型水库移民困难问题的若干意见》，明确提出将 10 万立方米至 1000 万立方米的小型水库移民列入后期扶持范围，扶持期限自 2009 年 1 月 1 日起至 2028 年 12 月 31 日，扶持方式统一实行项目扶持。据此，县移民办开展全县小型水库移民安置情况调查。经调查，符合扶持条件的小型水库共 124 座，移民人口 2117 人，涉及 16 个乡镇、街道。

2011 年 6 月，县政府制定《新昌县解决小型水库移民困难问题实施方案》《新昌县小型水库库区和移民安置区基础设施建设与经济发展规划》《新昌县大中型水库移民后期扶持“十二五”发展规划》。10 月，县移民办向省移民办申报 2011 年小型水库后期扶持项目预算，得到省拨扶持基金 153 万元，扶持项目 25 个。

是年起，县移民办根据小型水库移民点多面广的特点，按照统筹兼顾，重点解决移民人数较多、库容接近中型水库的移民村困难，优先解决移民群众当前生产生活中面临的突出问题，有针对性地解决移民村基础设施建设、生产开发、科技推广和技能培训等方面问题的原则，开展小型水库移民扶持解困工作。

2013 年，钦寸水库移民开始外迁，县移民办及时核定直补到人的扶持人口，开展后期扶持。核定登记的对象为：在 2015 年 12 月 31 日前出生，且搬迁安置在县内的农村移民，包括有土安置的农村移民、公寓房安置的农村移民、投亲靠友的农村移民、集中供养安置的农村移民、人户一致安置的农村移民。非农移民、随迁人口、财产人口、生产安置人口和原迁人口系国家行政机关、事业单位现仍为农业户口的在编干部、职工不属登记范围。正在服刑期间的农村移民可以登记，但在服刑期间不享受后期扶持政策。当年核定直补到人的扶持人口 14 人。

2014 年 1 月，县移民办制定《新昌县大中型水库移民后期扶持项目和资金管理实施细则》，具体规定移民专项资金扶持范围、项目前期工作、项目管理、资金管理、监督检查等事项，以规范水库移民后期扶持项目和专项资金的实施管理。

同年 8 月，省移民办通过查看会计资料、项目档案、实地查验及座谈询问等方式，对柯桥区、嵊州市、新昌县 2012 年、2013 年移民专项资金使用管理情况进行检查，并予以通报。通报在肯定新昌认真贯彻落实中央、省各项移民政策，制定配套制度，足额兑现移民后期扶持直补资金，规范管理移民直补人口，按计划完成扶持项目，无挤占、截留和挪用等违法违纪现象，有效解决移民群众饮水、交通困难等成绩的同时，指出部分项目存在未批先建、执行县级报账制不严、会计核算不及时、会计凭证附件不全以及项目档案欠齐全、档案资料填写不规范的问题。10月30日，县移民工作领导小组召开由库区和移民安置区乡镇（街道）领导、民政助理员参加的水库移民后期扶持工作会议，对存在的问题提出限期整改措施，决定设立水库移民后期扶持项目库，由乡镇（街道）负责备建项目、拟建项目、在建项目和建成项目的分类审核入库并上报，县移民办负责统计汇总、项目选取和安排年度项目，加强项目扶持的规范管理。

是年，新昌水库移民后期扶持工作经省移民办考核，通报为优秀县。

2015年8月起，实行水库移民后期扶持建设进度月报制度，凡有项目扶持的乡镇（街道），须在每月25日前向县移民办填报扶持项目建设进度月报表，便于掌握进度，跟踪督查，及时发现和解决问题，推进项目建设按计划实施。

浙江水库移民扶持项目

同年12月，县移民办制定《新昌县水库移民专项资金扶持管理办法》，明确水库移民专项资金包括大中型水库移民后期扶持资金、大中型水库移民后期扶持结余资金（含创业致富资金、应急资金）和大中型水库库区基金以及小型水库移民扶助基金等用于项目扶持的资金。规定大中型水库移民后期扶持资金（除直补移民个人部分外）的用途为：用于扶持移民人口统计到村不核定到户（含生产安置人口）的移民村和有移民直补人口核减的（县级统筹）项目；大中型水库移民后期扶持结余资金和大中型水库库区基金用于扶持大中型水库库区和移民安置区的项目；小型水库移民扶助基金用于扶持小型水库［小（一）型和小（二）型］库区和移民安置区的项目。专项资金扶持的项目范围为：村级集体项目、若干村联合建设的项目；其他合法组织吸收移民就业，带动移民致富的项目；面向移民个人的创业贷款、电子商务、家家乐、种养殖业等项目。县移民办负责政策制定、资金分配、业务指导和监督管理，乡镇（街道）负责项目受理、审核和组织验收工作，村负责项目申报、实施和初验工作。此外，具体规定了项目申报、审核内容、项目实施、组织验收、资金拨付和监督审计等项事宜。

是年，核定钦寸水库移民直补到人的后期扶持人口2454人。

2016年，核定钦寸水库移民直补到人的后期扶持人口3228人。新昌水库移民后期扶持工作经省移民办考核，通报为优秀县。

2017年，核定钦寸水库农村移民后期扶持人口1938人，实行项目扶持的村11个，涉及新林、大市聚和羽林3个乡镇（街道）。

年末，全县水库移民后期扶持直接补助到人共16826人，年补助金额1009.56万元；项目扶持29个，扶持金额1859.98万元，其中大中型水库扶持项目24个，小型水库扶持项目5个。

附：2006—2017年新昌县水库移民后期扶持情况

表65　2006—2017年新昌县水库移民后期扶持情况表

年度	大中型水库					小型水库		
	直补到人		项目扶持					
	扶持人数（人）	扶持金额（万元）	扶持村数（个）	项目数（个）	扶持金额（万元）	扶持村数（个）	扶持项目（个）	扶持金额（万元）
2006	10596	317.88	39	39	180.99			
2007	10596	635.76	46	46	361.98			
2008	10600	636.00	95	95	536.98			
2009	10603	636.18	60	60	577.98			
2010	10604	636.24	66	66	623.98			
2011	10604	636.24	82	82	780.98	25	25	153
2012	10604	636.24	86	86	873.98	24	24	235
2013	10168	637.08	77	77	996.98	18	18	270
2014	10107	606.42	70	70	1257.98	15	15	281
2015	10050	603.00	94	94	2276.98	12	12	256
2016	9996	599.76	32	39	1362.98	13	7	218
2017	16826	1009.56	24	29	1661.85	5	5	198

说明：扶持金额系中央、省拨实支数，不含县配套资金

第八章　社会救济

社会救济是国家或社会组织对因灾、因病或因意外事故等原因造成生活困难，无力自救的公民，给予生活救助。社会救济分临时救济和定期定量救济两种形式，与自然灾害救济相结合，同属社会保障体系。

古代社会救济称“赈穷”“恤贫”，由君王恩准下诏，地方官吏奉旨赈粮或赈银、赈衣、施医、施粥、施葬等。六朝以后，官府开始设置孤独园、养病坊、慈幼局、施药局等救助设施，养恤鳏寡孤独残幼。同时，政府鼓励发展慈善救济事业，弥补国家救济之不足。

民国时期，国民政府改良传统救济模式，颁行社会救济法规，实施大规模的灾荒救济、难民救济和失业人员救济，力图稳定社会秩序，巩固政权统治。终因战火连绵，灾难频至，经济凋僻，物价飞涨，国库匮乏，加之官员腐败，敷衍了事，许多法规并未实际落实。

新中国成立后，社会救济工作纳入经济社会发展规划，建立健全政策法规，逐步形成国家、集体、个人和社会相结合的社会救济工作格局，开展包括吃、穿、住、医、学、养、葬兼容的多种形式的社会救济，及时解决群众急难困苦，保障困难群众基本生活，促进经济发展和社会稳定。

第一节　济贫制度

济贫制度与古之荒政相匹配，源远流长。自西周以降，历朝政府都有赈穷的政策措施，并且推陈出新，鼎革完善。

一、清朝以前济贫制度

古代济贫制度始于西周。据《周礼·地官司徒》记载，西周时期，国家已有“保息六养万民”之社会救济制度，“一曰慈幼，二曰养老，三曰赈穷，四曰恤贫，五曰宽疾，六曰安富”，即关爱幼童，善待老人，救助困乏，周济贫苦，宽待残疾，均平徭役。

春秋战国时期，各诸侯国普遍抚民赈贫，以收揽人心，争雄称霸。如《左传》记载，晋悼公元年（前 572），晋悼公“命百官，养老幼，恤孤疾，年过七十，公亲见之，称曰王父”。楚平王元年（前 528），楚平王命将军然丹在宗丘“抚其民”，“分贫振穷，长孤幼，养老疾，收介特，救灾患，宥孤寡，赦罪戾，诘奸慝，举淹滞”。吴王阖闾上台后，“亲巡孤寡，而共其困乏”，“勤恤其民，而与之劳逸”。越王勾践对多子女家庭给予救济补贴，即“生丈夫，二壶酒、一犬；生女子，二壶酒、一豚；生三人，公与之母；生二人，公与之饩”。

秦朝，救助鳏寡孤独入刑律。据《睡虎地秦墓竹简》释文记述，如“隐匿成童，及申报废疾不实，里典、伍老应赎耐[①]；百姓不应免老（对达到一定年龄的老人免征课税徭役），或已应免老而不加申报、敢弄虚作假的，罚二甲；里典、伍老不加告发，各罚一甲；同伍的人，每家罚一盾”。

汉朝，优恤鳏寡孤独、假民公田、假民田苑为常态赈济措施。据《西汉会要》记载，汉高祖二年（前205），故秦苑囿园地，令民得田之。汉文帝十三年（前167），赐天下孤寡布帛絮。地节三年（前67），诏曰：“鳏寡孤独贫困之民，朕所怜也。前下诏假公田，贷种食。其加赐鳏寡孤独高年帛。二千石严教吏谨视遇，毋令失职。”元康四年（前62）正月，遣大中大夫疆等十二人循行天下，存问鳏寡。三月加赐帛，鳏寡孤独各一匹。东汉永平九年（66）四月，诏郡国以公田赐贫人，各有差。

三国两晋南北朝，首创救济设施六疾馆、孤独园，收容救助鳏寡孤独、废疾贫困之人。据《南齐书》记载，魏孝文帝太和二十一年（497），令将司州、洛阳贫病老者别坊居住，备药物，给衣食。南齐，“太子（齐文惠皇太子萧长懋）与竟陵王子良俱好释氏，立六疾馆以养民”。北魏永平三年（510）十月，宣武帝诏“太常立馆，使京畿内外疾病之徒，咸令居处，严敕医署分师救疗”。南朝梁普通二年（521）春，梁武帝诏令：“凡民有单老孤稚不能自存者，郡县咸加收养，赡给衣食，每令周足，以终其身。又于京师置孤独园使孤幼有归，华发不匮。若终年令，厚加料理。尤穷之家，勿收租赋。”

隋朝，恩恤赈济依如前朝。据《隋书》载，大业元年（605）正月，隋炀帝发八使巡省俗，下诏曰：“今即布政惟始，宜存宽大。可分遣使人，巡省方俗，宣扬风化，荐拔淹滞，申达幽枉。孝悌力田，给以优复。鳏寡孤独不能自存者，量以振济。义夫节妇，旌表门闾。高年之老，加其版授，并依别条，赐以粟帛。笃疾之徒，给侍丁者，虽有侍养之名，曾无周赡之实，明加检校，使得存养。”

唐朝，鳏寡孤独、贫穷老疾赈济入律令。《唐律户令》记载：“诸鳏寡孤独、贫穷老疾不能自存者，令近亲收养。若无近亲，付乡里安恤。如在路有疙患，不能自胜致者，当界官司收付村坊安养，仍加医疗，并勘问所由，具注贯属，患损之日，移送前所。”唐德宗推行两税法后，“免鳏寡孤独疾病不济者。敢有加敛，以枉法论”。

悲田[②]养病坊为官办救济设施。唐开元二十三年（735），长安、洛阳两京设悲田院，官支经费，僧人主持，收容无家可归的孤穷老病乞丐。唐武宗时，僧尼敛财实行寺庙经济，因此武宗下诏灭佛，勒令天下僧尼还俗，并令长安、洛阳两京的悲田院，改为悲田养病坊，由国家拨给没收的寺院田产作为赈济经费来源，地方各州府悲田院则分拨田地7顷到10顷，以供开支，各地长官选派年高德劭的老人负责日常事务。

①：赎耐是秦朝刑罚之一，即强制剃除鬓毛胡须而保留头发，适用于一些较轻的罪名。

②：悲田系佛教教义，供养父母为恩田，供佛为敬田，施贫为悲田。

宋朝，救济设施形式多样，内容广泛，制度完备。《宋史·食货志》记载，福田院为官办，收容鳏寡孤独的老人、孤儿、残疾人以及衣食无着的饥民，由左藏库拨给钱米供养。“熙宁二年，京师大雪。诏老、幼、贫、疾、无依者，听于福田院额外给钱收养，春稍暖为止。”“熙宁三年，又置漏泽园。初，神宗诏开封府界僧寺旅寄棺柩，贫不能葬，令畿县各度官不毛地三五顷，听人安厝，命僧主之。”熙宁十年（1077），颁“惠养乞丐法”，定每年十月入冬之后，天下各州府须“差官检视内外老病贫乏不能自存者”，登记在册，“每人日给米豆一升，小儿半之”。宋哲宗元符元年（1098），行“居养法”，诏令各州立居养院，60岁以上“鳏寡孤独贫乏不能自存者，以官屋居之，月给米豆，疾病者仍给医药”。“崇宁元年八月，置安济坊养贫病者，仍令诸郡县并置。”居养院、安济坊经费均以户绝没官之财产充当。崇宁五年（1106）后，各地福田院改名为居养院。大观元年（1107），居养院收养老人年龄降为50岁以上，居养标准为每人每天发米1升、钱10文。每年十一月到正月天寒时，每天加发柴炭取暖钱5文。小儿诸项供给减半。90岁以上老人，每天增加酱菜钱20文，夏天发给布衣，冬天发给寒衣絮被。大观二年（1108），居养院对百岁以上的老人每天添给肉食钱和酱菜钱30文，冬季发棉绢衣被，夏天单绢衫裤。至宣和二年（1120）时，“若丐者，育之于居养院；其病也，疗之于安济坊；其死也，葬之于漏泽园，岁以为常”。嘉定十年（1217），朝廷利用没官田产置慈幼庄，收养遗弃婴儿。宝祐四年（1256），理宗诏令诸州广设慈幼局。此外，各地尚有广惠院、实济院、安养院、安乐坊、婴儿局、安乐庐、安乐寮、太平惠民局、施药局等社会救助机构。地方义仓置有养老室、恤嫠室、育婴室，凡鳏寡孤独均居其内。又有读书室，以收容无力从师者之子弟；养疴室，以收容有病之人；严教室，以收容不肖子弟。

元朝，宽恩赈贷有制。据《元史·食货志》记载，元贞二年（1296），诏令凡遇宽恩，各处孤老，人给布帛各一。大德二年（1298），诏遇天寿节（金元时以天子的生日为天寿节），人给中统纱二贯，永为定例。大德六年（1302）定制：“孤老病故者，城郭周围空闲官地斟酌标拨为坟，官为给棺，令孤老头目主丧，仵作行人应付车埋瘗，合用棺板价钱，于赃罚钱内支给”。对流民，始行收容遣返制。《元史·世祖本纪》记载，致和元年（1328）五月，“癸酉，籍在京流民废疾者，给粮遣还”。《元史·志·刑法·婚户》记载：“诸民户流移，所在有司起遣复业。”“诸年谷不熟，人民转徙，所在既经转济，复聚党持仗，剽劫财物，殴伤平民者，除孤老残疾不能自赡，任便居住，有司依前存养，其余有子弟者，验其家口，计程远近，支与行粮，次第押还原籍，沿路复为害者，从所在有司断遣。”

社会救助设施有养济院、惠民药局、安乐堂等。惠民药局系沿宋制，蒙古中统二年（1261）始置，官给钞本，月营子钱，设“提点”“司令”等官管理，救助平民、病囚、病军，后在燕京十路诸城推广。《元史·食货志》记载，至元八年（1271），令各路设济众院。次年又令每处置养济院，有官房者，用官房，无官房者，官为起盖，专一收养鳏寡孤独废疾穷民，委本处正官一员主管。“至元十六年，诏湖南行省，于戍军还途，每四五十里立安乐堂，疾者医之，饥者廪之，死者藁葬之，官给其需。”

明朝，府、州、县广置养济院、漏泽园、惠民药局、栖流所等救济设施。据《明政统宗》记载：“洪武元年五月，诏天下郡县置养济院。”八月颁《大明令》，“鳏寡孤独不能自养者，官为存恤，月官给粮米三斗，岁给布一匹，务在存恤。监察御史，常加体察。”《明史·食货志》载：“初，太祖设养济院收无告者，月给粮。设漏泽园葬贫民。天下府、州、县立义冢。又行养老之政，民年八十以上赐爵。复下诏优恤遭难兵民。”《康济录》载：“洪武三年，太祖命天下府、州、县普设惠民药局，拯疗贫病军民疾患。每局设官医提领，于医家选内外科各一员，令府医学授正科一员掌之，县医学授副训科制药惠济，其药于各处出产并税课抽分药材给予，不足则官为买之。”洪武三十年（1397）颁《大明律》，规定：“凡鳏寡孤独及笃疾之人，贫穷无亲依倚，不能自养，所在官司应收养而不收养，杖六十。若应给衣粮而官吏克减者，以监守自盗论。”建文元年（1399）二月，诏告天下：“鳏寡孤独不能自存者，岁给米三石，令亲戚收养。笃疾残废者，收养济院，例支衣粮。”嘉靖年间（1521—1566），置栖流所，收留难民、流民，日给钱米，隆冬酌给棉被，病故者给棺以瘗。

清朝，临时赈济承前朝。如顺治元年（1644），顺治帝登基即宣布：“丁银原有定额……老幼废疾，并与豁免。军民年七十以上者，许一丁侍养，免其徭役；……鳏寡孤独残疾不能自养者，宜与给养”；“穷民不能自存者，在京许两县（大兴县和宛平县）申文户部，告给养济。”《大清律例》规定，鳏寡孤独、贫无依倚者，由官府收养，给予衣食。违反律例者将追究刑事责任。

清朝的救济设施有养济院、普济堂、粥场、栖流所、育婴堂、习艺所等形式。养济院系官办，顺治五年（1648），清廷令各处设养济院，收养鳏寡孤独及残疾无告之人，月粮依时给发，收养对象以原籍为准。乾隆二年（1737），因四川流民增多，难遣回籍，改令地方官稽查，果系疲癃残疾无告穷民，准收养济院，散住在外的，按时到养济院领取救济钱物。救济标准：每孤贫一名，岁给银一两八钱六分，米二石八斗三升各有奇。遇闰加银三分，加米二斗三升有奇。普济堂初为民间所设，康熙四十五年（1706）置于京师广宁门外，收养鳏寡孤独疲癃残疾之穷民。康熙帝闻知后，御制碑文一道，并题“膏泽回春”匾额。雍正二年（1724），雍正帝又颁旨称“殊为可嘉”，令地方官“宜时奖劝鼓舞之”。乾隆元年（1736）后，有官办、官民合办或民办官助等普济堂。粥场是各地流行的救济措施。顺治九年（1652），京师东、西、南、北、中五城各设粥场一处，自十月起至次年三月止，赈济饥民。顺治十八年（1661），令各省地方照京师例设场煮粥赈济。栖流所，初设于顺治十年（1653）京师五城，后推至各省州县城。雍正十三年

（1735），朝廷议定："凡外来无依及病卧街衢者，该坊总甲报官收入该司，按名登记循环簿，每名日给小米一仓升，煤炭油菜制钱一十五文，隆冬无棉衣者给粗布棉袄一件，每所各募本城诚实民人一名，月给工食五钱，责令看管房屋照料在所流民。若流民患病报官拨医调治，有在所病故及沿途卧毙者，通令报官掩埋，官给棺木，每口价银八钱，埋于义冢。"《清史稿·食货志》记载："外来流丐，保正督率丐头稽查，少壮者递回原籍安插，其余归入栖流等所管束。"育婴堂，顺治二年（1645），大沧州民间自发举办，收养遗弃病废婴儿。雍正二年（1724），朝廷行文各省督抚，转饬有司，劝募好善之人，于通都大邑人烟稠集之处，照京师例推而行之，后日渐普及各地。习艺所，光绪二十九年（1903），清廷在京师首办工艺局，收养乞丐、游民，以期"工有所劝，民有所养"。光绪三十二年（1906），清廷颁布《京师习艺所试办章程》。次年，民政部咨令各地官办或劝绅商合办工艺局、习艺所、贫民工厂，收容8岁以上、16岁以下流民、贫民，教习谋生技艺，兼具赈恤贫民。

此外，民间尚有善堂善会、义学、义仓、义冢、义渡等慈善救济机构。

二、民国救济制度

中华民国成立后，国民政府移植传统救济方法，借鉴国外经验，建立近代社会救济制度。

（一）奖惩激励制度

民国时期，为解决国家救济乏力的状况，政府制定奖惩激励制度，鼓励民众团体投身社会救济事业。1913年后，国民政府先后公布《灾赈奖章条例》《褒扬条例》《慈惠章给予令》《赈务委员会助赈给奖章程》《捐资举办救济事业褒奖条例》《办理赈务人员奖恤章程》《办赈人员惩罚条例》等一系列规章，规定对捐资者依据款银数额分别给予明令褒奖、颁给褒状、奖章或匾额、建立或刊名纪念碑碣等之奖励。对办赈人员或法人团体有失职、渎职或贪污、挪用赈款赈物等情事者，按情节轻重，分别依法严厉惩罚。

（二）税费减免制度

1928年1月，铁道部拟订《铁路运输赈济物品条例》。1929年4月，财政部公布《赈灾物品免税章程》，均规定运输赈济物品，经中央赈务机关或财政部核发护照，免纳税收和运费。1938年10月，政府公布《遗产税暂行条例》，规定"捐赠教育文化或慈善公益事业之财产未超过五十万元者"，免纳遗产税。1941年4月，社会部公布《私立救济设施减免赋税考核办法》，规定："凡呈准在案之私立救济设施，成立在五年以上对于社会救济事业卓有成绩者，经核准后，自身用地准予依法免税；有收益之土地或房屋、股票、债券、现金、孳息及生产劳动收益等，其直接使用于救济事业者分别情形准予减税或免税。"

（三）救济设施制度

1915年12月，北京政府颁行《游民习艺所章程》，规定游民习艺所专司幼年游民教养及不良少年之感化，传授谋生技能为宗旨，收养对象为年龄在 8 岁以上 16 岁以下贫苦无依者和性行不良者。1928 年 5 月，内政部公布的《各地方救济院规则》（1933 年修正）规定：为教养无自救力之老幼残疾人，并保护贫民康健，救济贫民生计，于各省、省会、特别市政府及县市政府所在地设立救济院。各县、乡、区、村、镇人口较繁处所，亦得酌地方经济情形设立之。救济院分设养老、孤儿、残废、育婴、施医、贷款等所。救济院利用寺庙或公共场所开办。救济院经费以救济基金利息及临时捐款充之，救济基金由各地方收入酌量补助或设法筹集。1943 年 9 月，国民政府公布《社会救济法》，规定：团体或私人举办救济设施，应经主管官署许可，并接受主管官署的视察及指导。残疾教养所对于留养者应分盲、哑及肢体残废三种，就其各个能力分别授以各种工艺知识及技能。为收容曾从事不正当业务或受虐待之妇女，得设置妇女教养所，授予相当之知识及技能，矫正其不良习惯。对于懒惰成习或无正当职业之游民，得设置习艺所收容之，强制其劳作，并授以必要之知识及技能，养成其勤俭之习惯。

（四）慈善团体制度

南京政府执政后，开始对慈善团体进行立法监管。一是注册备案制。1928 年 6 月，内政部颁行《管理各地方私立慈善机关规则》，准私立或私人团体集资办理的慈善组织维持原状，但须呈报主管机关查核注册，转报内政部备案。1929 年 5 月，行政院公布《监督慈善团体法》及《监督慈善团体法施行规则》，规定：慈善团体设立时，应先得主管官署之许可，再依民法社团或财团的规定，将应行登记之事项造册，呈经主管官署核定。其财产在 5000 元以下者，汇报内政部备案；在 5000 元以上者，专报备案。1932 年 9 月，内政部公布《各地方慈善团体立案办法》，规定：慈善团体立案，应由全体董事备具正副呈请书，并附呈章程或捐助章程、登记清册、财产目录、印鉴单、全体成员名册或捐助人名册、职员名册和各项足资证明文件。主管官署准许慈善团体立案后，即发给立案证书，并公告。慈善团体经依法解散，原立案官署应即饬令缴销其立案证书，并公告。二是准入禁入制。规定慈善团体应以济贫、救灾、养老、恤孤及其他救助事业为目的，不得利用其事业为宗教宣传，或兼营为私人谋利之事业。慈善团体除财团外，应有五人以上的发起人。发起人应有下列各项资格之一：1. 名望素著，操守可信者；2. 曾办慈善事业，卓有成效者；3. 热心公益，慷慨捐输者；4. 对于发起之慈善事业有特殊的学识或经验者。土豪劣绅、贪官污吏、有反革命行动者、宣告财产犯罪受刑者、宣告破产尚未复权者、吸食鸦片者，不得为发起人或慈善团体会员。三是财务公开制。属于社团性质的慈善团体，每年至少开会二次，由董事报告详细收支账目及办理经过情形。慈善团体、私立慈善机关如需募款时，应先呈请主管官署许可，其收支款物，应逐日登入账簿，所有账簿单据保存期限不得短于十年。每届月终，应将一月内收支款目及办事实况逐一公开宣布。每年 6 月、12 月向主管官署呈报有关职员任免、职员成绩考核、财产总额及收支状况、会员加入或告退及办理经过情形等情况，主管官署得随时派员检查。慈善机关如有拒绝检查或假慈善之名渔私利的，主管官署得撤销其许可或解散之。四是募捐核准制。1943 年 5 月，国民政府公布《统一募捐运动办法》，规定：凡发起各种捐募运动，应先将计划、用途及捐募方式报告该管社会行政机关，会商各该事业主管机关核准。捐募方式应遵守五项原则：1. 应尊重应募人力量捐认之自由，不得以任何方式摊派，并不得以认捐人之身份为捐募之比例；2. 不得拦阻交通或利用其他机会强迫捐募；3. 以游艺或义卖等名义发售捐券，应当场或利用其他场会公开竞卖，不得派送；4. 所发之临时收据、券票，概应由经募机关团体盖印、编号，额面有价值者，不得折扣；5. 捐募开支在实募十万元以内者，以百分之五为限；超过十万元者，其超过数额以百分之二为限，不得支经募报酬。

（五）寺庙慈善制度

民国初，北京政府内政部曾公布《管理寺庙条例》和《修正管理寺庙条例》，硬性规定寺庙得按其财产之丰绌，地址之广狭，自行办理各项公益慈善事业，包括救济院、孤儿所、养老所等。1929 年 12 月，南京政府内政部重新公布《监督寺庙条例》，重申“寺庙应按其财产情形，兴办公益或慈善事业”。1935 年 8 月，行政院公布《寺庙兴办公益慈善事业实施办法》和《寺庙兴办公益慈善事业规则》，规定：寺庙兴办公益慈善事业的范围为民众教育、济贫救灾、育幼养老、公共卫生及其他公益慈善事项。寺庙出资兴办公益慈善事业，应按其每年财产总收入，分两次缴纳，缴纳标准：500 元以上 1000 元未满者，百分之二；1000 元以上 3000 元未满者，百分之四；3000 元以上 5000 元未满者，百分之六；5000 元以上 10000 元未满者，百分之八；10000 元以上，百分之十。全年财产总收入不满 500 元的寺庙，志愿量力纳款者听之；寺庙自愿超标准捐资兴办公益慈善事业者，由该管官署呈请褒扬。寺庙出资款项由该管官署组设寺庙兴办公益慈善事业委员会负责征收、保管。委员会由该管官署代表 1 人、地方自治团体代表 3 人、教会代表 1 人（如无教会者暂缺）、僧道代表 2 人组成，受该管官署的指挥监督。委员会应将地方兴办公益慈善事业状况及收支情形，每年年终报请该管官署查核，递转内政部备查。寺庙住持如违反规定抗不缴款者，委员会得呈明该管官署革除其住持之职。

（六）临时救济制度

抗日战争全面爆发后，政府制定系列政策措施，应对严峻的社会救济形势。1937 年 9 月，行政院通过《非常时期救济难民办法大纲》，规定：中央、省、市、县政府设立难民救济委员会，综理难民收容及运输；难民给养、保卫及救护；难民管理及配置等事宜。难民救济经费除呈请中央指拨专款外，由地方政府动支救灾准备金、救济机关及慈善团体基金，并举行募捐。《冬令救济实施办法》规定：各省县市应一律按时设立冬令救济委员会，举办工赈、小本贷款、平粜或施放米谷、开办平价食堂或粥场、发售平价衣被或施送衣被、设置庇寒所或临时收容所、发放代金等冬令救济事业。冬令救济的对象为鳏寡孤独及残疾、难民、灾民、抗战军人家属、生有子女至五人以上家境赤贫者。救济款物采取依法动支地方救济经费、动用或平粜地方积谷、向殷实富户巨商捐募米谷衣被或代金、动用地方特种公集款项（如行政罚金、节余公款或公积金等）等方法筹集。救济手续依规先周详调查造册，发放前七日公布；由经发人会同当地乡镇保甲长、监核人定期公开办理；发放后七日内将受救济人姓名款物数量公布。冬令救济限每年 11 月至次年 3 月间进行。社会救济的对象为：年在六十岁以上精力衰耗者；未满十二岁者；妊妇；因疾病伤害残废或其他精神上身体上之障碍不能从事劳作者；因水旱或其他天灾事变，致受重大损害，或因而失业者及其他依法令应予救济者。救济方法有救济设施处所内留养；款物衣服等必需品给予；免费医疗、助产；住宅之廉价或免费供给；低息或无息贷款；低息或无息贷粮；减免土地赋税；实施感化教育、技能训练及公民训练；职业介绍等。救济事业经费列入地方预算，中央政府予以补助。

抗日战争胜利后，国民政府社会部制定《收复区失业工人临时救济办法纲要》，规定：失业工人救济由社会部派遣特派员或命令收复区社会行政主管委托有关部会之特派员，邀集当地有关团体组织设立失业工人临时救济委员会办理。失业工人救济费以维持其三个月的生活为限，其救济金额参酌其过去的工资津贴或兼顾现时生活水准报请核定之。凡失业工人于停工减产时，领有厂方遣散费者，不再发给救济金。其领有维持费者，如其维持费数额相当于遣散费者，以曾领遣散费论。其不及遣散费数额标准者，由委员会责令厂方补足；如厂方无力负担时，由委员会核减发给一部分救济金补足。凡失业工人于工厂停工减产时，未领有厂方遣散费或维持费者，厂方应予补发。厂方认为三个月无复工可能者，发给遣散费；有全部或局部复工可能者，分别发给维持费。凡经中国接收之工厂，无论接收前曾否一度停工减工，如接收时即开工者，不在救济之列。已停工减工并经中国接收之工厂，一时不能复工，其失业工人未领遣散费或维持费者，由委员会给予救济。救济金以一次发给为原则，必要时得分月发给。救济金由社会部及有关机关审拨，必要时由商会及同业公会设法筹助。

三、新中国救济制度

新中国成立之初，为保障贫民的基本生活，稳定新生政权和社会秩序，中央人民政府指令各级政府开展生产救灾和大规模的紧急救济工作，不准饿死一个人。

1950 年，中国社会救济代表会议、第一次全国民政会议确立“生产自救，节约渡荒，群众互助，以工代赈，辅之以国家必要的救济”的基本方针和“动员与组织人民劳动互助，实行自救、自助、助人”的城市社会救济工作方针。

1951 年 5 月，全国城市救济福利工作会议提出“接受、调整、政造”旧社会救济福利机构，组织贫民生产自救，对丧失劳动力的孤老残疾及特殊困难的贫民予以必要救济的社会救济福利工作方针和任务。

1952 年 7 月，省政府发出《关于城市紧急救济款发放暂行办法》，规定救济的范围是城市中无业贫苦市民生活陷于断炊或半断炊者；城市贫民中鳏寡孤独老弱残废无法生活者；烈军属生活困难者；贫苦的兄弟民族；贫苦的宗教徒（老年僧尼道士等）；家庭人口多、失去劳动力生活困难者；旧军官吏生活困难者；游民、乞丐、妓女等。救济标准：杭州市每户 3 万~11 万元；宁波、温州、绍兴等地 3 万~9 万元。救济对象和救济标准采取领导掌握和群众评议相结合的办法确定。

1953 年，第二次全国民政会议、第三次全国城市救济工作会议以及 1956 年 3 月召开的全国城市游民改造工作会议，根据过渡时期总路线的要求，提出对无依无靠、无法维持生活的残老孤幼、贫民及游民等，按其有无劳动能力分别予以教养、救济和劳动改造的城市救济工作政策。

1955 年，省民政厅、省粮食厅联合发出《浙江省关于发放和使用救济粮款的意见》，规定救济粮款的使用范围是解决灾民困难户的口粮，酌情补助重灾区灾民寒衣、住房、疾病医治。救济的对象是无生产能力又无经常依靠的残老孤幼和家庭劳动力长期患病生活极为困难者；劳动力弱或劳动力少，生产收入不能负担全家最低生活者；劳动力虽不缺，但受灾严重，生产收入不能弥补全部缺粮者。救济标准：每人每日大米 400 克，有劳动力的灾民最高不超过 500 克。发放救济粮款应保证重点使用，克服平均主义和零打碎敲。

1956 年 6 月 30 日，中央人民政府公布《高级农业生产合作社示范章程》，规定：“农业生产合作社对于缺乏劳动力或者完全丧失劳动力、生活没有依靠的老、弱、孤、寡、残疾的社员，在生产上和生活上给以适当的安排和照顾，保证他们的吃、穿和柴火的供应，保证年幼的受到教育和年老的死后安葬，使他们生养死葬都有依靠。对于遭到不幸事故、生活发生严重困难的社员，合作社要酌量给以补助。”

1960 年 4 月，第二届全国人民代表大会第二会议通过《1956—1967 年全国农业发展纲要》，规定：“农业合作社对于社内缺乏劳动力，生活没有依靠的鳏寡孤独的社员，应统一筹划，指定生产队或生产小组在生产上给以适当安排，使他们能够参加力所能及的劳动；在生活上给以适当照顾，做到保吃、保穿、保烧（燃料）、保教（儿童和少年）、保葬，使他们生养死葬都有依靠。”

1962 年 9 月，中共八届十次会议通过《农村人民公社工作条例》，规定：“生产队对于生活没有依靠的老、弱、孤、寡、残疾的社员，遭到不幸事故、生活发生困难的社员，经过社员大会讨论和同意，实行供给或者给以补助。对于生活有困难的烈士家属、军人家属和残废军人，应该给以适当的优待。对于家庭人口多劳动力少的社员，生产队应该根据他们的劳动能力，适当安排他们的工作，让他们能够增加收入，除此以外，经过社员大会讨论和同意，也可以给他们必要的补助。”

1963 年后，国家根据经济体制变化，救灾救济工作方针修订为："依靠群众，依靠集体，生产自救，互助互济，辅之以国家必要的救济和扶持。"

1994 年 1 月，国务院公布《农村五保供养工作条例》，规定对村民中无法定扶养义务人，或者虽有法定扶养义务人，但是扶养义务人无扶养能力的；无劳动能力的；无生活来源的老年人、残疾人和未成年人实行五保（保吃、保穿、保住、保医、保葬）供养，由农村集体经济组织负责提供五保供养所需的经费和实物，乡、镇人民政府负责组织实施，民政部门主管五保供养工作。供养方式可根据当地经济条件，实施集中供养或分散供养。

同年 10 月，第十次全国民政会议提出在各大中城市逐步推行居民最低生活保障制度，由国家对收入低于最低生活保障线的贫困居民给予定期救济。

1995 年，全国民政厅局长会议提出把"城市居民最低生活保障制度"作为城市社会救济工作的重点。

1999 年 9 月，国务院颁布《城市居民最低生活保障条例》，规定："遵循保障城市居民基本生活的原则，坚持国家保障与社会帮扶相结合、鼓励劳动自救的方针，建立城市居民最低生活保障制度。"

2002 年，中共中央、国务院发布《关于进一步加强农村卫生工作的决定》，指令各级政府积极组织引导农民逐步建立以大病统筹为主的新型农村合作医疗制度，设立医疗救助基金，重点解决农民因患大病而出现的因病致贫、返贫问题。医疗救助资金通过政府投入和社会各界自愿捐助等多渠道筹集。

2004 年 9 月，中共中央《关于加强党的执政能力建设的决定》提出"健全社会保险、社会救助、社会福利和慈善事业相衔接的社会保障体系"的号召。

2005 年 3 月，第十届全国人大第三次会议《政府工作报告》提出"支持发展慈善事业"的工作任务。

2006 年 1 月，国务院修订《农村五保供养工作条例》，将未成年人五保对象改为"未满 16 周岁的村民"，供养内容增加保障义务教育所需费用，供养资金改由地方政府财政预算安排。

2014 年 2 月，国务院公布《社会救济暂行办法》，规定社会救助制度坚持托底线、救急难、可持续，与其他社会保障制度相衔接，社会救助水平与经济社会发展水平相适应，遵循公开、公平、公正、及时的原则。

2016 年 2 月，国务院印发《关于进一步完善特困人员救助供养制度的意见》，统一确定城乡无劳动能力、无生活来源、无法定赡养抚养扶养义务人或者其法定义务人无履行义务能力的老年人、残疾人以及未满 16 周岁的未成年人（简称为"三无"人员）为特困人员供养对象。救助供养内容包括提供日常生活用品、生活照料、疾病治疗、住房救助、教育救助以及办理丧葬事宜等。救助供养实行在家分散供养和在当地的供养服务机构集中供养。政府办供养服务机构运转费用和特困人员救助供养所需资金，列入县以上地方财政预算。鼓励群众团体、公益慈善等社会组织、社会工作服务机构和事业单位、志愿者等社会力量参与特困人员救助供养工作。

同年3月，《中华人民共和国慈善法》公布，规定开展慈善活动应当遵循合法、自愿、诚信、非营利的原则。国家鼓励和支持自然人、法人和其他组织依法开展慈善活动。县级以上地方各级人民政府民政部门主管本行政区域内的慈善工作。8月，民政部公布《慈善组织公开募捐管理办法》，具体规定公开募捐资格、申请备案、审核批准、募捐信息和慈善项目实施情况公开等事项。

第二节　临时救济

临时救济，亦称不定期救济，是国家对因灾因祸、意外事故或患重大疾病等原因造成临时生活困难的城乡居民，给予一次性的经济或实物补助。临时救济主要有失业工人救济、春夏荒救济、冬令救济、火灾救济、医疗救济、流浪乞讨人员救济、城乡困难群众住房救助等形式和内容。

临时救济一般由本人申请，村（居）委会核实，乡镇（街道）签署意见后报民政局审批。为及时有效地帮助解决群众生活困难，县民政局从20世纪80年代开始，根据各乡镇经济水平、人口状况及上年度救济数额，确定年度基数，年初一次性拨给乡镇（街道），由乡镇（街道）包干使用，节余不上缴，严重超支的，视情予以追加。县民政局则以突发性重大灾害造成的临时困难救济、冬令救济、春夏荒救济、贫病医疗救助为重点开展救济。

一、失业工人救济

新中国成立之初，广大农村灾荒连年，饿殍遍野。在城市，国民党军队的散兵游勇和背井离乡的难民流落街头，失业工人、失业知识分子和贫民饥寒交迫，游民、妓女、烟民充斥大街小巷，旧政府、教会和民间的救济机构急需接管。面对如此烂摊子，人民政府开展了大规模的城镇失业人员生活困难救济工作。

1950年4月，全国总工会发布《告全国工人书》，号召全国工人职员实行一日义务劳动，以所得工资（或捐出1天工资）作为救济失业工人基金。6月，政务院发布《关于救济失业工人的指示》和《救济失业工人暂行办法》，省民政厅发出《关于城市社会救济工作的指示》，指令各级政府开展生产自救，通过以工代赈、介绍就业、还乡生产、发放贷款和救济金，解决城市贫民生活困难。救济范围原则上以除特务分子及反动有据者外的鳏寡孤独、老、弱、病、残人员为重点。

是年，县政府发放城镇贫民救济大米 3376.5 公斤，受救济 337 户 1011 人。筹集大米 20 石，支援上海失业工人救济（折款汇缴）。

1951 年土地改革，政府对城镇中亦农亦工、亦农亦商的居民和能够从事农业生产者分给土地，划归农村；对部分无依无靠、丧失劳动力的孤寡老人、孤儿、人口多劳力少和部分失业工人，给予社会救济。

1952 年 3 月 16 日，县成立失业工人救济委员会，负责全县失业工人的救济工作。县长王玉文兼任主任（11 月起由县长冯华民兼任主任），民政科科长张志新兼任副主任，委员由县总工会、民政科、建设科、工商科、县农会、土产公司的负责人和县府办公室秘书组成。下设办公室和登记、生产救济、工赈 3 股。同时，设立失业工人救济基金，面向全县在职职工，按职工实际工资的 1%征缴失业工人救济经费。5 月，城关镇开办竹器生产小组和雨伞厂，介绍失业工人就业 69 人，介绍部分失业工人从事拣烟、拣麻、打草绳等季节性生产。举办以工代赈，开筑县城公路，发赈款 69416833 元（旧币），大米 1377 公斤。9 月，开展失业工人登记工作，登记失业工人 204 人（中茶公司 157 名拣茶女工未登记）。

1953 年 3 月，累计征缴失业工人救济金 245360210 元（旧币），救济支出 106284730 元（旧币）。

1954 年 1 月，根据省劳动厅通知，余姚、新昌、奉化等县自 1 月起，暂停征缴失业工人救济基金。9 月 13 日，新昌县失业工人救济委员会撤销，其工作归属县民政科。县失业工人救济委员会成立期间，累计征缴失业工人救济金 347978516 元（旧币），发放救济金 19277250 元（旧币），上解省劳动局 1 亿元（旧币），开办雨伞厂、竹器生产小组支出 5950 万元（旧币）。

1956 年后，随着工商业社会主义改造的完成，国家开始实行计划经济，有劳动能力的失业工人逐步得以就业，城镇失业工人生活困难救济面逐渐减少，部分无劳动能力的鳏寡孤独老弱病残人员由国家给予定期定量救济。

二、春夏荒救济

春夏救济是农村困难救济的一个重点。新昌地域，三年两头发生自然灾害，不仅直接致当年粮食歉收减产，而且致次年春夏交替春花作物青黄不接之时，部分群众乏粮断炊。每年开春，民政部门及早开展农村群众缺粮情况调查统计，及时拨发救济粮、款，同时会商粮食、供销部门下拨返销粮和化肥指标，帮助困难群众度过饥荒，发展粮食生产。2013 年后，因无重大自然灾害影响，且城乡最低生活保障完善，未再开展春夏荒救济。

附：1979—2012 年新昌县春夏救济情况

表 66　1979—2012 年新昌县春夏救济情况表

年度	资金（万元）	粮食（万公斤）	化肥（吨）	衣物	年度	资金（万元）	粮食（万公斤）	化肥（吨）	衣物
1979	3.62				1996	10.43			
1980	5.25				1997	11	9		
1981	5				1998	17			
1982	7	1.8			1999	22			
1983	4.5		49		2000	21	10		
1984	7		48.2		2001	15	6.75		
1985	9		40		2002	18			
1986	12.6		50		2003	10			
1987	4.8		55		2004	20			
1988	3.3		50.5		2005	60.75			
1989	30		67	13.15	2006	48			
1990	15		55		2007	35			
1991	6		55		2008	32			
1992	13.17	2.67	55		2009	30			
1993	7.8		50		2010	44			
1994	9.1		50		2011	35			
1995	9.1				2012	35			

三、冬令救济

1952 年入冬前，县政府拨发救济款 3000 万元，救济灾区和贫困山区以及城镇中无房、无衣被、无口粮、无经济来源的贫困家庭，解决入冬后至翌年春季期间的生活困难。此后，形成制度，每年寒冬来临之际，民政局拨发衣被、粮食、现金或其他实物，由乡镇发放给缺衣少食的困难群众。春节前夕，又下拨专项经费，由各地开展走访慰问，帮助困难群众度过年关。

附：1979—2017 年新昌县冬令救济情况

表 67　1979—2017 年新昌县冬令救济情况表

年度	棉衣（件）	棉被（条）	资金（万元）	大米（万公斤）	年度	棉衣（件）	棉被（条）	资金（万元）	大米（万公斤）
1979	500	506	8		1999		210		8.5
1980	500	500	8.5		2000		213	16.3	14
1981	500	500	9		2001		220	10	2.5
1982	500	500			2002		213		4
1983	594	539	2		2003		225	60	
1984	543	547			2004		225	13	
1985	550	550			2005		200	60	
1986	500	500		20	2006		213	60	0.4
1987	500	500	4.8		2007		231	46	
1988		1500			2008				
1989	500	700		4	2009		231		
1990	500	500	2		2010		231	35	
1991	500	520	6		2011		150	35	
1992	300	496		2.7	2012		150		
1993	300	417			2013		150		
1994			5.8		2014		150		
1995		300	11		2015		150		
1996		501	10	8.5	2016		230		
1997		300	10. 4	15	2017		221		
1998		300	11.6						

四、火灾救济

火灾是直接导致城乡居民家庭生活贫困的主要因素之一，也是民政部门实施困难救济的重点之一。历史上，每年因用火不慎引发的火灾事故，少则几十起，多则上百起，严重的致人畜伤亡。新中国成立前，政府对遭灾家庭的生活困难救济微乎其微，主要依靠亲戚朋友、街坊邻居互助互济。新中国成立后，各级政府重视火灾消防组织建设，开展防火宣传，配置消防设施，号召群众参加家庭财产保险，尽力减少火灾损失和人员伤亡。对遭灾生活困难的家庭，民政部门视损失轻重和经济来源情况，给予临时救济现金、粮食和衣被；粮食、供销、物资部门照顾供应棉布、棉花、粮食以及木材、水泥、钢筋等计划指标，保障其基本生活，扶助其渡过难关，重建家园。

因档案统计资料不全，难以累记成表，故将部分火灾救济情况记录如下。

1952 年 6 月 5 日，蔡峰乡下蔡岙村发生火灾，受灾 29 户，烧毁楼房 19 间、平屋 20 间、茅屋 29 间，以及部分粮食、家具，政府救济粮食 393 公斤。

1954 年 7 月 24 日，祥堂乡杨公坑村发生火灾，受灾 34 户，烧毁楼房 49 间、平屋 4.5 间，以及部分粮食、衣被、家具。当地政府发动乡邻群众捐助接济，捐助现金 95.04 万元、大米 15.5 公斤、稻谷 16 公斤、六谷 486.5 公斤。

是年，新昌县发火灾救济款 26.16 万元。

1962 年，申请火灾救济 51 起，受灾 247 户 626 人。政府发放救济款 4015 元，解决 76 户 301 人的生活困难。

1963 年 5 月 2 日，新民公社棣山大队发生火灾，受灾 6 户 26 人，其中烧死 5 人，重伤 2 人，7 间房屋和粮食、家具尽毁。县委书记王淮亭、县长杨光明、副县长历善成等率有关部门负责人到现场安置灾民，发动群众互助，处理死者善后工作。政府发放救济款 500 元、粮食 200 公斤、棉被 6 条、布票 51.5 市尺、棉花票 40 公斤。

1971 年，申请火灾救济 49 户，烧毁楼房 99 间，烧毁余屋 13 间。政府发放救济款 2730 元，照顾供应棉布 1760 市尺、棉花 63 公斤、被絮 10 条、粮食 2991.5 公斤、稻种 500 公斤、木材 14.7 立方米。

1979 年，申请火灾救济 168 户，烧毁楼房 205 间，烧毁余屋 94 间。政府发放救济款 26570 元，照顾供应棉布 6495 市尺、棉花 1015 公斤、粮食 3625 公斤、木材 74.6 立方米。

1983 年，申请火灾救济 89 户，烧毁楼房 98.5 间，烧毁余屋 26 间。政府发放救济款 13450 元，照顾供应棉布 2374 市尺、棉花 477.5 公斤、木材 37.8 立方米、水泥 62 吨，钢筋 0.8 吨。

1996 年，申请火灾救济 72 户，受灾 228 人，烧毁房屋 132 间，发放救济款 19.93 万元、粮食 8.5 万公斤。

1999 年，申请火灾救济 138 户，受灾 471 人，烧毁房屋 93 间，发放救济款 5.7 万元、粮食 1000 公斤。

2002 年，申请火灾救济 142 户，受灾 474 人，烧毁房屋 212 间，发放救济款 11.66 万元。

2008年3月8日凌晨2时，回山镇樟花村发生火灾，至4点半才得以扑灭。烧毁民房71间，受灾近30户百余人，为1979年后县内最大的一次火灾事故。当夜，县领导率县政法、消防、公安、民政等部门负责人及工作人员赶赴现场，会同当地政府指挥灭火救灾。因灾情重大，惊动省市领导，省长吕祖善在《绍兴信息》快报上批示："要做好受灾群众的安置工作，确保有房住、有衣穿、有饭吃，帮助灾后重建。要吸取教训，防止重大火灾事故发生。"县民政局迅即发放救济款15.5万元，运送棉被50条和部分衣物。当地政府及时开展安置灾民，每人发放救济大米25公斤，组织邻里互助互济，协助家财保险理赔，规划安排房屋重建等工作，使灾民在较短时间内得到恢复重建。

2011年，申请火灾救济137户，烧毁楼房265间，县民政局发放救济款10.2万元。

五、医疗救助

民国时，国民党县党部社会服务处开办施医所，设中医内科，负责春季施种牛痘，夏令备送救急药品，对出征军人家属、抗日战争阵亡将士遗族、赤贫者给予医疗减免，经费由县政府给予贴补。1940年，贴补经费330.65元。1942年，县城被日军占领，施医所停顿。1943年8月，县在儒岙设立施医所。1945年8月，日军撤离县城后，施医所复迁县城续办，直至1949年5月。

新中国成立后，人民政府对麻风病人、精神病人和生活困难群众住院治疗给予医疗救助和生活困难救助。

（一）麻风病人救济

1954年2月，中央政府内务部发布《关于民政部门与有关部门的业务范围划分问题的通知》，规定麻风病人之收容、管理、治疗由卫生部门负责解决；生活困难的由民政部门负责救济。

1955年底，先后有3名麻风病人入院治疗，年救济生活费864元。

1979年，5名麻风病人在嵊县皮肤病防治站医治，年救济生活费694元。

1984年4月起，县民政局给予住院麻风病人定期生活救济，救济标准每人每月20元。同时，对外地过境麻风病人救济途中伙食费。

1988年后，县内未发现新的麻风病人，2名已治愈的麻风病人因年老孤寡，一直在麻风病医院疗养，县民政局给予定期生活困难救济，每人每月30元。之后，救济标准多次提高。

2008年、2010年春节前夕，县民政局会同县残疾人联合会、县疾控中心组织人员，赴德清麻风病医院慰问新昌籍孤寡老人，赠送棉衣、棉被、水果和慰问金。

2017年1月1日起，麻风病人的定期生活困难补助费标准，由每人每月880元提高到930元。

（二）精神病人救济

1955 年 5 月 31 日，国务院发布《关于安置复员建设军人工作的决议》，其中规定：“对患有精神病需要治疗的复员建设军人应当由当地卫生部门负责治疗，生活供应由民政部门负责。”除此之外的精神病人，由家庭监护医疗，家庭生活困难的，政府给予临时救济。

1993 年 5 月 6 日，绍兴市政府发布《绍兴市收治管理危害社会治安精神病人暂行办法》，规定：凡绍兴市及外地流入有下列行为之一的精神病人，由市公安局安康医院予以强制收治：1. 实施杀人、放火、强奸、爆炸等行为的；2. 严重扰乱党、政、军机关办公室秩序和企事业单位生产、工作秩序的；3. 严重扰乱公共秩序、交通秩序、危害公共安全和当众出丑、有伤风化的；4. 曾有上述行为，病情缓解出院后，又有明显发病症状的。强制收治入院的精神病人的住院费用，有工作单位的，由单位承担；无固定职业和收入的，由监护人承担；无监护人的，由精神病人所住地的村（居）民委员会和民政部门承担。

1997 年 5 月，绍兴市公安局安康医院、新昌县公安局、县民政局就 1994 年至 1997 年 3 月间，11 名新昌籍严重危害社会治安的精神病人所欠 11 万元医疗费用问题，商定由县民政局一次性支付 8 万元；自 1997 年 4 月 1 日起，至 2000 年 3 月 31 日，收治精神病人医疗费用，县民政局按每人每月 700 元支付，每半年结算一次。

2003 年 3 月，新昌先后在绍兴安康医院医治的精神病人 22 人，半年救济生活费 6.83 万余元。

2004 年，新昌先后在绍兴安康医院医治的精神病人 19 人，救济医治费用 6.27 万余元。

2006 年，新昌先后在绍兴安康医院治疗的精神病人 20 名，救济医疗费用 8.26 万元。

2017 年，新昌先后在绍兴安康医院、嵊州市第五医院、新昌夕阳红医院医治的精神病人 27 名，县民政局支付医疗费用 846564.62 元。

（三）贫病医疗救济

1951 年 5 月，省政府公布《浙江省 1951 年度贫病医疗救济试行办法》，规定对工属患病或受伤；失业工人失业在两个月以上患病或受伤；灾荒严重贫雇农患病或受伤；义务职工、民兵其成分为贫雇农者患病或受伤；公立社救机构所收容人员患病或受伤以及其他贫苦人民患急性传染病无力负担医药费用者，给予救济减免。减免标准：家境确属赤贫，衣食无着者全免；有部分收入但不敷全部生活支出者，减收三分之一至三分之二（伙食费照收）；烈军属患病或受伤所需医疗费用，依照烈军属免费医疗暂行办法给予减免。

1957 年 1 月，根据省民政厅、省卫生厅、省财政厅联合发布《浙江省贫病医疗补助办法》的规定，对鳏寡孤独无劳动生产能力、无其他收入、无力“五保”，依靠社会救济维持生活者；生活困难的失业人员遇患病后无法解决医疗费用者；遭受自然灾害、生活困难的病患者；家庭人口多、劳力少、收入仅能维持最低生活，患病后无法解决医疗费用而合作社亦无法解决者；不享受公费医疗、劳保待遇，又无福利可补助的团体、合作社职工，单位临时雇用人员，中小学生及一般经济极端困难的患者给予医疗救助。补助的范围为急病、重病、血吸虫病患者和有生命危险非治不可者。

1962 年 7 月，根据内务部、财政部、卫生部《关于贫苦群众医疗减免经费开支问题的规定》，对非灾区少数没有依靠的老、弱、孤、寡和生活确有困难的群众患病医疗，在农村社会救济费内酌情予以补助。

1963 年 7 月，省民政厅、省卫生厅、省财政厅修订《浙江省贫病医疗补助办法》，由省民政厅在社会救济费内拨出 50 万元交省卫生厅分配各县市卫生部门掌握，作为贫病医疗补助之用。

1965 年 2 月，省民政厅、省财政厅、省卫生厅发出联合通知，规定自 1965 年 1 月起，灾区群众疾病医疗困难补助由民政部门负责管理。医疗救济费开支范围：1. 灾区群众浮肿病、子宫脱垂病、闭经病、小儿营养不良以及因灾引起的临时性疾病；2. 灾情严重地区如有大量疾病流行，派往灾区医疗队所需的药品、必需的医疗器械的补充，差旅费以及组织集体医疗单位和私人开业医务人员参加灾区医疗队工作需要发给的生活补助费（包括工资部分）。

1970 年起，新昌县将贫病减免定额经费，按比例分拨各公社，由公社革命委员会审批。烈军属、复退军人医疗减免经费仍由县统一管理审批。

1974 年后，取消贫病医疗补助，农村困难户的医疗费用，原则上由个人或大队合作医疗解决。个人无法解决者，经群众评议、领导批准，由社、队给予补助；社、队无法解决者，根据国家社会救济政策给予医疗救济。

1979 年，困难群众贫病医疗救济 73 人，救济款额 2451.25 元。

1981 年起，贫病医疗救济费均作为社会救济费列支，不再单独列支。贫病医疗救济一般在 200 元左右，由医院凭民政局出具的审批单向民政局结算。

2003 年 11 月，民政部、卫生部、财政部根据中共中央、国务院作出的建立以大病统筹为主的新型农村合作医疗制度的决定，提出力争到 2005 年，全国基本建立规范、完善的农村医疗救助制度。

2004 年 9 月，省政府发布《关于加快建立和完善医疗救助制度的通知》，指示各级、各部门把建立和完善医疗救助制度作为当前为民办实事的一项重要工作，按照医疗救助制度与新型农村合作医疗制度同步推进的要求，加快实施医疗救助制度，以解决困难群众看病难、因病致贫、因病返贫问题。

2006 年 8 月 14 日，县政府制定《新昌县城乡困难家庭医疗救助实施办法》，规定六类人员为医疗救助的范围和对象：农村低保对象；农村“五保”和城镇“三无”对象；农村“三老”人员、精减退职人员、重点优抚对象因患病造成家庭生活困难的对象；因见义勇为而致病致残造成家庭生活困难的对象；困难群众患重大疾病，医疗费用支出巨大，严重影响家庭基本生活的对象；新昌籍就读大中专院校的学生因患大病造成家庭生活困难的对象。医疗救助标准：1. 农村“五保”和城镇“三无”对象门诊和住院医疗费用，在扣除各类报销、补助后，在一个年度内累计医疗费用自负金额按 50%给予救助。全年每户家庭累计救助额不超过 2 万元。乡镇敬老院集中供养对象享受每人每年 300 元的门诊医疗补助，凭民政部门发放的“门诊助医卡”，在指定医院就医，所需资金在医疗补助专项资金中列支。2. 低保对象门诊和住院医疗费用，在扣除各类报销、补助后，在一个年度内累计医疗费用自负金额分段按比例给予救助：1 万元以下部分，救助 30%；1000 元以上至 1 万元部分，救助 35%；1 万元以上部分，救助 40%。全年每户家庭累计救助额不超过 2 万元。3. 其他救助对象的医疗费用，在扣除各类报销、补助后，在一个年度内自负医疗费用累计超过 3000 元以上的，分段按比例给予救助：3000 元以上至 1 万元部分救助 25%；1 万元以上至 3 万元部分救助 30%；3 万元以上至 5 万元部分，救助 35%；5 万元以上部分，救助 40%；全年每户家庭累计救助额不超过 2 万元。医疗救助由本人申请、乡镇初审并公示、县民政局分上下半年两次审批。县建立医疗救助专项资金，专项资金通过县财政每年根据全县人口数按不低于人均 4 元的标准列入年度财政预算、上级财政补助、救助资金利息收入、社会捐赠等渠道筹集。医疗救助资金实行财政专户管理，专款专用。

是年，医疗救助 221 人，救助金额 147.94 万元。

2007 年，免费给 22 名低保对象、“五保”对象施行白内障摘除手术，医疗手术费用由县人民医院向县民政局结算。

2008 年 8 月 21 日，县政府印发《关于进一步完善低保和医疗救助工作的意见》，决定全面推行零起点救助。规定：农村“五保”和城镇“三无”对象个人自负部分按 60%救助；低保对象个人自负金额 1 万元以下部分按 40%救助，1 万元以上部分按 50%救助。救助对象范围扩大到低保边缘户，低保边缘对象个人自负金额 2 万元以下部分按 30%救助，2 万元以上部分按 40%救助。其他因病致贫对象个人自负金额 2 万元以下部分按 25%救助，2 万元至 5 万元部分按 35%救助，5 万元以上部分按 40%救助。县财政提高医疗救助资金的筹资额度，筹资标准从每人每年 4 元提高到 6 元。救助对象每人每年累计医疗救助最高额度从 2 万元提高到 3 万元。已按最高额度救助后仍有特殊困难的，由县慈善总会按规定再予救助。同时，建立低保对象白内障患者免费复明手术长效机制，复明手术所需经费在医疗救助资金中全额列支。

2009 年，县医疗救助资金筹资标准从 6 元提高到 7 元。

2010 年 3 月，医疗救助实行即时结报制度，即民政部门与卫生、社保、财政等部门实行一体化信息管理，为救助对象提供新型农村合作医疗、城镇居民医疗保障、城镇职工基本医疗保险和医疗救助的“一站式”结报服务，并将县医疗救助资金的筹资标准从 7 元提高到 8 元。

同年 6 月 17 日，县欠发达乡村和低收入农户奔小康工程领导小组办公室与县慈善总会决定，由县慈善总会对县核定的 2500 元以下低收入农户参加新型农村合作医疗人员住院医疗费用个人负担部分超过 1000 元的给予补助 20%，最高不超过 5000 元。是年，县慈善总会共补助 511 人，补助资金 44.2 万余元。

2011 年，县政府修订《新昌县城乡困难家庭医疗救助实施办法》，规定城乡困难家庭医疗救助最高救助额提高到 3.5 万元，农村“五保”和城镇“三无”对象的救助比例最高达到 70%，低保对象达到 60%，低保户和五保户住院 1000 元以内实行全额救助。是年起，县财政预算筹集医疗救助资金的标准，每年人均增加 1 元。

2013 年，县政府修订《新昌县城乡困难家庭医疗救助实施办法》，加大对特殊病种的救助力度，规定患尿毒症、儿童白血病、儿童先天性心脏病、乳腺癌、宫颈癌、重性精神病、耐多药肺结核、艾滋病机会感染等 8 种重特大疾病的医疗救助比例最高可达 50%~70%，最高救助额可达 8 万元。

附：2006—2017 年新昌县医疗救助情况

表 68　2006—2017 年新昌县医疗救助情况表

年度	受助人数（人）	救助金额（万元）	年度	受助人数（人）	救助金额（万元）
2006	221	160.9	2012	4743	1147.1
2007	355	150.53	2013		1118.5
2008	574	514.0	2014	521	1175.0
2009	654	881.6	2015	537	1292.1
2010	856	877.5	2016		1434.4
2011	882	890.10	2017		1598.8

六、收容救助

收容救助是对城市流浪乞讨人员进行收容、管理、遣送、安置的一项救济性的社会行政管理工作。

1938 年，县政府在东岳庙设置难民收容所，其经费由省拨补 1000 元，呈准动用地方积谷款 1500 元。8 月，收容绍兴遣来难民 100 余人。11 月，收容上虞遣来难民 200 余人。1939 年 3 月，因经费无着，收容所裁撤，除部分介绍职业外，余均疏散各乡镇收容安置。1943 年，新昌县地处前哨陷区，往来难民甚多，县政府在黄坛、儒岙、镜岭设立临时难民收容所，收容救济难民。

1949 年 5 月后，人民政府对城市流浪乞讨人员进行经常性的收容遣送处理。1950 年 12 月，省政府对遣送战俘回籍作出规定：战俘如无家可归，处俘机关可与当地民政部门商量研究就地安置处理；残废战俘如无家可归，又不能参加生产者，即送当地生产教养院安置。已遣送各地之战俘，如原籍无家可归，无亲戚投靠，有劳动能力的介绍农业生产；无劳动能力的，送当地养老院予以教养。

1952 年 9 月，县民政科根据省民政厅召开的铁路沿线 11 个市县民政科长座谈会议精神，开展城镇游民、乞丐、妓女、流氓收容处理工作。被收容者遣返原籍，参加当地土地改革，从事农业生产。

1956 年 8 月，省人民委员会转发省民政厅制定的《浙江省游民改造工作方案》，规定游民改造范围是有劳动条件而不愿劳动并以不正当手段为生，危害社会秩序又不够判刑条件的人。改造方法为分散安置（移民插队）监督改造和集中安置改造。

1957 年 12 月，内务部发文规定：遣返农村外流人口时，除由流出地区派干部接领或者由流入地区派干部遣送外，对遣返人数较多或被遣返人员抗拒遣返，需要公安部门协助的，可由公安部门派出民警护送。遣送回籍的路费，一般由本人自理；但本人确有困难不能自行解决的，政府可酌情予以补助。

1962 年 3 月，贯彻国务院《关于安置自由流动人口的几项办法》规定，流动人口中有家可归的农民，积极动员遣送回乡参加生产；无依无靠的老弱病残幼由民政部门安置在社会福利事业单位；地、富、反、坏分子和其他刑事犯罪分子由公安部门依据具体情节分别处理；无家可归或屡遣屡返、有劳动能力但又不够强制劳动条件者分别安置在农村或县农场，并每人发给安置补助费 100 元。

1963 年 5 月，省人民委员会批转省民政厅《关于收容处理长期流浪人员的报告》，规定：外省流入的长期流浪人员应遣返原籍；有轻微犯罪行为但不够判刑条件，且管理部门难以明确者，由公安部门强制劳动；原籍有生活出路，本人愿返者，经与原籍社队联系后，可遣返原籍；原籍无生活出路不宜遣返原籍者，在自愿的条件下，择条件较好的生产队分散安置；对无依无靠无家可归或流浪成性有家不归，以及回家确有困难者，有劳动力的安置在现有农场参加劳动。儿童和残老送民政部门办的残老、儿童福利院安置；城市居民中有劳动力但在街头流浪者，要组织其生产自救。好吃懒做，不务正业、流浪乞讨成性者送农场教育改造。残老孤幼给予救济，生活不能自理者要收容安置。

1979年7月，省民政厅下发《关于加强社会主义法制观念，急需认真做好收容遣送安置工作的通知》，规定收容遣送的任务是安排被收容人员生活，做好教育工作，查清流浪原因、籍贯住址后动员回家；长期流浪、屡遣不返，原籍又无条件安置而有一定劳动能力的人员送安置农场安置。

此后，县民政局对经教育后自愿返乡的资以车费；对长期流浪乞讨、屡遣不返，原籍路途较近的，派人遣送；原籍路途较远的，派人遣送至绍兴、义乌等地遣送站，由他们组织转送。

1982年5月，国务院发布《城市流浪乞讨人员遣送办法》。10月，民政部、公安部发布《城市流浪乞讨人员遣送办法实施细则》，规定收容遣送对象是农村流入城市乞讨者；城市居民乞讨者；其他露宿街头生活无着者。

1986年1月，县民政局与城关镇旅馆业治安联防办公室订立协议，授权城关镇旅馆业治安联防办公室负责辖区内流浪乞讨、露宿街头人员的收容遣送工作。县民政局每月拨付工资补贴60元和相关的遣送费用。

1988年2月至1998年9月，县民政局与城关镇政府订立协议，由城关镇政府负责辖区内流浪乞讨、露宿街头人员的收容遣送工作。县民政局每年拨款给城关镇政府1200元，作为遣送费用；一次性拨款5000元，用于购置交通工具。

1995年7月，贯彻全国流动人口管理工作会议精神，收容遣送工作由公安机关和民政部门共同承担，收容工作以公安为主，民政协助；收容对象的管理、遣送工作以民政为主、公安协助。

1998年4月，县民政局与县政府签订责任状，参与“110”社会联动服务。10月，设立新昌县收容遣送站，配事业编制工作人员2名。

2000年10月30日，配合人口普查，全县统一清理、收容居无定所的流动人口。

2001年，收容遣送对象中长期流浪乞讨或以乞讨为业的人员减少，盲目外出打工生活无着、投亲不遇、精神病人、迷途老人及逃学学生有所增加。

2003年9月，国务院颁布《城市生活无着的流浪乞讨人员救助管理办法》，民政部门对流浪乞讨人员由强制性的收容遣送改为自愿性救助。12月，新昌县成立城市生活无着的流浪乞讨人员救助管理工作协调小组，组长为徐良平，副组长为陈竹进、袁振华。同时，新昌县收容遣送站改为新昌县救助管理站。

2005年3月，县民政局救助流浪危重病人医疗费用2万元。

2009年，救助外地困难民工和流浪乞讨人员共286人次，救助金额6.6万元。

2012年8月，县救助管理站增挂新昌县流浪未成年人救助保护中心牌子。

2013 年，流浪乞讨人员救助费用 66.40 万元。

2017 年，救助流浪乞讨人员 369 人次，救助金额 73.4 万元。

附：1998—2017 年新昌县流浪乞讨人员救助情况

表 69　1998—2017 年新昌县流浪乞讨人员救助情况表

年度	救助金额（万元）	年度	救助金额（万元）
1998	1.3	2008	1.4
1999	3.75	2009	6.6
2000	5.17	2010	10.5
2001	5.7	2011	21.7
2002	6.45	2012	33.7
2003	2.41	2013	66.4
2004	7.8	2014	49.3
2005	15.5	2015	37.1
2006	35.3	2016	51.4
2007	2.1	2017	73.4

说明：1997 年前，流浪乞讨人员救助经费未专列统计；1998 年后，流浪乞讨救助人数未统计

七、住房困难救助

房屋是人们居住、生活的重要场所。解放前，贫苦农民流离失所。解放后，人民政府实行土地改革，利用没收的祠堂庙宇和没收地主多余的房屋，解决无房、缺房的贫苦农民的住房困难。对于因水灾、火灾致无房居住的困难户，依靠集体补助，依靠群众互助，辅之以国家必要的经济和物资救济，帮助恢复重建。

改革开放后，城乡居民的住房条件有了很大政善。但是，少数群众仍然存在住房危旧、拥挤或无房居住的问题。为解决群众的住房困难，使他们共享改革开放成果。2004 年 11 月 11 日，省政府发布《浙江省城镇廉租住房保障办法》，规定：城镇廉租住房保障水平以满足基本住房为原则。保障对象为城镇最低收入家庭中，其住房面积低于户籍所在地县（市、区）最低住房面积保障标准的家庭。廉租住房保障，采取发放住房租赁补贴、实物配租和租金减免等形式实施；廉租住房保障由县级以上房地产行政主管部门负责管理，民政、财政、价格、审计、土地、税务等部门在各自职责范围内负责相关工作；廉租住房保障资金以财政预算为主，鼓励社会组织和个人捐赠。

2006年6月15日，省政府批转《省建设厅、省民政厅、省财政厅〈关于实施农村困难群众住房救助工作意见〉的通知》，提出建立和实施农村困难群众住房救助制度，逐步改善农村困难家庭的住房条件，力争到2010年基本解决农村困难群众住房困难问题。10月，县建设局、县民政局联合开展农村困难家庭住房情况调查摸底工作，建立档案。经调查统计，全县无房户和住房困难户共800户，其中“五保”户18户，低保户292户，因灾倒房户177户，其他困难户313户。

2007年1月29日，县政府办公室印发《新昌县农村困难群众住房救助实施意见》《新昌县城镇廉租住房保障实施办法》，提出农村困难群众住房救助，坚持以人为本，从实际出发，实行政府主导、社会捐赠和个人负担相结合的原则，每年救助150~200户，通过5年的努力，使全县农村困难群众的住房得到一定缓解，基本达到消除无房户、解决危房户、改善缺房户的目标。规定农村困难群众住房救助对象为：（一）不宜实行集中供养的农村“五保”户。（二）农村最低生活保障家庭中的无房户和人均住房建筑面积在12平方米以下或住房残破简陋、不御寒冷和风雨、不具备基本居住条件的家庭。（三）因自然灾害造成房屋倒塌、或严重损坏不能居住，或急需搬迁，且无自救能力的受灾户。（四）县级以上人民政府规定的其他困难家庭。困难群众住房救助采取新建、改建、扩建、修缮、置换、租用等方式，出资经费一般按财政60%、镇乡（街道）20%、个人20%的原则比例分摊。救助标准：新建、改建、扩建面积以救助对象实际在册人口数计算，1人户一般不超过40平方米，每增加1人可增加20平方米，每户原则上不超过100平方米。新建住房的1人户、2人户、3人以上户，县财政分别按不超过8000元、1.4万元、1.8万元的标准给予补助；改建、扩建的1人户、2人户、3人以上户，县财政分别按不超过6000元、1万元、1.4万元的标准给予补助；修缮的，按现有住房面积修缮，1人户、2人户、3人以上户，县财政分别按不超过4000元、7000元、1万元的标准给予补助；置换的1人户、2人户、3人以上户，县财政分别按不超过4000元、8000元、1.2万元的标准给予补助。租用住房每年财政补助不超过1200元，累计补助不超过6000元。救助资金由县财政每年统筹安排150万元，结合省级财政补助、社会组织和个人捐赠，以及其他渠道筹措等办法解决。

城镇廉租住房保障对象为已领取新昌县社会保障金领取证，家庭住房面积低于36平方米，同时人均住房面积低于12平方米的城镇居民家庭。廉租住房保障采取发放租赁住房补贴为主，实物配租和租金减免为辅的方式。租赁住房补贴是指向符合廉租住房保障条件的申请对象发放补贴，由其到市场上租赁住房。实物配租是指向符合廉租住房保障条件的申请对象直接提供住房，并按照廉租住房租金标准收取租金。租金减免是指产权单位在一定时期内，对已承租公有住房且符合廉租住房保障条件的申请对象给予租金减免。廉租住房保障资金由县财政预算资金、公积金增值收益中城市廉租住房建设补充资金、土地出让净收益中提取 5%专项资金，以及在满足廉租住房家庭使用之外的其他直管公房按市场价格出租所得的部分净收益资金组成。

为保障两项工作的实施，县建立农村困难群众住房救助工作领导小组和住房保障工作领导小组，由分管副县长任组长，县建设、民政、财政、规划、国土、农办、残联等部门为成员单位，领导小组下设办公室于建设局，具体负责农村困难群众住房救助的协调和落实，民政局负责城乡低保户的复核认定工作。

是年，经过困难户书面申请，村（居）民委员会、乡镇政府（街道办事处）调查核实、评议、公示，县建设、民政部门汇总复核，确定 12 户城镇居民家庭为廉租住房保障户，发放租金补贴 22347.72 元。同年，改造农村困难群众危房 308 户。

2014 年起，县政府决定将人均收入为城镇可支配收入 60%的低收入家庭、人均住房建筑面积在 15 平方米以下的家庭，纳入城镇居民廉租住房保障范围。

至 2017 年，农村困难群众住房救助累计完成 2423 户，政府补助资金 2071.145 万元。城镇居民廉租住房保障享受租赁补贴累计 1449 户，发放补贴 540.35 万元；享受实物配租、租金减免 433 户，发放补贴 112.51 万元。

附：2007—2017 年新昌县农村困难群众住房救助情况

表 70　2007—2017 年新昌县农村困难群众住房救助情况表

年度	新建户（户）	改扩建户（户）	修缮户（户）	置换户（户）	租用户（户）	救助合计	
						户数（户）	金额（万元）
2007						308	306.78
2008	99	2	23	19	10	153	156.6
2009						558	431.815
2010						175	125.09
2011						179	145.7
2012						185	146.91
2013	289		204	32	20	545	487.6
2014	99		50	5	4	158	152.76
2015	12		50	8	3	73	44.16
2016	5		30	3	5	43	20.93
2017	16		20	1	9	46	52.80
合计						2423	2071.145

附：2007—2017年新昌县城镇居民廉租住房保障情况

表71　2007—2017年新昌县城镇居民廉租住房保障情况表

年度	租赁补贴		实物配租		年度	租赁补贴		实物配租	
	户数（户）	金额（万元）	户数（户）	金额（万元）		户数（户）	金额（万元）	户数（户）	金额（万元）
2007	12	2.24	无	无	2013	157	52.41	14	1.58
2008	41	10.78	无	无	2014	172	66.71	13	1.5
2009	64	15.84	无	无	2015	173	69.55	74	8.69
2010	106	27.57	无	无	2016	184	73.29	74	25.57
2011	147	43.05	无	无	2017	212	130.79	258	75.17
2012	181	48.12	无	无	合计	1449	540.35	433	112.51

说明：城镇居民廉租住房保障的租金减免一并统计在实物配租内

第三节　定期救济

定期救济是民政部门在一定期限内给特定救济对象发放现金或实物等生活补助，救济期限一般在6个月以上，救济对象主要有精减退职老职工、起义投诚人员、特赦宽释人员、黄埔军校同学、退休人员遗属、城镇“三无”人员和农村鳏寡孤独人员、“三老”人员（农村老党员、农村老游击队员和老交通员）。

一、精减退职职工救济

精减退职老职工，是指1957年年底前参加工作，1961年至1965年6月9日期间被精减退职的回乡老职工。

1961年，国家贯彻执行国民经济“调整、巩固、充实、提高”方针，部分工业企业实行关、停、并、转，大批员工被精减下放，城乡困难户增加。

1962年6月1日，国务院发布《关于精减职工安置办法的若干规定》，规定精减职工主要安置到农村。被精减的老、弱、残职工，凡符合退休条件者，作退休安置。全部或者大部分丧失劳动能力、不符合退休条件的老、弱、残职工，可安排退职，其中有家庭依靠者，按规定发给退职补助费；无家庭依靠者，不发退职补助费，由当地民政部门发给救济费。救济费标准为本人原标准工资的40%，其家属生活有困难者另按社会救济标准给予救济。

同年9月，内务部发出《关于精减退职职工救济工作座谈会纪要》，指示：“对于不符合享受本人原工资40%救济条件而生活困难的退职老职工，家居城市的，要优先安排他们参加生产自救，参加生产自救后生活还有困难的，给予定期或者临时的社会救济。”

1965 年 6 月 9 日，国务院发布《关于精减退职的老职工生活困难救济问题的通知》，规定对 1957 年年底前参加工作，在国民经济调整期间精减退职的老职工，全部或大部丧失劳动能力，或者年老体弱，或者长期患病影响劳动较大，而家庭生活无依靠的，给予本人原工资 40%的救济；精减职工的医药费用由民政部门补助三分之二。

是年，全县享受原工资 40%救济的 14 人，年救济金额 0.33 万元；精减职工一次性困难救济 371 人次，救济金额 0.69 万元。

“文化大革命”期间，除按原标准工资 40%领取救济费者外，其他救济基本停顿。

1979 年 2 月，贯彻省革委会《批转省劳动局、省民政局、省财政局〈关于精减职工遗留问题和处理意见〉的通知》精神，全县开展精减职工遗留问题调查处理工作。

1981 年 9 月，县政府批准 56 名精减退职老职工定期救济，每人每月 15 元。

1982 年，部分精减下放人员由农村户口转为非农户口吃商品粮，符合招工条件的由劳动部门安排工作，部分精减下放人员自愿留在农村。是年起，对不符合享受原工资 40%救济的精减退职老职工，给予每人每月 12~15 元的生活困难救济。凡属省内精减的，由原单位给予补助；没有原单位补助的，由民政部门给予救济。

1983 年 4 月 13 日，召开全县民政工作会议，部署开展精减退职老职工普查补批工作。普查补批结果，全县有精减退职老职工 1561 人（省内 1358 人，外省 203 人），其中已享受原单位补助的 467 人（省内 442 人，外省 25 人），原已享受 40%救济的 12 人，新批享受 40%救济的 24 人。之后，陆续有精减退职老职工生活困难补批救济。

1985 年 9 月，省民政厅、省财政厅、省劳动人事厅发出《关于提高精减退职老职工生活困难补助费标准的通知》，规定从 1985 年 10 月起，精减退职老职工救济费在原救济标准基础上每人每月增发补助费 8~10 元；享受本人原工资 40%救济的精减退职老职工，除每人每月发给 5 元物价补贴外，每人每月增发生活困难补助费 3~5 元。

1987 年 7 月 1 日起，给享受生活困难补助的精减退职职工发放医疗保健费，每人每月 5 元，同时停止报销三分之二医药费。是年，享受定期补助的精减退职职工 111 名。

1995 年 1 月起，精减退职职工医疗保健费提高到 10 元。

1998 年 9 月 1 日起，停发精减退职职工物价补贴，医疗保健费提高到 20 元，同时提高生活困难补助标准。全县享受 40%救济的精减退职职工 26 人，享受定期补助的精减退职职工 79 人，补助标准分别为每人每月 200 元、160 元。

之后，精减退职职工生活困难补助标准多次调整提高。

2017 年，享受原工资 40%救济的精减退职职工 11 人，补助标准为每人每月 1740 元；享受其他精减退职职工定期生活困难补助的 26 人，补助标准为每人每月 1590 元。医疗保健费每人每月 270 元。

附：1965—2017年新昌县精减退职职工救济情况

表72　1965—2017年新昌县精减退职职工救济情况表

年度	原工资40%救济		其他精减职工救济		年度救济总计（万元）
	人数（人）	救济合计（万元）	人数（人）	救济合计（万元）	
1965	14	0.33			1.02
1979	14	0.33			1.02
1981	12	0.33			1.20
1982	10	0.30		1.39	1.73
1983	36	0.62		1.48	2.22
1984	39	1.02		1.45	2.47
1985	36	1.36	76	1.42	2.98
1986	37	1.40	74	2.20	3.60
1987	52	1.60	90	3.10	4.70
1988	56	2.20	74	3.90	6.10
1989	34	2.10	99	4.70	6.80
1990	34	2.10	99	4.70	6.80
1991	36	2.20	94	5.10	7.30
1992	35	2.50	91	5.30	7.80
1993	34	3.10	91	7.60	10.70
1994	31	4.40	89	11.40	15.80
1995	30	5.90	85	13.80	19.70
1996	29	5.80	85	13.50	19.30
1997	29	5.50	84	13.20	18.70
1998	26	8.20	79	19.50	27.70
1999	26	9.27	79	22.33	31.60
2000	27	8.86	77	25.01	33.87
2001	24	10.73	75	25.09	35.82
2002	24	9.67	74	23.58	33.25
2003	23	9.45	72	22.29	31.74

续表 72

年度	原工资 40%救济		其他精减职工救济		年度救济总计（万元）
	人数（人）	救济合计（万元）	人数（人）	救济合计（万元）	
2004	23	9.70	70	23.70	33.40
2005	23	11.00	69	23.50	34.50
2006	23	10.70	67	29.90	40.60
2007	22	11.80	65	29.60	41.40
2008	20	13.40	62	35.50	48.90
2009	19	14.10	59	38.20	52.30
2010	16	15.10	51	31.20	46.30
2011	15	17.70	47	49.50	67.20
2012	13		42		
2013	13	16.65	38	43.82	60.47
2014	12	18.79	35	54.26	73.06
2015	12	22.00	35	60.00	82.00
2016	12	23.18	30	52.92	76.10
2017	11	22.97	26	49.61	72.58

二、特种救济

（一）起义投诚人员救济

新中国成立初期，民政部门根据“爱国一家，既往不咎，一视同仁，量才录用，妥善安置”的政策，配合有关部门对原国民党起义投诚人员进行安置、资遣，对生活困难者进行救济。

“文化大革命”期间，党和政府对起义投诚人员的政策得不到落实。

1979 年 3 月，根据省委组织部通知，开展起义投诚、右派改正人员情况调查，并决定对国民党起义投诚人员进行困难补助和社会救济。经调查，全县有起义投诚人员 59 人，其中已故 6 人，已安排工作 17 人。

1980 年 5 月，县民政局根据中共中央批转民政部、公安部、总政治部、统战部、中央调查部、最高人民法院《关于落实对国民党起义、投诚人员政策的请示报告》精神，对年老体弱、丧失劳动能力、无生活来源的 8 人，给予定期定量补助，每人每月 12 元；32 人给予 20 元至 200 元不等的一次性生活困难救济，共救济 1160 元。

1988 年 8 月，根据省民政厅、省财政厅规定，起义、投诚人员的定期救济，不分城乡，均在原标准基础上每人每月增加 8 元。9 月起，起义、投诚人员的生活困难补助费标准为：家居城镇者，每人每月增加 20~25 元；家居农村者，每人每月增加 15~20 元。之后，起义、投诚人员的定期救济标准多次调整提高。

2017 年 2 月，起义、投诚人员最后 1 名定期救济对象亡故，该项救济工作终结。

（二）特赦宽释人员救济

1975 年，第四届全国人民代表大会常务委员会第二次会议决定，特赦宽释全部在押战犯，对其中年老体弱、丧失劳动能力者，由国家给予供养和救济。救济标准：家居城镇者，每人每月 13~15 元；家居农村者，每人每月 10~12 元。

1982 年，对 1 名国民党特赦宽释军政特人员给予定期救济，救济标准为每月 15 元。

1983 年 9 月，按照国务院《关于做好原国民党团以下释放和转业人员的安置，对丧失劳动能力家庭赡养有困难者要逐人定救的通知》，对 7 名特赦宽释人员给予定期救济，救济标准每人每月 12 元，并给予 100~300 元的房屋修建补助。

1985 年后，特赦宽释人员定期救济标准根据有关政策、本县财力及群众生活水平情况，几经调整提高。

2013 年 2 月，特赦宽释人员最后 1 名定期救济对象亡故，该项救济工作终结。

（三）黄埔同学救济

1990 年 1 月，省委统战部、省财政厅、省民政厅下发《关于妥善安置部分黄埔军校同学生活困难的通知》，指示各地从实际出发，有计划、有步骤地积极扶持黄埔军校同学筹建一些经济实体，想方设法使其自力更生，生产自救；对鳏寡孤独或虽有配偶但均已丧失劳动能力，又无固定经济来源，生活困难的，由统战、民政部门进行调查，核实情况，做好救济工作，使其安度晚年；对一部分虽有子女，但属呆、残、无主要劳动力或子女本身生活非常困难，确实无力赡养老人，从而使黄埔同学生活处于极端艰难的，由各地统战部门综合调查以后，由民政部门给予一定的补助，以解困难。

是年调查，全县有黄埔同学 42 人。根据政策规定，对 4 名生活困难的给予定期救济，每人每月 20~35 元；5 人给予每年不定期救济 60 元。之后，黄埔同学定期救济人数有所增加，救济标准多次调整提高。

2008 年，黄埔同学最后 1 名定期救济对象亡故，该项救济工作终结。

三、最低生活保障

1996 年 5 月 21 日，省政府印发《关于在全省逐步建立最低生活保障制度的通知》，决定自当年起在全省逐步建立最低生活保障制度。指示各级政府对严重亏损企业职工、城市贫困居民、农村贫困户等不同对象，以家庭为单位，开展专项摸底，科学测算，合理确定保障对象和保障标准，实行动态管理。建立最低生活保障制度所需资金由当地政府自行解决。

1997年10月，省政府印发《关于尽快建立最低生活保障制度的通知》，明确提出建立最低生活保障制度是国家为救助难以维持最低生活水平的最困难成员而实行的一种社会救济制度，是深化经济体制改革尤其是完善社会保障体系的重要措施。指示各级政府把建立最低生活保障制度作为贯彻落实中共十五大精神的一项重要举措抓紧抓好，争取在1998年6月底前全面建立和实施。

是年年底，县民政局开展全县特困户摸底调查，建立特困户档案，为县政府研究制定最低生活保障制度提供依据。调查结果：农村有特困户1853户4043人；城镇特困户22户30人。

1998年7月21日，县政府印发《新昌县最低生活保障制度暂行办法》，决定在全县城乡实施最低生活保障制度。规定最低生活保障线根据全县经济发展水平和维持救济对象基本生活需要确定，每年由县民政局公布一次。对因鳏、寡、孤、独、病等原因造成生活困难，人均年收入低于最低生活保障线的城乡居民家庭，采取补足差额的办法予以救助。新昌县建立保障救助基金，按上年度救助人数和金额列入财政预算。城乡居民保障救助资金实行分级、分系统承担，农村村民救助资金由县和乡镇各承担50%；城镇居民救助资金由县保障救助基金承担30%，县民政局承担70%。符合条件要求救助的家庭，由户主向村（居）委会申请，经村（居）委会核实，乡镇政府审核同意，报县民政局审批。符合救助条件的，发给新昌县社会保障金领取证，凭证按季向乡镇政府领取救助金。救助对象须上墙公示，实行年初审核、年中复核的动态管理，对不符合救助条件的，予以核销。

是年，经调查测算城乡居民生活必需品最低消费标准，确定农村最低生活保障线为600元，城镇为1200元。享受低保救助898户1224人。救助标准：城镇低保对象每人每月100元；农村低保对象每人每月50元。

2001年1月1日，县政府印发《新昌县最低生活保障办法》和《新昌县最低生活保障对象优惠扶持暂行办法》，规定：对低保对象给予免费技能培训，优先劳动就业；乡镇卫生院免收挂号费、诊疗费、注射费、县级医院免收护理费；优先安排宅基地、廉租房，减免管理费；低保家庭子女读书免收义务教育段的杂费、高中段的学杂费，优先给予慈善助学或结对助学；城镇低保从事个体工商业，工商部门、城管部门优先办理证照，免收登记费、管理费；低保家庭有线电视收视费、水费减半收取；农村义务工款、提留款、统筹费、卫生管理费、农业税和农业特产税予以减免；从事种养殖业的给予优先扶持和帮助；司法机关对低保对象提供法律援助，减免法律服务费、公证费，视情减免诉讼费等。

3月底，全县开展调查摸底，扩大低保面，解决应保未保问题。新增低保581户948人。

2003年7月，为进一步解决应保未保问题，县民政局干部职工冒着高温酷暑，分组进村走访调查667个村1576户困难家庭。经过二次公示，核定低保救助对象797户1304人。

2004年6月30日，县民政局发出《关于建立最低生活保障工作“双评议”制度的通知》，要求各乡镇、村分别建立评议小组，对申请低保的家庭，采取垂直方式，逐级进行评议，规范完善最低生活保障制度。

2006 年 8 月 18 日，县政府印发《关于进一步完善社会救助工作的实施意见》，提出建立低保边缘户救助制度，同时调整最低生活保障标准，从 7 月 1 日起，城镇居民最低生活保障标准调整为 225 元，农村居民最低生活保障标准调整为 135 元。家庭人均收入高于最低生活保障标准但在最低生活保障标准 120%以内的低保边缘户，按最低生活保障标准的 10%给予救助，享受最低生活保障对象相同的助困、助学、助医、助就业、助居、法律援助等各项优惠扶持政策。

11 月 8 日，县民政局下发《关于健全城乡低保对象定期核查制度的通知》，要求各乡镇（街道）在村级建立健全民政联系员的同时，每季度对低保对象的家庭收入和人口变动情况进行一次核查，并填写动态报告单，在季末 20 日前报县民政局，由县民政局及时增发、减发或停发低保救助金，切实加强动态管理，做到“应保尽保，应补尽补，应退尽退”的要求。

2007 年，实行困难群众一次性基本生活物价补贴机制，城镇低保标准调整为每人补贴 300 元，农村低保标准调整为每人补贴 180 元。全县人均收入在 3500 元以下的低收入农户全部纳入低保对象，新批低保对象 198 户 306 人。

2008 年，为进一步完善差额分档救助办法，对农村“五保”对象、城镇“三无”对象以及生活不能自理的重度残疾救助对象，按保障标准全额享受保障金，确保应补尽补。社区（农村）全面建立低保救助联络员制度和定期走访制度，及时掌握低保家庭人员变动、收入变化情况，并做好调整，做到应退尽退。扩大低保边缘家庭范围，提高救助标准，低保边缘家庭人均收入上限由最低生活保障标准的 120%扩大到 150%，救助标准按最低生活保障标准的 10%给予救助，同时享受低保对象相同的助学、助困、助医、助居、助就业、法律援助等优惠扶持政策及困难群众基本生活物价补贴。

2009 年 6 月 15 日，县政府下发《关于进一步建立健全困难群众基本生活价格补贴机制的通知》，调整城镇“三无”对象和农村“五保”户、城乡最低生活保障对象及其他生活困难对象基本生活价格补贴，城镇低保标准提高为每人补贴 340 元，农村低保标准调整为每人补贴 238 元。

2010 年，县民政局给每个乡镇配置电脑，建立低保对象一户一档案，实行社会救助信息化管理。

2011 年，根据省政府决定，将家庭人均年收入低于 2500 元，符合低保条件的农户纳入农村最低生活保障救助范围，低保对象每人每月最低救助（补差）金额不少于 60 元，以县为单位平均救助金额不低于低保标准的 50%。

2012 年，贯彻民政部《全国基层低保规范化建设暂行评估标准》，新昌县建立居民收入核定领导小组，制定《新昌县居民收入核定工作实施意见》，实行居民收入核定联席会议制度。

2013年，县政府协调有关部门，实行低保户和农村五保户（两保户）每月免费用电15千瓦时的减免政策，惠及家庭4000余户。

2014年，规范动态管理，低保对象和低保边缘户审批纳入村务公开检查范围。

2015年10月起，城乡低保对象的审批、低保资金的发放由按季度改为按月管理。

2016年12月1日起，统一城乡低保标准每人每月为673元。全年新增低保边缘户120户219人；退出187户456人。累计低保边缘户1631户2840人，发放救助金160万元。

2017年7月3日，县政府办公室印发《完善困难群众基本生活价格补贴机制实施方案》，自1月1日起实施困难群众基本生活价格补贴。价格补贴的对象为：城乡最低生活保障对象、重点优抚对象、特困供养人员、农村“三老”人员、孤儿及享受基本生活保障的困难儿童，城乡最低生活保障边缘对象，领取失业保险金人员。价格补贴的标准：原则上不低于每人每月18元，低保边缘对象的价格补贴按城乡最低生活保障对象基本生活价格补贴的50%发放。

同年12月21日，县政府办公室印发《关于进一步健全特困人员救助供养制度的若干意见》，规定特困人员的认定范围为无劳动能力、无生活来源且无法定赡养抚养扶养义务人或者其法定义务人无履行义务能力的城乡老年人、残疾人以及未满16周岁的未成年人。救助供养内容主要包括供给粮油、副食品、生活燃料、服装、被褥等日常生活用品和零用钱；对生活不能自理的给予日常生活、住院期间的必要照料；按照基本医疗保险、大病保险、惠民医疗、医疗救助等医疗保障制度规定支付后仍有不足的，给予救助；特困人员死亡后的丧葬事宜，集中供养的由供养服务机构办理；户院挂钩的，由挂钩的供养服务机构办理；对符合政策规定条件的住房困难的分散供养和户院挂钩的特困人员，通过配租公共租赁住房、发放住房租赁补贴、农村危房改造等方式给予住房救助；对在义务教育、高中教育（含中等职业教育阶段）就学的特困人员，给予教育救助；对普通高等教育阶段就学的特困人员，根据实际情况给予适当教育救助。特困人员救助供养标准，按不低于上年度县城镇常住居民家庭人均消费性支出的50%确定；照料护理标准，参照本县重度残疾人护理补贴标准执行。特困人员救助按照本人书面申请，乡镇政府（街道办事处）受理初审，县民政局审核、批准，由乡镇政府（街道办事处）按月发给供养服务机构。特困人员不再符合救助供养条件的，由乡镇政府（街道办事处）审核并报民政局核准，终止救助供养。对批准的特困人员，发给特困人员救助供养证，实行一人一档管理；建立特困人员定期检查制度，实行应救尽救，应退则退的动态管理。

年末，全县最低生活保障6428人，年发救助金3065.9万元。低保边缘户1946人，年发救助金 126.88 万元。

附：1998—2017 年新昌县最低生活保障情况

表 73　1998—2017 年新昌县最低生活保障情况表

年度	低保标准		最低生活保障人户数						发放总额（万元）
	城镇(元/月)	农村(元/月)	合计		城镇		农村		
			户	人	户	人	户	人	
1998	100	50	898	1124					16
1999	130	65		1173		19		1154	32.9
2000	130	57	930	1155		19		1136	32.9
2001	170	80	956	2239	29	46	927	2193	46.10
2002	170	80	1562	2343	60	60	2193	2283	73.25
2003	195	90	2459	3621	82	143	2342	3478	147.17
2004	195	90	2614	4074	89	155	2525	3919	207.08
2005	200	100	2814	4377	98	181	2716	4196	299.10
2006	225	135	2816	4428	102	192	2714	4236	335.38
2007	268	161	2888	4679	115	217	2773	4462	506.80
2008	300	210	3588	5790	152	282	3436	5508	977.80
2009	340	238	3341	5330	136	246	3205	5086	1114.5
2010	392	292	3774	5605	150	245	3415	5360	1265.9
2011	464	333	3835	6031	147	275	3688	5756	1503.4
2012	464	333	4153	6113	152	321	4001	5792	1774.1
2013	510	377	4470	6361	169	288	4301	6073	4477.7
2014	561	426		6691		308		6383	2062.60
2015	611	493		6479	178	313	4308	6166	2334.30
2016	673	543		6643		272		6235	2642.60
2017	673	673		6428		250		6178	3065.90

四、遗属生活困难救济

1955 年 12 月，国务院颁发《国家机关工作人员退休处理暂行办法》，规定国家机关或企事业单位工作人员退休后，退休金由退休后居住地县级人民委员会在优抚费项下发给，直至死亡。退休人员死亡时，由退休后居住地县级人民委员会加发 3 个月的退休金，一次付给其家属，作为丧葬补助费。从此，县民政科开始管理退休定居境内者的退休金发放工作。

1956 年 2 月，内务部、财政部、国务院人事局就《国家机关工作人员退休处理暂行办法》联合发文说明，规定退休金标准由办理退休的机关根据退休办法的规定核定，由居住地县、市、市辖区的民政部门按月照发。

1957 年，内务部、财政部、国务院人事局就国家机关、事业单位工作人员死亡后遗属生活困难问题联合发文规定：国家机关、事业单位工作人员死亡以后，遗属生活有困难的，死者生前所在单位可以根据“困难大的多补助，困难小的少补助，不困难的不补助”的原则，给予定期或临时补助。遗属生活困难补助费标准，一般以能维持当地群众生活水平为原则，具体标准由各省、市、自治区规定（中央国家机关、事业单位执行所在地区的标准）。对于在保护、抢救国家资财或对敌斗争中牺牲的人员，其遗属生活困难补助费标准，可以适当提高一些。补助对象为：（一）父（包括抚养死者长大的抚养人）、夫年满六十岁，或者基本丧失劳动能力的；（二）母（包括抚养死者长大的抚养人）、妻年满五十岁，或者基本丧失劳动能力的；（三）子女（包括遗腹子女、养子女、前妻或者前夫所生子女）年未满十六岁，或者满十六岁尚在普通中学学习，或者基本丧失劳动能力的；（四）弟妹（包括同父异母或者同母异父弟妹）年未满十六岁，或者满十六岁尚在普通中学学习，或者基本丧失劳动能力的。

1962 年 10 月 4 日，内务部《关于工商业者死亡后家属生活困难问题给内蒙古自治区民政人事厅的批复》中规定：对非因公、因病死亡的工商业者遗属，无工作、生活困难的，先由工商联互助金解决，此外还有困难的再由民政部门给予社会救济。此后，民政部门开始承担工商业者遗属的部分社会救济。

是年，县民政科发放国家机关、事业单位退休人员退休金 24 人，新接收并代原工作单位发放退休金的县外回乡人员 19 人。

1963 年 10 月 22 日，内务部《关于因公或非因公死亡的企业职工遗属生活问题复函》中规定：对因公或非因公死亡的企业职工遗属生活困难的，如职工原单位不能给予照顾，其家属无工作的，由民政部门按照社会问题酌予救济。此后，民政部门开始承担企业职工遗属的部分社会救济。

1979 年，县民政局代发地方退休人员退休金共 97 人，其中国家机关、事业单位退休人员 62 人，退休工人 35 人。领取遗属定期生活困难补助 1 人，全年补助金额 400 元。

1980 年 2 月 13 日，财政部、民政部发布《关于执行〈国家机关、事业单位工作人员死亡后遗属生活困难补助暂行规定〉的通知》，重申国家机关、事业单位工作人员死亡后遗属生活困难补助的原则、补助标准和补助对象。是年，领取遗属定期生活困难补助3人，全年补助金额2000元。

1987年，管理地方企事业单位退休人员79人，年发退休金8.26万元；发退休人员丧葬费4人1400元，有6名退休人员遗属享受生活困难补助，年补助金额1700元。

2001年10月，政府机关机构改革，县劳动和社会保障局成立，统一集中管理原由县劳动局、县人事局、县民政局管理的企业职工社会保险、机关事业单位社会保险、农村社会养老保险和卫生局管理的公费医疗管理。县民政局从此不再承担国家机关、事业单位退休人员和企业职工的遗属生活困难救济工作，继续管理军队离退休干部、无军籍退休、退职职工的退休退职金发放和原已代管退休人员的退休金发放及遗属生活困难补助工作。遗属生活困难补助标准随着县域经济发展和城乡居民生活水平改善多次调整提高。

2013年，发放遗属生活困难补助9人，其中非农5人，补助标准每人每月740元；农村4人，每人每月585元。

2017年，由县民政局发放退休金的国家机关、事业单位退休人员1人，军队离退休人员6人，代管退休人员7人。发放遗属生活困难补助6人，补助标准为每人每月1080元。

五、“三老”人员困难补助

新中国成立前，境内有许多地下党员、地下交通员和游击队员为人民的解放事业作出过贡献。到20世纪80年代，这些人大都年老体弱，生活较为困难。对此，党和政府除了给予精神上的慰问关怀外，同时给予生活上的物质补助。

1980年9月，县委组织部组织力量，结合“文化大革命”冤、假、错案复查平反工作，对地下党的遗留问题开展调查，历时一年多。调查统计，在新中国成立前全县参加过革命工作的农村老党员、农村老游击队员和老交通员共467人。

1982年，县委决定对在抗战时期入党，家居农村、无固定经济来源、实际生活困难的12名农村老党员给予定期生活补助，补助标准每人每月7~10元；对在解放战争时期入党的31人，给予30~100元的一次性生活困难补助。

1986年，贯彻省委办公厅转发省委组织部《关于处理地下党历史遗留问题中几个政策性问题的报告》精神，自1月1日起，农村老党员定期补助标准从每人每月7~10元提高到10~25元。新批51名农村老党员享受定期生活困难补助。

1991年7月6日，县委批准在抗日战争、解放战争时期为革命工作做过一定贡献的78名农村老游击队员和老交通员给予年度定期生活困难补助，年补助标准180~240元；5人分别给予200元的一次性生活困难补助。

1992年，县委组织部将“三老”人员的生活困难补助工作，交由县民政局负责。

1994 年 5 月 25 日，县委批准 40 名农村老游击队员和老交通员给予年度定期生活困难补助，年补助标准 180~240 元；给予 25 人一次性生活困难补助，每人 300 元；给予 9 名已故人员的遗属发放一次性生活困难补助，每人 300 元。11 月起，提高农村老党员定期补助标准：1937 年 7 月 6 日以前入党的，提高到每月 40 元；1937 年 7 月 7 日至 1945 年 9 月 2 日入党的，提高到每月 35 元；1945 年 9 月至 1949 年 9 月 30 日入党的，提高到每月 30 元。

1997 年，开展“爱心献功臣”活动，各级政府对“三老”人员进行慰问。从 1 月 1 日起，农村老游击队员和老交通员由年度补助改为月定期定量补助，补助标准：抗日战争时期参加革命工作者，每人每月 40 元；解放战争时期参加革命工作者，每人每月 30 元。

2001 年，“三老”人员每人每月提高补助标准 10 元，享受定期补助共 99 人。

2002 年，“三老”人员每人每月提高补助标准 15 元，享受定期补助共 94 人。

2008 年，根据省政府指示，给予农村“三老”人员每人每年 500 元的门诊医疗补助，每人单独建立账户，不发现金，在规定额度内长期有效，可跨年度使用。农村“三老”人员去世后，结余资金可以现金形式一次性发给家属，作为丧葬费用补助。

是年，有老党员 15 人，其中抗日战争时期的 6 人，解放战争时期的 9 人。老游击队员与老交通员 22 人，其中抗日战争时期的 2 人，解放战争时期的 20 人。

2011 年 10 月 1 日起，提高“三老”人员生活困难补助标准。老党员补助标准：1937 年 7 月 7 日至 1945 年 9 月 2 日入党的，由每人每月 390 元提高到 420 元；1945 年 9 月至 1949 年 9 月 30 日入党的，由每人每月 330 元提高到 360 元。农村老游击队员和老交通员补助标准：抗日战争时期的由每人每月 240 元提高到 270 元，解放战争时期的，由每人每月 230 元提高到 260 元。之后，“三老”人员生活困难补助标准经 4 次调整提高。

2014 年 10 月 1 日起，对新中国成立前入党的未享受离退休待遇的城镇老党员给予生活困难补助，补助标准参照新中国成立前入党的农村老党员执行。已享受优抚对象抚恤补助的新中国成立前入党的老党员，仍按每人每月 50 元标准发给生活补助。

2017 年年底，享受定期生活困难补助的农村老党员 5 人，其中：抗日战争时期入党的 1 人，解放战争时期入党的 1 人，已享受优抚对象抚恤补助的 3 人。老游击队员与老交通员 11 人，其中抗日战争时期的 1 人，解放战争时期的 10 人。老党员生活困难补助标准为：1937 年 7 月 6 日以前入党的，由每人每月 720 元提高到 770 元；1937 年 7 月 7 日至 1945 年 9 月 2 日入党的，由每人每月 620 元提高到 670 元；1945 年 9 月至 1949 年 9 月 30 日入党的，由每人每月 560 元提高到 610 元，已享受优抚对象抚恤补助的老党员，每人每月补助 50 元。老游击队员、老交通员生活困难补助标准为：抗日战争时期的由每人每月 470 元提高到 520 元，解放战争时期的，由每人每月 460 元提高到 510 元。

第四节　慈善救助

慈善事业是由民间社会团体和个人自愿为灾民、贫民及其他不幸的人举办的不求回报，无私奉献的救助活动。慈善事业同属于社会救济范畴，是社会保障体系和社会公益事业的重要组成部分，对于调动社会资源，调节贫富差距，缓和社会矛盾，促进社会公平和谐，具有重要作用。

一、民国以前慈善救助

新昌，自古民风淳朴，行善积德风气盛行，修桥铺路、济贫解困、捐资助学等善举层出不穷，义井、义桥、义渡、茶亭、路廊等普济设施遍布乡间村陌。

据《成化新昌县志》载，北宋咸平二年（999），域人石渥、石待旦父子在今石溪村创办义塾，建万卷书堂，养士育才70年。南宋嘉泰三年（1203），域人陈祖建桂山（今南明街道平湖村）西塾。南宋绍定四年（1231），陈祖从孙陈雷建桂山东塾。南宋淳祐年间（1241—1252），陈雷在南门外潘岙办义济局。南宋咸淳年间（1265—1274），又置义阡筑义庵，广五十余亩，救济死无所葬者。

据明万历《新昌县志》载，明代除预备仓、际留仓、义仓、常平仓等备赈饥民外，尚有惠民药局、养济院、义塚、坟会等慈善救济设施。

惠民药局在县西，明成化年间（1465—1487）知县曹天宪建，清雍正三年（1725），知县李之果重建，民国初废。

养济院，旧在城西文昌坊，后徙于城西钟楼前，中为厅一间，左右为房，周围62丈。

乡间义塚有广义塚、小凤凰山义塚、枫树堂义塚等多达23处，均由义民舍置。如广义塚在西门外它山庙右边，由长洲县尹邑人吕曾龙公派下捐助设立。

据民国《新昌县志》记载，清朝有救济院、保婴局、育婴局、掩埋公所、静安会、永安会等慈善救济设施。

救济院，院址在城中东直街张大宗祠。清咸丰年间（1831—1861），邑人吕六皆筹募基金创设，以田产租稍作经费维持。1928年11月由政府接管，经费由政府拨补，院长由县政府委任，俞凤镐、吴朝福、陈养吾先后担任院长，为无给职。1948年秋，有基金田产127亩、房屋9间、员工5人。

保婴局，清光绪十七年（1891），邑令尕如正设。光绪二十一年（1895），邑令许国瑞令吕衷谦、俞溶鉴等禀办茧捐，陆续添置房屋。至光绪二十九年（1903），吕秉钧创义开局，收捐接婴，邑令侯瑧森开办茧捐烟捐，募田募款，保婴局赖以支持。清宣统二年（1910），保婴局改称育婴堂，总董吕秉钧，副董吕文臣，续其后者有俞锡畴、俞宗谦、陈恭藻诸人。

百全会，在北门文昌阁，由吕秉钧发起办理，每年除夕日施米一次，救济贫乏。

掩埋公所，在千佛岩，即蟠虎岩，岩洞深广，由好善之人构以棚门，外建公所，以停放道殣，间岁无人承领之尸，则购地以埋之。

施棺所，在县署西侧，清嘉庆年间（1796—1820）邑人吕周绪捐建，停放普济会所舍棺木。

普济会，在城东门进士第，乾隆初年设，事施舍棺木、衣被，收殓露天厝尸。因无恒产，旋兴旋圮。咸丰初年，邑推吕丹铭主持经理，得余资置田 3 亩，后遭逆扰又圮。同治三年（1864），吕丹铭邀集同仁 300 人，每月出钱 60 文，积贮四载，置田 60 余亩，每年得稍价钱 150000 文，再于郊外添置义塚，俾便掩埋。会内事务，分六柱挨次轮值，每柱公举两人董其事。

此外，县北黄泽设有义棺局、崇德祠，掩埋病死无归及贫乏道殣。

静安、永安两会，原系邑人张焕文、石玉中筹捐建置，年久废弃。清光绪二十九年（1903），邑人吕钟杰联合同志筹款复置，义务消防火灾。

清朝，捐田产办义学、助乡试会试川资者众。如清光绪二年（1876），乡绅何维贤、黄琮等在西乡横山捐资创办沃西书院。光绪二十八年（1902），改为西区公立高等小学堂，清宣统二年（1910）毁。

民国时期，慈善机构有施棺所、乞丐栖息所、习艺所、育婴所、施医所、民众诊疗所、消防会等。

施棺所，在县城西，1912 年，邑人陈绍云筹资 480 元设置，施舍棺木。

栖息所，在下世房，1916 年，邑人张祖琦建。据 1946 年 1 月调查，收容难民、乞丐合计 960 人。

平民习艺所，在县署内东厢，1912 年县政府创建，次年 5 月落成，招生开工，教习织布。逮 1915 年 5 月第一期毕业后，添设染色、竹工二科。

育婴所，在城西门，1928 年 11 月慈善团体整顿时由育婴堂改变，归属救济院名下，经费由县政府补助和民间资助，董事由政府委任。

施医所，1912 年吕六皆开办，初设于县政府头门内。1928 年慈善团体整顿时归属救济院名下，经费由县政府拨补和民间资助，董事由政府委任。1941 年 4 月 19 日，施医所被日军飞机炸毁，移址东直街张大宗祠，后移址西大街。新昌解放时，施医所随救济院被县人民政府接管。

民众诊疗所，1945 年 9 月 1 日由国民党县党部社会服务处开设，所址城中中镇庙 10 号。诊疗所凭乡镇保长证明，对出征军人家属、抗战阵亡将士遗族、赤贫者免诊费并施药。1948 年 8 月停诊。

消防会有守谮、永安、梅渚、五都和新东镇水龙会。

1940年9月，县政府奉令发起党政军机关人员捐赠寒衣活动，机关学校人员以一日薪给所得捐赠。

1943年11月，县寺庙兴办公益慈善事业委员会成立，推举县政府第一科长陈祯国为主任，县佛教协会理事宏海、月松、姥东乡乡长潘生堂、儒岙镇镇长张芬为委员。议定各地寺庙兴办地方教育、济贫救灾、育幼养老、公共卫生、优待出征军人家属、劳动服役及其他公益慈善事业。寺庙兴办公益慈善事业按各寺庙每年财产纯收入分别出资，具体标准为：1000元以上3000元未满的，征收5%；3000元以上5000元未满的，征收10%；5000元以上10000元未满的，征收20%；10000元以上30000元未满的，征收30%；30000元以上50000元未满的，征收40%；财产纯收入不满1000元的免征，收入在50000元以上的，一律征收50%。寺庙兴办公益慈善事业经费由县寺庙兴办公益慈善事业委员会负责调查、征收和管理使用，对现无住持的南岩寺、大华庵、九峰寺、福山庵、法华寺、善广庵、普润寺、香山庵、庆云庵、万善庵、广福庵、永福庵等12座寺庵均由县佛教协会负责整理，充任该会兴办救济事业，对抗不出资或拒绝调查的寺庙，呈请县政府依照《监督寺庙条例》规定，革除寺庙主持之职。事后，太平庵主持僧光照带头捐土地33亩，拨由县救济院经管，每年租谷收益专充育婴经费。

二、新中国慈善救助

新中国成立之初，县人民政府对旧有慈善组织进行清理整顿，改组接管救济院、施医所、育婴所，其他民间慈善组织机构被取缔、解散和关闭。国家实行计划经济后，政府机关、企事业单位和农村集体经济组织统筹包揽全体社会成员的就业生产、基本福利、救灾救济等事务，民间慈善组织开始消声匿迹。20世纪90年代末，随着市场经济的兴起，新昌慈善事业开始起步发展。

（一）慈善组织

1997年年初，县民政局经县政府同意，向企业界人士倡议创办新昌县慈善总会，赵治辉、吴良定、张道才、宋国钱等4名企业董事长带头响应，并共同捐资100万元，作为注册资金。

新昌县慈善总会第二次会员代表大会

同年2月27日，新昌县慈善总会首届会员大会在县政府招待所召开。大会制定并通过《新昌县慈善总会章程》《新昌县慈善总会资金管理办法》，选举产生慈善总会会长、副会长、秘书长、理事，聘请蔡德麟、范雪坎为名誉会长，俞辉华、悟道、刘锦霞等3人为顾问。

3月7日，县编制委员会核定慈善总会为事业单位，配事业编制职工3名。

1998年，儒岙镇成立首家乡镇慈善协会，当年募集善款21.5万元。之后，其他乡镇相继成立慈善协会，开展慈善活动。

2000年12月13日，慈善总会首届理事会召开，通过蔡德麟、范雪坎辞去名誉会长，聘请谢卫星、黄金梁为名誉会长；通过张长才辞去秘书长，吴英、杨六娟、俞凯、谭红、何祝伟、张剑林辞去理事职务。增补王慧林、杨成森、杨伯尧、陈爱莲、赵桂山、袁振华、柴理明、徐水春、潘启富、潘若明、潘岳梦、潘春洪为理事；增补袁振华、赵桂山为副会长；袁振华兼任秘书长。

2008年8月16日，县慈善总会在泰坦国际大酒店召开第二届会员代表大会。应到代表93人，实到代表88人。会议通过关于第一届理事会工作报告、资金收支情况报告的决议，修改《新昌县慈善总会章程》《新昌县慈善总会捐赠财产管理办法》和《新昌县慈善总会困难救助办法》；推选产生第二届理事会会长、副会长、秘书长、副秘书长和常务理事。

2017年12月9日，县编制委员会批复同意县民政局内设慈善工作领导小组办公室，加强对慈善组织的指导。

附：新昌县慈善总会第一届理事会组成人员

表74　新昌县慈善总会第一届理事会组成人员一览表

总会职务	姓名	单位	职务
会长	钱忠鑫	县政府	副县长
副会长	丁伯元	城关镇党委	书记
	吕青山	县老龄工作委员会	副主任
	张长才	县民政局	局长
	吴　英	县府办公室	副主任
	吴良定	中宝实业有限公司	董事长
	言伯春	县政协	副主席
	俞　凯	县委宣传部	副部长
	赵治辉	县鹤辉机械有限公司	董事长
	金　彪	浙江医药股份有限公司	董事长
秘书长	张长才	县民政局	局长
常务理事	丁伯元	城关镇党委	书记
	王绍生	县残疾人联合会	理事长
	任　健	县公安局	政委
	许才庆	县烟草专卖局	局长

续表74

总会职务	姓名	单位	职务
常务理事	刘竹池	县一建公司	经理
	吕青山	县老龄工作委员会	副主任
	张长才	县民政局	局长
	张国本	县工商行政管理局	局长
	张南益	县对台办公室	主任
	张道才	三花股份有限公司	董事长
	吴　英	县府办公室	副主任
	吴良定	中宝实业有限公司	董事长
	宋国钱	耿基实业有限公司	董事长
	言伯春	县政协	副主席
	陈伯明	县计划与经济委员会	副主任
	陈有金	县级机关党委	副书记
	陈健民	县卫生局	局长
	杨六娟	县总工会	主席
	杨如花	县妇联	主任
	娄兴江	县供电局	副局长
	俞　凯	县委宣传部	副部长
	俞柏金	县政府法制办公室	主任
	姚锦旗	县财政税务局	局长
	赵良林	县侨务办公室	副主任
	赵治辉	县鹤群机械有限公司	董事长
	钱忠鑫	县政府	副县长
	徐伟宝	县人民医院	院长
	徐柏青	县文化局	局长
	徐建国	县建设局	局长
	徐跃龙	县委办公室	主任
	夏益正	县工商业联合会	副会长
	董海鹰	县广播电视局	副局长
	谭　红	团县委	书记

附：新昌县慈善总会第二届理事会组成人员

表75　新昌县慈善总会第二届理事会组成人员一览表

总会职务	姓名	单位	职务
会长	潘启富	县政府	副县长
副会长	杨成森	县民政局	局长
	张道才	三花股份有限公司	董事长
	李春波	浙江医药股份有限公司	董事长
	陈爱莲	万丰奥特控股集团有限公司	董事长
	胡柏藩	新和成股份有限公司	董事长
	吴捷	日发控股集团有限公司	董事长
	吕钢	京新药业股份有限公司	董事长
	徐月萍	丰岛实业集团有限公司	董事长
秘书长	杨成森	县民政局	局长
副秘书长	杨亮红	县民政局	副局长
常务理事	潘启富	县政府	副县长
	杨成森	县民政局	局长
	张道才	三花股份有限公司	董事长
	李春波	浙江医药股份有限公司	董事长
	陈爱莲	万丰奥特控股集团有限公司	董事长
	胡柏藩	新和成股份有限公司	董事长
	吴捷	日发控股集团有限公司	董事长
	吕钢	京新药业股份有限公司	董事长
	徐月萍	丰岛实业集团有限公司	董事长
	张峰	新春轴承有限公司	总裁
	陈其新	泰坦股份有限公司	董事长
	林平	达利丝绸（浙江）有限公司	董事长
	张云定	华佳热电有限公司	董事长
	宋国钱	耿基实业有限公司	董事长
	王文千	印染机械有限公司	董事长
	俞进	新涛电子机械有限公司	董事长
	赵勇	鹤辉机械有限公司	董事长
	杨亮红	县民政局	副局长

（二）慈善募捐

慈善基金是慈善救助的经济基础。县慈善总会成立后，积极拓展募捐领域，多形式开展劝募捐赠活动，不断壮大慈善资金，保障慈善救助的正常开展。

1.“慈善一日捐”

1997 年 3 月，县慈善总会与县级机关党委、新昌报社联合发起倡议，组织党政机关、企事业单位党员、干部、职工开展“慈善一日捐”活动，以一个人一日的收入，或一个生产单位一日的利润，捐赠给慈善事业，共募集捐款 138 万元。之后，“慈善一日捐”活动在党政机关、企事业单位每年举行一次。

2017 年，“慈善一日捐”活动，收到捐款 88.97 万元。

2. 赈灾募捐

1998 年 6—8 月，中国长江流域、嫩江流域部分省市遭受历史罕见洪涝灾害。为支援灾区人民重建家园，8 月 18 日，县民政局、县慈善总会向全县人民倡议，开展赈灾捐赠活动。倡议发出后，党政机关、企事业单位统一组织在各单位捐赠，县慈善总会在华联商厦门口设立捐赠点，接受社会各界捐赠。至 9 月中旬，共募集捐款 52 万元，衣物等折价 321 万元。捐款汇交省赈灾捐赠办公室，衣物由县民政局领导专程送往湖北、江西灾区。

2002 年 7 月，慈善一日捐募集捐款 40 万元、衣物 15459 件，支援四川达州特大洪灾。

2008 年 2 月，新昌大雪，县慈善总会举办雪灾募捐活动，共收到捐款 59.5 万元。

同年 5 月 12 日，四川汶川大地震牵动新昌人民的心，县委、县政府紧急部署，慈善总会迅速开展募捐活动。5 月 15 日上午，全体县级机关干部职工集中在县政府 1 号楼捐款。县慈善总会、县红十字会、县民营企业协会、万丰奥特控股集团有限公司、浙江医药股份有限公司、浙江新和成股份有限公司、浙江三花股份有限公司、浙江新柴控股有限公司、金城控股有限公司、泰坦股份有限公司、京新药业股份有限公司等企事业单位带头捐款，并发起奉献爱心倡议。在政府的号召和有关部门的带动下，全县人民纷纷慷慨解囊，踊跃捐赠款物。至 8 月 4 日，县慈善总会共收到捐款 3144 万元、衣物 2000 余件。县慈善总会将其中 2096 万元、分两次汇给省慈善总会支援地震灾区。

2021 年 2 月，万丰集团向浙江省慈善总会捐款 100 万元，用于防疫

2011 年 7 月 30 日，县慈善总会、县农办、县教体局、县邮政局等 8 个单位联合举行“爱在新昌百万贫困学生爱心包裹关爱行动”暨新美家电爱心捐赠仪式，新美家电捐赠 110 件价值 10 万元的电器商品进行义拍，

并开展一周义卖，义卖所得营业收入的5%作为爱心捐款。拍得善款6.2万元，一周义卖所得1.75万元，老板王波鑫再捐款2万元，全部作为爱心包裹资助贫困学生。

2020年2月，新冠病毒肆虐湖北，县慈善总会联合“一元爱心之家”向武汉天佑医院捐赠价值5万元的生活物资一卡车；万丰奥特集团主动向省慈善总会捐款100万元，支援国家抗疫防疫；国邦医药集团、杭州银行等企业及个人向县慈善总会捐资计116.64万元，用于县内防疫工作。浙江医药股份有限公司、新和成股份有限公司、京新药业股份有限公司、三花股份有限公司等企业纷纷自行向疫区捐赠款物。

3. 冠名基金

2002年8月，阳光建设集团董事长吴国汀出资50万元，设立阳光慈善助学基金。

2003年1月，新春轴承有限公司总裁张峰、国贸实业有限公司董事长潘若平、丰岛控股集团董事长徐孝芳各出资50万元，设立慈善基金；鹤辉机械有限公司董事长赵治辉出资100万元，设立冠名基金。冠名期限为3年，每年以5%的基金利息向慈善总会提供慈善救助资金。

2008年1月24日，县政府发起募集“新昌县慈善冠名基金”号召，冠名期限3年，每年以4%的基金利息向慈善总会提供慈善救助资金。万丰奥特控股集团有限公司、浙江医药股份有限公司、浙江新和成股份有限公司等15家企业和吴良定个人积极响应，踊跃捐赠冠名基金合计2.9亿元。4月22日，县政府又向全县51家纳税在200万元以上的企业发出捐赠慈善冠名基金倡议。

是年，设立的冠名基金应到县慈善总会账户资金3507万元，实际到账2962万元，到账率为84.46%，其中一家公司冠名后分文未到账，二家公司未全部到账或中断捐资。

2014年，吴良定个人设立“吴家五兄妹”冠名基金5000万元，2015—2017年，每年出资50万元，资助大一新生。

4.“送温暖、献爱心”募捐

2002年，县慈善总会在经济效益较好的企业中开展劝募活动，募集捐款200万元。其中，县广厦建筑工程有限公司捐赠1万元，连捐10年。

2004年10月，县慈善总会开展扶贫济困送温暖捐赠过冬衣被活动，募集衣被3.2万余件，全部运往新昌对口支援的宁夏银川市。

2006年11月5日，县慈善总会、县人武部、县委宣传部、县级机关党委、县民政局、县交通局联合发起“送温暖、献爱心”社会捐助活动。县级领导干部每人捐款500元，其他干部、教师、职工每人捐款300元。至11月底，募集捐款102.63万元及部分衣物。

2007年3月13日，新昌中学退休教师陈燕初过生日，不请客吃饭，省下3000元钱捐献给县慈善总会。

2011 年 7 月，新昌一彩民获 5.6 亿元双色球大奖后，向县民政局捐款 2000 万元。根据捐款人的意愿，民政局设立专项资金使用管理。

5.“衣循环·爱循环”活动

2017 年 10 月，县慈善总会设立“衣循环·爱循环”废旧衣服回收项目，由绍兴润民再生资源回收利用有限公司具体操作，在城内居民区设置废旧衣服回收箱 500 余个，常年接收居民废旧衣服捐赠。对 8 成新以上的衣服，通过分拣、清洗、消毒、整理打包，每月交给县慈善总会 1000 件，回馈给困难群众或灾区群众；对 8 成新以下的废旧衣服，通过化学分解技术回收处理，回收所得收益部分，每年交给县慈善总会 4 万元，设立“爱循环慈善基金”转赠给各社区，用于困难救助和公益事业，维持爱心驿站（慈善超市）的运行。“衣循环·爱循环”废旧衣服回收活动，不仅减少人们日常闲置衣服的浪费，促进废旧纺织品的综合利用，而且有利营造“人人参与，乐善好施，扶贫济困”的社会氛围，得到市民的广泛支持和参与。

（三）慈善救助

县慈善总会以“安老扶孤，扶贫济困”为宗旨，以服务弱势群体为己任，以“助学、助困、助医、助老、助孤、助残”为主题，开展经常性的慈善救助行动。

1. 助学。县慈善总会会同教体局、团县委、关工委采取发放助学金、结对帮扶的方式，每年开展助学活动，帮助贫困学生完成学业。

2000 年 9 月 18 日，县慈善总会在新昌中学举行“慈善大行动助读金”发放仪式，县委副书记陈国阳和民政、教育部门的负责人向 30 名贫困学生发放助学金。自县慈善总会成立至 2000 年 9 月，累计资助贫困学生 89 名，资助金额 11 万余元。

2002 年 3 月 27 日，浙江移动绍兴分公司副总经理冯剑明和市慈善总会副会长周瑞荣向双彩乡道南中学赠送电脑 10 台、打印机 2 台、电脑桌 12 张。8 月 30 日，县慈善总会举行“阳光助学基金”捐赠暨“计划生育奖学金”发放仪式，给 21 名大学新生发助学金每人 2000 元；2 名大学新生获得县政府颁发的计划生育奖学金，每人 5000 元。

2003 年 8 月 25 日，县慈善总会向 20 名家庭贫困的大学新生、8 名中小学生发放助学金，每人 2000 元。

2004 年，安利（中国）日用品有限公司绍兴分公司举行“安利爱心手牵手”慈善奖学金活动，资助新昌贫困学生 80 名，每人 500 元。在回山镇结对贫困学生 13 名，结对资助 5 年，每年资助每名学生 500 元。此次活动累计结对助学 83 人次，发助学金 11.64 万元。同年，绍兴市慈善总会在新昌举行 2004 年度贫困大学生结对仪式，向 11 名特困大学生发放助学金，考入大学本科的补助 1 万元，其中第一年 5000 元，第二年 3000 元，第三、四年各 1000 元；考入大专院校的补助 5000 元，其中第一年 3000 元，第二、三年各 1000 元。

2006 年 2 月开始，丰岛实业集团有限公司董事长徐孝芳，每年资助 5 名在校贫困大学生。六一前夕，县慈善总会开展“关心孤儿献爱心”活动，给45名孤儿学生和民政局寄养在农村的孤儿、残疾儿童赠送200~300元的助学金、慰问金，给大市聚镇西山中心小学和东茗乡中心小学赠送书包、乒乓球拍等学习、体育用品。6月26日，县委办、县政府办印发《新昌县贫困家庭子女大学助学办法》，将贫困家庭子女大学生列入县慈善总会救助范围，规定救助对象为：户籍在本县的应届高中段（含职高）学校毕业，通过高校招生计划正常录取，家庭特别贫困、品学优秀，符合下列条件之一的全日制大学生：（1）享受最低生活保障家庭的子女；（2）父母双亡且监护人无力承担其上学的；（3）经济特别困难的单亲家庭子女；（4）因受灾、疾病等原因造成家庭经济特别困难的子女；（5）革命烈士子女；（6）因残疾造成家庭经济特别困难的子女（父母亲残疾或本人残疾）。资助方式一般为一次性资助。资助类别和标准为：考上重点大学的资助10000元；考上本科大学的资助8000元；考上大专院校以及三校生（职高、中专、技校）考上本科、专科、职业技术院校的，资助4000元。

是年，县慈善总会资助贫困家庭子女大学生58人，资助金额8.3万元。

2007年8月，县委办公室、县政府办公室修订《新昌县贫困家庭子女大学助学办法》，调整资助标准，规定：贫困家庭子女考上重点大学的，资助4000元；考上本科（本二）大学的，资助3000元；考上大专院校以及三校生考上本科、专科、职业技术院校的，资助2000元。同月29日，苏酒集团捐款15万元，资助贫困学生15名，每人5000元。绍兴2名不愿留名的陈女士、夏女士与新昌32名贫困学生结对助学。

是年，救助贫困家庭的大学新生144名，救助因病、突发灾难造成特别困难的历届大学生24名，共发助学金41.3万元。

2008年1月11日，县慈善总会给35名新昌中学、15名鼓山中学贫困生发放助学金，每人1000元。全年资助贫困家庭子女大学生89名，资助金额25.3万元。零星资助大学生46名，资助金额8.5万元。资助中学生17名，资助金额1.7万元。

2011年8月18日，县慈善总会给160名贫困大学新生和20名贫困高中生发放助学金，共40万元。12月16日，县慈善总会给60名贫困高一新生发放助学金，每人2000元。

2012年1月11日，县慈善总会给60名贫困高一新生发放助学金，每人2000元。11月29日，省慈善义工协会在镜岭中学举行“同在阳光下”公益助学签约仪式，13名寒门学子受到资助。

2013年8月，资助贫困家庭子女大学新生218名。

2. 助困。县慈善总会采取临时救助、自然灾害救济的方式，帮助优抚对象、下岗职工、特困群众解决生活困难。

2006年，拨款5万元，资助南朋街道东溪社区开设“慈善超市”1家，带动社区开展经常性的社会捐助和社会救助。是年春节前夕，县慈善总会给全县2814户农村“五保”、城镇“三无”对象每人补助100元；给74户特困户和95名孤儿，分别赠送一条价值500元的真丝毛毯。在石城大酒店举办慈善年夜饭，邀请54名贫困家庭成员参加，发给每户压岁钱200元。

2008年年初，为解决农村低保户等困难家庭无电视的问题，县委宣传部、民政局、慈善总会、广电总台等部门联合发起“彩虹行动”慈善募捐活动，得到县内外社会各界民众的大力支持，募集捐款90万元。通过公开招标购置，于7月底、10月底，分2批给1920户家庭发放电视机。活动期间，绍兴温州商会20余名理事于6月7日向新昌捐款15万元，购买21英寸彩电200台。

3. 助医。县慈善总会会同卫生部门开展“微笑列车”“慈善复明”行动，免费给唇腭裂患者修复治疗，免费给白内障患者施行摘除手术；实施大病医疗救助、合作医疗补助，帮助特困群众解决治病难。

2002年9月开始，县慈善总会会同县卫生局、残疾人联合会开展“为贫困老人慈善复明行动”。澄潭镇先行展开，经调查摸底、登记造册和初查初检，对62名适宜手术的白内障患者实施复明手术，复明率100%。共资助医疗费用7.2万元，其中20名特困白内障患者全额补助。

2010年6月，县慈善总会对2009年度低收入农户住院医疗费用个人负担部分给予补助20%，合计补助511人，补助金额44.2万余元。

2013年，县慈善总会开展4种疾病患者慰问活动，慰问肝硬化晚期、定期血透的尿毒症、重度中疯后遗症、白血病等患者893人，发放慰问金221.3万元。

2017年10月30日，上海掌门科技有限公司向县慈善总会捐赠925万元，定向用于县人民医院购置1.5磁共振仪，增强县医学影像诊断能力，免费为新昌县低保户、低保边缘户、孤儿及澄潭镇65岁以上老人提供服务。

4. 助老。县慈善总会通过走访慰问、赠送款物、举办慈善年夜饭等方式，帮助困难老人。

2001年，县四通机械电器制造厂向县社会福利院捐赠窗式空调15台，用于改善老人生活条件。

2002年2月2日，县慈善总会举办、鹤群大酒店承办慈善年夜饭，县城12个社区52户特困家庭老人参加，县领导程晓帆、徐良平、朱仲德等代表县委、县政府给他（她）们赠送压岁钱和礼品。此后，每逢重阳节、春节，慈善总会慰问困难老人，举办慈善年夜饭成惯例。同年4月12日，新昌三花冷暖家电商场开业，不搞开业仪式，向县社会福利院捐赠空调2台。

2004年4月20日，新昌得力系列大酒店装修，将更换下来性能良好的30台彩电捐赠给县慈善总会，由县慈善总会分送农村敬老院和老年活动室。5月28日，天津天士力制药股份有限公司捐赠价值50万元的夏令药品，县慈善总会及时将药品发送给低保对象、重点优抚对象、敬老院老人、在校学生和特殊岗位的工作人员。

2008 年 1 月 9 日，县慈善总会和吴良定在小将镇联办慈善年夜饭，吴良定捐资宴请小将镇的困难户代表、低保户代表和福利院老人，给他们赠送礼品红包。

新昌县社会福利院老人共享年夜饭

2010 年 1 月 18 日，县慈善总会、县商贸办、县旅游局等 8 家单位联合举办“酒店送爱心，名厨献技艺”新昌县首届名厨菜肴慈善义拍活动，白云山庄、天姥宾馆、海上天酒店等 15 家酒店（饭店）积极响应，每家酒店（饭店）一桌特色菜肴被爱心企业和爱心人士拍买，募得善款 7.4 万余元，用于全县 8 所敬老院老人欢度春节。

2013 年 1 月 18 日，新昌茅台白金酒旗舰店举办爱心慈善义拍活动，募集善款 7.4 万元，分拨给 8 所敬老院，补助慈善年夜饭。

2014 年，县慈善总会争取省慈善总会“兴业影像书库”项目资助，给 6 家福利院赠送影碟机和音像制品，丰富住院老人文化娱乐。

2017 年 9 月 5 日，县慈善总会组织“9・5 中华慈善日”主题宣传活动，在电视台播放公益广告，在《今日新昌》做慈善专版宣传，发动义工在江滨公园开展敬老助困活动。

5. 助孤。县慈善总会通过开展结对帮扶、“爱心包裹”“七彩童年”等活动，关爱孤儿、残儿和贫困儿童。

2001 年 3 月 20 日，县慈善总会组织爱心援孤大行动，在新昌报刊登征求结对帮扶信息，10 天时间，全县 48 名孤贫儿童得到社会好心人的结对帮扶。

2006 年六一儿童节前夕，县慈善总会开展“关心孤儿献爱心”活动，给 45 位孤儿学生和残疾儿童发放助学金和慰问金，每人 200~300 元。

2007 年 8 月 17 日，浙江万向集团慈善基金会在县老年活动中心举行捐助仪式，捐资 10 万元，结对资助孤儿学生 39 名。

2009 年 5 月 15 日，在汶川大地震一周年和六一儿童节来临之际，县慈善总会、县农办、县教体局、县邮政局等 8 个单位联合发起“爱心包裹”公益活动，发动社会各界向四川、陕西、甘肃等地震灾区中小学生捐赠礼物。“爱心包裹”分价值 100 元的学生包裹和价值 1000 元的学校包裹两种。全县 200 余人给四川、陕西、重庆、青海、广西等地的贫困学生捐款 3.01 万元。

2014 年，县慈善总会建立贫困家庭学生、孤儿资料库，开展“七彩童年”关爱活动，慰问全县低保户、低保边缘户及患七种大病的儿童，给 461 名困难儿童发慰问金 46.1 万元。

6. 助残。2007 年 1 月 30 日，县慈善总会在县社会福利院举行中华慈善总会轮椅发放仪式，给残疾人发放轮椅250台。

（四）慈善楷模

改革开放以后，新昌人民发扬乐善好施，扶贫济困的优良传统，在历次救灾和募捐活动中，涌现出许多热心慈善、乐于奉献、贡献突出的先进人物，受到党和政府的表彰，公众的赞誉。

2002年12月17日，鹤辉机械有限公司董事长赵治辉被中华慈善总会聘为荣誉理事。

2004年3月23日，中华慈善总会会长范宝俊、省民政厅厅长吴桂英考察新昌慈善总会帮扶工作，对新昌慈善事业予以高度评价。11月，鹤辉机械有限公司董事长赵治辉、中宝实业有限公司董事长吴良定，多年扶贫济困事迹突出，被评为首届中华百名慈善人物；赵治辉被中华慈善总会聘为荣誉副会长。

2005年1月6日，民政部授予赵治辉2004年度“爱心捐助奖”。11月29日，赵治辉当选浙江省慈善总会理事、副会长。

2006年2月23—26日，首届全国慈善总会高层管理人员培训班在新昌鹤群大酒店举办。培训班由中华慈善总会主办，中慈文化交流中心承办，浙江省慈善总会、新昌县委、县政府、县鹤辉机械有限公司协办。参会人员系全国和各省市慈善总会高层管理人员、高等院校教授学者、国际联合劝募协会副主席格莱格利等国际非政府组织高层管理人员，共250余人。12月，绍兴市政府授予万丰奥特控股集团有限公司为首届绍兴市慈善奖；授予浙江金昌房地产集团有限公司、万丰奥特控股集团有限公司、浙江日发控股集团有限公司慈善捐赠先进单位称号。

2007年1月24日，县委、县政府授予盛大网络发展有限公司董事长陈天桥、浙江新和成股份有限公司董事长胡柏藩、浙江医药股份有限公司董事长李春波、浙江中宝企业集团董事长吴良定、丰岛实业集团有限公司董事长徐孝芳、鹤辉机械有限公司董事长赵治辉等6人“关心下一代帮困助学模范”称号。

2008年1月，新和成股份有限公司董事长胡柏藩获省政府授予的“浙江慈善奖”。6月12日，县政府为大力倡导“慈心为人，善举济世”的高尚风格，褒扬在“扶老助残，救孤济困”中作出贡献的个人，作出《关于表彰新昌县慈善之星和慈善工作先进个人的决定》，授予李春波、吴捷、吴良定、张道才、陈爱莲、赵治辉、胡柏藩等7人“慈善之星”称号；授予王文千、吕钢、张峰、张云定、吴国汀、宋国钱、林平、陈明、陈其新、陈燕初、赵勇、俞进、俞大明、徐月萍、潘若平等15人慈善工作先进个人称号。11月，省民政厅、省慈善总会召开“5·12”汶川大地震赈灾捐赠表彰大会，万丰奥特控股集团有限公司、三花股份有限公司、新和成股份有限公司等3家企业和朱先伟、张云定、赵治辉、吴守明等4人获“5·12”汶川大地震赈灾捐赠慈善贡献奖”；新昌中学、南瑞实验学校、皮尔轴承有限公司等17家单位和王秀英、金利超、袁青莲等9人获“5·12”汶川大地震赈灾捐赠慈善爱心奖。

附：1997—2017 年新昌县慈善募捐和慈善救助情况

表 76　1997—2017 年新昌县慈善募捐和慈善救助情况表

年度	募捐收入（万元）	救助支出（万元）	资助项目
1997	132.56	2.6	助学
1998	106.19	60.6	助学、助困、慰问贫困户
1999	9.54	12.65	助学、助困
2000	53.54	15.71	助学、助困、助残、资助唇腭裂患者修复
2001	317.78	21.12	助学、助困、助残、助孤、医疗救助
2002	382.21	25.97	助学、助困、助残、助孤、资助白内障患者治疗
2003	820.61	62.42	结对助学、助困、助孤
2004	215.78	90.64	助困、资助“三老”人员、优抚对象、特困老人
2005	262.94	228.25	助老、助学、助困、助医
2006	170.91	74.48	助孤、助老、助学、助困、助医
2007	255.25	121.50	助学、助困、助医、助老
2008	3273.38	2524.72	抗震救灾、彩虹行动
2009	963.72	607.26	助学、助困、大病医疗救助
2010	975.50	583.92	抗震救灾、助学、助老、慈善超市、慈善年夜饭
2011	1113.97	799.15	助学、助困、助医
2012	467.00	505.02	助学、助困、助医、司法救助
2013	384.63	733.72	助学、四川地震捐款、“四种疾病”救助与慰问
2014	271.12	433.68	助学、助困、助医、助老
2015	515.94	721.14	助学、助困、助医、助老 1972 人次
2016	356.51	574.05	助学、助困、助医 1744 人次
2017	1201.37	1361.48	助学、助困、助医、助老、司法救助 1780 人次
合计	12250.45	9560.08	

附：新昌县慈善冠名基金情况

表 77　新昌县慈善冠名基金情况表

冠名时间	冠名企业	法定代表	基金名称	冠名金额（万元）	冠名期限	年缴善款（万元）
2002	阳光建设集团有限公司	吴国汀	阳光慈善助学基金	50	3年	2.5
2003	新春轴承有限公司	张峰	天中慈善基金	50	3年	2.5
2003	国贸实业有限公司	潘若平		50	3年	2.5
2003	丰岛控股集团有限公司	徐孝芳		50	3年	2.5
2003	鹤辉机械有限公司	赵治辉		100	3年	5
2008	万丰奥特控股集团有限公司	陈爱莲		3000	3年	120
2008	浙江医药股份有限公司	李春波		3000	3年	120
2008	新和成股份有限公司	胡柏藩		3000	3年	120
2008	三花股份有限公司	张道才		3000	3年	120
2008	日发控股集团有限公司	吴捷		3000	3年	120
2008	京新药业股份有限公司	吕钢		2000	3年	80
2008	丰岛控股集团有限公司	徐月萍		2000	3年	80
2008	泰坦股份有限公司	陈其新		1000	3年	40
2008	五洲新春集团有限公司	张峰		1000	3年	40
2008	印染机械有限公司	王文千		1000	3年	40
2008	华佳热电有限公司	张云定		1000	3年	40
2008	达利丝绸有限公司	林平		1000	3年	40
2008	鹤群鹤辉机械有限公司	赵勇		1000	3年	40
2008	新涛电子机械有限公司	俞进		1000	3年	40
2008	耿基实业有限公司	宋国钱		1000	3年	40
2008	吴良定（个人）	吴良定		2000	3年	80
2008	金鹰齿轮箱有限公司	王金鹏		300	3年	12
2008	阳光建设集团有限公司	胡国汀		300	3年	12
2008	兴昌风机有限公司	张一鸣		250	3年	10
2008	通用机械有限公司	潘海苗		100	3年	4
2008	同星制冷有限公司	张良灿		100	3年	4

第九章　社会福利

此章所述社会福利事业是指国家、集体、社会或个人为社会上孤、老、残、幼和其他有特殊困难的人提供社会服务的事业，内容包括养老、慈幼、助残、福利生产和社会福利有奖募捐，与救灾救济互相关联，同属社会保障范畴。

历史上，境内有过官办和民办的育婴、养老、栖留等福利机构，收容收养鳏寡孤独、废疾贫困老幼，救济衣、食、住、医、葬。清末民国，政府曾举办平民习艺所，集施济、教养、习艺于一体。

新中国成立后较长时间，受地方经济困难的制约，境内养老、慈幼、助残等社会福利事业，主要体现在政府救济上，福利设施相对落后。改革开放以后，随着经济快速发展与社会结构转型，政府对福利事业的资金投入与政策支持力度加大，社会福利事业得以较快发展，基本形成政府为主导，社会力量参与；福利对象从以老年人、残疾人、困难儿童等困难群体为主，扩展到全民普惠；保障范围从城镇延伸至乡村，服务内容丰富，供给方式多样，福利水平逐年提高的社会福利事业新体系。

第一节　福利制度

养老、慈幼、助残、扶助鳏寡孤独和残疾是中华民族的优良传统，历代政府都有律法制度。

一、民国前福利制度

西周时，据《周礼》记载，官府设有负责“慈幼”“养老”事务的专门官员，每年主持举行一次“乡饮酒礼”，60 岁以上长者上坐，50 岁以下者站候，以“正齿位、序人伦、敬老重贤、息事端、敦睦乡里”。对不孝顺老人者要判罪，处以脸上刺字、割鼻、斩脚、死刑等刑罚。

春秋战国时期，凡国、都皆有分掌老、孤、养疾、媒、病、通穷之官，推行“九惠之教”。《管子·入国》载：“一曰老老，二曰慈幼，三曰恤孤，四曰养疾，五曰合独，六曰问疾，七曰通穷，八曰振困，九曰接绝。”

所谓老老，即规定 70 岁以上老人，免一子征役，每 3 个月有国家馈赠的肉；80 岁以上老人，免二子征役，每月有国家馈赠的肉；90 岁以上老人，免全家征役，每天有国家馈赠的肉。并且劝诫老人的家人，要给老人精膳食，问所欲，求所嗜。这些老人去世，官给棺椁。

所谓慈幼，规定凡有 3 个幼儿者，免妇女的征调；有 4 个幼儿者，免全家的征调；

有5个幼儿者，配备保姆，给予两人份额的粮食，直到幼儿长大能劳作为止。

所谓恤孤，规定士人死，子孤幼，无父母所养，不能独立生活者，归属其同乡、熟人、亲友抚养。抚养一个孤儿者，免一子征役；抚养二个孤儿者，免二子征役；抚养三个孤儿者，全家免征役。

所谓养疾，即聋、盲、喑、哑、跛辟、半身不遂、两手弯曲不能伸直等生活不能自理的人，都由官府收养于疾官，照料衣食起居直至终老。

所谓合独，即丈夫无妻曰鳏，妇人无夫曰寡，撮合鳏寡之人成家，给予田宅，3年内免征劳役。

所谓问疾，即士人有病者，掌病之官须前往慰问。规定90岁以上病人，每日慰问；80岁以上病人，二日一慰问；70岁以上，三日一慰问；一般病人，五日一慰问。有患重病者，报告君王亲自慰问。后世称慰问高龄老人为"问高年"。

所谓通穷，即如有穷困夫妇无住处，贫穷宾客无食粮，要给予救济。所在乡里及时报告的，给予奖赏；不报告的给予惩罚。

所谓振困，即凡灾荒之年，劳作者多疫死，应宽缓刑罚，赦免罪人，发放仓粮予以救济。

所谓接绝，就是对死于国事，死于征战之人，国家发放资金给予其亲朋、故旧，负责祭祀。

秦朝，《秦律》规定：凡是殴打、虐待60岁以上的祖父母、曾祖父母的子孙，要将其流放或处死刑。

汉代，颁行"胎养令""授粥法""王杖诏书令"，高年存问、赏赐、免徭役等养老制度趋于常态。据《汉书·高帝纪》记载，汉高祖七年（前200），"民产子，复勿事二岁"，即规定免征生子育婴之家的赋役。《汉书·文帝纪》载，汉文帝前元元年（前179）诏令各地"有司请令县道，年八十以上，赐米人月一石，肉二十斤，酒五斗。其九十以上，又赐帛人二匹，絮三斤。赐物及当禀鬻米者，长吏阅视，丞若尉致。不满九十，啬夫、令史致。二千石遣都吏循行，不称者督之。刑者及有罪耐以上，不用此令"。"王杖诏书令"规定，凡年过70岁的老年人，由朝廷赐给"王杖"（顶端雕刻有斑鸠形象的特制手杖），持有王杖的老人可享与年俸禄"六百石"的官吏相当的政治地位，出入官府不受礼节限制，经商不征市税，免赋役。"吏民有敢殴辱"持杖老人的，以大逆不道治罪。

三国两晋南北朝，对老人、鳏寡孤独、残疾人的优待一如前朝。北魏创立"存留养亲"制，一直沿用到清朝。北魏太和十二年（488）诏："犯死罪，若父母、祖父母老，更无成年子孙，又无期亲者，仰案后列奏以待报，著之令格。"犯人的直系亲属年老，家中无人赡养时，对于不是犯有十恶不赦的犯人，官府允许其留家照顾老人，待老人辞世后再去服刑。

南北朝时，朝廷设立“六疾馆”“孤独园”，赡养贫病无助者和“单老孤稚”无依者，开创国家设立专门社会福利机构之先例。

隋朝，置义仓，备凶变，赈济饥民。

唐朝，国家拨田产置办悲田养病坊，矜孤恤穷，敬老养病。唐律规定：“男人七十、妇人七十五以上者，皆给一子侍。”每年腊月，官府出资聚集乡里老人，行饮酒礼，举办酒宴，使人知尊老养老之礼。

宋朝，遍置常平仓、惠民仓、福田院、居养院、慈幼院、惠民局、养济院、漏泽园等救济福利机构，收容鳏寡孤独的老人、孤儿、残疾人以及衣食无着的饥民。

元朝，设置养济院、惠民药局、安乐堂等社会救助机构，收养鳏寡孤独废疾不能自存之人，病者给药，贫者给粮。

明朝，除设置养济院、漏泽园等救济设施外，对老年人实行“尊年高”“设里正”“优致仕”等优待。洪武元年（1368）八月，诏：“民年七十以上者，许一丁侍养，免其杂泛差役。”洪武十九年（1386）六月，诏：“有司存问高年。贫民年八十以上者，月给米五斗，肉五斤，酒三升；九十以上者，岁加帛一匹，絮一斤。有田产者，罢给米。应天、凤阳富民，年八十以上，赐爵社士，九十以上，乡士；天下富民，八十以上，里士；九十以上，社士。皆与县官均礼。复其家。”宣德十年（1435），诏令“文武官员未及七十者，老疾不能任事者，皆令冠带致仕，免其杂泛徭役”；天顺二年（1458），诏令“四品以上官，年七十以礼致仕，家贫不能自存者，有司岁给米五石”。

清朝，除设置养济院、普济堂、粥厂、栖留所、育婴堂、习艺所等救济设施外，对七十以上老年人实行恩赐、赏匾、建坊、赐顶戴等制度，以示尊高年。顺治元年（1644），顺治帝登基即宣布：“军民年七十以上者，许一丁侍养，免其徭役；八十以上者，给与绢一匹，米一石，肉十斤；九十以上者倍之。鳏寡孤独残疾不能自养者，宜与给养。”康熙九年（1670），命妇孀居寿至百岁者，题明给予“贞寿之门”匾额，建坊银三十两。康熙四十二年（1703），诏：老民年登百岁者，照例给建坊银，并颁“升平人瑞”匾额。雍正二年（1724），令“州县有司择老农之勤劳俭朴，身无过举者，岁举一人，给以八品顶戴荣身，以示鼓励”。光绪即位后，诏谕：“军民年七十以上者，许一丁侍养，免其杂泛差役；八十以上者，给予九品顶戴；九十以上者，给予八品顶戴；百岁以上者，给予七品顶戴；一百二十岁以上者，给予六品顶戴；百岁至一百二十岁以上者，均仍题明建坊银两。”

中华民国初期，北京政府基本沿清末旧制。南京政府时期，颁行系列法规，从中央到省、市、县设社会福利司、处、科，将官办和民办的社会福利事业统一纳入政府监督管理，各级财政列“保育及救济支出”项，用于育幼、养老、救灾、恤贫、赡给残疾及其他救济福利补助。

1928 年 5 月，国民政府内政部公布《各地方救济院规则》，规定救济院分设养老、孤儿、残废、育婴、施医、贷款等所。养老所收养年在 60 岁以上无力自救、无人抚养之男女，教养老人有益身心之课程，开展简便劳作及娱乐。孤儿所收养年龄在 6 岁以上 15 岁以下贫苦无依之幼年男女，按照年龄送就近学校免费读书。孤儿成年时要给其介绍合适的职业；有愿将孤儿领作养子女者准许。残废所收养残疾人，分肢体残、盲、哑三类，就其各自能力选授各种工艺，受教育后力能自谋生活者，应为其介绍职业。育婴所收养年龄在 6 岁以下被遗弃之男女婴孩，婴孩满 6 岁时送入孤儿所。无父母及无主婴孩准人领养。施医所为疗治贫民疾病并辅助卫生防疫各行政而设，救济院收容之人及赤贫无力者免费，其他可酌收挂号费。

1938 年，国民政府相继公布《难童救济实施办法大纲》《难童救济团体接领及遣送难童派员办法》《抗战建国时期救济难童设施方案》，号令各级地方政府、社会各界和各阶层民众各尽所能，投身难童救济工作，置办儿童教养院、保育院、难童学校等设施，为国家和民族培养有生力量。规定：难童的救济教养，以减少民族的牺牲与敌人奴化的对象，培植民族幼苗、养成建国干部为宗旨。难童的教养目标为：培育健全体格，善良德性和民族意识，授予基本知识，训练生活技能。难童的教养方针：依儿童年龄程度，分别编为婴儿、幼儿、学龄儿童各阶段，各施教育、养护和训练。教养设施须含有“明耻教战”的意义。政府举办的难童教养机构所需经费，通过政府拨支、发行救济公债及捐募解决。政府鼓励官民合办、民办难童教养机构。

1943 年 9 月，国民政府公布《社会救济法》，规定各县市应视实际需要及经济状况，于救济院内分办安老所、育婴所、育幼所、残疾教养所、习艺所、妇女教养所、助产所、施医所等救济设施，分别留养 60 岁以上之男女，未满 2 岁之男女婴孩，满 2 岁以上未满 12 岁之幼年男女，残疾人，懒惰成习或无正当职业之游民，曾从事不正当业务或受虐待之妇女，妊妇。施医所免费诊疗抗日出征军人家属、阵亡将士遗族及灾民、难民。

二、新中国福利制度

新中国成立初期，社会福利事业受国力制约，国家实行单纯救济的政策，解决贫困人口、残疾人和优抚对象的温饱和生存问题。进入计划经济时期后，孤老残幼的社会福利事业纳入国家经济社会发展规划，实行单位福利和集体福利为主，民政救济为辅的体制。改革开放后，随经济社会快速发展，逐渐完善国家、集体、个人和社会相结合的普遍受惠型福利体制。进入 21 世纪，与经济社会发展需求相适应，发展小康型社会福利事业。

（一）残疾人事业与福利生产制度

1950 年，国家号召“生产自救”，组织残疾人劳动就业，兴办福利生产。

1954 年，内务部、地方工业部、中华全国合作总社、中国人民救济总会联合成立城市烈属、军属、贫民生产和教养机构生产的联合指导机构，领导和组织兴办福利生产。

1957 年 1 月，内务部、财政部和中国人民银行发布《关于城市烈属、军属和贫民生产单位税收减免和贷款扶助问题的联合通知》，对社会福利生产实行优惠政策。

1959 年，中共中央转发内务部党组《关于社会福利生产企业的请示报告》，将社会福利生产统一纳入地方计划。同年，第五次全国民政会议对自救型生产单位和以安置残疾人为主的生产单位，进行分类定性，确认社会福利工厂。

之后，因三年经济困难和“文化大革命”的影响，大批社会福利生产单位被合并、代管和撤销。

1978 年，贯彻国民经济“调整、改革、整顿、提高”方针，社会福利生产开始恢复、稳固、发展。

1979 年 8 月，国家计委、民政部发出《关于切实安排好民政部门社会福利生产单位产供销计划的通知》，将社会福利生产单位的产供销纳入地方计划，实行归口管理。

1980 年 2 月，财政部、民政部发布《关于民政部门举办的福利生产单位交纳所得税问题的通知》规定，凡符合下列条件的给予减免税照顾：1. 福利生产单位盲聋哑残人员占生产人员总数 35%以上的，免交所得税；2. 福利生产单位盲聋哑残人员占生产人员总数的比例超过 10%未达 35%的，减半交纳所得税；3. 新办的福利生产单位，可以从投产的月份起免交所得税一年。

1981 年 5 月，国务院批转民政部《关于保护和扶持社会福利生产的请示报告》，要求各有关部门密切配合、协作支持，切实解决社会福利生产的问题，使之经过调整与整顿，获得巩固、提高和发展。

1982 年，修改后的《中华人民共和国宪法》首次规定:“国家和社会帮助安排盲、聋、哑和其他有残疾的公民的劳动、生活和教育。”

1984 年 3 月 15 日，国务院批准成立中国残疾人福利基金会，其宗旨为弘扬人道，奉献爱心，全心全意为残疾人服务。

同年 10 月，财政部发布《关于对民政部门举办的福利生产单位征免税问题的通知》，规定：民政部门举办的福利生产单位，凡安置残疾人员占生产人员总数 35%以上的，其从事劳务、修理、服务性业务所取得的收入，免征营业税；凡安置残疾人员占生产人员总数 50%以上的，其生产销售产品所取得的收入，免征产品税或增值税；凡安置残疾人员占生产人员总数 35%以上的，其生产销售如发生亏损或利润低微，免征产品税或增值税。

1985 年 2 月，海关总署发布《关于残疾人组织和个人所需的进出口货物和物品予以税收优惠的通知》，规定：为安排残疾人就业专门设立的生产企业所进口的机器设备予以免税；残疾人企业生产出口应征收出口关税的商品，免征出口关税。

1986 年 2 月，国家计委、国家经委、民政部、财政部等部门联合发出《关于进一步保护和扶持社会福利生产的通知》，要求各地各部门进一步认真贯彻落实对福利生产的扶持保护政策。

1989 年 8 月，民政部会同劳动部、卫生部和中国残联发布《社会福利企业招用残疾职工暂行规定》，全国统一招用残疾职工标准。

1990 年 9 月，国家税务总局发布《关于民政部门举办的社会福利生产单位征免税问题的通知》，再次重申福利企业减免税政策。

同年 12 月 28 日，《中华人民共和国残疾人保障法》公布，规定：国家采取辅助方法和扶持措施，对残疾人在康复、教育、劳动就业、文化生活、福利和环境等方面给予特别扶持。

1994 年 3 月，财政部、国家税务总局发布《关于企业所得税若干优惠政策的通知》，规定享受税收优惠政策的福利企业的条件：1. 具备国家规定的开办企业的条件。2. 安置“四残”（盲、聋、哑和肢体残疾）人员达到规定的比例。3. 生产和经营项目符合国家产业政策，并适宜残疾人从事生产劳动或经营。4. 每个残疾职工都具有适当的劳动岗位。5. 有必要的，适合残疾人生理状况的安全生产条件和劳动保护措施；有严格、完善的各项管理制度，并建立了“四表一册”（企业基本情况表、残疾职工工种安排表、企业职工工资表、利税分配使用报表、残疾职工名册）。

同年 7 月，国家税务总局发布《关于民政福利企业征收流转税问题的通知》，规定安置“四残”人员占企业生产人员 35%以上（含 35%）的民政福利企业，其经营属于营业税“服务业”科目范围内（广告业除外）的业务，免征营业税。民政福利企业税收优惠采取“先征后返还”的办法；民政福利企业须经民政、税务部门验收合格，并发给社会福利企业证书。

1999 年 9 月，国务院办公厅转发劳动社会保障部等部门《关于进一步做好残疾人劳动就业工作若干意见》，明确残疾人劳动就业，实行集中就业与分散就业相结合的方针，采取优惠政策和扶持保护措施，多渠道、多层次、多种形式安置残疾人劳动就业。

2007 年 6 月，国家税务总局、民政部、中国残联等印发《残疾人就业税收优惠政策征管办法》，规定符合福利企业条件的用人单位、集中安置残疾人的用人单位，以及符合税收优惠政策的其他单位，享受增值税、营业税减免优惠政策。

同时，民政部发布《福利企业资格认定办法》，规定申请福利企业资格认定的具体条件。

2015年9月22日，国务院发布《关于全面建立残疾人生活补贴和重度残疾人护理补贴制度的通知》，规定通过专项福利补贴的方式缓解残疾人因残疾产生的额外生活支出和长期照护支出的困难。

2016年10月，民政部取消福利企业认定事项，福利企业统称为残疾人集中就业单位。

（二）老幼福利制度

新中国成立初期，在接收、调整、改造旧社会福利机构，收容安置无家可归、无依无靠、无生活来源的孤寡老人、遗弃婴幼儿、流浪儿童、残疾儿童中，采取生产与教养相结合、救济与改造相结合的方针，通过遣送安置、帮助就业、领养转交有关部门处理等方式，解决当时城市所面临的严重社会问题。在农村，各地政府组织互助组，对鳏寡孤独和残疾人进行帮耕帮种帮收，对生活仍有困难的鳏寡孤独残疾人，国家给予救济。

1956年，内务部在北京召开城市残老教养、烈军属贫民生产工作座谈会，提出通过兴办福利生产和福利机构，组织贫民参加生产，享受单位的福利待遇。对部分丧失劳动能力的老、弱、孤、寡、残人员，给予社会救济或安置福利机构供养的号召。

1958年12月，中共中央公布《关于人民公社若干问题的决议》，指令各级各地要办好敬老院，为那些无子女依靠的老年人提供一个较好的生活场所。

1960年4月10日，第二届全国人民代表大会第二次会议通过《1956—1967年全国农业发展纲要》，明确提出农业合作社对于社内缺乏劳动力，生活没有依靠的鳏寡孤独的社员，实行保吃、保穿、保烧（燃料）、保教（儿童和少年）、保葬的“五保”供养政策。

1961年6月，内务部发出《关于请各地民政部门注意研究农村人民公社敬老院问题的通知》，提出整顿和发展的基本意见：1.对于已经办起来并有条件办下去的敬老院，应该坚持办下去，不要停办。2.对于管理中的问题，要根据积极办好、自愿参加、勤俭办院、民主管理的原则加以整顿。3.集中供养要坚持入院自愿原则和保证老人生活的原则，不能集中的也要保证生活。

1978年9月、1979年11月，第七次全国民政会议、全国城市社会救济福利工作会议，相继提出突破以“三无”对象为收养范围，开展双职工家庭残疾人员和退休孤老职工的自费收养业务，积极拓展院外养老、育幼、助残、康复等服务功能。

1984年3月，民政部首次提出“社会福利社会办”的工作方针，鼓励社会力量兴办社会福利事业，推进社会福利的供给模式从国家包办向国家、集体、个人合办转变。

1986 年、1987 年，民政部提出以街道、镇和居委会的社区组织为依托，以老年人、残疾人、优抚对象服务和便民利民服务为主要内容，发展社区服务业。

1991 年 9 月 4 日，《中华人民共和国未成年人保护法》颁布，其中规定：县级以上人民政府及其民政部门应当根据需要设立救助场所，对流浪乞讨等生活无着未成年人实施救助，承担临时监护责任；对孤儿、无法查明其父母或者其他监护人的以及其他生活无着的未成年人，由民政部门设立的儿童福利机构收留抚养。

1994 年 1 月 23 日，国务院发布《农村五保供养条例》，规定：农村集体经济组织负责提供五保供养所需的经济和实物，乡、镇人民政府负责组织五保供养工作的实施。五保供养的标准，不应低于当地村民的一般生活水平。五保供养可实行集中供养或分散供养。

同年 4 月，国务院批转民政部、国家计委、体改委、财政部等 14 个部委《关于加快社区服务业的意见》，要求各级政府充分发挥国家、集体、个人三者的积极性，兴办社区服务业，到 20 世纪末，基本建成多种经济成分并存、服务门类齐全、服务质量和管理水平较高的社区服务网络。

1996 年 8 月 29 日，《中华人民共和国老年人权益保障法》公布，国家从法律上保障老年人的生活、健康以及参与社会发展，逐步实现老有所养、老有所医、老有所教、老有所学、老有所为、老有所乐。

2000 年 8 月，中共中央、国务院印发《关于加强老龄工作的决定》，提出国家鼓励和引导社会各方面力量积极参与、共同发展老年服务业，逐步形成政府宏观管理、社会力量兴办、老年服务机构按市场化要求自主经营的管理体制和运行机制。

2006 年 2 月，国务院办公厅转发全国老龄委办公室和发展改革委、民政部等十部门《关于加快发展养老服务业的意见》，指示各地区、各有关部门按照政策引导、政府扶持、社会兴办、市场推动的原则，逐步建立和完善以居家养老为基础、社区服务为依托、机构养老为补充的服务体系。积极支持以公建民营、民办公助、政府补贴、购买服务等多种方式兴办养老服务业。

同年 3 月，民政部、中央综治办、最高人民法院等 15 个部门联合印发《关于加强孤儿救助工作的意见》，要求各级政府按照有利于孤儿成长的原则，采取有效措施，完善社会救助制度，保障孤儿的基本生活和合法权益。

2013 年 9 月，国务院印发《关于加快发展养老服务业的若干意见》，提出坚持保障基本，注重统筹发展，完善市场机制的基本原则，全面建设以居家为基础、社区为依托、机构为支撑的，功能完善、规模适度、覆盖城乡的养老服务体系。

（三）福利彩票制度

新中国成立后，老年人、残疾人、孤儿和困难户的社会福利经费一直由国家或集体单位承担。

1987 年 4 月，为改变社会福利经费来源单一，经费不足的困境，国务院批准民政部门采取发行福利彩票的方式，筹集社会福利资金，发展社会福利事业。民政部在《关于开展社会福利有奖募捐活动的通知》中规定：开展社会福利有奖募捐活动，一是为了举办社会福利事业，帮助各种有困难的人；二是购买有奖募捐券采取自愿原则，不强迫、不摊派；三是定期向社会公布收入和使用情况，并接受审计部门的监督。有奖募捐券发售活动免征营业税和所得税；用募捐收入建设的社会福利设施免征建设税；中奖者的奖金收入免征所得税和调节税。

1991—1994 年，针对当时多地未经国务院批准擅自批准发行彩票的混乱局面，国务院决定清理整顿彩票市场，先后发布《关于加强彩票市场管理的通知》《关于进一步加强彩票市场管理的通知》《关于严格彩票市场管理禁止擅自批准发行彩票的通知》，强调彩票发行批准权集中在国务院，任何地方或部门均无权批准发行彩票。已批准发行的彩票必须按国务院批准的方案执行，不得擅自超规模或改变发行办法。各地要对当地彩票市场进行一次自查、清理。凡未经国务院批准，由地方或部门批准发行的各类彩票一律停止发行，包括各种名目的“自选数”形式的主动型彩票、自行与外商或中外合资企业合资（合作）或变相合资（合作）在境内发行的彩票，一律限期纠正。企事业单位或私营企业、个体工商户一律不得发行、经营彩票或变相彩票。中国人民银行是国务院主管彩票的机关，要会同民政部、国家体委和国家工商局等有关部门加强对彩票市场的监督和管理工作。

1994 年 12 月，民政部发布《中国福利彩票管理办法》和《有奖募捐社会福利资金管理使用办法》，规定：民政部依法对全国福利彩票实施行政管理，中募委所属中国福利彩票发行中心，负责全国福利彩票的发行、销售和资金结算。社会福利资金的使用，采取无偿资助或有偿资助相结合的方式进行。各级彩票发行机构的经营活动和福利资金管理使用，均依法接受国家金融、财政、审计机关的监督。

第二节　福利生产

福利企业是国家和社会兴办的以集中安置有一定劳动能力的残疾人为目的，带有社会福利性质的特殊企业，是社会福利事业的重要组成部分。

改革开放前，新昌社会福利生产长期处于全省落后状态。改革开放开始后，县政府将福利生产纳入经济发展规划，号召乡乡镇镇办福利厂，县民政局把兴办福利企业作为开拓民政福利事业新局面的突破口，推动福利企业迅速发展。“八五”期间，福利生产年产值达到两亿元，名列全省山区县前茅。开启社会主义市场经济后，集体福利企业逐步转为个体经营，一些生产规模小、技术设备落后，产销不对路的福利企业，逐渐在市场竞争中淘汰，全县福利企业生产状况出现回落态势。

一、管理机构

1956年，内务部发布《关于整顿和组织城市烈属、军属、贫民生产的通知》，规定凡是主要由半劳力、辅助劳力、家庭妇女和老弱残废人员组成的加工服务性生产和简单的手工业生产，继续归民政部门领导。主要由整劳动力组成，又适合国家经营的生产单位，应移交有关生产部门统筹安排。

1988年12月1日,为加强社会福利企业管理，发展福利生产，经县编委同意，民政局设置福利企业办公室（简称福企办），核定事业编制3人，经费自理。福企办具体负责福利企业的申办、变更等审核、审批手续，监督检查福利企业的物质条件、残疾职工的安置比例和权益保障，帮助协调有关部门对福利企业扶持优惠政策的落实；组织实施对福利企业的年检年审等工作。

同年，省税务局发布《关于集体福利生产业务主管部门收取管理费问题的通知》，规定“集体福利生产单位业务主管部门未纳入财政预算管理的，可按规定向所属福利生产单位收取管理费；收取管理费的标准按销售收入的千分之三至千分之五计算”。据此，县福利企业办公室按千分之四的标准向所属福利生产单位收取管理费，其中2%返还给乡镇。福利企业管理费主要用于提交上级或拨补下级管理费；管理人员的工资、办公费等行政经费；拨补企业新产品试制失败损失；展品及样品费；其他经省税务局批准列支的项目。

2002年1月，执行财政部、国家计委《关于公布取消部分涉及乡镇（集体）企业负担的行政事业性收费项目的通知》规定，县福企办停止向福利企业收取管理费。

同年7月，经县编委同意，县福企办由自收自支事业单位改为财政全额拨款事业单位。

2016年10月，根据行政审批制度改革要求，执行民政部《关于做好取消福利企业资格认定事项有关工作的通知》规定，县福企办停止行使福利企业资格认定职能。

二、发展历程

1957年9月，县人民委员会开始大办地方工业，号召发展福利生产，城关镇先后开办烈军属印刷小组（后改名为新昌荣属印刷厂）、烈军属打绳厂、福利草包厂、煤球厂等福利企业，安排烈军属、残疾人、困难户就业。

1958年9月26日，县人民委员会为便于计划管理，提高生产效益，召集商业局、农副产品经理部、棉纺厂、化工厂、食品厂、县工会等有关部门负责人协调，统一认识，商定：烈军属打绳厂与农副产品经理部的打绳附属工厂合并，定名城关镇福利打绳厂；农副产品经理部和食品厂的草包厂与城关镇福利草包厂合并，改名为城关镇福利草包厂；城关镇烈军属煤球厂与市中居委会、城东居委会的煤球厂合并，改名为城关镇福利煤球厂；化工厂的纸盒封皮厂改为城关镇福利纸盒加工厂；棉纺厂的打袜卫星厂改为城关镇福利打袜厂。

1963年，荣属印刷厂员工16人，年产值1.26万元，年利润200元。

1968年，荣属印刷厂并入新昌印刷厂。之后，城关镇的福利企业先后被归并、撤销，福利生产长期处于空白状态。

1984年8月31日，县政府批准县民政局投资15.5万元，创办第一福利厂，为县属大集体单位，安置残疾人就业36名，年产值27万元。

1985年年初，县民政局把兴办乡镇福利企业作为开创民政工作新局面的突破口，会同财税部门采取给乡镇发送有关福利企业优惠政策资料和绍兴县兴办福利企业的经验介绍；组织乡镇干部到绍兴参观学习；给福利企业发放“四残人员”就业补助资金；利用救灾扶贫周转金给福利企业发放低息、无息贷款等措施，调动乡镇办厂积极性，推动福利企业发展。是年，有23个乡镇兴办福利厂28家，当年投产的18家，拥有职工总数411人，其中安排“四残人员”就业169人，产值135万元，利润15万元。

1986年，投产福利企业22家，安置残疾人326人，产值385万元。有11件产品参加全国福利产品展销会展销。

1987年，县第九届人民代表大会政府工作报告提出乡乡镇镇办福利厂的号召，并列入政府工作17件实事之一。县政府印发《关于加快发展福利企业的若干意见》，把办好福利企业列入区乡干部岗位责任制考核内容，要求民政部门加强对福利企业的指导和管理，各级各部门加强协调配合，扶持和保护福利企业发展。

是年，县民政局下拨福利企业残疾人安置就业补助经费4.72万元。全县有福利企业25家，安置残疾人就业337人，产值5376万元。其中镜岭、大市聚两区乡乡镇镇办有福利企业。12月10日，县民政局为扭转县第一福利厂长期亏损局面，将第一福利厂租赁给新昌柴油机总厂经营，租赁期5年。

1990年，全县福利生产总产值4500万元，销售额3700万元，分别比1989年增长30%、15%。

1991年，县委、县政府将福利生产列入全县经济发展目标，要求各级各部门加强管理，改进服务，融通资金，引进人才，注重技改，调整产业结构，发挥骨干企业的规模优势，助推福利生产持续、稳定、协调发展。为此，县民政局开展争创先进、争当优秀厂长活动。同时，县民政局与残疾人联合会联办新昌县燃具气阀厂。

是年，全县福利企业产值突破亿元大关，名列全省山区县前茅，县民政局被省民政厅评为福利生产先进集体，秦仲炎、吕怀均两人被评为先进个人。

1992年，县政府提出“八五”期间福利生产达到两个亿目标。民政局召开福利企业厂长会，研究制定三项措施，促使福利生产保持良好发展势头。一抓转变，企业战略从速度型向效益型转变；经营方针从单纯的生产型向生产经营型转变；生产重点从产品数量向产品质量转变；投资方向从扩大规模为主向促进技改为主；管理手段从以物为主转向以提高职工素质为主。二抓资金融通，对产品适销对路，产销两旺，技改急需的企业给予资金重点支持。三抓发展第三产业，支持有条件的企业跨地区、跨行业开办各类公司、经营部、服务部，以出养进，进出结合，形成工贸一体化，产销一条龙。是年，新办福利企业9家，各类公司、经营部7家，产销同步增长。全县76家福利企业，职工人数达3549名，其中残疾职工1517名，实现产值1.29亿元，销售7800万元，分别比上年增长18%、34%。

1993年，为改变企业规模小，生产设备落后，科技含量低，市场竞争力弱的弱势，民政局积极帮助企业落实技改项目7个，投资750万元，解决流动资金300万元，完成技改项目5个。同时，发展外贸产品，增加出口创汇。是年，全县有71家福利企业，总产值2亿元，实现县政府提出的福利生产目标。

1994年之后，少数生产规模小、产销不对路的福利企业，逐渐在市场竞争中淘汰，全县福利企业家数有所减少，但是大部分福利企业生产状况保持良好势头。

1997年5月，新昌柴油机总厂终止对县第一福利厂的租赁关系，自1998年起转由三花集团有限公司经营。

同年7月，天姥针织厂、县燃具气阀厂开始股份制改革试点，县民政局、县残联终止与燃具气阀厂的联营关系，企业产权归厂长张南林个人所有，债权债务由张南林承担。此后，乡镇集体福利企业逐步改制，转为个体经营。

1999年，全县乡镇所属集体福利企业全部转为个体经营。县福企办的主要工作责职是指导帮助企业调整产品结构，加速技术改造，加强内部管理。是年，通过转换经营机制，盘活资产，增强市场竞争力，企业生产稳中有进。年产值达2.831亿元，销售1.27亿元，分别比上年同期增长11%、46%。县福企办秦仲炎被评为全省福利企业生产目标考核优秀管理工作者。

2007年，县福企办被评为全省福利企业生产目标考核优秀单位。

2017年，全县福利企业21家。

附：1984—2016 年新昌县福利企业发展情况

表 78　1984—2016 年新昌县福利企业发展情况表

年度	家数（家）	职工总数（人）	残疾职工人数（人）	年度	家数（家）	职工总数（人）	残疾职工人数（人）
1984	1	125	36	2001	47	2987	1195
1985	18	411	169	2002	47	3334	1435
1986	22	805	326	2003	48	3499	1532
1987	25	1267	447	2004	45	3308	1485
1988	50	2749	1122	2005	42	2086	1498
1989	54	2657	1161	2006	42	4041	1538
1990	49	2381	1069	2007	39	3724	1395
1991	51	2564	1129	2008	35	3555	1217
1992	76	3549	1517	2009	33	2956	1161
1993	71	3272	1566	2010	32	2656	1013
1994	73	3496	1661	2011	32	2718	1013
1995	63	3338	1481	2012	33	2835	1047
1996	49	2702	1223	2013	31	2070	817
1997	56	2572	1109	2014	33	2070	817
1998	54	2440	1070	2015	29	2070	817
1999	47	1983	861	2016	22	1440	543
2000	47	2025	893				

三、监督管理

1988 年 9 月，贯彻民政部《关于对社会福利企业进行全面清理整顿的通知》精神，县民政局制定《清理整顿福利企业实施方案》，会同税务、工商等部门组成联合检查组，开展福利企业清理整顿工作。清理整顿范围为县、乡、村办和企事业单位办的福利企业。清理整顿的内容为福利企业中的残疾职工比例、残疾人到岗率、工资福利待遇、减免税管理使用等。10—11 月，联合检查组通过一听汇报，二查账目和规章制度，三看厂容厂貌和残疾职工工作情况，四问企业经营情况等方式，对照浙江省福利企业清理整顿 10 条标准进行验收。经验收合格 53 家，发给社会福利企业证书。对 4 家不合格企业，责令限期 3 个月整改。

之后两年，福利企业连续进行清理整顿，端正办厂方向，改善企业经营管理，提高经济效益和社会效益。同时，确立民政部门在福利企业审批、经营管理、减免税审核和管理费收取等方面的领导地位，理顺福利企业与县民政局、县乡镇企业管理局、县计经委的隶属关系，解决多头领导，重复收取管理费的混乱现象。

1990 年，开展残疾职工登记发证试点，落实福利企业优惠政策，端正福利企业办厂宗旨。

1991 年起，开展福利企业年度检审，年检工作由民政会同税务部门组成联合检查组进行。年检范围为持有社会福利企业证书的各类企业。年检的重点是福利企业的办厂方向、“四残”人员的安置比例、残疾职工上岗率、残疾职工权益保障和减免税使用管理等方面内容。年检结果分合格、限期整改或注销证书三类，由县年检年审领导小组签署认证。

2000 年 9 月，为杜绝福利企业残疾职工以养待岗，多头挂名的现象，规范和完善残疾职工工资、养老保险等制度，确保残疾职工合法权益落到实处，县民政局下发《关于进一步加强福利企业残疾职工上岗监督管理机制的通知》，规定福利企业建立《新昌县社会福利企业残疾职工手册》制度，人手一册，内有举报电话、工资领取记录、考勤记录、奖惩记录等，作为企业年检年审的重要依据。

同年 11 月 21 日，为便于残疾职工管理，县福利企业办公室在县卫生进修学校举办中国手语培训班，每家福利企业派人参加，为期 4 天。

2003 年 8 月 4 日，为进一步落实福利企业劳动合同、工资和养老保险待遇，加强残疾职工队伍管理，防止残疾职工无序流动，维护企业正常生产秩序，促进福利生产健康发展，县政府发布《新昌县按比例安排残疾人就业实施办法》。9 月 5 日，民政局下发《关于进一步做好福利企业残疾职工权益保障和加强用工管理工作的通知》，规定：（一）符合社会统筹养老保险条件的残疾职工必须参加保险。（二）残疾职工一经招收录用，必须签订劳动合同，并经劳动部门签订认可，报民政部门备案。（三）残疾职工工资待遇按照“同工同酬加照顾”的原则，不得低于本企业同工种健全职工平均工资的 70%。企业因故放假应发给不低于城市低保标准的生活费。

是年，残疾职工参加养老保险达到 100%，残疾职工年均工资达到健全职工平均工资的 72%。

2007 年，执行国家税务总局、民政部、中国残疾人联合会《关于促进残疾人就业税收优惠政策征管办法》规定，从 7 月 1 日起，福利企业减免税实行先征后退，原按销售额减免改为按残疾职工人数减免，最高不超过每人每年 3.5 万元。此项政策贯彻后，部分产销不景气，享受政策优惠不明显的企业自动退出福利企业行列。

2010 年，残疾职工月人均工资收入达到 1314.07 元。

2011 年 11 月，县委、县政府印发《关于进一步加快推进残疾人事业发展的实施意见》。县民政局、县财政局联合印发《关于进一步支持福利企业发展，促进残疾人就业的实施办法》，规定：福利企业为在本企业就业的残疾人缴纳的各项社会保险费用，县财政按照实际缴纳额的50%给予补贴；福利企业安置残疾职工比例超出25%部分，按每人每年 3000 元的标准给予奖励。当年，发放福利企业社会保险补贴和超比例安置残疾职工奖励共 314.744 万元。

2013 年 9 月 27 日，贯彻《浙江省福利企业管理办法》，县民政局、县国税局联合下发《关于落实 2013 年度全县福利企业监管工作的通知》，开展全县福利企业专项普查和日常督查。专项普查采取企业自查、管理机构核查的方式进行。日常督查由民政局、国税局采取明查暗访的方式定期抽查进行。检查事项为：残疾职工实际上岗且从事全日制工作的情况；残疾职工占单位职工总数的 25%以上，且不少于 10 人的情况；适合残疾人就业的工种、岗位；残疾职工签订劳动合同、办理五大社会保险（养老保险、医疗保险、生育保险、失业保险、工伤保险）、实际支付工资情况；无障碍设施配备情况。对企业违反《浙江省福利企业管理办法》规定的，予以警告，限期改正；逾期仍不改正的，撤销其福利企业资格。11 月，普查结束，认定合格企业 31 家，注销不合格企业 3 家。县财政发放社会保险补贴和超比例安置奖励资金 232.18 万元。

同年，县民政局制定《福利企业安全生产管理规定》，加强对福利企业安全生产管理和企业财务监督管理，组织福利企业法定代表人和财务人员专题培训，督促福利企业全面配置无障碍设施。

是年，残疾职工每月人均报酬达 2176.49 元，人均参保额 7299.54 元。

2015 年，建立季度巡查制度，设置网上电子考勤系统，加强福利企业残疾职工上岗率的监管。

2016 年，经福利企业自查，县民政局、县财政局组成联合检查组实地普查，对照《浙江省福利企业管理办法》和《浙江省福利企业监督检查办法》的规定，认定 21 家福利企业为合格福利企业，享受 2016 年度退税资格。

四、福利企业协会

2002 年 10 月 29 日，“新昌县福利企业协会”成立大会在新昌宾馆召开。协会有团体会员 33 个，个人会员 20 人。

会议制定并通过《新昌县福利企业协会章程》《新昌县福利企业协会会费收取和管理办法》。根据协会章程的规定，福利企业协会的主要任务是：配合县有关部门研究、论证、加强和改善福利生产宏观调控，深化福利企业改革，转换经营机制，完善福利企业管理制度；为会员提供法律、政策、科技、人才等方面的咨询和综合服务；致力发展福利企业与国内外同行及社会团体之间的经验交流和技术合作；反映会员要求，推荐会员成果，维护会员合法权益等。会员年度会费按照团体会员全额交纳，个人会员自愿交纳的原则，确定企业会员800元，事业单位和社会团体400元，个人会员20元。

会议选举产生会长、副会长、理事会成员和常务理事。聘请县政府分管副县长程晓帆为名誉会长；聘请胡法钦、毛宏、求国安、张道才、陈爱莲、陈其新、吴捷、吕钢、胡邦成等9人为顾问。

2010年6月18日，福利企业协会第二次会员代表大会在泰坦国际大酒店召开。协会团体会员33个，个人会员20名。

大会听取县民政局局长蔡春秋代表第一届理事会所作《促进福利企业健康发展，维护残疾职工权益保障，为开创新昌县福利生产工作新局面而努力奋斗》的工作报告；审议副会长吕正勋所作的关于协会资金收支情况报告；审议通过协会修改章程和协会会费收取管理办法，个人会员会费改收30元；推选产生第二届理事会理事。同时，召开第二届理事会第一次会议，推选产生第二届理事会会长、副会长、秘书长、常务理事。聘请县政府分管副县长潘启富为名誉会长，聘请潘炎敏、屠国泰、求伟清、张道才、陈其新、宋国钱等6人为顾问。

附：新昌县社会福利企业协会第一届理事会组成人员

表79　新昌县社会福利企业协会第一届理事会组成人员情况表

协会职务	姓名	工作单位	职　务
会长	袁振华	县民政局	局　长
副会长	吕正勋	县四通机械电器制造厂	厂　长
	宋国钱	县耿基实业有限公司	董事长
	赵治辉	县鹤辉机械有限公司	董事长
秘书长	秦仲炎	县福利企业办公室	主　任
常务理事	吕正勋	县四通机械电器制造厂	厂　长
	张良灿	县同和制冷机械厂	厂　长
	张国东	县泰隆纺织机械厂	厂　长
	宋国钱	县耿基实业有限公司	董事长
	周建新	县康利化工厂	厂　长
	赵治辉	县鹤辉机械有限公司	董事长
	余新焕	县自力机械厂	厂　长
	秦仲炎	县福利企业办公室	主　任
	袁振华	县民政局	局　长
	盛晓方	县万丰合金涂料厂	厂　长
	梁晓东	县福利企业办公室	副主任

附：新昌县社会福利企业协会第二届理事会组成人员

表 80　新昌县社会福利企业协会第二届理事会组成人员情况表

协会职务	姓名	工作单位	职　务
会长	蔡春秋	县民政局	局　长
副会长	吕正勋	县四通机电有限公司	厂　长
	吴　楠	县自力机械有限公司	董事长
	俞兰萍	县星怡热传导有限公司	董事长
	许小明	县华明轴承有限公司	董事长
秘书长	杨会江	县福利企业办公室	主任
常务理事	许小明	县华明轴承有限公司	董事长
	吕正勋	县四通机械电器有限公司	董事长
	张国东	县福泰隆机械有限公司	董事长
	张菊红	县包装装潢有限公司	董事长
	吴　楠	浙江自力机械有限公司	董事长
	杨会江	县福利企业办公室	主　任
	杨夏萍	县万顺机械有限公司	董事长
	俞兰萍	县星怡热传导有限公司	董事长
	俞仲军	县义昌福实业公司	董事长
	俞继平	县富盛轴承配件有限公司	董事长
	高樟林	县联科机械有限公司	董事长
	蔡春秋	县民政局	局　长

第三节　恤孤抚残

弃婴儿、孤儿、残疾人属于社会弱势群体，为历朝政府与民间慈善机构抚恤赈济的重点对象。

新中国成立后，人民政府对社会遗弃婴幼儿、孤儿实行收容收养和“五保”供养，给予残疾人生活、劳动和文化教育等方面的照顾。改革开放后，县政府设立儿童福利、残疾人事业专门工作机构，建立基本生活保障机制，保障水平随经济社会同步提高，促使困难儿童、残疾人健康成长，平等参与社会生产生活，共同享受社会主义建设成果。

一、儿童福利事业

明清时期，民间有养济院、保婴局、育婴局等慈善机构，收养社会遗弃婴幼儿、孤儿和流浪儿童。

1928年11月，县政府接管民间救济院，内设育婴所，收容收养遗弃婴孩。育婴所略有田产租稍作经费，不足部分由政府拨补。所内有调查员1人、乳妇2人。凡新进婴孩，由所内乳妇先行哺养，后择相当乳妇寄养在外，每月由调查员负责巡视，每年举行一次婴孩比赛，以资鼓励。婴孩稍长，由原养乳妇或其他家庭收领为己女。据1939年调查统计，育婴所每年收容遗弃婴孩在百余人。1940年，县政府拨补经费2560.33元。1941年9月，收容在所婴孩110人，拨补经费 2890元。

1943年6月，县城被日军占领，县政府在儒岙镇开办育婴、养老两院，收养婴孩123人、老人28人。

1944年，因频年灾歉，连遭日军流窜，贫民无力抚养子女，弃婴送投育婴所甚多。4—5月，县政府为扩充该所业务，发起筹募基金，募得基金田产33亩，计合国币33万元。又奉三区专署指定为示范育婴所，拨款5万元津贴，提高乳母待遇，改善婴孩营养，增加必要设备。

1946年1月，育婴所有婴孩68名。

1949年7月，县民政科接管救济院资产及婴孩33名，继续雇请乳母抚养。

1950年，救济院养育婴孩168名，政府救济大米2700公斤。

1951年，救济院养育婴孩148名，政府救济大米2700公斤。

是年，为适应军需民食，救济院改称生产救济院，开办粮食加工厂，厂址在县城俞世德祠。

1952年，救济院养育婴幼儿156名，政府救济大米2700公斤。

1953年3月，生产救济院撤销，粮食加工厂划归县粮征科，田产划归财政科，131名婴孩由民政科雇请农村妇女寄养，婴儿养育所需奶粉、食粮、衣被、医药费用及来回车费等凭发票报销，抚养费按月发给，年计救济费用10381986元。无子女家庭要求领养婴幼儿的，凭当地村、政府有关证明，许其领养。社会孤儿则由其亲属抚养监护，互助组给予照顾，政府给予社会救济。

之后，受社会经济条件制约，一直未办民政福利机构。

1961年，县民政局收养弃婴45名，抚养费支出3780元。

1962年，县民政局收养弃婴39名，其中23名被人领养为子女。抚养费支出2753.43元。

1979年，县民政局收养弃婴19名，其中2名查明情况后，由其父母领回。农村集体经济组织“五保”供养孤儿37名。

1981年、1982年，享受农村五保供养的孤儿，分别为138名、117名。

农村实行承包责任制后，社会孤儿主要由亲友包养。1983年，享受农村“五保”供养的孤儿6名，由亲友包养的103名。

1985 年，县民政局收养弃婴 30 名。

1986 年，县民政局收养弃婴 43 名。

1987 年，县民政局收养弃婴 28 名。

1998 年开始，建立最低生活保障制度，社会孤儿纳入最低生活保障对象。

2008 年下半年，县慈善总会给 93 名孤儿发放助学金，每人 1000 元。

是年及以后，先后有 4 名由民政局抚养长大的残疾人结婚成家，民政局分别赠给贺礼每人 3000 元、棉被 5 条、真丝毯 2 条。

2009 年，建立新昌县儿童福利院（与县社会福利院合署管理），开启儿童收养业务。

2011 年，全县有孤儿 31 名，其中散居孤儿 27 名、福利机构集中供养 1 名、寄养 3 名。

是年，县政府制定孤儿基本生活保障机制，每月发给孤儿基本生活费，标准为：福利机构养育的孤儿基本生活费，每人每月 1000 元；社会散居孤儿基本生活费，每人每月 600 元。此后，孤儿基本生活费标准随经济发展自然增长。

2014 年，全县有孤儿 69 名，其中散居孤儿 65 名，福利机构寄养 4 名。自 1 月 1 日起，由福利机构养育的孤儿基本生活费标准从每月 1169 元调整为 1311 元；社会散居孤儿基本生活费标准从每月 701 元调整为 787 元。

2015 年 3 月 24 日，县民政局、县财政局联合印发《关于建立新昌县困难儿童基本生活保障制度的通知》，规定对具有新昌县户籍、未满 18 周岁、事实无人抚养的困难儿童，实施生活保障，发放基本生活补助费。事实无人抚养的困难儿童具体包括：（一）父母双方均失踪、服刑、重残或长期患重病；（二）父母一方死亡，另一方失踪、服刑、重残或长期患重病等情形无法履行抚养义务和监护职责；（三）父母一方失踪，另一方服刑、重残或长期患重病；（四）父母一方服刑，另一方重残或长期患重病。事实无人抚养的困难儿童基本生活费，按照散居孤儿基本生活费标准按季发放，且随散居孤儿基本生活费标准自然增长机制同步调整。已经享受基本生活费补助的困难儿童，不再享受城乡低保金。困难儿童基本生活费由儿童本人或监护人向村（居）委会提出申请，村（居）委会和乡镇（街道）核实出具证明，报民政局审批。困难儿童基本生活经费由县财政给予保障。困难儿童补助对象每半年进行一次资格复核，实行动态管理。困难儿童被依法收养后，不再享受基本生活费补助；父母一方刑满释放的，从其父母刑满释放满 6 个月（从释放之日的次月起计算）后停止发放。

是年，全县享受基本生活保障困难儿童 49 名，每人每月基本生活补助费 819 元。

2016 年 11 月 1 日起，根据民政部、财政部《关于发放孤儿基本生活费的通知》规定，县福利机构养育的孤儿基本生活费标准，按不低于上年度城镇居民家庭人均消费性支出的 60%确定；社会散居孤儿基本生活费，按不低于福利机构养育的孤儿基本生活费标准 60%确定。县福利机构养育的孤儿基本生活费由每月 1365 元调到 1493 元，社会散居孤儿基本生活费由每月 819 元调到 896 元。

是年，批准 8 名困难儿童享受基本生活保障。新昌县心理卫生协会开展农村留守儿童心理援助。

2017 年 3 月 1 日起，由福利机构养育的孤儿基本生活费标准从每月 1493 元调整为 1522 元；社会散居孤儿基本生活费标准从每月 896 元调整为 913 元。

六一儿童节，县民政局开展关爱困境儿童和农村留守儿童活动，给 61 名困难儿童、76 名农村留守儿童、4 名低保和低保边缘家庭儿童、福利院养育的孤儿，发给慰问金每人 500 元，图书和文具各 1 份。

12 月 26 日，县政府办公室印发《关于加强农村留守儿童关爱保护工作的实施意见》，要求各乡镇（街道）和政府有关部门高度重视农村留守儿童关爱保护工作，加快形成家庭尽责、政府主导、部门联动、群众协同、社会参与的农村留守儿童关爱保护体系。为加强农村留守儿童关爱保护工作的组织领导，县政府建立农村留守儿童关爱保护工作联席会议制度，副县长杨哲文为总召集人，县政府办副主任吕栽平、县民政局局长吴青松为召集人，县人大、县法制办、县文明办、县综治办、县民政局等单位领导为联席会议成员。

二、残疾人事业

（一）工作机构

新中国成立后，残疾人事业由民政部门负责管理。

1988 年 3 月 11 日，国务院批准成立中国残疾人联合会（简称中国残联）。同年 9 月，国务院批准实施《中国残疾人事业五年工作纲要（1988—1992 年）》。

1989 年 11 月，县政府决定筹建新昌县残疾人联合会（简称残联），设立筹建工作领导小组，副县长钱忠鑫兼任组长，吕青山、刘焕根兼任副组长。筹建工作由县民政局具体组织，副局长黄世墉兼任筹建办公室主任，赵汀章任副主任。县编委核定县残疾人联合会事业编制 3 人，财政全额拨款，隶属县民政局管理。

1991 年 1 月 15 日、16 日，首届新昌县残疾人代表大会在县文化馆召开，到会代表 120 名，其中残疾人代表 64 名，特邀代表 20 名。大会选举产生县残疾人联合会第一届主席团，并由主席团选举钱忠鑫兼任残联主席，选举并经县政府批准黄世墉兼任理事会执行理事长。大会宣布新昌县残疾人联合会成立。

县民政局局长吕青山（左二）、县残联筹建办公室副主任赵汀章（右一）慰问残疾人

县残疾人联合会为全县性残疾人事业团体，主要任务是：代表残疾人的共同利益，维护残疾人的合法权益，团结教育残疾人，为残疾人服务；承担政府委托的任务，开展残疾人工作；动员社会力量，发展残疾人事业。

1993年，乡镇陆续建立残疾人联合组织。

1995年3月，县政府成立新昌县残疾人工作协调委员会，代表县政府协调全县残疾人事业发展。钱忠鑫兼任组长，吕青山、黄沛祥、姚锦旗、张方治、陈建民、王德昌、黄世墉等兼任副组长，黄世墉兼任协调委员会办公室主任，成员有县政府办、县计经委、县财政局、县民政局、县劳动局等部门的负责人。

同年7月24日，县编委确定新昌县残疾人联合会为正科级事业单位，机构单列，与县民政局脱钩。

（二）三项康复

1988年8月，民政部、卫生部、国家计委、财政部、解放军总后勤部、中残联联合发布《关于实施残疾人“三项康复”工作的通知》，指示各级政府加强领导，有关部门密切配合，通力协作，做好“三项康复”（即老年人白内障复明手术、小儿麻痹症矫治、聋儿语训）工作。根据省“三项康复”工作领导小组的部署，由卫生医疗机构负责白内障患者的手术治疗，县民政局负责医疗补助。当年手术补助71人。

1989年3月，县成立残疾人“三项康复”工作领导小组，副县长林廷锋兼任组长，钱忠鑫、黄世墉、陈建民兼任副组长，成员由县政府办、县民政局、县卫生局、县教育局等11个部门负责人组成，抽调3人组成日常工作办公室，各乡镇相应建立工作机构，县财政局、县民政局每年各拨1万元，用于康复对象补助。

4月起，县“三项康复”工作办公室根据“对症施治”的要求，先后组织18名骨科、眼科医生，分期分批赴全县各地普查、复查，宣传康复治疗的作用和科普知识，对病情较轻的予以当场治疗。普查结果，全县有“三项康复”对象564名，其中白内障患者327名、儿麻后遗症患者139名、聋儿98名。县“三项康复”工作办公室根据普查情况，建立档案，制定并实施五年工作方案。

6月20日，县“三项康复”工作领导小组召开全县“三项康复”工作会议，部署残疾人“三项康复”治疗工作。参加会议的有乡镇政府负责人、民政助理员、人民医院和乡镇卫生院院长。当年，医治白内障患者50人，复明效果明显。黄世墉、张伯华、周日章、周先贡等4人受到市“三项康复”工作办公室的表彰。

是年起，县民政局会同县教育局对就读绍兴市聋哑学校的聋哑学生给予生活困难救助，帮助聋哑学龄儿童完成九年制义务教育。1989年、1990年两年，救助聋哑学生16名，发救助金7450元。

1990 年，在西岭乡开办首期聋儿语训，受训 4 名。至 1991 年，聋儿语训共 8 人，其中达到三级康复 2 人。

1991 年 7 月，调整县“三项康复”工作领导小组成员，副县长钱忠鑫兼任组长，吕青山、黄世墉、陈建民兼任副组长。全年完成白内障摘除手术 314 例，儿麻矫治手术 19 例。黄世墉、周日章两人受到省“三项康复”工作办公室通报表彰。

1992 年，完成白内障摘除手术 42 例，儿麻矫治手术 2 例。

1993 年，完成白内障摘除手术 10 例，儿麻矫治手术 12 例。县民政局给 25 名下肢残疾人无偿配发轮椅，帮助他们解决行路困难。

至 1994 年年底，累计完成白内障摘除手术 398 例，复明率 100%；儿麻矫治手术 33 例；聋儿语训 8 人。实施“三项康复”，使部分残疾人消除或者减轻了生理障碍，恢复和获得一定的补偿功能，受到残疾患者的一致好评。

此后，“三项康复”列为县残联的经常性工作，白内障手术治疗补助列为民政的临时救助范围，由人民医院按实向民政局结算报销。

（三）助残扶残

1990 年，《中华人民共和国残疾人保障法》规定，每年 5 月第三个星期日为“助残日”。

1991 年 5 月，县民政局、总工会、团委、妇联、残联等部门联合发起“学习雷锋，扶残助残，为残疾人事业捐赠 1 元钱”活动，募集社会捐款 83389 元。

此后，助残日活动每年开展，内容以“走进每个残疾人家庭”“与残疾人建家做友”“帮扶共进”“红领巾助残”“共青团助残”“一对一帮扶”等主题展开，均取得良好效果，帮助残疾人解决一些生活生产中的困难。

2016 年 9 月 11 日，县政府印发《关于全面建立困难残疾人生活补贴和重度残疾人护理补贴制度的实施意见》，决定自 2016 年 1 月 1 日起实施残疾人“两项补贴”，以进一步解决残疾人特殊生活困难和长期照顾困难，提高残疾人基本生活保障和基本照料服务水平。

10 月 18 日，县民政局、县财政局、县残疾人联合会印发《新昌县困难残疾人生活补贴实施细则》和《新昌县重度残疾人护理补贴实施细则》，对残疾人两项制度的实施作出规定：困难残疾人生活补贴主要补助因残疾产生的额外生活支出，补贴对象为家庭人均收入在低保标准 150%以下的残疾人或本人收入在低保标准 150%以下的劳动年龄段残疾人；困难残疾人和残疾人家庭收入的核对、认定工作，由民政部门按照社会救助家庭经济状况核对、认定办法组织实施。重度残疾人护理补贴主要补助残疾人因残疾产生的额外长期照护支出，补贴对象为残疾等级被评定为一级、二级且需要长期照护的重度残疾人以及非重度智力、精神残疾人。长期照护是因残疾产生的特殊护理消费品和照护服务支出持续6个月以上。残疾人生活自理能力的认定工作，采取按照残疾类别、等级直接认定或由第三方评定的办法，由县残联会同民政部门组织实施。补贴标准：困难残疾人生活补贴标准按照当地低保标准的30%确定。重度残疾人护理补贴标准，按照生活完全不能自理、基本不能自理、部分不能自理分为三档，分别补贴每人每月500元、250元和150元。对符合条件的机构集中托养的残疾人，可在上述补贴标准基础上分别上浮50%。符合条件的残疾人，可同时申领残疾人生活补贴和重度残疾人护理补贴。既符合残疾人"两项补贴"条件，又符合因公致残、离休等生活补贴（津贴）、护理补贴（津贴）条件的残疾人，可择高申领其中一类生活补贴（津贴）、护理补贴（津贴）。享受儿童福利基本生活保障政策的残疾儿童不享受困难残疾人生活补贴，可享受重度残疾人护理补贴。领取工伤保险生活护理费、纳入特困人员供养保障的残疾人不享受残疾人"两项补贴"。享受养老服务补贴的残疾人不享受重度残疾人护理补贴或调整纳入重度残疾人护理补贴。

是年，经认定，享受困难残疾人"两项补贴"的残疾人5849人，其中享受生活补贴的残疾人2567人，享受护理补贴的残疾人3282人。生活补贴标准：城镇困难残疾人每人每月184元，农村残疾人每人每月148元。

2017年，享受"两项补贴"的困难残疾人6399人，其中享受生活补贴的残疾人2610人，享受护理补贴的残疾人3789人。困难残疾人生活补贴标准城乡统一为每人每月202元，重度残疾人护理补贴标准按2016年标准发放。

第四节　老龄事业

自西周以来，历朝政府都有尊高年，授王杖，除赋役，赐坊银，颁匾封爵等尊老惠老制度，收容收养鳏寡孤独老人的救济福利举措。

新中国成立后，社会主义建设为广大老年人提供了良好的养老条件，城乡少数"三无"老人，由国家和集体实行"五保"供养。

改革开放之后，政府顺应社会转型升级、人口老龄化的形势，建立老龄工作机构，制订政策法规措施，加大财政资金投入，动员民间力量参与，兴办养老福利设施，发展社会化养老服务，开创了普惠型老龄福利事业新局面。

一、工作机构

1988年10月31日，县委决定成立老龄委员会，县长蔡德麟兼任主任，吕青山、陈国均、徐仲国、王德昌兼任副主任。县老龄委员会下设办公室于县老干部局。

1990年6月，县委决定县老龄委员会改为老龄工作委员会（简称老龄委），老龄委办公室改设于县民政局，核定事业编制工作人员1名。

是年，新昌人口普查资料显示，60岁以上老龄人口4.47万人，占总人口的10.66%，比全国提前10年进入人口老龄化社会。

2001年8月17日，县老龄委印发《新昌县老龄工作委员会成员单位及办公室职责》。明确规定县老龄委为主管全县老龄工作的议事协调机构，其职责为：研究、制定全县老龄事业发展战略及重大政策，协调和推动有关部门实施老龄事业发展规划，做好维护老年人权益的保障工作；协调和推动有关部门加强对老龄工作的宏观指导和综合管理，推动开展有利于老年人身心健康的各种活动；指导、督促和检查乡镇老龄工作；协调有关老龄事务的交流与活动。

是年6月后，县老龄工作委员会成员因人事变动多次调整。

2002年3月22日，县委组织部、县老龄委联合下发《关于理顺乡镇老龄工作的通知》，调整健全乡镇老龄工作委员会组织，分别由组织、民政、司法、教育、计生、科技、文卫、工青妇等线的负责人组成，老龄委主任由乡镇长担任。乡镇老龄委下设办公室，归口民政办，由乡镇民政办主任兼管。5月8日，县老龄委办公室印发《基层老年人协会规则》《老年人协会规范化建设标准》。之后，城乡基层社区普遍成立老年人协会。

2007年，新昌县基层老年人协会骨干培训班开班

2007年起，县老龄委办公室每年不定期地举办农村老年协会会长培训班，加强农村基层老年协会骨干力量，促进农村老年协会规范化建设。

2012年8月29日，县编委同意成立县养老服务指导中心，与县社会福利院实行两块牌子、一套班子管理，全额拨款事业编制2名。

2017年年末，全县城乡老年协会407个。

二、农村“五保”与城镇“三无”对象供养

1956年农村合作化后，农村中生活无依靠的老、弱、孤、寡、残疾人员由所在大队、生产队负责落实保吃、保穿、保住、保医、保葬（孤儿保教）的“五保”政策。城镇“三无”对象由政府给予定期定量救济。

1979年，农村五保户973户1132人，集体供给折合金额2.5万元，政府救济6500元。城镇“三无”对象定期定量救济41户41人，年救济金额5200元。

1981年，农村出现包产到户、土地包干到户、按口粮分田地等不同生产责任制形式，为解决农村五保供养的新情况、新问题，县民政局到报国、红旗、方泉3个公社调查研究，提出落实五保供养的四条措施，报请县政府批转各公社贯彻执行。（一）分给五保户口粮田地，确定扶助用工和扶助人；（二）大队付给扶助人工资，分给口粮田地化肥和肥料成本；（三）扶助人对五保户的口粮由村干部过秤付给稻谷；（四）五保户口粮超出部分及秸秆归扶助人作为奖励。

是年，全县农村有五保户839户1027人，其中孤老745人、孤儿138人、其他五保对象144人。全年集体供给折合金额8.15万元，国家救济1.6万元。

1983年4月，开展农村“五保户”普查工作，普查对象为农村基本上没有劳动能力，无依无靠，无生活来源的老人、残废人和孤儿。普查工作由各公社组织逐户查看、登记，经群众评定、大队审核、公社批准，落实供养措施，发给供养证，供养标准不低于一般社员的生活水平。

1985年，县民政局拨款5500元，给11户五保户办理家财保险。之后，投保面逐年有所扩大。

1986年年初，县人大组织县级机关负责人和人大代表视察农村五保供养工作情况，慰问五保户，发放慰问金2万余元。

1987年10月，县民政局组织干部到新溪、新民、镜岭、镜屏、安山、儒岙、莒根、蔡峰等8个乡镇检查“五保”供养情况，并向县政府提出建议。从检查情况看，普遍存在应保未保、定而未保、供养标准低的问题，村集体经济较好的村“五保”供养工作做得相对较好。如西岭乡有“五保”对象22人，其中19人的粮食由集体供给，最多的给原粮350公斤，每月有零用钱5元，最多的10元，柴草满足需要，医病实报实销，住房保修。该乡磕下村被市民政局授予五保供养工作先进集体。

是年年底，全县有“五保”对象791户823人。其中落实供养的441户403人，供给金额5.2万元。

1989年5月，县政府发出《关于认真贯彻〈浙江省农村五保户供养工作暂行规定〉的通知》后，农村五保供养采取由乡镇统一筹集经费，乡镇、村和村民小组分级管理的办法。供养标准本着相当于一般群众的生活水平的原则，按每人每年口粮300公斤折款120元，烧柴30元，衣被60元，零用60元和其他因病、丧葬等费用100元，合计每人每年370元统筹。经费筹集由乡镇民政助理员在年初订出五保供养预算方案，经政府批准后，交乡镇经营管理指导站将五保供养经费纳入公益金，按土地面积分摊到各村，各村把款额分摊到户，计入承包合同，秋后卖粮时，由乡镇经营管理指导站、银行和粮管所配合兑现为公益金。供养经费由民政助理员建立账户，统一管理、分配，以三联单的形式发放到户。发放标准：全保的每人供给300元；有儿女赡养的供给150~250元；集中供养的，按每人每年400元一次性拨给敬老院。五保供养实行乡镇、村、村民小组三级管理，乡镇负责审批和核实五保对象人数，规定供养标准，统筹发放经费，督促检查村组落实情况和五保户生活情况。村负责五保户住房、疾病治疗、慰问，组织包户照顾和丧葬。村民小组负责口粮、烧柴等实物的兑现，房屋维修和日常生活的料理。对生活不能自理的派人照顾，向村和乡镇反映五保户的生活状况。

是年，县民政局利用福利彩票公益金、救灾结余资金共20万元，设立五保供养专项基金，给签订“五保”供养合同的五保户提供每人每月5元的生活补贴。

1991—1993年，落实“五保”供养合同的五保对象分别有421人、513人、546人。

1995年，提高“五保户”定期生活补助标准，集中供养的每人每月补助生活费15元，分散供养的每人每月补助生活费10元。

1998年7月1日起，农村“五保”与城镇“三无”对象全部列入城乡居民最低生活保障范围，人均月增生活补助费15元。

2003年10月，绍兴市政府印发《关于开展农村“五保”和城镇“三无”对象集中供养工作的实施意见》，提出到2004年农村五保对象和城镇“三无”对象集中供养率达到85%的工作目标。

2004年10月，为实现农村“五保”和城镇“三无”对象集中供养工作目标，县政府成立由县长夏久传任组长，分管副县长徐良平任副组长，民政、财政、水电等部门负责人为成员的集中供养工作领导小组，印发《关于开展农村“五保”和城镇“三无”对象集中供养工作的实施意见》，采取撤并乡镇敬老院，改善扩大8所福利院条件，县财政设立专项资金保障供养经费，村负责口粮（提供供养对象每人每年大米180公斤或生活费360元）等措施，在年底顺利实现集中供养工作目标。全县438名“五保”和城镇“三无”对象，入院供养395名，部分精神病患者、传染病人或有亲友供养和不愿进住的43名对象，实行户院挂钩供养。对入院集中供养的，县财政按每人每年2280元的标准拨给敬老院。户院挂钩供养的，按每人每年1200元拨给乡镇，由乡镇发给供养对象自行支配。

是年，集中供养率达到100%，供养标准显著提高。县民政局被市民政局评为集中供养工作先进集体。

2005年1月26日，县人民政府、沙溪镇政府分别被省政府评为农村“五保”和城镇“三无”对象集中供养工作先进集体；副县长徐良平被评为先进个人。

2006年，农村“五保”和城镇“三无”对象集中供养标准为每人每年3240元。

2007年，县政府决定发挥财政主渠道保障作用，建立集中供养经费自然增长机制，供养标准随经济发展逐年提高，并逐步增加医疗保健费用。是年，集中供养标准为每人每年 3864 元。全县农村“五保”对象 355 人，城镇“三无”对象 11 人，其中集中供养 355 人，集中供养率达 96.9%。县民政局下拨集中供养经费 86.8 万元，门诊医疗补助费 11.6 万元。

2017 年年末，全县乡镇敬老院集中供养农村“五保”对象和城镇“三无”对象 239 人，集中供养率为 100%。供养标准为每人每月 1346 元，县财政全年下拨供养经费 371.8 万元。

三、福利机构

民国时，县政府办有救济院，收养少数鳏寡孤独、无家可归之人。

1958 年 8 月，在人民公社化运动中，大市聚人民公社红旗社（原梅鹤乡）在西山村新庵率先创办幸福院，集中供养农村“五保”户，第一批入院 17 户 20 人，其中儿童 2 人。幸福院组织入院老人从事编草鞋、养猪养兔、种菜等轻体力劳动。

10 月 23 日，县人民委员会下发《关于迅速建立幸福院的通知》，要求各社加快进度，在月底前建成幸福院；幸福院数量一般以一社设三四个为宜，规模大一点为好；幸福院的建设与生活经费，从农业社的公积金、公益金中开支；幸福院老人的伙食水平，应较高于当地一般社员的生活水平；各社要指定一名干部管理幸福院。在县人民委员会的指令下，各地纷纷建办幸福院。

不久，各地的幸福院由于超出农业社的经济承受能力，陆续关闭。至 1984 年上半年，县内无一家供养“五保”老人和孤儿的社会福利机构。

1984 年 10 月，大市聚镇大市聚村创办县内首家敬老院，集中供养“五保”老人 4 名。县民政局赠送每位老人棉被、棉毯、热水瓶、茶杯各 1 份，以资鼓励。

1986 年 7 月 5 日，省政府办公厅转发省民政厅《关于加强城市社会福利事业的报告》，指示各级领导要重视社会福利事业，动员全社会多渠道多形式举办社会福利事业，多方筹集社会福利资金，把发展社会福利事业列入国民经济和社会发展计划，统筹安排，逐步实施。

1987 年 10 月，大市聚镇王大岩村梁生校被市民政局评为敬老院工作先进个人。

1988 年 4 月，西郊乡在后溪村新办敬老院，国庆节前夕开院，入院“五保”老人 11 名。县民政局给敬老院补助资金 1.5 万元，赠送每位老人棉被、棉毯、四套新衣、1 件短呢大衣和铜手炉等。老人吕才富与邵桂香在院喜结伉俪，传为佳话。同年，沙溪镇和大明市乡结合灾民新村建设开建敬老院。

之后，在县民政局的扶持下，其他乡镇陆续新办敬老院。

1993 年春节前夕，县委、县政府领导到城关、拔茅、沙溪和大明市等四家敬老院视察，慰问集中供养的“五保”老人，鼓励乡镇兴办敬老福利事业。为加快乡镇敬老院建设步伐，巩固和提高原有敬老院管理水平，县民政局组织乡镇长和敬老院负责人赴越城区参观学习。借鉴越城区经验，各乡镇制订巩固和发展敬老院计划，开展文明敬老院创建活动。

1995 年 4 月 16 日，省民政厅印发《关于进一步加快农村敬老院建设的实施意见》，要求绍兴、舟山两市各县于 1996 年实现乡乡镇镇都有敬老院的目标任务。为此，县民政局于 4 月 25 日下发《关于加快乡镇敬老院建设的若干意见》，要求乡镇从当地实际出发，因陋求简，利用空余房屋新办敬老院，逐步由低档次向高规格发展。建院资金采取县补助一点，乡镇财政安排一点，社会募集一点的办法解决。对落实规划，开工建设的，县民政局先予补助 1.5 万元，竣工之际再拨 5000 元。不久，县民政局在城南乡召开现场会，督查规划建设情况。是年，县民政局下拨补助资金 38.5 万元，帮助城南、巧英、长征等 8 个乡镇建成敬老院。

至 1998 年，县民政局累计补助乡镇敬老院建设资金 80 余万元，新办乡镇敬老院 18 家，拥有床位 165 张，乡乡镇镇有敬老院目标得以实现。全县 535 名五保老人，入院供养 86 名，约占五保老人总数的 16%。供养金额 7.8 万元。为改变五保老人入院率低、供养标准不高的状况，县民政局在拔茅召开全县敬老院工作现场会，部署改善敬老院基础设施，开展达标上等级活动。

1999 年，县政府将建设县社会福利院列入新昌福利事业重点建设项目。县民政局筹集资金 800 万元，选址飞凤山，新建社会福利院。

2001 年 8 月 1 日，县社会福利院开始试营业。福利院集休养、医疗、康复、文化娱乐于一体，占地 1.67 万平方米，建筑面积 7350 平方米，拥有床位 165 张，员工 15 人。实行自费收养，市场化运作。当年收养老人 70 名。

2004 年 10 月，县政府召开有关乡镇和有关部门负责人参加的专题会议，研究解决“敬老院入院率低，供养水平低”的问题。会议决定采取县民政局补助经费，社会力量捐资冠名，乡镇解决房源，村级负责口粮，划分区域建院，就近就便入院的措施，撤并乡镇敬老院，改造、扩建城关、澄潭、镜岭、回山、儒岙、小将、沙溪、大市聚等 8 所福利院，提高入院率和供养水平。会后，县供电局、烟草专卖局、新和成制药股份有限公司分别捐资 50 万元、25 万元、25 万元，冠名资助澄潭、大市聚、城关 3 个镇建设福利院。县民政局下拨补助经费 266 万元，帮助有关乡镇利用闲置的学校、厂房等公房进行改造、扩建。同时，电力、电信、自来水、环卫、电视等部门给予福利院相关规费减免优惠。年底，8 所敬老院建成开院，为农村“五保”和城镇“三无”对象集中供养创造了良好条件。

2008 年 2 月，镜岭镇西山头村首办托老院。之后，天姥养老院、新富养老院、幸福托老院、安福托老院、欢乐养老院、爱心养老院等民办福利机构逐渐增多。

2009 年 6 月，县政府对社会办养老服务机构给予政策扶持和资金补助，规定：自有房子的养老服务机构，给予每张床位一次性补助建设资金 4000 元；租赁房子的养老服务机构，给予每张床位 700 元，分 5 年补助。对建立非营利性的居家养老服务中心，给予一次性 3 万元的机构建设补助；新建农村“星光老年之家”，给予 1.5 万元的机构建设补助。

2011 年，县财政按低保标准的 2 倍落实集中供养经费。民政、消防部门联合开展民办养老机构安全检查、培训和演练，对存在安全隐患的，责令限期整改；对限期内拒不整改的，作出限期停止营业处理。县民政局拨款 45 万元，帮助澄潭、小将 2 个敬老院完成升级改造。同时，开展财务专项检查，对存在问题进行规范，保障供养经费落到实处。

2012 年 6 月，县阳光建设集团公司投资建设的阳光福利院开业运营，供养自费老人。总投资 8000 万元，占地面积 6.66 万平方米，建筑面积 1.23 万平方米，拥有床位 307 张，员工 40 余人，为县内规模最大、设施齐全、服务优良的民办福利机构。

2020 年阳光福利院住院老人开展文体活动
（王育英提供）

2013 年 3 月 22 日，省民政厅副厅长、省老龄办主任苏长聪在新昌调研养老服务体系建设情况，对阳光建设集团等社会力量参与养老服务体系建设给予较高评价。

是年开始，县民政局会同县人力资源和社会保障局，在阳光福利中心设立养老护理人员教育培训基地，承担全县养老护理人员教育培训工作。培训按照国家职业标准和培训大纲内容，采取面授、自学、实训相结合的方式进行，培训结束后，经鉴定合格者颁发相应等级的国家职业资格证书。至 2017 年，累计举办培训班 6 期，受训 619 人，其中取得国家专业资格证书的 110 人。

同年 5 月，县社会福利院二期建设项目完成，新建老年公寓 2 幢，占地 4350 平方米，建筑面积 3742 平方米，新增床位 150 张。

2014 年 10 月，省财政厅、省民政厅给阳光福利院床位补助资金 25 万元。县民政局、财政局给阳光福利院、夕阳红养老院、天姥养老院、新富养老院等 4 家养老服务机构 260 张床位，补助政策性保险资金 9000 元。12 月，拨给阳光福利院床位补助 35 万元。

2016 年 4 月，省社会福利协会通报 2015 年度浙江省养老服务机构星级评定结果。经省社会福利协会、省社会福利中心、省老年服务业协会和省标准化研究院联合组织有关专家组成浙江省养老服务质量星级评定委员会，根据《浙江省居家养老服务与管理规范》的规定，评定全省 32 家五星级社区居家养老服务照料中心、12 家四星级养老服务机构，其中新昌县阳光福利中心评定为四星级养老服务机构。

6月，县民政局租用新昌华数电视有限公司信息服务平台，给12家养老机构安装视屏监控系统，内设安全监管值班室，实行24小时值班，加强养老机构信息化安全监管。同时，会同消防大队印发《新昌县社会福利机构消防安全标准化管理规定》，从制度上加强社会福利机构消防安全管理。拨款70万元，资助城关福利院改造消防设施。

10月，县发展和改革局批准县民政局投资5000万元，在羽林街道新旺村建设新昌县社会福利中心。规划工程项目由公寓、综合服务中心、公共建筑及配套设施三部分组成，占地面积13334平方米，建筑面积17140平方米。其中：地面建筑面积15240平方米，主要包括综合楼建筑面积3340平方米，疗养楼建筑面积8050平方米，服务楼建筑面积2990平方米，其他建筑面积860平方米；地下建筑面积1900平方米。工程项目建成后，铺设床位348张，将分散在8个乡镇福利院的五保老人集中统一供养，以利提高五保供养能力、服务水平和消防安全管理能力。

2017年6月，县民政局、县公安局、县卫生计生局、县质量技术监督局、县老龄办联合制定方案，实施养老院服务质量建设专项行动，旨在明显改善养老服务机构服务质量，夯实服务质量基础，初具统一的服务质量标准和评价体系雏形，有50%以上的养老机构能够以不同形式为入住老人提供医疗卫生服务，建成一批质量有保证、服务有标准、人员有专长的专业化养老机构。同时，县民政局、县公安消防大队联合开展“平安护航G20”全县养老机构消防安全检查，集中排查、整治安全隐患，并在县社会福利院举办养老机构安全工作培训班，传授消防安全知识技能。全县22家养老机构的负责人参加培训。7月底，检查结束。针对检查中发现的问题，县民政局拨款16万元，资助儒岙镇安福托老院、幸福托老院、南明街道新民养老院、羽林街道新富养老院等4家养老机构，整改安全隐患，增加消防设施。

9月，市民政局、市老龄办通报表彰全市“最美养老护理员”，县社会福利院陈亚菲、阳光福利院张丽丽受表彰。

11月，省社会福利协会、省老年服务业协会、省商贸业联合会表彰浙江省养老服务领域“三百”遴选活动获奖单位及个人，阳光福利中心、夕阳红养老院被选为“知名民办养老机构”，阳光福利院院长王育英遴选为老年服务业领军人物。

12月8日，县编办同意增加县社会福利院企业用工控制数10名。增加后，社会福利院企业用工控制数50名。

是年，县民政局给非营利性养老服务机构补助资金45.5万元，给5家养老服务机构补助保险资金7200元。全县有各类社会养老机构 22家，床位1763张。在院人数1005人。其中公办10家，床位928张，入住520人（其中农村“五保”和城镇“三无”对象239人），民办12家，床位835张，入住485人。

附：2017 年新昌县福利机构基本情况

表 81　2017 年新昌县福利机构基本情况表

机构名称	地址	类别	负责人	开办时间	核定床位(张)	入住老人(人)	管理人员(人)	备注
新昌县社会福利院	桂花二村金凤山庄	国办	张英	2001.8	350	270	10	注册登记
城关福利院	七星街道茶壶岐	街道办	潘宝法	2001.11	150	80	5	
澄潭镇光明福利院	澄潭镇社古村	镇办	求樟焕	2004.12	80	40	3	
镜岭镇福利院	镜岭镇西坑村	镇办	王林妃	2004.12	60	22	3	
儒岙镇福利院	儒岙镇儒二村	镇办		2004.12	60	30	3	
回山镇福利院	回山镇植林村	镇办	赵林巨	2003.11	100	26	3	
大市聚镇新和成福利院	大市聚镇大市聚村	镇办	石亚岭	2004.11	70	29	3	
小将镇福利院	小将镇迭石村	镇办	丁三林	2005.11	90	29	3	
沙溪镇福利院	沙溪镇沙溪村	镇办	胡绍灿	2004.12	80	23	3	
阳光福利中心	南明街道紫湖山 88 号	民办	王育英	2012.6	860	206	5	
夕阳红养老院	羽林街道梁家井村	民办	梁月莲	2009.8	356	163	5	注册登记
华泰养老院	七星街道玫瑰大道 11 号	民办	王伟江	2015.9	340	55	4	注册登记
天姥养老院	儒岙镇儒一村	民办	王伯源	2008.12	80	60	4	注册登记
天乐养老院	羽林街道拔茅村	民办	王伯源	2016.7	73	60	4	注册登记
新富养老院	羽林街道新富村	民办	陈菊来	2009.6	50	36	4	
南明养老院	南明街道新民村	民办	石六芹	2009.11	120	58	2	

续表 81

机构名称	地址	类别	负责人	开办时间	核定床位(张)	入住老人(人)	管理人员(人)	备注
幸福托老院	儒岙镇儒二村	民办	陈秀林	2008.6	80	22	2	
安福托老院	儒岙镇旧宅村洋桥头	民办	朱绍林	2008.3	60	16	2	
欢乐养老院	儒岙镇教工路67号	民办	王小燕	2010.2	60	28	2	
幸福托老院	回山镇官元村	民办	俞雪忠	2010.2	80	47	2	注册登记
爱心养老院	羽林街道央于村	民办	张华良	2011.3	30	12	2	
锡安养老院	梅渚镇王洋平村	民办	张雅各	2013.12	90	61	2	注册登记

四、敬老活动

清乾隆三十九年（1774），回山13都民杨相，年102岁，题请旌表，奉旨加恩，赏给上用缎1匹、银10两。乾隆五十七年（1792），庠贡生吕国华，年逾八旬，五代同堂，由邑令邓钟岱详请咨部，恩赐“七叶衍祥”匾额。

清嘉庆四年（1799），旧宅朱子通，年108岁，建坊曰“升平人瑞”。

清道光十八年（1838），儒岙庠生潘丕猷，年101岁，赐匾曰“硕望颐龄”；石朝尊，年105岁，由邑令濮文曦详请，奉旨赏赐银帛，并赐“升平人瑞”匾额。

清宣统二年（1910），潘湊兴五世同居，邑令详请旌表。

1947年7月，县政府制定《新昌县举行尊贤敬老实施办法》，规定：1. 由乡镇公所依照下列标准于2月20日前查报乡贤及耆老：对于国家民族确有功勋者；对于学术有新发明确能溥人群者；对于忠孝仁爱信义和平确有事迹足为人群矜式者；对于创办公益慈善事业确能嘉惠民生者；对于捍患御侮为民除弊确为地方所称道者；对于国民教育继续服务15年以上确具成绩者。2. 办法所称之老以年满60岁以上身体健康行谊足式者为限。3. 尊贤敬老方法由乡镇长保长查明行谊后呈报县政府核定汇转办理：层请国民政府题给匾额；层请省政府题给匾额；层请县政府题给匾额；宣付省、市、县志及私家谱牒；入祀乡贤祠；邀入长老会安老所；县长致贺新年。

1948年2月，各乡镇分别举行尊贤敬老大会。2月24日（农历正月十五日）上午，县政府在大礼堂举行尊贤敬老大会，南明镇109名男女贤老受邀到会，其中前清廪贡生3人。会议宣扬尊贤敬老之礼俗，给13名贤老颁发匾额，会后设宴招待并合影留念。

1948 年 2 月 24 日，县政府召开尊贤敬老大会

新中国成立后，社会主义制度保障敬老爱老美德得到发扬光大。

1987 年，省政府确定九九重阳为浙江省老人节。

1988 年老年节，县政府组织离退休、退职人员、老年人代表 1000 余人，在大会堂召开老人节庆祝大会，少先队员向大会献花，会后放映尊老爱幼的电影。之后，庆祝老人节形成制度，各级各部门通过召开庆祝会、座谈会、老年运动会、表彰会、送医下乡、送法下乡、送戏下乡、组织参观游览、看望慰问老人等多种形式，开展各种敬老、爱老、助老活动。

1997 年 12 月 23 日，省委宣传部、省老龄委、省民政厅、省人事厅、省劳动厅、省总工会、团省委、省妇联等授予儒岙镇黄泥丘村潘喜燕“敬老好儿女金榜奖”；授予县中医院梁桢“老有所为奉献奖”。

1999 年 8 月，县妇联、县民政局、县老龄委举行“九九金秋夕阳无限红”“杨柳杯”爱心奉献活动。杨柳婚纱摄影中心历时一个月，分赴各乡镇为 70 岁以上老人免费制作摄影卡，给千对金婚伴侣免费拍摄金婚纪念照。

10 月，县妇联、县民政局、县老龄委联合开展“十佳金婚伉俪”评选活动，表彰奖励金婚伉俪 20 对。

十佳金婚伉俪是：城关镇城西居委会吕平、竺君平夫妻；城关镇钟楼居委会梁公豪、魏苗芹夫妻；拔茅镇拔茅村石云飞、卢金翠夫妻；大市聚镇西山村袁明时、魏月娥夫妻；儒岙镇儒二村潘梅溪、吕秋芹夫妻；镜岭镇溪西村何贯虹、杨锡琴夫妻；澄潭镇元家山村求正连、陈桂芬夫妻；沙溪镇上蔡岙村唐立江、俞钱凤夫妻；城南乡银地山村陈岳生、石才芬夫妻；镜屏乡竹潭村丁文波、何梅芹夫妻。

金婚好伉俪是：大明市镇大明市村吕祥泰、徐金凤夫妻；小将镇里东村章小标、石月芹夫妻；梅渚镇平水村钱海棠、黄仲波夫妻；儒岙镇后将村潘均华、王银娥夫妻；新林乡石沿山村叶林招、应苗香夫妻；巧英乡大雷村张先法、董秋香夫妻；长征乡新任村吴焕云、梁银芬夫妻；双彩乡大岭脚村盛日暄、朱六娟夫妻；回山镇回山村陈洵枢、俞筱芬夫妻；东茗乡东井村何长仁、丁才凤夫妻。

同年，市委宣传部、市老干部局开展“敬老好儿女金榜奖、老有所为奉献奖、重视老龄工作功勋奖”评选活动。大市聚镇西山村袁正连、大明市镇渡皇山村王云妃、城关镇上礼泉村胡梦君 3 人获“敬老好儿女金榜奖”；县五洲轴承公司张天中、县政法委杜月中、县农技推广中心凌光汉 3 人获“老有所为奉献奖”；县关工委俞辉华获“老龄工作功勋奖”。

2000 年，县老龄委与福建省芬香粮油食品公司两次联合开展敬老、助老、优惠老年人活动，给百岁老人赠送 3000 毫升花生调和油、玉米胚芽调和油 1 瓶，慰问金 300 元；给 90 岁以上老人赠送 500 毫升芝麻油和菜籽油各 1 瓶；60 岁以上老人优惠购买玉米胚芽调和油、芝麻油。

同年 10 月 20 日，市民政局、市老协会到新昌慰问，给 30 名特困老人发慰问金。

2003 年 11 月，市老龄委、市妇联、市文明办开展全市敬老好儿女评选活动，钟楼南村陈良、县福利院吕海妹、王家巷项崔娟、社古村金竹娟、南山村王碧玲、西山村袁国芳、仓基村丁玉兰受表彰。藕岸村、里王村、胡卜村、后谢村被评为先进老年活动中心。年底，县老龄委对 25 个基层先进老年活动室予以表彰。

2004—2012 年，南明街道茶亭社区章雪珍、大市聚镇大市聚村王惠鸿、七星街道磕下村俞巧英、南明街道陈亚萍被全国敬老爱老助老主题教育活动组委会授予“中华孝亲敬老之星”称号；镜岭镇西山头村被全国老龄办授予“全国敬老模范村”称号；县老年活动中心被省老龄办评为四星级老年活动中心；县民政局王悦新、县福利院吕海妹分别被省人事厅、省民政厅、省老龄委评为“老龄先进工作者”“敬老养老爱心奖”。

2010 年 10 月，儒岙镇在“敬老月”活动中，举行“十佳敬老模范”评选活动，评出“十佳敬老模范”10 名、“敬老模范”6 名。重阳节前夕，镇党委、镇政府在儒岙中学礼堂举行表彰仪式暨迎重阳文艺晚会，副县长柴理明、县政协副主席徐剑平到会颁奖。

2011 年 10 月，县老龄办邀请民政部原副部长、中国老龄事业发展基金会理事长李宝库到新昌作“中国孝道文化·一颗闪耀人伦之光的璀璨明球”专题报告。

2013 年 3 月，县成立“敬老文明号”创建活动领导小组，在全县各涉老部门、单位、窗口行业和岗位等公共服务行业中，开展“敬老文明号”创建活动。县汽车运输公司客运中心被国家老龄委评为“敬老文明号”；县大佛寺风景旅游有限公司、阳光福利中心被省老龄委评为“敬老文明号”；张氏骨伤医院、澄潭镇卫生院、县福利院、城关福利院、钟楼社区和鼓山社区等被市老龄委评为“敬老文明号”。

2015 年 4—9 月，县老龄办配合市老龄办开展编辑《绍兴寿星全家福》系列活动，赠送百岁老人寿酒 1 坛、收音机 1 台、暖心包 1 个、《绍兴寿星全家福》书 1 本。绍兴电视台、绍兴广播电站、绍兴晚报和广播电视周报开辟“每周一星”专题，介绍百岁老人生活情况。老人节前夕，县老龄办拨款 25 万元，会同县委宣传部、县摄影家协会举办“彩王杯”最美夕阳红全国摄影大奖赛。参赛作品 3600 余幅，评出优秀作品 80 余幅，在县图书馆展览，并出版《情洒桑榆》摄影作品集。10 月，省老龄事业发展基金会顾问、绍兴市老领导陈章方、市老龄办副主任金宏钢等，走访慰问新昌 50 名特困老人。

“彩王杯”大奖赛摄影展

2016 年 8 月，县人力资源和社会保障局被评为浙江省敬老文明号，县人民医院、县中医院、夕阳红养老院、城南社区居委会、湖莲潭社区居委会等 6 家单位被评为绍兴市敬老文明号。县老龄办印制《中华人民共和国老年人权益保障法》和《老年人维权法律知识读本》各 5000 本，分发城乡社区，开展敬老爱老宣传。

五、老人优待

1990 年 2 月，县老龄委、县民政局、县财政局根据省老龄委、省民政厅、省财政厅《关于对百岁老人发放补助费的通知》规定，从 1 月起，给百岁老人发放生活补助费，每人每月 25 元。

2001 年 7 月，县政府批转县老龄办《关于对 70 周岁以上老人实施社会优待服务的意见》，给 70 周岁以上老年人发放新昌县高龄老人优待证，享受优先购买车票、飞机票，优先上车；在县级医疗机构优先挂号、就诊、取药、住院；免费进入政府投资主办的大佛寺风景区、穿岩十九峰、千丈幽谷、湖莲潭公园等场所参观游览；免费进图书馆、各种展览馆阅读及参观；免费使用收费公共厕所等优待。当年发放优待证6000余本。

同年，县法律援助中心、乡镇法律服务所设立“老年人合法权益维护岗”，为需要法律援助而无力支付法律费用的老年人提供法律援助。

2006年7月4日，县政府制定《新昌县优待老年人实施办法》，县老龄办开始给70周岁以上老年人发放红卡浙江省老年人优待证，给60周岁以上、70周岁以下老年人发放绿卡浙江省老年人优待证。70周岁以上老人凭优待证享受优先看病治疗，乘坐长途客运汽车和火车可优先购票、检票，免费乘坐公共汽车、电车，免费参观游览政府投资建设的公园、文化馆（宫）、图书馆、博物馆、美术馆、展览馆、纪念馆、科技馆和旈游景点等。60周岁以上老人凭优待证，享受半价优惠。非新昌县的老年人，持有当地政府或老龄工作机构发放的优待证或身份证的，同样享受优惠待遇。当年，发放优待证3.5万余本。

2008年7月，县政府印发《新昌县城乡老年居民生活补贴（试行）办法》，对70周岁以上、无社会养老保障的城乡老年居民，给予每年500~800元的养老生活补贴。

同年，县民政局拨款10万余元，在钟楼社区、城南社区开展居家养老服务试点，指导、帮助社区整合资源，为困难老人购买服务，引入社会力量兴办服务设施，受到社区老人的好评。

2010年，全面实施城乡居民社会养老保险基础养老金制度，对符合享受城乡居民养老待遇的60周岁以上人员发放基础养老金。60~89周岁的人员，农村居民每人每月60元；城镇居民每人每月70元；90周岁以上人员每人每月100元。同年1月起，百岁老人长寿保健补助从200元提高到300元。

2011年8月16日，县政府制定《关于完善城乡居民社会养老保险办法》，建立高龄老人补贴制度，对年满80周岁的高龄老人，在享受城乡居民社会养老保险待遇的同时，每人每月发给高龄补贴30元。12月，县政府制定《新昌县60~69周岁老年人优惠乘坐城市公交车工作实施方案》，规定：60~69周岁老年人乘坐城市公交车，实行半价优惠。

2014年老年节，县老龄办会同县卫生部门在江滨公园开展大型义诊活动，为老年人测血压600余人次，健康咨询800多人次，义诊1000多人次。

2016年7月，县老龄办、县卫生和计划生育局联合实施“百岁寿星健康服务保障工程”，为百岁老人提供“五个一”服务，即结对一名家庭医生、建立一份健康档案、每年一次健康检查、每月一次健康随访、办理一张优先诊治卡。共有10名百岁老人受惠。

附：1990—2017年新昌县百岁老人名录

表82　1990—2017年新昌县百岁老人一览表

姓　名	出生日期	性别	家庭住址	享年（岁）
俞杏林	1896.11.21	女	城中居委会	106
王喜娥	1893.3.26	女	镜岭镇黄泥田村	104
张翠英	1893.7.14	女	澄潭镇瓦屋基村	104
吕富珠	1895.11	女	澄潭东街	102
俞飞云	1898.2.27	女	南明街道东溪社区	103
周银炳	1898.9.19	男	七星街道侯村	107
吴菊花	1901.2.17	女	南明街道上田村	102
潘才后	1903.2.4	男	南明街道鼓山社区	104
张菊仙	1903.6.18	女	澄潭镇西花园	108
任招妹	1904.11.18	女	羽林街道泉清村	103
袁喜花	1906.3.16	女	新林乡曹州村	102
梁汗铨	1906.6.16	男	回山镇樟花村	101
胡林花	1906.12.25	女	沙溪镇新宅村里坞山	105
章桥生	1909.10.12	男	城南乡前进村柿树坪	健在
潘小才云	1908.12.4	女	城南乡韩丰村沙滩	104
茹辛成	1910.1.28	男	南明街道梅湖社区	101
钱汀花	1910.2.5	女	梅渚镇铁牛村	105
俞和芬	1910.2.13	女	回山镇旧里村里屋	101
梁银罗	1910.11.16	女	双彩乡双湾村	104
何桂富	1910.12.21	男	东茗乡东井村	103
梁爱娥	1910.4.17	女	儒岙镇坑里村	101
吕菊老	1911.7.7	女	梅渚镇下山泊村	105
周彩花	1911.11.22	女	东茗乡后金山村	101
杨喜娥	1911.12.6	女	羽林街道新富村	104
袁德叶	1912.1.5	男	大市聚镇西山村	101
张彩仙	1912.2.29	女	羽林街道泉清村	101
王相老	1912.4.10	男	东茗乡章王山村	102
张叶火	1912.12.4	男	巧英乡雪头村	103

续表 82

姓　名	出生日期	性别	家庭住址	享年（岁）
陈银芬	1913.1.9	女	东茗乡章王山村	102
樊玉香	1913.2.7	女	沙溪镇竺家坑村	102
盛喜芹	1913.2.11	女	双彩乡后王村	103
任焕老	1913.3.7	男	镜岭镇安山村	健在
王贵铨	1913.4.25	男	小将镇里家溪村	102
俞凤娥	1913.7.10	女	双彩乡下塘村	健在
吕钱芬	1913.7.7	女	镜岭镇楼基村	健在
范植英	1913.8.1	女	南明街道市中社区	103
杨香浓	1913.8.22	女	儒岙镇回竹山村	103
丁竹贤	1913.8.30	男	回山镇柘前村	101
梁三妹	1914.8.28	女	小将镇方口村	103
梁传经	1915.1.24	男	南明街道横街 48 号	健在
甄花老	1915.2.22	女	七星街道五都村	101
丁珍凤	1915.8.4	女	澄潭镇西陈村	健在
王华铨	1915.12.29	男	儒岙镇余家口村	102
潘大妹	1916.1.20	女	羽林街道三丰村	100
周全娟	1916.10.18	女	梅渚镇梅渚村	健在
陈银芬	1916.11.17	女	儒岙镇横板桥村	102
陈双仙	1917.1.18	女	镜岭镇蔡家村	健在
董香娟	1917.2.6	女	镜岭镇黄婆滩村	101
吕伯熊	1917.2.7	男	七星街道五都村	健在
王金福	1917.2.26	男	东茗乡后金山村	101
梁成银	1917.6.10	男	儒岙镇杨公坑村	健在
王小芬花	1917.7.8	女	镜岭镇后山岙村	健在
赵喜娥	1917.9.1	女	七星街道岩里村	健在
盛翠芬	1917.9.28	女	双彩乡上宅村	健在
赵禄安	1917.11.17	男	梅渚镇畈田村	健在
王海娟	1917.11	女	梅渚镇宋家村	健在

六、老年文体活动

20 世纪 80 年代前，受社会经济和生活条件的限制，城乡少见群众性的老年文体活动。随着社会经济的快速发展、人们生活改善和政府对老龄事业的重视，城乡老年文体活动蔚然成风，蓬勃发展。

1986 年 8 月，县老年体育协会成立，县级机关、乡镇政府机关、城乡社区等为团体会员，为县内开展老年文体活动的主要组织团体。

1987 年 6 月，县老年体育协会成功举办全县首届老年人运动会。之后，会同有关部门多次举办金秋游园、九九快乐演唱会，以及集邮、摄影、书画、兰花展览等活动。

1993 年 10 月，县老年大学开办，以增长知识、丰富生活、陶冶情操、促进健康、服务社会为办学宗旨，坚持“学、乐、为”的教学方针，根据老年人需求，开设科学养生、国画、电子琴等学课，聘请退休干部、退休教师任教。入学学员 237 名，年龄最大的 80 岁。

2001 年 10 月，县老龄委会同县文联、县书法家协会举办首届老年书法比赛。县体育运动委员会、县老龄委、县老干部局联合举办第十二届老年人运动会，比赛设围棋、中国象棋、乒乓球等 12 个项目，县乡政府机关、企事业单位共 33 个代表队 1000 余名运动员参加比赛。县夕阳红健身操队赴厦门参加全国老年人激灵圈健身操比赛，获优秀奖。

2002 年 6 月，县老年体育协会 51 名运动员组成代表团，参加绍兴市第七届老年人运动会，获中国象棋个人第一名、气排球男子团体第一名，分别获健身球、太极剑优胜奖，代表团被授予道德风尚奖。老年节期间，县老龄委会同民政、文化体育等单位联合举办全县第二届老年文体艺术周活动，各地积极组织开展丰富多彩的老年文体活动。10 月 11 日，在县城江滨公园举办重阳大型露天文艺晚会，来自全县各地 180 余人参加演出，演出节目 18 个，观众上万人。同月，县老年体育协会组织男子气排球队和中国象棋共 9 名运动员，代表绍兴市参加全省第四届老年人运动会，获中国象棋个人第二名。

是年，县老年体育协会被评为市群众体育工作先进集体、省老年人体育工作先进集体。

2003 年，县老年体协承办绍兴市“来益杯”气排球赛，新昌男子队获第一名，女子队获第二名。

2004 年 6 月，县老龄委选送的《夕阳红似火，运动展风姿》老年摄影作品，在全省首届“老龄新闻奖”评选活动中获好新闻二等奖。老年节期间，县老龄委协同

2018 年新昌县中老年人表演健身操

县劳动和社会保障局、县人事局等单位举办全县首届离退休人员运动会和第二届老年金秋游园会。组织县石城民乐社、健身康乐队等老年文体团体，代表绍兴市参加在椒江举办的全省第三届老年文化艺术周会演，演出《春满石城》等 3 个节目，获演出优秀奖。是年，新昌老年体育代表队在全市老年健身球和女子团体乒乓球比赛中，均获第一名。

2005 年 3 月，县老龄办创办"浙江老年电视大学新昌分校"，分春秋两季招收学员，免费给老年学员提供教材。同时，拨款资助城镇社区和农村扩增老年电视大学教学点 48 个，在全县基本建成教学网络。

2007 年 6 月，县民政局丁晓峰被省老龄办评为浙江老年电大办学先进个人，老人杨金山被评为优秀学员。

2008 年 7 月，县老龄委发动老人参加绍兴市开展的"一十百千万"活动，即组织 1 次"迎奥运、讲文明、敬老人"为主题的知识竞赛，评选 10~20 家为老服务先进单位，评选百名文明健康老人，组织千名老人参加书画摄影作品展，组织万名老人健康运动。新昌有 1000 余老人参加"迎奥运，讲文明"知识竞赛，其中 7 人获一等奖，15 人获二等奖，9 人被评为文明健康老人。选送书画、摄影作品 22 幅，获二等奖 1 名、三等奖 2 名。

2013 年 12 月，县委宣传部、县民政局印发《关于对新昌县老年群众文艺团队进行奖励补助的通知》，给 44 支城乡老年群众文艺团队奖励资金 30.7 万余元；给县老年体协、老年大学补助资金各 1 万元。

2015 年年初，县民政局用中奖彩王福利基金 30 万元，资助城乡社区老年文娱团队添置活动器具和活动经费。10 月，县老龄委成员单位在江滨公园联合举办老人节文化周活动，1200 余名老年爱好者参加健身舞蹈展示。

2016 年 10 月，开展敬老月活动，县老龄委、县文明办、县教体局等部门联合在江滨公园举办县老年体协成立 30 周年庆祝活动，全县 26 支代表队，800 余名中老年人参加表演。年底，省老龄办、省新闻工作者协会通报表彰年度"老龄新闻宣传好作品"，新昌俞晓委、张佳妮、胡秋萍写的《莫道桑榆晚，为霞当满天》，蔡超、俞寅写的《耄耋老人包电站》两则新闻分别获三等奖。

2017 年，县老年电视大学设教学点 52 个，在校学员 4200 人；老年大学设班 29 个，在校学员 1118 人。

全县有老年体协 17 个，会员 30112 人；老年体育团队 60 余个，参加人数 3500 人；老年文艺团队 57 个，参加人数 4680 人；其他老年社团组织 3 个，参加人数 2718 人。累计举办全县老年人体育运动会 14 届，举办老人节金秋游园活动 15 届。组织团队参加省、市老年体育比赛上百次，各类比赛获金奖、一、二等奖 9 次，获先进集体奖 6 次。

七、社区养老服务

2001 年 8 月，县政府转发县老龄委《关于今明两年为老年人办实事的意见》，全县开展为老年人办实事活动。县老龄委、县人大法工委、县司法局联合开展《浙江省实施〈老年人权益保障法〉办法》宣传周活动，县人大领导发表电视讲话，县司法局举办老年法知识培训，并组织干部上街咨询服务。

12 月初，县老龄办开展特困老人生活状况调查。全县有特困老人 568 人，93%分布在农村，其中 468 人无子女，法定赡养人无力赡养的 57 人，法定赡养人不愿赡养的 1 人，因病因灾致贫的 42 人。这些特困老人虽已享受最低生活保障或已列入“五保”，但仍需救助。调查后，县老龄办提出因人制宜的帮扶措施，一并汇报省、市老龄办。12 月 23 日，省老年基金会副会长宋少祥、绍兴市人大常委会主任陈章方到新昌慰问特困老人，县民政局、总工会分期分批逐个进行慰问，共发慰问金 2 万元、物品计 0.2 万元。

是年，县老龄委收到新旧电视机、办公用具、文体用品共 450 余件，价值 3.5 万元，帮助 30 个偏远山村建立老年活动室。有 162 个村结合社会风气整治，将庙宇改建为老年活动室，面积达 1.8 万平方米。全县建成农村老年活动室 297 个，城镇居民区老年活动室 3 个。其中巧英乡中溪村、城关镇央于村 2 个老年活动室，被省老龄委评为先进老年活动室；沙溪镇孙家田等 4 个村老年活动室，被市老龄委评为先进老年活动室。

2002 年 11 月，县老龄委、县爱卫委会联合开展“健康知识进万家”宣传活动，组织医务人员赴 5 个乡镇 126 个行政村，举办讲座 86 场，免费为 3700 名老年人检测心脑血管疾病，建立健康档案 1800 份。12 月，县老龄委、县爱卫委会与中国老年保健协会会员单位北京超凡科贸有限公司联合组织宣传队，历时半年，开展“九亿农民健康教育行动”，宣传普及卫生健康知识。

是年，县老龄委接收社会各界捐赠物资 250 余件，价值 6.1 万元，帮助 18 个行政村建设老年活动室。

2003 年 6 月，县老龄委印发《新昌县城市社区老龄工作“3587”工程实施意见》，在钟楼、梅湖 2 个社区开展试点，即建立健全社区老龄工作 3 个组织、为老服务 5 个网络、落实社区老龄工作 8 项任务，达到社区老龄工作 7 个标准。7 月，市老龄办在新昌召开“3587”工程进展现场会，对新昌结合实施“老年福利星光计划”，加大资金投入，新建、改扩建社区福利服务设施的做法予以肯定。会后，其他社区逐步推开。民政局拨款 52 万元，资助钟楼、湖莲潭、东溪 3 个社区老年活动室，创办“老年福利服务星光之家”。

同年 10 月，县老龄委、县人大法工委、县司法局组织联合检查组，开展落实老年人权益保障法专项检查，同时开展先进老年活动中心（室）评选活动。经考核验收，25 个老年活动室被评为县级先进老年活动室，4 个老年活动室被评为市级先进老年活动室，钟楼、梅湖、市中、茶亭、东溪、湖莲潭等 6 个社区实现“3587”工程目标任务。

2005 年 11 月，省老龄办与大连珍奥集团浙江分公司开展“孝心进社区”活动，在新昌组织巡回演出、科普展览、专家义诊、健身操培训，赠给县城 12 个社区价值 1000 元的图书。

2007 年 12 月，县民政局拨款 10 万元，在南明街道钟楼、城南社区开展居家养老服务试点。服务对象为：城镇“三无”老人；60 周岁以上生活不能自理或不能完全自理的空巢老人、独居的低保老人、特困残疾老人和重点优抚对象，家庭收入低于最低工资标准的市级以上劳模，省级以上部门先进工作者和百岁老人。运作方式采取政府购买服务，发放服务券进行。对 70 周岁以上空巢“独居”生活自理有困难的低保边缘家庭，以及 90 周岁以上生活自理有困难的老人，采取政府补贴的形式提供低偿服务；对有经济能力，需要提供专门服务的老人，采取有偿服务。服务内容有家政、生活照料、医疗保健、精神慰藉等。试点后，其他社区分批展开。

是年，城区 12 个社区全部达到省定“老年福利服务星光计划”创建标准。

2008 年 2 月，县民政局印发《新昌县“农村老年福利服务星光计划”实施方案》，提出用三年时间，实现全县行政村“星光老年之家”全覆盖。是年，拨款 91.5 万元，补助农村建成“星光老年之家”54 家。

2009 年 6 月，县政府印发《关于加快推进养老服务体系建设的意见》，提出加快推进养老服务体系建设的政策措施：（一）县、乡镇（街道）两级成立养老服务工作领导小组，县建立社会养老服务指导中心。（二）县财政对社区居家养老服务中心给予资金补助，补助标准：社区居家养老服务中心不少于 3 万元，农村不少于 1.5 万元。（三）政府采取购买服务、资金补助、提供场所等扶持政策，引导、鼓励中介组织、家政服务企业等参与居家养老服务。对接收 70 周岁以上老人并连续服务 6 个月以上的养老机构，给予每人每年 50 元补贴；对自有房子，符合条件、有一定规模的社会办养老机构，给予每张床位一次性 4000 元建设补助；对租房进行养老服务的，分 5 年，每年每张床位给予 700 元补助。居家养老服务人员享受再就业优惠政策。

是年，县民政局拨款 151.5 万元，补助 101 个村新建、改建农村社区星光老年之家，改善老年活动设施。

2010 年，县民政局拨款 393 万元，以奖代补，补助 262 个村建成“星光老年之家”。全县实现村村有“星光老年之家”目标任务。

2011 年 10 月，县老龄委在东茗乡后岱山村、康庄村开展“银龄互助”试点，依托农村老年人协会，利用“星光老年之家”，建立“银龄互助”帮扶服务运行机制，开展邻里守望、生活照料、精神关爱、医疗保健、维权调解等服务，取得初步成效和经验。

12 月 17 日，县民政局、县财政局联合印发《关于完善民办养老服务补贴制度的实施意见》，规定每年的养老服务补贴由县民政局进行需求评估，列入财政预算，给予资金保障。

2012年5月，县民政局制定《民办养老机构接收特殊困难老人认定范围》，规定对非营利性民办养老服务机构接收低保老人、生活困难老人、高龄老人和重度残疾老人等特殊困难老人生活照料的，县财政按每人每年500元标准给予补助。10月下旬，县民政局召开全县居家养老工作会议，部署全面推进居家养老服务工作。

是年，11个县城社区建成居家养老服务照料中心，非营利性民办养老服务机构接收生活困难老人38名，发放补助资金1.9万元。县民政局杨卫东被省老龄办、省人力资源和社会保障厅评为老龄工作先进个人。

2013年8月，县民政局制定《新昌县城市社区居家养老服务中心（站）、农村“星光老年之家”转型升级实施方案》，提出到2015年年底，县城社区基本实现居家养老服务全覆盖，农村社区基本建有居家养老服务中心（站）的目标任务。规定对验收合格的城乡社区居家养老服务中心，分别给予不高于5万元、3万元的补助；对运行正常、效果明显的城乡社区居家养老服务中心，分别给予不高于3万元、1万元的奖励，以促进城乡居家养老服务设施均衡发展。

是年，县民政局成立老年人法律援助工作站，举办《中华人民共和国老年人权益保障法》讲座，发放读本3500余本，建立特困老人（家庭）登记备案制度，加强对特困老人的救助。

2014年3月，县民政局印发《新昌县城乡社区居家养老服务照料中心建设标准》，具体规定城乡社区居家养老服务照料中心基础设施、运行管理、资金补助等标准。其中规定资金补助标准为：县级示范试点，按不超过实际投入的70%进行补助；示范型，补助不超过10万元；规范型，补助不超过5万元；标准型，补助不超过3万元。

9月1日起，政府以购买服务的形式，给城区73名高龄、空巢老人和低收入失能、失智、独居等困难老人发放服务券，由社区养老服务照料中心组织服务。养老服务补贴标准：24人每月享受100元，49人每月享受150元。

是年，县民政局、县财政局给64家城乡社区居家养老服务照料中心补助建设资金309万元。

2015年2月，县民政局、县财政局给110个村补助居家养老服务照料中心建设资金149万元。

2016年，有94个村建成居家养老服务照料中心，其中示范型10家、规范型42家、标准型42家。

2017年11月，县民政局、县卫生局、县科学技术协会开展养老护理知识技能进家庭进社区活动，为期1月，采用张贴漫画、图片、海报、发送信息、培训讲座和康复训练等方式，培训养老护理人员70人。

是年，县民政局给社区居家养老服务中心补助建设经费61万元。为扩大社会影响，营造智慧居家养老服务品牌，全县居家养老服务照料中心开始使用统一标识。凤山、城南、临城、临江等4个社区被评为市级老龄工作规范化社区。

八、养老保险

（一）农村社会养老保险

1993年5月23日，省政府印发《关于建立农村社会养老保险制度的通知》，决定在全省建立农村社会养老保险制度，提出农村社会养老保险是政府为农村劳动者在年老丧失劳动能力时获得物质帮助而推行的一项社会政策。农村社会养老保险实行个人交费为主，集体补助为辅，国家予以政策扶持的原则。规定农村（含乡镇企业）的社会养老保险工作由民政部门负责，并组织实施。要求各级政府切实加强领导，统筹安排，搞好协调，做好宣传，提高农民群众自我保障意识。11月，县成立社会保险委员会，县长范雪坎兼任主任。

1994年6月，县政府印发《关于建立农村社会养老保险制度的通知》和《新昌县农村社会养老保险实施细则》，具体规定保险范围、实施对象、保费缴纳方式、养老金给付、基金运营管理和管理机构等事项。

7月18日，县政府决定设立新昌县农村社会养老保险管理处，属自收自付全民事业单位，编配工作人员3名（1995年8月增加编制2人），隶属县民政局领导。

8月，招聘4名保险代办员，在城关、澄潭、儒岙、拔茅等4个镇设立农村社会养老保险管理所，与乡镇民政办公室实行两块牌子一套班子管理，先行开展农村社会养老保险试点。

是年年底，有137个村、17家企业、7000余人投保，收缴保费80万元。有8名老人当年开始领取养老金。

1995年1月，召开全县民政工作会议，总结推广试点经验，提出各乡镇农村社会养老保险年度目标考核任务，将福利企业职工参加养老保险作为企业年检年审的考核目标之一，要求乡镇婚姻登记员、民政助理员在办理婚姻登记、发放优抚经费、福利企业年度检审工作中，做好宣传发动，扩大保险面，提高投保率。同时，对试点中成绩突出的城裕村、棣山村、社古村、横联村、横板桥村、青山头村、新丰村和澄潭丝厂、儒岙中心学校予以表彰。

会后，县民政局先后与县农业、公安、计划生育、教育等部门联合发文，规定：凡通过农机监理站培训、年检的拖拉机驾驶员，都应参加农村社会养老保险；要求户籍管理员、计划生育工作人员、中小学校在办理户口申报、办理身份证、落实计划生育措施、学生入学时，积极宣传动员农民群众参加农村社会养老保险。10月，县民政局和县委组织部联合发文推广梅渚镇政府补助村主职干部参加农村社会养老保险的做法，要求各乡镇政府把农村干部养老保险作为妥善解决农村干部后顾之忧，加强村级组织建设的重要内容抓紧抓好。

是年，农村社会养老保险参保人数达2万余人，收缴保费200万元。

1996年12月，县民政局、县乡镇企业局联合发出通知，规定凡乡镇企业（包括私营企业、股份合作制企业、三资企业）都应建立农村社会养老保险制度，实行集体补助和个人交费相结合的办法参保。

是年，农村社会养老保险收缴保费203万元。

1997年，县政府批转县民政局《关于进一步加强农村社会养老保险工作的通知》，把农村社会养老保险工作列入乡镇目标责任制考核内容。全年保险业务稳定增长，投保2.2万人，缴纳保费266.7万元。累计参保5.8万人，领取保险金54人。

1998年，参保人数6200余人。累计投保6.45万人，积累基金1021.7万元。领取保险金69人，支付养老金4.9万元。

2000年6月，政府机构改革，省政府决定农村社会养老保险工作职能移交给省劳动和社会保障厅，建立统一、规范、完善的社会保障体系。10月31日，新昌县成立农村社会养老保险基金管理领导小组，开展移交前的农村社会养老保险基金清理准备工作。袁振华兼任组长，县劳动和社会保障局副局长潘国芳、县审计局副局长陈明远兼任副组长。

2002年1月，农村社会养老保险业务及人员一并划归县劳动和社会保障局管理。

（二）困难老人意外伤害保险

2016年6月，县民政局、县老龄办、中国人寿保险公司新昌支公司在全县开展困难老年人意外伤害保险，以提高困难老人抵御意外风险能力。参保对象为享受最低生活保障和城乡困难家庭中年满60周岁以上的老年人。投保方式：每人每年保险费28元，由民政局统一给予补贴。保险期限为1年。赔付项目和标准：投保人因意外伤亡，保险公司一次性赔付3万元；因意外伤害导致残疾，根据《人身保险伤残评定标准》残疾鉴定等级1~10级分别对应比例赔付，最高可赔付3万元（保单特别约定：75周岁以上困难老人意外伤亡伤残最高赔付金额为1.5万元）；因意外伤害在二级及以上的医疗机构诊疗所支出的，符合社保规定可报销的医疗费用中免赔额为50元，赔付比例为80%，治疗费用最高给付3000元。

是年，县民政局为困难老年人投保3551人，发动公办、民办养老机构给入住老人投保800人。

2017 年 6 月 30 日，县民政局给 60 周岁以上困难老人投保意外伤害保险 3378 人，每人保费 14 元，支付保费 47292 元。赔付项目和标准为：1. 因意外身故，中国人寿保险公司新昌支公司一次性支付 1.5 万元；因意外致残疾，根据《人身保险伤残评定标准》（行业标准）残疾鉴定等级 1~10 级分别对应比例赔付，最高赔付 1.5 万元；2. 因意外伤害在 2 级及以上的医疗机构诊疗所支出的、符合当地社保规定可报销的医疗费用中免赔额为 50 元，赔付比例为 80%，治疗费用最高给付 1500 元。

第五节　福利彩票

1988 年开始，县民政局为解决社会福利资金短缺的困难，充分运用优惠政策，积极开展各种形式的福利彩票销售，累计销售福利彩票 93415.52 万元，募集社会福利资金 11586.55 万元，其中县提留 4843.34 万元，上交省市后返还及拨补 6743.60 万元。福利资金用于救灾救济，兴办老年人、残疾人、孤儿等社会福利事业，扶持福利生产，添置社会服务公益设施等项支出，累计 10673.89 万元，有力地减轻政府财政负担，推动新昌社会福利事业的发展。

一、彩票源起

彩票，是一个古老又具游戏色彩的集资方式，诸如“抓阄”“抽签”之类的原始博彩方式长期存在于民间。清光绪十二年（1886）前后，京城会试出现“闱姓”[①]彩票，其规则是将应试者每人的姓印在纸上定价出售，由购买者选填中榜者的姓，发榜后，按猜中的多少依次获头、二、三等彩。科举未废时，“闱姓”彩票曾风行于广东。

清末，政府开始通过发行彩票筹资赈济。据《张文襄公奏稿》记载，清光绪二十三年（1897）夏秋之交，苏北发生特大洪灾，政府赈济杯水车薪。为筹资赈济，两江总督刘坤一奏准发行“江南义赈彩票”，由商人缴饷承办，开启商办彩票先河。光绪二十七年（1901）十月，湖广总督张之洞为筹集朝廷摊派的《辛丑条约》赔款，奏准发行“湖北签捐彩票”。清政府推行新政后，各地新办实业，浙、皖、鲁、豫、湘、甘、粤等省纷纷以各种名义发行彩票筹资，彩票数量不下两百种，博彩潮遍布华夏，朝野上下谴责之声四起。清宣统三年（1911），清政府宣布禁止发行彩票。《大清暂行新刑律》列“赌博彩票罪”，规定：发行彩票者，处一年以上三年以下徒刑或拘役，并处 1000 元以下罚金。购买彩票者，处 100 元以下罚金。

中华民国成立之初，《中华民国临时约法》明令禁止发行彩票。1918 年以后，各省

①：“闱姓”彩票发行人刘学询（1855—1935），广东省中山市人，24 岁中举，7 年后考中进士。因候补官道不如意，下海经营闱姓彩票，成为广东巨富。

督军以“善后”“济实”“慈善”为名，发行各种彩票，如“湖北军事善后有奖义券”“湘赈慈善救济券”“浙江绍萧塘工券”“山东兴业票”“中华利济票”“博山玻璃票”，以及“吕宋发财票”、旧上海跑马厅的“香槟票”等。1933 年 5 月，国民政府发行“航空公路建设奖券”，公布《航空公路建设奖券条例》，规定：“国民政府为筹集发展航空筑路经费起见，每年发行不记名奖券 4 次，每次 50 万张，每张售价计国币 10 元。”“每次发行所收券款，由国民政府提取 50%，除发行费、办公费及代销手续费外，概充发展航空及筑造公路经费。其余 50% 作奖金，其等级分配如：一等奖 1 张，独得洋 50 万元；二等奖 2 张，各得洋 10 万元，共 20 万元，总共中奖 50645 张，共计 249910 元”。之后，国民政府还发行“黄河水灾救济奖券”等。

新中国成立后，彩票一直被人们视为“迹近赌博”的旧社会遗毒予以禁止。

改革开放后，社会福利由国家包办的传统方式难以适应社会和经济发展需要。为解决资金渠道单一，社会福利资金短缺的问题，1986 年 6 月 18 日，民政部向国务院报送《关于开展社会福利有奖募捐活动的请示》。同年 12 月，国务院召开第 128 次常务会议，讨论通过民政部《关于开展社会福利有奖募捐活动的请示》，指示：“通过社会福利有奖募捐的形式筹集资金，帮助残疾人、孤儿和孤寡老人是一项有意义的活动，在帮助对象里，应把精神病人包括进去。”1987 年 6 月 3 日，经中共中央、国务院批准，成立中国社会福利有奖募捐委员会，从此拉开发行中国社会福利有奖募捐（1993 年改称社会福利奖券，1995 年改称社会福利彩票）的序幕。

二、发行机构

1987 年 7 月，省政府办公厅转发省民政厅《关于开展社会福利有奖募捐活动有关事项的报告》，指示各市、地、县（区）成立有奖募捐委员会，负责组织实施有奖募捐活动。

1988 年 6 月 17 日，县政府成立社会福利有奖募捐委员会（下称县募委会），副县长林廷锋兼任主任，钱忠鑫、黄世墉任副主任，公安、工商、财税、银行等部门负责人为委员。县募委会下设办公室于县民政局，负责社会福利彩票发行销售的日常工作，副局长黄世墉兼任主任。

之后，随政府换届、人事变动，募委会成员相应变动。

2016 年 9 月 13 日，县民政局成立福利彩票销售服务中心，驻阳光路 163 号。

2018 年 8 月 1 日，根据省民政厅通知，福利彩票销售服务中心关闭，中福在线游戏彩票停止销售。

三、彩票销售

1988 年 5 月，县民政局组织人员在县城横街设点，试销即开型社会福利奖券 10 万元。奖券面额 5 角，以 500 万张为一计奖单位，分设特、一、二、三、四、五奖六等，最高奖5万元，最低奖2元，现金返奖。不久，澄潭、儒岙、回山、镜岭等乡镇民政办在当地集镇组织销售。

社会福利奖券发行销售，坚持个人自愿购买，不强迫，不摊派，不得用公款购买；彩票由中国社会福利有奖募捐委员会统一印制；彩票不记名，不挂失，不能用作抵押，不得作为有价证券流通等基本原则。

1989年春节前后，销售撕开型社会福利奖券40万元，筹集福利资金155634元，县留成9.98万元。

1990年春节前后，发行销售两开式即开型社会福利奖券。奖券由一张撕开式奖券和一张刮开式奖券组合而成，奖券面值2元，10万张为1个奖组，实物和现金相结合设奖，购券者有两次中奖机会。是年，省募委会建立福利奖券发行销售考核奖励制度，市募办下达新昌销售任务30万元，实际销售38万元，被省民政厅、省募委会评为有奖募捐工作先进集体。

1991年，销售社会福利奖券86万元，全县人均购券突破2元，超额完成市募办下达的35万元任务，县民政局被省民政厅、省募委会评为有奖募捐工作先进集体，陈仁苗被评为先进个人。

1992年元旦、春节和秋季物资交流会期间，在县百货公司门口发行销售袋装式中奖组奖券，实物兑奖为主，特等、一等奖品为摩托车和电视机，销量大幅增加，当年销售302万元，超额完成市募办下达的任务，县留成福利金51万元。县民政局被省民政厅、省募委会评为有奖募捐工作先进集体。

1993年春节前后，发行销售中奖组奖券，特等、一等奖品为摩托车和电视机，销售社会福利奖券220万元，县留成福利资金42.9万元。

是年，省民政厅、省募委会表彰有奖募捐工作先进集体和先进个人，县民政局获二等奖，黄世墉、秦仲炎、赵汀章3人被评为先进个人。

1994年，彩票销售疲软，年销售额90万元。县民政局获三等奖，黄世墉、赵宗泽被评为先进个人。

1996年6月，省募委办转发中国福利彩票发行中心《关于福利彩票小奖不再以实物设奖的通知》，规定：自1996年7月1日起，奖额200元（含200元）以下的奖，原则上不准再以实物设奖，而改为现金奖；奖额在200元以上的奖，仍可设实物。所有实物设奖一律采取公开招标方式选择名优商品，并有当地质量监督部门和物价部门的证明，公之于众。

1998年3月28日，开始在大佛城发行"同心乐"大奖组福利彩票1200万元。奖券面值2元，奖品以实物返奖为主，特等奖设普通型桑塔纳轿车，一等奖设春兰牌神鹿摩托车，二等奖设康佳 29 寸彩色电视机，末奖为现金返奖。县政府成立大奖组福利彩票发行指挥部，募委会成员现场指挥。采取挂横幅，发传单，广播、电视、报刊和彩车巡游等方法广泛宣传。参加销售工作人员 650 余人，日购券彩民上万人。县公安局对销售现场附近路段实行临时交通管制，并调派警力维护现场秩序。银行在发行现场多点收取现金。由于领导重视，措施严密，4 天时间顺利销售完毕，县留成福利金 234 万元。

1999 年 2 月 21—27 日，以承包方式，在大佛城发行“生活天地”大奖组福利彩票 1700 万元。奖券面值 2 元，奖品以实物返奖为主，特等奖设 2000 豪华型桑塔纳轿车，一等奖设普通型桑塔纳轿车，二等奖设冠军 29 寸彩色电视机。7 天完成销售，县留成福利资金 340 万元。

2000 年 4 月 1 日起，执行财政部《关于认真做好彩票发行和管理工作的通知》规定，福利彩票一律以人民币现金形式兑付奖金，取消实物兑奖。6 月下旬，全省采用“省发行中心——投注站”二级管理网络模式，发行“浙江风采”电脑福利彩票。为筹措优抚专项资金，解决重点优抚对象“三难”问题，自 10 月 1 日起，全县开设销售网点 120 个，销售“爱心献工程”“百万富翁”电视福利彩票。县政府成立销售指挥部，公安派出所密切配合网点销售，顺利完成销售任务。

2001 年 1 月 27 日至 2 月 1 日，在大佛城发行 1000 万元大奖组福利彩票。由于下岗职工增加，农副产品价格下降，彩民观念趋向理性，采用现金返奖轰动效应小等因素，销量疲软，6 天销售 500 万元。

此后，县民政局根据彩票销售下滑形势，拓展彩票经营方式，在城内设立 4 个电脑福利彩票投注站，开始发行电脑彩票。

2003 年 10 月 4—9 日，以承包方式，在江滨公园销售 2000 万元福利彩票。奖券面值 2 元，设特等奖 10 个，奖金 50 万元；一等奖 10 个，奖金 10 万元；二等奖 80 个，奖金 9900 元。为吸引彩民，邀请歌手明星现场献艺，颁奖助兴。6 天完成销售 750 万元，筹集福利资金 146.25 万元。

同年，报请省民政厅批准，城内增设电脑福利彩票投注站 8 个，开机率 100%，实现销售 268.55 万元。

2004 年，全县有电脑福利彩票投注站 20 个，开机率 100%，销售彩票 450 万元。

2005 年，新增电脑福利彩票投注站 5 个，开机率 100%，全年销售电脑福利彩票 1400 万元。

2006 年 2 月，为扩大福利彩票销量，更好地筹集社会福利资金，经县政府批准，县民政局投资 176 万元，在阳光路购置店面屋 213.92 平方米，设置“中福在线”彩票发行大厅，常年发行“中福在线”即开型福利彩票。

是年，新增电脑福利彩票投注站16个，开机率100%，实现销售2524万元。

2007年，调整电脑福利彩票投注站点，在6个乡镇新设投注站，形成每乡每镇都有投注站的销售网络。全县合计投注站44个，年销售额2800万元。“中福在线”彩票销售860万元。

2008年，电脑福利彩票销售额3580万元，全县人均购券83.26元，人均购券额居全市之首。

2009年，销售彩票3520万元，全县人均购券81.9元。

2011年7月26日，新昌一彩民中出110注双色球一等奖，获奖金5.65亿元。

2012年，福利彩票年销售8565万元，其中电脑彩票4287万元，“中福在线”彩票3329万元，在江滨公园集中销售“刮刮乐”即开型彩票949万元。

2013年，福利彩票年销量首次达到10115万元，其中电脑彩票3307万元，中福在线3699万元，网点销售741万元，快乐彩票2368万元。

2017年，福利彩票年销量10373万元，其中电脑彩票6242万元，中福在线3584万元，刮刮乐547万元。

四、公益金提留

1988年4月，省社会福利有奖募捐委会制定《浙江省发行社会福利奖券实施细则》，规定：返奖率占奖券发行总额的35%，发行成本占15%，其余作为社会福利基金，其中30%上交中国募委会，省募委会提取10%，市、地募委会提取5%，其余部分留县募委会。同年9月，省社会福利有奖募捐委会制定《浙江省发行社会福利即开型奖券的暂行规定》，调整发行收入分配比例：返奖率占39.795%、社会福利金占41.205%、发行成本占15%、承包风险费占5%。社会福利金县留成65%，上交中央、省、市35%。

1989年，省募委会为扩大奖券发行销售量，先后修订和颁发《关于发行传统型社会福利奖券的暂行规定》《关于撕开型社会福利奖券试发行办法》，规定传统型社会福利奖券发行收入分配比例：返奖率占30%、社会福利金占45%、发行成本占20%、不可预见费用占5%。撕开型奖券面额1元，发行收入分配比例：返奖占42%、社会福利金占39%（其中中募委20%、省募委10%、市、地募委70%）、发行成本占19%。

根据上述规定，1988年、1989年，县募委会累计提留公益金11万余元。

1990年4月，中募委下发《关于调整即开型社会福利奖券资金分配比例，统一全国结算办法的通知》，规定：返奖率占50%、发行成本占20%、福利资金占30%。

同年9月，绍兴市募委会印发《两开式即开型社会福利奖券发行办法》，规定返奖率占50%，社会福利金占34.5%、发行成本占15%、发行销售奖励费占0.5%。

1994年12月，民政部印发《中国福利彩票管理办法》和《有奖募捐社会福利资金管理使用办法》，规定：奖金不得低于彩票资金的50%，发行成本不得高于彩票资金的

20%，社会福利资金不得低于彩票资金的 30%。社会福利资金实行分级按比例留成使用的原则，中募委留成比例为彩票面值的 5%，独立组织销售的县级募委的留成比例不得低于彩票面值的 20%。

2001 年，财政部按照国务院《关于进一步规范彩票管理的通知》，调整彩票基金结构，规定：返奖比例不得低于 50%，发行经费不得高于 15%，公益金比例不得低于 35%。

2005 年 9 月 1 日，财政部下发《关于调整足球和网点即开型彩票资金构成比例的通知》，规定：返奖奖金 65%，发行经费 15%，公益金 20%。

2006 年 3 月 29 日，财政部下发《关于调整彩票公益金分配政策的通知》，规定公益金分成比例由财政部会同民政部确定基数，基数以内的公益金，由民政部门继续按规定的范围使用；超出基数的公益金，20%由民政部门分配使用，80%上交财政部，纳入全国社会保障基金，统一管理和使用。

2007 年 11 月 29 日，省财政厅、省民政厅下发《关于调整福利彩票公益金分成比例和管理方式的通知》，规定自 2008 年 1 月 1 日起，电脑彩票公益金分成比例为：省 10%（非投注站投注 17.5%），市 5%，县（市）2.5%。“中福在线”彩票公益金分成比例为：省 2.75%，市 2.75%，县（市）12%，网点即开彩票 10%全部留在市级。除宁波市外，市、县（市）分成比例确定后，彩票公益金将直接返还到市、县（市）。每个季度结束后，省财政厅将通过省级财政预算外资金专户将各市、县（市）的福利彩票公益金直接返还到市、县（市）的财政预算外资金专户。

2008 年，中福在线即开型福利彩票根据财政部下发《关于调整四花选五幸运五彩和开心一刻游戏规则的通知》的规定，四花选五等游戏的返奖奖金、发行经费、公益金分别按实际销售额的 65%、15%、20%计提。

2016 年，省民政厅转发省财政厅《关于调整我省地方福利彩票公益金分成比例的通知》，规定自 1 月 1 日起，福利彩票公益金除按规定上缴中央财政 50%以外，其余部分统一按 35∶35∶30 的比例在省与市、县（市）之间分配（宁波市、舟山市所辖县、市除外）。

五、公益金使用管理

福利彩票公益金是政府的一项特别资金，为规范公益金的使用管理，提高使用效益，县募委会从开始销售社会福利奖券起，即在县农业银行开设社会福利有奖募捐专户，存储社会福利资金，孳息纳入本金。公益金的使用坚持“取之于民，用之于民”的原则，按照省募委会印发《有奖募捐社会福利资金使用管理办法》的规定，按规定比例及时向中央、省、市募委会办公室上缴公益金；弃奖物品和弃奖金经公证后，通过增设下期返奖资金、纳入社会福利资金、赠送社会福利单位或用于救济等方式处理。公益金使用范围为：兴办老年人、残疾人、孤儿等社会福利事业；帮助有困难的人；扶持福利生产，增添公益社会服务设施，发展社区服务。资金使用实行无偿与有偿相结合的原则，兴办社会福利事业，实行无偿资助；扶持福利生产，实行低息贷款，定期偿还。资金使用管理接受县财政、审计、银行和上级民政部门的监督。

1989 年，社会福利资金资助敬老院、福利生产、“三项康复”等共计 12.9 万元。

1998 年，县社会福利院开建，省募委会资助福利资金 25 万元。

2001 年，县民政部提出“社区老年福利服务星光计划”，要求各级民政部门以满足社区老年人的需求为出发点，以福利彩票公益金资助为手段，在城市，以社区居委会为重点，在农村，以乡镇敬老院为重点，新建和改扩建一大批社区、乡镇老年人福利服务设施和活动场所，造福民众，福荫老人。以后几年，资助社区老年福利服务星光计划为福利彩票公益金使用的重点。

2005 年 5 月，县民政局制定《新昌县福利彩票公益金使用管理制度》，规定：福利彩票发行收入，按照“收支两条线”的原则，实行专户管理，彩票公益金纳入财政专户；彩票公益金不得用于平衡预算，不得用于补充民政部门的行政经费；彩票公益金的使用，由各业务科室按照公益金的使用范围提出具体方案，经分管领导同意，县社会福利彩票公益金管理委员会讨论审批；彩票公益金的分配和使用接受财政和审计部门的监督管理。

2006 年 2 月 13 日至 3 月 26 日，县审计局对 2004—2005 年两年社会福利彩票公益金的筹集、使用、管理情况，进行专项审计调查。审计调查采用查询、核对、询句等方式进行，涉及县民政局、县财政局、县社会福利彩票公益金管理委员会和 8 个资助改扩建的乡镇福利院、1 个社区。审计调查结果，县审计局对县民政局重视社会福利彩票公益金的筹集，按照《新昌县福利彩票公益金使用管理办法》的规定，投资建设乡镇福利院，改变过去社会福利事业单一由政府投资的模式，改变新昌老年福利事业发展滞后的状况，实现省政府提出的农村五保和城镇“三无”对象集中供养，改善老年人居住环境，提高生活质量等方面取得了明显成效；公益金使用符合规定，基本做到专款专用等方面给予充分肯定。同时，指出上缴中央和省市公益金和下拨专项资金不够及时，回山、沙溪、大市聚、澄潭等 4 个福利院有白条支付工程款和工程款结算迟缓的问题。4 月 19 日，县审计局向绍兴市审计局作了审计调查书面报告，有关单位对审计中提出的问题进行整改。

2007 年，福利彩票公益金资助 10 个县城社区、48 个农村建设图书室。

2011 年 3 月，开展“福彩助我行”活动，给福利院、居家养老服务站和农村“星光老年之家”等养老机构免费配送轮椅、护理床、坐厕椅等康复辅具。

2015—2017 年，县募委会办公室每年用福利彩票公益金资助社会组织，开展农村留守儿童心理援助、防灾减灾和突发事件自救互救知识宣传、婚姻家庭辅导、敬老爱老服务等公益活动，合计资助金额 83.5 万元，开展项目 38 个。

附：1988—2017年新昌县福利彩票销售与公益金使用情况

表83 1988—2017年新昌县福利彩票销售与公益金使用情况表

年度	彩票销量（万元）						公益金提留（万元）			公益金使用（万元）	
	即开型	电脑彩票	中福在线	网点	快乐彩	合计	县提留或返还	省市下拨	合计	数量	使用项目
1988	10					10					
1989	40					40	11		11	12.9	敬老院、福利生产、三项康复
1990	38					38	3.12	2.5	5.62	3.92	敬老院、福利生产、三项康复、五保供养
1991	86					86	16.77		16.77	2.21	敬老院、福利生产
1992	240					240	46.8	51	97.8	2	敬老院、福利生产
1993	220					220	42.9	10	52.9	12.5	老区建设、敬老院、福利生产
1994	90					90	17.55	2.5	20.05	9.5	
1995	74.13					74.13	14.45	5	19.45	25.4	
1996	20.39					20.39	3.97	12	15.97	15.63	
1997						未售					
1998	1200					1200	234		234	100	
1999	1700					1700	340	101	441	488	
2000						未售					
2001	500					500	75		75		
2002						未售					
2003	750					750	146.3		146.3	15	老年星光计划
2004				450		450	17.5	33	50.5	156.2	残疾儿童手术康复、明天计划、福利院建设
2005				1400		1400	29.79	37	66.79	172.53	福利院建设

续表 83

年度	彩票销量（万元）						公益金提留（万元）			公益金使用（万元）	
	即开型	电脑彩票	中福在线	网点	快乐彩	合计	县提留或返还	省市下拨	合计	数量	使用项目
2006				2524		2524	75.55	62.1	137.65	167.11	
2007			860	2800		3660	256.56	28.4	284.96	169.26	资助城乡星光老年之家
2008		3580				3617	138.3	75	213.3	173.4	
2009		3184	79	318		3581	87.58	288.5	376.08	400.21	
2010		3250	2212	876		6338	117.31	8	125.31	174.26	星光老年之家、老年大学、养老服务中心建设
2011		3742	2659	1046		7447	145.43	7.8	153.23	506	殡仪馆、福利院、避灾中心、农村社区、星光老年之家建设
2012		4093	3329	949	194	8565	443.4	364	807.4	779.8	福利院、殡仪馆、避灾中心、农村社区、星光老年之家、乡镇敬老院建设及优抚对象医疗救助
2013		3307	3699	741	2368	10115	552.02	532.5	1084.52	405.89	殡仪馆和福利院改造、救助、社区服务、残疾人设备设施
2014		3148	4025	534.5	2491	10198.5	604.49	736.15	1340.64	1301.52	福利院改造、养老服务中心建设、优抚事业
2015		3204	3592	601	2774	10171	555.87	1122.95	1678.82	1222.30	养老服务、殡仪馆、避灾中心、社区服务
2016		6066	3433	608		10107	424.77	541.05	965.82	904.65	城乡福利院改造、优抚事业、救灾物资储备
2017	547	6242	3584			10373	442.97	2723.15	3166.12	3453.70	福利院建设、乡镇养老服务机构建设、优抚救助

第十章　婚姻与收养登记

婚姻与收养是一种最基本的社会关系，与社会经济制度相适应。

实行婚姻登记和收养登记是国家行政管理的需要，有利于婚姻、家庭的和谐美满，有利于社会的稳定发展。

新中国成立后，县民政部门承担办理婚姻登记和收养登记的工作职责，与有关部门密切配合，广泛深入开展《中华人民共和国婚姻法》《中华人民共和国收养法》的宣传教育，依法治理违法婚姻与违法收养，保护婚姻关系和收养关系当事人的合法权益，倡导文明风俗，在促进婚姻、家庭的稳固和社会文明进步中发挥积极作用。

第一节　婚姻礼制习俗

婚姻制度是国家调整婚姻家庭关系、亲属关系的一项基本社会制度，由社会经济基础决定，并随之变化。

婚姻习俗是人们在生产生活中形成的婚姻缔结与解除相关形式、礼仪的民间风俗习惯，随婚姻制度的变革而演变。

古代婚姻制度，实行一夫多妻制，父母之命、媒妁之言为婚姻嫁娶的必备条件，“六礼”为婚姻成立的唯一方式。

民国时期，国民政府制订民法草案，变革婚姻制度，提倡婚姻自主，节简嫁娶礼仪。

新中国成立后，人民政府颁行婚姻法，实行婚姻自由，一夫一妻，男女平等，禁止纳妾、重婚和包办、买卖婚姻，革除封建礼制，倡导婚事新办的风尚。

一、婚姻礼制

古代婚姻制度，从原始社会的群婚、血族群婚（族内婚）、亚血族群婚（族外婚）、对偶婚发展到夏商时期，开始形成以男权、父权、夫权为中心的一夫一妻媵妾制，出现掠夺婚、买卖婚和交换婚等婚姻形式。

周代，基本形成以一夫一妻媵妾制、婚姻嫁娶“六礼”和离婚“七出”（亦称七弃、“出妻”、七去、“休妻”）为主要内容的封建婚姻礼制。父母之命、媒妁之言为婚姻嫁娶的必备条件，聘娶婚为礼制所承认的唯一的婚姻成立方式。实行“同姓不婚”（同姓共宗）和早婚政策。离婚有“七出”“三不去”制度，即由男子单方提出解除，无须官府判决。据《礼记》记载，妇有“休妻”七去，即不顺父母（对公婆不顺从或侍奉不周，逆德），出；无子（婚后无子嗣），出；淫僻（与他人奸淫，败坏伦常，致家族血缘混乱），出；嫉妒（凶悍忌妒丈夫纳妾，致家庭不和），出；恶疾（有严重疾病，致夫家不便），出；多口舌（好说闲话，离间家族和睦），出；窃盗（偷盗，不守规矩，反义），出。“三不去”即“有所取（娶），无所归，不去（娘家无人，无家可归的，不能去）；与更三年丧，不去（守过公婆丧事的不能去）；前贫贱，后富贵，不去（娶时男方贫贱，后来富贵，不能去）。”

在民间亦有冥婚习俗（又称配骨、阴婚、鬼婚、灵婚），男女订婚后双方亡故或一方亡故，或者订婚前就已夭折，父母基于疼爱和思念之情，为他们举行仪式完婚。冥婚分死人与死人、死人与活人两种，为官府婚姻礼制所禁。

春秋战国，沿周礼。

秦朝，婚姻礼制以刑律固定。实行一夫一妻多妾制，结婚无年龄界限，以成年为标准。男子身高六尺五寸，行“冠”礼即可结婚；女子身高六尺二寸，便可许嫁。结婚须经官府户吏登记为有效。未经登记者，律法不予保护。婚姻的解除也须到官府登记，得到官府的认可。否则，构成“弃妻不书”罪，男女双方均要“赀二甲”（处罚财物和赋税）。秦律规定妻子不得私自逃离丈夫与人为妻，男子不得与他人之逃亡妻为婚，违者，“黥城旦舂”（墨刑，罚男筑城、女舂米苦役）。秦律重宗法论理，夫与人通奸，弃市（斩于闹市，暴尸街头）；“臣强与主奸”，当死罪。殴妻致伤，丈夫要受刑罚。

两汉，导民早婚。《汉书·惠帝纪》记载，汉惠帝六年（前189）诏令：“女子年十五以上至三十不嫁五算。”出五倍的人头税，一算一百二十钱。婚姻的解除，仍以“七出”为弃妻的基本条件。男尊女卑尤为突出，妻子如私自改嫁或丈夫虽死未葬而改嫁者，皆弃市。丈夫与人通奸，依律处刑；而妻子与人通奸，则处死。

三国两晋南北朝，早婚更甚。西晋泰始九年（273）诏令：“女年十七，父母不嫁者，长吏配之。”北齐，“女年二十以下，十四以上未嫁，悉集省，隐匿者家长处死刑”。官吏可依官品纳妾一至四人。婚姻重门第家世，严禁士庶贵贱通婚，违者受律法制裁。《魏书·高宗本纪》记载，北魏和平四年（463）诏：“皇族师傅百王公侯及士民之家，不得与百公伎巧卑姓为婚，犯者加罪。”孝文帝太和三年（479）诏：“皇族贵戚及士民之家，不惟世族，不与非类婚偶，犯者以背制论。”北周，武帝建德三年（574）诏：男十五，女十三，为嫁娶之期。其时，战乱频仍，社会动荡，盛行买卖婚姻。

唐朝，《唐律·户婚律》规定：尊长对卑幼享有绝对主婚权，违者，依律杖一百。婚书、聘财是婚姻成立的要件。婚姻缔结年龄，贞观元年（627）定男二十、女十五。开元二十二年（734），定为男十五、女十三。同姓为婚者，各徒两年（把犯人作奴隶使用两年）；非同姓但有血缘关系的尊卑间也不得为婚，违者以奸论；良（平民）贱包括部曲（本为军队编制及私兵之称，后为仆人之称）、乐人、杂户（户口的一种，其身份低于平民，高于奴隶）、官户（罪役户，即前代以来配隶相生，或今配没，州县无籍贯，隶属诸司。其身份较杂户低）、奴婢等不得通婚，如杂户隐瞒身份与良人为妻，杖一百；良人私娶官户女者，徒一年半。严禁与逃亡之女为婚，监临官不得娶监临之女为妾，违者均处以刑罚。婚期不得故违，若期约已至而男家无故五年不娶，有司给据改嫁；婚期未到，一般不得强娶。禁止重婚，“诸有妻更娶妻者，徒一年；女家减一等。若欺妄而娶者，徒一年半；女家不坐，各离之”。

离婚有“和离”与“断离”制度。和离，即男女双方自愿协议解除婚姻，由丈夫手书“出妻书”。断离，即由官府根据“嫁律”“义绝”情节判决解除婚姻。

宋朝，北宋时结婚年龄沿唐律，南宋嘉定元年（1208）后，提高到男十六、女十四。《宋刑统·户婚律》规定：同姓不得为婚，违者，各徒两年。但对姑舅两姨兄弟姐妹结婚不加禁止。“诸州县官人在任之日，不得与部下百姓交婚，违者，离之。其州上佐以上及县令，于所统属官亦同。其订婚在前，任官居后，及三辅内官门阀相当情愿者，并不在禁限。”禁止良贱为婚，杂户、官户与平民为婚者，杖一百，并离异；平民娶官户女，罪加二等；奴婢如将女嫁平民为妻妾，按盗论罪，并离异，恢复原来身份地位。

解除婚姻规定：订婚后，男家无故三年不娶者，女方在告之官府并退还聘财的前提下，可主动解除婚约。丈夫出外三年不归；丈夫令妻为娼或雇妻与人者；丈夫犯罪被处以流刑（遣送到边远地方服劳役）或被处以其他刑罚而移乡编管者（解送至编管地服刑）等，其妻都可以离婚。并规定“诸犯义绝者，离之，违者徒一年”；背夫擅去的妇女“徒三年，因而改嫁者流三千里，妾各减一等”。

元朝，婚姻必须订立婚书（嫁娶礼书）。《元典章·户部》规定：“凡婚书……须要写明聘财、礼物，婚主并媒人各各画字，女家回书亦写收到聘礼数目……如有词语朦胧，别无各各画字并合同字样，争告到官，即同假伪。”招婿，必须写清养老或出舍的年限，主婚人、保亲人、媒人须在婚书上签字画押，然后依礼成亲，婚姻方才有效。元律还对品官与平民的聘礼标准有具体规定。

收继婚为律所许。元至元八年（1271）十二月，元世祖下旨：“小娘（庶母）根底、阿嫂根底，收者幺道。” 指腹为婚、妻妾失序、重婚、良贱通婚为律所禁。《元史·志·刑法·户婚》规定：“诸男女议婚，有以指腹割衿为定者，禁之。”《大元通制》规定：“诸有妻妾复娶妻妾者，笞四十七，离之；在官者，解职记过，不追聘财。”蒙古人从本民族风俗，不在此限。“诸奴收主妻者，以奸论，强收女主者，处死。”“诸良家女愿与人奴为婚者，即为奴婢。”对于典妻，元律规定：“诸以女子典雇于人及典雇之女子者，并禁之”，“诸受钱典雇妻妾者，禁”；“若以典雇，愿以婚嫁之礼为妻妾者，听”；“其夫妇同雇而不相离者，听”。

解除婚姻，《大元通制》规定：双方订婚，男子“五年无故不娶者，有司给据改嫁”。“诸夫妇不相睦，卖休买休（无休妻条件，而以钱财交易离婚）者禁之，违者罪之。和离者不坐。”“诸子女已许嫁而未成婚，其夫家犯叛逆应没入（没收犯罪者家财入官）者，若其夫为盗及犯远流者，皆听改嫁。”但对“诸妇背夫、弃舅姑（公婆）出家为尼者，杖六十七，还其夫”。

明朝，基本沿前朝旧律，男十六岁以上、女十四岁以上许结婚。婚姻须有婚书，《大明律·户律·婚姻》规定：“凡男女订婚之初，如有残疾、老幼、庶出过房乞养者，务要两家明白通知，各从所愿，写立婚书，依礼聘嫁。”已报婚书，或有私约而悔婚者，或无婚书但受聘财者都要处以杖刑。明律禁止良贱为婚、同姓为婚、妻妾失序和重婚，“凡家长与奴娶良人为妻者，杖八十，女家减一等；不知者不坐。其奴自娶者，罪亦如之……若妄以奴婢为良人，而与良人为夫妻者，杖九十，各离异，改正”。府州县官于任内娶部民女为妻妾者，杖刑。监临官娶当事人妻妾及女为妻妾者，从重论处。同姓为婚者，各杖六十，并离异。“凡以妻为妾者，杖一百。妻在，以妾为妻者，杖九十，并改正。若有妻更娶妻者，亦杖九十，离异。”此外，收留在逃女囚为妻妾，强占良家妻女为妻妾，属在禁之列，违者，依律治罪。

明律规定有下列原因之一者，许解除婚约：男女一方死亡或生死不明者；订婚后无故三年不娶者；男犯罪女犯奸者；双重婚约及订婚后男另娶者。解除婚姻条件与前朝相似，但须写明离婚证书，并由男女双方尊长签字，邻居见证，离婚才正式生效。

明朝推崇贞节烈女，大树贞节牌坊，奖励守节寡女。洪武元年（1368），朱元璋曾诏令：“民间寡妇，三十年前亡夫守志，五十以后不改节者，旌表门闾，著为规条，除免本家差役。”妇女背夫擅嫁，要处杖刑直至死刑。其后，禁止妇女改嫁形成流弊。

清朝，《大清律例·户律·婚姻》规定：男十六岁、女十四岁为适婚年龄。“嫁娶皆由祖父母、父母主婚；祖父母、父母俱无者，从余亲主婚。其夫亡携女适人者，其女从母主婚。”婚约、婚书与聘财是婚姻成立的条件。婚约由男女双方长辈订立，“婚书订立后，双方都禁止悔婚、禁止再许他人”。“若许嫁女已报婚书及有私约而辄悔者，笞五十……若再许他人，未成婚者，杖七十，已成婚者，杖八十……男家悔者，罪亦如之，不追财礼。”“虽无婚书，但曾受聘财者亦是。”嫁娶期约未至，男家不得强娶；期约已至，女家不得拖延。违者，主婚人笞四十。男方无故超过婚约期限五年不娶，及未婚夫逃亡三年不归者，女方可另行择配。婚约可因一方的犯罪而解除，“男子有犯，听女别嫁，女子有犯，听男别娶”。

大清律例禁止同姓为婚、亲属为婚，“凡同姓为婚者，主婚与男女各杖六十，离异”。“凡外姻有服或尊属或卑幼，共为婚姻，及娶同母异父姊妹，若妻前夫之女者，各以亲属相奸论”；“若娶己之姑舅两姨姊妹者，虽无尊卑之分，尚有缌麻之服[①]杖八十，并离异”。

---

①：缌麻之服是古代计算亲属的亲疏远近辈分大小的称谓，以亲属在为亡故的长辈或平辈服丧期间应穿孝服的等差来确定，丧服分五等，依次为斩衰亲、齐衰亲、大功亲、小功亲及缌麻亲。超出五服的为无服，不再算作亲属。

“其父母之姑舅两姨姊妹及姨若堂姨，母之姑、堂姑，已之堂姨及再从姨、已之堂外甥女，若女婿之姊妹，及子孙妇之姊妹，虽无服制，并不得为婚，违者，男女各杖一百”。“前夫子女与后夫子女苟合成婚者，以娶同母异父姊妹律条科断”。

清律禁止良贱为婚、娶奸逃女为婚，依如前朝。增禁僧道娶妻妾，“凡僧道娶妻妾者，杖八十，还俗。若僧道假托亲属或童仆为名求娶，而僧道自占者，以奸论”。清律对婚姻当事人在丧期及父母被囚期间结婚的，杖八十至一百。

清朝后期，改“同姓不得为婚”为“同宗不得为婚”，规定：“同姓者重在同宗，如非同宗，当援情定罪，不必拘文。”“姑舅、两姨姊妹为婚者，听从民便。”

大清律例继承“七出”“三不去”及“义绝”的离婚条件，规定“义绝”“有于法应离，不许复合者，如所云离异归宗。其有可离，犹许复合者，如所云：愿留者听，愿离者听”。订婚后尚未嫁娶的也可因“义绝”解除婚约。

中华民国时期，婚姻制度有较大变革。1915 年，北京政府制定《民律亲属编草案》，规定：凡夫妻不和谐，两人愿离婚者，应准予离婚；受虐待、受重大侮辱、遭恶意遗弃或发现对方重婚者，均可通过法律提出离婚。

1930 年，南京国民政府公布《中华民国民法亲属编》，规定结婚年龄：男满十八岁、女满十六岁。“未成年人结婚，应得法定代理人之同意。”“结婚应以书面为之，有二人以上证人之签名，并应由双方当事人向户政机关结婚之登记。”禁止重婚，一人不得同时与二人以上结婚（纳妾未作为重婚禁止）。禁止近亲结婚，包括直系血亲及直系姻亲；旁系血亲在六亲等以内者（因收养而成立之四亲等及六亲等旁系血亲不在此限）；旁系姻亲在五亲等以内，辈分不相同者。

婚约“应当由男女当事人自行订定”；“男未满十七岁，女未满十五岁者，不得订定婚约”；“未成年人订定婚约，应得法定代理人之同意”。“婚约，不得请求强迫履行。”“婚约当事人一方，有下列情形之一者，他方得解除婚约：（一）婚约订定后，再与他人订定婚约，或结婚者；（二）故违结婚期约者；（三）生死不明已满一年者；（四）有重大不治之病者；（五）有花柳病或其他恶疾者；（六）婚约订定后成为残废者；（七）婚约订定后与人通奸者；（八）婚约订定后受徒刑之宣告者；（九）有其他重大事由者。”

离婚分两愿离婚和法院判决离婚两种方式。“夫妻两人愿离婚者，得行离婚。但未成年人，应得法定代理人之同意”。“两愿离婚，应以书面为之，有二人以上证人签名，并应向户政机关为离之登记”。夫妻一方，有下列情形之一者，他方得向法院请求离：（一）重婚。（二）与配偶以外之人合意性交。（三）夫妻一方对他方为不堪同居之虐待。（四）夫妻一方对他方之直系亲属为虐待，或夫妻一方之直系亲属对他方为虐待，致不堪为共同生活。（五）夫妻一方恶意遗弃他方在继续状态中。（六）夫妻一方意图杀害他方。（七）有不治之恶疾。（八）有重大不治之精神病。（九）生死不明已逾三年。（十）因故意犯罪，经判处有期徒刑逾六个月确定。

1950 年 4 月 13 日，中央人民政府颁布《中华人民共和国婚姻法》，并于当年 5 月 1 日起实施。婚姻法废除包办强迫、男尊女卑、漠视子女利益的封建婚姻制度，实行婚姻自由、一夫一妻、男女权利平等、保护妇女和子女合法利益的新民主主义婚姻制度。禁止重婚、纳妾，禁止童养媳，禁止干涉寡妇婚姻自由，禁止任何人藉婚姻关系问题索取财物。

结婚须男女双方本人完全自愿，不许任何一方对他方加以强迫或任何第三者加以干涉。规定男二十岁、女十八岁，始得结婚。男女有下列情形之一者，禁止结婚：（一）为直系血亲，或为同胞的兄弟姊妹和同父异母或同母异父的兄弟姊妹者。（二）有生理缺陷不能发生性行为者。（三）患花柳病或精神失常未经治愈，患麻风或其他在医学上认为不应结婚之疾病者。

离婚须男女双方自愿。男女一方坚决要求离婚的，经区人民政府和司法机关调解无效时，亦准予离婚。女方怀孕、分娩一年中，男方不得提出离婚，女方提出离婚不在此限；现役革命军人配偶需经军人同意或两年无音信者才能离婚。

1980 年 9 月 10 日，第五届全国人民代表大会第三次会议通过修改的《中华人民共和国婚姻法》，自 1981 年 1 月 1 日起施行。新婚姻法增加实行计划生育、鼓励晚婚晚育和保护老年人合法权益的内容。结婚年龄改为男不得早于二十二周岁、女不得早于二十周岁。禁止三代以内旁系血亲结婚。男女双方离婚，改为“如果夫妻感情破裂，调解无效，应准予离婚”。

2001 年 4 月 28 日，第九届全国人民代表大会常务委员会第二十一次会议通过修改的《中华人民共和国婚姻法》，将“禁止有配偶者与他人同居，禁止家庭暴力，禁止家庭成员间的虐待和遗弃”增补为基本原则，明确规定“夫妻应当互相忠实，互相尊重”。

新婚姻法增设婚姻无效和可撤销婚姻。规定有下列情形之一的，婚姻无效：（一）重婚的；（二）有禁止结婚的亲属关系的；（三）婚前患有医学上认为不应当结婚的疾病，婚后尚未治愈的；（四）未到法定婚龄的。“因胁迫结婚的，受胁迫的一方可以向婚姻登记机关或人民法院请求撤销该婚姻”。

新婚姻法增加保护老人合法权益的内容。规定：“子女应当尊重父母的婚姻权利，不得干涉父母再婚以及婚后的生活。子女对父母的赡养义务，不因父母的婚姻关系变化而终止。”

新婚姻法增加关于离婚的条款。规定有下列情形之一，调解无效的，应准予离婚：（一）重婚或有配偶者与他人同居的；（二）实施家庭暴力或虐待、遗弃家庭成员的；（三）有赌博、吸毒等恶习屡教不改的；（四）因感情不和分居满二年的；（五）其他导致夫妻感情破裂的情形。一方被宣告失踪，另一方提出离婚诉讼的，应准予离婚。关于男方请求离婚的，修改为“女方在怀孕期间、分娩后一年内或终止妊娠后六个月内，男方不得提出离婚”。关于现役军人离婚，规定为：“现役军人的配偶要求离婚，须得军人同意，但军人一方有重大过错的除外。”

新婚姻法还对夫妻财产、离婚时财产分割和债务清偿、探望子女的权利等作出明确规定。

二、婚姻形式

新昌地域狭小，婚俗相通。解放前，以包办、买卖婚姻为主的各种封建婚姻形态充斥民间。

（一）包办买卖婚　为域内流传最广，影响最深的婚姻形式。凡男婚女嫁，均由媒人撮合，父母作主，子女没有半点自主权；婚姻嫁娶必以彩礼、聘礼、聘金等财物为条件。

（二）童养媳　亦称娃娃亲，男女双方因家境贫穷，子女多，无力抚养或无资嫁娶，女方父母将女子自幼送予男方作媳妇领养，待年长后与男方成婚。

（三）纳妾婚　少数富豪人家、官宦子弟已有妻室又娶另外女子为妻，俗称娶小老婆。

（四）兼祧婚　又称一门两祧，无子家庭为不致绝后，立兄弟之子为嗣，兼祧两房，各为其娶妻，两个妻子各随公婆生活，丈夫则轮流居宿。

（五）交换婚　俗称调换亲，也称姑嫂婚，贫穷人家因无资嫁娶，两家父母各以其女交换为子妇，或男子各以其姊妹交换为妻。以人换人，互相不用财礼。

（六）抢亲婚　亦称掠夺婚，民间流行“抢寡妇”。穷困单身男子或丧偶男子雇请壮汉数人，伺机掳寡妇至家，草草拜堂成亲，事后托媒人或乡绅至原婆家讲案，许以少量聘资了事。“抢寡妇”，有的实为公婆暗中相约或寡妇本人暗中相许，也有真抢成亲的。

（七）入赘婚。俗称“倒插门”，男方到女方家成婚为婿，落户女家成为女方家庭成员，所生子女从妻姓，继承妻家宗祧与财产。

（八）收继婚　收继婚分转房婚和接枝婚。女子在丈夫死后，转嫁给丈夫的同胞兄弟、堂兄弟或其他近亲属为妻，俗称转房婚、转嫁婚。女子订婚后或出嫁后亡故，父母将女子姊妹许配给婿为妻的，俗称接枝婚。

（九）续弦婚　男子丧妻后另行再娶，也称接弦。续弦婚一般会举行结婚仪式，亲戚朋友前去送礼贺喜，谓之“结鸾之喜”。

（十）典妻　俗称租妻、借腹生子。男子因无妻或有妻无子嗣，以一定租金或财物典租有生育能力的他人之妻做临时妻子，待约定期限生子后归还原夫。出典之妇多因丈夫无力维持生计，家庭生活深陷困境，不得已而为之。

（十一）指腹婚　也称“娃娃亲”。通常是双方家境相当，交往甚密，两家媳妇差不多时间怀孕，当孩子未出生时，由父母约定亲事。如都生男孩，就结为弟兄；都是女孩，则结为姐妹；如生一男一女，长大后就结为夫妻，且在婴儿期间即行订婚礼，亲戚朋友、村坊邻室均知两家为“娃娃亲”。

（十二）再醮婚　寡妇再嫁称“再醮”，俗称“二婚头”。改嫁时寡妇从后门出走，不坐轿、不拜堂、不受彩礼，双方至亲各自简单一聚。如有子女带到夫家，被贬称为“拖油瓶”，多受旁人歧视。也有寡妇为供养公婆和儿女起见，经公婆允许，赘夫入门的，俗称“填郎头”。

（十三）冲喜婚　又叫霍亲，为仓促完婚。男女订婚后，男因本人或其父或其母病重，迷信喜神会冲刹病魔而突击结婚；有的因男家主妇病重，急需媳妇归门操持家务而霍亲；也有因男家父或母暴卒，按封建丧制，男子三年内不得背礼结婚，只好匿丧不报，赶在入殓前突击结婚。冲喜婚通常礼仪从简。

（十四）冥婚　俗称阴婚、鬼婚，男女双方家庭举行类似于活人定亲结婚的迷信仪式，为死去的子女定亲结婚，双方以亲家相待。

新中国成立后，随着《中华人民共和国婚姻法》的深入贯彻，人们生活水平的提高，文化科学知识的普及，男尊女卑、多子多福、早生儿子早得福等旧思想、旧观念逐渐被人抛弃，男女平等，自由恋爱，婚姻自主，计划生育，已成时代潮流，包办婚姻、买卖婚姻、交换婚、收继婚等婚姻现象基本消失，纳妾、童养媳、指腹婚、抢亲婚、兼祧婚、典妻、冲喜婚、冥婚等婚姻形式被禁绝迹。招婿、续弦、寡妇再嫁已成平常事，赘夫也不再被人歧视。

三、嫁娶礼俗

婚姻嫁娶是为人生头等大事，新昌人十分讲究婚姻礼仪。

古人婚嫁，按周礼行“六礼”，即纳采、问名、纳吉、纳征、请期、亲迎，礼仪繁复。至北宋时，民间将“问名”与“纳采”相融，“纳吉”与“纳征”相合，存纳采、纳征、请期、亲迎四礼。明万历《新昌县志》“婚礼”载：“故家巨族，为婚必择门地，相埒者为之。小家虽富不舆焉。其婚娶不行六礼，始通媒讨年贴，婿家父兄盛衣冠，诣诸女家拜谢，或用银牌写允许二字为定，其礼最简。续后具猪鹅茶饼之类馈送，继行纳币礼，不论财贿。娶之日，用乐妇伴送行礼，以乐妇扶掖成婚，踏藁牵红传席交杯诸仪。拜公姑而以次及其家众宾客。翌日，献鞋被于公姑。三日，庙见，仍拜茶于族长焉。……今诸姓亦有继之者。”

清末民国初，沿袭明清习俗。南京国民政府成立后，提出婚姻革命口号，改良婚姻习俗。1942 年 11 月 1 日，内政部颁布《集团结婚办法》，倡导集团结婚。1944 年 5 月 9 日，内政部公布《禁止民间不良习俗办法》，查禁神权迷信、妇女缠足、蓄养婢女、童养媳、堕胎溺婴及其他不良习俗。1945 年 9 月 29 日，行政院公布《倡导民间善良习俗实施办法》，提倡男女平等之合理婚姻，改善旧式婚姻制度，提倡集团结婚，限制早婚恶俗，保持宗族健康；举办婚姻登记，以确定夫妻身份。国民政府的婚姻革命，对改良民风、促进社会文明开化，起到进步作用。

新中国成立后，各级政府深入贯彻婚姻法，宣传计划生育政策，整治社会风气，民间逐渐形成既具传统礼仪模式，又富新时代气息的婚姻嫁娶习俗。

新昌民间婚姻嫁娶礼仪习俗流行、演化情况如下：

（一）提亲。古称“纳采”，俗称“说媒”，是男家请媒人到女家求婚。民国时，凡男女婚姻，由父母包办，媒人说合。自主婚姻，只在城内少数开明家庭、进步青年中出现。当儿女步入婚嫁年龄，父母尤其是男家父母，会替儿女在四里八乡寻找或请媒人寻找合适的对象，当相中一女子时，就请媒人上门说亲，询问女子的出生年、月、日（农历）、时等生辰八字（古称“问名”，也称“换庚帖”），介绍男子的生辰八字、职业及家庭情况，然后男女双方各找算命先生排算婚事是否相合，民间称此为“合八字”。如双方生辰八字不合，则婚不议；如八字相合，女家有意，则行议婚，媒人陪同男子携礼到女方家见面，俗称“相亲”。见面后双方如果合意，男家即请媒人去女家正式求婚。

解放后，男女婚姻由父母包办，媒人撮合的现象越来越少，自由恋爱，自主婚姻成为主流。男女双方在工作、生产、社会交往中互相认识，彼此了解，自由恋爱，或经亲戚朋友介绍，牵线搭桥后先自谈恋爱，待瓜熟蒂落时告知父母，征求父母意见后，与双方父母见面。多数父母会尊重子女的选择，但仍有“合八字”的习俗。如无大碍，为慎重和礼节起见，男家会邀请牵线人或介绍人、亲戚朋友做“红娘”，担任“现成媒人”角色，到女方家商议定婚事宜。

（二）订婚。有小订、大订之分。小订，古人称纳吉，也称“换帖”“文定”“通书”“报婚书”。八字相合之后，男家请媒人把订定婚约之期告知女家，女家如无异议，回复答应订定婚约。“小订”之日，媒人陪同男家长辈和当事人到女家送“定亲礼”。“定亲礼”一般为桂圆荔枝包，新昌人称“稳心包”，表示男女联姻初步确定。

大订，即定婚，古称“纳征”“纳币”，俗称“送彩礼”“送聘礼”。男家根据双方协商的结果，给女家送聘礼，订定婚约。聘礼视男家贫富和女方要求而定，有金钱、金银首饰、衣物以及猪腿、鸡、鸭、鱼、蛋、糖果及烟酒等，同时给女方至亲长辈送礼包。通常女方收受聘礼会退还部分给男家，以示客气，也有全退或不退的。订婚之日，媒人领男家亲朋送聘礼至女家，男家女家各办酒席宴请长辈至亲。订婚礼物和盛放器具均要用红纸、红丝绵包装，以示喜庆，沿途路人、村坊邻居一见便知。定亲后，双方以亲家相称，礼尚往来。每逢端午、中秋、重阳、春节，男方要向女方送礼，人称“送节次”。

20 世纪 80 年代，民间尚有小订、大订之分，90 年代后期，小订、大订合而为一，统称订婚，订婚礼仪基本如旧。不同的是改桂圆荔枝包改为现金包，礼金数额 500 元、800 元、上千元不等。

（三）送日子。古称“请期”，男家择定嫁娶日期，在红帖上写明婚期年、月、日、时，喜神方位，迎接新人属相禁忌等，备上“日子银”，由媒人送至女家商定。如女家无异议，婚期即定。旧时择婚期回避三、六、九月农忙时季。婚期确定后，女家便着手置办嫁妆，至亲好友给女子添妆。男家装饰婚房，置办日常生活器具，准备迎亲。如今择定婚期，已无三、六、九月的顾忌。

（四）迎亲。古称亲迎，为嫁娶之日男家到女家迎娶新娘。迎亲是男女完婚最隆重的礼节，有诸多程序仪式。

1. 担嫁妆。男家在结婚前二天到女方家送“肚痛羹”。“肚痛羹”由老酒、猪、鸡、鱼、鸭肉、茶果糕点等 10 样食物组成，再配活公鸡、活母鸡各一只，俗称“梳头鸡”，表达对女方父母十月怀胎养育之恩的感激。

结婚前日，男家兄弟、堂兄弟、表兄弟或朋友及早至女家担嫁妆，给女家以嫁妆礼银，俗称“担钿”，表示对女家打理嫁妆的感激。旧时，担妆用面轿抬，伴以鼓乐，热闹气派。女家置办午酒，宴请媒人、担妆人和女家亲戚朋友。随后，女家开始“摆嫁妆”，将嫁妆一一陈列，系上红色丝绵，设香案祭祀祖先，而后整装启程。小件一人挑，大件两人抬，女方叔伯兄弟一般会送一程，如人手不够，一直送至男家，此称“送嫁妆”，男家以礼钱答谢。嫁妆多寡因家庭贫富而异，有钱人家十里红妆，嫁田嫁地，穷苦人家嫁妆稀少被人瞧不起。大众嫁妆有棉被、蚊帐、衣服、木箱、橱柜、梳妆台、桌椅板凳、马桶、大小木盆及其他日常生活用品。

如今，交通方便，嫁妆用汽车运送，但是礼仪依旧。嫁妆品种式样因时代不同各显特色。二十世纪八九十年代，大衣柜、缝纫机、自行车、收音机、电风扇、电视机为时尚嫁妆。之后，陪送汽车、房子、几十万元现金的屡见不鲜，人称其谓“倒贴”。在诸多嫁妆中，有些嫁妆是必不可少的，寄托着人们对美好生活的向往，至今仍在流行。如马桶，人称“子孙马桶”；大小木盆，俗称为“祖先盆”；灯，与“丁”谐音，取早生贵子、人丁兴旺之意；“压箱银”，在箱底放置若干金银或铜钱，象征金玉满堂。嫁妆须成双成对，象征夫妻恩爱，白头偕老。

嫁妆抬至男家，由全福之人（也称利市人，由夫妻健全、子孙满堂之人）领头搬被褥、马桶、木盆，再搬其他，一一列于中堂，设香案祭告祖先，后搬入婚房。

2. 铺床。也称安床。结婚前一日，男家要行婚床安放仪式，请全福之人铺设。习惯做法是先安床，次升帐，再铺被，边铺边说一些吉利话，诸如“铺床铺床，儿孙满堂，先生贵子，后生女郎，福贵双全，永远吉祥”；“铺床铺床，喜气洋洋，先铺四角，后铺中央，夫妻恩爱，共枕同床，百年好合，鱼水情长，早生贵子，播种成双，有儿有女，龙凤呈祥”等，并在被子里放几个红鸡蛋，床上撒些花生、红枣、糖果，力求婚床向窗，衣柜在旁，门不对柜，镜不向床。安床完毕，先让一喜童（父母双全之男童）到床上躺一会。当晚，新郎须睡于婚床，由喜童或弟、侄辈陪伴，俗称“压床”“暖房”，寓祈早生贵子。禁忌其他女子坐床上。如今，安床仪式仍在流行。

3. 开脸、上头。俗称“绞面”，古称“加笄”。旧时，女子在出嫁前一天，沐浴更衣，请全福之妇（俗称利市婆、喜婆）给“开脸”“上头”，用两根红线相搓，扯掉脸上的汗毛，把长发挽成髻盘于头上，用纱网套住，横贯一簪，插上花玉之头饰，把女子打扮得容光焕发，花哨亮丽。经过“开脸”“上头”，标志女子再也不是未婚少女了。如今，“开脸”“上头”已少见，待婚男女时兴到美容美发店梳妆打扮。

4. 接新娘。旧时，男家雇用花轿、鼓乐到新娘家迎娶新娘，新郎在家等亲。吉日良辰，媒人引领，轿前两人执红灯笼，轿后两人执白灯笼，鼓乐人、伴郎（由新郎的未婚兄弟和朋友充任）和接姑娘（由新郎的未婚姐妹和朋友充任）随后，及早赶往新娘家，在门前放鞭炮奏乐。新娘家人将迎亲人迎进厅堂喝茶、吃点心，上酒席，媒人给新娘父母送上“轿口羹”礼金。新娘早起，由“利市婆”梳理打扮，着红棉袄红棉裤（忌穿短衣短裤），穿绿鞋，由“利市婆”喂吃“上轿饭”（也称“离娘饭”）。时辰至，鼓乐起，鞭炮响，新娘向祖宗行拜别礼，盖上红锦盖头，由兄弟抱或背上花轿，脚不着地，谓不带走娘家财气。花轿启程，新娘及其母亲“哭嫁”，亲朋送别，“利市婆”、伴姑娘（由新娘的未婚姐妹和朋友充任）、接姑娘和伴郎一路陪伴新娘至新郎家。

新中国成立后，花轿迎亲逐渐改为步行，通公路的地方改乘汽车。进入 21 世纪，讲排场，摆阔气风气趋盛，迎亲借用高档小车组成车队，新郎随车上门，浩浩荡荡，招摇过市还家。旧时的“哭嫁”习俗早已不见。

二十世纪六七十年代前，村坊邻居尚有“看新娘”“讨饭佬（乞丐）贺喜”的习俗。新娘一到，男女老少，上新郎家看新娘，向主家道喜。主家给大家分发喜糖、花生、鸡蛋、米胖之类礼物，以示谢意。讨饭佬闻讯某家喜事，三五成群赶至主家凑热闹，竹板一打，边说边唱。主家为防其胡搅蛮缠，捣乱喜庆，只好管他们一顿饭，待他们吃饱喝够后，给点赏钱或礼物，打发他们走，民间讥此为“讨饭佬赶好日”。如今，“看新娘”“讨饭佬贺喜”的现象已经不见。

5. 拜堂。又称拜天地。新郎家中堂摆八仙桌，上供品，燃红绿香烛各一对，桌前地上左右各放红绿竹筛，新郎父母分坐左右两侧。良辰一到，鼓乐齐鸣，燃放鞭炮，花轿抬至门前，“利市婆”扶新娘下轿踏藁（立于铺垫的麦藁上），由新郎抱或背新娘至中堂，男左女右分立筛上，“利市公”、“利市婆”、男女喜童左右陪伴行拜堂礼：一拜天地，感谢天地恩赐姻缘；二拜高堂，感谢父母养育之恩；新郎新娘对拜，夫妻恩爱，白头偕老。礼毕，夫妻即成婚。新郎用红丝带牵新娘入洞房，用秤杆揭去红盖头，新娘、新郎面对面喝糖茶，饮交杯酒，称为“合卺”。新娘端坐床上，名为“坐帐”，俗称“坐福”。“坐福”期间忌上厕所，为此，新娘在出嫁前几天就节制饮食，以免到时坏了规矩。就寝时，新郎亲手解下新娘束发的丝绳，男女各剪下一绺头发，绾在一起作为信物，称为“结发”，也称“合髻”。

翌日，新娘早起，煮水泡茶敬公婆，奉上亲手缝制的鞋袜各两双，以示孝心和手艺，公婆回以红包礼金，称“见面礼”。而后，新郎携新娘引见至亲长辈，一一敬茶，至亲长辈皆以“见面礼”回赠。三日，早起“庙见”，新郎携新娘至祠堂，叩拜历代昭穆宗亲，告知喜结连理，祈佑和谐百岁，子孙千秋。

如今，家中香案拜堂已少见，“踏藁”“坐帐”“结发”“庙见”之礼久已废弃，流行新式成婚礼仪。婚礼与婚宴合而为一，在酒店举行。婚礼请婚庆公司主持，新娘穿白色婚纱，新郎着西装革履，牵手登台，互表爱慕之情，新郎给新娘戴戒指，喝交杯酒，向双方父母鞠躬致礼，证婚人、男女双方长辈、宾客代表致词祝贺后，婚礼即成。婚宴结束，酒店备上桂圆荔枝茶，新娘给至亲长辈行敬茶礼，公婆、尊长回赠“见面礼”。

6. 婚宴。俗称喜酒。民间有“无宴不成婚，无酒不嫁女”，“办过喜酒，便是夫妻”之说。因此，婚嫁人家极为重视婚宴的举办。婚期临近，男女双方向姑妈、姨妈、舅舅、叔伯等诸亲以及朋友发送喜帖，告知结婚日期和婚宴时间、地点，邀请他们喝喜酒。

女方办酒通常在结婚前一天中午，称“送嫁酒”。诸亲喝“送嫁酒”要给姑娘赠送礼物，俗称“添妆”。20 世纪 70 年代开始，姑娘的朋友逐渐兴起赠送礼物，以示祝贺。如今，有些亲朋“添妆”改送现金，由姑娘根据需要自行选购。

男方办酒分迎宾酒、正酒、送宾酒。迎宾酒在结婚日前一天晚上举办，宴请前来贺喜的长辈、亲戚、朋友（旧时往返交通不便，需要留宿）。正酒在结婚当晚举办，先行摆酒祭祀祖宗，开席讲究座次。房里酒，为新郎新娘席，伴姑娘、伴郎陪伴。中堂为大桌，由媒人、新郎父母长辈席，其次为宾客席。席间，新郎、新娘按尊卑长幼向各位敬酒，表示谢意。次日中午办送宾酒，宾客回转，新郎新娘以喜糖、花生之物相送。“利市婆”和伴姑娘回转，赠以厚礼。

如今，交通便捷，婚宴一般在酒店举办，不分男家女家，也无迎宾酒、正酒、送宾酒之别。其时，新郎、新娘在宾馆（酒店）门口迎宾，亲戚朋友赴宴祝贺。入席，厅堂前排中间桌为新郎新娘席，左右桌为媒人、新郎和新娘父母长辈席，余为宾客桌。亲戚朋友相聚一堂，婚礼婚宴结合举办，既简单，又热闹。宴毕，宾客回转。

喝喜酒要随礼，古今如此。礼数因主家关系亲疏远近而定，二十世纪五六十年代，一般为 5 元、10 元、20 元人民币。80 年代后，礼数逐渐上涨。如今，500 元、800 元、上千元不等，成为许多人的沉重经济负担。

7. 闹洞房。俗称吵房，婚家为营造热闹喜庆气氛，邀亲戚朋友到新房恭喜嬉闹。民间有“愈闹越发，不闹不发”之说。洞房花烛夜，新娘从箱子里拿出酒、烟、糕食、水果之类食品，分置若干盘摆桌上，先由一人猜拳开盘，后众人轮番上场，喝酒猜拳，说笑嬉戏，想方设法表达喜庆彩词，巧立名目使新郎新娘亲密表演。欢声笑语，尽情嬉闹，直至深夜方散。

时至今日，闹洞房之俗逐渐被人遗弃，请客人唱歌、跳舞、打牌成时兴。

8. 三朝回门。古人称“归宁”，俗称“归三朝”，新娘父母特别看重此礼。结婚第三天，新郎随新娘回娘家探视父母。出门时，新娘走前，新郎随后，午前到达。新娘作为出嫁女子首次回娘家，新郎第一次拜见岳父母，要给父母敬奉喜爱的礼物，表达感激之情，同时禀告新婚生活情况，增进翁婿感情交流。新婚夫妇归三朝不留宿，当天日落前返回。回程新郎在前，新娘随后。走时不忘邀请父母和兄弟姐妹到自家做客。

如今，“三朝回门”风俗依旧。

9. 满月。姑娘结婚满一月时，娘家准备猪、鸡、鱼、麻糍、米糕、榨面等食物，择日由兄弟两人（无兄弟的由族兄弟、表兄弟）担至新郎家，一则看望姊妹，转达父母长辈的关爱之情，观察姊妹在夫家的生活情况，以及夫妻相处情况；二则认识男家亲戚，互相交流，增进两家亲情，亦暗示男家善待媳妇。对娘家人的首次到访，男家自然合家相迎，置办家宴，盛情款待。同时会把麻糍、米糕与左邻右室分享，以示睦邻相处。娘家兄弟一般当日回家告知父母，也有留宿的。满月是新昌婚嫁习俗中最后一礼，行过此礼，男婚女嫁即告圆满结束，新婚夫妻再无新郎新娘之称。

如今，满月礼在民间依旧流行。

第二节　婚姻登记

婚姻登记是社会主义婚姻制度的重要内容，也是区别于封建婚姻制度的重要标志。《中华人民共和国婚姻法》颁布后，县民政部门依法对公民的结婚、离婚、复婚进行登记管理，宣传贯彻婚姻法，治理违法婚姻，推动婚俗改革，保护妇女儿童和老人的合法权益，维护婚姻家庭和社会稳定。

一、登记管理机关

周代，从朝廷到州县，设官媒“媒氏”，掌管婚姻，诸如：记录新生婴儿的出生年月日和姓名（古代婴儿出生三月命名）；通令三十岁未婚的男子、二十岁未婚的女子及时婚配，不可愆期；仲春二月，举办婚会，督促适龄男女完婚；监督执行民间婚姻彩礼的数量；主管婚姻诉讼，惩罚违犯者；禁止冥婚；帮助丧偶的孤男寡女重组家庭。

秦汉以后，民间私媒盛行，官媒退出官品。及至元明清，官媒演变成官衙中专门承办女犯的婚姻择配、贵族家庭放出女奴的婚配，及看管押送女犯的差役。

民国时期，政府虽然提倡婚姻登记，民政科职掌婚姻管理，但无专门的登记机关和具体的登记程序。

新中国成立之初，县民政科职掌婚姻登记管理，结婚、离婚登记由区公所承办。

1956 年 4 月，结婚登记改由乡镇人民委员会办理，离婚和恢复结婚登记仍由区公所办理。

1958 年农村大公社时，结婚登记机关为生产大队（乡级），离婚和恢复结婚登记机关为人民公社管理委员会（区级）。

1966年4月1日起，县民政劳动科规定：为方便群众起见，结婚、离婚和恢复结婚登记一律由人民公社管理委员会（乡级）负责办理。

1968年，人民公社革命委员会成立后，婚姻登记机关为人民公社革命委员会。

1981年10月，县民政局开始办理涉港、澳、台、华侨的婚姻登记。

1983年政社分设后，国内公民的婚姻登记机关为乡镇人民政府。各乡镇设婚姻登记员，一般由文书兼任。

1986年7月，为增强执法责任感，省民政厅规定婚姻登记员在履职时，必须佩戴统一制作的证章。

1991年10月1日起，涉港澳台同胞及华侨的婚姻登记，改由绍兴市民政局办理。

是年，实行婚姻登记员资质考核和工作实绩考核奖励制度。乡镇婚姻登记员经培训考核合格后，发给婚姻登记管理执法证书，持证上岗。乡镇婚姻登记办公室统一悬挂婚姻管理执法证书、婚姻登记员守则、法定结婚条件和婚姻登记收费标准等四种证件，以加强法制宣传和执法监督。

1992年，县民政局恢复办理涉港澳台同胞及华侨的婚姻登记。

1997年，涉港澳台同胞及华侨的婚姻登记复改由绍兴市民政局办理。

2005年1月，县政府根据省政府办公厅《关于做好婚姻登记工作有关问题的通知》要求，决定乡镇婚姻登记改由县民政局集中办理。县编委同意设立“新昌县婚姻登记处”，配专职婚姻登记员 3人，属事业编制。婚姻登记处设在鼓山东路192号，按国标3A级建置，设结婚登记室、离婚登记室、等候区、颁证厅、婚姻家庭辅导室、档案室，配置省内婚姻信息联网系统。

2006年7月1日起，全县婚姻登记集中办理。

2008年6月30日起，婚姻登记信息实行全省联网。

2010年8月，实行周六照常办公制度。是年，开展婚姻登记标准化、规范化创建活动，婚姻登记处被民政部评为“全国婚姻登记规范化单位”；被县委、县政府评为“文明单位”。

2012年，婚姻登记处启用全国婚姻登记工作标识和外观形象标识。为便民利民，开启婚姻登记网上预约服务。是年，婚姻登记处主任曹晓霞被评为全省百名贴心为民服务标兵。

2014年4月，婚姻登记处被民政部评为“国家3A级婚姻登记机关。”

2014年，新昌县婚姻登记处被民政部评为国家3A级婚姻登记机关

2019年，婚姻登记处被县政府评为巾帼

文明岗。

2020年，婚姻登记处获绍兴市民政系统集体三等功。

二、婚姻法宣传教育

1950年4月底，县召开妇女干部大会、共青团员座谈会、举办乡干部训练班，宣传贯彻婚姻法。6月，全县城乡普遍开展宣传贯彻。

1951年6月30日，县第二届妇女代表大会召开，县人民法院派干部到会详细讲解婚姻法，对代表提出的问题，提出具体的处理办法。8月，县妇联和县文化馆为城关镇10对青年男女举办集体结婚典礼，并加以宣传推广。

同年12月18—21日，县第二届妇女代表大会第三次会议召开。会议采取分组讨论、大会控诉、图片介绍、放映幻灯、演出《婚姻三部曲》等形式，控诉旧婚姻制度的罪恶，批判和澄清婚姻法是"离婚法""妇女法""老实人谈不上恋爱"等错误观点，部署进一步宣传贯彻婚姻法的工作重点。会后，各区开展婚姻法执行情况检查，深入开展宣传贯彻。

1952年元宵灯会，城关镇大街小巷张贴婚姻法宣传标语，县文化馆演出《婚姻三部曲》。三八妇女节前后，各区普遍通过举办集体婚礼，集体调解处理离婚案件、图片展览的方式宣传贯彻婚姻法。如儒岙区在2月15日为31对新婚夫妻举办集体结婚典礼，到场观礼的乡村干部1096人、群众2000余人。县人民法院在县和区乡设立婚姻法庭，1—9月，调解处理离婚案件1621件。9月3日，县第二次物资交流大会期间，县人民法院与县妇联牵头，挑选典型婚姻案件绘制成连环画，举办婚姻法图片展览，并组织20人讲解，参观群众达2.2万人。9月28日，县委发出《关于贯彻婚姻法，坚决制止妇女自杀、被杀的指示》。是年，县举办婚姻法骨干训练班1期。

通过广泛的宣传教育，人民群众的思想认识普遍提高，勇敢地摆脱包办、买卖、强迫婚姻，争取婚姻自由的妇女明显增加。1950年6月至1952年11月，全县有2875名姑娘解除童养媳关系，224名寡妇改嫁，53名尼姑还俗结婚，解除典妻324人。

1953年1月，县委转发县妇联《关于对民主建政运动结合贯彻婚姻法的几点意见》，要求各地在冬季生产、互助合作组织建设中结合贯彻婚姻法，进行一次普遍的极其深刻的反封建的思想教育，达到家喻户晓、深入人心。2月，县成立贯彻婚姻法运动委员会，县长冯华民任主任。县委制订《关于贯彻婚姻法运动月工作计划》，并在岭外乡先行试点。2月26日开始，县级机关全体干部、区乡干部进行为期一周的婚姻法学习。3月1日，县第三届第一次妇女代表大会召开，研究部署开展贯彻婚姻法运动月活动。县委抽调县级机关及区干部30人组成婚姻法报告团，在城郊区新民乡、石溪乡、西郊乡进行实验报告，后分组赴各区乡巡回报告，县贯彻婚姻法检查小组与县人民法院随团下乡检查。3月26日，婚姻法报告团完成48个乡报告任务，受教育人数达4.6万人，占全县总人口的75%。同时县委发出《关于当前贯彻婚姻法运动月工作中存在几个主要问题的通报》，要求各区乡对贯彻婚姻法运动月工作进行检查总结。3月31日，县第一届第七次各界人民代表会议召开，县妇联在会上作“关于进一步贯彻婚姻法”的发言。4月5日，县抽调干部20余人，分6组下乡协助开展宣传贯彻婚姻法工作，至4月底，贯彻婚姻法运动告一段落。之后，婚姻法宣传贯彻渐趋经常化。

1961年7月6日，嵊县县委批转县妇联《关于继续向广大群众宣传贯彻婚姻法的报告》。报告指出近几年来，特别是1960年以来，在部分地区又出现了早婚、买卖婚姻、养童养媳、典妻、抢婚等现象，少数地方还比较严重。为坚持贯彻婚姻法，彻底废除旧的婚姻制度残余，报告提出三条意见：（一）组织干部在学习“六十条”的同时进一步学习婚姻法，在提高认识基础上开展一次全面摸底检查，掌握情况；（二）在全县范围内开展一次大张旗鼓的宣传活动，造成声势，使90%以上成年人受到教育，达到自觉遵守婚姻法；（三）各级党委应统一组织政法、团委、妇联、工会和文化宣传等单位，依靠群众，对存在问题迅速加以处理。

1963年3月，贯彻省委指示，全县开展婚姻法宣传教育。宣传方式有：召开党训班、团训班及妇女骨干、宣传员、通讯员、治保员、调解员、陪审员会议贯彻，三八妇女节召开全县广播大会，电影队放映幻灯，印发婚姻法及宣传资料各2000余份，制作宣传图片，组织宣传队赴各区、公社巡回展览讲解。历时2个月，参观人数达4.4万人。5月6日，县人民法院在城关镇召开宣判大会，对重婚、典妻、包办买卖婚姻等7个典型案件进行宣判处理，参加大会的各界群众5000余人。各区委、公社党委把宣传婚姻法和反对封建婚姻习俗列入政府工作报告，作为社会主义教育的一个主要内容，结合基层选举宣传贯彻。是年，城乡各地普遍形成处处贯彻、人人谈论婚姻法的声势，全县80%的成年人受到教育，包办、买卖婚姻、重婚、典妻、童养媳、抢亲、干涉婚姻自由及嫁娶抬花轿等封建陋习得到遏制。

1965年，县法院办结民事案件204件，其中婚姻纠纷案件占64.7%。为巩固社会主义婚姻制度，县法院印发婚姻法宣传资料，供各区、公社和社会主义教育工作队、工作组在社会主义教育运动中宣传教育。

1966年10月13日，针对包办、买卖、重婚、童养媳、干涉寡妇婚姻自由等封建陋习回潮的情况，县委在儒岙操场召开“横扫婚姻旧俗”大会，各区、公社、大队妇女干部、团干部及中小学教师代表500多人参加会议。会议通过对典型案件的批判、斗争和处理，团县委、县民政科、县妇联、县法院联合发起关于大立无产阶级新思想、新风俗、新道德风尚的倡议，县委部署深入开展婚姻法宣传教育。

1975年元旦，东茗公社长乐大队举办集体婚礼，县委副书记、县长和3名县委常委，县妇联、团县委及区、公社领导专程到现场向新人表示祝贺，省电视台、县广播站作实况报道。

1980 年 1 月，县委组织社会主义道德风尚教育报告团到各区及城关镇企事业单位巡回宣讲报告。宣讲报告以区为单位召开会议进行，报告内容为移风易俗办婚事、计划生育、尊婆爱媳、尊老爱幼等方面的好人好事。生产队长以上干部、全体党团员、各级计划生育领导小组成员参加会议。巡回报告自 24 日开始，至 31 日结束，听众达 6000 余人，县、区、乡广播站分别录音转播。

1981 年元旦，为深入开展“五讲四美”（讲文明、讲礼貌、讲卫生、讲秩序、讲道德；四美指心灵美、语言美、行为美、环境美）、“五好家庭”（爱国守法，热心公益好；学习进取，爱岗敬业好；男女平等，尊老爱幼好；移风易俗，少生优育好；勤俭持家，保护环境好）创建活动，以实际行动落实婚事新办，抵制不正之风，县总工会、团县委、县妇联联合举办结婚青年集体婚礼活动。

1982 年 1 月，县妇联以“妇工简报”形式，通报东茗公社长乐大队党支部关心男女青年婚事，注重移风易俗，自 1975 年起连续 8 年，每年举办结婚青年集体婚礼，被全县人民传为美谈。

是年春节期间，县妇联、县司法局、县文化馆联合组织道德风尚宣讲报告团，历时 24 天，赴 41 个区、公社巡回宣讲报告，印发宣传提纲 1700 份，放映幻灯 120 场，观众达 18 万人次。报告内容有红旗公社西山大队党支部、梅诸公社梅诸大队党支部贯彻执行婚姻法、计划生育政策的先进事迹；三坑公社东田大队求苗芬、澄潭公社芝田大队章小娟、三坑公社外坞坑大队李正帮等人婚姻自主，尊婆爱媳，尊老爱幼，舍己救人等先进事迹。

1983 年，县司法局、县公安局、县检察院、县法院等单位联合开展巡回法律宣传月活动，婚姻法为宣传重点之一。印发宣传材料 4.6 万份，绘制图片 5 套、122 幅，广播宣传稿 21 篇、470 次，解答法律咨询 175 人次。

1984 年，全县开展严厉打击刑事犯罪斗争，县司法局印发宣传资料 2.3 万份，绘制图片 31 幅，到各区、乡镇、厂矿企事业单位、学校巡回展览，婚姻法为宣传内容之一，受教育人数达 7 万人次。

1986 年 2 月，县委批转县政法委、县司法局等 12 个单位《关于加强法制宣传教育，普及法律常识的报告》，全县实施“一五”普法教育，婚姻法为普法教育重点内容。

1988 年，省妇联、浙江日报社、团省委联合举办“峰岭杯”婚事简办十标兵评选活动，梅诸乡下衣村俞松青、澄潭镇枣园村俞幼君获评标兵称号。

1991 年 3 月，全省民政系统开展婚姻法规知识竞赛，新昌参加竞赛 115 人，平均得分 74.68 分，50 人得奖，其中一等奖 2 名、二等奖 5 名、三等奖 8 名。

1996 年 2 月上旬，为配合第三轮文明城镇创建活动，倡导婚事新办，婚事简办，绍兴市妇联、团市委联合举办“喜结同心，共奔明天”大型集体婚礼活动，新昌有3对新婚夫妇参加。

2001年8月，县妇联、县司法局开展新婚姻法宣传周活动。县人大领导在新昌电视上就贯彻实施婚姻法修正案发表讲话，县广播站开设婚姻法系列讲座，县妇联、县司法局等部门干部上街开展咨询服务、有奖征答活动，组织举办婚姻法培训班，各镇乡利用广播、电视、电影幻灯、黑板报、宣传窗等工具开展宣传。

2015年，县司法局编印《农村法律服务手册》6000册，免费发送各乡镇、街道和农村、城镇社区，内容包括生产经营、土地房产、劳动合同、婚姻家庭等方面法律知识。

三、婚姻登记管理

民国以前，历朝政府实行仪式婚姻制度，男女双方只要订立婚约，拜过堂，办过酒，公开仪式完婚，被大众认可，即为合乎礼法的夫妻，无须到官衙登记。民国时期，“拜堂”“办酒”仪式婚仍为主流，少数青年男女参加集团结婚的，由举办单位发给有介绍人、主婚人、证婚人签字的结婚证明书，非政府统一制作。

1950年5月，《中华人民共和国婚姻法》实施，废除仪式婚姻制，实行婚姻登记制。6月，省政府发布《浙江省婚姻登记暂行办法（草案）》。10月，发布《浙江省婚姻登记暂行办法》，规定：凡结婚、离婚、复婚的男女双方，须持村农会或单位出具的证明当事人年龄及婚姻状况的介绍信，亲自到婚姻登记机关申请登记。8月，全县开始婚姻登记。至1951年年底，准予结婚登记508对，离婚95对。

1955年6月1日，贯彻执行《婚姻登记办法》，结婚的男女双方须亲自到所在地婚姻登记机关填写结婚申请书申请登记。如果当事人不会填写，可以口头申请，由登记工作人员代为填写。准予登记的发给结婚证书。离婚的男女双方须亲自到所在地婚姻登记机关填写离婚申请书申请登记。如果当事人不会填写，可以口头申请，由登记工作人员代为填写。婚姻登记机关经查明男女双方确系自愿并对子女和财产问题确有适当处理的，准予离婚，并发给离婚证。一方提出离婚他方坚决不愿意离婚，或者一方确因不愿意离婚避而不到的，由人民法院处理。复婚登记的，在申请书上附注“恢复结婚”，并缴销原离婚证件。

1966年4月1日，县民政劳动科发函至各公社，要求在办理离婚登记中，密切结合基层调解组织，走群众路线，贯彻执行婚姻法的各项规定，由公社领导进行审批。对调解达不成一致意见的，应转法院处理。“文化大革命”开始后，婚姻登记由公社领导审批的制度取消。

1979年，党中央号召计划生育，晚婚晚育，提倡一对夫妇只生育一个孩子。县革委会作出关于实行晚婚晚育的规定，对行政、企事业单位干部职工不到晚婚年龄的（男25周岁、女23周岁），单位不予出具介绍信，婚姻登记机关不予办理结婚登记。

1981 年 1 月 1 日，施行新修订的《中华人民共和国婚姻法》，申请结婚的男女双方，须持本人户口证明和所在生产大队（居委会）或工作单位出具的有关出生年月、民族和婚姻状况的证明。复婚登记的，在发给结婚证书的同时收回离婚证，并在申请书上注明“恢复结婚”字样。离婚登记需经前置调解，促进和好；经查明双方感情确已破裂，自愿离婚，且对子女和财产作出处理的，予以办理。一方提出离婚另一方不愿离婚的，由法院处理。

外国人、外籍华人申请与中国公民结婚者，需持本国（或居住国）公证机构出具的无配偶证明，并经该国（或居住国）使、领馆认证。也可持该国驻华使、领馆出具的无配偶证明。只持本人在居住国的驻华使、领馆的宣誓（声明）书，不予受理。

1983 年，华侨、港澳同胞同内地公民婚姻登记，须持有驻我国使领馆、我国司法行政机关委托的香港律师认证的婚姻状况证明、声明书或澳门行政局、警察局出具的婚姻状况证明，方可办理婚姻登记。

1984 年 12 月 26 日，《浙江省婚姻登记办法实施细则》发布，婚姻登记按照申请、审查、登记的程序办理。

1986 年 6 月，县卫生局、县民政局联合发出《关于开展婚前健康检查的通知》，从 9 月 1 日起，居住在县城范围内申请结婚登记的男女双方，须行婚前健康检查，提供婚前健康证明方可办理结婚登记。

1988 年 12 月起，根据省民政厅《关于事实婚姻离婚手续问题的通知》规定，事实婚姻申请离婚的，按照先办结婚，再办离婚的程序进行登记。

1992 年 6 月 3 日，贯彻执行《浙江省优生保健条例》，县卫生局、县民政局联合发出《关于在全县范围内开展婚前健康检查的通知》，规定自文到之日起，全县实行婚前健康检查制度，适龄公民结婚前均须进行婚前健康检查，未经检查或婚前健康检查不合格者，婚姻登记机关不予受理。

1994 年 2 月起，根据民政部发布的《婚姻登记管理条例》规定，婚姻登记机关对当事人的离婚申请有一个月的审查期限；对未办理过结婚登记的不予受理。当事人遗失或损毁结婚证、离婚证的，可持所在单位、村（居）民委员会出具的婚姻状况证明，向原办理婚姻登记的婚姻登记机关申请出具夫妻关系证明、解除夫妻关系证明。

2003 年 10 月 1 日起，贯彻国务院颁布的《婚姻登记条例》，取消办理婚姻登记需提供所在单位、村（居）民委员会出具证明的做法，改由当事人做出本人无配偶以及与对方当事人没有禁止结婚的亲属关系的签字声明。不再限制患麻风病或性病未治愈者结婚。离婚无需提供所在单位、村（民）民委员会出具的介绍信。婚前医学检查不作硬性规定，改为自愿。

2016 年 9 月 12 日起，为推进全省婚姻登记电子证照库建设，预防婚姻登记电子数据被篡改，保证婚姻登记电子数据完整真实，根据省民政厅规定，实行婚姻证数据电子签名制度。

四、治理违法婚姻

农村实行生产责任制后，随着大量农民弃农经商务工潮流的兴起，江西、云南、贵州等省“外来女”与本地男子以夫妻名义同居生活、生儿育女的急剧增加，结婚不登记的现象相当普遍。1985 年调查，全县结婚登记 2351 对，未经登记结婚的有 1124 对，结婚登记率仅为 67.7%。

1989 年 5 月，县民政局会同县司法局在新林乡开展宣传贯彻婚姻法，治理违法婚姻试点。随后，县政府批转《新林乡关于开展〈婚姻法〉宣传，清理非法同居、非法生育等违法婚姻的通知》，各地结合普法教育，相继开展治理违法婚姻工作。

1991 年 5 月，县委组织民政、司法、计生、宣传等部门在西岭乡开展清理“三非”（非法同居、非法生育、非法抱养）工作试点。6 月，全县开展清理“三非”宣传月活动，共处理非法同居 1022 人。除对当事人进行法制宣传批评教育外，对符合结婚年龄的，责令补办结婚登记手续，早婚早育的予以行政处罚。之后，连续 3 年开展清理“三非”宣传月活动，累计处理违法婚姻 2148 对，其中补办结婚登记 2092 对，处理早婚早育 56 对。全县结婚登记率提高到 90.7%。

1998 年 8 月 18 日，县政府办公室发出《关于处理“外来女”婚姻登记问题的通知》，要求乡镇政府在执行婚姻法规的同时，从实际出发，分别情况解决“外来女”的婚姻问题。对“外来女”是新昌县未婚男子明确的婚配对象，有稳定的恋爱史，并已在新昌县定居一年以上，达到结婚年龄的未婚女及达到结婚年龄，由于父母反对或因其他原因干涉而取不到有效证件、证明，经乡镇政府两次挂号信函与女方户籍地联系无回复的，由“外来女”向现居住地乡镇政府提交书面申请，说明无法获取结婚登记有效证件的原因，写明出生年月及婚育史，乡镇政府凭“外来女”的书面申请和现居住地村（居）委会出具的婚姻状况证明、居住证明、新昌县“外来女”婚姻情况登记表，给予办理结婚登记。是年，补办“外来女”结婚登记 500 余对。

1999 年后，随着有关部门对流动人口、计划生育、婚姻登记等管理的加强，普法教育的深入，人们的婚姻登记观念普遍提高，违法婚姻逐渐减少，婚姻登记率保持在 95% 以上。

五、婚姻介绍机构审批管理

婚姻介绍机构是在改革开放后，建立市场经济的形势下诞生的新事物。1993 年 10 月 6 日，县总工会成立首家“新昌县婚姻、保姆介绍所”，为企业职工提供婚姻、保姆介绍服务，实行独立核算、自负盈亏经营管理。

1996 年 8 月，《浙江省婚姻登记管理办法》规定：具备固定场所和必要的活动经费，健全的规章制度和组织章程，有负责人和一定数量的专职从业人员的可以向省民政厅申请成立婚介机构。该机构是为择偶当事人提供婚姻介绍服务的社会服务性组织，属企业法人性质。其收费标准和项目由民政部门提出意见，报物价部门批准。是年，经报请省民政厅批准成立的个体经营婚姻介绍所12家，分布在县城内。

1997年12月5日，省民政厅、省工商行政管理局、省公安厅、省物价局发布《浙江省婚姻介绍服务机构管理暂行规定》，规定：申请成立婚姻介绍服务机构的单位和个人须具备3万元以上的经费，3人以上的专门工作人员，负责人具有较高的文化程度和良好的职业道德。成立婚姻介绍服务机构的，向所在地民政部门提出申请，经县以上民政部门调查核实，报经市（地）民政部门签署意见后，报省民政厅审批。

2001年9月28日，县物价局发文放开婚姻中介服务收费管理。

2003年11月6日，省民政厅下发《关于取消婚姻介绍机构审批的通知》，民政部门不再审批和管理婚姻介绍机构，统一由工商部门审批和管理。

六、婚姻证件及收费

1953年6月，省民政厅通知，结（离）婚申请书每张收取工本费106元，结婚证书每张收工本费750元（旧币）。

1955年7月，省民政厅、省财政厅印发《关于婚姻收取工本费的规定》，结婚证书每张收工本费0.3元，离婚证书每张收工本费0.1元。结婚证书、离婚证书由省民政厅按内务部规定印制。

1973年7月，县革命委员会转发国务院文件，自8月1日起，取消结婚证和离婚证收取工本费的规定。

1979年，结（离）婚证书由县民政局按省民政厅制定的统一式样印制，加盖登记机关印章，每对收工本费0.5元。

1981年11月起，结（离）证书由省民政厅统一制作，加盖县人民政府印章。

1984年9月，省民政厅通知规定：国内公民结（离）婚证每对收工本费2元，涉外结（离）婚证每对收20元。

1986年7月起，结（离）婚证书加盖乡镇婚姻登记专用钢印。

1987年3月起，统一使用民政部印制的婚姻状况证明书。

1988年9月1日起，根据省民政厅、省物价局发布的婚姻登记证书收费标准，国内公民离婚证书每对收费由2元调整为20元；结婚证书每对收费2元，配丝绸外套6元；涉外结（离）婚证书每对由20元调整为30元。

1989年5月起，开展婚前教育，向申请结婚当事人配发婚前教育读本《新婚指南》，收工本费5元。结婚证、离婚证、夫妻关系证明书统一加盖省民政厅印章。

1990年，婚姻状况证明书每份收工本费0.5元。

1992 年 1 月 1 日，根据省民政厅《关于婚姻登记收费等问题的通知》精神，国内公民结（离）婚证书每对收工本费 10 元，夫妻关系证明书、解除夫妻关系证明书每本 5 元。

1993—1997 年，开展婚姻登记收费情况专项检查，停止配发《新婚指南》，清理借结婚登记搭车收取超计划生育罚款及其他收费问题，规范婚姻登记收费行为，加强行风建设。

1999 年 11 月起，执行省民政厅、省财政厅、省物价局通知，国内公民结（离）婚证书每对收工本费 9 元，夫妻关系证明书、解除夫妻关系证明书每本 5 元。

2015 年 1 月 1 日起，执行省财政厅、省物价局转发财政部、国家发展改革委《关于取消停征和免征一批行政事业性收费的通知》，停止婚姻登记和收养登记收费。

附：1979—2017 年新昌县婚姻登记情况

表 84　1979—2017 年新昌县婚姻登记情况表

年份	公民婚姻登记			涉港澳台同胞，以及华侨婚姻登记					
	结婚登记（对）	离婚登记（对）	复婚登记（对）	结婚登记					离婚登记（对）
				对数	内地公民（人）		华侨、港澳台同胞（人）		
					男	女	男	女	
1979	938	58	6						
1980	1308	36	2	2		2	2		
1981	3696	51		1		1	1		
1982	3640	44							
1983	3194	42	5						
1984	3657	30	8	3		3	3		
1985	3661	52	10	2		2	2		
1986	2345	51	1						
1987	2777	43		2		2	2		
1988	3192	45		1		1	1		
1989	5222	39		1		1	1		
1990	4004	51							
1991	4683	47							
1992	3393	70		2		2	2		1
1993	3253	66	2	4		4	4		
1994	3865	81	7	1	2	9	9	2	
1995	3365	135	6	1		1	1		

续表 84

年份	公民婚姻登记			涉港澳台同胞，以及华侨婚姻登记					
	结婚登记（对）	离婚登记（对）	复婚登记（对）	结婚登记					离婚登记（对）
				对数	内地公民（人）		华侨、港澳台同胞（人）		
					男	女	男	女	
1996	3481	89	12	3		3	3		1
1997	3520	81							
1998	4269	98	8						
1999	3608	86	7						
2000	3378	106	15						
2001	3685	131							
2002	3943	129	10						
2003	3604	219	16						
2004	3838	300	20						
2005	3500	301	21						
2006	3684	352							
2007	3529	479							
2008	3519	565	24						
2009	3621	671	49						
2010	3660	651	38						
2011	3834	749	64						
2012	3369	839	108						
2013	3727	913	120						
2014	3621	934	159						
2015	3468	1024	165						
2016	3055	1058	189						
2017	2996	1258	226						

第三节　收养登记

收养，是指收养他人子女为其法律上自己子女的行为，包括“立嗣”（收养本宗别房子，也称立后、过继、继养、立继、命继、过房、收继）和“乞养”（收养异姓义子，也称义养）。

收养登记属于国家行政管理。清朝及以前，历代封建王朝实行“有子立长，无子立嗣”“同宗则可为之后，异姓不相为后”的宗祧继承制。

中华民国时期，国民政府制定《中华民国民法》，赋予女子与男子同等的财产继承权，确立养子女享有婚生子女同等的权利和义务，对废除封建宗祧继承制度起推进作用。

新中国成立后，颁行《中华人民共和国婚姻法》，彻底废除宗祧继承制，实行男女平等，保护收养人和被收养人合法权益的收养原则。1991 年 12 月，《中华人民共和国收养法》颁布后，县民政局依法开展收养登记，规范民间的收养行为，促进收养家庭的和谐幸福。

一、收养制度

收养行为源出原始社会末期。至西周，随着宗法制度的确立，以祭宗孝祖传宗接代为目的，并且以“有子立长，无子立嗣”“同宗则可为之后，异姓不相为后”“无子者，听养同宗于昭穆相当者”为原则的宗祧继承礼制随之形成。

秦朝，沿袭西周的收养礼制，并以律法形式固定。嗣子被称为“父后”，而异姓立嗣为律所禁，异姓立子被称为“非子”。

西汉，新出土的西汉《二年律令》简中有“同产相为后”条文规定，即同父母所生的兄弟，可继为后。

唐朝，沿秦汉收养律法，限同宗相养，同色相养，异姓不养，异色不养。《唐律•户令》规定：“无子者，听养同宗于昭穆相当者”。“即养异姓男者，徒一年，与者笞五十”。收养被遗弃的小儿，“年三岁以下，虽异姓，听收养，即从其姓。”收养因兵灾、饥荒卖子者、弃沟壑者及父母双亡无缌麻亲者，许十五岁以下。唐咸亨元年（670），唐高宗令：“雍（雍州，今宁夏全境及青海、甘肃、新疆、内蒙古部分，后改凉州）、同（同州，今陕西省渭南市大荔县，周初，为古同国）、华州（华州，今陕西省渭南市华州区及周边地区）贫窭之家，有年十五岁以下不能存活者，听一切任人收养为男女。”收养人为义父母，被收养人为义子女。义子女与义父母之间不发生宗祧继承财产的关系。收养异姓之女，因其早晚会出嫁他人，唐律许“养女者不坐”。唐律还禁养杂户、部曲及奴为子孙，“诸养杂户男为子孙者，徒一年半；养女，杖一百。官户，各加一等。与者，亦如之”；“良人若养部曲及奴为子孙者，杖一百。各还正之（无主及主自养者，听从良）”。同时规定收养关系一旦确立，除所养父母自生子、本生父母无子及养处虽无子，但不愿留养外，不得无故解除，违者处刑罚二年。已婚的，“妻年五十以上无子，听立庶（许立庶子为嫡，但皆先立长。庶子，妾所生之子）以长”。

宋朝初期，承袭前朝旧制。《宋刑统》规定：“无子者，听养同宗于昭穆相当者。”收养异姓养子须是被遗弃的三岁以下小儿。元丰三年（1080），朝廷还规定：被继承人可养同宗于昭穆相当者为孙；收养嗣子者应是无宗祧继承人且须四十以上病笃的男性。南宋时期，朝廷对被收养人的年龄作规定：“在法，无子孙，养同宗昭穆相当者，其生前所养，须小于所养父之年齿”。同时规定：被收养人不能是独子；一人不可为两家嗣子；立嗣须双方自愿，争立者不可立；立嗣须“经官除附”（即办理户籍迁移）；特殊情况下收养异姓子不限三岁以下，凡“遭金人及贼寇杀虏遗弃幼小，但十五岁以下，听其收养，即从其姓”。

元朝，承继前朝律令制度。《元典章》规定：“诸人无子，听养同宗昭穆相当者为子。如无，听养同姓。皆经本属官司告给公据，于各户籍内一附一除。养异姓子者有罪”。同时规定收养人资格为“年及四十、无子之人，方听收养”。送养人资格仅限父母。

明朝，立嗣承继按照丧服亲等“由亲而疏，自近而远”进行，近者应优先承继。《大明令·户令》规定：“凡无子者，许令同宗昭穆相当之侄承继，先尽同父周亲，次及大功、小功、缌麻。如俱无，方许择立远房同姓为嗣。若立嗣之后却生亲子，其家产与原立子均分。并不许乞养异姓为嗣，以乱宗族；立同姓者亦不得尊卑失序，以乱昭穆。”“凡立嫡子违法者，杖八十。其嫡妻年五十以上无子者，得立庶长子。不立长子者，罪亦同。”对于“乞养异姓为嗣”者，《大明律》规定“其乞养异姓义子以乱宗族者，杖六十。若以子与异姓人为嗣者，罪同，归宗”。

明代中晚期，明律允许“爱继”（也称择继），在血缘关系亲疏相同的情况下，绝嗣者择立自己喜爱的晚辈作为嗣子，或者舍近求远，择立自己喜爱的远房晚辈作为嗣子。《问刑条例》规定：“凡无子立嗣，除依律令外，若继子不得于所后之亲，听其告官别立。其或择立贤能及所亲爱者，若于昭穆伦序不失，不许宗族指以次序告争，并官司受理。若义男、女婿为所后之亲喜悦者，听其相为依倚，不许继子并本生父母用计逼逐。”

清朝，沿袭前朝继嗣原则，立嗣过继依昭穆循序由近及远进行。《大清律例·户律》规定：“无子者，许令同宗昭穆相当之侄承继，先尽同父周亲，次及大功、小功、缌麻。如俱无，方许择立远房同姓为嗣。”违反循序立嗣的，依律处杖八十刑罚，责令其归宗，改立应继之人。对独子兼祧，政府予以支持。清乾隆四十年（1775），高宗特旨允许独子兼祧，后成惯例。对于三岁以下遗弃小儿，虽异姓，仍听从收养，改从养父之姓，但不得立为嗣子。如立嗣乱宗者，则强制养子归宗。

清宣统三年（1911），清朝政府制定《大清民律草案》，规定立嗣人必须为成年已婚无子男子；被立嗣者必须为同宗或亲族中辈分相当且有兄弟的男子。收养程序为：被立嗣人须经父母同意。如果父亲去世，母亲（嫡母、庶母）同意也可；如果父母去世，须经直系尊亲属会通过方可。十五岁以下的出嗣，可以直接由父母代为同意。立嗣者如已死亡，由其妻行使，如还未成亲由其直系尊亲属或家长或亲属会行使。已遗嘱立嗣者从其遗嘱。出嗣自报明户籍吏登记之日发生效力。违背规定出嗣立嗣者可向审判衙门提出撤销。嗣子归宗须得亲属会议通过。

中华民国初期，北京政府 1925 年制定《民律亲属编草案》，次年 11 月由司法部通令各级法院作为条例适用。《民律亲属编草案》在承袭大清民律的同时，允许以孙继祖，“若宗亲中实无相当之人可为嗣子者，得立嗣孙为后（间代立后）。乞养异姓义子以乱宗处六等罚”。

1930 年 12 月 26 日，南京国民政府公布《民律亲属编草案》，并于次年 5 月 5 日起施行。《民律亲属编草案》革新收养制度，废止宗祧继承制，赋予女子与男子同等的财产继承权利，确立养子女与养父母之间的关系除法律规定外与婚生子女同，养子女从收养人的姓。规定收养人应具备的条件为：收养者的年龄长于被收养者 15 岁以上，有配偶者收养子女应当经配偶同意。规定被收养人的条件为：3 岁以下遗弃小儿，被人收养，或以义男名义入异姓人家为人子者，为养子；有配偶者，非经其配偶同意不得成为他人养子；被收养人除有配偶外一人不得同时为二人之养子女；有配偶被收养时，应当征得其配偶同意。收养子女应当以书面形式，但自幼抚养不在此限。养子女之财产继承顺序与亲子女同，但应继承份额为亲子女之二分之一。收养的解除须符合下列情形：（一）养父母与养子女之一方出现虐待或者严重侮辱一方者；（二）恶意遗弃他方者；（三）养子女被处二年以上有期徒刑者；（四）养子女有浪费财产的情形；（五）养子女生死不明满三年者。收养关系的解除应以书面形式为之或向法院申请认可。

新中国成立后，颁行《中华人民共和国婚姻法》，废除男尊女卑的宗祧继承制度，实行男女平等，养子女享有婚生子女同等权利和义务的原则。国家保护合法的收养关系，任何人不得加以危害和歧视。

1979 年 2 月，最高人民法院下发《关于贯彻执行民事政策法律的意见》，明确收养子女，必须经过生父母或监护人与养父母协议同意；子女有识别能力的，须取得子女同意，再向有关部门办理收养手续、进行户籍登记后始能成立。收养关系的解除，由送养、收养双方协商调解或由人民法院按照归谁抚养对养子女有利的原则判决处理。

1984 年 8 月 30 日，最高人民法院下发《关于贯彻执行民事政策法律若干问题的意见》，对收养问题进一步规定：收养关系的成立须经生父母、养父母同意，有识别能力的被收养人也同意，办理合法手续。生父母中有一方不同意的，收养关系不能成立。对亲友、群众公认，或有关组织证明当事人明确以养父母与养子女关系长期共同生活的，虽未办理合法手续的事实收养关系，也应按收养关系对待。收养人收养他人为孙子女，确已形成养祖父母与养孙子女关系的，应予承认。收养关系成立后，养父母或生父母反悔，要求解除收养关系的，人民法院应查明要求解除的理由，并听取被收养人的意见，根据有利于养子女健康成长的原则，决定是否准予解除。由于养父母不尽抚养义务，影响子女健康成长，生父母要求解除收养关系的，应予解除。养父母发现所收养的子女有生理缺陷，或有其他病症，要求解除收养关系的，一般不予解除；但生父母在送养时有意隐瞒的，可予解除。养父母与其抚养成人的养子女关系恶化，一方坚决要求解除收养关系的，一般可准予解除。

1985 年 6 月 20 日，省民政厅制定《浙江省弃婴儿领养的暂行规定》，规定：经两个月以上查找，确实查找不到生父母的弃婴，允许无子女的家庭领养。领养家庭必须具备的条件是：经医院证明有一方无生育能力，女方年龄在 32 周岁以上 45 周岁以内，且有抚养能力。精神病、麻风病患者和其他严重疾病未愈者，不能领养。

1992 年 4 月 1 日，《中华人民共和国收养法》施行，规定：收养应当遵循有利于被收养的未成年人的抚养、成长，保障被收养人和收养人合法权益，平等自愿，不得违背社会公德，不得违背计划生育的法律、法规等基本原则。收养人必须同时符合无子女，年满 35 周岁，有抚养教育被收养人的能力等条件。无配偶男性收养女性的，与被收养人年龄须相差 40 周岁以上。被收养人必须是不满 14 周岁的孤儿；查找不到生父母的弃婴和儿童；生父母有特殊困难无力抚养的子女。收养人只能收养一名子女。收养三代以内同辈旁系血亲的子女，可以不受"生父母有特殊困难无力抚养的子女"和与被收养人年龄须相差 40 周岁以上的限制。收养孤儿或者残疾儿童可以不受收养人无子女和收养一名的限制。收养继子女，可以不受"生父母有特殊困难无力抚养的子女"、收养人应当具备的条件和被收养人不满 14 周岁的限制。收养人在被收养人成年以前，不得解除收养关系，但收养人、送养人双方协议解除的除外，养子女年满 10 周岁以上的，须征得本人同意。因收养人不履行抚养义务，有虐待、遗弃等侵害未成年养子女合法权益行为的，送养人有权要求解除养父母与养子女的收养关系。送养人、收养人不能达成解除收养关系协议的，可以向人民法院起诉。

1996 年 9 月 20 日，省民政厅制定《浙江省收养登记工作暂行规定》，对收养人条件具体规定为：（一）收养人无子女。一方或双方再婚的必须是双方没有共同生育过子女且符合《浙江省计划生育条例》规定经批准可以生育的对象。（二）双方年满 35 周岁。双方年满 50 周岁以上的只能收养年满 7 周岁以上的被收养人；双方年满 60 周岁以上的不能收养。（三）有抚养教育能力。收养家庭人均年经济收入必须达到本县人均年收入以上（包括被收养人），有良好的道德品质、无精神病、传染病等影响被收养人健康成长的疾病。

1998 年 11 月 4 日，第九届全国人民代表大会第五次会议通过《关于修改〈中华人民共和国收养法〉的决定》，并于 1999 年 4 月 1 日起施行。修改后的收养法将收养申请人年龄放宽到 30 周岁，收养人应具备的条件增加一条"未患有在医学上认为不应当收养子女的疾病"的规定。

2014 年 9 月 28 日，民政部下发《关于规范生父母有特殊困难无力抚养的子女和社会散居孤儿收养工作的意见》，指示生父母有特殊困难无力抚养的子女和社会散居孤儿的收养工作要坚持国内收养优先的原则。明确生父母有特殊困难无力抚养的子女由生父母作为送养人，生父母均不具备完全民事行为能力且对被收养人有严重危害可能的，由被收养人的监护人作为送养人；社会散居孤儿由其监护人作为送养人。

至2017年，收养制度未变更。

二、收养登记机关

1985年6月20日，省民政厅制定《浙江省弃婴儿领养的暂行规定》，明确收养社会福利机构的社会弃婴儿，由民政部门负责办理送养手续；领养社会福利机构以外的孤儿、弃婴，由公证机关办理收养公证。

1992年4月，《中华人民共和国收养法》规定，收养查找不到生父母的弃婴和儿童以及社会福利机构抚养的孤儿的，由民政部门负责登记；送养人或收养人要求办理收养公证的，由公证机关办理收养公证。

同月，民政部发布《中国公民办理收养登记的若干规定》《外国人在中华人民共和国办理收养登记问题的通知》，规定：中国公民办理收养登记的机关是县级以上民政部门，外国人办理收养登记机关是省级以上民政部门指定的收养登记机关。

8月，省民政厅规定中国公民（港、澳、台地区除外）收养子女由县级民政局和设有儿童福利机构的市民政局办理收养登记；港澳同胞、台湾居民、华侨收养子女由市（地）民政局办理收养登记；外国人收养子女由省民政厅办理收养登记。各收养登记机关以被收养人所在地为管辖范围。

是年，县民政局指定收养登记工作人员，经省民政厅培训考核合格后，开始办理收养登记工作。

三、收养登记程序

历史上，民间收养有收养继子、收养义子和收养继女之分，以收养继子立嗣为主。收养关系以送养、收养双方订立契约为成立。唐朝，官府公布同宗养子契（俗称过继文书），异姓养子契、养女契等样文，载明收养的原因、收养对象、养子的权利和义务、收养人的承诺及预防性措施等，呈告本属官司给予公据，经官司于各户籍内一附一除（办理户籍迁移）后，收养关系方被官府所承认。唐朝之后，订立契约，经官除附，为历朝官方认可的收养关系成立程序。

新中国成立后较长时期内，国家对于民间收养未有专门的法律规定。民间收养通常由当事人双方自愿订立协议，经所在生产大队同意或居民委员会同意，再经公社管理委员会审核同意并出具证明，向户口管理机关办理户口迁移或申报手续，收养关系即告成立。收养的解除由收养当事人所在生产大队或居民委员会组织调解，签订解除收养关系协议书；调解不成的，由人民法院判决。

1985年6月后，县民政局凭申请收养人提供的所在单位或乡镇政府出具的夫妻双方身份、年龄、婚姻、经济状况等证明，以及县级以上医院出具的一方无生育能力和收养人身体健康状况的证明，由收养人填写收养弃婴儿申请表、收养人保证书，给予领养县民政局抚养的社会弃婴儿，并出具送养证明，办理收养儿童的户粮关系迁移手续。

1992 年 4 月起，县民政局按照收养人申请、调查审核、依法登记的程序，办理收养登记。收养人必须亲自到县民政局提交收养申请书，写明收养目的，不虐待、不遗弃被收养人和抚养被收养人健康成长的保证。同时提供居民身份证和户籍证明；村（居）民委员会出具的加盖乡镇人民政府（街道办事处）公章的收养人年龄、婚姻、家庭成员、有无抚养教育能力等情况的证明和县级以上医院出具的医学检查证明。申请收养社会福利机构抚养的孤儿的，须提供社会福利机构出具的同意送养证明。申请收养社会散居孤儿的，须提供孤儿户口登记机关出具的父母死亡证明或法院宣告死亡的判决书、有抚养义务的亲属同意送养的证明，以及送养人与收养人签订的书面协议。被收养人年满 10 周岁的，也须亲自到场并填写本人愿意被收养的书面意见。县民政局经过调查审核，对符合规定条件、证件齐全有效的收养申请人，准予登记，发给收养证，收养关系自登记之日起成立。对不符合规定条件的收养申请，不予受理，并做好政策法规解释工作。

1996 年 9 月 20 日起，执行《浙江省收养登记工作暂行规定》，收养登记的三方当事人必须到场办理。夫妻共同收养子女，一方不能亲自到场的，须出具经公证的收养委托书。

1999 年 2 月 9 日，县卫生局、县民政局联合发出《关于做好收养登记前医学检查工作的通知》，指定县妇幼保健院为医学检查单位，由该院出具的医学检查证明作为审核是否具备收养条件的依据之一。同年，对申请收养社会弃婴的，实行查找生父母公告制度，在新昌报上刊登查找生父母公告满 60 天后，再行审核办理。

2014 年 9 月 28 日起，生父母有特殊困难无力抚养的子女和社会散居孤儿的收养登记，送养人须提交下列证明材料：

生父母作为送养人的，须提交下列之一证明材料和生父母与当地卫生计划生育部门签订的计划生育协议。（一）县级以上医疗机构出具的重大疾病证明；（二）县残疾人联合会出具的重度残疾证明；（三）人民法院判处有期徒刑或无期徒刑、死刑判决书。如生父母一方死亡或者下落不明的，还应当提交死亡证明、公安机关或者其他机关出具的下落不明的证明；经公证的死亡或者下落不明一方的父母不行使优先抚养权的书面声明。

生父母以外的监护人作为送养人的，须提交下列证明：（一）生父母的死亡证明或者人民法院出具的生父母双方均不具备完全民事行为能力的证明文书；（二）监护人所在单位或村（居）民委员会出具的监护人实际承担监护责任的证明；（三）其他有抚养义务的人（祖父母、外祖父母、成年兄姐） 出具的经公证的同意送养的书面意见。

四、收养登记状况

新昌民间，历来有养子立嗣、养女为媳的习俗。旧时收养，通常遵循“同宗相养，异姓不养”的原则。据《民德归厚·新昌家训汇编》①收集的邑内 50 个大宗姓氏，近 80

①:《民德归厚·新昌家训汇编》由新昌县图书馆、新昌姓氏文化研究会编，2018 年 11 月由浙江古籍出版社出版发行。

种家训族规记载，均立有“继子立嗣”条规。清康熙十年（1671）修订的《琅琊图山王氏宗谱》，立有“娶妻无出，宗祀失守，所伤孰甚，于同支同宗之子继之，全乎孝道”之“规宜”；1939年修订的《鼓山张氏宗谱》，立有“无子者，以侄为后，不许外甥、女婿冒姓，以乱宗嗣”之“家规”；《五峰俞氏务滋堂宗谱》立有“人之乏嗣而育螟蛉（养子），务择亲支，论昭穆以续其派。毋使异姓乱宗”之“家法”。另据1939年、1942年县育婴所称：每年收容遗弃婴孩在百余人。“初进时，由住所乳妇先行哺养，俟择定相当乳妇再行寄养，稍长即由乳妇认领为己女。”

新中国成立后，政府尊重民间的收养习俗，保护合法的收养关系，养子女享有亲生子女同样的权利和义务。县民政局收容的健全遗弃婴幼儿由无子女家庭收养。

1967—1969年，县域饥荒，山东省无子女家庭来新昌民间领养子女的较多。

1989年7月31日，为坚决制止弃婴、溺婴的发生，做好弃婴的收养工作，县民政局、县卫生局、县公安局、县司法局、县财政局联合制定《关于弃婴收养工作的若干规定》，规定收养人应具备如下条件：1. 夫妻双方具备完全民事行为能力和正当的收养目的。2. 有可靠的经济来源和抚养、教育能力。3. 夫妻双方结婚五年无子女，女方年龄一般在30周岁以上，并经县以上医院确诊，其中一方无生育能力。4. 夫妇双方身体健康（精神病、性病、麻风病患者和其他严重疾病患者，不能收养）。

1991年6月，全县开展清理“三非”宣传月活动，处理非法抱养158起。其中：对在1990年1月1日前私自收养、符合收养条件的当事人，进行法治教育和经济处罚，责令其在限期内办理收养登记手续；对不符合收养条件私自收养的，当地政府将弃婴儿送交县民政局抚养，拒不送交县民政局抚养的，按本人所生子女计胎次，作超计划生育处理，对为逃避计划生育而替亲属收养子女的，责令其将小孩送还给生父母，并处以经济和行政处罚。此后，捡拾弃婴儿由县公安派出所出具捡拾弃婴儿报案证明；不符合收养条件而非法收养弃婴儿的，由计生部门处理，并将弃婴儿送交民政局抚养。县民政局对符合收养条件的事实收养给予补办登记。

1992年1月，开展《中华人民共和国收养法》宣传教育活动，县政府分管副县长在电视上作专题宣讲，县民政局通过电视、广播、新昌报等新闻媒体，开展专题解读。4月1日起，依法开展收养登记，当年办理收养登记11件。

1997年11月5日，为更好地贯彻执行《中华人民共和国收养法》，保障合法收养，制止违法收养，堵塞计划生育工作中的漏洞，预防弃婴、孤儿收养中的违法犯罪，县民政局、县公安局、县计划生育委员会制定《关于弃婴收养工作的若干规定》，规定：1. 公民发现弃婴、儿童须及时向当地公安派出所或当地政府报告，经当地公安派出所或当地政府调查，确属查找不到亲生父母的，由当地公安派出所或当地政府出具证明并派人将弃婴、儿童送县民政局抚养。任何公民不得私自收养或转送他人收养。2. 符合条件需要收养弃婴、儿童的公民，必须提出书面申请，经乡镇计生部门审核签署意见后，由县民政局负责安排收养，并办理登记手续。弃婴、儿童不得被发现地的公民收养。3. 未经批准私自收养的属非法收养，县民政局不予办理收养登记，户籍管理机关不予落户，当地政府将视作计划外生育处理。

2001 年、2002 年，分别办理协议解除收养关系各 1 件。

2009 年 4 月 20 日，为解决公民私自收养子女问题，保障收养人和被收养人的合法权益，县民政局、县公安局、县司法局、县卫生局、县人口和计划生育局联合发布《关于清理规范公民私自收养子女问题的通告》，规定：1. 收养人符合收养条件，收养社会弃婴、儿童的，由收养人提出申请，持相关证明材料到弃婴、儿童发现地的县（市）民政局办理收养登记。2. 收养人具备抚养教育能力，身体健康，年满 30 周岁，先有子女，后私自收养社会弃婴、儿童的，或先私自收养社会弃婴、儿童，后又生育子女的，由收养人提出申请，经弃婴、儿童发现地的县（市）民政局公告查找其生父母，并由发现地的社会福利机构办理入院登记和集体户口登记手续后，再予办理收养登记。在公告期间或收养后被检举收养人政策外生育的，由人口和计划生育局调查处理。3. 收养人不满 30 周岁，但符合收养人其他条件，私自收养社会弃婴、儿童且愿意继续抚养的，可向发现地的县（市）民政局或社会福利机构提出助养申请，登记集体户口后签订义务助养协议，监护责任由县民政局或社会福利机构承担，待收养人满 30 周岁后，仍符合收养人条件的，可以办理收养登记。4. 单身男性私自收养女性社会弃婴、儿童，年龄相差不到 40 周岁的，由户口所在地政府动员其将弃婴、儿童送交民政局指定的福利机构抚养。夫妻双方在婚姻关系存续期间私自收养女性社会弃婴、儿童，后因离婚或丧偶，女婴由男方抚养，年龄相差不到 40 周岁，抚养事实满一年的，可凭公证机关出具的抚养事实公证书，以及法院判决书、离婚证件或其妻死亡证明材料，到民政局办理收养登记。5. 私自收养生父母有特殊困难无力抚养的子女、由监护人送养的孤儿或私自收养三代以内同辈旁系血亲的子女，符合收养规定条件的，须依法办理收养登记；不符合条件的，应将私自收养的子女交由生父母或者监护人抚养。6. 私自收养发生后，收养人因经济、健康等原因不具备抚养能力，或者收养人一方死亡、离异，另一方不愿继续抚养，或者养父母双亡的，可由收养人或其亲属将被收养人送县民政局指定的福利机构抚养（被收养人具备完全民事行为能力的除外）。其亲属符合收养条件且愿意收养的，须依法办理收养登记。凡不符合上述规定私自收养的，由当事人户口所在地政府动员其将弃婴、儿童送交社会福利机构抚养。凡在 1999 年 4 月 1 日至 2009 年 3 月 31 日，公民私自收养子女的，一律到县民政局进行登记。县民政局将按上述规定予以办理，登记时间截至 2009 年 6 月 30 日。自 2009 年 4 月 1 日起，公民捡拾弃婴的，一律到公安部门报案。查找不到亲生父母和其他监护人的，一律由公安部门送交县民政局指定的机构抚养。公告发布后，收养人补办收养登记的10余件。

1992—2017年，县民政局办理收养登记共919件，协议解除收养关系2件。

附 1992—2017年新昌县收养登记情况

表85　1992—2017年新昌县收养登记情况表

年度	登记（件/人）	年度	登记（件/人）	年度	登记（件/人）	年度	登记（件/人）
1992	11	1999	54	2006	41	2013	67
1993	22	2000	50	2007	68	2014	48
1994	20	2001	67	2008	65	2015	30
1995	34	2002	54	2009	48	2016	35
1996	32	2003	90	2010	51	2017	25
1997	49	2004	67	2011	66		
1998	55	2005	66	2012	42		

五、收养登记收费

1992年4月，县民政局办理收养登记，按照县物价部门核定的收费标准，收取登记手续费20元，收养证工本费10元，调查费220元；办理解除收养关系，收取登记费100元。

2017年4月1日起，根据省民政厅《关于婚姻和收养登记费有关工作的通知》规定，停止收养登记收费。

第十一章　社会组织登记管理

社会组织登记管理[①]包括社会团体登记管理、基金会登记管理、民办非企业单位登记管理，属于国家行政管理的重要组成部分。

社会组织是从古代里邑的“祀社”群体活动逐步发展形成。清朝以前，当朝政府除了查禁对抗朝廷的秘密组织外，几乎没有社会组织登记管理的律法制度。清末，政府开始对农商工会实施登记管理。民国时期，国民政府根据各时期政治、经济、军事的需要，倡导、支持、培植社会团体发展，境内社会组织发展较快。

新中国成立初期，人民政府对旧社团进行登记、整顿、重组，实行政府与行业主管双重管理。“文化大革命”期间，社团登记管理制度被废。改革开放后，境内社团组织发展较快，民政部门依法开展清理整顿和登记管理，保障公民的结社自由和社会组织的合法权益，引导社会组织发挥政府与民众之间的中介作用和社会资源集聚的整合作用。

第一节　清末民国社团登记管理

清咸丰、同治年间（1851—1874），境内有烟业、茧业行会组织。清末，始设商会。民国时期，国民政府重视培植扶持社会团体发展，建立登记管理制度，将社会团体纳入“党治”“训政建设”范畴，使之在各个时期政治经济建设和军事斗争中发挥作用。

一、社会团体由来

社会团体是社会生产力发展到一定阶段的产物，传统社会团体由夏商时期里邑的群体活动逐步发展形成。

夏商时期，里邑有“祀社”（祭祀土地神）、“序齿”（按年龄大小定宴会席次或饮酒次序）、“乡饮酒”（汉人集体宴饮活动）、贵族文人间的集会酬唱（用诗词互相赠答唱和）及诸侯之间的朝聘盟会等带有社团色彩的活动。第一次社会大分工后，随着手工工业的发展，开始形成“工肆”“行会”之类的社团组织雏形。

秦朝以后，官僚士大夫中出现相互倾轧，争权夺利的“朋党”，里社之外有敛钱集会、互助合作的“私社”。

汉代，政府招揽人才，培植以儒、道为代表的“诸子百家”学术团体，形成“百家争鸣”的社会现象。及至东汉、魏晋南北朝，民间开始流行太平道、五斗米道、天师道、佛教等宗教团体组织。

---

①：社会组织登记管理在1950年，称社会团体登记管理。1998年8月起，改称民间组织登记管理。2016年8月起，改称社会组织登记管理。

隋唐时期，佛教、道教大兴，宗教团体组织流行于城乡。随着社会经济的繁荣、工商业的发达，行会组织应运而生，且门类多队伍大，立有行礼行规。每行有“行首”或“行头”，由同行推举产生，负一行之事务，主持各行成员对官府纳税、应差和交涉其他事情，率行成员举办牢醴祈福诸集体活动。唐朝是古典诗歌的黄金时代，诗人文士吟诗作文，互相提携奖掖之风盛行，以文养文，以会养会的师生、同窗、同科、同僚等学术文会团体众多。

宋元时期，商品经济、市民文化蓬勃发展，社团发展出现前所未有的局面，“团行”“市”“作”等同业行会遍布市井，“社会”团体盛于民间，“诗社”“书会”等诗文学术团体、戏曲艺术团体层出不穷。还有不少净业会、白莲会、盂兰盆会等宗教团体，以及茶汤会、净发社（梳剃）、耆英会等慈善团体。白莲会、白莲社、没命社等与官府“作对”的秘密会社，被官府镇压禁止。

进入明代以后，伴随着封建经济的发展，都市商业、文学、艺术和戏剧的繁荣，以及中西文化的交流，文人结社交友成为一种社会时尚，文社、复社、倡诗社等文化团体如雨后春笋相继出现。明永乐年间至清初，为平复战乱和灾荒疮伤，政府曾组织大规模的人口迁徙，促使以联络同乡感情，保护同乡利益，为同籍人士提供各种帮助为宗旨的同乡会馆、商人会馆、士宦行馆、公所等团体组织遍布省会府治。

明清两代社会矛盾尖锐突出，民间秘密结社四起，包括白莲教、大乘数、八卦教等秘密教门，天地会、三合会、哥老会、青帮等秘密会党。因秘密社会组织对抗朝廷，冲击正统的社会秩序，被历朝政府严令禁止，一经发现，即予取缔，组织者和参加者并加搜捕。《明律》载：“凡师巫假降邪神，书符、咒水、扶鸾、祷圣、自号端公、太保、师婆，及妄称弥勒佛、白莲社、明尊教、白云宗等会，一应左道乱之术，或隐藏图像，烧香集众，夜聚晓散，佯修善事，煽惑人民，为首者绞，从者各杖一百，流三十里。”清初，禁止秘密教门袭明律。顺治十三年（1656），谕：“凡左道惑众，如无为、白莲、闻香等教名色，起会结党，迷诱无知小民，殊可痛恨。今后再有踵行邪教，聚会烧香，敛钱号佛等事，在京著五城御史及地方官，在外著督抚司道有司等官，设法缉拿，穷究奸状，于定例外加等治罪。”后又有诸多法令严禁秘密教门。

鸦片战争以后，中国逐步沦为半殖民地半封建社会。受外国资本在华大举经济扩张的刺激及洋人商业社团、教会社团的思想影响，清朝政府开始兴办以富国强兵为目标的洋务运动，力图发展民族工商业。戊戌变法和义和团农民起义的暴发，资产阶级民主革命的兴起，迫使内外危机的清朝政府“仿行立宪”改制，推行振兴实业的政策，号召国人成立商会、行会、农会、教育会等社团组织，并将“臣民结社自由”写入《钦定宪法大纲》，颁行商会农会章程。从此，开启近代社会团体逐渐全面发展的历史时期。

二、机构、制度、程序

清光绪三十四年（1908），清政府制定《钦定宪法大纲》，诏示“臣民于法律范围内，所有言论、著作、出版及集会、结社等事，均准其自由”。同时颁行《结社集会律》，规定商会、农会、教育会等社会团体由各业主管部门禀请县署呈省政府主管官署核准，报中央主管官署备案，并由各业主管部门负责管理。禁止秘密结社。

1912年3月，中华民国临时政府颁布《中华民国临时约法》，赋予人民享有人身、言论、出版、集会、结社、信仰等自由。之后，国民政府历次颁行的宪法均有“人民有集会及结社之自由”的规定，并根据各个时期政治、经济、军事斗争的需要，逐步建立完善社会团体登记管理制度。

同年9月及1915年4月，农商部先后颁布《农会暂行规程》《商会法》，号召各县成立农商会，以图农工商事之改良发达，将农会、商会的筹备、立案、活动、管理纳入法制管理。

1924年1月，国共两党合作。7月，国民党中央执行委员会颁布由共产党参与制定的《农民协会章程》，规定：“农民协会为本三民主义解放劳动阶级之意志，合全国受压迫之贫苦农民而组织之。其目的在谋农民之自卫，并实行改良农村组织，增进农人生活。”会员资格为“凡居住中国之自耕农、半自耕农、佃农、雇农、农村之手工业者及在农村为体力的劳动者，不分国别、性别，凡年满16岁”均可入会。但有左列条款之一者得拒绝之：有田地百亩以上者；以重利盘剥农民者；为宗教宣教师者，如神父、牧师、僧、道、尼、巫等类受外国帝国主义操纵者；吸食鸦片及嗜赌者。

1928年8月，国民党二届五中全会确立“以党治国”“以党统政”的原则，各级成立民众训练委员会，社会团体被纳入“党治”范畴，进行“训政建设”，规定人民在法律范围内，有组织团体之自由，但必须受国民党党部之指导与政府之监督。县域社会团体的组设由县党部民众运动训练委员会承办，团体之事业受主管官署的指挥监督。

1929年6月17日，国民党第三届中央执行委员会第二次全体会议通过《人民团体组织方案》，人民团体必须遵守下列规定：不得有违反三民主义之言论及行为；接受国民党之指导；遵守国家法律，服从政府命令；会员以真正同业者及法律之许可之人为限；有反革命行为或受剥夺公权处分者，不得为会员；各项会议须得当地高级党部及政府之许可，方可召集。违反上列规定者，受应得之处分。人民团体分职业团体和社会团体。职业团体包括农会、商会、工会等；社会团体主要指学生团体、妇女团体及各种慈善团体、文化团体等。职业团体组成先由当地有住所的发起者50人以上联署，推选代表，准备“理由书”，向国民党县高级党部申请，由党部派员视察，党部认为合格时，发给许可证，并派员指导。发起人取得许可证后组织筹备会，推定筹备员，呈报县政府备案。筹备会拟定该会章程草案，呈请县党部核准后，方可按章程草案组织该会。该团体组成后，经县党部认为健全时，呈请县政府核准章程立案。其他社会团体同样应在党部指导、政府监督之下组织之，并须依法呈请政府核准立案，经政府核准备案后，该团体即为正式成立，始成为法人。

同年 8 月，国民政府修订《商会法》和《工商同业工会法》，对原有的商会、工商同业工会实行改组重设。规定工商同业工会的设立须有同业工司行号 7 家以上发起，在同一区域内之同业设立公会以一会为限。商会须有区域内 5 个以上工商同业工会发起，如无同业工会的须由商业的法人或商店 50 家以上发起。

1930 年，国民政府公布《修正人民团体组织方案》，规定人民团体成立的发起人数以 30 人为法定发起人数，会员不能少于发起人数。

1938 年 3 月 29 日，国民党召开临时全国代表大会，通过《抗战建国纲领》，其中规定："发动全国民众，组织农、工、商、学各职业团体，改善而充实之，使有钱者出钱，有力者出力，为争取民族生存之抗战而动员。""在抗战期间，于不违反三民主义最高原则及法令范围内，对于言论、出版、集会、结社当与以合法之充分保障。"

1940 年 9 月 12 日，行政院公布《非常时期党政机关督导人民团体办法》，人民团体之许可、组织事宜由县党部主管移送县政府接管，县政府于接受人民团体申请许可组织团体后，即派员视察，同时函告党部；县政府指导团体组织完成后，需向党部备案。国民党通过党政联席会议及发挥国民党员渗透作用掌控社会团体。

1942 年 2 月，国民政府公布《非常时期人民团体组织法》，明确人民团体主管官署在中央为社会部，在省为社会处，在县为社会科。人民团体以其行政区域为组织区域，同性质同级者以一个为限。县（市）各级人民团体组织应由 15 人以上发起。

1945 年 10 月，县政府设立社会科，执掌人民团体的登记管理及部分民政事务。

1948 年 5 月，社会科裁撤，社会团体登记管理归属民政科。

三、改组、整理、发展

清咸丰、同治年间（1851—1874），随着农商经济的发展，境内有"烟业公所""吴兴公所""茧公堂""黄溪试寓""沃西公局""梁家下处"等行会组织。

清光绪三年（1877），英国耶稣教、法国天主教传入新昌，城乡设有堂会组织 205 个。

光绪三十年（1904）1 月，清朝政府为摆脱内政、外交、财政、经济的全面困境，开始实行振兴实业之新政，颁布《商会简明章程》，号召全国商人建立商会，振兴工商。新昌商界发起筹建商会，公举石珊丰为商界董事。

1912 年 8 月，新昌商界响应中华民国临时政府"民主建国，实业兴国"的号召，成立新昌商务分会，会址设在县城文昌阁。同时成立新昌县教育会，会址设在城中下市街吕氏乡贤祠。之后，县教育会在乡镇发展教育分会。

是年，县内有姥东、鳌峰、分水等 17 个乡镇成立农会。农会组织的任务为推广农业知识，辅导农民改进耕作方法和协助农民解决困难。

1915 年 12 月 11 日、1916 年 2 月 1 日，北京政府先后公布《商会法》《商会法施行细则》，规定旧有各业工商行会，按行业和城镇地域组成全行业、全地域性的同业公会；新型工商行业亦可成立同业公会。为此，新昌县商务分会于 1917 年 2 月改组为新昌县商会，原有行会组设同业公会，同业公会作为团体会员加入商会，有商家会员 909 个。同年，新昌工业会馆由各业捐资成立。

1919 年 11 月，新昌知识界人士成立新昌青年实进团，团址设于县城南街，以“改造社会”为宗旨，曾为宣传抗日救国发挥作用。

1925 年 10 月，新昌学会登记成立，并在城区、东区、南区、西区、北区各设支会一所。会员除新昌县教师外，有上虞春晖中学、绍兴第五中学小学部教师。

1927 年 3 月，北伐战争期间，国共合作，实行联俄、联共、扶助农工三大政策，全国工农群众运动高涨。中共新昌独立支部以国民党临时县党部（左派）的名义，成立县工会、县农会，开展工农运动。

1928 年，国民党县党部成立工会整理委员会，成立成衣、石匠、烟包篾、泥水匠、木匠、竹工等 6 个产业工会，有会员 620 人。同年，国民政府颁布《农民协会组织条例》，饬令各地解散旧农会，成立新的农民协会。

1929 年 3 月，在县党部民众运动指导室直接督导下，改组旧农会，成立新的县农会，会址设在县党部内，同时建立乡农会 10 个，有会员 1900 人。

1931 年，县政府按照修订的《商会法》和《工商同业工会法》的规定，对原有的商会、工商同业工会实行改组重设。改组后，市镇有茧、肉、油、衣染、南货、杂货、药、酒、煤油、卷烟、粮食、杂行同业工会 12 个。同时成立区农会 3 个，乡农会增至 30 个，有会员 3079 人。

1934 年 5 月，中央民众运动委员会发布《全国人民团体总检查办法》，县党部委派指导员举行人民团体组织、改组、整理，至 7 月底结束。组织、改组、整理按照《人民团体组织法》和《修正人民团体改组办法》的规定进行，对原有团体、名称与新法规不符合的加以改正；对会员中反对三民主义者，一律令其退出；对具有新法规会员资格而没有加入者，“限其补行登记”，并按新法规修正会章改选职员；团体改组经过连同会章、会员名册、职员名册、履历等分别呈送县党部及县政府备案。

1935 年，按照国民政府颁布的《工会法》规定，重新成立县总工会，有会员 3500 余人，会址设县前巷绍恩祠。

1936 年 8 月，县中医师公会成立，有会员 9 人，会址位于县救济院施医所。

1937 年，全县有米业、肉业、药业、酒业、渔业、油业（植物油）、南货业、布庄业、水果业、杂货业、菜点业、水作业、旅馆业、烟行业、烟商业、酱业、磨坊茶食业、煤油卷烟业、广货书纸业、粮食杂行业、衣染业、手车业、茧行业、茶业等 24 个同业公会。

1939年8月，新昌县人力车夫职业工会成立，有会员51人。

1940年2月，中医公会改为中医师公会。全县同业公会增至28个，有会员1064人。

1942年3月，国民政府颁布《全国人民团体总登记办法》，规定凡1942年2月前成立的人民团体均须履行登记，过期不登记的除有特殊原因外，一律加以整理或解散，而登记的团体经审核认为不合法的亦一律予以解散。7月23日，社会部发布《收复地区人民团体调整办法》，对人民团体受敌伪指挥组织成立的勒令解散，对分子多数附逆或负责人附逆影响团体行动者、团体久无活动且其存在之基本要件已不具备者、团体活动违反法令妨碍公益或有破坏地方安宁秩序情事者予以解散。对团体负责人一部分附逆者、团伙被迫停止活动而组织尚有相当基础者予以整理。对组织法令有变更者、战时成立有依法改组之必要者予以改组。对组织健全，负责人任期届满者、负责人缺额过多无法递补者予以改选。是年，因境内战事频繁，人民团体无形停顿，整理登记未及举办。

1943年1月，县内局势稍定，县政府着手人民团体整理登记，经改组整理的人民团体有教育会、妇女会、体育会、商会、工会、佛教会、农会、中医师公会、商业同业公会等，并向团体派遣书记。8月，遵省政府训令，强制各乡建立农会，非农会会员不得享受农贷福利。10月，新昌县体育会成立，会址大市聚知新中心国民学校。

1946年2月，县政府奉令举行人民团体总登记，如期参加登记的有县农会、县商会、县总工会、县教育会、县体育会、县妇女会、县佛教协会、县中医师公会及部分同业公会、乡镇农会、乡镇教育分会、会计会等59个。总登记后，依照《收复地区人民团体调整办法》分别予以整理，发给立案证书。

同年5月24日，新昌县商学社成立，社员107人。

抗日战争胜利后，国民党以“兴教建国”为名，在南京创办“中国宗教联谊会”，白崇禧任总会长，各省设分会，各县设支会。1947年4月，杭州分会督导员石中和至新昌，与城关镇长生道道首石某某策划，以长生道为基础，成立宗教联谊会新昌支会。8月，经新昌县政府登记立案，在大佛桥召开宗教联谊会新昌支会成立大会，160人与会。至1949年，有会员820人。

四、指导、扶植、监管

（一）指导、扶植

1933年，国民党政府为达到管控社团，进而控制社会，稳固政权之目的，制定《人民团体指导员任用规则》，建立人民团体指导员制度，专职指导、监督人民团体干部的选任与人民团体成立前日常活动的组织等。指导员任用以县党部民众运动工作人员为原则。人民团体职员选举须由县党部指定人员出席指导，并由主管官署或监察机关指定人员监选方得举行。职业团体职员可参加县参议员、乡镇民代表候选人选举及甲乙种公职候选人[1]选举，名额每一单位至少分配一名，不足分配时由各单位分别选出初选人，会同复选之各单位初选人名额比照其会员人数确定。

1937年，为适应抗战与反共需要，进一步加强对人民团体的控制与渗透，县党部根据国民党中央制定的《县党部区分部指导民众运动方案》要求和浙江省政府关于“各人民团体在团体成立一个月内成立党团（国民党、三青团）组织，并积极吸收该团体内优秀分子加入党团”的指令，开展训练党员，指派党员直接参加人民团体，在团体内指导民众思想行为及组织的训练，协助团体兴办各种社会事业。对已有党团组织的人民团体，分别召开党团干事会议，检讨工作计划及改进方法；饬令各人民团体的党团应视工作需要定期开会，在开会时应请当地的党团部及政府派员出席指导。

1940年5月，国民党县党部设立战时民众运动指导室，委任俞湘千为干事，组织包括人民团体理事、监事、书记、小组长在内的“训政建设”，举办民众团体干部训练班5期。

同年，开始在职业团体中设置书记。按照国民政府公布的《职业团体书记派遣办法》和《职业团体书记服务规划》的规定，各种职业团体必须设书记一人，由曾经特种训练合格之人员充任，由政府支薪配发公粮。对无财力任用书记之团体、团体性质重要而尚未任用书记之团体、现有书记思想不纯正或能力薄弱之团体、由团体向政府请求者之团体、团体经济充裕，而无适当书记人员之团体、政府认为有其他必要指派情形之团体由政府指定人员充任。

是年起，为扶植并发展人民团体组织与业务，根据国民党五届中央委员会第七次全体会议通过《请确定人民团体经费案》的规定，设立人民团体经费政府补助制度，补助分中央、省、县三级施行，列入政府预算。当年，县政府安排人民团体补助费总计270元，其中县农会30元，37个乡农会185元，总工会10元，教育会15元，青年团10元，妇女会20元。

1943年5月，省社会处转饬省政府密令：1. 所有人民团体之许可组织、改组整理、解散及重要工作的推进，均应依照《非常时期党政机关督导人民团体办法》的规定，先经省（市）县党政双方会议决定，再由省（市）县政府依法办理。省（市）县党部必须按期与政府举行特别小组会议或秘密会议商决上述事项。2. 策动团体中之党员组织党团积极领导团体一切活动，确立本党之领导权。3. 人民团体职员及会员之训练应由党部与同级社会行政机关会商决定，以政府名义公布。训练实施则由政府主持，党部派员协助，集中训练其训练人由党部派员担任。4. 民间发起之各项社会运动的许可立案、督导、取

①：1943年5月，国民政府颁布的《省县甲种公职候选人考试法》规定，省县公职候选人考试种类分甲乙两种。经省公职候选人考试及格的，可为省参议员或县参议员候选人，同时也具备乙种考试及格的资格。经乙种公职候选人考试及格的，可为乡镇民代表、乡镇长或保长候选人。

缔等事项，概由政府负责，党部不再公开主持，但应策动党员以党团力量从中领导，并透过同级政府运用政府权力实现党的意志。为此，省社会处委派梁定为新昌佛教协会书记；甄灿琴为县妇女协会书记。8 月，原妇女协会理事章静霞接替该会书记。同时县党部向其他团体委派书记。

同年 10 月 25 日，为扶植并发展各级人民团体之组织与业务起见，省社会处发布《浙江省人民团体经费补助办法》，规定人民团体补助经费分组织补助费、经常补助费、临时补助费三种。补助对象与类型为：经主管官署指定或许可组织而筹备经费无力筹措者；经主管官署核定整理、改组、改选而团体经费确属困难者核给组织补助费。对团体组织有关国策推行而其经费确属困难者；团体组织有关促进文化、经济、建设及推行政令而其会员无力负担者；团体实施示范制者；以及工作卓有特殊成绩而经费困难者核给经常补助费。对受政府委托举办临时重大任务者；创办有关国防或地方建设及社会福利之急要事业而经费确属困难者；遭意外灾害急图恢复原有会务而经费无法筹措者核给临时补助费。人民团体补助费分甲、乙、丙三等，农会、教育会、妇女会属甲等，工会、渔会、商会（包括工商业同业工会）属乙等，其他自由职业团体及社会团体属丙等。人民团体每年补助经费由主管官署拟定总数列入预算，报省政府备案；人民团体使用、管理补助经费情况也须报省政府备案。

1945 年 7 月，省社会处委派丁重刚、孙渭源为新昌县人民团体指导员。

1946 年 2 月，奉省政府电令，裁撤人民团体书记，改设社政督导员，名额由裁撤人民团体书记名额移用。4 月起，县党部、县政府遵照社会部《县市农工团体理监事及书记讲习办法》规定，开展县政机关、党部、团部、农工团体理监事及书记讲习训练。同时，饬令各人民团体协助推行抗战复员工作，协助政府办理难民返乡工作和办理各种专门技术人才调查登记。

（二）非常时期强制监管

1940 年 2 月 22 日，国民党五届中央常委会第 155 次会议通过《非常时期职业团体会员强制入会与限制退会办法》和《非常时期工商业及团体管制办法》，规定：职业团体法定会员资格之从业人员或团体，均应加入当地业经依法设立之各该团体为会员，非因废业或迁出团体组织区域或受永久停业处分者，不得退会；拒绝入会之各从业人员或下级团体，应由各该业团体限期劝令加入，逾期仍不能遵办者，应予警告，自警告之日起 15 日内仍不接受者，得由该机关团体呈请主管官署分别给各从业人员予以罚款与停业处罚，而各业下级机关则予以整理与解散。同时规定：必需品经营者除小规模经营外在一个月内均须设立公司、行号、工厂，按照非常时期职业团体会员强制加入商会，组织必需品业同业公会登记，并限制退会。违反规定未能登记者，由主管官署依照《非常时期职业团体会员强制入会与限制退会办法》予以处分。必需品业经营登记范围为粮食、棉花、纱、布、煤炭、油、纸、碾米、面粉、纺线、植物油炼、煤矿、汽车等。

6月，行政院公布《非常时期人民团体组织纲领》，规定“人民团体均应以抗战建国为共同目的，在奉行三民主义，拥护国民政府，服从最高统帅（蒋介石）之原则下，为整个民族利益而奋斗”。“人民团体之组织以适合战时需要为前提，受国民党的指导，政府主管机关监督，并受军事机关之指挥”。明令“职业团体之会员入会，及下级团体加入上级团体，均以强制为原则，退会应有限制”；“全国人民除受法令限制者外，均得参加人民团体之组织，侨居国外之人民亦同”。

1943年5月，省政府发布《浙江省战时领导人民团体暂行办法》，规定：凡农村中以小手工业或小商贩等为副业者均应参加农会，各业工人均应强令加入各业工会，各业商店应强制加入同业工会，各级学校教职员及社教人员均应强制加入教育会，律师、会计师、药师、中医师等均应强制加入公会。战时人民团体会务工作应随时秉承党部的指挥，政府的监督，围绕抗战需要进行。

1944年3月，省社会处转发军政部电令，现役军人包括军校员生不得参加民众团体。

1946年6月12日，县政府抄发《人民团体游行注意事项》，规定机关、团体、学校无论其具有何种性质之团体进行，以及民间之迎神赛会均应遵照，凡在各地游行者，其负责筹备人员须于事前将负责筹备人姓名、年龄、职业、会社，游行宗旨、集会地点、游行日期与时间、经过路线等事项呈报警察局或县政府派便保护，游行时间以白昼为原则，游行时如散发印刷品、张贴标语的，须事先送经警察局或县政府备考，游行行列应按交通规划靠右边行进。

12月22日，县政府奉省社会处训令，禁止学校毕业学生离校以后、党政训练班以后成立同学会或其他政治性质之组织。

1947年9月16日，奉省政府训令，取缔各种短期训练班学员组织的同学会或类似同学会，所征收之会费由该会或会费经管人算明退还原缴款人。

1948年1月，县政府训令各级学校暨民众团体结队游行及其他一切对外聚会活动事项，应于5日之前填表呈报县政府或当地治安机关核许后始得举行，未经事先报准者，一律予以禁止。

第二节 新中国社会组织登记管理

新中国成立初期，社会团体登记管理由县民政科具体承办，专署审批，省政府备案。“文化大革命”期间，社会团体登记管理工作处于瘫痪状态。1988年起，民政部门依据国家颁布的社会组织登记管理办法、条例的规定，行使登记管理职责。

一、日常登记

（一）登记机关与职责

1950年10月19日，中央人民政府政务院公布《社会团体登记暂行办法》，明确规定县辖范围内成立社会团体由县民政科具体承办报批手续，批准权属于专署，专署批准后呈省人民政府备案。

1968年，县民政机构撤销，社会团体登记管理工作随之瘫痪。

1988年9月27日，国务院颁布《基金会管理办法》，规定地方性的基金会由中国人民银行的省、自治区、直辖市分行审查批准，由省、自治区、直辖市人民政府的民政部门登记注册，县级民政部门指导、协助相关登记手续的申报。

1989年10月25日，国务院颁布《社会团体登记管理条例》，规定社会团体由县级以上民政部门统一归口登记，实行登记管理机关与业务主管单位双重负责制。

民政部门履行下列监督管理职责：负责社会团体的成立、变更、注销的登记或者备案；对社会团体实施年度检查；对社会团体违反《社会团体登记管理条例》的问题进行监督检查，对社会团体违反《社会团体登记管理条例》的行为进行处罚。

业务主管单位履行下列监督管理职责：负责社会团体筹备申请、成立登记、变更登记、注销登记前的审查；监督、指导社会团体遵守宪法、法律、法规和国家政策，依据其章程开展活动；负责社会团体年度检查的初审；协助登记管理机关和其他部门查处社会团体的违法行为；会同有关机关指导社会团体的清算事宜。

1991年3月，县成立社会团体清理整顿工作领导小组，负责全县社会团体清理整顿工作。分管副县长钱忠鑫兼任组长，县民政局局长吕青山兼任副组长，成员由宣传、公安、工商、教育、卫生、科协、体委、团委等部门负责人组成。

1998年10月25日，国务院颁布《民办非企业单位登记管理暂行条例》，规定县级以上民政部门是民办非企业单位的登记管理机关。

2010年年底，县民政局内增设民间组织管理科，专门负责社会团体的登记管理工作。

（二）登记条件与程序

1949年9月29日，中国人民政治协商会议第一届全体会议通过《中国人民政治协商会议共同纲领》，及后全国人大历次公布的《中华人民共和国宪法》，均规定中华人民共和国公民有思想、言论、出版、集会、结社、通讯、人身、居住、迁徙、宗教信仰及示威游行的自由。

1950年，中央人民政府政务院公布的《社会团体登记暂行办法》和1989年后国务院颁布的《社会团体登记管理条例》，均规定社会团体（包括分设团体）筹备设立，应由发起人申请筹备登记，由主管机关审查同意，民政部门核准；社会团体于筹备设立完成时，应由负责人申请成立登记。社会团体登记的范围：所在行政区域内组织的协会、学会、联合会、研究会、联谊会、促进会、商会等社会团体，法律、行政法规另有规定的除外。社会团体必须遵守宪法和法律、法规，维护国家的统一和民族的团结，不得损害国家的、社会的、集体的利益和其他公民的合法的自由和权利，不得从事以营利为目的的经营性活动。凡危害国家和人民利益的反动团体，应禁止成立；已登记而发现有反动行为者，应撤销其登记并解散之。

1988 年，国务院颁布《基金会管理办法》，规定由国家拨款建立的资助科学研究的基金会和其他各种专项基金管理组织不属登记注册范围。建立基金会必须具备以下条件：性质、宗旨和基金来源符合社会团体法人，活动宗旨是通过资金资助推进科学研究、文化、教育、社会福利和其他公益事业的发展；有人民币 10 万元（或者与 10 万元人民币等值的外汇）以上的注册资金；有基金会章程、管理机构和必要的财务人员；有固定的工作场所。

1992 年 5 月 15 日，县民政局印发《关于申请社会团体法人有关问题的通知》，规定：1. 申请社会团体法人应具备依法登记、有必要的财产或者经费、有自己的名称、组织机构和场所、能独立承担民事责任等条件；2. 申请社会团体法人应经申请、业务主管部门出具审查意见、民政局审查核准的程序；3. 社会团体法人代表由社团的正、副理事长（主席、会长）或秘书长担任；4. 社会团体法人应有民事责任保证金，最低为 5000 元；5. 社会团体必须严格按照《条例》和本社团章程进行活动。

1998 年 10 月 25 日，《民办非企业单位登记管理暂行条例》施行，申请登记民办非企业单位，须经业务主管单位审查同意，有规范的名称和必要的组织机构，有与其业务活动相适应的从业人员，有与其业务活动相适应的合法财产，有必要的场所。

同年，修订公布的《社会团体登记管理条例》规定：申请成立社会团体，应当有 50 个以上的个人会员或者 30 个以上的单位会员；个人会员、单位会员混合组成的，会员总数不得少于 50 个；地方性的社会团体和跨行政区域的社会团体有 3 万元以上活动资金。

2000 年 11 月 1 日，《浙江省社会团体管理办法》施行，社会团体设立分支机构、代表机构由备案制改为登记制。

2003 年 11 月 4 日，省民政厅印发《关于非营利性民办社区服务和社会福利机构办理民办非企业单位登记有关事项的通知》，规定凡由企事业单位、社会团体和其他社会力量（含村集体经济组织）及公民个人，利用非国有资产（占资产总额 2/3 以上）举办的社会福利机构（养老院、托老所、老年公寓等）和社区服务中心（站）等非营利性民办机构，都必须办理民办非企业单位登记。

2004 年 6 月 1 日，国务院颁行《基金会管理条例》，规定地方性公募基金会的原始基金不得低于 400 万元人民币，且必须为到账货币资金。

2009 年 4 月 23 日，省民政厅印发《关于规范异地商会登记管理工作的通知》，规定成立异地商会坚持“一地一会”原则，由登记管理机关和业务主管单位按职责分工负责管理。

2013 年 6 月 18 日，省民政厅下放非公募基金会登记管理权限。自 7 月 1 日开始，由内地居民担任法定代表人的非公募基金会改由设区的市民政局登记管理。9 月起，行业协会商会类、科技类、公益慈善类、城乡社区服务类等 4 类社会组织实行直接登记制度。

2016 年 1 月 1 日起，社会组织实施“三证合一、一证一码”（组织机构代码证、社会组织登记证、税务登记证）登记模式。

5 月 13 日，县民政局印发《关于社会组织开立临时存款账户有关事项的通知》，简化和规范社会组织登记验资程序。规定：1. 社会组织发起人（举办者）因登记验资申请开立临时存款账户，由民政局出具《社会组织名称预登记通知书》和《关于开立临时存款账户的通知》，银行机构按照相关账户管理制度规定，为社会组织开立临时存款账户。临时存款账户只收不付。2. 验资期间社会组织拟任法定代表人、名称、发起人（举办者）、注册资金（原始资金）等发生变更的，经申请，由民政局签发《关于变更临时存款账户的通知》，银行机构按规定办理存款账户变更事宜。3. 社会组织发起人（举办者）足额缴纳注册资金（原始资金）后，开户银行将根据发起人（举办者）申请出具《社会组织验资证明》。社会组织发起人（举办者）可凭《社会组织验资证明》及其他相关资料办理登记手续。4. 社会组织完成登记验资后凭社会组织法定代表人身份证件、社会组织法人登记证书正本及银行基本存款账户开户许可证，办理临时存款账户销户。临时存款账户资金必须转入同户名基本存款账户。因未获批准或终止办理等原因办理临时存款账户销户的，应出具民政局签发的《关于注销临时存款账户的通知》、拟定法定代表人身份证件，提交所有捐资人签字或盖章确认的退款申请。

2017 年 4 月 28 日，社会组织登记实行“容缺受理”操作，即对基本条件具备、主要申报材料（主件）齐全且符合法定条件，但次要条件或手续（副件，含联办事项前置审批文件）有欠缺的社会组织登记事项，先予容缺受理并进行实质审查，以优化审批流程，提高审批速度和服务效能，推进“最多跑一次”“一窗受理”集成服务。

（三）清理、整顿、发展

1948 年 12 月，中共嵊（县）新（昌）东（阳）工委领导成立嵊新东县农民协会，县工委委员吕少英兼任主任。

1949 年 2 月，嵊新东县成立民运工作队，组织乡村农民协会，新昌境内有 19 个乡和一些村成立农民协会。8 月，中共新昌县委成立农民协会筹备委员会。10 月 19—21

日，县委在县城召开首次全县农民代表会议，出席代表157人。会议学习政务院颁布的《农民协会组织通则》，传达省农民代表会议精神，确定当前农会工作六大任务：废除保甲组织；尽快发展农民协会和民兵组织；消灭匪特，打倒恶霸；实行减租减息；完成秋季征粮，开展增产节约。至11月底，全县有5个区、12个乡、135个村分别建立区、乡、村农民协会，有会员7521人。

1951年3月23日，中央人民政府内务部公布《社会团体登记暂行办法施行细则》，明令："自《社会团体登记暂行办法》公布之日起，所有各级人民政府前所颁布的有关社会团体登记法规，一律作废。""自本施行细则公布之日起，主管社会团体登记的政府机关，应限令各旧有的社会团体，于一定期间内补行申请成立登记手续，逾期不办者，以自动解散论，拒不登记继续活动者，得由该主管人民政府解散之，并得予该社会团体负责人以惩处。"

6月23日，县政府发布公告，凡全县性社会团体无论新旧，一律按规定向县政府申请登记手续，不得拖延；凡属社会团体之附属机构，除于所隶属的社会团体申请登记时依法填报外，应另向各有关主管机关申请登记或备案；登记时间10天，自6月23日至7月2日，县设立社会团体登记处，办公地点设司墙弄口；新昌县所有新旧社会团体，凡逾期不登记者，以自动解散论，拒不登记继续活动者，由政府解散之，并得予该团体负责人以惩处。

公告后，社会团体登记工作如期展开。社会团体登记贯彻"以其政治面貌为主"的原则，按照分别情况，慎重处理的要求，对已查明无政治问题办理较好之进步团体，仅先批准；对政治面貌不清者，令其详报材料，待查明后处理；对有反动确证者，勒令解散，并依《惩治反革命条例》处理；对无政治问题，但办理不善，组织不健全者，视其可起之作用及改进之程度等批准或从缓批准。

8月，社会团体登记基本结束。经报专署批准，县农民协会、县中苏友好协会准予登记成立；县工商联合会及下属大市聚镇、儒岙镇、小将镇、回山区、黄泽镇、镜岭镇、澄潭镇、大明市等工商联合会及县医务工作者协会、中医师协会等11家单位准许筹备登记；县总工会、县民主妇女联合会、县学生联合公会等3家单位报专署备案；基督教、天主教、佛教3个宗教团体暂缓登记或筹备登记；长生道、同善社及宗教联谊会3个不法团体予以解散取缔。

此次登记，农会、工会、民主妇联、学联、民主青联、工商联等全国性参加政协团体及宗教团体、迷信团体均属登记范围。社会团体登记证一律由省政府制发。

1952年8月，贯彻政务院发布的《工商业联合组织通则》关于"市、县工商业联合会下得按行业设立同业公会或同业委员会"的规定，对尚未登记的同业公会停止登记，对已经批准成立登记的同业公会在其改组时撤销登记。9月，根据省民政厅《关于卫生工作者协会办理社团登记的规定》，县中医师协会、县医务工作者协会合并成立县卫生工作者协会。

1953年，核准登记城关镇伞厂、竹业、石业、公路运输、漆业、泥业、木业、粮食加工业、织布业、铁业、邮电等成立各业工会。县音乐工作者协会、县美术工作者协会、城关镇私营企业工作委员会相继成立。

1954年，县手工业劳动者协会成立。

人民公社化后，国家实行高度集中的计划经济体制，政府包揽各行各业的事务管理，加上“以阶级斗争为纲”的政治运动，社会团体发展处于停滞状态。

1963年5月、9月，中共中央决定开展全国农村社会主义教育运动（时称“四清”运动），先后向全党发出《关于目前农村工作中若干问题的决定（草案）》《关于农村社会主义教育运动中一些具体政策的规定（草案）》，指出：“为了巩固无产阶级专政，为了巩固集体经济，发展农业生产，在农村集体经济组织中建立贫下中农的组织，是完全必要的。”指示各地“在阶级教育、社会主义教育的基础上，创造条件，有领导、有计划、分期分批地建立贫下中农组织”。

12月中旬，县委组成社会主义教育运动工作队进驻沙溪公社试点。翌年，农村社会主义教育运动全面展开。

1964年6月，《中华人民共和国贫下中农协会组织条例（草案）》发出后，在“四清”工作队的直接培养帮助下，县、公社、大队各级成立贫下中农协会。至1965年6月，全县49个公社，已建贫下中农协会的45个，845个大队中已建贫下中农协会的669个。

“文化大革命”开始后，社会团体登记管理工作处于瘫痪状态。

1978年，全县经济、科技、教育、文化等项事业迅速发展，社会团体逐渐活跃。1980—1991年，由各业务主管单位批准设立的社会团体共72个。其间，由于国家政策法规不健全，登记管理机关不明确，社会团体处于无序发展状态，存在层层设置、重复设置、分类过细等诸多问题。

1991年3月18日，县政府根据《国务院办公厅转发民政部〈关于清理整顿社会团体请示〉的通知》精神，成立县社会团体清理整顿工作领导小组，印发《关于清理整顿社会团体工作的通知》，开展社会团体清理整顿工作。清理整顿的范围为在新昌县范围内成立的，冠有“新昌县”的各类协会、学会、联合会、联谊会、商会、基金会等社会团体，以及全国性社会团体在新昌设立的各种分会。

至7月底，清理整顿工作完成。经过调查摸底、审查处理、申请和登记发证等阶段工作，全县申请登记的73个县级社团，保留64个，合并3个，变更1个，撤销4个，新批 1 个。

其后，公民结社登记的法律意识逐步提高，民政部门行使社会团体登记管理的体制基本理顺。

1992 年 5 月，县民政局印发《关于县级社团兴办经济实体的暂行规定》，支持和鼓励具备法人资格的社会团体，经业务主管部门同意、县民政局审核批准、县工商行政管理部门申请登记注册后，发挥本社团的技术优势及业务特长，实行有偿服务。对非法人社会团体过去已办的经济实体开展补办法人社会团体审批手续。当年新批法人社团 8 个。

1994 年 12 月，贯彻执行省民政厅《关于办理社会团体所设机构和下属实体机构备案的通知》精神，开展各类社会团体所设常设机构、分支机构、派出机构以及社团法人举办的下属实体机构的备案工作。

1997 年 10 月，再次开展社会团体清理整顿工作，县委办公室印发《关于切实加强社会团体管理工作的通知》，要求各业务主管部门、登记管理机关和有关部门按照社会团体统一归口管理和双重负责的管理体制，密切配合，各负其责，做好社会团体检查、清理、整顿工作。至次年 2 月 10 日，社会团体检查、清理、整顿工作结束。全县 115 个社会团体（其中法人社团 34 个），应参加清理整顿 102 个，实际检审 102 个。予以保留的 100 个，合并 6 个，限期整改 1 个，注销 8 个。

1998 年，为全面推进新昌国有、集体企业改革，加强职工持股会或基金管理协会和集体资产的管理，县民政局、县企业改革领导小组办公室联合下发《关于股份制企业申请设立职工持股会（基金管理协会）的意见》，明确申请设立职工持股会（基金管理协会）按照社团登记管理条例的规定办理。当年批准登记职工持股会 11 个。

1999 年，气功类社团问题引起各级党委、政府的高度重视。中共中央、国务院连续下发《关于处理对社会有危害的气功组织有关问题的意见》《关于进一步加强民间组织管理转发民政部等部门关于清理整顿气功组织有关问题实施意见的通知》。省政府办公厅转发省体委、省民政厅、省公安厅《关于加强健身气功管理工作的通知》。同时，县民政局、县委组织部联合下发《关于党政机关领导干部不兼任社会团体领导职务的通知》，要求各级党政领导干部（包括离退休干部）不再担（兼）任气功类社团副秘书长及其以上领导职务。

同年 4 月后，根据《浙江省企业职工持股会暂行办法》的规定，县民政局不再审批职工持股会，由总工会具体办理批准手续。

2000 年 4 月，县成立气功类社团专项清理整顿工作领导小组，民政局制定《关于对气功类社团专项清理整顿工作的实施意见》，开展气功类社团专项清理整顿工作。依据《社会团体登记管理条例》的规定，县民政局对“新昌县华厦太极气功研究会”“新昌县香功协会”实施注销登记。8 月 25 日，对“新昌县国际医学气功科学研究会”作出撤销登记处理。9月10日，县民政局在新昌报上发布公告，依法取缔“新昌县国际医学气功科学研究会”下4个非法分支机构：“中国大佛城正功基地”“大正道气功学院”“中国大佛城大正道场修持中心”“弘德正道生命修持工程研究中心”，责令其停止一切活动。

2001年2月底，县委、县政府根据省委办、省政府办印发《关于认真做好民办非企业单位复查登记工作的通知》精神，开展民办非企业单位复查登记工作。新昌县成立民办非企业单位复查登记工作领导小组加强组织领导，有关业务主管部门设立联络员。复查登记通过发送公开信、法规资料，利用新昌报、广播、电视宣传发动；全面调查，摸清底数；民办非企业单位自查，主管部门审查，民政局核准登记等阶段工作，历时4个月完成。查清全县民办非企业单位计161家，其中教育部门78家、卫生部门72家、劳动部门5家、科技部门4家、文化部门2家。经业务主管部门审批的158家，经工商注册登记的3家。最终民政部门核准登记83家。此后，民办非企业单位纳入县民政局正常登记管理范围。

同年，县民政局根据民政部印发的《社会团体分支机构、代表机构登记办法》和《社会团体分支机构、代表机构复查登记工作方案》的规定，开展社会团体分支机构、代表机构复查登记工作。经社会团体自查、业务主管单位审查和县民政局审定，172个社会团体分支机构、代表机构，保留92个，合并、撤销80个。次年，又对87个社会团体分支机构进行清理登记。复查登记后，社团设立分支机构、代表机构（派出机构）由备案制改为登记制，原来设置无序、管理混乱、活动不规范的状况得到进一步改善。

2002年8月下旬，贯彻民政部《关于进一步做好“老乡会”“校友会”“战友会”等社会团体组织管理工作的通知》精神，民政局开展“三会”组织专项检查。对申请筹备成立“老乡会”“战友会”的，一律不予审批；对申请筹备成立“校友会”的，报经省民政厅审核同意后，按规定程序办理登记手续。经专项检查，民政部门登记注册的社会团体中没有“三会”组织，也未发现未经核准登记擅自以社会团体名义开展活动的“三会”组织。

2003年8月，开展社区民间组织登记备案工作。到9月底，全县31个社区社会团体全部登记备案完毕。

2004年1月，结合社会团体年度检查进行社团分支机构换证，86个社团分支机构，注销65个，核准换证21个。

同年4月，县民政局指导、协助县教育部门向省民政厅申请成立县内首家基金会——新昌县人民教育基金会。

2007年，依法取缔非法民间组织“宇宙摇篮工作委员会浙江新昌基地”。

2013年，新昌有公募基金会1家——新昌县人民教育基金会；非公募基金会3家：新昌爱莲美丽乡村基金会、新昌县道才公益基金会、新昌县孝方公益基金会。

2017年年末，全县有社会团体173个、民办非企业单位248家、基金会4家。

附：1991—2017年新昌县社会组织发展情况

表86　1991—2017年新昌县社会组织发展情况表　　单位：个

年度	社会团体			民办非企业单位			基金会	社会组织总数
	新批	注销	年末数	新批	注销	年末数		
1991	68		68					68
1992	12		80					80
1993	13	3	90					90
1994	13		103					103
1995	8	9	102					102
1996	6	2	106					106
1997	2	8	100					100
1998	30	10	120					120
1999	8	8	120					120
2000	3	26	97					97
2001	5	2	100			83		183
2002	7	5	102	16		99		201
2003	5	3	104	14	8	105		209
2004	7	3	108	30	6	129	1	238
2005	8		116	8		137	1	254
2006	5		121	13		150	1	272
2007	5	6	120	9	33	126	1	247
2008	9	2	128	9	2	133	1	262
2009	8	1	135	9	5	137	1	273
2010	9	1	143	9	1	145	1	289
2011	9	1	144	9	1	180	1	325
2012	13	2	157	25	4	230	1	388
2013	6		153	16	58	188	3	344
2014	10		163	37		225	4	392
2015	5	2	166	13		238	4	408
2016	23	16	173	11	11	238	4	412
2017	6	6	173	12	2	248	4	425

二、监督管理

为保障社会组织在宪法、法律、法规范围内，按照章程开展活动，县民政局会同社会组织业务主管部门，依法开展年度检查、收费管理、扶持培育、党的建设等项工作，加强对社会组织的法治化、规范化管理。

（一）年度检查

年度检查是社会团体法治化、规范化管理的重要途径。按照省民政厅印发《浙江省社会团体年度检查制度暂行规定》的规定，社会团体年度检查每年一次，在次年的1月1日至3月31日进行。

1993年1月，首次进行社会团体年度检查，检查重点是社会团体遵守法律、法规和国家政策的情况、依照条例规定履行登记手续情况、按照章程开展活动的情况、人员和机构变动的情况以及财务管理的情况。年检按社会团体自查、业务主管部门初审、县民政局审查的程序进行。年检方法以审查书面材料为主，抽查与联合检查、重点检查相结合。受检社团需提交上一年度工作总结和当年度工作计划；理事会成员（新增选的副秘书长以上领导成员必须填报本人简历表）；下属机构、下属组织主要负责人变动情况（须填报备案表）；新增设机构和下属组织有关材料；社团对外公开发行的刊物、杂志、报纸、论文集等全年汇编本；涉外经济、文化、科技、联谊等交流活动情况；经济实体经营管理情况；财务收支情况；主要科研成果，获奖论文、荣誉情况；以及登记管理机关认为需要掌握的材料。年检结论分“合格”“不合格”两类。社会团体存在下列行为之一的，定为年检不合格。1. 无正当理由不按规定的时限参加年检，时间超过1个月，但未超过3个月的；2. 不按规定要求报送年检材料，事后拒不补充的；3. 全年未开展活动的；4. 年检中隐瞒真实情况，弄虚作假情节较严重的；5. 财务管理混乱，违反财经纪律，乱收费、乱开支情节较严重的；6. 社团出版刊物的内容违背四项基本原则，情节较严重的；7. 涉外活动中有损国格、人格，情节较严重的；对年检不合格的给予限期整改、责令检查、通报批评等处分。连续两年不合格的社团，经业务主管部门协助劝其或令其解散，并办理注销登记。无正当理由不参加年检超过3个月的，按自行解散处理。1992年度检审结果：合格社团90个，注销3个。

之后，社会组织年度检查工作每年进行。

（二）收费管理

社会组织收费管理包括民政部门登记收费与社会组织收费。

1. 民政部门登记收费

1951年2月1日起，按照省政府通知，社会团体登记证由省政府统一颁发，收工本费每张1500元，在颁发登记证时附缴。

1990年，省民政厅、省物价局和省财政厅印发《关于社会团体登记收费的通知》，社团登记收申请手续费每件5元；登记费每件25元（含证照费）；变更登记手续费每件10元。

1996年，国家计委和财政部印发《关于调整社会团体登记收费标准的通知》，办理社团登记收申请手续费每件10元；登记费每件90元（含证书费）；变更登记费每件40元。

1999年7月1日起，执行省物价局、省财政厅关于社会团体分支机构、代表机构登记收费标准的规定，社会团体分支机构、代表机构登记收费每单位60元，证书工本费每套20元。同年9月1日，国家计委和财政部印发《关于核定民办非企业单位登记收费标准有关问题的通知》，规定民政部门办理民办非企业单位登记，收取申请登记费每件100元（含证书费）；变更登记手续费每件40元。

2003年7月30日，国家发改委和财政部印发《关于社会团体分支（代表）机构登记费标准有关问题的通知》，规定民政部门办理社会团体分支（代表）机构登记收费每件40元（含证书费）；变更登记费每件20元；申请手续费每件10元。

2009年1月1日起，根据财政部和国家发改委印发《关于公布取消和停止征收100项行政事业性收费项目的通知》的规定，民政部门停止收取社会团体、民办非企业单位登记费和变更登记费。

2. 社会组织收费

1950年8月10日，省农民协会通知：自1951年起，分两季征收会费，每季征收1000元，以提高会员组织观念。

1991年3月16日，省民政厅、中国银行浙江省分行印发《关于社会团体开立银行账户有关问题的通知》，规定社会团体必须凭民政部门发给的社会团体登记证或社会团体登记证副本和民政部门出具的开户证明，到有关银行申请开立银行账户。

1992年9月23日，县民政局、县财政局、县物价局转发《浙江省社会团体收费暂行规定》，对收费原则、收费范围、收费标准、收费办法、收入管理、处罚等六个方面作出具体规定。

1998年10月29日，县民政局、县财政局、县物价局、县地方税务局联合转发《浙江省社会团体收费管理规定》，社会团体收费实行许可证制度。各社会团体接文后持社会团体法人登记证书、非法人社会团体登记证书副本，到县物价局办理收费许可证或收费变更手续。11月20日起，社会团体一律按收费许可证规定的收费项目和收费标准收费。

2001年8月2日，县物价局、县财政局转发绍兴市物价局、县财政局《关于事业单位和社会团体有关收费问题的通知》，规定：新昌县范围内的事业单位、社会团体等各类非企业组织（未办理工商执照的）凡向社会实施收费的，不论其收费性质如何，收费标准是否管理，均应向县物价局办理收费许可证；已经实施收费，但还未办理收费许可证的各类非企业组织应在10月底前办妥收费许可证，逾期视作无证收费，按价格违法行为处理。

2008年9月，县民政局、县监察局、县发改局组成联合检查组，开展社会团体会费收支情况专项检查，实地抽查32个行业协会和以企业为会员主体的社会团体，除1个社会团体没有制定会费收缴标准外，其他社会团体都制定有会费收缴标准，且会费收缴标准大部分比较适中，只有少数社会团体存有偏高或偏低的情况。在制定会费收缴标准的31个社会团体中，会费收缴标准经会员大会或会员代表大会表决通过的27个；由理事会讨论决定的4个；虽制定会费收缴标准，但一直未收缴或自2006年起没有收缴的7个。财务公开情况：实行财务公开制度的23个，未收缴会费的7个，协会成立不到1年，尚未公开的2个。检查后，县民政局、县监察局、县发改局联合印发情况通报，要求存在会费标准制定不够民主、收支欠透明、票据使用不当、审批不规范等问题的社团限期整改，其他社团做好自查自纠。

2010年9月14日，民政局印发《关于进一步规范社会团体收费行为的通知》，具体规定：社会团体制定或调整会费标准，必须召开会员大会或会员代表大会，有三分之二以上会员或会员代表出席，采取无记名投票方式表决，过半数以上同意方可执行。并必须在表决通过后30日内报业务主管单位和登记管理机关备案；社会团体收费收据向财政局购领，并按规定办结核销；社会团体的经营服务性收费必须符合章程规定的业务范围，遵循自愿、公平、公开的原则，不得强制服务和强制收费，不得转包或委托与社团负责人有直接利益关系的企事业单位实施；社会团体接受社会各界捐赠要坚持自愿和无偿的原则，禁止强行摊派或变相摊派；县级社会团体一律不得举办评比达标表彰活动；社会团体必须建立独立的财务制度，不得将社会团体经费与业务主管单位及所属单位经费混管，不得用于社会团体业务活动和自身事业发展以外的经费开支，不得借业务主管单位的登记、验证、年检等行政行为搭车收费；社会团体应当严格规范各项收费行为，自觉接受民政、财政、价格、税务、监察、纠风等部门的监督检查。随后，县民政、财政、监察、审计等部门组成联合检查组，开展社会团体“小金库”专项治理。118个社团参加自查，重点抽查6个。检查组对存在问题的社团分别予以处理。

（三）扶持、培育

1990年起，县民政局每年结合年度检查、换发登记证或阶段性工作，采取以会代训方式，组织会长（理事长）、副会长（副理事长）、秘书长或会计等人员进行培训，提高社团骨干素质，落实社团管理制度。

1997年3月，县民政局发文对13个社团予以通报表扬，对14名优秀社团工作者予以表彰奖励。受表扬的社团是县水利电力学会、县名茶协会、县见义勇为基金会、县红十字会、县书法家协会、县经济学会、县职工互助互济会、县个体劳动者协会、县青少年科技辅导员协会、县档案学会、县老年人体育协会、县香功协会、县外商投资企业协会。受表彰的优秀社团工作者有夏越璋、史庭智、陈建民、吕云萍、蔡杏君、高柏绿、许浩生、商力戈、金荣跃、徐仲国、谢立民、王喜淼、王焕余、盛江。

1998 年 6 月 30 日，绍兴市民政局表彰 1997 年度全市先进社团和优秀社团工作者，县水电学会、县名茶协会、县档案学会和史庭智、蔡杏君、王焕余、许浩生、王喜淼等 5 人受表彰。

2000 年 4 月，绍兴市民间组织管理工作领导小组、市民政局表彰 2003 年度全市先进社团和优秀社团工作者，县慈善总会、县教育学会和潘协朝、倪静珍、朱维维、俞红、陈学江、袁相标等 6 人受表彰。

2003 年，贯彻县委、县政府关于鼓励发展农村专业经济协会的指示，县民政局加大对行业协会、农村专业经济协会的培育和扶持力度，新批行业协会和农村专业经济协会 6 个，占新批社团数的 85.7%。

2004 年 6 月 2 日，县民政局印发《关于加强农村专业经济协会培育发展和登记工作的通知》和《农村专业经济协会章程》范本，对农村专业经济协会实行放宽条件，简化程序登记。对已成立但未经乡镇或有关部门批准的 6 个农村专业经济协会进行备案，核准法人登记的村级农村专业协会 6 个，县级农村专业协会 1 个。

是年，县茗茶协会被评为绍兴市先进社团，县轴承行业协会被评为全国先进民间组织。

2005 年，开展民办非企业单位自律与诚信建设活动，鼓励和支持民办非企业单位根据自身能力和行业特点，为社会提供低价优质服务。当年，民办非企业单位为社会提供服务达 13110 人次，直接社会效益达 38.6 万元。

2008 年 9 月起，县民政局建立由业务主管单位和专业机构人员组成的评估委员会，制定《新昌县社会组织评估实施办法》，每年开展社会组织信用评估工作，提高社会组织社会公信力，促进社会组织健康有序发展。社会组织评估工作遵循政府指导、社会参与、分类评定、动态管理、客观公正的原则，按照社会组织自评、评估小组审核、评估委员会核准并公示、民政局确认并颁发证书和牌匾的程序进行。社团评估内容分基础条件、内部治理、工作绩效和社会评价四个方面；民办非企业单位评估内容分基层条件、内部管理、业务活动、诚信建设和社会评价等五个方面。每项评估内容又分若干细则及指标分值。评定结果从高到低，依次分 5 个星级，等级有效期为 5 年。至 2013 年，共评定 5A 级社会组织 2 个、4A 级社会组织 4 个、3A 级社会组织 7 个、2A 级社会组织 4 个。

2012 年 7 月，为加大对社会组织的培育扶持力度，增强社会组织的公共服务功能，进一步发挥社会组织在社会协同中的作用，县委、县政府将社会组织服务中心建设列入全县 15 个重点项目之一，县民政局按照实体运作、资源共享、可持续发展的原则，积极组织实施。11 月，“新昌县社会组织服务中心”组建成立。

2013 年 9 月，县民政局拨款 10 万元，扶持社会组织服务中心建设，鼓山社区在全市率先成立法人登记的社区社会组织联合会。是年，县民政局配合县政法委员会成立乡镇（村）乡贤参事会51个。

2015年11月30日，经社会组织自愿申报、县民政局组织资格审查、评审、公示，批准鼓山社区社会组织联合会、县登山协会、县心理卫生协会、县肿瘤康复协会、县心灵工作花园社会工作服务中心、县射雕艺术团等6个社会组织开展福利彩票公益金资助公益项目活动，实施的公益项目有：空巢独居老人关爱；应急救援和自救技能推广；农村留守儿童心理援助；对老年、家庭特困癌症患者的生命关爱和援助；城市困难儿童心理援助；敬老助残为群众文化生活服务等。每个项目资助3万元。是年，评定4A级社会组织1个、3A级社会组织2个、2A级社会组织3个。

2016年12月26日，县民政局公布推荐县名茶协会、门球协会、轴承行业协会、教育学会、老年人体育协会、美术家协会、书法家协会、作家协会、质量协会为承接政府转移职能和购买服务社会组织。

2017年12月，县政府办公室印发《县政府职能向社会组织转移目录（第一批）》，县经信局、县科技局、县人力社保局、县环保局等4个部门，共有20个职能事项向社会组织转移。县民政局根据省民政厅《关于社会组织承接政府转移职能和购买服务推荐性目录编制管理办法》的规定，确认44家社会组织列入承接政府转移职能和购买服务推荐性目录，其中社会团体26家、民办非企业单位18家。同时，民政局会同发展和改革局、县直属机关工作委员会、县财政局、县人力社保局、县外事办、县级机关事务管理局等部门联合印发《新昌县行业协会商会综合监管办法（试行）》，从完善法人治理机制、加强服务及业务监管、加强纳税和收费监管、加强信用体系建设和社会监管、加强党建工作和执纪监管等方面，明确政府综合监管责任、监管措施和监管方式，促使脱钩后的行业协会商会向依法设立、自主办会、服务为本、治理规范、行为自律的社会组织转变。

是年，县民政局用福利彩票公益金53.5万元，资助县心理卫生协会等19个社会组织开展公益活动，受到群众好评。

（四）其他管理

1992年4月，县民政局、县委宣传部、县科学技术委员会联合下发文件，全县文学、艺术类社会团体的审查和管理，委托县文联负责；全县自然科学类、技术科学学术性和科普性社会团体的审查和管理，委托县科学技术委员会负责。

1993年7月，执行县政府办公室转发市政府办公室《关于在全市企事业单位和社会团体实施统一代码标识制度报告的通知》，实行社会团体统一代码标识制度，起始代码为50233745，终止代码为50234533。

1994年年底，开展社团审验换证、档案整理工作。次年，新昌县社团档案整理在全市率先通过市级验收。

1996 年 4 月 1 日，实施《浙江省社会团体组织活动规程》，从成立登记、变更登记、注销登记、分支机构和代表机构登记、办事机构和实体单位备案等方面，建立健全社会团体的自律机制和运行机制，规范社会团体的行为。

1999 年 7 月 15 日，县委组织部、县民政局就贯彻《浙江省党政机关领导干部不兼任社会团体领导职务实施办法》提出如下意见：党政机关领导干部包括在职县（处）级、县委、县政府机关所属部门的在职科级领导干部，都不得兼任社会团体（包括境外社会团体）秘书长以上领导职务和社会团体分支机构负责人。县级党政机关领导干部未经批准已经兼任社会团体领导职务的，须在 1999 年 8 月 31 日前辞去所兼任的社会团体领导职务。确需继续兼任社会团体领导职务的机关领导干部，应当在 8 月 31 日前填报新昌县党政机关领导干部社会团体兼职审批表，经分管领导签字，组织部门同意后，报县民政局备案。党政机关领导干部兼任社会团体名誉职务的不必报批。

2002 年 4 月，县民政局配合县委组织部开展社团党建工作情况调查摸底。7 月，组织部下发《关于加强社会团体党建工作的意见》，提出凡有 3 名以上正式党员、符合建立党组织条件的社会团体都要建立党组织（或临时党组织）；暂无党员或不具备建立党组织的社会团体，按照地域相邻、行业相近、特点相似的原则，组建联合支部或临时支部；确实不具备建立党组织的，由业务主管单位选派一名专职或兼职党建工作指导员。社会团体党建工作按照“谁审批谁负责，谁主管谁组建”的原则进行，无业务主管单位的社会团体党组织按照属地管理原则，由乡镇党委负责组建和管理。至 2017 年底，社会团体建立党组织 15 个。

2007 年，开展行业协会与政府机关脱钩整改工作，脱钩整改 19 个，注销 2 个。

2010 年，县民政局印发《关于进一步规范社会团体理事选举工作的通知》，规定：社会团体理事候选人，由筹备组或上一届理事会商讨提出，理事名额不能超过会员总数的三分之一；社会团体理事候选人需经会员大会或会员代表大会以无记名投票选举，且得票数超过投票数一半以上方可当选；社会团体理事可以采取等额或差额方法选举产生，到会会员或会员代表须超过会员数或会员代表数三分之二以上，大会召开方有效；回收选票数只有等于或少于发放选票数，此次选举才有效；会员数在 50 名（含 50 名）以下的社会团体，原则上需召开会员大会；会员数在 50 名以上的社会团体，原则上需召开会员大会，可召开会员代表大会。会员代表名额限制底线：会员数在 51~100 名的，会员代表数不少于 50 名；会员数在 101~200 名的，会员代表数不少于 65 名；会员数在 201~300 名的，会员代表数不少于 75 名；会员数在 300~1000 名的，会员代表数不少于 85 名；会员数在 1000 名以上的，会员代表数不少于 100 名。

2016 年 10 月 27 日后，按照《绍兴市社区社会组织备案管理暂行办法》的规定，编制社区社会组织序号。社区社会组织编号由 8 位数字组成：第 1 位为类别编号，社团类及社区社会组织编号为 1，民办非企业单位类社区社会组织编号为 2；第 2~3 位为行政区划代码，新昌县代码为 24；第 4~5 位为乡镇、街道编号；第 6~8 位为流水序号。各乡镇、街道编号分别为：澄潭镇 01、梅渚镇 02、镜岭镇 03、回山镇 04、儒岙镇 05、大市聚镇 06、小将镇 07、沙溪镇 08、城南乡 09、东茗乡 10、双彩乡 11、新林乡 12、巧英乡 13、羽林街道 14、南明街道 15、七星街道 16。

2017 年 6 月 20 日，县委办公室、县政府办公室印发《新昌县行业协会商会与行政机关脱钩实施方案》，开展行业协会商会与行政机关脱钩工作，清理行政干部在社团兼职、违规取酬问题。为加强脱钩工作的协调配合，新昌县建立以常务副县长和分管副县长为组长，相关部门负责人为成员的脱钩工作领导小组。脱钩工作按照谁主管谁负责的原则和政社分开、权责明确、依法自治的要求进行。脱钩主体为各级行政机关与其主办、主管、联系、挂靠的行业协会商会脱钩。其他依照和参照公务员法管理的单位（包括党的机关、审判机关、检察机关、人大、政协、人民团体、民主党派、参公事业单位）与其主办、主管、联系、挂靠的行业协会商会，参照执行。脱钩工作先在县小京生花生、白术、智能纺织印染装备、家居建材装饰、农家乐休闲旅游等 5 个行业协会试点，随后全面展开，逐个清理。至 10 月底，全县 26 个行业协会商会与行政机关脱钩。对职能相近、活动开展不正常、社会认可度低的社会团体，注销 6 家，整合 2 家。清理领导干部兼职 57 人，一般干部兼职 67 人，超龄超届兼职 13 人。同时，县民政局制定《新昌县行业协会商会负责人任职管理办法（试行）》，明确规定行业协会商会负责人任职条件、民主选举程序和届期等，以规范行业协会商会负责人任职管理。

8 月 20 日，县委组织部、县委新经济和新社会组织工作委员会、县直属机关工作委员会、县民政局联合印发《关于全县性行业协会商会与行政机关脱钩后党建工作管理体制调整办法（试行）》。行业协会商会与行政机关脱钩后党建工作按照有利加强党的领导、有利开展党的活动、有利发挥党组织和党员作用的原则，实行属地管理、成立行业党委管理、成立社会组织综合党委管理三种管理体制。对已经实行或适合实行属地管理的行业协会商会，实行属地管理；在主管行业协会商会数量较多的县级部门成立行业党委，负责行业系统社会组织党建工作；民政局成立县社会组织综合党委，对既不适合属地管理，又不能归口行业党委管理的行业协会商会党组织实行兜底管理。行业党委、社会组织综合党委组织关系隶属县直机关工委，接受县委“两新工委”和所在单位党委（党组）的工作指导，确保全县性行业协会商会党建工作脱钩不脱管。

11 月 28 日，县直属机关工作委员会批复同意成立中共新昌县社会组织综合委员会。

第三节　社会组织选录

在新昌的社会组织发展史上，曾涌现出不少规模较大，组织健全活跃，对发展县域农工商业、抗击日军侵略、社会主义革命和社会主义建设产生较大影响的社会组织，本节选录部分如下，以便读者加深对社会组织的了解。

一、民国新昌县商会

清光绪三十年（1904），新昌商界发起筹建商会，公举石珆丰为商界董事。

1912年8月，新昌商界响应中华民国临时政府民主建国、实业兴国的号召，禀呈省政府主管官署核准，正式成立新昌县商务分会，会址设在县城文昌阁，吕钟杰为总理。后商会几经改组，吕德扬、俞雨生、吴朝福、高德华、胡侠夫先后担任主席（主任委员、理事长）。商会以“图谋工商业之改良，对外贸易之发展，增进工商之公共福利”为宗旨。

1917年2月，新昌县商务分会改组为新昌县商会，原有行会组设同业公会，有商家会员909个。

1925年，商会集资创办作新初级小学，吸收商界子弟入学，校址设在文昌阁商会内。

1931年，加入商会的有茧、肉、油、衣染、南货、杂货、药、酒、煤油、卷烟、粮食、杂行等同业工会12家。“九一八”事变后，县商会发起抵制日货，商界群起响应，市场日货一度绝迹。同时，商会组织商家子弟建立商团，自购枪支，开展军训，轮流义值。吴朝福任队长，下辖2个分队，后又在黄泽、澄潭、镜岭各建1个分队，全团有队员198人。

1932年2月，日军侵占东北，国事紧张，商会组织“商民义勇军”，自备枪支、服装，以防外患，维持秩序，参加者34人。

1938年，商会组织商人青年特务队，下设5个分队，后改称义勇警察队（简称义警队）。

1942年7月14日，日军侵占县城，商会迁至儒岙。

1943年5月，商会以“商业与国防合一，市场与民主共荣”为指导，整理同业公会，创办商业通讯，宣传、鼓励青年从军抗日。

抗日战争胜利后，商会迁回县城，设张家祠堂，发行纪念币一枚。1945年，商会拥有同业公会28家，有会员1064人。

1946年5月，商会成立商学社，以倡导商业道德，研究商业技术，赠进商人福利为宗旨，有社员107人。

1947年6月，商界人士创办《飞鸣报》，另组《飞鸣》通讯社。9月，县商会同仁组建银行，调剂金融，活跃市场，筹资修建街道。

1949年5月22日，经中共新北区委书记丁毛土指派吕志邦动员劝降，义警队中队长言伯生、指导员陈佰熙带领所属放下武器，向解放新昌的中国人民解放军部队投诚。

1950年8月1日，县商会撤销，资产、业务移交县工商联（筹）。

二、民国新昌县教育会

1912年，新昌县教育会成立，会址设在城中下市街吕氏乡贤祠，首任会长石如璧。

后几经改组，陈凤鸣、吴绶章、陈毓鹏、陈拜丹、石之瑛先后担任会长。教育会以“研究发展地方教育事业，协助政府推行教育政令”为宗旨，开展地方教育的调查统计及辅导，并将有关问题向教育行政机关提出建议；举办各种教育研究会及学术讲习会；处理各主管官署委办或咨询事宜。

1919，县教育会有新昌籍会员 9 人，全省有会员 1200 人。

1925 年，县教育会在城区、东区、南区、西区、北区各设教育分会 1 所，县、区教育会每年举行研究会 1 次。

1936 年，会址迁县城关帝庙。

1939 年 4 月，县教育会举办塾师登记，借第二学区分部楼上房间为宿舍，购置床、桌、椅和被褥，供会员免费住宿。抗日战争期间，县教育会介绍并提供战时书报，开展抗日宣传，发动知识分子参加抗日工作，协助失业小学教师生活救济以及推进战时教育。

三、民国新昌县农会

1912 年，响应中华民国临时政府的号召，境内曾有姥东、鳌峰、分水等 17 个乡镇成立农会组织。

1917 年 3 月，北伐战争期间，国共合作，实行联俄、联共、扶助农工三大政策，全国工农群众运动高涨。中共新昌独立支部以国民党临时县党部（左派）的公开名义，成立县农会，在北区前良、丁家园、烂田头、土谷庙等村建立农会组织，联合城中泥业、木业、铁业、理发业和店员共 2000 余人，上街游行示威，将劣绅游街示众，高呼口号，工人要求增加工资，农民要求减租减息。“四一二”反革命政变后，工农群众运动被镇压。

1928 年，国民政府颁布《农民协会组织条例》，饬令各地解散旧农会，建立新的农民协会。翌年 3 月，在县党部民众运动指导室督导下，改组成立新的县农会，会址设在县党部内。同年，发展乡农会 10 个，有会员 1900 人。

1930 年 ，国民政府颁布《农会法》，规定农会以“发展农民经济，增进农民知识，改善农民生活，而图农业之发达”为宗旨。会员资格是：凡中华民国人民住居该区域内年满 20 岁并具备下列资格其中之一：有农地者；耕作农地面积在 10 亩以上或园地面积在 3 亩以上之佃农；中等以上毕业习农者；经营与农业有直接关系之事业者。具有下列情事之一者，不得入会，即被剥夺公权尚未复权者；有反革命行为经判决确定者；治禁产者。

1931 年，建立区农会 3 个，乡农会增至 30 个，有会员 3079 人。县农会会址迁至县城东岳庙。

1940 年 9 月 12 日，行政院公布《非常时期党政机关督导人民团体办法》，令饬各级党部发挥国民党员渗透作用以达到控制社团之目的。10 月，县党部发出《指导各地乡镇农会配合保甲组织划分会员小组办法》。翌年 2 月，44 个乡镇农会改组，均按保甲建立农会会员小组，吸收正副组长为国民党区分部民运小组成员。

1943 年 8 月，县党部遴选国民党员 136 人，由县政府委派乡镇农会担任整理员，再次改组乡镇农会。

1949 年 5 月后，旧农会被撤销。

四、新中国新昌县农会

1949 年 8 月，根据省委指示，中共新昌县委成立农民协会筹备委员会，发动农村建立农会组织。

9 月 15 日，中共中央华东局公布《华东区农民协会组织章程》，明确规定农民协会的宗旨为团结全体劳动农民，保护农民利益，有计划地有步骤地进行土地改革，发展农业生产，提高农民政治地位与文化水平，并联合一切被压迫人民，为彻底完成反帝国主义、反封建主义、反官僚资本主义的人民民主革命，及建设独立自由民主统一富强的新民主主义中国而奋斗。凡雇农、贫农、中农、农村手工业工人及一切忠心为劳动农民服务的农村革命知识分子，不分民族、性别、宗教、信仰，赞成协会章程自愿入会者，均得为协会会员。

10 月 19—21 日，县委、县政府在县城召开首次全县农民代表会议，出席代表 157 人。会议学习《华东新区农民减租暂行条例（草案）》和《华东区农民协会组织章程》，传达贯彻省农民代表会议精神，部署发展农民协会和民兵组织；以及减租减息、秋季征粮等任务，开展增产节约。至 11 月底，全县有 5 个区、12 个乡、135 个村分别建立区、乡、村农民协会，有会员 7521 人。

1950 年 6 月 30 日，中央人民政府公布施行《中华人民共和国土地改革法》。7 月 15 日，中央人民政府政务院公布《农民协会组织细则》，指示农村各地建立农民协会，规定农民协会既是农民自愿结合的群众组织，同时也是进行土改的合法执行机关。农民协会由雇农、贫农、中农、农村手工业工人及农村中贫苦的革命知识分子组成。农民协会的任务是团结雇农、贫农、中农及农村中一切反封建的分子，遵照人民政府的政策法令，有步骤地实行反封建的社会改革，保护农民利益。组织农民生产，举办农村合作社，发展农业和副业，改善农民生活。保障农民的政治权利，提高农民的政治和文化水平，参加人民民主政权的建设工作。10 月，县内分期分批开展土地改革，在土改工作队的帮助下成立农会组织。

1951 年 5 月，新昌县农民协会正式成立。随后，区、乡、村逐步成立农民协会，有会员 70902 人，占全县农业人口的 32.9%。

1952 年 3 月，县召开第二次农民代表会议，号召广大农民组织起来走集体化道路，开展互助合作和爱国增产运动，大力发展农业生产。

各地农民协会建立后，在配合人民政府带领广大农民群众完成土地改革、剿匪、反霸、镇压反革命分子、建立人民民主政权、举办农村夜校、宣传贯彻婚姻法、建立互助合作组织、开展爱国增产运动和抗美援朝运动，动员青年踊跃参军等重大政治、经济、军事、社会制度改革中发挥极其重要的作用。

1954 年，随着农村基层政权、农业生产合作社的建立，农民协会逐步退出历史舞台。

五、新昌县贫下中农协会

1963 年 5 月，中共中央决定开展全国农村社会主义教育运动，在农村建立贫下中农协会组织。12 月中旬，县委组成社会主义教育运动工作队进驻沙溪公社试点。

1964 年，全县农村社会主义教育运动全面展开，县委调派干部 130 余人组成工作队分驻各地，指导帮助成立贫下中农协会（简称贫协）。

贫下中农协会由贫农、下中农自愿组成，是革命的群众性的阶级组织。地主、富农、反革命分子以及在贫农、下中农中间有重大的政治历史问题的人，同坏分子有勾结的人、有严重贪污盗窃、投机倒把活动的人，有严重损害集体经济利益行为的人、犯有其他严重错误的人一律不能入会。

贫下中农协会的权力机关是会员代表大会或会员大会，设贫下中农协会委员会，负责日常工作，选举主席 1 人、副主席 1~2 人，任期为 1 年，可连选连任。生产队设贫下中农协会小组，选举小组长 1 人。公社、大队、生产队贫下中农协会的主席、组长，都不能由公社社长、大队长、生产队长、会计、出纳员、保管员、社队企业管理人员兼任。大队、生产队贫下中农协会的主席、组长、委员和代表，都不脱离生产，不享受固定的工分补贴。

贫下中农协会的基本任务：积极响应党和毛主席的号召，模范地执行党和国家的政策和法令，坚持社会主义方向；同资本主义势力和封建势力进行坚决的斗争，防止被推翻的资本主义复辟；团结中农，团结农村中一切可以团结的人，共同走社会主义道路；协助和监督农村人民公社的各级组织和干部，办好集体经济；积极发挥生产中的骨干作用，努力发展集体生产；对贫农、下中农和其他农民群众进行阶级教育和社会主义教育，提高他们的政治觉悟。

至 1965 年 6 月，全县 49 个公社，已建贫下中农协会的 45 个；845 个大队中已建贫下中农协会的 669 个。

1965 年 3 月至 1966 年 9 月，共召开 6 次全县贫下中农代表会议。其中第 1 次全县贫下中农代表会议，选举产生由 21 名委员组成的新昌县贫下中农协会筹备委员会；第 6 次全县贫下中农代表会议，选举产生由 76 名委员组成的新昌县文化革命筹备委员会。

1968 年 8 月 18 日，县革命委员会成立后，转发县贫代会《关于建立和加强、充实公社、大队农代会组织的请示报告》，将贫代会改称为农代会，要求公社、大队建立和加强农代会，区设农代会联络站，分别隶属县革命委员会领导。9 月，各地农代会建立。

11 月，县贫下中农代表大会成立。

1969 年 3 月，县农代会下发通知，开展清理阶级队伍，调整、充实、加强各级贫协组织领导班子。6 月 17 日，区农代会联络站更名为区贫下中农代表大会委员会。

“文化大革命”结束后，农代会组织无形消失。

六、新昌县名茶协会

新昌县名茶协会成立于 1994 年 10 月，会址在江南名茶市场 B3–3007 号。协会设科技咨询、证明商标管理两个办公室，有会员 191 名，下有流通分会和 18 个会员小组。

县名茶协会以推动名茶产业发展，促进茶农增效、增收为宗旨，积极出谋策划，做好参谋，配合县政府实施茶类结构改革，开发万担名茶战略，推广良种良法、科学栽培管理和先进的生产炒制技术，及时传播市场信息，为茶农、经营户提供咨询服务 1.5 万余人次，为外县外省来信来电咨询服务万余人次，举办名茶培训班 65 期，受训 6000 人次，推动全县茶园面积从 6 万多亩发展到 12 万多亩，名列全省前茅，形成十万种茶制茶的茶农队伍和万人销售队伍，规模经济效益明显提升。1995 年，新昌县被农业部命名为中国名茶之乡。大佛龙井茶两次荣膺浙江省十大名茶。

1995 年后，协会配合县政府成功开发大佛龙井茶品牌，注册大佛龙井茶证明商标，成立品牌管理办事机构，制订品牌管理规章制度和大佛龙井茶质量标准，开展品牌经营资格认定，加强品牌包装物管理，促进大佛龙井茶生产经营走上法治轨道。批准使用大佛龙井茶证明商标的经营户 60 余家，加盟使用的经营户 60 余家，占全县茶叶经营户的 40%。同时，加强品牌宣传，在北京、上海、广州、济南、杭州、南京、苏州、乌鲁木齐等大中城市举办产品展销、大佛龙井献劳模、茶文化宣传活动 100 余次。2004 年，北京老舍茶馆举办的大佛龙井揭牌仪式，在京城引起轰动。“大佛”商标先后被评为绍兴市著名商标，浙江省著名商标，2011 年荣膺中国驰名商标，成为全国首个龙井茶类的中国驰名商标。

茶叶是新昌的战略性主导产业，名茶协会在决策咨询、组织协调、行业管理、品牌建设、市场拓展等方面发挥行业龙头带动作用。2017 年，全县名茶从协会成立时的 650 吨，增加到 4437 吨，增长 5.8 倍；名优茶产值从 3700 万元增加到 8.62 亿元，增长 22.3 倍；茶园良种化率达 70%以上。县名茶协会先后被省、市、县评为先进社会团体；示范性专业合作组织；浙江省十佳农技协会；全国基层科普先进单位；中国社会组织评估等级 3A 级等荣誉。

七、新昌县轴承行业协会

新昌县轴承行业协会成立于 2000 年 1 月，属全国首家，在册会员企业 73 家，会址在南明街道南门外 100 号。

县轴承行业协会以“服务轴承企业，推进行业进步”为宗旨，制订实施全县轴承行业“十五”“十一五”“十二五”“十三五”共4个五年发展规划和《新昌轴承产业集群发展规划》，引导和推进轴承工业持续健康发展。制定并实施新昌轴承行业《车件自律价》《深沟球轴承套圈车件技术条件》《轴承套圈自动车床技术条件》《滚动轴承套圈热锻件技术条件》等多个地方性联盟标准，推进行业自律诚信，自觉抵制恶意价格竞争，规范行业竞争秩序，推动行业管理规范化、生产标准化，改善产品质量。引领企业增强品牌意识，创建著名商标和名牌产品。2009年，新昌轴承喜获浙江区域名牌称号；2010年，新昌被中国机械工业联合会命名为“中国轴承之乡”；2011年，新昌被评定为浙江省专业商标品牌基地。2017年，新昌被国家质监总局认定为全国中小型轴承产品知名品牌示范区。

协会积极搭建行业交流平台，每隔两年举办新昌轴承、配套件及专用装备展览会，邀请业内领导和专家举办高峰论坛，累计参展企业1200家次，参观人数7.5万人次。协会创办《新昌轴承》月刊200余期，成为会员企业、政府部门及国内各地轴承协会、科研单位和知名轴承企业协会传播信息，提升新昌轴承产业在行业中的地位和影响力的宣传服务平台。组织会员企业到辽宁、山东、重庆、四川、安徽以及省内轴承产业集聚区或轴承企业参观，促进与其他地区企业合作交流。

协会重视产学研合作，协助县职业技术学校成立轴承专业职高班，创办轴承技工培训中心，组织业内专家和老师授课，培训人数达6000余人次。每年组织国内唯一设有轴承本科专业的河南科技大学优秀毕业生到新昌企业实践学习，为企业引进高专人才搭桥铺路。

协会通过会刊、微信群等渠道拓展政企沟通，为政府部门制定政策进言献策。帮助企业解决发展中的困难，争取和保护企业公平、合法权益。在美国对我国圆锥轴承产品进行反倾销时，积极组织新昌企业应诉，为赢得胜诉发挥重要作用。

协会注重自身建设，完善管理机制，创新会长轮值制，自2007年起，改革一位会长和多位副会长轮值为每年 2 名轮值会长管理协会工作，有效增强行业凝聚力和协会作用，使协会工作得到政府的肯定和褒奖。2003年，协会被评为县先进社团；2004年，分别被民政部、市民政局授予“全国先进民间组织”“绍兴市先进社团”称号；2009年，被市民政局授予“绍兴市先进民间组织”称号；2010年，被绍兴市经贸委评为“全市十佳工业行业协会”。2014年，在全县社会组织规范化建设等级评估中被县民政局评定为5A级。2017年，在全县工业行业协会评比中被县经信局评定为总分第一。

八、新昌县鼓山社区社会组织联合会

新昌县鼓山社区社会组织联合会成立于2013年5月10日，会址附设鼓山社区居委会，有社区社会组织成员单位32家，其中文体类11家、公益类16家、互助类5家。

鼓山社区社会组织联合会坚持“党建引领社团、公益凝聚民心、义工传递文明”理念，积极探索“1+3+N”为主要内容的“蜂巢工程”社区治理新模式，即以党组织为核心，建设居民自治平台、公共服务平台、社区社会组织服务平台；以若干个公益组织或项目为载体和抓手，构建社区多元主体共治新格局，提高社会组织的社会服务能力，提升社区管理和服务水平。

（一）孵化社会组织，培育服务队伍。联合会通过社区成员自荐互荐、走访调研、实践活动等途径，发掘居民中各类人才，建起200余人社区人才库。根据个人意愿和特长，逐步组织建立起21个社会组织和“环保义工队”“爱心协会”“平安志愿者服务队”“文化义工队”等多支志愿服务队，使之成为社区自治中的骨干力量。同时，制定《鼓山义工管理办法》和《义工服务积分制度》，加强管理，促使各个组织活动经常化、制度化、群众化。

（二）健全党建组织，强化党员引领。联合会重视党的组织建设，建有联合会党支部，要求“党员进社团、党员带队伍、党员抓项目、党员做服务”，创设“同心圆”支部、“红色驿站”服务载体，促使党员做到“一选二管三做”，在社区管理服务中发挥党员的先锋模范作用，有效推进社区治理和公益志愿服务。2017年，“党员进社团”项目获得浙江省“红船杯”党建品牌评选入围奖。

（三）搭建服务平台，服务社区居民。联合会注重搭建服务平台，创新活动载体和形式，开展“关爱空巢独居困难老人”“百家企业献爱心、消防安全进家门”“爱心蛋糕”“爱心储蓄罐”“映山红”等公益活动，推动社区居民自我管理，自我服务。立足区域传统文化和居民生活需求，逢年过节举行猜灯谜、包粽子、做月饼、春节文艺会演等庆贺活动。围绕子女教育，每周举办1期“鼓山学苑”家长读书会，不定期举办“香袋制作”“书法培训”“唱响调腔”等培训。平安志愿者服务队每天坚持义务巡逻，维护社区平安。2016年，“鼓山学苑”家长读书会被评为新昌县全民阅读优秀项目；“鼓山社区平安志愿者项目”被评为“新昌县年度最美志愿服务项目”。

（四）围绕中心工作，助推社区管理。联合会紧紧围绕县委、县政府中心工作，做好基层治理工作，协调所辖组织配合政府部门推进“五水共治”“三改一拆”、城乡环境整治，累计拆除临街店铺门前屋后水槽20个，违章建筑100余平方米，清理卫生死角堆积物500余车，清理小广告20余万张，实现社区居民楼旧有垃圾通道全封堵。积极参与政府购买公共服务，陆续承接关怀失独家庭、关爱退伍兵、关爱空巢老人等服务项目，为特殊群体提供专业化的服务，受到居民群众的称赞和委托部门的肯定。2016年，鼓山社区社会组织联合会被评为“新昌县年度优秀志愿服务集体”，助力鼓山社区获评“全国最美志愿服务社区”。

九、新昌县老年人体育协会

新昌县老年人体育协会成立于1986年8月，会址在县老年活动中心。协会主要由县级机关、乡镇（街道）机关、城乡社区老年人体育协会和部分专业体育分会组成。协会以“发展老年人体育事业，提高老年人生活质量”为宗旨，认真贯彻党的老龄工作方针政策，积极组织开展老年人体育活动，普及科学健身，参加社会公益活动，成为网络健全、内容丰富、深受中老年朋友欢迎的社会团体。

县老年人体育协会自成立起，每年举办十几个单项赛事，举办综合性老年运动会 15 届，运动项目逐届增加，参与人数不断扩大。协会 3 次被评为浙江省老年体育工作先进集体，4 次被评为绍兴市老年体育工作先进集体。协会在参加市级以上老年体育比赛中 15 次获奖，其中 2000—2003 年，曾获绍兴市老年男子气排球比赛五连冠；2009 年 10 月，获全国首届老年人体育健身大会柔力球套路比赛金奖；2011 年 5 月，获浙江省海洋运动会沙滩地掷球塑质球男子团体二等奖。

十、新昌县陆野户外救援队

2015 年 5 月 12 日成立，位于南明街道阳光路 165 号。

救援队有主力队员 50 人，志愿者 179 人。根据个人特长，分编山野搜救组、城市救援组、水上救援组和医疗组，开通 400 免费救援电话，24 小时提供服务。

救援队以“紧急救援，服务社会”为宗旨，自筹经费，自主训练。“只要有人求助，我们义不容辞”是每个救援队员的行动准则。五年间，救援队参与县内外抢险救灾、公益活动和社会服务 300 余次，累计出动队员 5359 人次，服务总时长 28349 小时，成功救援失踪人员、被困险境人员 100 余人次，受到社会民众的好评和新华社、中央电视台、人民网、《浙江日报》、《钱江晚报》等媒体的宣传报道。

陆野户外救援队参与抢险救灾

2015 年 6 月 30 日，南明街道梨木村一名 76 岁的聋哑老人走失，救援队主动开展搜救，经三天三夜的连续搜救，终在天台县找回老人。2017 年 8 月的一天晚上，一位宁波的驴友受伤被困在穿岩十九峰山顶，救援队 16 名队员用砍刀披荆斩棘开辟救援小道，经过 2 个多小时的紧急搜救，队员们用双手终将驴友抬至山下脱离危险。2020 年 8 月 9 日，超强台风“利奇马”影响新昌，加之磐安县五常岩水库大量泄洪，致镜岭镇竹潭村、雅庄村受淹，参加救灾 50 余名队员驾驶冲锋舟救援村民脱险。11 日下午七时许，一名捕鱼人跌落新昌江后不见踪影，救援队 28 名队员迅即赶赴打捞。由于江面风大浪急，冲锋舟发生侧翻，舟上 4 名队员落水受伤。其中副队长李安溺水昏迷，经抢救无效死亡，被省委追授为优秀共产党员，被省政府追认为烈士，追记一等功。4 名落水队员被省政府授予“见义勇为勇士”称号。

救援队系 4A 级民办非企业单位，为县民政局推荐的承接政府转移职能单位，先后举办“珍爱生命、预防溺水”“防灾减灾及突发事件自救互救”“居有所安为老服务”“关爱阿尔茨海默病老人”等公益活动，收到良好的社会效益，其中“居有所安为老服务”获得绍兴市慈善总会优秀项目奖。中共十九大和 G20 杭州峰会召开期间，救援队积极派员参加安保工作。2020 年 1 月 29 日，县内新冠病毒防治工作开始，救援队派出 30 名队员作为新昌医务应急队的补充力量，参与交通道口设卡值勤，协助医务人员检测体温、人员登记、消毒车辆和运送物资，直至防疫工作基本结束。2021 年 1 月，救援队又主动请求参加新冠病毒防治布控工作。疫情期间，累计提供车辆服务 3000 多辆，服务驾乘 1.1 万余人次，为新冠病毒防治工作作出了重要贡献。

2016—2020 年，救援队先后被县政府有关部门评为“铁军好战友”“优秀志愿服务组织”“防台救灾先进集体”，名列“绍兴好人榜”。

2004 年 12 月，县民政局获评全国先进民间组织

第十二章　殡葬管理

殡葬管理是政府通过行政、法律、经济等手段，对民众的殡葬活动进行指导、监督和规范的一项行政事务。

殡葬管理是民政部门的工作职能之一，其任务是推行火葬，改革土葬，破除封建迷信，树立文明、节俭办丧事的社会风尚。

20 世纪 90 年代末，县政府成立殡葬改革工作领导班子和殡葬事务管理机构，发布政策制度，建设殡葬设施，全境实行火葬，改革土葬，彻底终止遗体入棺土葬旧俗。同时，加强殡葬管理法治化、制度化和规范化建设，坚持葬礼、葬法改革并重，宣传教育与日常监管并举，推进全社会逐步形成文明、节俭办丧事的新风尚。

第一节　丧葬礼制

丧葬礼制，是人们处理死者遗体的方式和礼仪，属于社会伦理道德规范和政治经济秩序的组成部分，随社会政治经济制度的变革而演变。

丧葬礼制，孕育于夏商时期，成形于西周，为影响后世千年的模板，后经各朝修订兴革，日益系统完备。封建社会丧葬礼制，重孝道、显等级、隆丧厚葬、繁文缛节。民国时期，国民政府曾改革丧葬礼制，提倡速殓速葬，深葬、火葬，破除风水迷信，禁治停棺浮厝。新中国成立后，党和政府提倡火葬，改革土葬，破除封建迷信。改革开放后，党和政府加强殡葬改革法制建设，逐步建立和完善殡葬法规，实行积极地、有步骤地推行火葬，改革土葬，破除封建迷信，提倡节简、文明办丧事的殡葬管理制度。

一、清朝以前丧葬礼制

远古时期，人类没有安葬死者的习惯，亲人死，随意弃于山野沟壑。至母系氏族社会，人类产生灵魂不死的观念，亲死埋葬，入土为安，渐成习惯。

夏商时期，丧葬礼制初具雏形，父母丧，服三年；行墓葬，用棺椁；留坟头，墓铭入墓；夫妇不合葬等渐成礼俗。

西周，丧葬形成礼制，称“凶礼”，为《周礼》中“五礼”（即吉礼、凶礼、宾礼、军礼、嘉礼）之一。凶礼按照亲疏贵贱，规定严格的等级区别，违礼要受国家或家族的惩罚。诸如规定：人死必先行招魂、沐浴、饭含、小殓、大殓之礼；服丧按亲等定期限；丧服分斩衰、齐衰、大功、小功、缌麻五个差等；殡葬、棺椁以及送葬众人区分规格，葬之时用挽歌。

春秋战国，沿袭西周礼制。

秦朝，王公贵族盛行活人殉葬，民间流行墓地植柏，以祛邪。

西汉时期，汉文帝提倡短丧薄葬，但对厚葬并未设禁，世以厚葬为德，薄终为鄙滥觞。诸如活人筑生圹（寿坟）、堪舆相地、立墓碑、纳墓志铭、建祠堂设影堂等均始于西汉。

东汉，禁厚葬。建武七年（31），光武帝诏告天下，丧贵致哀，礼存守俭，令忠臣、孝子、慈兄、悌弟尽薄葬送终之义，禁止殚财厚葬，所在官吏申明科禁，不得怠慢放任。

汉末，实行官员“丁忧”制度，父母丧，在官子女须辞官回籍，在父母坟前守丧三年。若匿丧不举、“丁忧”期间作乐、应试求仕、嫁娶生子、兄弟别籍分家等，均属“不孝”犯罪，轻则被贬丢官，重则刑律惩罚。汉代丧祭，始用纸钱礼鬼神。

东汉后，佛法东移，火葬习俗随之传入，民间信佛者渐行火葬。

魏晋南北朝，天下纷崩，社会动荡，庶民生活艰难，百姓殡葬多从俭。但在官者，官长卒，殡葬仍沿旧制。至南北朝，随着佛教的推崇，民间开始流行超度亡灵、设斋、出殡、归乡葬及夫妻合葬、停丧、迁葬等习俗。火葬在中原周边的少数民族中盛行。

唐朝，国富民安，厚葬盛行，殡葬礼仪越显繁复，从死者断气到殡葬、奠基完毕，计有六十六道仪式，并付诸律法。如《唐律》重申，居父母丧三年。其间，若身自嫁娶或去孝服以游东、生子，均为“不孝”，属“十恶”之条，依律刑罚。殡葬旌幡按官品身份定规格，严禁逾礼。大历七年（772）后，朝廷提倡简葬，规定送葬祭盘，只得于丧家及茔所置祭，不得于街衢张设。长庆三年（823），诏令丧葬祭奠不得以金银、锦绡为饰及陈设音乐，葬物稍涉僭越，并令毁除。

唐朝中后期，反佛兴起，火化先人被视为有违人伦的不孝行为。唐律规定若焚烧、肢解尸体，按斗杀罪减一等处刑。

宋朝，崇尚儒学孝道，整饬礼仪，严立禁约，倡行简葬。开宝三年（970）十月，诏令丧家不得用道、释威仪及装束异色人物送葬。太平兴国七年（982），翰林院重定士庶丧制，严禁音乐及栏街设祭，从简规定丧舆舁人数和明器数量。太平兴国九年（984），朝廷颁令：举奠之际歌吹为娱，灵柩之前令章为戏，甚伤风教乱人伦。今后有犯此者，以不孝论科断。所在官吏，如不用心觉察，并当连坐。

宋朝，火葬在民间相习成风。建隆三年（962），朝廷以事关风化为由，颁令自今起禁止火葬。绍兴二十八年（1158），宋高宗准户部奏，除豪富士族申明严禁外，贫下之民并客旅远方亡人，若有死亡，姑从其便。

元朝，蒙古族实行土葬，不留冢。汉人丧葬沿旧俗。至元七年（1270），朝廷颁令，除衣衾棺椁依体举葬外，不许用金银宝玉器玩装殓，违者以不孝坐罪。皇庆元年（1312）三月，朝廷改革汉人丧葬习俗，禁止停柩不葬。至元十五年（1278）正月，禁止汉人焚尸火葬，从军应役、远方客旅从便，诸色目人须从本俗。

明代，承宋元遗制，禁行火葬。洪武三年（1370），明太祖令天下郡县设义冢，葬无地以葬者，并定律令，若再行焚弃尸骸，坐以重罪。此后，民间火葬之习渐弱。

洪武七年（1374），明太祖颁布《孝慈录》，破除“家无二斩”“重嫡轻生”的旧丧制，提升母亲的孝道，将母为嫡长子服制由“齐衰三年”减为“期年之丧”；将子为母服“齐衰”升为与父相同的“斩衰”；将庶子为生母服丧升为与嫡母同，嫡子、众子均要对庶母服“期年之丧”。

洪武十二年（1379），明王朝颁布《大明律》，规定：凡得知五服以内亲属死讯，应即举哀，依礼安葬。凡匿不举哀者、惑于风水及托故停柩在家，经年暴露不葬者、将尸烧化及弃之水中者，及丧期未终，释服从吉，忘哀作乐，以律杖刑惩罚；居丧之家修斋设醮，若男女混杂饮酒食者；丧制未终，冒哀从仕者，以律杖刑惩罚。僧、道同罪还俗。同时，《大明律》废除“居丧生子，徒一年”的禁令。

明天顺八年（1464），明英宗下诏废除嫔妃殉葬制度。

清朝，满清入关初期，满汉沿本俗旧制，皇室依存殉葬遗风。顺治五年（1648）、九年（1652），朝廷先后颁布《殡殓发行安葬例》《祭葬礼》，具体规定送终、哭丧、报丧等丧葬礼制。其中规定：“官民人等有愿从旧制焚化者，听之。”至康熙帝时，战事减少，殉葬、火葬习俗受到社会舆论的空前冲击。康熙十二年（1673），康熙帝下诏禁止奴仆随主殉葬，代之以剪发，凡父母尊长之丧，男女均须剪发辫。康熙五十六年（1717），孝惠皇后去世，康熙令身边人“百日留发”，待百日后剃发，以示敬爱。至乾隆时，“百日留发”成定制。雍正十三年（1735），雍正帝下诏禁止火葬，八旗、蒙古丧葬，一概不许火化。除远乡贫人不能扶柩归里，不得已携骨归葬者，姑听不禁外，其他有犯，按律治罪，族长及佐领等，隐匿不报，一并处分。从此，除婴幼儿殇逝、无主尸体、传染病死亡等外，遗体火化开始销声匿迹。

清朝丧葬礼制，贵贱尊卑愈加森严，奢侈攀比较前朝益盛。据《清通礼》记载，殡葬复衣、饭含、铭旌、殓衣、棺椁、坟墓、墓碑、葬礼仪仗、柩舆荒帏、舆杠，以及墓地的神道、石人、石兽、望柱等均有定制。为使官民“悉遵定制”，朝廷命地方官府设立纠察队，推行礼制，查禁违礼行为。

二、民国丧葬礼制

中华民国成立后，国民政府改革丧礼制度，禁治奢侈、迷信之风，提倡丧事简办。

1912年8月，北京政府公布《中华民国礼制》，其中之丧礼，传承前朝初丧、小殓、大殓、铭旌、发引、丧服、居丧等传统礼制。同时规定：吊丧来殡男子左臂围黑纱，女子胸际缀黑纱结；吊仪用挽联、挽幛、花圈；讣文除通告戚友、宗族外，并可登报；灵前供奉亡人照影；吊唁用鞠躬；丧礼以肃静为主，不用鼓乐；衣衾、棺椁之事宜称家之有无，量力而行；官吏居丧，其服制与民无异。丧礼的礼节为：奏乐唱歌，上香，献花，读祭文，向灵前行礼三鞠躬，来客致敬一鞠躬，演说亡人事实，举哀，奏乐唱歌，谢来宾一鞠躬。出殡次序为：檀香提炉、盆花、挽联、挽幛、花圈、亡人照影、祭席、主人、灵柩、送葬者。

1916 年 12 月，北京政府公布《国葬法》，规定“国民有特殊勋劳或伟大贡献，足以增进国家地位、民族光荣或人类福利者，身故后得举行国葬”。

1928 年 10 月，南京政府制定《礼制案》，公布《公墓条例》。

《礼制案》之丧礼规定：殓服用礼服或军服。附身以衾为限，不得用金玉或玩物；丧服为白衣白冠；废除僧道建醮，切纸扎冥器，龙杠、衔牌及旗锣伞扇等旧俗；纪念死者用遗像，载明生卒年月等，如用神主，应废除题主；丧事从俭，奠仪、挽联、挽幛、赙仪、花圈为限，废除锡箔、纸烛、纸盘、冥器等。

《公墓条例》规定：市县政府、私人和私人团体都可以设置公墓。公墓应设于市、村附近，并与工厂、学校、公共处所、住宅、水源、道路有一定距离。其面积、深度由市、县政府统一规定。各墓左右不过六尺，前后不达十尺，各墓应标号，并有人管理。碑上须注明姓名、籍贯、殁葬年月日。非经墓主同意不得起掘。

1929 年 4 月，内政部公布《取缔停柩暂行章程》，规定所有厝棺和田亩内之坟墓均须迁葬公墓。

1930 年 7 月，国民政府公布《国葬仪式》（后于 1936 年、1937 年、1947 年三次修正，内容大同小异），具体规定公祭仪式程序。

1935 年 3 月，南京政府军事委员会委员长行营公布《提倡公墓办法》，电令各省市政府从速筹设公墓。

1936 年 10 月，行政院废止《公墓条例》和《提倡公墓办法》，公布《公墓暂行条例》，将推行公墓制度列为地方自治中心工作，规定：各县政府应设置示范公墓，乡镇分设公墓，团体或一姓宗族或个人呈经县政府许可得设置公墓。公墓设置应于不妨碍耕作之山野地为之，不妨碍军事建筑及公共卫生或利益，并离学校、工厂、医院等户口繁盛区或其他公共处所，饮水井或饮用水之水源地，铁路、大道、要塞或堡垒地带，河川，贮藏爆炸物品仓库等相当距离。公墓用地得依法征收。每一墓基面积不得超过 200 平方市尺，两棺以上合葬者得酌量放宽。墓穴应妥为封固，墓面如超出平地至高不得超过 4 市尺。公墓地区内得建祭堂、停柩处，附设火葬场。设置公墓得依墓基等次征收租金，以后每隔 20 年征收 1 次，但不得超过第一次租金额的二十分之一。县政府应设置免费公墓。县政府应公告指定在公墓区域内营葬。公墓内无主墓之棺柩或尸体得由管理人呈经县政府许可起掘火葬或合葬。公墓应设管理人，由县政府核定管理规则，每年年终将公墓办理情形呈报省政府查核。旧坟足以妨碍军事建筑及公共卫生或利益、田亩中坟墓足以妨碍耕作、浮厝及露棺应迁葬公墓内，不愿迁葬的应申请县政府特别登记，特别登记须征收年捐。违规不在公墓内营葬的，除由县政府处以 30 元以下罚锾外，并得勒令限期迁葬于公墓内。

1946年9月，行政院公布《倡导民间善良习俗实施办法》，规定：（一）提倡丧葬以哀敬为主，革除一切无谓虚文；（二）提倡服丧期内应谢绝宴乐，并停止婚嫁；（三）提倡丧葬行礼以鞠躬为限，废除跪拜礼节；（四）提倡速殓速葬，深葬、火葬；（五）依据公墓暂行条例，普遍设立公墓，破除风水迷信等陋习；（六）限制墓地面积，减少土地浪费。

1948年1月，省政府发起公墓运动，颁布《浙江省设置公墓实施办法》和《浙江省推行公墓运动要点》，提出"速殓速葬深葬火葬，破除风水迷信；减少土地浪费，增加耕地面积；严禁妨碍公共卫生之浮厝及露棺；鼓励慈善团体、各姓宗族或热心公益之个人出资设置公墓"等口号。规定：公墓应置收费公墓和免费公墓，收费公墓甲等墓基每穴长18市尺，阔10市尺；乙等墓基每穴长16市尺，阔9.5市尺；丙等墓基每穴长14市尺，阔9市尺；丁等墓基每穴长12.5市尺，阔8.5市尺；戊等墓基每穴长10市尺，阔8市尺。免费公墓墓基每穴长9市尺，阔6市尺。停柩家中时间最多不得逾60日，棺木单薄者及尸水渗漏者限24小时内埋葬。妨碍军事建筑及公共卫生或利益的坟墓应限期迁葬，逾期不迁的，按墓占地大小每年征谷1斗至1石的年捐。令饬警察机关查禁堪舆，保民大会加强公墓制度讲解，报社、电影刊载倡导公墓。各市县政府须拟订期限，列入地方预算，指定专人督导，在三年内完成公墓设置。

同年11月，国民政府修正公布《国葬法》和《公葬条例》，其中规定公葬对象为："育材兴学述作精宏，品德足式者；创造发明对人群有伟大贡献者；致力建设事业，不慕荣利，协助政府泽溥民生者；抗灾御患奋不顾身，地方赖以保全者；忠勤廉洁，著遗爱在民者。""公葬得由行政院会议决定或由各省市政府咨请内政部提请行政院会议核定后，呈请总统明令举行。""凡公葬者均应葬于公葬墓园内，如愿择地另葬者，应经各省市政府咨请内政部核定，由受葬者家属领费自行安葬，但仍应于公葬墓园内建立碑记。"

民国时期，政府改革丧葬礼制的政策法令，终因军阀混战，政令不畅，土地私有，财政支绌，官吏敷衍以及传统观念积习难改等诸多因素制约，并未真正落实。但是，在民众中产生的正面影响和约束力，对丧葬礼俗的演变起到一定的促进作用。

三、新中国丧葬礼制

新中国成立初期，人民政府在改造社会积弊中，接收并改造旧的殡葬机构和火葬场、公墓、棺材铺等设施，在一些大城市设立殡仪馆和殡仪服务网点。同时，取缔迷信职业（如看风水）、禁止封建迷信用品的生产与销售，倡导开追悼会等新式殡葬礼仪。

1956年，在农业合作化运动中，内务部提出"墓葬改革"的口号，改革的内容是：平毁和迁移坟墓，建立公用墓地，有计划地建立火葬场。

1961年，内务部部署开展殡葬改革：一是先大城市、进而中小城市建立火葬场，推行火葬。二是改革土葬，利用荒山、瘠地建立公墓。三是破除丧葬旧习，节俭办丧事。四是以行政区域为单位实行统一的殡葬管理。

1965 年 7 月，内务部发布《关于殡葬改革工作的意见》，规定：（一）二十万人口以上的城市特别是工业城市要逐步建立火葬场，推行火葬。（二）改革土葬。公葬要统一规划管理，尽可能设在荒山瘠地；墓穴面积应尽量缩小，一般不做坟墓工程；无主旧坟可平掉再利用；墓地种果木。禁止郊区社队对外出卖墓穴。（三）改革殡葬旧习。以开追悼会的方式代替发丧送葬，以献花圈代替焚香摆供，以戴黑纱或白纸花代替披麻戴孝。（四）统一管理殡葬事业。必须统一管理棺材、寿衣、花圈等殡葬服务行业；限制和取缔旧的杠房、和尚、道士以及搞纸扎等迷信行业者在殡葬方面所搞的迷信活动；设置服务站，从接尸到火葬或土葬开展一包到底的服务，便利群众办丧事。

1966 年 5 月 16 日，中共中央号召全国破“四旧”（指破除旧思想、旧文化、旧风俗、旧习惯）、立“四新”（指立新思想、新文化、新风俗、新习惯），并把它作为“文化大革命”的重要目标，其中包括破除旧的丧葬习俗和封建迷信活动。

1981 年 12 月，全国殡葬改革会议提出依靠群众，积极地、有步骤地推行火葬，改革土葬，破除封建迷信的丧葬习俗，提倡节俭、文明办丧事的工作方针。

1983 年 12 月，中共中央办公厅转发民政部《关于共产党员应简办丧事、带头实行火葬的报告》，号召共产党员在实行火葬、简办丧事中发挥模范带头作用。

1985 年 2 月 8 日，国务院颁布《殡葬管理暂行规定》，殡葬开始纳入法制管理。

1989 年 5 月 29 日，国家工商行政管理局、民政部、公安部、国务院宗教事务局联合发布《关于制止丧葬中的封建迷信活动的通知》，规定：（一）严禁在丧事中搞封建迷信活动。任何单位和个人办理丧事，都不得搞看风水、出大殡、攀阴亲等封建迷信活动。（二）任何单位和个人都不得生产、销售封建迷信的丧葬用品。（三）任何人不得在丧事中从事封建迷信的职业活动。（四）禁止采用与殡葬政策相背离的殡葬方式。（五）要宣传教育广大群众节俭办丧事，自觉抵制封建迷信活动。（六）要加强对丧葬用品生产、销售的清理整顿。

1990 年 7 月 21 日，民政部、国家土地管理局联合发布《关于制止丧葬滥占土地私建坟墓的通知》，规定：（一）在建有公墓的地方，遗体必须埋入公墓；未建公墓的地方，要埋入荒山瘠地；无荒山瘠地的，实行平地深埋，不留坟头和碑志。任何地方，都不准在可耕地（包括承包责任田和自留地）和宜林山地乱埋乱葬。（二）平原地区要积极开展平坟扩耕工作，实现耕地无坟化和遗体埋葬公墓化。（三）可将城镇的旧墓地、坟岗划归殡葬管理部门管理和改造。（四）需占用土地埋葬骨灰盒或遗体的，必须按照殡葬管理和土地管理的有关规定办理用地手续，严禁为活人建寿坟。（五）在火化区，除按规定不实行火化的少数民族公民和宗教信徒外，一律实行火化。严禁将遗体私自就地土葬或运到土葬改革区进行土葬。违者按照国家殡葬法规和当地政府的有关规定，予以必要的处罚。

1997 年 7 月 21 日，国务院颁布《殡葬管理条例》（2012 年 11 月 9 日国务院修正公布），重申殡葬管理工作方针，规定：人口稠密、耕地较少、交通方便的地区，应当实行火葬。任何单位和个人未经批准，不得擅自兴建殡葬设施。农村的公益性墓地不得对村民以外的其他人员提供墓穴用地。禁止建立或者恢复宗族墓地。禁止在耕地、林地、城市公园、风景名胜区和文物保护区、水库及河流堤坝附近和水源保护区、铁路、公路主干线两侧建造坟墓。在允许土葬的地区，禁止在公墓和农村的公益性墓地以外的其他任何地方埋葬遗体、建造坟墓。禁止制造、销售封建迷信的丧葬用品。禁止在实行火葬的地区出售棺材等土葬用品。

同年 10 月 9 日，浙江省政府发布《浙江省殡葬管理条例》，提出在 1999 年底前全面推行火化的目标任务。规定：遗体火化后保留骨灰的，提倡在骨灰堂、骨灰墙（塔、廊）等骨灰存放处存放，也可以葬入骨灰公墓。禁止将骨灰装棺土葬。公墓、乡村公益性墓地应当建立在荒山、荒坡、非耕地或者不宜耕种的瘠地上。禁止在铁路、公路（国道、省道）、通航河道两侧、水库及河流堤坝附近和水源保护区、文物保护区、耕地、风景名胜区、开发区、住宅区、森林公园和自然保护区内新建公墓、乡村公益性墓地或者其他坟墓。禁止建造宗族墓地、家族墓地。殡仪活动应当文明、节俭，不得妨碍社会公共秩序、危害公共安全，不得侵害他人的合法权益，不得在丧事活动中从事封建迷信活动。禁止在广场、公路、街道、学校等公共场所从事殡仪活动。禁止制造、销售封建迷信丧葬用品。禁止在逐步推行火化区以外的区域制造、销售棺木和其他土葬用品。

2014 年 2 月 27 日，十二届全国人大常委会第七次会议决定，将每年的 12 月 13 日设立为南京大屠杀死难者国家公祭日。

第二节　殡葬改革

从域内文物考古资料表明，自汉以后，民间处理死者遗体的方式惯行土葬，灵魂不死，入土为安，重殡厚葬，以礼教孝的观念在人们心中根深蒂固。民国时期，国民政府曾发起公墓运动，改革丧葬礼制，对约束民众，促进丧俗演变产生一定影响。新中国成立后，人民政府倡导破除封建迷信，移风易俗办丧事，利用荒山瘠地葬坟。20 世纪末，县乡各级政府成立殡葬改革工作机构，全境推行遗体火化，彻底结束遗体入棺土葬习俗。同时，坚持葬礼、葬法改革并举，加强城乡生态公墓建设，鼓励丧户骨灰入海葬，促进丧葬民风改良。

一、殡葬管理机构

从古至今，历朝政府都有殡葬管理的职官机构。周朝，司徒下设冢人、职丧、墓大夫等职官。冢人执掌王室陵墓；职丧掌管畿内诸侯和卿大夫等官吏的丧事；墓大夫掌管庶人的公共墓地。秦汉以后，殡葬事宜分由礼部、户部掌管，礼部负责制定丧葬礼仪，并监督执行，户部负责墓地选择和墓位大小、高低等的划定。清末、民国，民政机构设立后，其职责之一为教化民众，改革婚丧礼俗。新中国成立后，婚丧礼俗改革为民政职责之一，负责宣传贯彻和实施国家关于殡葬改革的方针政策，殡葬事业单位的建设和殡葬设备、丧葬用品的科研与生产。

1996 年 10 月 16 日，新昌县成立殡葬事务管理处，负责全县殡葬服务单位的行业管理和业务指导，总结推广改革土葬的经验，查处违反管理规定的案件。县殡葬事务管理处为自收自支事业单位，定员 6 人。

1998 年年 12 月，新昌县政府成立殡葬改革领导小组，负责推进全县殡葬改革工作。乡镇政府相应成立殡葬改革领导小组，落实殡葬改革专管员 18 人，农村建立殡葬改革协管员 780 人。

2000 年 1 月 5 日，县编制委员会批准县殡葬事务管理处由自收自支单位改为差额拨款单位，原定职数不变。

2009 年 9 月 8 日，为加强殡葬执法，县编委批准县殡葬事务管理处更名为县殡葬事务管理所；成立新昌县殡葬执法大队，与县殡葬管理所实行两块牌子、一套班子管理。

2017 年 11 月 21 日，县编委根据《浙江省机构编制委员会办公室关于印发绍兴市本级、诸暨市、新昌县承担行政职能事业单位改革试点方案的通知》精神，将新昌县殡葬执法大队更名为新昌县民政综合行政执法大队，承担县民政局所有行政执法职能。

二、推行遗体火化

1996 年 5 月 27 日，省政府办公厅印发《关于“九五”期间进一步加强殡葬改革工作的通知》，指令新昌县在 1998 年完成火化殡仪馆建设，在 1999 年前全面实行遗体火化。

1998 年年底，县委、县政府将殡葬改革列为 1999 年度十件实事工程之一。

1999 年 1 月 1 日，县政府发布《关于禁止私建寿坟的通告》。7 月 20 日、28 日，县政府先后发布《关于加强殡葬管理的通告》《新昌县殡葬改革实施办法》，宣布自 1999 年 11 月 1 日零时起，在新昌县行政区域内死亡人员的遗体一律实行火化（包括户籍关系在外地而在新昌县境内死亡、户籍关系在新昌县而在外地死亡以及 11 月 1 日零时前已死亡但未安葬的遗体）。

7 月 27 日，县纪委、县委组织部、县监察局联合印发《关于严明纪律确保殡葬改革顺利推行的通知》，要求党员干部带头执行殡葬改革政策，做殡葬改革的模范。同月 29 日，县委宣传部印发《关于切实加强殡葬改革宣传工作的通知》，决定自 10 月 1 日起在全县开展殡葬改革宣传月活动，要求各乡镇、各新闻单位加强殡葬改革宣传工作的领导，充分利用新闻舆论阵地和社会宣传阵地，扎实开展殡葬改革宣传活动，引导干部群众自觉参与殡葬改革工作。

8 月 2 日，县政府办公室印发《新昌县殡葬改革工作方案》，提出殡葬改革的指导思想、目标任务，具体部署组建班子、舆论宣传、配套设施建设和加强领导、加强协作、充分发挥基层组织作用等工作措施。

10月11日，县委、县政府召开殡葬改革工作会议，督查各乡镇和有关单位准备工作情况。15日，全县殡葬改革动员大会在文化中心召开，乡镇设分会场，全县电视实况转播。会上，代县长黄金梁作动员报告，县民政局、县公安局、县卫生局和城关镇、回山镇政府的负责人作表态发言，各乡镇和县级机关有关单位与县政府签订责任状。会后，乡镇干部全力以赴下村宣传发动。县民政局印发《关于实施火葬后现有棺材处理问题的通知》，规定民间原有棺材由殡仪馆负责收购或调换骨灰盒处理；对11月1日遗体火化的丧属，免除相关费用。

殡葬改革宣传月期间，县乡新闻媒体开辟专栏专题，集中宣传殡葬改革法规、政策和移风易俗的科普知识。县民政局印发《新昌县人民政府关于加强殡葬管理的通告》2000张、《致全县人民的公开信》15万份、《殡葬改革政策汇编》5000册，俞辉华、杨焕星、马德山等10名老干部向全县人民发起的倡议书1万张，制作宣传图展9块，悬挂宣传条幅75幅，录制宣传磁带30盒，组织9辆宣传车分赴683个村巡回播放宣传。其时，殡葬改革成为全县人民街谈巷议、茶余饭后的主要话题，殡葬改革政策可谓家喻户晓，人人皆知。

11月1日，遗体火化顺利实施，一步到位。

2000年春节前后，大雪封道，边远山区车辆无法通行。县民政局会同当地政府做好丧户工作，坚持抬尸下山火化，并在新闻媒体进行宣传报道。之后，遗体火化成为丧户的自觉行动。

至2017年年末，推行遗体火化19年，每年火化率、火化面均为100%，累计火化遗体59615具。

附：1999—2017年新昌县遗体火化情况

表87　1999—2017年新昌县遗体火化情况表

年度	火化数（具）	年度	火化数（具）	年度	火化数（具）	年度	火化数（具）
1999	602	2004	3219	2009	3297	2014	3182
2000	3220	2005	3464	2010	3245	2015	3340
2001	3280	2006	3248	2011	3275	2016	3318
2002	3295	2007	3180	2012	3267	2017	3341
2003	3379	2008	3231	2013	3232	合计	59615

三、整顿丧葬用品市场

殡葬改革前，丧葬用品行业管理比较混乱，无证无照、超范围生产销售棺材、墓碑、寿衣、花圈等丧葬用品的场点、商店遍及城乡，仅城内就有 20 余家，不仅影响市容市貌，而且影响殡葬改革。

1999 年 7 月 30 日，县民政局、县工商行政管理局联合发出《关于开展丧葬用品行业清理整顿工作的通知》，规定凡制造、销售丧葬用品的单位和个人，应当经民政部门审核，向工商行政管理部门申领营业执照。对超出核准登记的经营范围从事生产经营丧葬用品及从事殡仪服务的企业和个体工商户予以查处，对未经核准登记擅自从事生产经营丧葬用品的企业和个体工商户坚决予以取缔。清理整顿工作由各乡镇会同工商管理所组织登记、核查与取缔。9 月底，清理整顿工作基本结束，县民政局、工商行政管理局组织检查组，到各地抽查验收。通过清理整顿，公开违规制造、销售土葬用品、超范围经营丧葬用品的问题基本清除。

2000 年 11 月 15 日，为进一步加强丧葬用品市场管理，规范人们的丧葬行为，维护丧事活动的交通安全，县政府发布《关于进一步加强殡葬管理的通告》，明令禁止重修土葬墓，禁止生产、销售土葬墓碑，禁止以骨灰深埋为借口乱葬乱埋，禁止在接尸、骨灰运送途中鸣锣敲打、散发冥币、燃放烟花爆竹，影响道路交通安全，禁止城市主街道开设花圈店。

四、破旧俗树新风

中华民国成立后，国民政府颁布新礼制，城内有极少数政府官员和开明人士，奉行吊丧臂围黑纱，吊仪用挽联、挽幛、花圈，吊唁用鞠躬，灵前供遗像等。

新中国成立之初，县政府重视查禁封建迷信活动，提倡丧事简办，推广开追悼会。

1952 年，根据省政府发布的《为防止疫病的发生与流行应限期清除积柩的指示》，全县各地开展清除寺庙积柩、露天积柩。此后，积柩现象逐渐消失。

1953 年，县政府发动群众结合开辟荒山坡地、平整土地、扩大种植面积、兴修水利、修建道路，平毁老坟，迁葬旧坟。

1958 年，人民公社化后，农村开展土地园田化建设，一些老坟被平毁、深埋或迁葬上山。

1964 年，开始“农业学大寨”运动，在造田造地中，一些老坟被平毁、深埋或迁葬上山。

1966 年，“文化大革命”开始后，“破四旧，立四新”，民间丧葬中的封建迷信活动被取缔。

1999 年 11 月 1 日，推行遗体火化后，民间筑寿坟、抬棺入葬的丧葬陋习逐渐减少。

2000 年 3 月 31 日，为巩固和发展殡葬改革成果，取缔丧葬中的封建迷信活动，切实减轻丧户的经济负担，促进社会主义精神文明建设，县政府发布《关于取缔丧葬封建迷信活动的通告》，县殡葬改革工作领导小组办公室制订《关于取缔丧葬封建迷信活动的工作计划》，在全县开展整治社会风气活动。全县上下层层发动，通过广播电视、张贴标语和通告、橱窗宣传等形式开展宣传。乡镇政府对丧葬相关从业人员，采取个别谈话和集中办学习班的方式进行法制教育。通过整治，民间丧葬封建迷信活动得到遏制。

同年 10 月 18 日，县政府召开殡葬改革实施一周年座谈会。会议回顾总结殡葬改革的成绩，提出新的工作任务和措施，要求各级各部门干部克服“船到码头车到站” 思想，充分认识殡葬改革的长期性、复杂性、社会性，做到思想认识不松、工作班子不散、领导力度不减，真正把这项“破千年旧俗，树一代新风”的实事工程抓实抓好。

2002 年 4 月 10 日，根据一些地方骨灰入棺土葬、乱葬乱埋、重修老坟等丧葬陋习死灰复燃的状况，县政府召开深化殡葬改革动员大会，印发《关于开展深化殡葬改革宣传月活动的通知》。宣传月活动期间，各地对丧葬从业人员进行宣传教育，对违规新建的大坟予以纠正，查处非法从事丧葬用品经营场所 50 个，城南、梅诸等乡村开始成立红白理事会，制定村规民约。为防止宣传月活动走过场、刮阵风，县政府办公室于 6 月 24 日印发《关于建立骨灰安葬跟踪检查报告制度的通知》，县殡管处及时向乡镇反馈遗体火化信息，乡镇政府对骨灰进公墓、按规定标准建墓等情况实施跟踪检查，登记造册，发现问题，及时进行纠正处理。月底，乡镇向县殡管处反馈跟踪检查情况，县殡管处定期不定期地开展监督检查，做到上下联动，齐抓共管。7 月 15—31 日，县民政、公安、工商、土管等部门组成联合检查组，对回山、双彩、镜屏等 3 个乡镇进行抽查。年底，全县开展殡葬管理工作大检查，民间丧葬歪风得以有效遏制。

2007 年，全县再次开展丧葬陋习集中整治活动。县殡管处印发集中整治通告 1000 份，发送公开信 1 万份，出动宣传车 20 车次，组织联合执法 4 次，查纠违规殡葬行为 35 起，组织老坟绿化 50 余座，植树 5000 余棵。

2009 年、2011 年清明前夕，县民政局开展“我们的节日 · 清明节”征文比赛，上街散发《文明祭扫倡议书》1 万份，倡导崇尚科学，文明祭祖。

2010 年 1 月 15 日，县政府办公室印发《关于建立全县殡葬管理联合执法机制的通知》，明确全县性集中整治专项行动由县政府办公室牵头，日常联合执法由民政部门会同乡镇政府（街道办事处）牵头，国土、林业、公安、城管等部门共同参与，工商、旅游部门视情参与。

是年，县殡葬执法大队会同工商部门查处违规生产经营土葬用具场、店 50 余家，砸毁土葬墓制成品 200 余套。

2014 年 8 月 27 日，县政府发布《关于开展殡葬违规专项整治行动的通告》，规定：已建有村级墓地的，骨灰一律进村级墓地安葬；未建村级墓地的，要加快落实，规范散葬；严格建坟管理，不得超标准建坟；禁葬严管区内违建寿坟的原则上予以搬迁或绿化覆盖；严禁生产销售土葬用品，对发现的生产销售棺材、大坟碑及其他迷信丧葬用品，一律没收并销毁。自 8 月 27 日起，进一步健全骨灰安葬跟踪检查报告制度，县民政局向乡镇（街道）通报遗体火化信息，每周末乡镇（街道）将安葬情况反馈给县殡葬违规专项整治领导小组办公室。自 11 月 1 日起，各丧户应向所在乡镇（街道）签订文明殡葬承诺书，大力倡导文明节俭办丧事。对违反通告中规定的，有关部门将依法作出处理。

同年 10 月 24 日，县殡葬违规专项整治工作领导小组公布全县禁葬严管区范围，包括上三高速、甬金高速、104 国道、江拔线、象西线、新蟠线、新西线（马大王—大明市段）、磐新公路两侧 100 米以内，其他主要道路两侧 50 米以内；县城客运中心沿老 104 国道至城东大桥北侧可视范围内，客运中心沿南复线—磕山路—桂苑一路—人民西路—环城南路—湖滨路—盘龙路—江滨东路接城东大桥可视范围内；大佛寺景区、穿岩十九峰景区、十里潜溪景区、国家地质公园风景名胜区；高新技术产业园区、新昌工业园区、七星新区及棣山新民片；长诏水库、钦寸水库、巧英水库、门溪水库等 4 个大中型水库坝址周边 100 米范围内；小将林场、天姥林场和省级森林公园；全县基本农田和坡度 25 度以下的耕地以及全县所有居民区。

2015 年 8 月，根据全省“两路两侧”“四边三化”专题推进会议要求，全县开展“一沿五区”裸露坟墓治理工作，采取绿化覆盖、深埋或迁移的方式，整改治理上三高速、甬金高速、104 国道、象西线、新磐线等公路两侧裸露坟墓。11 月底，裸露坟墓治理任务全面完成。

自 2014 年清明节起，县民政局每年举行“绿色梦·清明情”鲜花换礼炮公益活动，在江滨公园、博物馆门口设点，免费向群众赠送鲜花，散发《清明节文明祭扫和殡葬改革宣传倡议书》。至 2017 年清明节，累计赠送鲜花 3 万余束，散发文明祭扫倡议书 3.4 万余张、宣传海报 900 余张，悬挂宣传条幅 25 块。

清明节鲜花换礼炮，倡导文明祭祖

为树立科学文明的殡葬方式，保护和节约土地资源，改善人居环境，切实减轻丧户经济负担，县民政局在整治丧葬陋习的同时，积极宣传引导和鼓励丧户实行骨灰入海葬。

2020 年 10 月 27 日，由县民政局主办，浙江祥泰礼仪服务公司承办，“情满人间，爱融大海”新昌县首次集体海葬仪式在普陀山莲花洋举行，来自东茗乡东茗村、澄潭镇棠村、儒岙镇屋沿坑村、南明街道市中社区的4名逝者亲属，在鲜花、汽笛和音乐声中将骨灰降解陶罐放入大海。海葬后，县民政局给丧户各奖人民币1万元，以资鼓励丧户推广海葬。此次丧户骨灰入海葬在绍兴市属首例。

2020年10月27日，首次骨灰海葬仪式在普陀山莲花洋举行

2021年11月12日，县民政局会同县公共服务集团有限公司、县眠山开发有限公司共同主办“情满人间，爱融大海”新昌县第二次集体海葬仪式，4户丧户参加海葬，县民政局给丧户颁发海葬证书，各奖人民币1万元。

第三节 殡葬设施

此节殡葬设施记述县殡仪馆、乡村公益性公墓的建设、管理和服务。兴建殡仪馆和乡村公益性公墓是实施殡葬改革的一项基础工程。1998年，县委、县政府提出殡葬改革目标后，县民政局和有关单位重视殡葬设施建设，投入大量资金，兴建殡仪馆和县、乡、村生态公墓，为丧户提供良好的殡葬条件和服务，推进全县殡葬改革。

一、殡仪馆

（一）殡仪馆建设

1997年，为贯彻落实省政府提出的“九五”期间殡葬改革目标任务，城关镇的眠山陵园划归县民政局经营管理。

1998年1月，县政府提出建设殡仪馆，做好殡葬改革各方面准备的工作目标。3月，民政局经征求各方面意见，选定在眠山陵园内建设殡仪馆。5月8日，举行殡仪馆开建奠基仪式。9月2日，殡仪馆动工建设。1999年10月竣工，同年11月1日投入使用。

县殡仪馆按国家二级馆标准设计建造，总投资475万元，占地面积9000平方米，建筑面积3680平方米，设置停尸间、解剖室、悼念厅、火化间、小卖部和食堂，配置火化炉2台套、运尸车8辆。有员工38人。

2000年，殡仪馆增置火化炉1台套。后又改装、增置简灰炉2台套。

2003年1月24日，为政企分开，理顺关系，县政府批准“新昌县殡仪馆”变更为“新昌县眠山实业开发公司”，属国有独资企业，实行独立核算，自负盈亏管理。

2016年2月，为提升殡葬服务能力，实施殡仪馆改扩建工程，投资907.3万元，建筑占地1800平方米，建筑面积2760平方米，其中悼念厅1360平方米、过道及配套设施用房1400平方米。

（二）殡葬服务收费

1999 年 9 月 14 日，县物价局根据省、市物价和财政部门关于殡葬服务收费标准的规定，核定公布新昌县殡仪馆殡葬服务项目和收费标准，共 38 个殡葬服务收费项目，其中，接尸车运费和火化费属政府定价，其他项目收费标准为最高限价，下浮不限。

附：1999 年新昌县殡仪馆殡葬服务项目和收费标准情况

表 88　1999 年新昌县殡仪馆殡葬服务项目和收费标准表

序号	项目		计算单位	收费标准（元）	备　　注
一	车（运）费				
1	接尸费	面包车	公里	3.00	最低 50.00 元
		豪华车	公里	5.00	最低 70.00 元
2	送客		公里	2.00	最低 30.00 元
二	殡仪服务费				
3	卫生包尸全棉布		块	25.00	
4	汽车卸尸费		具	5.00	
5	抬尸费		具	40.00	从丧户家中抬至接尸车超过 2.5 公里，加收每公里 10 元
6	特殊尸体抬尸费		具	100.00	指腐烂、破碎尸体
7	尸体化妆整容		具	50.00	指洗脸、修面、修指甲、理发、剃须，外出服务加倍
8	解剖尸体整理费		具	50.00	
9	尸体更衣费		具	30.00	特殊尸体加倍
10	尸体理发费		具	20.00	特殊尸体加倍
11	尸体清理费		具	50.00	特殊尸体加倍
12	尸体消毒费		具	20.00	指腐尸、臭尸、传染病尸
13	遗体冷藏费		小时	2.00	
14	冰棺使用费		小时	10.00	
15	冰棺出租费		小时	15.00	损坏折价赔偿
16	骨灰盒存放费		盒/年	50.00	临时存放 8 元/月，不足 1 月按 1 月计
17	防腐袋		只	100.00	
18	非工作时间接尸		具/次	50.00	
19	礼厅出租　大厅		场/次	350.00	半天为 1 场次，不足半天按半天计，预约后退场 10%收费
	中厅		场/次	200.00	
	小厅		场/次	150.00	

续表 88

序号	项目	计算单位	收费标准（元）	备　　注
20	守灵间	小时	10.00	
三	火化费			
21	成人尸火化费	具	120.00	
22	孩尸火化费	具	80.00	指 14 岁以下，枯骨、肢体火化相同
23	婴儿火化费	具	20.00	
24	骨灰处理费	具	10.00	
四	其他服务项目			
25	花圈出租	只/项	10.00	
26	花篮出租	只次	15.00	
27	盆花出租	盆/次	2.00	
28	书写挽联	套	3.00	书写横幅 30 元（含材料费）
29	小白花 小黑纱	副	0.50	
	小黑纱袖套	只	1.00	
30	看遗体、拍照验尸	次	30.00	
31	遗体告别录像	场	双方协商	
32	遗体照像服务费	张	3.00	
33	骨灰盒	只	自选	
34	接尸车等待费	次		车到 30 分钟内不收费，超过 30 分钟每 10 分钟收 5 元
35	住宿费	床/日	15.00	
36	停车费 大客车	辆/次	8.00	
	面包车	辆/次	5.00	
	小车	辆/次	3.00	
37	鼓乐队服务费	场	100.00	自愿，6 人自大厅门口至停尸间
38	骨灰墓穴		自选	

2000 年后，随着物价的变化，殡仪馆设施的更新改造，县殡仪馆殡葬服务项目和收费标准几经调整。

2012 年 11 月 18 日，县政府开展惠民服务改善民生活动，印发《关于新昌县殡葬基本服务项目免费办法的通知》，县民政局召开新闻发布会，宣布从 12 月 1 日起，对殡葬基本服务项目实行免费，规定：

免费对象：（一）具有新昌县户籍的城乡居民，包括在异地死亡并火化的新昌户籍城乡居民；（二）在新昌县全日制学校学习非新昌县户籍的学生；驻新部队现役军人；与新昌县企业签订劳动合同并按规定缴纳养老保险金 1 年以上的外来务工人员；（三）在新昌县域内发现并在新昌县眠山实业开发有限公司火化的无名、无主尸体。

免费项目：（一）遗体接运（限新昌县行政区域范围内使用普通接尸车辆）；（二）小型告别礼厅（守灵间，5 小时/场）；（三）遗体火化（限普通火化炉）；（四）抬尸费；（五）殓尸袋（白布）；（六）骨灰盒（普通型）；（七）遗体存放（普通冷藏，不包括水晶棺，减免 3 天遗体冷藏费）；（八）骨灰寄存（存放期限 1 年以内）。

免费方式：由新昌县眠山实业开发有限公司按照省、市、县权限部门核定的标准，在结算殡仪服务费用时按实直接予以免除，所免费用由县财政全额承担。新昌县眠山开发有限公司按季度填写殡葬基本服务项目费用结算清册，于下一季度始 5 日前送县民政局审核；于 10 日前送县财政局；经审核后，县财政局于该月底前按照审核标准将项目资金划入县民政局，由县民政局以购买服务形式与县眠山实业开发有限公司结算。

殡葬基本服务费实行免费后，每年减免丧户殡葬基本服务费计 260 余万元。至 2017 年末，累计减免丧户殡葬基本服务费 1303.5 万余元。

2017 年 12 月 1 日起，县发改局调整公布县殡仪馆殡葬基本服务项目和收费标准。

2018 年 4 月 21 日，县政府办公室印发《关于新昌县殡葬基本服务项目免费办法的通知》，明确自 2017 年 12 月 1 日起，继续实行殡葬基本服务项目免费。今后如遇物价调整，免费额度相应随之调整；除免费项目外的选择性殡葬服务项目，按县权限部门核定的标准收取费用。

附：2017 年 12 月新昌县殡仪馆殡葬基本服务项目和收费标准情况

表 89　2017 年 12 月新昌县殡仪馆殡葬基本服务项目和收费标准表

序号	项目名称	计算单位	收费标准（元）	备　　注
一	遗体接运			最低 85 元，最高 300 元
1	接尸费	公里	4.50	
2	抬尸费	具	60	超过 1 公里的每公里再加收 40 元，自行抬尸不收费
二	遗体火化			
1	成人尸	具	330	工作内容包括遗体包扎、遗体消毒、遗体置入火化炉、浇水、骨灰整理、骨灰装殓等火化全过程

续表89

序号	项目名称	计算单位	收费标准（元）	备　　注
2	14周岁（含14周岁）	具	150	
三	遗体普通存放			
1	水晶棺存放	小时	10	不足1小时按1小时计算
2	普通冷藏	天	80	不足1天按1天计算
四	骨灰寄存			
1	骨灰寄存费	月	10	含探视
五	遗体普通化妆			
1	普通化妆费	具	100	工作内容：面部清洗、敷干、嘴巴、眼帘整合复位、脸部上粉，眼睑、睫毛、脸腮、嘴唇描色、化妆、整理衣装、梳头
六	遗体理发、遗体消毒			
1	遗体理发费	具	30	
2	遗体消毒费	具	100	指外运遗体消毒
七	吊唁设施及设备租赁			
1	吊唁悼念厅（大厅）	场	450	提供电茶壶、热水瓶、椅子、独立音箱及扩音设备、横幅（不含内容制作）等吊唁悼念有关设备及设置
2	吊唁悼念厅（中厅）	场	300	
3	吊唁悼念厅（小厅）	场	250	
4	吊唁悼念厅（小间）	场	20	
5	观瞻遗体火化专用厅	场	550	因丧户要求，为遗属提供瞻仰仪式、茶水、桌椅、礼仪人员、场地布置、观瞻遗体火化过程等服务
八	花圈花篮租赁			
1	花圈花篮租赁服务	件		不含挽联撰写
九	骨灰盒	只	见标签	丧户自选（包括骨灰袋、盖布）
十	一次性消毒布	块	25	

说明：1. 吊唁悼念厅及设施租用费，以5小时为1场，不满5小时按5小时计算，每天最多不超过3场计费。2. 租用吊唁悼念厅仅用作开追悼会按吊唁设施及设备租赁项目收费，租用吊唁悼念厅作灵堂用按灵堂租用费项目收费

附：2017年12月新昌县殡仪馆延伸服务项目价格

表90　2017年12月新昌县殡仪馆延伸服务项目价格表

序号	项目名称	计算单位	收费标准（元）	备　　注
一	非工作时间加班费			指当日15：00到次日7：00因丧户要求提供
1	火化费	具	300	
2	抬尸、骨灰运送		80	
二	遗体整理费			包括遗体护理、整容、整形、沐浴更衣、消毒防腐、腐烂（残缺）尸体整理、入殓等，由丧户自行选择服务项目
1	整理、整容、整形	具	5000	车祸；头部、四肢变形、穿衣、脸部变形（双方协商，不得高于5000元）
2	沐浴更衣	具	500	

续表91

序号	项目名称	计算单位	收费标准（元）	备　　注
3	腐尸（残缺尸体）整理	具	2000	腐尸收集、包扎（普通收尸费500元，丧户另行要求的由双方协商，不得高于2000元）
4	入殓仪式	具	3000	包括穿衣、脸部化妆、入殓
三	纸棺火化费		100	纸棺（卫生棺）丧户另行付费
四	灵堂租用费			
1	松鹤厅	场	450	5小时为1场，不满5小时按5小时计算，一天不得超过3场
2	福禄厅	场	800	
3	千古厅	场	300	
4	眠山厅	场	700	
5	追思厅	场	700	
6	流芳厅	场	250	
7	守灵间	场	20	
五	告别礼厅、灵堂、灵车布置费	次	协商	包括鲜花、布幔等个性化布置
六	礼仪出殡、摄像、电子遗像（制作）服务费	次	协商	按丧户要求
七	追悼会策划、主持、司仪费	次	800	

续表 90

序号	项目名称	计算单位	收费标准（元）	备　　注
八	水晶棺、冰棺、活动折叠灵棚租用费			
1	水晶棺、冰棺	小时	10	不满 1 小时按 1 小时计算
2	活动折叠灵棚	场	20	5 小时为 1 场，不满 5 小时按 5 小时计算，一天不得超过 3 场
九	高档灵车接运费	次		保底 500 元，按每公里 15 元来回计算
十	骨灰处理费	具	协商	骨灰运送按接尸标准收费
十一	尸体污物处理费	具	300	尸检、解剖、丧户要求处理的
十二	花圈花篮处理费	只	5	丧户带走自行处理不收费
十三	殡仪人员上门服务费	每人次	300	按丧户要求（不含接尸），老城区含车辆接送费，服务项目另按标准收费
十四	挽联制作费	付	20	

二、公墓

（一）乡村公墓建设

1928 年，县政府奉令发起公墓运动，令饬各乡保设立公墓场，迁移平原坟墓，藉广耕作土地；处置浮厝露棺，以保公共卫生；查禁神权迷信，改良丧葬风俗。然而，除少数官山、寺山、庙山被划定为坟山外，因土地私有，乡保无钱征地办场，政府号令成一纸空文，民间乱葬乱埋、停棺浮厝、封建迷信活动依旧如故。

新中国成立初至殡葬改革前，城乡没有统一规划建设公墓，民间丧葬一般在所在地选择山地自行建坟造墓。

1962 年 4 月，县民政劳动科与县农场协商决定，将石塘岙 20 亩荒山和 3 亩耕地，划归民政劳动科使用管理，作为城关镇居民死后的埋葬场所和安排外流人员劳动生产之用。

1993 年 10 月，为解决城区范围内居民的丧葬问题，县政府批准城关镇政府在眠牛山建立“新昌县眠山陵园”，属经营性公墓，占地 21312 平方米，安排墓穴 4500 穴。同时县政府发布《关于殡葬管理的若干规定》，1.建城区范围内的死亡人员都应安葬在眠山陵园。2.禁止其他单位和个人出租、转让、买卖墓地和墓穴。3.禁止城关镇居民（包括建城区农民）在建城区范围内新建、修建坟墓。禁止在104国道线塔山村—泉清村路段两侧和重点水源保护区建造新坟，修建旧坟。严禁在大佛寺、鼓山风景区新建、修建坟墓。已在大佛寺、鼓山风景区建有坟墓的户主，必须在年底前向户口所在地居委会、村委会报名登记，再作统一处理，不登记的视作无主坟处理。4.破除封建迷信，提倡移风易俗、文明节俭办丧事。人死后，遗体和棺材一般由眠山陵园管理处用车辆接送到陵园安葬。在横街、北街、鼓山路、西街、文体路等主要街道不得停留棺材和尸体，不得祭祖、鸣锣放炮。5.在城关镇范围内的国家机关工作人员和一切享受劳保待遇的人员（包括离、退休和工伤人员）亡故后，其亲属均须凭眠山陵园的安葬证明才能领取丧葬费、抚恤金和遗属生活困难补助费。

1995年，大佛寺景区开发建设，景区内的老坟、寿坟全部平毁、迁移。

1999年1月1日，县政府发布《关于禁止私建寿坟的通告》，自1月1日起，全县行政区域内禁止私建寿坟。

同年7月20日，县民政、计委、土管、建设、林业、环保等六部门联合发布《关于建立公益性骨灰公墓的通知》，要求各乡镇统一规划，按照适度集中、方便群众、因地制宜、合理布局的原则，在8月底前完成规划设计前期准备，10月底前完成建设任务。规定农村公墓是为村民提供骨灰安葬的公益性墓地，应按照节约用地、保护山林、美化环境的原则，利用荒山、荒坡、非耕地或者不宜耕种的瘠地建墓；禁止在风景名胜区、文物保护区、旅游度假区、开发区、饮用水源控制区和水库、河流、堤坝、公路（国道、省道）附近建墓；骨灰公墓单穴占地不超过0.7平方米，双穴占地不超过1.7平方米，墓碑高度不超过0.8米。农村建墓应向县计委、土管、建设、林业、环保、民政等部门办理审批手续。

是年，农村公墓普遍规划落实，有122个村建成公墓，其中儒岙镇儒一村、梅诸镇梅诸村、铁牛村、镜岭镇西山头村的公墓受人好评。

2002年9月，县民政局拨款100万元，经验收后，以奖代补方式帮助128个贫困村建立公墓。

是年，全县有592个村建立公墓，占全县行政村总数的76%。

2003年12月3日，县政府办公室印发《关于进一步加快殡葬改革，积极推行生态化葬法的实施意见》，把改革土葬，治理“青山白化”作为殡葬改革的重点，提出到2005年，全县70%的公墓达到生态要求。

2008年，推进生态公墓建设，县投入资金120万元，在每个乡镇（街道）建设一处示范性生态公墓。同年，开展“三沿五区”坟墓集中整治活动，治理率达到80%以上，全县生态葬法覆盖率达到95%。

2009 年 2 月，钦寸水库开工建设，为解决库区淹没线以下 6000 余穴坟墓的迁移和移民身后的埋葬问题，钦寸水库工程建设指挥部决定由浙江钦寸水库有限公司投资 1500 万元，在新林乡祝家庄兴建新林公墓。2014 年开工兴建，当年建成。占地 29388 平方米，分 A、B、C、D 四大墓区，建墓 3700 余座、7000 余穴，墓穴按照骨灰公墓要求建造，并建有“静思缅怀平台”“忘怀解忧平台”“参禅问佛平台”“生肖献祭平台”“繁花似锦平台”等五个景观和停车场、休息亭等设施，集环保、生态、人文于一体。移民坟墓迁葬，采取抽号择定，收取建设成本费。至 2017 年，库区淹没线以下坟墓全部迁移完毕。

2014 年 8 月 18 日，县政府办公室印发《新昌县生态墓地建设实施办法》，具体规定生态墓地的规划选址、建设审批、建设标准、监督管理、奖励处理等政策措施。

2015 年 1 月 28 日，县委办、县政府办转发《浙江省委办公厅、省政府办公厅关于进一步深化殡葬改革意见的通知》，要求各乡镇（街道）、县级机关各部门深刻认识进一步深化殡葬改革的重要性和紧迫性，加强对深化殡葬改革的组织领导，充分发挥党员、干部的带头作用，加快完善城乡基本殡葬服务保障体系，规范殡葬基础设施建设管理，推动全县殡葬改革取得新成效。

2017 年 1 月 20 日，县民政局、县财政局印发《新昌县生态墓地建设工作考核验收及资金奖补办法》，对乡镇（街道）生态墓地建设实施目标考核。考核验收标准为：1.乡镇（街道）根据 6‰的人口死亡率及 20 年的使用量，适当考虑重大工程的坟墓迁移量，按照每亩 300 穴的标准，确定生态墓地建设规模。同一墓地可采用“一次规划，分期建设”的方式进行，但一期建设应确保近五年的需求。2.生态墓地建设应遵循“因地制宜，相对集中，有效管理”的原则，符合土地利用总体规划和城乡建设规划的要求，以荒山、荒地、瘠地为主选地，避开“三沿五区”等禁坟区，禁止在生态公益林或基本农田规划区建墓。3.生态墓地建设应按要求办理审批手续；墓区布局合理，配套设施齐全，有专人日常管理，墓区整洁美观。4.墓地应符合《新昌县生态墓地建设实施办法》规定的标准。5.生态墓地应体现公益性，满足低收入、困难家庭的基本需求，中低档墓区面积不少于墓区总面积的 60%。墓穴规格在不超过相关建设标准的前提下，可体现多样化、个性化。墓区必须由管理单位统一施工建设，严禁私自滥建乱造。乡镇（街道）生态墓地建设考核验收工作由县殡葬管理领导小组牵头，国土、林业等部门联合进行。县财政对乡镇（街道）生态墓地建设给予政策扶持和资金奖补，具体办法为：1.生态墓地建设资金主要由乡镇（街道）自筹解决，也可引入民间资本参与建设。县财政连续三年，每年安排 300 万元，扶持生态墓地建设。建成后，每年按照全县户籍人口每人 1 元的标准进行统筹，确保政策扶持的延续性。2.奖补标准：乡镇按常住人口每人 21 元标准给予补助，街道按农村人口每人 25.8 元标准给予补助。对当年阶段性完成生态墓地建设的乡镇（街道），按建设规模、质量和档次给予 3 万~10 万元的奖励。3.奖补资金由县民政局、县财政局根据公墓建设进度、墓区和墓体基本建成、绿化合格后预拨 50%，剩余部分经考核验收合格后下达。

同年 6 月 28 日，为加强部门配合，推进生态公墓建设，县政府召开专题会议，商定：乡镇（街道）负责审核出具村级公益性生态公墓建设立项文件；民政部门审核出具乡镇（街道）公益性生态公墓建设立项文件，并牵头指导乡镇（街道）、村根据实际需要分期建设；县国土部门审核出具公益性生态公墓建设审查意见书；林业部门负责林地占用和林木采伐审批。会后，民政局批准南明街道燕窠、大市聚镇庄后王、城南乡眉岱、梅渚镇麻家田、七星街道元岙、儒岙镇朱路等 7 个村建设公益性生态公墓。

11 月 30 日，县委办、县政府办印发《关于推进节地生态安葬实施意见》，提出坚持保障基本安葬需求，坚持节约资源、保护环境，加大节地生态安葬公共服务产品供给，加强政策激励引导，使满足安葬需求与保护资源环境协调推进的指导思想和政府主导，社会参与，节约资源、保护环境，注重引导，创新发展的基本原则。生态安葬的主要任务是：每个乡镇（街道）要有 1~2 个乡镇级公益性墓地；积极推行不占或少占土地的生态化葬法，鼓励以楼、廊、堂、塔、墙等形式存放骨灰，鼓励家庭成员骨灰合葬，推广骨灰树葬、花葬、草坪葬，倡导不保留骨灰；县财政对实行节地生态安葬的丧属给予奖励补助：凡新昌籍公民的骨灰实行树葬、草坪葬的，每例补助 500 元；实行海葬的，每例补助 3000 元。县委、县政府要求加强组织领导，以县殡葬违规专项整治工作领导小组为核心，民政、财政、国土、环保、公安、建设、农林等部门加强配合，做好规划建设及后勤保障。各乡镇（街道）以分管领导为牵头人设立联席会议，明确责任，抓好落实。各级党员干部、人大代表、政协委员、村（社区）干部都要以身作则，并教育和约束亲属和身边工作人员带头执行殡葬改革的规定。新闻宣传部门要充分发挥舆论导向作用，营造节地生态安葬，深化殡葬改革的浓厚氛围，推动节地生态安葬工作的实施。

2019 年 1 月，县公共服务集团有限公司接管县殡仪馆、眠山陵园和乡村公墓的规划建设工作，乡镇公墓由各乡镇（街道）负责选址，报经县民政局牵头联合踏勘，按照相关程序审批后由县公共服务集团有限公司负责建设。

至 2022 年年底，全县有乡村生态墓地 399 座，其中由县公共服务集团有限公司投资新建的乡镇（街道）生态公墓 32 座，在建 3 座。

附：2020—2022年新昌县乡镇（街道）公墓建设情况

表91　2020—2022年新昌县乡镇（街道）公墓建设情况表

乡镇(街道)	公墓名称	地理位置	覆盖行政村(居民区)	覆盖人口(人)	规划占地面积(平方米)	一期建设占地面积(平方米)	投入资金(万元)	已建墓穴(穴)	备注
羽林街道	荷花湾公墓	岳岭村	岳岭 长诏 后岸 央于 兰沿拔茅	7782	5466.7	5466.7	392	1200	已建成
澄潭街道	大平山公墓	枣园村大平山	沃西 岭芝 东街 南街 西街 北街 梅屏 梅岭 山头 山支头 铁牛 山泊 宋家 枣园 下衣	17565	16667.5	6666.7	430	1410	一期已建成
	诚爱公墓	麻家田村	张家店 定坂 上湖	4703	9087.12	666.5	190	400	一期已建成
镜岭镇	桂溪公墓	砩头后山	西坑 砩头 暖坞坑	3973	20001	5333.6		1090	在建
	镜屏公墓	殿前村官帽山	里镜屏 殿前 下潘 潭角 竹潭 小泉溪 后染 大畈	10300	20001	6667	待结账统计	996	一期已建成
	东昇公墓	冷水村附近	肇圃 大古年 冷水 岩泉	3279	13334	5333.6	460	390	一期已建成
回山镇	百岁坊公墓	回山村百岁坊	回山 上市场 红联 荷塘	6621	11820	6667	待结账统计	1450	一期已建成
	彩淳公墓	上下宅村	莲坂 下塘 岭山 上下宅	4828	13334	6667	532	1327	一期已建成
	中彩公墓	新市场村	蔡家湾 大安 前后王 新市场 袁家	6571	9153.8	9153.8	470	2285	已建成
	安顶公墓	雅里村横路等	雅里 植林 上下西岭 官元	4776	5220.3	5220.3	待结账统计	1132	已建成
儒岙镇	官帽山公墓	儒一村官帽山（竹山庵）	儒一 儒二 五王 横山 南山 王渡	8139	20001	6667	待结账统计	1294	一期已建成
	九岩公墓	圳塍村九岩自然村前山	天姥 会墅岭 雅张 圳塍 横板桥 黄泥丘 官元庙	7459	8600.4	8600	515	1464	已建成

续表 91

乡镇(街道)	公墓名称	地理位置	覆盖行政村(居民区)	覆盖人口(人)	规划占地面积(平方米)	一期建设占地面积(平方米)	投入资金(万元)	已建墓穴(穴)	备注
儒岙镇	拖居头公墓	皇渡桥村横渡桥拖居头山	旧宅 皇渡桥 关岭 里外岙	5879	13334	6667	450	1338	一期已建成
	纱帽山公墓	祥棠村	祥棠 新合 王里山	4549	6667	6667	待结账统计	1283	已建成
	乌帽山公墓	前洋市村新任自然村	智仁 鱼将 硍下 前洋市	5052	9153.8	9153.8	待结账统计	1098	已建成
沃洲镇	大指陵园	西山村大指山	西山 东郑 坑西 东宅 梅林山 桐中井	6800	20001	6667	580	858	一期已建成
	葛塔陵园	鳌峰村后坑自然村葛塔山	严赤丹 鳌峰 后梁	4250	13334	5333.6	495	1399	一期已建成
	大坪陵园	黄坛村东山地自然村大坪头岗山	黄坛 百菊 沃洲	2450	10667	5333.6	330	305	一期已建成
	三湾公墓	水帘村外大坑自然村	寨岭 水帘 梁高	3400	12000	6667	待结账统计	1226	一期已建成
	塘湾公墓	龙皇堂村	大坪头 祝家庄 龙皇堂 银顶山	6052	13334	6667	待结账统计	1974	一期已建成
小将镇	石家亩公墓	里小将石家亩	里小将 小将新村 里东 南洲 罗溪 金村 迭里	9327	12000	6667	520	707	一期已建成
	五马公墓	茅洋村道士岙村	茅洋 新欣 五埠 芹塘	4143	5566.9	3333.5		1140	在建
	下塘公墓	旧坞自然村	结溪 平溪	2345	10000.9	3333.5	待结账统计	963	一期已建成

续表 91

乡镇(街道)	公墓名称	地理位置	覆盖行政村(居民区)	覆盖人口(人)	规划占地面积(平方米)	一期建设占地面积(平方米)	投入资金(万元)	已建墓穴(穴)	备注
小将镇	海沿山公墓	方泉村	方泉 朱部	3629	7133.7	3333.5	待结账统计	1002	一期已建成
	雪溪公墓	雪头村外布山	雪头 大霞	3949	6967	4000	320	455	一期已建成
	芳园公墓	中溪村	中溪口 巧英湖 细心坑	4318	6173.6	3333.5	待结账统计	1469	一期已建成
沙溪镇	剡源公墓	剡界岭村张家车自然村	剡界岭 孙家田 沙溪	4599	23474.5	6667	525	663	一期已建成
	升源公墓	董村生田自然村乡王庙	董村	4538	13334	6667	455	638	一期已建成
	蔡峰公墓	上蔡岙村	上蔡岙 下蔡岙	2097	10000.5	5333.6	待结账统计	524	一期已建成
东茗乡	红星公墓	后岱山村金盘山	白岩 后岱山 下岩贝 东丰坑 金山	5140	13334	6667	488	491	一期已建成
	螺丝山公墓	螺丝山	康庄 章黄山 里王	3227	10000.5	5333.6	待结账统计	1786	一期已建成
城南乡	岱石公墓	里家竹石竹自然村小坟山	企石 里家竹 朱王银 大山庄	5275	13334	6667	590	1200	一期已建成
	永宁公墓	琅珂村丁家坞太婆坟山	琅珂 前进 大潘	7490	12120.6	6667		1532	在建

（二）公墓经营管理

2017 年 7 月 26 日，县政府办公室召集县发展和改革局、县民政局、县财政局、县审计局、县市场监管局、钦寸水库建设指挥部、新林乡政府等单位负责人商议钦寸水库库区新林公墓经营管理有关事宜，会议商定：1.新林公墓由浙江钦寸水库有限公司移交给新昌县政府，县政府指定由新林乡政府负责新林公墓的管理和使用。2.新林公墓为公益性公墓，由新林乡政府制订管理办法，报送相关部门备案，并由新林乡政府组织实施。钦寸水库有限公司移交的公墓后续建设管理费，以及后续收取的建设成本费和 20 万元的绿化保洁维护费用于墓区的管理、维护、绿化及其他民生事业。新林乡政府须落实专职管理人员，加强公墓管理。3.新林公墓优先保障钦寸水库移民坟墓的迁入，坟墓迁移补偿标准（含安置费）按县政府《关于公布新昌县征地区片综合价的通知》执行。每穴坟墓按县政府《关于印发新昌县钦寸水库库区坟墓迁移实施细则的通知》规定收取部分建设成本费。4.梅溪湖项目所涉及的坟墓原则上迁入新林公墓，梅溪湖公司向钦寸水库有限公司租用土地上的坟墓迁移由新林乡政府负责。5. 县民政局负责公墓管理的相关政策和业务指导，县发改局、县民政局、县市场监管局凭会议纪要办理相关证照，县财政局、县审计局负责相关资金的监督使用。

2021 年 1 月 29 日，为规范全县生态公益性墓地管理，县民政局、县公共服务集团有限公司联合印发《新昌县乡镇（街道）生态公益性墓地销售和管理办法（试行）》，规定：1. 公墓是不以营利性为目的的非经营性殡葬服务设施，包括传统碑葬和树葬、花坛葬、草坪葬、壁葬、骨灰寄存等。2. 各乡镇（街道）按照“相对集中、有效管理”的原则，划定各片区公墓的覆盖区域，并由县民政局发文明确，严格按照明确的覆盖区域进行入葬。3. 各乡镇（街道）完成公墓建设后自行组织验收，由县民政局牵头组织完工确认。对于通过完工确认的公墓由县公共服务集团下属县眠山实业开发有限公司负责运营，委托各乡镇（街道）负责墓地环境卫生、绿化维护、基础设施维护和更换、入葬管理、综合信息上报、安全防火和应急管理、防汛防台等现场管理。未经完工确认的公墓由各乡镇（街道）负责综合管理。4. 为体现改革成效，提高管理效益，县公共服务集团有限公司在当年出售公墓总金额中提取一部分资金，原则上补助公墓所在村的公益性基础设施项目建设。

（三）乡村公墓收费

2021 年 2 月 26 日，县发展和改革局、县民政局联合给县眠山实业开发有限公司下发《关于制定县乡村公益性墓地（一期）价格有关事项的批复》，明确公墓的墓穴使用费及基本服务费用实行政府指导价。价格由墓穴使用费、墓碑墓材费、墓碑刻字服务费组成。其中墓穴使用费包括土地费用（墓穴占地和应分摊面积的土地费用）、墓穴建设费用（墓体材料费和建设的人工费用）、墓区基础设施配套费用（墓区绿化、配套的道路及其他基础设施配套费用）、公墓管理费用（应分摊的管理人员、办公、销售、财务等费用）和预留维护经费。确定每座传统葬、卧碑葬的墓地费（不含墓碑费）双穴为 12000 元、单穴为 8000 元，每座树葬、花坛葬的墓地费（不含墓碑费）不分单双穴统一为 3000 元。墓碑费为招标确定的价格。由墓地费和墓碑费组成的墓穴使用费基准价，由建设管理单位根据新昌县殡葬改革工作的需要，在“上浮不超过 20%、下浮不限”的幅度内确定具体价格，并经县公共服务集团有限公司同意报县民政局备案后实施。建设管理单位应当对低保户等困难家庭实行优惠。该批复自 2021 年 3 月 1 日起执行。

村级公墓参照上述价格收费，仅供本村村民使用。以后原则上不再审批建设村级公墓，也不得扩建。

附：2021 年 3 月新昌县乡镇公墓配套服务收费情况

表 92　2021 年 3 月新昌县乡镇公墓配套服务收费标准表

类别	名称	规格尺寸	数量（个）	桐庐国锋石材有限公司	杭州德力波石材有限公司
				中标价（元）	中标价（元）
碑文刻字	大字	6~10厘米	1	6.30	6.00
	小字	5厘米以下	1	2.10	2.00
	浮雕	8厘米	1	8.40	8.00
	对联	8厘米	1	5.60	5.00
	补刻大字	6~10厘米	1	8.40	8.00
	补刻小字	5厘米以下	1	4.90	5.00
骨灰安葬	骨灰安葬	45厘米×35厘米左右骨灰盒	1	70.00	66.00

三、骨灰存放塔

2010 年 5 月，县民政局批准大佛寺在栖光宝塔地宫设立骨灰存放处，存放对象为大佛寺僧侣、佛教信徒和有特殊贡献的护法信众的骨灰，不得从事经营活动。

主要参考文献

1. 孟昭华、王明寰:《中国民政史稿》，黑龙江人民出版社，1986 年。
2. 刘国林:《中国历代优抚》，黑龙江科学技术出版社，1988 年。
3. 陈鹏:《中国婚姻史稿》，中华书局，1990 年。
4. 崔乃夫主编:《中国民政词典》，上海辞海出版社，1990 年。
5. 浙江省民政志编纂委员会编:《浙江省民政志》，中国社会出版社，1992 年。
6. 闻均天、江工杰:《中国保甲制度/里甲制度考略》，上海书店，1992 年。
7. 李守经、邱馨主编:《中国农村基层社会组织体学研究》，中国农业出版社，1994 年。
8. 张研:《清代社会的慢变量》，山西人民出版社，1999 年。
9. 钱小平主编:《浙江省民政志（续编）》，中国社会出版社，1999 年。
10. 中国社团研究会编:《中国社团发展史》，当代中国出版社，2001 年。
11. 方泉尧主编:《中国民政事业（浙江卷）》，中国社会出版社，2002 年。
12. 多吉才让主编:《中国社会福利史》，中国社会出版社，2002 年。
13. 徐秀丽编:《中国近代乡村自治法规选编》，中华书局，2004 年。
14. 孙绍骋:《中国救灾制度研究》，商务印书馆，2004 年。
15. 周苏平:《中国古代丧葬习俗》，陕西人民出版社，2004 年。
16. 肖爱树:《20 世纪中国婚姻制度研究》，知识产权出版社，2005 年。
17. 康沛竹:《中国共产党执政以来防灾救灾的思想与实践》，北京大学出版社，2005 年。
18. 冉锦惠、李慧宇:《民国时期保甲制度研究》，四川大学出版社，2005 年。
19. 王卫平、黄鸿山:《中国古代传统社会保障与慈善事业》，群言出版社，2005 年。
20. 白钢主编:《中国政治制度史》，社会科学文献出版社，2007 年。
21. 朱俊瑞、李涛:《民国浙江乡镇组织变迁研究》，中国社会出版社，2007 年。
22. 新昌县地名志编委会编:《新昌县地名志》，哈尔滨地图出版社，2007 年。
23. 叶利军:《民国北京政府时期选举制度研究》，湖南人民出版社，2007 年。
24. 万昌华、赵兴彬:《秦汉以来基层行政研究》，齐鲁书社，2008 年。
25. 尹红群:《民国时期的地方财政与地方政治》，湖南人民出版社，2008 年。

26. 许莉：《〈中华民国民法·亲属〉研究》，法律出版社，2009 年。
27. 王振耀主编：《社会福利和慈善事业》，中国社会出版社，2009 年。
28. 杨琪：《民国时期的减灾研究》，齐鲁书社，2009 年。
29. 许欣欣：《中国农民组织化与韩国经验》，社会科学文献出版社，2010 年。
30. 邓云特：《中国救荒史》，河南大学出版社，2010 年。
31. 夏卫东：《民国时期浙江户政与人口调查》，中国社会出版社，2011 年。
32. 钱穆编：《中国历代政治得失》，九州出版社，2012 年。
33. 曾桂林：《民国时期慈善法制研究》，人民出版社，2013 年。
34. 项义华主编：《浙江历代灾荒治理与社会救济》，浙江人民出版社，2014 年。
35. 罗平正：《当代中国军人退役安置制度研究》，中国社会出版社，2014 年。
36. 彭秀良、郝文忠主编：《民国时期社会法规汇编》，河北教育出版社，2014 年。
37. 韩君玲点校：《中华民国法规大全（点校本）》，商务印书馆，2016 年。
38. 新昌县图书馆、新昌姓氏文化研究会编：《民德归厚》，浙江古籍出版社，2018 年。

后 记

《新昌县民政志》是首部全面、系统、客观反映新昌县民政事业发展的专业史志。

《新昌县民政志》编纂工作开始于2018年5月，历经搜集资料、拟纲撰写、查漏补缺、修改校正等阶段工作，于2021年9月编成初稿。后经征求从事民政工作新老同志的意见，报送县委办、县人大办、县政府办、县委宣传部等有关部门审核，方志出版社审核校勘，终于2022年10月定稿付印。

《新昌县民政志》编纂以马克思列宁主义、毛泽东思想、邓小平理论、“三个代表”重要思想、科学发展观、习近平新时代中国特色社会主义思想为指导，坚持辩证唯物主义和历史唯物主义的立场、观点和方法，遵循实事求是、求真务实的原则，客观、系统、真实地记载了浙江省绍兴市新昌县各个历史时期的民政工作制度和发展状况，突出反映新中国成立后新昌县民政事业的巨大成就和宝贵经验。

在《新昌县民政志》编纂过程中，得到了县档案馆的大力支持和县民政局干部职工的帮助，吕立春、张伯英两人为本志提供了珍贵的历史照片，方志出版社对志稿提出了宝贵的修改意见，在此一并表示衷心感谢！

《新昌县民政志》编纂涉及范围广，时间跨度大，限于业务水平及历史资料欠缺，志中难免有疏漏或谬误之处，敬请读者不吝赐教。

编 者

2022年10月

图书在版编目（CIP）数据

新昌县民政志 / 新昌县民政志编纂委员会编. —北京：方志出版社，2021.12
ISBN 978-7-5144-5151-1

Ⅰ. ①新… Ⅱ. ①新… Ⅲ. ①民政工作－概况－新昌县 Ⅳ. ①D632

中国版本图书馆 CIP 数据核字(2021)第 276333 号

责任编辑：王海荣
责任校对：刘玉霞
责任印制：梅中英
出 版 者：方志出版社
地　　址：北京市朝阳区潘家园东里 9 号（国家方志馆 4 层）
邮　　编：100021
网　　址：http://www.zgfzcb.cn
发　　行：方志出版社图书营销中心（010-67110500）
印　　刷：嵊州市东方印刷有限公司
开　　本：889 毫米×1194 毫米　1/16
印　　张：40.25
字　　数：850 千字
版　　次：2021 年 12 月第 1 版
印　　次：2021 年 12 月第 1 次印刷
定　　价：200.00 元